广东税务年鉴

（2020）

国家税务总局广东省税务局　编

中国税务出版社

图书在版编目(CIP)数据

广东税务年鉴. 2020/国家税务总局广东省税务局编.
-- 北京:中国税务出版社,2021.12
ISBN 978-7-5678-1167-6

Ⅰ.①广… Ⅱ.①国… Ⅲ.①地方税收-税收管理-广东-2020-年鉴 Ⅳ.①F812.765.042.3-54

中国版本图书馆CIP数据核字(2021)第260453号

书　　名:广东税务年鉴(2020)
作　　者:国家税务总局广东省税务局　编
责任编辑:王　玥　马学刚　王振波
责任校对:姚浩晴
技术设计:刘冬珂
出版发行:中国税务出版社
　　北京市丰台区广安路9号国投财富广场1号楼11层
　　邮政编码:100055
　　网址:https://www.taxation.cn
　　投稿:https://www.taxation.cn/qt/zztg
　　发行中心电话:(010)83362083/85/86
　　传真:(010)83362047/48/49
经　　销:各地新华书店
印　　刷:北京虎彩文化传播有限公司
规　　格:889毫米×1194毫米　1/16
印　　张:28.5　彩插:5.75
字　　数:782000字
版　　次:2021年12月第1版　2021年12月第1次印刷
书　　号:ISBN 978-7-5678-1167-6
定　　价:300.00元

《广东税务年鉴（2020）》编辑委员会

《广东税务年鉴（2020）》编辑人员

《广东税务年鉴（2020）》
特约撰稿人及各市（区）局编写负责人

（以姓氏笔画为序）

一、特约撰稿人

王　凯　王小惠　王建军　王振华　王煜琳　卢　芬
乐　青　刘小波　许志勇　麦宝明　李元剑　李晓纯
杨　蓁　杨广治　杨淑贞　肖　清　肖文嘉　肖晨光
吴　健　吴穗婷　余凯玲　况淑敏　张申际　张贤修
陈　莹　陈云琴　陈文翊　陈希娜　陈依媛　陈晓涛
陈海韵　陈绮雯　林凯圳　周　鹏　庞靖茹　郑洁燕
赵　磊　钟　秋　姜　睿　洪夏庆　姚　波　贺景昌
翁嘉源　郭美莲　唐卉芳　黄　广　黄小青　黄秋霞
黄雯菁　黄嘉敏　龚诗文　梁议文　梁译文　梁春玲
彭颖菁　覃信豪　谢玉芳　颜凯恒　潘　强

二、各市（区）局编写负责人

甘永刚　丘伟元　任东宇　许粤海　麦晓炜　李海生
李豪杰　杨晓莉　杨景键　利晓舒　何智锋　张小轩
陈俊彬　陈盈盈　郑　翔　郑会锋　黄学博　蒋　玲
曾昭炜　戴善娟　魏王斌

编　辑　说　明

《广东税务年鉴》是国家税务总局广东省税务局组织编纂，与国家税务总局深圳市税务局合作编写，记录广东税收工作（含深圳）的文献资料性工具书。年鉴的组稿工作由广东省税务局税收科学研究所负责。

《广东税务年鉴（2020）》全面、系统、准确记述2019年度广东税收工作基本情况和大事，为社会各界了解广东税务提供参考资料，服务广东省社会发展和经济建设。

全书分为图片和内文两个部分。图片部分用图片和图表反映2019年度广东省税务系统和深圳市税务系统主要工作、重要活动和税费收入概况，各类图片按地区排序。由广东省税务局办公室、税收科学研究所、各市（区）税务局等单位供稿。

内文部分设九个篇目：

第一篇　年度关注。以专题形式反映2019年度广东重大、突出、具有影响力的若干税收事件。

第二篇　全省税收工作。综合反映2019年度全省税收工作情况，对各项税收业务工作的特点、变化及举措、成果加以综述。

第三篇　各市（区）税收工作。内容包括广东省各市（区）及深圳市经济概况、税收概况、税收业务工作等情况。

第四篇　大事记。内容包括广东省税收大事记和深圳市税收大事记。

第五篇　机构与人员。主要收录2019年度广东省税务局和深圳市税务局厅级领导名单，广东省税务局机关及直属单位处级干部名单、各市（区）税务局领导班子成员名单，广东省税务局2019年处级以上人员人事任免情况，广东省税务系统2019年受表彰的各类先进集体和个人，广东省税务系统机构设置及人员构成情况等内容。

第六篇　税费统计。收录广东省税费收入统计资料和税收征管统计资料。税费收入统计资料主要包括2019年度全省税费入库数，分地区、分税种、分行业、分企业类型等统计表。

第七篇　税收规范性文件。收录2019年度广东省税务局发布的主要税收规范性文件。

第八篇　文选。选录2019年度广东省税务系统税收科研理论成果。

附录。收录广东省政府工作报告、2019年广东省国民经济和社会发展统计公报、广东省人民政府关于2019年度省级预算执行和其他财政收支的审计工作报告。

本卷年鉴的出版得到广东省税务系统和深圳市税务局各级领导及有关部门的鼎力支持，中国税务出版社在编审、出版过程中给予指导与协助，在此一并表示感谢！

年鉴中疏漏之处，敬请读者批评指正。

编　者

2020年9月

广东省税务图片

党的建设

2019 年 8 月 14 日，国家税务总局广东省税务局召开“不忘初心、牢记使命”主题教育第 4 次集中学习研讨暨党委理论学习中心组学习会。广东省税务局党委书记、局长吴紫骊（正排左四）主持会议。

2019 年 6 月 28 日，国家税务总局广州市税务局举办道德讲堂第二讲——“不忘初心、牢记使命”。

2019 年 9 月 26 日，广州市税务系统举办基层党组织书记专题培训。国家税务总局广东省税务局党委书记、局长吴紫骊主讲。

2019 年 1 月 31 日，国家税务总局珠海市税务局直属机关党委创新开展党员“不忘初心　永远跟党走”微党课活动。

2019 年 2 月 27 日，国家税务总局珠海市税务局直属机关党委开展党员“政治生日”主题活动。

2019 年 2 月 28 日，国家税务总局汕头市税务局举办党委理论学习中心组专题辅导讲座，邀请汕头市委党校副教授林丹华作《中国共产党支部工作条例(试行)》专题辅导讲座。

2019 年 6 月 28 日，国家税务总局汕头市龙湖区税务局开展“追忆入党初心，向中国共产党建党 98 周年和新中国成立 70 周年献礼”主题党日活动。

2019 年 7 月 24 日，国家税务总局汕头市税务局举行“不忘初心　牢记使命”主题演讲比赛。

2019年9月29日，国家税务总局佛山市税务局在红色教育基地罗登贤事迹展览馆开展“重温红色足迹　追寻税务初心”主题党日活动。

2019年10月17日，国家税务总局佛山市税务局开展“不忘初心、牢记使命”主题教育专题党课。

2019年1月29日，韶关市税务系统开展“改革颂　韶税美”改革主题实践活动展示。

2019 年 10 月 29 日，国家税务总局韶关市税务局开展“不忘初心、牢记使命”主题教育爱国主义教育实践活动——“追忆红色基因　践行初心使命　走好新时代韶关税务长征路”。

2019 年 9 月 29 日，国家税务总局河源市税务局举办“壮丽 70 年　初心照税徽”文艺汇演活动，庆祝中华人民共和国成立 70 周年。

2019 年 10 月 25 日，国家税务总局河源市税务局班子成员及局内各单位主要负责人在河源市连平县绣缎镇塔领烈士墓园集体重温入党誓词。

2019年1月30日，国家税务总局梅州市税务局召开全市税务系统全面从严治党工作会议。

2019年11月8日，国家税务总局梅州市税务局党委举办“不忘初心、牢记使命”主题教育第二期专题读书班。

2019年7月5日，国家税务总局惠州市税务局举办纪念中国共产党建党98周年暨喜迎中华人民共和国成立70周年风采展示汇报会。

2019年10月29日，国家税务总局惠州市税务局机关党员开展“不忘初心、牢记使命”主题教育活动。

2019年8月19日—23日，国家税务总局汕尾市税务局在革命圣地延安举行全市税务系统“不忘初心、牢记使命”党支部书记培训班，教育党员弘扬延安精神，坚定理想信念。

2019年9月28日，国家税务总局汕尾市税务局组织党员干部到海丰县红宫红场开展革命传统教育，重温入党誓词。

2019 年 1 月 29 日，国家税务总局东莞市税务局召开 2019 年全市税务工作会议和全市税务系统全面从严治党工作会议。

2019 年 9 月 25 日，国家税务总局东莞市税务局组织 82 名党支部书记在中山大学新华学院举办“不忘初心、牢记使命”主题教育轮训班。

2019 年 2 月 18 日，国家税务总局广东省税务局党委第二巡察组专项巡察国家税务总局中山市税务局党委意见反馈视频会召开。

2019年10月18日，国家税务总局中山市税务局召开“不忘初心、牢记使命”主题教育集中学习研讨暨警示教育大会。

2019年9月10日，国家税务总局江门市税务局税务系统培训党支部书记和党建干部培训班在暨南大学举行。

2019年12月14日，国家税务总局江门市税务局“红色＋税务党员教育”党建品牌项目荣获广东机关和事业单位党建十佳创新案例奖。

2019年9月29日，国家税务总局阳江市税务局开展“传承红色基因 践行初心使命”主题诗文朗诵会。

2019年12月10日，国家税务总局阳江市税务局开展领导班子“不忘初心、牢记使命”专题民主生活会。

2019年6月26日，国家税务总局湛江市税务局与湛江市直工委探索党建“联创共建”，成立“红色创造力”工作室。

2019 年 9 月 17 日，国家税务总局湛江市税务局举办全市税务系统庆祝中华人民共和国成立 70 周年文艺汇演。

2019 年 9 月 17 日，国家税务总局茂名市税务局召开全市税务系统“不忘初心、牢记使命”主题教育部署动员会议。

2019 年 10 月 18 日，全省首个“不忘初心、牢记使命”主题教育税企读书班开班仪式在茂名市举行。

2019年6月5日，国家税务总局肇庆市税务局办公室党支部与国家税务总局四会市税务局办公室党支部开展党建共建活动。

2019年10月24日，国家税务总局肇庆市税务局召开“不忘初心、牢记使命”主题教育领导班子成员调研成果交流会。

2019年9月29日，国家税务总局清远市税务局为庆祝中华人民共和国成立70周年，举行隆重的升国旗仪式。

2019年10月17日，国家税务总局清远市税务局举办全市税务系统“不忘初心、牢记使命”党建品牌展示评审会。

2019年6月14日，国家税务总局潮州市税务局举办“不忘初心、牢记使命”全市税务系统党建知识竞赛，由潮州市税务局领导、部门负责人组成的“导师团”带领税务干部组建起6支战队参加竞赛。

2019年9月26日，国家税务总局潮州市税务局领导带队到国家税务总局潮州市潮安区税务局凤塘税务分局开展“不忘初心、牢记使命”主题教育调研座谈会。

2019年7月22日，国家税务总局广东省税务局党委第三巡察组巡察国家税务总局揭阳市税务局党委动员视频会召开。

2019年11月17日，国家税务总局揭阳市税务局党建创新团队选送的党建创新项目“青年党建‘5×3’支点工作法”代表揭阳市参加广东省市直机关第七届“先锋杯”工作技能大赛，顺利入围决赛，并获得优秀奖。

2019年8月15日，国家税务总局云浮市税务局直属机关党委与国家税务总局广东省税务局党委第四巡察组临时党支部联合举办学习习近平总书记关于弘扬优秀传统文化重要论述暨六祖文化分享会。

2019 年 9 月 26 日，云浮市税务系统举办庆祝中华人民共和国成立 70 周年暨“不忘初心、牢记使命”主题教育展示汇报会。

2019 年 6 月 28 日，国家税务总局珠海市横琴新区税务局举办“不忘初心，牢记使命——琴澳丹心话湾区”主题党建活动。

2019 年 8 月 8 日，国家税务总局珠海市横琴新区税务局第八党支部与国家税务总局广东省税务局党委第五巡察组临时党支部、横琴新区税务局党委巡察组共同开展“不忘初心、牢记使命”主题党日活动，参观粤澳合作中医药科技产业园和杨匏安陈列馆，学习革命先烈英雄事迹。

2019 年 11 月 29 日，国家税务总局党委书记、局长王军（右二）一行到国家税务总局珠海市横琴新区税务局办税服务厅开展调研。

2019 年 10 月 14 日，广东省政府党组成员、副省长张虎（正排中）到国家税务总局广东省税务局调研并召开座谈会。

2019年8月28日，国家税务总局广东省税务局党委书记、局长吴紫骊（右三）到国家税务总局肇庆市税务局开展工作调研，并到广东风华高新科技股份有限公司了解减税降费政策落地情况。

2019年12月24日，国家税务总局广东省税务局党委委员、副局长、一级巡视员朱江涛（左三）一行到广州市调研个人所得税综合所得汇算清缴模拟运行工作。

2019年10月18日，国家税务总局广东省税务局党委委员、副局长陈忠明（左二）一行到国家税务总局珠海市香洲区税务局开展工作调研。

2019 年 12 月 10 日，国家税务总局广东省税务局党委委员、纪检组组长李文涛（左排左二）到国家税务总局阳江市税务局调研。

2019 年 9 月 18 日，国家税务总局广东省税务局党委委员，国家税务总局广州市税务局党委书记、局长王义平（右六）带队到广州联通 5G+ 创新中心走访调研。

2019 年 3 月 27 日—29 日，国家税务总局广东省税务局党委委员、纪检组组长蒋学武（左）先后到阳江市、江门市实地调研干部队伍建设、落实减税降费、基层减负等工作。

2019 年 10 月 30 日，国家税务总局广东省税务局党委委员、总经济师伍关兴（正中）一行到国家税务总局珠海市横琴新区税务局开展工作调研。

2019 年 10 月 11 日—12 日，国家税务总局广东省税务局党委委员、总会计师蒋余良（右一）一行到清远市税务系统开展工作调研。

2019 年 11 月 1 日，国家税务总局广东省税务局党委委员、副局长肖映波（左二）到梅州农商银行调研社会保险费征收情况。

2019 年 10 月 24 日，国家税务总局广东省税务局党委委员、总审计师李榕滨（前排中）一行到韶关市基层党建联系点开展工作调研，实地查看国家税务总局韶关市武江区税务局“全省标杆办税服务厅”。

2019 年 6 月 20 日—21 日，国家税务总局广东省税务局党委委员、副局长梁世桃（右三）先后到国家税务总局茂名市电白区税务局第一分局办税服务厅、茂名市税务局、茂南区税务局办税服务厅开展工作调研。

2019 年 7 月 30 日，国家税务总局广东省税务局党委委员、总经济师罗达佳（右四）到茂名市开展“不忘初心、牢记使命”主题教育工作调研。

2019年6月12日，国家税务总局在广东省税务局召开调研座谈会。国家税务总局党委书记、局长王军（正排中）出席并主持会议。

2019年5月28日，国家税务总局广东省税务局举行落实减税降费工作“党员先锋队”“青年突击队”“巾帼建功队”授旗仪式。

2019年8月2日，国家税务总局广东省税务局召开第二季度局务会议暨规范化标准化一体化建设动员部署会议。

2019年4月19日，国家税务总局广州市税务局在新华网《新华访谈》栏目宣传减税降费政策及税务部门落实举措。

2019年1月2日，珠海市首家人智一体赋能型办税大厅正式启用。

2019 年 6 月 4 日，国家税务总局"减税降费"专题珠海企业调研座谈会在珠海市召开。

2019 年 4 月 1 日，国家税务总局汕头市税务局在中山公园举办"减税降费惠万家"政策宣传咨询服务主题活动暨第 28 个税收宣传月启动仪式。

2019 年 5 月 27 日，国家税务总局汕头市税务局、潮州市税务局、揭阳市税务局联合举办以"携手再出发，共创新辉煌"为主题的粤东三市跨区域合作优化税收营商环境启动仪式。

2019 年 4 月 3 日，佛山市落实减税降费宣讲工作会召开。

2019 年 3 月 12 日，国家税务总局韶关市税务局举行“社保 e 贷”普惠金融服务项目启动仪式。

2019 年 4 月 1 日，国家税务总局韶关市税务局举行首届“悠游税月”税收文化节暨第 28 个全国税收宣传月启动仪式。

2019 年 2 月 28 日，国家税务总局河源市紫金县税务局开出金税三期系统并库后全省首张税票。

2019 年 1 月 30 日，国家税务总局梅州市税务局召开全市税务系统落实减税降费工作会议，对全年减税降费工作进行动员部署。

2019 年 9 月 10 日，国家税务总局梅州市税务局召开全市税务系统“不忘初心　牢记使命”主题教育动员部署会。

2019年4月4日，国家税务总局惠州市税务局开展“共话减税降费 助力粤港澳大湾区发展”税收沙龙活动。

2019年4月29日，国家税务总局惠州市税务局举办“落实减税降费·优化营商环境”税法知识竞赛。

2019年1月28日，国家税务总局汕尾市税务局举办全市税务系统“新时代 新税务 新担当”改革风采展示暨春节迎新活动。

2019 年 4 月 13 日，汕尾市“减税降费　文明同行”宣传徒步活动在汕尾市城区举行。

2019 年 3 月 23 日，国家税务总局东莞市税务局作客“阳光热线”直播室，围绕减税降费与广大市民和纳税人深入交流。

2019 年 11 月 25 日，东莞市税务系统举办“唱响初心　激扬使命”歌唱比赛决赛，入围决赛的 16 支代表队登上东莞市民艺术中心星剧场舞台倾情献唱。

2019 年 9 月 29 日，国家税务总局中山市税务局在中山市华柏路 6 号举行老干部大学揭牌仪式，成为全省税务系统首所老干部大学，获得多项荣誉。

2019 年 3 月 27 日，在江门（澳门）“奋进新时代　共建大湾区”对接会上，澳门居民从江门市委副书记、市长刘毅（中）手中接过开通粤港澳大湾区税务通服务后的首张完税证明。

2019 年 7 月 1 日，“不忘初心、牢记使命”江门市国税地税征管体制改革成果纳税人分享会在江门市举行。

2019 年 11 月，国家税务总局江门市税务局打造的“粤港澳大湾区税务通”品牌项目参加广东省市直机关“先锋杯”工作技能决赛。

2019 年 11 月 6 日，国家税务总局阳江市税务局在房地产行业先行先试单行业多税费种一体化管理模式。图为税务人员到企业开展调研。

2019 年 4 月 28 日，国家税务总局湛江市税务局、共青团湛江市委员会联合举办湛江市税务局“税青先锋”启动仪式暨纪念“五四”运动 100 周年主题活动。

2019年12月9日，国家税务总局湛江市税务局与湛江市公安局、湛江海关、中国人民银行湛江支行签署联合打击涉税违法犯罪合作备忘录并为警税联合执法办公室揭牌，标志着湛江市四部门合作正在朝着常态化、制度化、高效化的新阶段发展。

2019年1月25日，国家税务总局茂名市税务局召开全市税务工作会议，研究部署2019年重点工作任务。

2019年5月14日，国家税务总局茂名市税务局主办的“擦亮‘中国建筑之乡’名片　助力粤港澳大湾区建设”“政商·税企”关系建设恳谈会在广州市召开。

2019 年 3 月 19 日，国家税务总局肇庆市税务局举行荣获“全国巾帼文明岗”称号揭牌仪式。

2019 年 11 月 25 日，国家税务总局清远市税务局举行“清远税务党员先锋服务队”授旗仪式。

2019 年 1 月 28 日，国家税务总局潮州市税务局召开全市税务工作会议和全市税务系统全面从严治党工作会议。

2019 年 1 月 30 日，国家税务总局揭阳市税务局召开全市税务工作会议。

2019 年 6 月 28 日，国家税务总局揭阳市税务局在揭阳市电视台举办“红色青春工程”党史党规知识竞赛决赛。

2019 年 4 月 1 日，国家税务总局云浮市税务局与国家税务总局云浮市云城区税务局联合举办“新税务·新服务”“便民办税春风行动”暨第 28 个全国税收宣传月启动仪式。云浮市工商联代表、纳税人代表、云浮市税务局、云城区税务局有关领导及部分干部职工参加启动仪式。

2019年12月18日，云浮市首个银税互联智能办税服务区正式启用。

2019年4月23日，国家税务总局广东省税务局办税事项"一次不用跑"横琴新区试点正式启动。

2019年12月3日，国家税务总局举办全国税务系统担当作为先进典型演讲活动，国家税务总局珠海市横琴新区税务局副局长容梅代表广东省税务局作题为《跨越187米的税务力量》的演讲，讲述广东税务人在粤港澳大湾区建设中为税收事业勇于创新、顽强拼搏、赤诚奉献的生动事迹。

2019 年 7 月 4 日，国家税务总局广东省税务局与华为公司签署战略合作框架协议，并成立联合创新中心。

2019 年 11 月 11 日，国家税务总局广东省税务局党委书记、局长吴紫骊（左）在广州市会见广州金融控股公司董事长李舫金（右）一行。吴紫骊表示，广东省税务部门将尽最大所能为守法遵规的企业提供优质的税收服务，促进广东经济发展。双方围绕税收服务等多个议题进行会谈。

2019 年 6 月 1 日，国家税务总局广州市税务局与广东财经大学举行共建广东财经大学粤港澳大湾区广州税务学院签约启动仪式。

2019年8月22日，国家税务总局广东省税务局、中国建设银行广东省分行、国家税务总局广州市税务局、中国建设银行广州市分行联合举办“银税互联自助办税业务暨劳动者港湾”合作项目发布会。

2019年10月30日，广东省四部门打击虚开发票骗取退税违法犯罪两年专项行动工作现场会在珠海市召开。

2019年11月26日，珠海市不动产登记与税费征缴“一窗受理”2.0模式暨不动产登记智能自助终端开通。

2019 年 11 月 8 日，国家税务总局汕头市税务局、汕头市公安局、汕头海关和中国人民银行汕头支行联合召开打击虚开发票骗取退税违法犯罪两年专项行动工作会议。

2019 年 12 月 20 日，国家税务总局汕头市税务局、中国建设银行汕头市分行银税互联自助办税项目正式启动，标志着汕头市银税互联智能办税服务在全市范围内的中国建设银行网点智能设备全面上线。

2019 年 1 月 8 日，国家税务总局佛山市税务局携手广佛地铁打造的全国首列跨城税宣地铁专列“新个税春风号”正式运行。

2019年5月30日，国家税务总局佛山市税务局和国家外汇管理局佛山市中心支局联合举行"国际汇税通"佛山上线发布会。

2019年5月9日，企业向国家税务总局韶关市税务局赠予"惠企惠民 法治税务"锦旗。

2019年8月1日，国家税务总局韶关市税务局举办退役士兵创业就业税收政策专题宣讲会。

2019年10月31日，广东省自然资源厅、国家税务总局广东省税务局、广东省住建厅联合在河源市召开不动产“一窗受理”工作帮扶座谈会。

2019年12月20日，国家税务总局河源市税务局与中国建设银行河源市分行开展“银税互联自助办税”业务暨“劳动者港湾”合作共建。

2019年3月15日，国家税务总局梅州市税务局与梅州市科技局召开2019年落实研发费用税前加计扣除政策联席会议。

2019 年 4 月 10 日，国家税务总局梅州市税务局与梅州市工商联（总商会）联合召开落实减税降费企业座谈会。

2019 年 4 月 19 日，国家税务总局绍兴市税务局与国家税务总局惠州市税务局在惠州市开展土地增值税业务交流。

2019 年 9 月 24 日，国家税务总局汕尾市税务局与汕尾市“不忘初心、牢记使命”主题教育办公室、中共汕尾市委宣传部联合举办“时代新人说——我和祖国共成长”红色故事演讲比赛。

2019年12月20日，汕尾市首批“银税互联自助办税”智慧柜员机正式启用。图为中国建设银行汕尾市分行与国家税务总局汕尾市税务局自助办税项目上线仪式揭牌现场。

2019年2月28日，国家税务总局东莞市税务局召开“创新营商服务新举措 助力‘品质东莞’新发展”专项工作启动仪式，正式发布《国家税务总局东莞市税务局进一步优化税收营商环境试点工作实施方案（2018—2020年）》。

2019年6月25日，国家税务总局东莞市税务局与深圳市总工会、市工商业联合会及六大商会共同举办的东莞市“税惠民生 逐梦湾区”减税降费知识技能大赛团体决赛在东莞市民艺术中心星剧场举行。

2019 年 1 月 7 日，国家税务总局韶关市税务局与国家税务总局中山市税务局开展土地增值税清算业务交流。

2019 年 5 月 20 日，国家税务总局中山市税务局信息中心副主任张继兴（左一）作为全国税务系统先进典型参与全国巡回演讲（深圳站）。

2019 年 3 月 1 日，国家税务总局江门市税务局举行“税企巾帼携手行　减税降费送春风”女企业家专场政策分享会。

2019年3月13日，国家税务总局江门市税务局举行“政协税务携手行 减税降费送春风”——江门市政协委员专场政策分享会。

2019年4月2日，国家税务总局江门市税务局联合江门市商务局举行服务“一带一路”税收和外贸政策宣传会。

2019年3月7日，国家税务总局阳江市税务局与阳江市经济类行业协会（商会）联合开展落实减税降费政策座谈会。

2019 年 4 月 1 日，阳江税务部门在第 28 个全国税收宣传月举行"'两会'代表委员谈减税降费 助力阳江经济高质量发展"活动。

2019 年 5 月 17 日，全国海洋石油税收调研座谈会在湛江市召开。

2019 年 1 月 1 日，新修订的《中华人民共和国个人所得税法》全面施行，茂名市税务部门成立宣传先锋队，走进当地大型购物广场，面对面向纳税人宣传辅导个人所得税新政策。

2019年6月18日，国家税务总局茂名市税务局与茂名市劳动竞赛委员会联合举行2019年茂名市税务系统“业务大比武”决赛。

2019年3月15日—17日，国家税务总局肇庆市税务局代表团到澳门参加第十七届“澳门妇女体育嘉年华”系列交流活动，并荣获“澳门国际妇女团体邀请赛”季军。

2019年4月18日，为落实好减税降费政策，助力地方经济高质量发展，国家税务总局肇庆市税务局邀请市政协委员走进税务机关，共议减税降费，畅谈税政“红利”。

2019 年 4 月 11 日，国家税务总局清远市税务局和共青团清远市委联合主办、清远市青年商会协办的"税务青年进青企"活动在清远市税务局正式启动。活动邀请 10 户青年企业家代表结合自身创业情况，针对落实减税降费、改善征纳关系、增强税企互动等内容提出意见建议。

2019 年 5 月 16 日，国家税务总局潮州市税务局举办"落实减税降费，优化税收营商环境"座谈会，邀请社会各界代表共同谋划优化税收营商环境、推动经济高质量发展良策。

2019 年 12 月 16 日，国家税务总局潮州市税务局与中国建设银行潮州市分行签订银税互联自助办税业务暨劳动者港湾合作共建协议，全面开启"自助办税＋金融服务"新模式。

2019 年 4 月 24 日，国家税务总局揭阳市税务局与揭阳市工商业联合会举行减税降费宣讲进鞋业商会暨服务民营企业发展壮大合作框架协议签约仪式。

2019 年 12 月 31 日，粤东三市跨区域合作优化税收营商环境第三次联席会议在揭阳市召开。

2019 年 3 月 11 日，国家税务总局云浮市税务局到国家税务总局湛江市税务局进行纳税人满意度提升工作交流。

2019 年 3 月 13 日，国家税务总局云浮市税务局开展云浮市税收智慧管理平台建设座谈会。

2019 年 4 月 1 日，国家税务总局珠海市横琴新区税务局联合暨南大学珠海校区举行战略合作框架协议签署仪式。

2019 年 5 月 6 日，横琴新区澳门事务局党支部、国家税务总局珠海市横琴新区税务局第二党支部和澳资企业东西汇（横琴）发展有限公司党支部三方党建共建项目正式启动并举行签约仪式，建立了横琴新区首个澳资企业党支部参与共建的区域化党建共同体建设项目。

2019 年 9 月 17 日，国家税务总局广州市税务局举办青年税务论坛暨青年智库参与“不忘初心、牢记使命”主题教育成果汇报会。

2019 年 9 月 23 日，国家税务总局广州市税务局开展庆祝中华人民共和国成立 70 周年“我和我的祖国”歌咏活动。

2019 年 2 月 19 日，国家税务总局珠海市税务局开展 2019 年文化体育艺术节“我们的节日”之“做元宵、庆元宵”和“元宵游园会”主题活动。

2019 年 3 月 24 日，国家税务总局珠海市税务局联合珠海市青年联合会举办“减税降费助发展，湾区青年共成长”为主题的“湾区青年荟”政策面对面解答及交流活动。

2019 年 3 月，国家税务总局南澳县税务局以开展“便民办税春风行动”为契机，组织青年税务志愿者团队走进云澳国家级中心渔港开展纳税人需求走访调研工作。

2019 年税收宣传月期间，国家税务总局汕头市潮阳区税务局开展校车宣传活动，并组织税务青年开展随车宣传。

2019 年 3 月 30 日，国家税务总局佛山市税务局举行“减税降费　惠伴民行”50 公里徒步税收宣传活动暨第 28 个税收宣传月启动仪式。

2019 年 11 月 19 日，国家税务总局韶关市税务局参加广东省市直机关第七届"先锋杯"工作技能大赛决赛。

2019 年 7 月 30 日，国家税务总局河源市税务局举行全市税务系统"不忘初心担使命·减税降费促发展"知识竞赛。

2019 年 10 月 9 日，国家税务总局河源市税务局在 2019 年河源市"双创杯"巾帼创业创新大赛中开展政策宣传辅导。

2019 年 7 月 20 日，国家税务总局丰顺县税务局在单位篮球场开展国税地税征管体制改革一周年系列活动。

2019 年 10 月 16 日，国家税务总局兴宁市税务局干部职工在职工书屋潜心阅读。

2019 年 4 月 29 日，惠州市税务青年助企团成立。

2019 年 5 月 29 日，惠州市税务青年助企团开展税收宣传活动。

2019 年 7 月 5 日，国家税务总局惠州市税务局举办纪念中国共产党建党 98 周年暨喜迎中华人民共和国成立 70 周年风采展示汇报会。

2019 年 2 月 19 日，国家税务总局海丰县税务局开展“减税降费大礼包陪您过元宵”宣传活动。

2019 年 4 月 3 日，汕尾市税务部门开展“减税降费，惠民利企”税收宣传骑行活动。

2019 年 4 月 30 日，国家税务总局东莞市税务局莞城税务分局青年税务人员走进莞城罗沙社区宣传减税降费政策。

2019 年 9 月 17 日，国家税务总局东莞市税务局机关党委、社会保险费和非税收入科、东城税务分局联合东城街道宣传教育文体局、东泰社区和民盈集团组织在 CBD 商圈民盈·国贸城“红蓝税屋”党员先锋服务站开展系列党建共建活动。

2019 年 6 月 3 日，国家税务总局中山市税务局沙溪税务分局举办“家属开放日”，邀请税务干部职工家属到分局参观。

2019 年 11 月 6 日，国家税务总局中山市税务局税务人员在全市 2019 年退役军人全员适应性培训班上进行创业就业税收优惠政策专场宣讲。

2019 年 1 月 15 日，国家税务总局鹤山市税务局税务人员与企业代表、学生代表共同拍摄“幸福号”公交车个人所得税新政主题宣传片。

2019 年 4 月 2 日，国家税务总局江门市蓬江区税务局与京东物流合作，打造“全程通达”快递税收宣传服务。图为税收宣传人员和快递人员合作张贴包裹“减税降费”宣传。

2019 年 9 月 29 日，国家税务总局江门市税务局组建“粤港澳大湾区税收宣传服务队”，到港澳企业宣讲税收优惠政策，帮助企业解决实际困难。图为税务人员在天菜农业公司宣讲农业企业相关减税降费政策，赠送税收优惠政策汇编资料。

2019 年 2 月 2 日，国家税务总局阳江市税务局党员先锋队在体育馆迎春花市开展减税降费税收宣传活动。

2019 年 12 月 20 日，国家税务总局阳江市税务局组织干部职工到扶贫点塘口镇同由村开展扶贫慰问活动。

2019 年 12 月 29 日，阳江市税务部门在海陵岛马拉松活动中宣传减税降费。

2019 年 2 月 19 日，国家税务总局湛江市税务局组织“减税降费惠企利民”青年志愿服务队，走进全市各大商场、广场、批发市场，开展“走出去”线下宣传服务活动，将最新的减税降费政策送进商户、送给群众。

2019 年 3 月 6 日，在湛江市纪念“三八”国际妇女节 109 周年大会上，国家税务总局徐闻县税务局第一税务分局被授予“全国巾帼文明岗”称号。

2019 年 1 月 25 日，国家税务总局茂名市税务局召开落实减税降费工作领导小组工作会议，研究部署落实减税降费工作。

2019 月 12 月 19 日，国家税务总局茂名市税务局举办“新税务　新青年　新风采”主题辩论赛总决赛。

2019年8月24日，国家税务总局肇庆市税务局联合国家税务总局肇庆市端州区税务局举办“减税降费惠万家　70华诞齐颂赞”税收宣传活动。

2019年9月25日，国家税务总局肇庆市税务局举办全市税务系统“礼赞七十载　奋进新时代”暨“不忘初心、牢记使命”主题教育文艺汇演。

2019年11月5日，国家税务总局清远市税务局举行“个税改革党员先锋队”授旗仪式。

2019 年 12 月 27 日，国家税务总局清远市税务局主办、清远市话剧表演艺术家协会承办的“四合”讲堂第一讲“税收与诗意人生”在清远市文化馆举行。

2019 年 3 月 12 日，国家税务总局广东省税务局货物和劳务税处党支部、国家税务总局潮州市税务局货物和劳务税科党支部、国家税务总局广东潮州经济开发区税务局第二党支部与潮州三环（集团）股份有限公司第一党支部在三环集团园区召开党建共建交流会，标志着省、市、区三级税务部门与潮州市三环集团的党建共建“四季春风行动”正式启动。

2019 年 4 月 10 日，国家税务总局潮州市税务局围绕“落实减税降费　促进经济高质量发展”的税收宣传月主题，在古城牌坊街开展“减税春风至　古城税韵飘”税收游园主题活动，推动本土文化、民间艺术与税收宣传互促共融。

2019 年 2 月 23 日，国家税务总局揭阳市榕城区税务局在揭阳黄岐山森林公园举办“减税降费宣传走进碧桂园揭阳文化登山节”活动。

2019 年 5 月 4 日，国家税务总局揭阳市揭东区税务局组织税务青年在马拉松比赛中开展“减税降费　助跑经济”为主题的税收宣传活动。

2019 年 5 月 27 日，国家税务总局揭阳市税务局联合揭阳市妇女联合会组织青年干部走进潮汕地区首所红军小学“中国工农红军揭阳潭王蓝康红军小学”，开展“童心心向党　红色代代传”庆“六一”暨中华人民共和国成立 70 周年主题教育活动。

2019 年 9 月 11 日，国家税务总局云浮市云城区税务局举行“同升国旗、同唱国歌”暨庆祝中华人民共和国成立 70 周年“壮丽七十年　奋进新税务”主题系列活动启动仪式。

2019 年 1 月 19 日，为丰富干部职工的文化生活，增强团队凝聚力和向心力，国家税务总局珠海市横琴新区税务局举行首届趣味运动会。

2019 年 3 月 19 日，国家税务总局珠海市横琴新区税务局承办首届“湾区青年荟”，邀请 70 余名港澳青年与 10 余名来自横琴新区各行政单位的业务骨干共聚一堂，让港澳青年更直接、更深入了解国家的减税降费政策与“便民办税春风行动”。

党的建设

2019 年 3 月 29 日，国家税务总局深圳市税务局举办基层科所长党章党规党纪教育培训班。

2019 年 4 月 2 日，国家税务总局深圳市税务局党建工作处（党委宣传部）和坪山区税务局开展基层党组织共建活动。

2019 年 7 月 26 日，国家税务总局深圳市税务局党委书记、局长张国钧（中）为深圳市税务系统全体党员讲“不忘初心、牢记使命”专题党课。

2019 年 10 月 25 日，国家税务总局深圳市税务局召开深圳税务系统第二批“不忘初心、牢记使命”主题教育工作推进视频会。

2019 年 6 月 18 日，中国社会科学院党组成员、副院长高培勇（前排右二）一行到国家税务总局深圳市税务局调研。

2019 年 10 月 17 日，国家税务总局党委委员、副局长孙瑞标（前排右三）到深圳市调研并走访企业。

2019年11月21日，深圳市人大常委会主任骆文智（前排右二）一行到国家税务总局深圳市税务局调研。

2019年12月20日，深圳市委副书记、市长陈如桂（前排左一）一行到国家税务总局深圳市税务局调研。

2019 年 2 月 18 日，国家税务总局深圳市税务局党委书记、局长张国钧带队走访平安集团，调研减税降费工作。

2019 年 7 月 30 日，深圳市政府副秘书长王刚（前排右二）到国家税务总局深圳市税务局调研信息化工作。

2019 年 2 月，国家税务总局深圳市税务局被国家机关事务管理局、国家发展改革委、财政部授予“节约型公共机构示范单位”荣誉。

2019 年 3 月 4 日，国家税务总局深圳市税务局《政府采购内部控制制度》获评 2019 年度“全国政府采购十佳内控制度”。

2019 年 4 月 1 日，国家税务总局深圳市税务局举办第 28 个税收宣传月启动仪式暨落实减税降费及优化税收营商环境措施发布会。图为减税降费党员先锋队授旗仪式。

2019 年 6 月 28 日，国家税务总局深圳市税务局召开“数据助服务 税企共发展”2019 年深圳市千户集团税收服务工作会议。

2019 年，深圳市税务部门选派涵盖六大外语语种的 19 人外语人才团队，参与第一届“一带一路”税收征管合作论坛的筹备和会务工作。

基层风采

2019 年 2 月 22 日，国家税务总局深圳市宝安区税务局走进宝安电台《民生访谈》栏目直播间，为纳税人缴费人解读“减税降费”里的民生。

2019 年 3 月 26 日，国家税务总局深圳市税务局 12366 纳税服务热线工作人员到基层办税服务厅开展业务交流。

2019年10月10日，国家税务总局深圳市税务局开展基层调研纳税人满意度工作。

2019年12月7日，国家税务总局深圳市税务局组织干部参加8级以上业务能力升级测试和县处级正职以上领导胜任力测试（数字人事“两测”），参加考试干部达397人次，考试现场秩序井然，干部积极应考。

2019年12月30日，国家税务总局深圳市税务局举办“最美税务人——专业人才”评选大赛决赛。

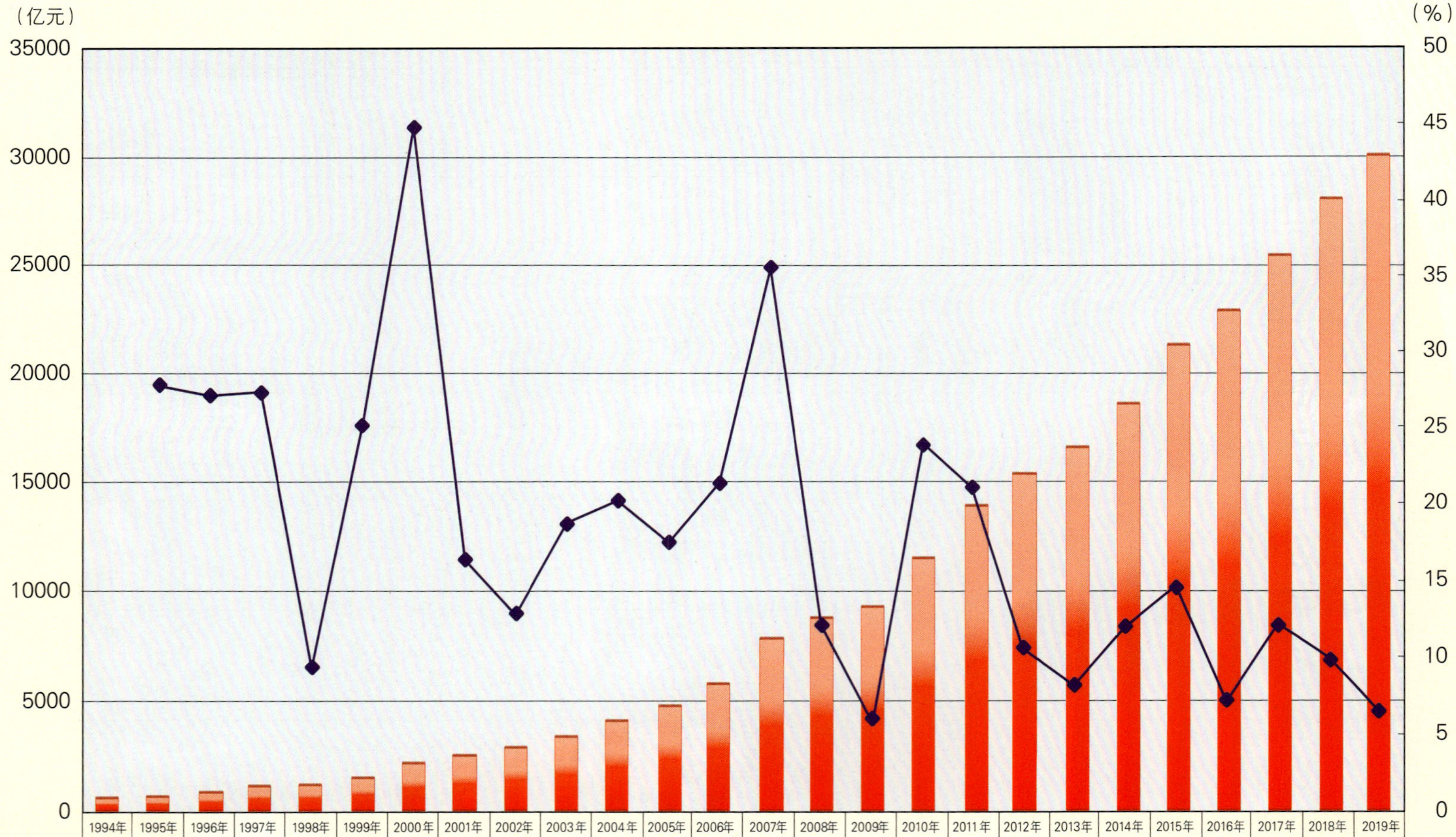

	1994年	1995年	1996年	1997年	1998年	1999年	2000年	2001年	2002年	2003年	2004年	2005年	2006年
税费收入(亿元)	531.08	678.21	861.62	1096.30	1197.46	1498.82	2168.84	2521.21	2840.67	3371.60	4049.71	4753.21	5764.76
增长率(%)		27.7	27.0	27.2	9.2	25.2	44.7	16.2	12.7	18.7	20.1	17.4	21.3

	2007年	2008年	2009年	2010年	2011年	2012年	2013年	2014年	2015年	2016年	2017年	2018年	2019年
税费收入(亿元)	7806.02	8753.10	9262.59	11476.78	13880.89	15334.65	16576.09	18537.39	21240.18	22772.27	25557.18	28127.47	29968.48
增长率(%)	35.4	12.1	5.8	23.9	20.9	10.5	8.1	11.8	14.6	7.2	12.2	10.1	6.5

图1　广东省税费收入增长情况(1994—2019年)

注：图中数据包含深圳。(以下图同)

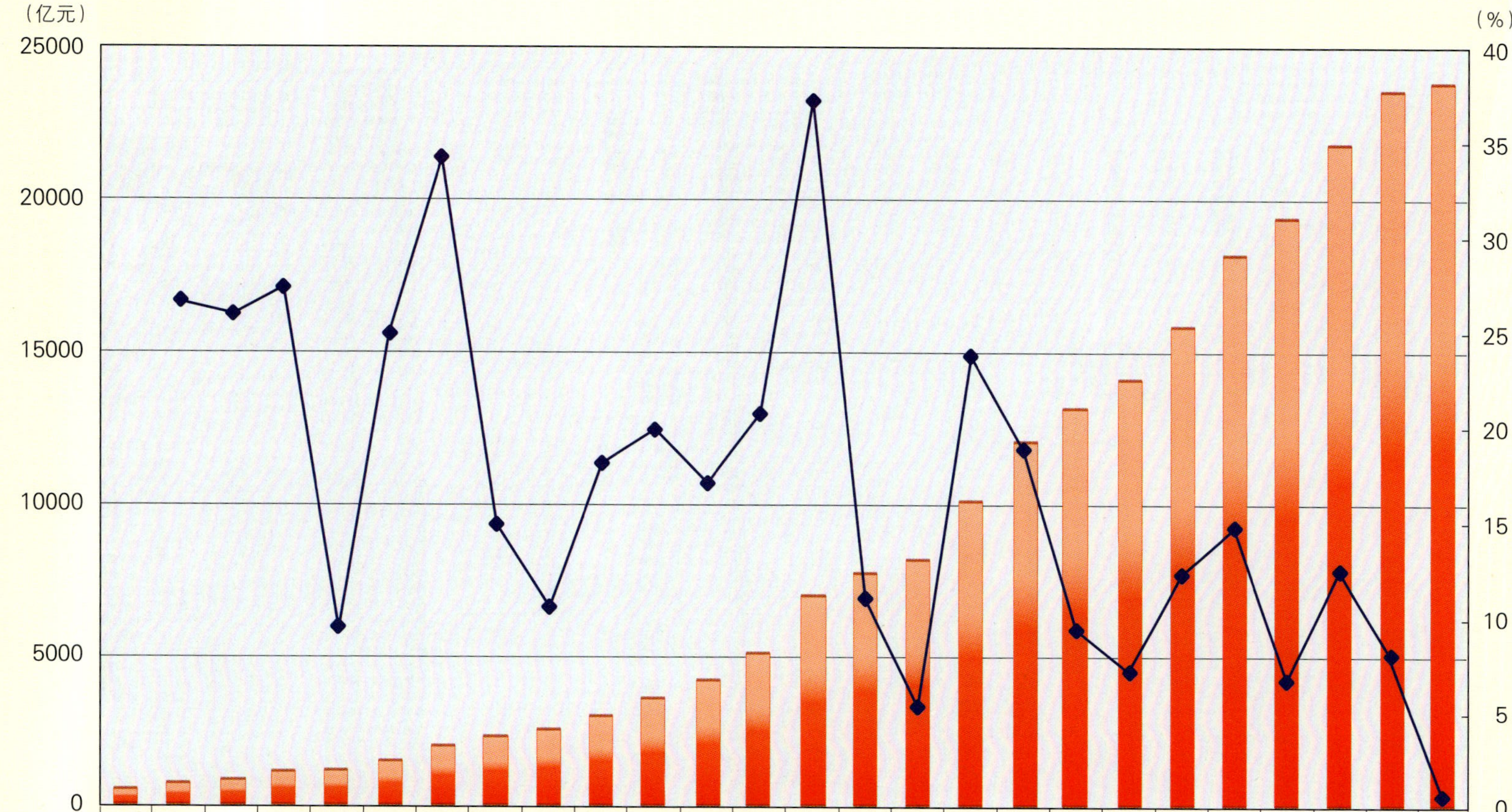

	1994年	1995年	1996年	1997年	1998年	1999年	2000年	2001年	2002年	2003年	2004年	2005年	2006年
税收收入（亿元）	531.08	673.03	848.37	1081.48	1183.57	1479.95	1987.96	2285.92	2528.81	2989.33	3587.17	4203.08	5078.28
增长率（%）		26.7	26.1	27.5	9.4	25.0	34.3	15.0	10.6	18.2	20.0	17.2	20.8

	2007年	2008年	2009年	2010年	2011年	2012年	2013年	2014年	2015年	2016年	2017年	2018年	2019年
税收收入（亿元）	6973.62	7747.71	8161.59	10112.28	12028.53	13164.15	14111.44	15852.69	18203.92	19430.38	21867.18	23636.47	23789.05
增长率（%）	37.3	11.1	5.3	23.9	18.9	9.4	7.2	12.3	14.8	6.7	12.5	8.1	0.6

图 2　广东省税收收入增长情况（1994—2019 年）

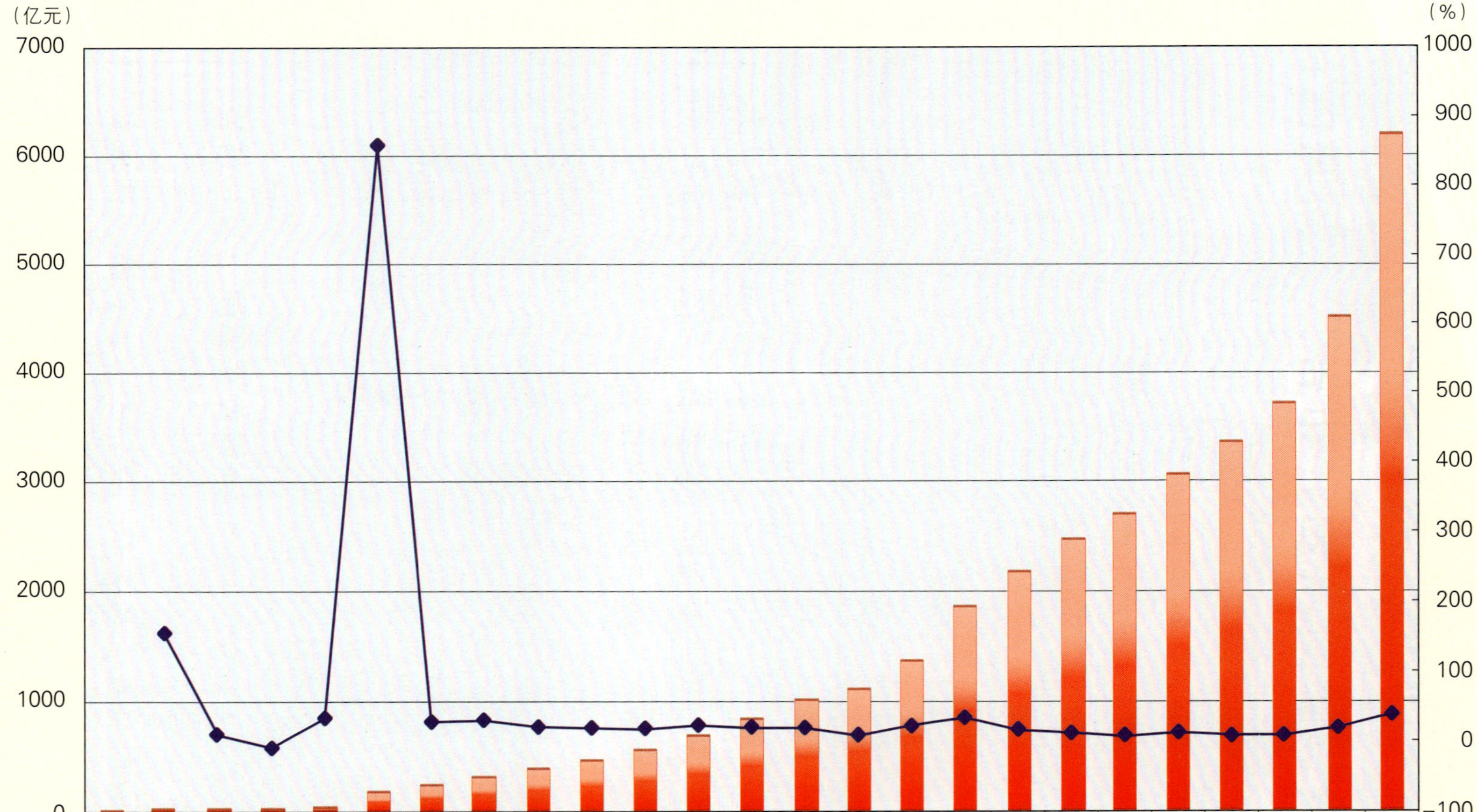

	1995年	1996年	1997年	1998年	1999年	2000年	2001年	2002年	2003年	2004年	2005年	2006年	2007年
费金收入（亿元）	5.18	13.25	14.82	13.89	18.87	180.88	235.29	311.86	382.27	462.53	550.13	686.47	832.40
增长率（%）		155.6	11.9	−6.3	35.9	858.3	30.1	32.5	22.6	21.0	18.9	24.8	21.3

	2008年	2009年	2010年	2011年	2012年	2013年	2014年	2015年	2016年	2017年	2018年	2019年
费金收入（亿元）	1005.39	1100.99	1364.50	1852.36	2170.50	2464.66	2684.70	3036.26	3341.89	3690.00	4491.01	6179.43
增长率（%）	20.8	9.5	23.9	35.8	17.2	13.6	8.9	13.1	10.1	10.4	21.7	37.6

图 3　广东省费金收入增长情况（1995—2019 年）

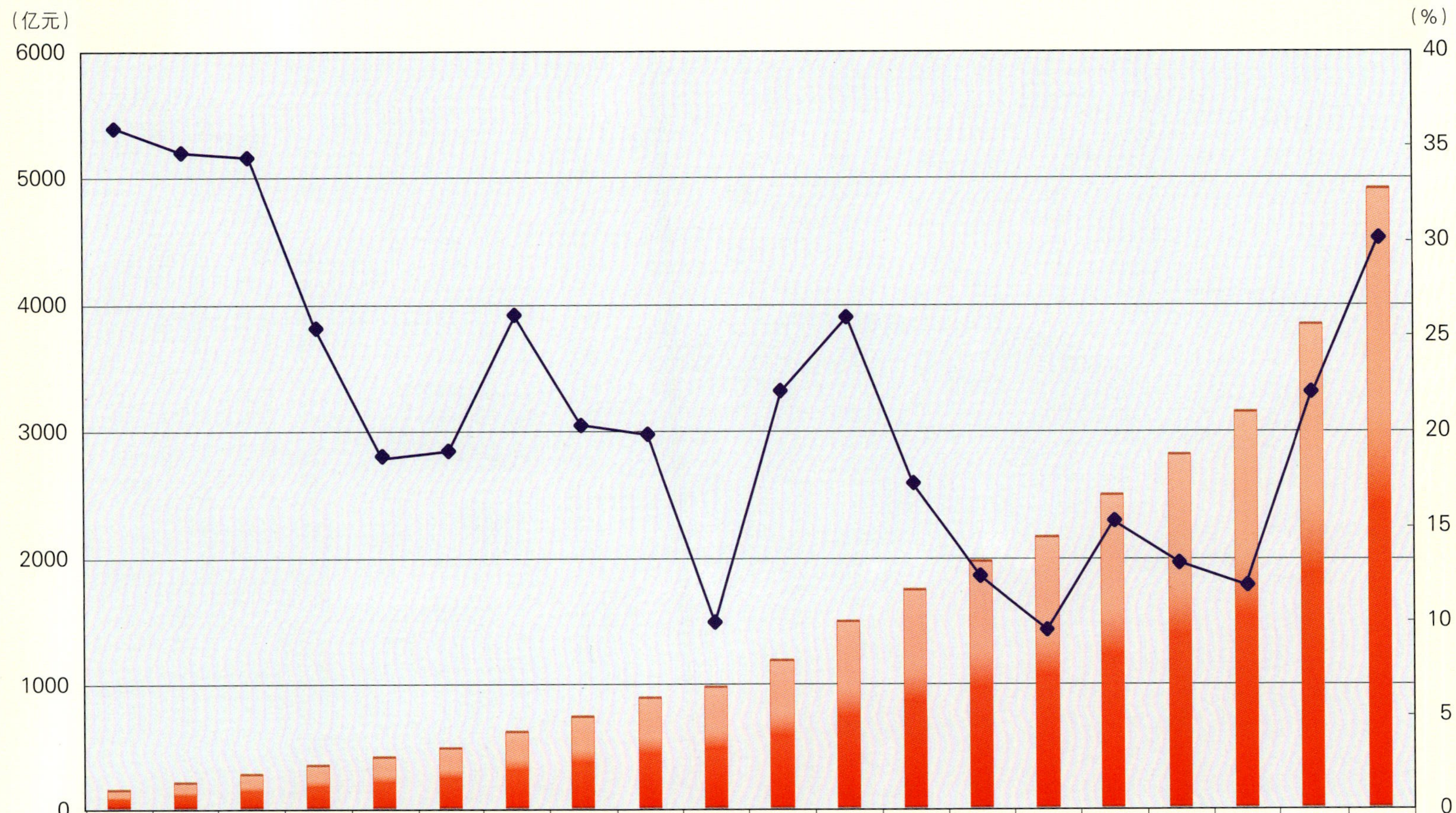

	2000年	2001年	2002年	2003年	2004年	2005年	2006年	2007年	2008年	2009年	2010年	2011年	2012年	2013年	2014年	2015年	2016年	2017年	2018年	2019年
社会保险费收入（亿元）	149.63	201.50	270.90	339.86	403.21	479.91	605.07	728.25	873.06	960.46	1172.51	1477.58	1732.42	1947.61	2134.45	2461.25	2783.93	3116.77	3805.05	4890.22
增长率（%）	36.0	34.7	34.4	25.5	18.6	19.0	26.1	20.4	19.9	10.0	22.1	26.0	17.2	12.4	9.6	15.3	13.1	12.0	22.1	30.2

图 4　广东省社会保险费收入增长情况（2000—2019 年）

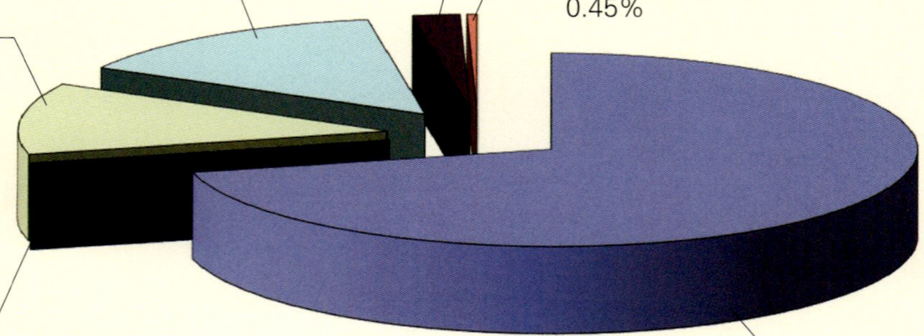

图5 广东省入库税金结构（2019年）

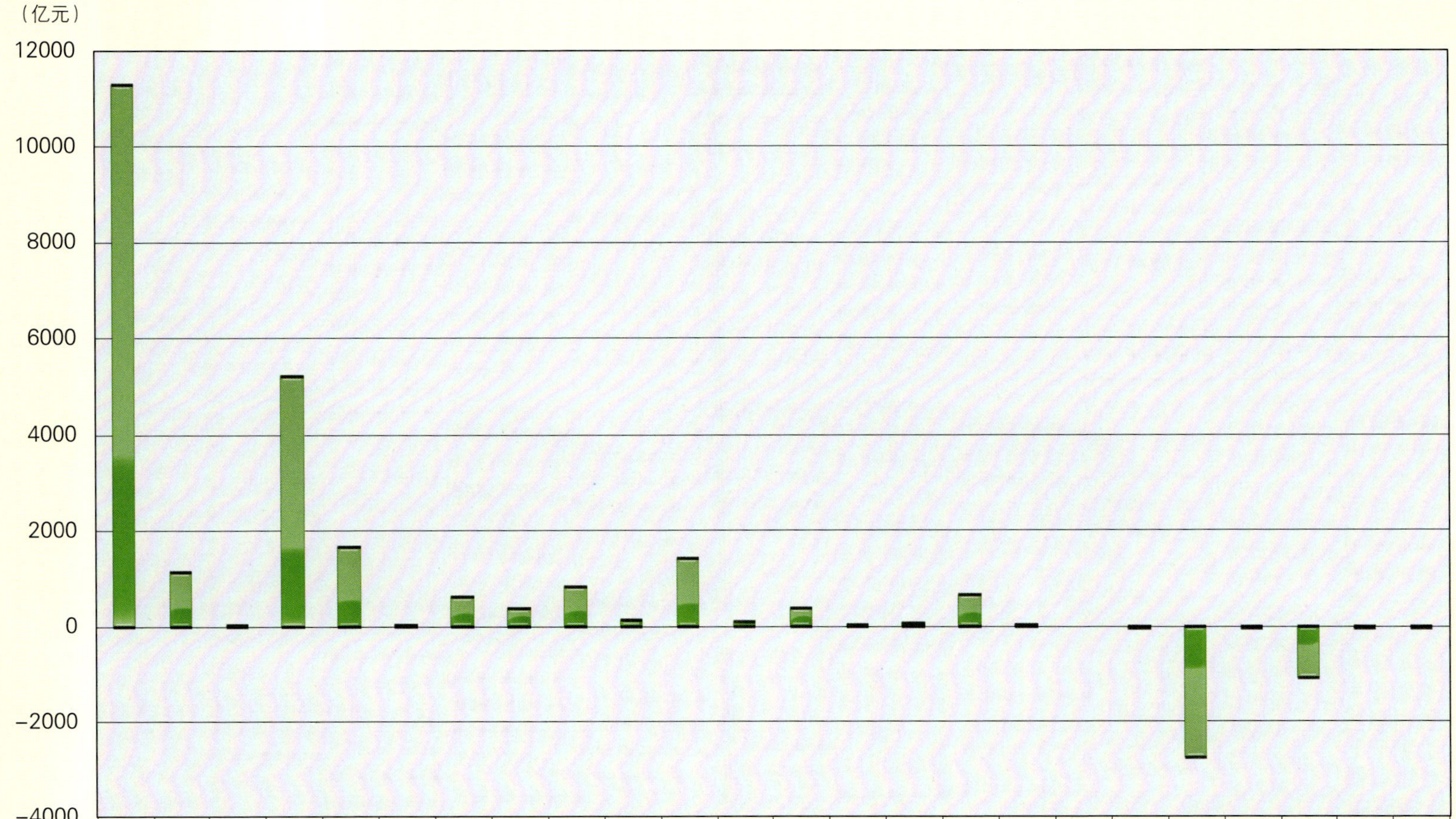

	增值税	消费税	营业税	企业所得税	个人所得税	资源税	城市维护建设税	房产税	印花税	城镇土地使用税	土地增值税	车船税	车辆购置税	烟叶税	耕地占用税	契税	环境保护税	其他税收	成品油消费税退税	出口货物退增值税	改征增值税出口退税	免抵调减增值税	免抵调减改征增值税	出口消费品退消费税
税收收入（亿元）	11294.60	1148.15	5.58	5195.79	1640.47	35.26	616.04	356.76	817.66	120.70	1402.89	77.04	371.02	1.29	58.34	640.89	6.57	0	−4.81	−2777.42	−47.20	−1090.00	−33.00	−1.20

图 6　广东省组织收入分税种情况（2019 年）

注：图中增值税含海关代征增值税，消费税含海关代征消费税。

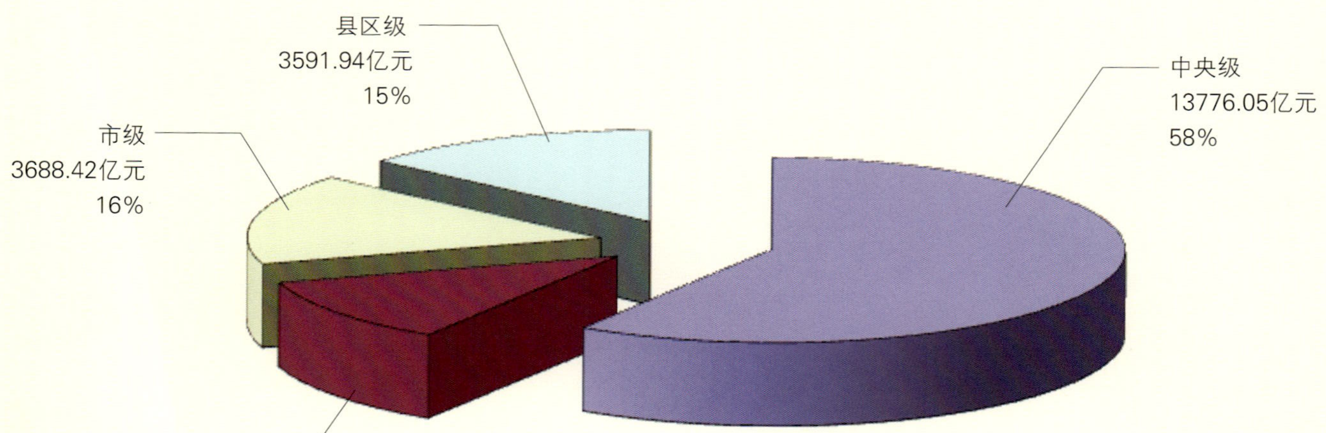

图 7　广东省税收收入分级次结构（2019 年）

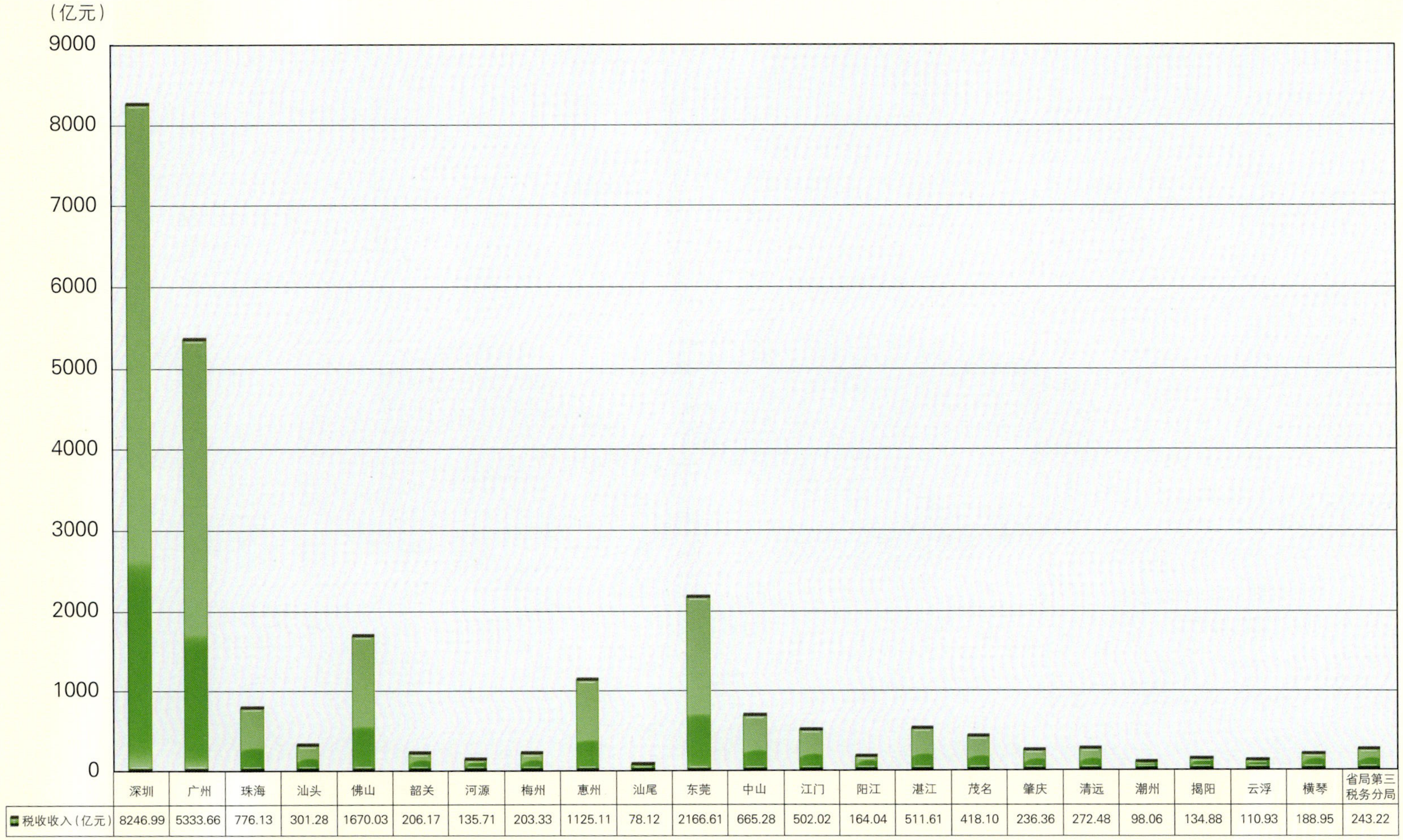

图 8　广东省税收收入分地区情况（2019 年）

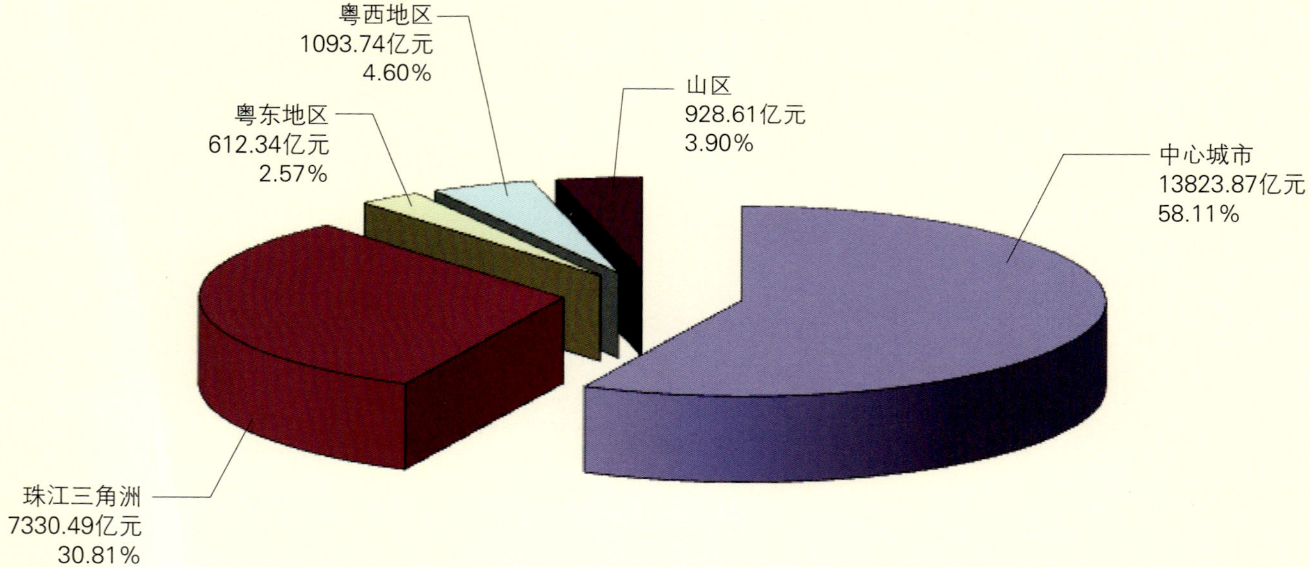

图9 广东省税收收入分区域结构（2019年）

分区域说明：中心城市为深圳、广州（含省第三税务分局）；
珠江三角洲为珠海、佛山、惠州、东莞、中山、江门、肇庆、横琴；
粤东地区包括汕头、汕尾、潮州、揭阳；
粤西地区包括阳江、湛江、茂名；
山区包括韶关、河源、梅州、清远、云浮。

注：图中百分比数据合计不为100%，系四舍五入所致。（以下图同）

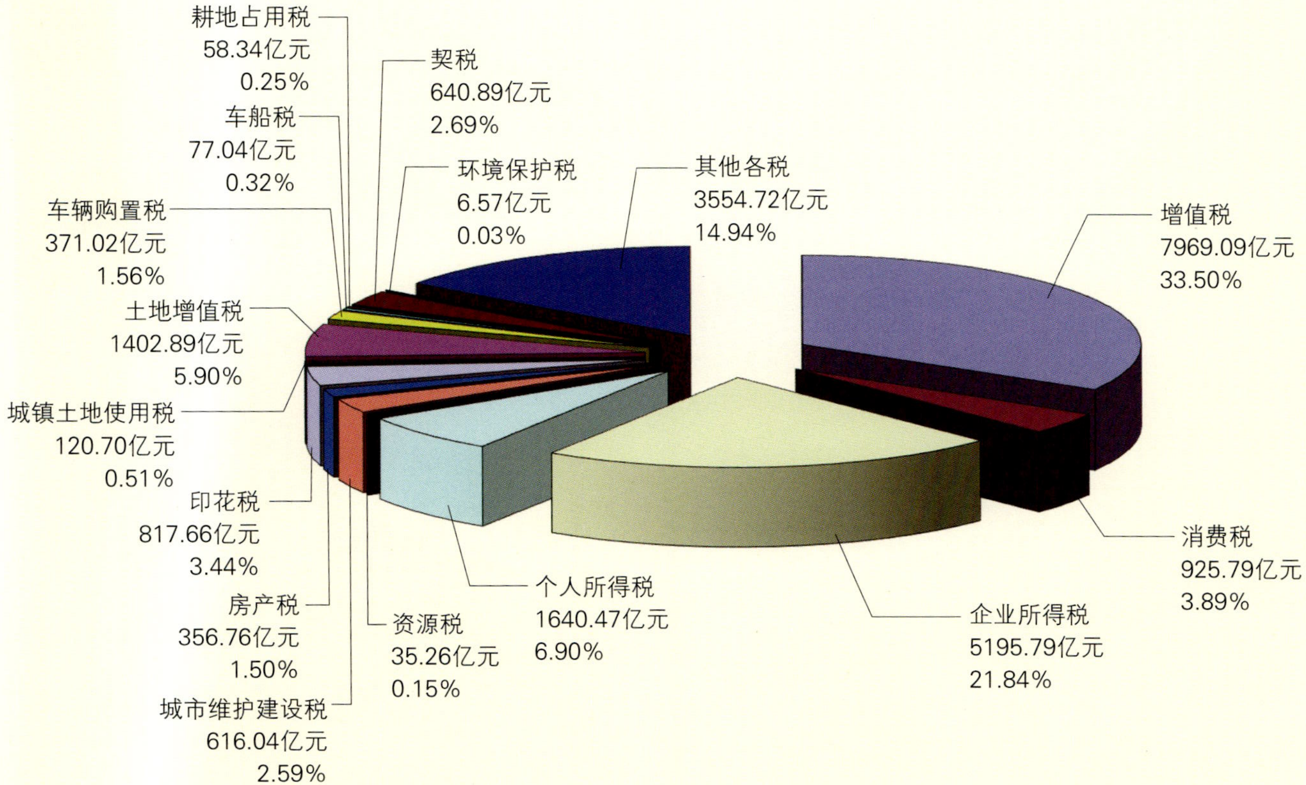

图 10　广东省税收收入分税种结构（2019 年）

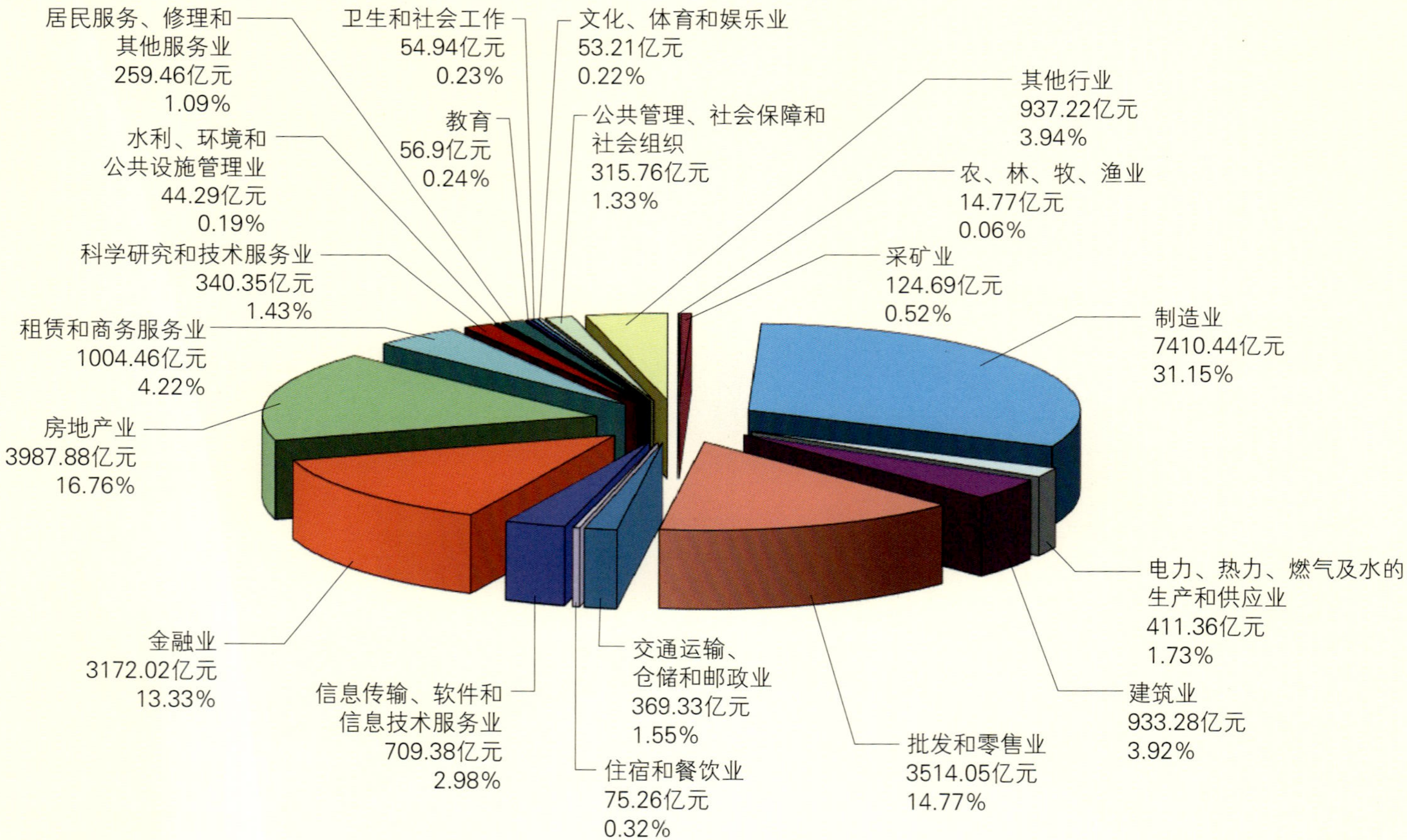

图 11　广东省税收收入分产业结构（2019 年）

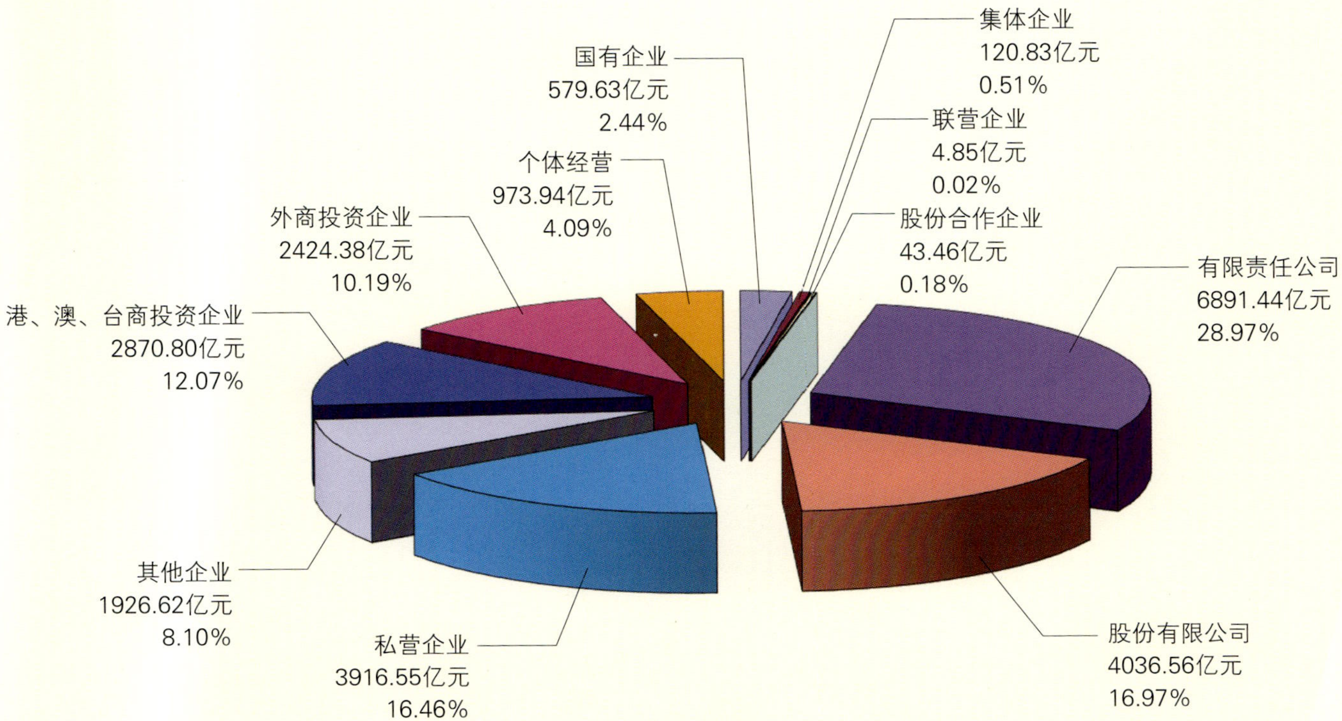

图 12　广东省税收收入分企业类型结构（2019 年）

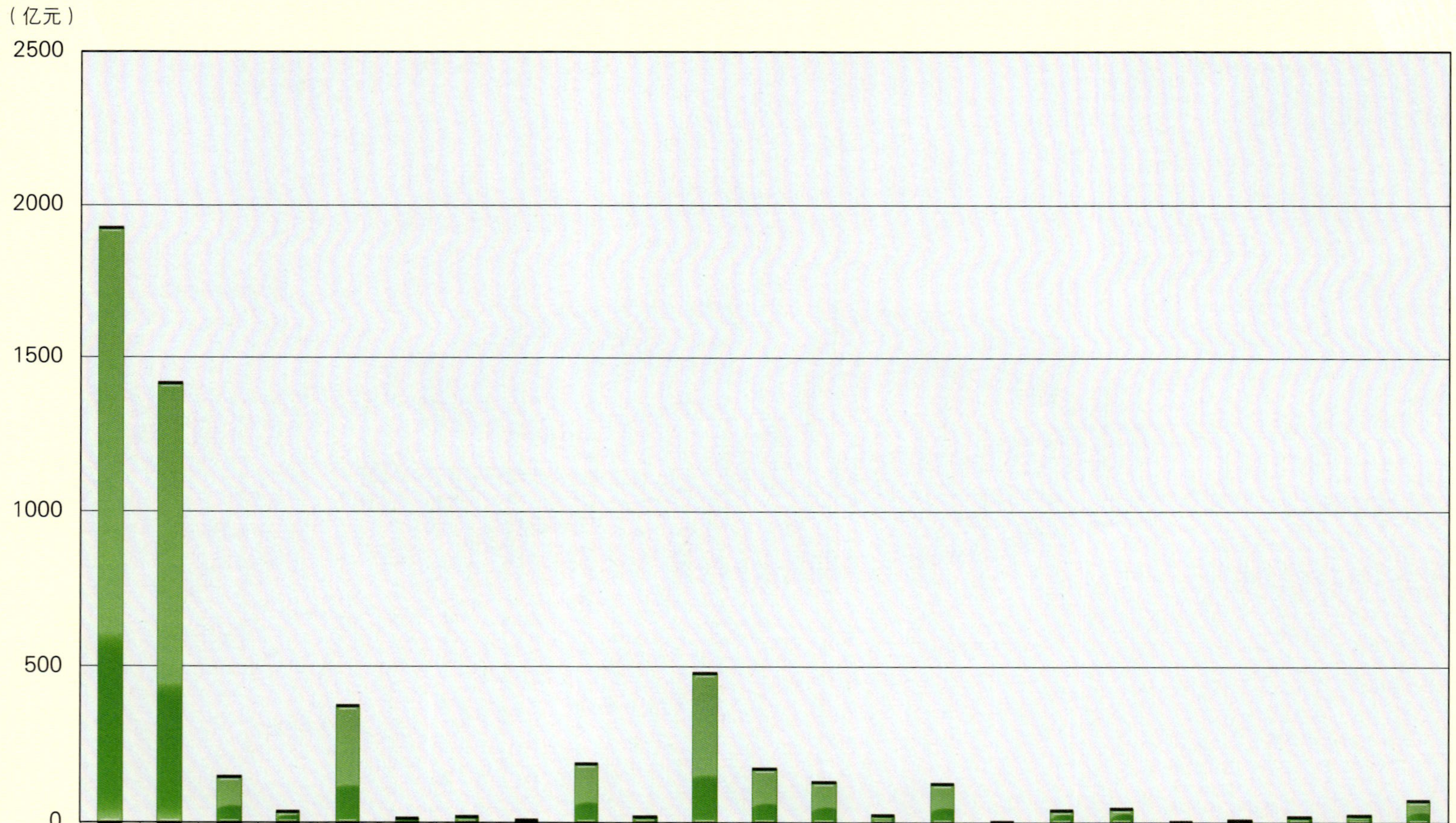

	深圳	广州	珠海	汕头	佛山	韶关	河源	梅州	惠州	汕尾	东莞	中山	江门	阳江	湛江	茂名	肇庆	清远	潮州	揭阳	云浮	横琴	省第三分局
涉外税收收入（亿元）	1924.04	1416.17	146.93	33.82	375.15	14.59	19.96	8.61	190.99	16.96	482.16	174.62	129.09	26.50	123.81	4.89	40.23	45.99	3.47	6.02	17.89	22.13	71.15

图 13　广东省涉外税收分地区收入情况（2019 年）

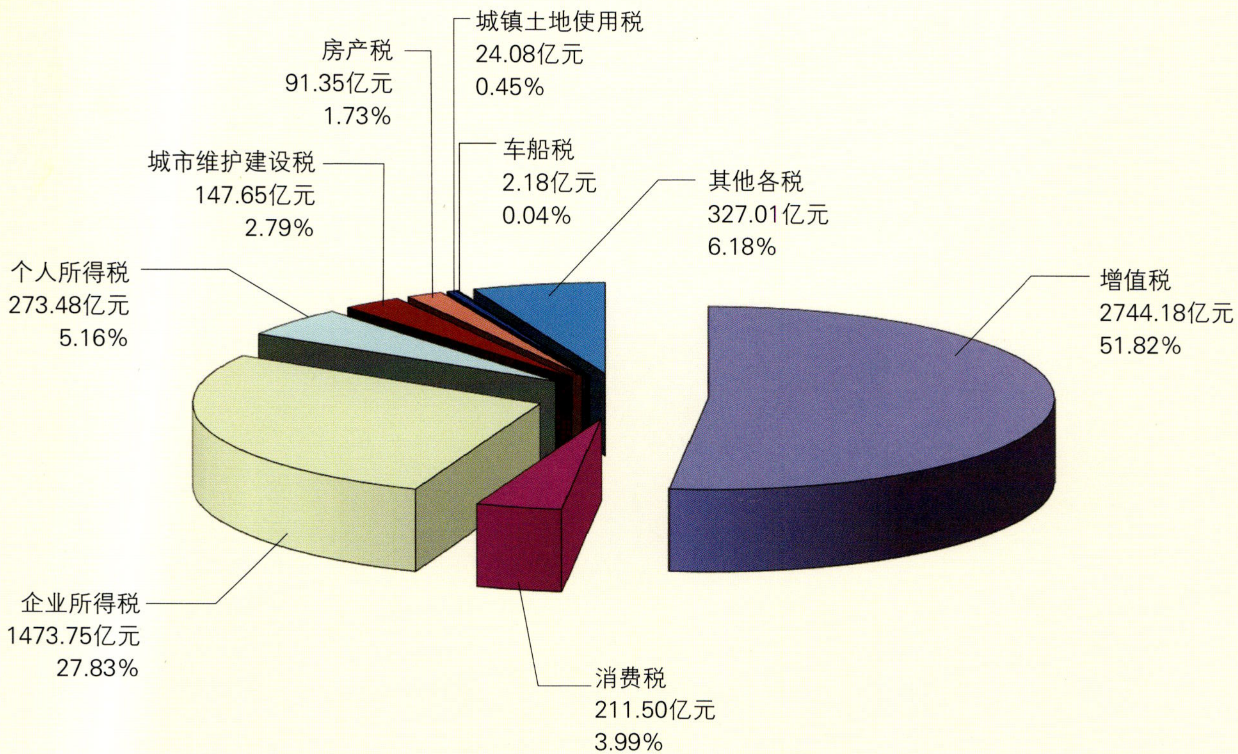

图 14　广东省涉外税收收入分税种结构（2019 年）

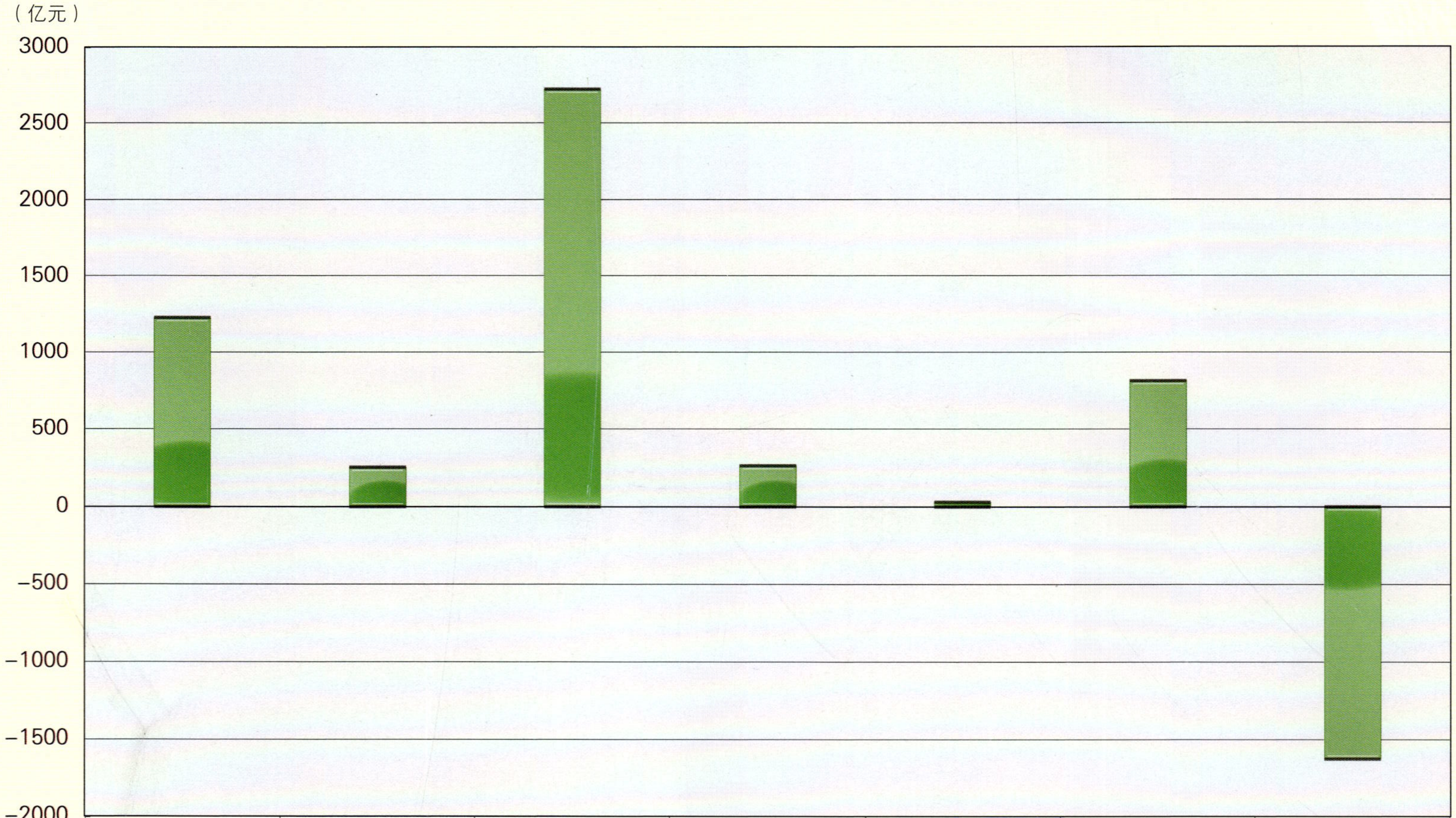

	中外合资经营企业	中外合作经营企业	外资企业	非居民企业	外籍个人	进口货物税收	出口货物退税
涉外税收收入(亿元)	1227.98	246.37	2723.68	259.34	27.51	810.30	−1626.42

图 15　广东省涉外税收收入分项目情况（2019 年）

目　　录

第一篇　年度关注

第二篇　全省税收工作

第三篇　各市（区）税收工作

第四篇　大 事 记

第五篇　机构与人员

第六篇　税费统计

税费收入统计资料

税收征管统计资料

第七篇　税收规范性文件

第八篇　文　　选

附　　录

第一篇

年度关注

全面落实“四个到位”
推动主题教育不断深入

2019年7月18日，国家税务总局广东省税务局召开党委会，迅速传达学习贯彻习近平总书记在内蒙古自治区考察并指导开展“不忘初心、牢记使命”主题教育时提出的“四个到位”要求，以“四个更加突出”推动主题教育高质量开展并取得新成效。

更加突出学深悟透，深入开展学习教育。抓深抓细个人自学，引导党员领导干部开展晨读和夜读，确保每天自学时间不少于1小时。注重丰富教育形式，组织参加广东省税务局读书班的全体学员到广州起义纪念馆、农民运动讲习所纪念馆等红色教育基地接受革命传统教育，重温、再研讨“初心”“使命”。结合广东纪律教育学习月安排，组织开展“以案释纪明纪”警示教育周活动，通过集中讲授廉政党课、开展案例剖析、组织学习研讨等形式，进一步引导广大税务干部知敬畏、存戒惧、守底线。

更加突出问题导向，努力把问题找准找实。广东省税务局党委委员围绕党的建设、落实减税降费政策、干部队伍“四合”及落实广东省委“1+1+9”工作部署情况等，深入基层调研，并与纳税人、缴费人开展座谈，通过“四走访四座谈”（结合个人查摆问题，通过走访地方党政机关、“两代表一委员”、纳税人缴费人、基层税务机关，召开广东省税务局机关党员干部代表座谈会、离退休干部代表座谈会、基层干部座谈会、纳税人缴费人座谈会），广泛征求各方意见建议，全面检视反思工作短板弱项。机关各部门结合前期征求意见建议的情况，梳理本部门1～2个“硬骨头”问题，深入基层一线开展蹲点式体验式调研，深化上下联动，找出破解难题的真招实招硬招。

更加突出把“改”字贯穿始终，在解决问题中推动工作落地落实。到点验收第一批立查立改、即知即改问题清单32项，创新推出减税降费“惠知道”系统、组织开展多渠道自然人代开增值税电子普通发票项目建设和试点应用工作、制定土地增值税清算管理规程等一系列举措，解决基层和纳税人缴费人的难点痛点堵点。梳理形成第二批立查立改、即知即改问题清单及整改台账，明责限时督促整改。以“1+1+6”（1份专项整治具体要求通知、1张专项整治任务分解表、6项专项整治行动计划）严格落实国家税务总局6项专项整治，将计划落实到岗到人，并在限期内逐项整改到位。

更加突出领导带头，确保以更高标准、更严要求、更实作风开展主题教育。广东省税务局党委委员带头开展第二轮调研走访，带头到矛盾大困难多的地方，着力解决突出问题，梳理形成“二个清单”和重点调研课题报告，不断完善个人整改台账。带头围绕“四讲”讲好专题党课，结合学习研讨和调研成果谈认识、谈问题、谈体会，指出存在问题和改进思路，并以此为契机对分管部门主题教育开展情况进行实地指导，指导基层联系点、党建联系点先学先改。

凝心聚力干在实处　服务大局走在前列
全省税费规模近3万亿元

2019年，广东省税务系统以习近平新时代中国特色社会主义思想为指导，围绕广东经济社会发展大局，奋勇拼搏、真抓实干，全省税费收入完成29968亿元，比上年增长6.5%。全省税收收入完成23789亿元，增长0.6%，其中：税务部门组织国内税收收入20241亿元，增长2.8%；海关代征进口税收3548亿元，下降10.3%。国内税收收入各级次情况为：中央级收入10228亿元，增长2.6%；地方级税收收入10013亿元，增长3.1%。全省税务部门组织社会保险费等费金收入6179亿元，增长37.6%。此外，办理出口产品退（免）税3949亿元，下降5.2%。全省税费收入运行情况如下：

税收规模优势扩大，税收增速快于全国。2019年，广东省国内税收收入规模稳居全国首位，占全国比重13.0%，比2018年提高0.1个百分点；广东省国内税收增速比全国平均增速（2.1%）高0.7个百分点，地方级税收增速比全国平均增速（1.4%）高1.7个百分点，地方级税收增速在全国31个省市中居第9。

落实减税降费成效明显。按税款所属期统计，2019年1—12月，全省新增减税降费2730亿元，其中：新增减税2458亿元，占全国新增减税规模约14%，比全省国内税收收入占全国比重高1个百分点；税务部门征收的社会保险费减免247亿元。

税收收入结构进一步优化。从产业看，第三产业对税收增长支撑作用增强，第三产业税收比上年增长2.7%，占总税收收入比重达62.6%，比2018年提高1.3个百分点，其中：信息传输、软件和信息技术服务业税收增长7.2%，金融业税收增长14.2%，呈现良好增长势头。从区域看，重点地区带动效应明显，珠三角9市国内税收增长3.4%，增速比全省高0.6个百分点。从税种看，地方税种较快增长，为全省地方级收入稳增长发挥重要作用，11个地方税种合计增长11.0%，增速比国内税收高8.1个百分点。

实打实　硬碰硬
全力推动更大规模减税降费落地生效

2019年，广东省税务部门全面落实党中央、国务院关于实施更大规模减税降费的决策部署，深入贯彻习近平总书记、李克强总理、韩正副总理重要指示批示精神，在国家税务总局和广东省委、省政府的正确领导下，将落实减税降费工作作为全省税务系统全年的工作主题和"一号工程"，摆在最突出、最靠前位置来抓，推动减税降费取得较好实效。2019年1—12月，广东全省（含深圳市）新增减税降费2730亿元，各项政策均得到较好落实，减税降费成果获多方好评。2019年2月18日，中共中央政治局常委、国务院副总理韩正到税务总局调研时，实时连线广州市天河区税务局办税服务厅，充分肯定广东落实减税降费工作。

凝聚合力，减税降费工作获多方支持。广东省税务局主动向省委、省政府汇报减税降费工作，省政府建立由10个省直单位组成的减税降费工作联席会议制度，各市县党委政府也先后成立落实减税降费工作专项小组，形成了党政高度重视、各部门大力支持的良好局面。小微企业普惠性税收政策出台后，广东省在国家政策出台后8天即制发文件，明确按50%的最大幅度减征地方"六税两费"。国务院降低社会保险费率方案出台后，广东省税务部门迅速联合人社、财政、医保等部门建立联席会议制度，协同做好过渡方案制发、政策解读宣传、征管系统调整、收入预算调整和降费核算等工作。

真心实意，为企业减负担办实事解难题。广东省税务局与省工商联搭建协作机制，走访1800多位"两会"民营企业家代表，拜会1100多个协会、商会组织，广泛征集纳税人诉求并加以研究解决。建立"一企一策"机制精准服务企业，只要有利于企业创新发展、有利于广东省经济社会发展、有利于促进社会公平，都依法给予企业最大限度的税收政策支持。对标省委"1+1+9"战略部署，聚焦粤港澳大湾区、"一带一路"和广东自贸试验区建设，专门组建工作领导小组或专业服务团队，积极向上级建言献策。围绕减税降费效应深入调研分析，形成多篇税收经济分析精品，以税资政作用全面彰显。

完善支撑，用新流程新功能提升获得感。顺利完成金税三期系统、电子税务局等改造升级，确保重要节点期间系统运行平稳。创新研发减税降费效应分析平台，为算清减税降费明白账提供有力保障。调整优化141项征管类业务事项，取消893项报送资料，开展115项政务服务事项"十统一"标准化梳理。在珠海市横琴新区试点"一次不用跑"清单，并逐步全省推广。在全省推广V-Tax远程可视自助办税系统，联合外汇部门创新推出"国际汇税通"。深度融入"数字政府"建设，依托"粤省事"实现个人所得税新政实施后缴税金额轻松查、减税幅度一键算、涉税业务指尖办。创新开发广东税务减税降费管理服务系统，构建集"政策推送+风险监控+智能退税＋减税分析＋成效展示”于一体的综合平台，有效打通了减税降费落地“最后一米”。建立涉税诉求和意见快速响应机制，全省681个办税服务厅均设置减税降费专区和专岗。围绕深化增值税改革，认真做好“开好票”“报好税”等重要工作。加快退税费审核审批速度，税务、财政、人民银行三方协同优化退库流程。

从实从细，宣传辅导服务助力应享尽享。及时组织梳理相关政策指引和操作指南，推出《税费优惠政策一本通》电子书，集成现行有效的300余项税费优惠政策。抓好业务培训辅导，对内培训干部超过1万人次；对外组织纳税人培训7800余场，培训1466万人次。利用大数据分析，筛选出符合减免政策的纳税人，通过发送短信、上门辅导、召开座谈会等开展精准辅导。抓好减税降费政策宣传，紧扣主题开展第28个全国税收宣传月活动，在中央和省级主流媒体发布减税降费报道，在门户网站开设专栏发布稿件，在微信公众号推出减税降费新媒体作品，邀请广州恒大足球队精心拍摄公益广告，受到广泛点赞转载，有效地宣传了广东优良的营商环境。

主动而为，创新监督方式推动落地落实。全面开展自查自纠，部署开展近年来外部监督发现问题整改落实情况“回头看”，全面摸查梳理政策执行过程中可能存在的风险点。创新联合监督方式，2019年3月，与内外部审计监督部门打造“统一入驻、资料共享”的高效率审计监督工作模式，得到税务总局充分肯定；5月，与省纪委监委联合建立落实减税降费工作监督协作机制，实现沟通联络、监督检查、线索移送、案件办理等事项的常态化、机制化、长效化；6月，联合省委督查室、省政府督查室、省财政厅、财政部广东监管局、审计署驻广州特派办、税务总局驻广州特派办等部门，协同开展落实减税降费督导调研；12月，在省政府办公厅的牵头下，联合省财政厅开展严肃组织收入纪律和落实减税降费督导调研。坚决整治第三方服务平台乱收费行为，联合省发改委、省财政厅、省国资委、省市场监督管理局等部门，共同开展专项整治工作。全年未发现借减税降费之名巧立名目乱收费行为；接到的7宗投诉举报均不涉及乱收费并按要求办结，办理结果得到投诉人肯定。

广东省税务局　深圳市税务局召开联席会议推出7方面31条合作事项服务粤港澳大湾区建设

2019年7月5日，广东省税务局和深圳市税务局召开2019年第一次联席会议，围绕“服务粤港澳大湾区建设”主题，研究进一步加强广东、深圳税务部门合作有关工作，审议通过合作方案、联席会议制度等，并建立广东、深圳税务部门常态化联动机制，明确每半年召开一次联席会议。

会议遵循“问题导向，深入实际；对标国际，创新驱动；循序渐进，统筹兼顾”的原则，按照推动税收管理服务“联通、贯通、融通”的目标，确定了7方面31项税收合作事项。

共推上级部署落地。一方面，主动对接国家税务总局，广东省委、省政府及广东省推进粤港澳大湾区建设领导小组办公室各项工作部署，明确粤港澳大湾区建设的重点任务，细化分工、明确责任，通过制定目标、行动对表、质量对标，确保粤港澳大湾区内地九市在组织保障、政策落实、人才培养等方面落实到位。另一方面，积极反映纳税人的合理税收诉求，及时回应各方税收关切，并从优化粤港澳大湾区营商环境、便利税收征管的角度，争取在制度创新和措施优惠上先行先试。

共建区域协作机制。积极推动建立广东、深圳、香港、澳门税务部门征管合作机制，定期探讨粤港澳大湾区跨境税务管理与服务、全球税制发展与趋势。各业务部门之间建立专项小组，共同研究解决跨境投资经营的重大涉税问题。共同派员到中央人民政府驻澳门特别行政区联络办公室挂职，负责相关税收事宜沟通协调。定期向有关部门汇报落实《粤港澳大湾区发展规划纲要》税收管理工作进展，第一时间把握上级要求。结合工作需要，组建粤港澳大湾区税收管理服务专项工作小组，与广东、深圳相关部门和企业开展“点对点”沟通。

共促税收政策落实。通过多渠道、多方式精准辅导纳税人，对不同行业、不同类型纳税人开展分层分级辅导，确保粤港澳大湾区税收优惠政策落实、有效减轻企业负担。落实粤港澳大湾区外籍人才个人所得税税负差额补贴政策，促进粤港澳大湾区内人才要素自由流动。联合开展税收经济政策效应分析，形成一批高质量综合分析报告，为领导决策提供参考。

共商重点政策研究。严格遵循“一国两制”原则，从有利于粤港澳三方互利共赢、更好发展的前提下，积极探索研究税收领域的创新政策，争取在金融机构利息预提所得税优惠政策、粤港澳大湾区实施起运港退税政策、扩大高端人才个人所得税优惠力度和范围、扶持科研创新税收优惠、降低重复征税和汇总缴纳企业所得税等方面有所突破，建立税收服务“一带一路”税收协同机制，着力破除制约粤港澳人流、物流、资金流等障碍，积极探索粤港澳大湾区先行先试经验，助力打通粤港澳大湾区金融、科技和贸易平台。

共享税收征管资源。探索开展粤港澳大湾区内地9市与香港、澳门的反避税协同调查。率先建立广东省税务局、深圳市税务局税收信息常态化共享机制，明确双方数据共享范围、口径、时效、路径等关键因素，为各项税收业务协同开展提供基础数据支撑。在此基础上，积极探索建立香港、澳门、广东、深圳税务部门间涉税信息共享制度。根据粤港澳大湾区千户集团企业需求建立税企直连平台，满足千户集团纳税人一键申报、涉税数据共享和税企互动等需求。大力推广区块链电子发票和清税注销制度改革等，进一步提升征管质量。围绕打击虚开和骗税、打击发票违法等专项活动，联合开展税警协作、承办协查、疑点信息共享工作。

共创便利服务举措。在粤港澳大湾区推广税务通智能办税柜台、电子税务局和微信公众号等，畅通办税服务渠道。通过V-Tax远程可视自助办税系统和电子税务局深度融合，实现粤港澳大湾区跨境办税“一次不用跑”。试行粤港澳大湾区内地9市简易预约定价安排谈签服务，推动双边（多边）预约定价安排谈签，协同开展税收安排待遇后续管理，统一国际税收管理与服务事项范围，编写发布税收指南，开设12366粤港澳大湾区税收服务专线和实施跨境申报缴纳税款便利化，进一步创新服务举措。

共搭交流宣传平台。建立四地联动税收政策宣讲机制，通过“互联网+”手段为粤港澳大湾区企业提供联动税收政策宣传。联合省发展改革委、粤港澳大湾区办、省内高校及专家等，举办各类税收服务粤港澳大湾区主题座谈会及研讨会，深入研究世界三大湾区发展经验，交流税收论点和优化诉求，推动《粤港澳大湾区发展规划纲要》落实落地。

探索实行办税事项“一次不用跑”助力打造粤港澳大湾区一流营商环境

2019年4月23日，广东省税务局在横琴新区正式启动办税事项“一次不用跑”改革试点，通过探索制度突破、拓展技术应用、精简资料报送、优化办税流程，将原“最多跑一次”清单中近九成事项升级为“一次不用跑”，助推减税降费政策高效落实，促进粤港澳大湾区要素资源的便捷流动。

服务升级“一清单”，优化流程减负担。通过多渠道问需和深入调查研究，对“最多跑一次”清单事项逐一进行业务整合、流程优化和资料简化，在完成合规性把关、可行性验证和网上直接办结测试基础上，将原“最多跑一次”清单中近九成事项进行升级，形成了首批《办税事项“一次不用跑”清单》，内容涵盖税务登记、认定管理、发票办理、纳税申报、税收优惠、证明办理和特色业务等7类326个涉税（费）事项。同时在规范业务流程、共享外部数据、资料留存备查和强化后续管理的基础上，将办税资料精简43.6%，有效减轻了纳税人办税负担。

系统集成“一平台”，数据传输无障碍。在前期成功打造V-Tax远程可视自助办税平台获国务院办公厅通报表扬的基础上，将V-Tax平台PC端与广东省电子税务局的业务受理接口“合二为一”，打造“办税事项‘一次不用跑’业务受理平台”，为纳税人提供电子表单填写、资料扫描上传、数据一键导入金税三期系统等“类前台”智能辅导服务。平台还开放了银联云闪付、微信、支付宝等第三方支付接口，实现多个系统间数据顺畅交互，纳税人可通过平台“面对面”咨询税务人员关于享受减税降费政策遇到的问题。

实时可视“一键通”，跨境办税零距离。将V-Tax的“实时协同技术”融入广东省电子税务局，开发信号稳定、画质流畅的“一键可视”功能。境外个人（含港澳居民）可直接使用平台的“可视化辅助”功能，“一键”实现与办税服务厅后台人员的远程实时“面对面”沟通，“零跑动”办理实名认证，并享受其他个性化服务。非居民扣缴业务实现100%全流程“一次不用跑”办理，最快15分钟就能完成从办理临时登记到微信扫码支付的全流程，实现了粤港澳大湾区远程跨境办税“零跑动”“零距离”。

签署战略合作框架协议 大力推进税收信息化建设

为深入贯彻落实国家税务总局党委书记、局长王军在广东调研讲话精神，在信息化建设方面争取更大创新，广东省税务局着眼于“不忘初心、牢记使命”主题教育检视和查找出来的差距，着眼于税务系统具有基础性、关键性、战略性作用的重要领域，率先启动新一轮税收信息化规划建设，于2019年7月4日与华为公司举行战略合作框架协议签约暨联合创新中心揭牌仪式，全面展开科技战略合作，充分发挥华为在5G通讯、区块链、人工智能等领域的技术优势，积极打造与现代税收征管模式相适应的，以电子化办税、大数据管控、全过程服务、智能化提升为主要特征的基于互联网生态的新型信息化体系，力争在智慧办税、智慧管税、智慧决策等方面为全国税务系统探索有益经验。

联合开展信息化建设顶层设计，着力解决信息系统重复建设问题。立足高起点、坚持高站位，按照全省一体化建设思路，组织编制《广东省税务系统信息化建设总体规划（2019—2022年）》；同时，结合当前急需解决的实际问题，制订政务服务、数据应用、IT建设和数据呈现4个专项规划，形成“1+4”信息化规划体系，明确由省税务局统筹全省税务系统信息化项目立项，切实解决系统多头建设、重复建设问题。

共建联合创新中心，着力解决系统运维主动权问题。与华为公司共建联合创新中心，探索采用实体化运作模式，组建税务部门与华为公司共同参与的混编专业团队，承担业务创新、信息化项目开发、运维等职责，全面掌握系统运维主动权，切实改变过去系统由软件公司开发、后续运维仍由其掌控的被动局面。

协同推动掌上税务局等重点项目建设，着力解决信息系统对税收业务支撑问题。按照“删繁就简、便民利企”的原则，组织对全省税务系统税费业务进行全面梳理，优化再造业务流程，结合现行征管模式，充分发挥信息化对业务的支撑和引领作用，促进业务规范，推动业务创新，并重点优化电子税务局，打造全税费、全流程、线上办理的“掌上税务局”，实现税费一体化统管，切实改变以往税费征管和服务各线条业务分割的问题，有效提高服务和监管能力。

合力打造高端人才培养基地，着力解决专业人才培养问题。建立健全专业人才互培、调配机制，通过内部选调、外部聘用等方式，共同开展项目研发试验，力争在实战训练中培养一批业务技术复合型的高端人才，激发税务人员创新积极性，切实改变多年来税务干部队伍“懂业务的不懂技术、懂技术的不懂业务”困境，打破信息化专业人才成长“天花板”，为税收现代化持续“赋能”。

加强战略布局，着力解决系统安全可控问题。始终坚持“安全是第一位”原则，一方面充分考虑核心产品国产化等问题，提早布局；另一方面，注重建章立制，加强信息系统全生命周期的闭环管理，确保“信息化做到哪里，制度就跟到哪里”。

扎实推进规范化标准化一体化建设 集中发布首批26项建设成果

为落实好国家税务总局党委书记、局长王军2019年6月在广东调研时关于“要加强一体化设计，尽快建立税收工作统一规范、统一标准”的指示要求，破解国税地税征管体制改革后制度体系不够健全、工作标准不尽统一、职责边界模糊、业务差异凸显等突出问题，推动提升税收治理体系和治理能力现代化水平，广东省税务局自2019年7月起在全省税务系统部署开展规范化标准化一体化建设（以下简称“三化”建设），以“一年基本成型，两年巩固提升，持续改进优化”为路线图，力争到2020年形成全省统一的制度体系、标准体系、岗责体系，使高质量推进税收现代化的基础更加坚实。2019年11月底，正式发布党建工作手册、信息化建设规划、全国首个省级办税服务厅管理规范等首批26项建设成果。

一、加强组织领导，“三化”建设有章法

突出牵头抓总，层层压实责任。成立广东省税务局“三化”建设领导小组，下设领导小组办公室及政策执法、征管信息、纳税服务、党的建设、队伍建设、行政管理6个工作组，机关各处室全部参与其中，负责全系统“三化”建设组织推进和督促落实工作，充分发挥牵头抓总作用，层层压实责任，及时解决工作中的困难问题，确保各项工作有力有序开展。

突出机制保障，确保高效运转。制定“三化”建设工作计划，以及各工作组的工作方案、任务实施表和省市局分工安排，以周为单位倒排工期、对表推进；探索建立工作督办、情况反馈、业务文本评审、业务事项动态管理、档案管理等7项工作制度，用制度管人管事，确保高效运转；通过月度例会、联络员周会、“粤税心声”网络社区等方式和渠道，及时掌握各方面情况，广泛听取各级各部门意见建议，推动“三化”建设持续优化提升。

突出夯基固本，坚持双线并行。一方面，抓好各项工作规范性标准性的基础建设，有序开展部门职责和业务边界划分、业务事项文本撰写等工作；另一方面，以问题为导向，下大力气、集中力量、逐一研究，破解一批当前工作中存在的“老大难”问题。

突出省市共建，汇聚强大合力。根据各层级职能和权责的不同，合理区分省市税务局的任务与事项，鼓励各地在省税务局的总体框架下，与省税务局各工作组采取“结对”、项目制等方式进行共建，充分调动机关和基层两个积极性，打造既能在基层落地、又可在全系统推广的创新项目和样板。广东省税务系统共有省市税务局共建项目112个，在首批推出的26项成果中，有23项成果为省市税务局共建项目。

二、坚持系统推进，“三化”建设成体系

厘清部门职责边界，建立规范化的制度体

系。全面梳理新机构各层级、各部门职责交叉、关系不顺、运转不畅等问题，按照管理权限细化“三定”规定，清晰界定各部门间的职责边界；以每个业务场景为基本单位，规范描述每一业务事项的内涵和外延，制定涵盖政策依据、工作标准、资料文书、工作流程等内容的制度规范，确保每一项工作都有章可循。初步梳理2000多项部门职责和业务边界，完成1600多个业务事项文本的编写。

聚焦关键业务流程，建立可量化的标准体系。紧扣每个业务事项的关键环节和重要节点，细化明确其适用范围、数量指标、政策口径、程度效果、风险控制等要素，实现工作流程和效果可量化、可比较、可评估、可监督，确保各项工作规范、高质量地运行。例如，针对增值税留抵税额退税这一全新政策，编制涵盖办理程序、系统操作、热点问答、风险内控等内容的“标准化管理服务指南”，为基层税务人员提供规范统一的操作蓝本。

着力消除业务差异，建立一体化的岗责体系。通过消除部门、层级、区域间政策、管理、服务、执法、技术的不合理差异，形成协同有序、运转高效、稳控风险的良好态势，推动全省税务系统全面均衡发展。例如，以《全国税收征管规范（2.0版）》《全国税务机关纳税服务规范（3.0版）》为基础，编制240多万字的《广东省税务局税费业务征管规程》，形成全省统一的税费业务岗责体系，横向覆盖18个税费业务线条，纵向覆盖省局、市局、县局和分局4个层级，全面支撑508项税费业务的规范办理。

三、深化成果运用，“三化”建设重实效

用信息化手段固化成果，构建长效机制。始终坚持把“三化”建设与信息化建设统筹考虑、一体推进，既强调用信息化手段助推和实现“三化”建设，又注重用信息化手段固化和体现“三化”建设的制度成果，避免制度只是单纯地写在纸上、挂在墙上。已启动“三化”建设业务保障平台建设，开发了智慧财务管理系统、绩效分析报告系统、党建工作智库等6个信息系统。

在破解难题中检验成果，提升工作效能。坚持问题导向，通过重建业务规则、再造业务流程、优化管理机制、推进服务均衡等，着力破解税务人和纳税人缴费人反映强烈的“痛点”“堵点”“难点”问题，以解决问题成效检验“三化”建设成果。例如，创新打造全国税务系统首个自主落地的技术中台——“广东省税务局应用集成平台”，实现软件基础设施“标准化”、开发工具“规范化”、开发运维“一体化”，极大简化了应用系统开发工作，有效解决信息系统过多、重复建设、维护困难等突出问题。

线上线下立体展示成果，营造良好氛围。线上，以“透过‘三化’看变化”为主题集中开展系列图文和视频宣传，持续优化内网“三化”建设专栏版面设计及内容，开展逐项成果的部门约稿，加强信息专报报送，有效扩展“三化”建设知晓面；线下，制作“三化”建设专题板报，举办首批成果大型图片展，及时宣传推广“三化”建设成效和成功经验，推动广东税收现代化水平不断提升。

“五个聚焦”狠抓整改落实 推动增值税发票管理 专项整治取得扎实成效

2019 年，广东省税务局坚决贯彻国家税务总局党委工作部署和税务总局党委书记、局长王军指示要求，结合深入开展“不忘初心、牢记使命”主题教育，在全省税务系统部署开展“全方位、深层次”的增值税发票管理专项整治，突出问题导向，强化靶向发力，狠抓整改落实，采取针对性措施进一步加强和规范增值税发票管理，积极探索增值税发票管理创新，不断促进税收营商环境优化，取得阶段性成效。全省税务系统升级完善制度规范 62 项，优化科技防控系统 12 个，有效堵塞增值税专用发票管理漏洞。全年税务总局共下发发票快速反应风险任务 87 批，涉及广东企业 30 户，占全国比例 0.27%，下降幅度达 90.97%，从第 57 批起广东已连续 31 批任务数量为零，虚开骗税势头得到有效遏制，展现出广东税务干部队伍勇担当善作为的积极面貌。

一、聚焦风险排查，坚持外查与内治并举，确保整治不留空白

制定《增值税发票管理专项整治工作方案》，省、市两级税务局成立由主要负责人任组长、相关部门共同参与的专项整治工作领导小组，坚持重点整治与全面覆盖相结合，压茬推进、不留死角，推动专项整治由疑点企业的外部核查向内部业务管理和关键岗位自查延伸。

利剑对外，严查疑点企业。深入查摆增值税发票管理各环节问题，以企业疑点为切入点，横向全环节核查，纵向深层次分析。全省已核查纳税人 124.39 万户次，发现问题 104 项，涉及纳税人 14.24 万户次，金额 110.33 亿元，税额 18.24 亿元。

刀刃向内，深查管理漏洞。在核查疑点企业的基础上，同步深入排查增值税发票管理制度不完善、职责不清晰、流程不优化、履职不到位等问题，在全系统开展“查风险、严防控、促规范”专项行动，全面查找漏洞隐患，并及时在内控监督平台新增“涉嫌违规为纳税人办理发票解锁”“增值税专用发票最高开票限额 100 万元以上未经实地查验即审批”等监控指标 29 个，进一步优化内控监督体系。

二、聚焦夯基固本，坚持制度与科技并举，织密风险防控网络

针对专项整治反映的制度失灵、“牛栏关猫”、信息化手段滞后等问题，坚持边查边改、立行立改，在健全“制度 + 科技”风险防控体系上狠下功夫。

立规范明标准，构筑制度“防火墙”。制定《增值税发票申领分类分级管理办法》《增值税发票管理风险内控制度及配套操作指引》等 5 项制度和指引，堵塞制度漏洞，夯实增值税发票管理基础，着力推进增值税发票管理全省规范统一

有序。各地也针对本地区发票管理存在问题完善制度规范 20 个、管理办法 3 个、工作指引 34 个，进一步细化要求，使制度可操作、易执行。

着眼智慧防控，打造科技“监视器”。自主研发增值税发票全链条智慧防控系统，对全省增值税发票开具情况实行全天候实时监控，形成发票风险事前预测、事中监控、事后应对的闭环管理风险防控体系，有效遏制虚开增值税发票势头。2019 年，税务总局下发发票快速反应风险任务共计 87 批，涉及广东企业 30 户，占全国比例由上年的 2.99% 大幅下降至 0.27%，降幅达 90.97%。

三、聚焦分类分级，坚持放权与监管并举，实施差异化管理服务

针对专项整治发现的对企业限量供票“一刀切”、风险防控针对性差等问题，既以最严标准防范偷逃税，又以最优服务保障守法纳税人权益，依托自主研发的智能化发票管理信息系统，运用税收大数据对企业用票“一键体检”“智能供票”“风险阻断”，根据风险评价结果从发票领用源头上实施差异化的分类分级管理服务，实现“放权不放手、监管不缺位”。

对低风险企业，按需供票、便捷用票。在保障企业正常经营用票需求的基础上，大幅提升发票申请办理效率，通过开通“绿色通道”等，使企业领票用票更加方便快捷。比如，广州市税务局户均发票票种核定审批时长从 15 分钟下降为 1.5 分钟，事项办理效率提速近 90%。

对高风险企业，限制供票、源头阻断。比如，中山市税务局针对不法分子“快登记、快虚开、快走逃”的作案特征，委托邮政速递在投送优惠政策资料时现场查验高风险企业经营地址、经营者身份等情况，税务机关分析后及时采取限制性措施，实现了税邮联合“快勘验、快锁定、快反制”，解决了以往发票管理实地查验滞后、风险排查导向性差、发现虚开再补救迟等难题，邮政部门反馈的虚开疑点户数由 2019 年 1 月的 26.7% 下降至 10 月的 6.14%，呈逐月下降趋势。

四、聚焦服务发展，坚持服务与打击并举，助力优化税收营商环境

针对专项整治反映的便民利民不够、暴力虚开形势多变等问题，将增值税发票管理工作与服务地方经济社会发展相结合，积极营造优良营商环境。

优化服务不止步，纳税人满意度有新提升。压缩新办纳税人申领发票时间，实现符合条件的新办纳税人首次申领发票 1 个工作日内办结、有条件的即时办结。取消增值税发票认证，实现 92.3% 的增值税纳税人通过发票选择确认平台勾选认证增值税发票，大大减少往返办税厅时间。建设全国首个省级自建代开增值税电子普通发票平台，实现自然人代开普通发票“一次不用跑”。在税务总局组织开展的 2019 年纳税人满意度专项调查中，广东排名第 10，较上年大幅进步 20 名。

保持高压不松懈，打虚打骗有新成果。大力开展打击虚开骗税两年专项行动，构建“预判—勘验—监控—打击”防虚打虚联动机制。2019 年共立案检查各类虚开企业 2.22 万户，认定虚开发票 23.5 万份，破获虚开团伙案 45 个，协助公安机关抓捕犯罪嫌疑人 372 名，挽回税款损失 21.14 亿元。

五、聚焦从严带队，坚持明责与追责并举，促进干部廉洁担当作为

针对专项整治反映的内部管理失职渎职等问

题，积极构建内控全闭环，重塑权力制约的责任链条，保护干部更好地廉洁担当作为。

推进限权明责，让干部心中有责。部署在全省税务系统开展规范化标准化一体化建设，以每个业务场景为基本单位，围绕梳理业务事项、明确政策依据、建立工作标准、统一资料文书、规范工作流程、明确岗责要求等9方面任务对表推进。全省已对增值税发票管理45个事项、104个业务场景的征管规程及岗责进行梳理。通过明确增值税发票管理各环节的执行标准、岗责权限和流程规范，做到岗位与职责匹配统一，使干部明职责、慎用权。

从严问责追责，让干部心中有戒。以鲜明立场和果断决心严肃责任追究，加大税收执法过错责任追究和“一案双查”力度。全省共移送涉嫌违规问题516件次，移送涉嫌违纪违法问题30件次，开展专项执法督察151件次，开展“一案双查”195件次；采取责令作出批评教育、书面检查、通报批评、取消评选先进的资格、调离执法岗位等方式进行税收执法过错责任追究283人，并对有关组织和领导干部给予组织处理、纪律处分、问责。

精心组织　扎实推进
公务员职级晋升试点工作

作为全国税务系统公务员职级晋升两个试点单位之一，广东省税务局坚决拥护税务总局决策部署，以“总体启动、随地而动，省税务局统揽、市税务局主责，党建引领、专班保障，稳中求进、公平公正，用好政策、严明纪律”为总要求，精心组织实施，聚焦重点难点持续攻坚，扎实有序推进改革。

加强组织领导，强化责任担当。2019 年，广东省税务局党委组织召开专题会议、工作会议 18 次，研究部署有关工作，切实扛牢抓实改革责任。2019 年 11 月 8 日，广东省税务局第一时间成立主要负责人任组长的职级晋升试点工作领导小组，领导小组下设办公室，由分管人事工作的局领导任主任，人事处处长、办公室主任等任副主任，纪检组、办公室、财务、督察内审、巡察办、党建等相关部门为成员单位，抽调 35 名骨干组建工作专班，下设综合、宣传、政策（培训）、实施和监督 5 个专项组，建立责任落实、工作统筹、分类培训、沟通反馈、舆情应对、监督问责 6 项工作机制；各试点税务局逐级建立相应的工作机制，形成“一竿子贯到底”、上下协调、分级落实的工作格局。2019 年 11 月 20 日，组织召开全省税务系统公务员职级晋升试点工作培训布置会议，进一步统一思想认识、压实主体责任、明确工作要求。

主动汇报沟通，争取地方支持。广东省税务局党委第一时间向省委、省政府书面汇报试点工作。2019 年 11 月 11 日—15 日，广东省委副书记、省长马兴瑞，省委常委、组织部部长张义珍，省政府党组成员、副省长张虎分别作出批示，强调要积极支持和帮助试点工作，确保圆满完成税务总局交给广东的改革任务。2019 年 11 月 19 日，马兴瑞省长再次作出批示，强调广东省税务局被确定为全国税务系统职级晋升工作试点单位，充分体现了税务总局的信任和支持，并明确要求省委组织部、省财政厅、省人社厅等部门认真研究、给予大力支持。同时，广东省税务局领导带队走访省委组织部等 5 个省级党政部门。各试点税务局也主动加强与地方党政领导的汇报沟通，争取将税务部门试点工作纳入地方整体工作安排，各级组织部门均指定专人跟进税务部门的试点工作。

精心选择试点，保障探索实效。广东省税务局党委对干部队伍状况、职数配备和使用情况进行通盘考虑，按难易结合、地域兼顾、类型搭配的原则，于 2019 年 11 月 10 日在所在地已经开展一次晋升的市级局中，慎重选择广州、珠海、汕头、河源、东莞、湛江 6 个具有广泛代表性的市税务局作为试点单位；并选择广州市荔湾区税务局、广州市南沙区税务局、珠海市金湾区税务局、汕头保税区税务局、和平县税务局、东莞松山湖高新技术产业开发区税务局、徐闻县税务局 7 个区（县）税务局同步进行试点，赋予试点单位一定探索的权限，使试点工作更加精准地对接发展所需、基层所盼、民心所向。

全面分析研判，确保措施到位。把职级晋升工作与优化班子结构、拓宽成长渠道、激发队伍活力有机结合，详细分析研判干部队伍情况，力求全面、精准、真实。在分析研判中，充分了解干部个人想法，推动实现组织意图和个人意愿的有机结合；针对军转干部这一重点关注群体，制发《军转干部职级情况分析一览表》，确保工作落实落细。结合分析研判的情况，在统筹把握中央政策、税务总局要求、地方办法和本系统实际的基础上，完成制定贯穿三级税务机关的试点工作方案、指导意见等。广东省税务系统试点工作方案于 2019 年 11 月 19 日获得税务总局批准。

做好思想工作，维护队伍稳定。把做实做细干部思想政治工作摆在突出位置，提出加强思想引领等 9 项具体工作要求。广东省税务局党委主动实施由单位主要负责人兜底的“三轮必谈”做法，省税务局党委主要负责人于 2019 年 11 月上中旬与省税务局机关各部门和部分市税务局主要负责人共 42 人进行谈话，党委委员分别对分管部门其他处级干部进行谈话，各部门主要负责人对部门其他干部进行谈话，全系统各级各部门按照管理权限扎实推进“三轮必谈”，把税务总局、广东省税务局党委的部署安排、政策规范和纪律要求清楚地传达给每一个干部。2019 年 11 月 15 日，税务总局党委委员、副局长王陆进专门就广东省税务局“三轮必谈”批示“这个做法好”。同时，加强对潜在风险隐患的防控，深入开展风险点排查，做到及时发现、及时稳控、及时化解，全力保障队伍稳定。

严明纪律规矩，保障任务落实。坚持把纪律规矩挺在前面，严格落实税务总局“四个不得、一个绝不允许”的要求。明确要求各级税务局纪检组落实全过程监督，对违反政策规定以及不按要求执行的，要坚决予以纠正；对出现重大问题、造成严重后果的，要立即暂停该地区职级晋升工作，并严肃追究责任；对在职级晋升工作中不服从组织安排的干部，下次开展领导职务选任和职级晋升时原则上不予考虑；对政策规定已明确，仍不服从安排的干部，在职级晋升中不予考虑，并按有关规定严肃处理；对只考虑自身诉求、不考虑单位实际、没有大局意识，违反规定在媒体或各种场合发表不实言论、造成不良影响的干部，在职级晋升中不予考虑，并按规定严肃处理。此外，严格执行工作纪律、保密纪律，严禁泄露工作秘密，违者严肃追责。

第二篇

全省税收工作

全省经济概况

【经济概况】　2019年，广东省实现地区生产总值（GDP）107671.07亿元，比上年增长6.2%。第一产业增加值4351.26亿元，增长4.1%，对地区生产总值增长的贡献率为2.6%；第二产业增加值43546.43亿元，增长4.7%，对地区生产总值增长的贡献率为33.6%；第三产业增加值59773.38亿元，增长7.5%，对地区生产总值增长的贡献率为63.8%。三次产业结构比重为4.0∶40.5∶55.5，第三产业所占比重提高0.7个百分点。实现社会消费品零售总额42664.46亿元，增长8.0%。全年地方一般公共预算收入12651.46亿元，增长4.5%；其中税收收入10062.35亿元，增长3.3%。全年一般公共预算支出17314.12亿元，增长10.0%。

（肖　清）

全省税收工作综述

【概述】　2019年，国家税务总局广东省税务局以习近平新时代中国特色社会主义思想为指导，坚决贯彻党中央、国务院重大决策和国家税务总局、广东省委、省政府部署要求，克难奋进、锐意开拓，圆满完成各项工作任务，高质量推进新时代税收现代化建设，新税务新发展迈出坚实步伐。

【党的政治建设】　不断加强政治建设，把党的领导落实到税收工作各方面。认真落实第一议题制度，建立“传达学习、全程跟踪、强化督办”机制，围绕推动落实习近平总书记重要指示批示和党中央重大决策部署，提出8个方面措施。坚持抓基层、打基础，围绕“组织力提升”主题，认真落实加强基层党组织建设三年行动计划。扎实开展“不忘初心、牢记使命”主题教育，举办各种形式讲座、研讨、培训，对照党章党规找差距，建立整改整治工作“回路”管理机制，开展“为民服务解难题”回头看行动，解决突出难题。开展形式主义官僚主义集中整治，出台为基层减负56条措施，广东省税务局制发重点文件减少34%，基层报送资料减少57%，全省性会议减少39%。持续健全纵合横通强党建机制体系，凝聚各方抓党建工作合力，推动省、市、县三级税务局领导班子建立基层党建联系点，构建与纪委监委、地方工委常态化沟通机制。广东税务系统共816个基层党组织与当地党政及企事业单位开展党建共建，52个单位成为地方党建示范点。分类选树培育基层党建工作品牌，党建工作在广东省直机关党建工作考评中名列前茅。

【税费收入】 2019年，全省税费收入完成29968亿元，比上年增长6.5%。全省税收收入总额23789亿元，增长0.6%，其中：税务部门组织国内税收收入20241亿元，增长2.8%；海关代征进口税收3548亿元，下降10.3%。税务部门组织费金收入6179亿元，受社会保险费和非税收入征管职责划转影响增长37.6%。税务部门办理出口产品退（免）税3949亿元，下降5.2%。

【税费收入特点】 税收规模优势扩大，税收增速快于全国。广东省国内税收收入规模稳居全国首位，占全国比重13.0%，比上年提高0.1个百分点；国内税收增速比全国平均增速（2.1%）高0.7个百分点；地方级税收增速比全国平均增速（1.4%）高1.7个百分点。

重点地区税收带动效应明显，全省国内税收减收面超四成。珠三角9个市国内税收收入17911亿元，比上年增长3.4%，增速比全省高0.6个百分点，税收带动效应明显；粤东西北地区国内税收收入2330亿元，下降1.2%。受减税降费等因素影响，全省21个地级以上市中，国内税收减收面达47.6%；全省159个县区单位中，国内税收减收面达42.7%。

中央级与地方级税收协调增长，地方级税收占财政收入比重高于全国。全省国内税收收入中，中央级收入10228亿元，比上年增长2.6%；地方级税收收入10013亿元，增长3.1%，其中：省级收入2733亿元、增长2.8%，市县级收入7280亿元、增长3.3%。全省税务系统完成地方级税收占全省一般公共财政预算收入比重79.2%，比全国占比高2.5个百分点。

【社会保险费和非税收入】 2019年，组织完成社会保险费收入4890亿元，受征管职责划转等因素影响比上年增长30.2%。非税收入687亿元，增长16.3%。其中：教育费附加收入274亿元，下降2.3%；地方教育附加收入182亿元，下降2.3%；文化事业建设费收入26亿元，下降10.5%；划转的大中型水库移民后期扶持基金收入、国家重大水利工程建设基金收入、可再生能源发展基金共收入合计130亿元；其他收入602亿元，增长319%。

【税收法治】 全面铺开行政执法“三项制度”，率先统一应用“‘三项制度’一体化管理平台”“行政执法信息公示平台”。修订规范处罚裁量权的实施办法及裁量基准，在法定幅度内降低处罚标准。出台《推行行政执法说明理由制度工作规定》，结合税收风险管理，不断优化税务执法方式，减少对企业不必要的干扰。

【税收政策落实】 出台支持广东自由贸易试验区深化税收改革创新的意见，支持南沙、横琴税务部门大胆试、大胆闯。出台税收服务广州“四个出新出彩”行动的意见，提出了加大对广州税收支持的20项举措。与深圳税务建立常态化联动机制，明确31项合作事宜，推动税收管理和服务“联通、贯通、融通”。实施增值税期末留抵退税制度，为1630户次纳税人退税123亿元。落实跨境电商零售出口“无票免税”政策，“无票免税”出口额达190亿元。在全国率先出台“三旧”改造税收指引，精准衔接9种改造模式，激发各方参与改造积极性，为城市更新和产业升级注入了新活力。

【税种管理】 在抓实增值税、消费税、企业所得税等重点税种管理的同时，着力地方级收入增收，加强地方税种管理。全面推广土地增值税“集中清算、分段审核”新模式，实现高基数上增长39%；加强增量房交易税收管理，出台土地储备中心转为一般纳税人的指引，推动契税、耕地占用税等及时入库。全面实施综合与分类相结合的个人所得税税制，贯彻落实6项专项附加扣除政策，全年个人所得税累计新增减税414亿元，享受专项附加扣除人数超过501.99万人，人均减税1513.44元，2558.83万自然人纳税人在享受新政优惠后无需缴纳个人所得税，减轻了中低收入群体税收负担。

【纳税服务】　取消税务证明事项60项和税务行政许可1项，精简税费业务事项909项，减少表证单书408份；简化企业跨区域迁移办理，迁移时间压缩95%；深化企业简易注销登记改革，实施"承诺制"容缺办理，办理时间压缩75%。率先实施办税事项"一次不用跑"改革，可办128个涉税（费）事项，基本覆盖了经营主体的发展周期，被省政府列为全省复制推广借鉴的优化营商环境改革11项举措之一。升级电子税务局，实现80%办税事项全程网上办，深度融入"数字政府"，115项税务事项进驻省政务服务平台。创新推出"国际汇税通"，集成企业、税务、外汇、银行四方数据，对接174个国家（地区）常见贸易活动类型，办税时间平均缩减6小时。依托建设银行1100多家网点、4000余台智慧柜员机，上线"银税互联自助办税"服务。

【征收管理】　城乡居民养老保险和医疗保险征收职责顺利划转，在全国率先实现社会保险费全险种全范围由税务部门征收。牵头建设社会保险费省级三方协同平台，12个地市上线省社保大集中系统。完成社会保险费扩面征缴任务，企业职工基本养老保险缴费人数达2400万人。新划转9个非税收入项目如期开征，收入123亿元，初步建立流程顺畅、征管规范的非税收入征缴体制。

【税务监管】　完善税务监管体系，强化"信用+风险"动态管理，既便利守信纳税人，又提高风险应对的精确性，扎口下发风险任务16万户次，应对入库税款202亿元。积极构建省属集团企业征管服务专业化体系。与公安、自然资源、生态环境等部门建立数据共享常态化机制，共获取13个部门92项信息类数据，税收共治进一步强化。

【电子税务】　信息化建设扎实推进，围绕解决信息系统"烟囱林立""条块分割"等问题，与华为、腾讯等合作，成立"智慧税务联合创新中心"，高标准制定"1+4"信息化战略规划。各级各部门敢闯敢试、创新突破，打造了掌上税务局"粤税通""云缴税（费）"、网上全流程代开增值税电子普通发票平台、智慧政务平台等系列成果。

【国际税收】　全年共组织国际税收收入196.27亿元，其中非居民税收188.86亿元，比上年减少17.86亿元，降幅8.64%。共完成16户企业的反避税结案和7户企业的反避税立案会审工作，通过反避税调查环节增收7.01亿元；通过境外税收风险管理增收近0.4亿元；通过税收情报交换查补税款近10万元。

【教育培训】　组织练兵比武，4.4万人参加网络竞赛。加强专业人才培育，4人入选第六批税务领军人才，选聘新机构第一批兼职教师235人。扎实开展学习教育，举办4期学习贯彻党的十九届四中全会精神处级干部培训班，全系统开展集中学习研讨918次，举办读书班、研讨班328期，举办党组织书记培训班174期，开展"四项教育"3000余次。

（肖　清）

政务管理

【概述】 2019年，在广东省税务局党委的正确领导下，在各级各部门的配合与支持下，办公室部门坚持党建和业务共融互促、同频同振，不断提升服务能力和水平，各方面工作取得了扎实成效。突出党建引领，队伍精神风貌呈现新气象。把政治建设摆在首位，全面加强党支部建设，落实落细全面从严治党要求，办公室支部荣获2019年“广东省直机关先进基层党组织”称号。

【服务决策】 坚持广视野、高标准、严要求起草综合文稿，全年累计完成重要文稿80余篇，逾50万字，在辅助领导决策、推进全局工作上发挥了积极作用。扎实开展税收调研工作，聚焦国家重大战略和广东省“1+1+9”工作部署，形成一批高质量的调研报告。积极参与税收政策研究，拟定13项服务大湾区建设政策建议，积极争取国家税务总局支持；与深圳市税务局建立常态化联动机制，围绕服务粤港澳大湾区建设召开联席会议，确定7方面31项合作事项。在全系统开展简报清理，进一步规范领导送阅信息管理，编发《税务专报》184期、《税收动态》98期，被中办、国办采用7篇次并呈报有关领导，被税务总局办公厅、广东省委办公厅和省政府办公厅采用92篇次。

【综合运转】 有序铺开规范化标准化一体化建设（以下简称“三化”建设），出台《开展规范化标准化一体化建设的决定》，着力推动广东税务工作生态实现系统性重构。全年累计撰写1159个事项文本，梳理2000多项部门职责和业务边界，建立制度255项；推出信息化建设规划、办税服务厅管理规范、全省统一的税费业务规范管理体系等两批共54个创新项目，破解一批税务人和纳税人缴费人反映强烈的“痛点”“堵点”“难点”问题。推进行政管理信息化创新。集成建设智慧政务平台，融合综合办公、“云档案”管理、行政辅助、数文管理等系统，推动广东省税务局层面整合优化74个系统，“1+N”行政管理信息化体系初具雏形。周密细致做好重要会务保障工作，圆满完成税务总局党委书记、局长王军，广东省副省长张虎等领导实地调研的服务保障工作。全年累计召开党委会49次、局长办公会24次、局务会2次以及全局性综合会议5次。按时保质做好文件办理。优化文件分办规则，结合“三化”建设有关职责边界划分的部署要求，最快速度做好文件分办；通过办文提醒、办文说明等机制，努力推动局内各单位办文质效不断提高；高质量办结人大代表建议和政协委员提案100件。

【税收宣传】 围绕中华人民共和国成立70周年、更大规模减税降费等重大主题，推出“减税降费36计”接龙报道、“减税降费百企调研”等税宣创新品牌项目，推出《改变不止一点》《力量》等影响力强的税收宣传新媒体作品，9项作品在新媒体爆款大赛、全国税收公益广告中获奖，官方微信粉丝突破900万。广东省税务局办公室获评为全国“七五”普法中期先进集体，1人获评先进个人；中国税务报广东记者站被评为“优秀记者站”，2 人连续 3 年被评为优秀记者；新闻宣传、新媒体、影视宣传绩效指标均在全国排名第 1。

【保障稳定】　筑牢风险防控化解机制，针对个人所得税改革、减税降费、职务与职级并行等重点工作，联动打造保密、舆情、信访、应急管理“四位一体”闭环管理链条。制订出台涉税舆情管理办法和处理预案，建立完善技术监测手段。对信访隐患开展“拉网式”排查，坚持属地管理、分级负责，有效把各种矛盾和问题解决在基层和属地，化解在萌芽状态。修订完善保密工作制度，组织开展机关保密检查，及时堵塞漏洞、防范风险，全系统未发生重大失泄密事件。

【督查督办】　完善督办工作办法，把党中央、国务院、广东省委、省政府和税务总局决策部署，领导批示和交办任务，广东省税务局党委决定安排，以及领导调研过程基层反馈问题等事项作为督办事项的重中之重。梳理下发年度工作要点 88 项，细化成督办事项 121 项，全程严督实查。开发上线督办系统，做到数据多方联通、风险源头防控、督促精准介入、操作全程留痕，确保“件件有着落，事事有回音”。

（李元剑）

税收法治

【概述】　2019 年，在广东省税务局党委强有力领导和相关部门大力支持下，全省税务系统政策法规部门务实进取，顺利完成各项重点工作任务。

【全面依法行政】　完善全面依法行政体制机制建设。进一步健全依法行政部门分工协作机制和配套制度，印发《全面依法行政领导小组议事规则及领导小组办公室工作规则》，推动形成党委统一领导、部门协同共治、上下联动贯通、合力齐促法治工作格局。在省级绩效考核中，广东省税务局依法行政和政务效能两项专题继续取得好成绩。

【制度建设】　提升规范性文件公众参与度，加强合法性审查和合规性评估，严格公平竞争审查。对省税务局各部门拟制发 10 份文件进行审查。优化各市税务局向省税务局报备流程和 OA 模块，实现法规处与业务主管处室同步审查，提高备案审查效率，全年审查市税务局报备文件 42 份。修订规范处罚裁量权实施办法及裁量基准，在法定幅度内降低处罚标准，更好体现处罚与教育相结合原则。制定出台《推行行政执法说明理由制度工作规定》，加强执法文书释法说理，努力从源头规范执法行为，减少执法争议。

【推行行政执法“三项制度”】　总结前期“三项制度”试点经验，印发《优化税务执法方式全面推行“三项制度”工作方案》及配套文件，组织全面推行“三项制度”。加强信息化统筹推进，在全国税务系统率先统一应用“行政执法信息公示平台”“‘三项制度’一体化管理平台”，在保障顺利推行的同时减轻了基层负担，受到广泛好评。2019 年 4 月，在全国税务系统政策法规工作会议上作经验交流；8 月，在税务总局组织的全国税务系统视频培训上介绍经验。

【法治化营商环境】 全年落实取消60项税务证明事项和1项税务行政许可，切实压减办税资料，提升办税便利性。坚持全省“一盘棋”，推进政务服务事项标准化建设。结合新税务机构职能调整情况，全面组织开展涵盖原国税、地税权责清单事项梳理，形成108项行政权力事项；完成除行政处罚、行政强制、行政检查外，共62项行政权力事项和34项公共服务事项“十统一”标准化工作，形成省、市、县三级税务部门政务服务事项实施清单体系。

【落实减税降费】 围绕减税降费工作主题，全力确保各项减税降费政策措施在广东省落地生根。推动加强工作部署，及时转发税务总局2份通知，分别提出6条和3条贯彻落实意见；迅速拟定政策落实工作方案，明确工作职责、任务、机制和要求。强化政策综合梳理，发布《“4+25”税费政策汇编》，夯实执行基础；联合佛山市税务局重磅推出《税费优惠政策一本通》，涵盖现行有效的300余项税费优惠政策，上线24小时点击量即突破180万次。线上线下协同宣贯，通过“一竿子贯到底”视频培训、政策宣讲会、网站、微信、问答手册等多种方式开展宣传辅导，持续扩大政策知晓面。

落实减税降费工作取得良好成效。全省（含深圳）新增减税降费2730亿元，各项政策均得到较好的落实。一是深化增值税改革效果突出。2019年4月1日，深化增值税改革政策正式落地。作为2019年更大规模减税降费的“重头戏”，新政实行带来新增减税1343亿元，为市场主体注入流动性。二是个人所得税改革受惠面广。个人所得税改革累计减税707亿元，其中，第一步提高起征点改革翘尾减税610亿元；第二步改革即专项附加扣除政策实施新增减税97亿元。三是小微企业普惠性政策精准落地。落实小微企业普惠性减税政策，会同省财政厅报请省政府同意，联合印发《关于广东省实施小微企业普惠性税收减免政策的通知》，明确按50%的最大幅度顶格减征地方“六税两费”。全省小微企业普惠性减税318亿元，其中：全省放宽小型微利企业标准、加大企业所得税优惠力度减税137亿元，全省提高增值税小规模纳税人起征点减税103亿元，全省减征增值税小规模纳税人“六税两费”78亿元。大力度的减免政策，为小微企业的生产经营带来实实在在红利，在帮助新办企业存活、刺激企业发展壮大方面发挥着积极作用。四是社保降费减负成效初显。2019年5月1日起，广东省下调机关事业单位养老保险单位缴费比例、调整企业职工基本养老保险缴费基数上下限、延长阶段性降低失业和工伤保险费率执行期间，多措并举降低企业社保负担。税务部门征收社会保险费减免275亿元，有效缓解了缴费人的资金压力。

【政策综合效应】 切实加强实体经济、民营经济、“一核一带一区”、乡村振兴等重点专题政策梳理、情况综合和沟通协调。突出服务勘察设计和文化类民营企业，组织编制《工程勘察设计企业纳税指引》，开展专题宣讲，加强个案辅导。联合省科技厅、教育厅出台通知，规范科技企业孵化器、大学科技园和众创空间税收优惠办理程序。会同省财政厅等部门印发《关于进一步执行广东省自主就业退役士兵和重点群体创业就业有关税收政策扣减限额标准的通知》，按照最大上浮幅度确定创业就业税收扣减标准；联合省退役军人事务厅等部门制发有关进一步落实创业就业税收政策的工作通知，形成推动政策落实工作合力；编制《广东省退役士兵和重点群体创业就业税收优惠政策指引》《广东省退役军人

军队转业干部　随军家属税收优惠政策指引》等多份指引，帮助相关群体及时准确享受优惠。开展税收服务现代农业产业园“阳光丰收行动”，编制《广东省支持现代农业产业园发展税费政策指引》，送服务进园区，以全链条式服务全力支持现代农业产业园建设。贯彻广东省税务局“三个有利于”原则，加强部门协调和上下沟通，统筹处理“僵尸企业”出清、企业改制重组等个案，推动工作取得实效。

【复议应诉管理】　坚持政治效果、法律效果和社会效果相统一规范办案，有效化解税费争议。2019 年，办理行政复议案件 30 宗、行政诉讼 15 宗；重大税务案件审理 2 宗。充分发挥行政复议在化解行政争议、维护社会和谐稳定中的重要作用，经复议发现基层执法决定存在不合法、明显不合理的，坚决予以撤销。印发《行政复议委员会工作规则》，组织汇编税务行政执法案例，选择省内外具有典型性的案例汇编成册，为基层税收执法提供有益借鉴。

【“三化”建设】　落实广东省税务局党委部署，组织精干力量，成立“三化”建设专门工作组，按照突出重点、全面推进的思路，牵头加快政策执法“三化”建设，取得阶段性成果。全年与 13 个市税务局开展共建，完成 44 项税费业务事项的编写工作，推出“四项政策指引，一项管理机制”的第一批建设成果。其中：四项政策指引立足选择税费政策管理中的重点事项，按税费种、行业等多维度编写分类指引，方便纳税人便捷查询所需税费政策，增强政策服务精准度；一项管理机制主要是在阳江市税务局试点开展单行业多税费种一体化管理。

（贺景昌）

货物和劳务税管理

【概述】　2019 年，在广东省税务局党委的坚强领导下，全省税务系统货物和劳务税部门以习近平新时代中国特色社会主义思想为指导，不折不扣落实减税降费政策，全力抓好增值税、消费税、车辆购置税管理，认真贯彻落实货物和劳务税各项政策，营造良好营商环境，服务地方经济发展。

【货物和劳务税收入及特点】　增值税收入及特点。2019 年，全省入库国内增值税 5635.05 亿元，比上年减收 115.60 亿元，下降 2.0%。从收入占比来看，地区间不平衡现象仍然存在，珠三角 8 市（不含深圳）增值税收入占比 83.3%，粤西地区增值税收入占比 5.3%；粤北山区增值税收入占比 6.8%；粤东地区增值税收入占比 4.6%，粤东西北 12 市增值税合计收入占比 16.7%。

消费税收入及特点。2019 年，全省入库消费税 849.35 亿元，比上年增收 181.80 亿元，增长 27.2%。从行业看，全省消费税收入主要来源于成品油、卷烟和汽车，合计占全省消费税收入的比重为 97.4%。从地区看，珠三角 8 市（不含深圳）消费税收入占比 62.2%；粤西地区消费税收入占比 25.03%；粤北山区消费税收入占比 9.6%；粤东地区消费税收入占比 3.21%，呈现“中西强而东北弱”的收入格局。

车辆购置税收入及特点。2019年，全省入库车辆购置税308.45亿元，比上年增收3.50亿元，增长1.1%。从地区和车辆类型看，收入构成失衡现象持续。广州等珠三角地区车辆购置税收入占比超2/3，汽车车辆购置税收入占比超99%。

【增值税管理】 落实更大规模减税降费政策。以党建为引领，切实发挥减税降费主阵地、主战场作用，确保各项政策落实落细。深化增值税改革向纵深推进。在减税办下设深化增值税改革专项工作组，联合各级、各部门抓好宣传解读、培训辅导、系统保障、数据分析等工作，创新研发集“提醒+监控+服务+分析+成效展示”为一体的减税降费效应分析平台，实现“开好票、报好税、算好账、服务好、完善好”各项战役的决战决胜。制造业、批发零售业等主要行业税负明显降低，其余行业税负有所降低，为广东省实体经济发展增添强劲动力。扎实开展“一对一”专项税负调查和政策辅导工作，对增税企业持续开展“清单式”管理和“滴灌式”辅导，逐户分析经销特点和增税症结，积极帮助企业用足用好政策。

小微企业普惠政策落地生根。坚持结构性减税和普惠性减税并举，持续加码小微企业政策扶持力度。着眼“最快速度抓好落实、最大口径释放红利、最简流程优化服务、最细解读全面覆盖”四个方面多向发力，确保政策落地生根，有效激发微观主体活力。

期末留抵退税制度实施。将落实留抵税额退税政策作为“三化”建设的第一批征管实践，把规范化管理和为基层减负的理念贯穿留抵退税工作全过程，按照“简明易行好操作”的要求，率先制发全省统一的《增值税留抵税额退税规范化管理服务指南》，从政策解读、审批规范、系统指引三大板块分别明确工作要求，提供资料清单、系统截图、一问一答等图文并茂的“直观化”指引，确保“一项政策、一套标准、一竿子到底”，有效提高退税效率性和准确性。

强化减税降费宣传辅导。通过减税降费地铁宣传专列、联合快递开展“减税降费通达全城”宣传活动，充分利用新媒体和互联网手段，在内外门户网站、微信公众号设立线上宣传专栏，获得纳税人的广泛关注和点赞；邀请制造业等重点行业的企业代表发声，从纳税人的角度讲述改革故事，并在广东卫视、中国新闻网、中国报道、南方网、《南方日报》等主流媒体及微信公众号进行广泛宣传，营造改革良好氛围；编写《增值税免税政策十大要点图解》，制作地方特色的《黄飞鸿说税改》系列政策解读动漫和《税负降降》减税降费MV，动静结合开展政策辅导解读。2019年全省（不含深圳，下同）累计实现减税1065.97亿元。具体包括，深化增值税改革（含降低增值税税率、加计抵减政策、国内旅客运输服务进项抵扣和不动产一次性抵扣政策，自2019年4月1日起实施）累计减税747.07亿元，小微企业普惠政策（小规模纳税人免税标准提高至10万元）实现减税193.29亿元，退还期末留抵税额合计125.61亿元。

增值税纳税申报管理。实现增值税纳税“一键全申报”。将“一键申报”功能拓展覆盖所有增值税纳税人以及电子税务局、自助办税终端等全部申报渠道，实现发票数据自动获取、报表自动生成、优惠备案自动监控，并优化更正申报及登录切换等功能，纳税人的平均申报时间从7分钟缩短至3分钟。减轻申报负担，得到纳税人的充分认可。

增值税发票管理。实现自然人代开普通发票

“一次不用跑”。会同征管科技部门建设全国首个网上全流程代开增值税电子普通发票平台，从自然人代开发票申请、多渠道缴税、发票开具和版式文件生成、发票推送以及下载等全流程“一次不用跑”。平台自2019年6月上线到年底，累计为2.61万户纳税人代开增值税电子普通发票5.39万份。实现增值税发票“全周期展示”。牵头组织完成增值税发票管理系统（2.0版）上线，进一步归集纳税人发票状态信息，实现增值税发票领用、开具、作废全生命周期展示，实现进项发票全票种流转，为纳税人提供全面、准确、易用的“发票明细账”，也为税务机关实现对发票票面信息和状态信息“全景展现”打下坚实基础。

实现电子发票服务“均等化”。专项整治电子发票第三方平台乱收费问题，推行电子发票公共服务平台，实现发票开具、打印、查询、交付等基础服务均等化、无偿化，进一步降低纳税人用票成本。对内深查管理漏洞“无死角”。深入梳理排查增值税发票管理制度不够完善、系统不够优化、监管不够到位等问题，制定相关制度指引，研发发票申领分类分级管理系统，开发建设风险纳税人管理功能，并在内控监督平台新增监控指标，有效防范执法风险。对外严控发票风险“零容忍”。依托增值税发票全链条智慧防控系统，建立快速反应机制，将虚开专票风险遏制在“萌芽”状态。源头虚开增值税专用发票风险得到有效遏制。

【消费税管理】　坚持问题导向、效果导向，紧抓源头，全面清理无生产能力成品油企业，并将成品油管理相关权限上收省税务局，加强库存补录管理和加油站动态管理；通过信息管税、数据分析强化白酒行业关联企业管理，避免失管漏管；强化税种联动管理和行业风险管理，维护公平税收秩序；深入研究消费税改革，针对高档手表、珠宝玉石等税目消费税后移征收环节的改革动向，开展效应分析，为推进消费税税源分布均衡化、征收环节多元化打下基础。

【车辆购置税管理】　确保车辆购置税法实施平稳有序。2019年7月1日起，《车辆购置税法》正式施行，为保障新法顺利实施，按照税务总局统一部署，及时制定贯彻实施车辆购置税法工作方案，认真整理业务操作指南和宣传提纲，提前完成信息系统的功能升级改造，加强横向沟通协调和纵向贯彻执行，逐层逐级抓落实，确保《车辆购置税法》在广东平稳落地、顺利实施。

（郑洁燕）

企业所得税管理

【概述】　2019年，全省税务系统企业所得税工作在广东省税务局党委的正确领导下，落实全面从严治党，围绕税收工作重心，落实减税降费工作，加强企业所得税征管，探索推进税企共治，进一步深化“放管服”改革，营造良好税收营商环境，持续提高企业所得税服务水平和管理效率。

【企业所得税收入及特点】　2019年，全省企业所得税收入3107.07亿元（不含深圳，下同），比上年增收125.52亿元，增长4.2%。占全省国内税收收入比重为23.2%，提高0.7个百分点。

【税种管理】 继续推进税务系统“放管服”改革，强化信息管税，紧抓事前、事中、事后三大环节，探索全链闭环式管理，着力为税务基层和纳税人减轻负担，全面提升企业所得税管理与服务质效，持续优化税收营商环境。

坚持以减轻负担促进“放”。进一步简化纳税人优惠事项办理手续，企业通过申报系统填报所得税纳税申报表即可享受税收优惠，无需办理优惠备案手续。根据税务总局企业所得税申报表修订情况，及时完成企业所得税预缴申报系统的升级工作，落实《税收征管操作规范》，对企业所得税办税事项资料报送清单进行清理与简化，优化电子税务局跨地区汇总纳税企业申报资料报送与网上办理申报功能，推动企业所得税办税事项“一次不用跑”。

狠抓数据监控突出“服”。完成企业所得税智汇管理服务平台（简称智汇平台）三期开发工作。一是服务基层。开设了减税降费专栏，通过智汇平台推送处理小型微利企业所得税优惠疑点数据，帮助基层税务人员精准落实小型微利企业所得税优惠政策。二是服务纳税人。通过智汇平台及企业号向纳税人精准推送优惠政策，告知已享受优惠政策情况，累计为近62万户纳税人提供服务，进一步提升纳税人获得感。提供税收风险提示服务及“汇算清缴数据监控”服务，在纳税人申报时，通过税收风险提示系统或智汇平台的“汇算清缴数据监控”模块，对申报数据进行扫描，提示纳税人汇算清缴申报存在的风险点，服务纳税人及时发现涉税风险、更正申报，提高申报数据的准确率。2019年开展的汇算清缴工作中，有54万户企业接受税收风险提示服务。

完善后续管理体现“管”。全面梳理“放管服”改革后由行政审批或备案制改为申报制的重要事项，包括各项企业资产损失、政策性搬迁、跨地区汇总纳税、企业重组改制等重要事项，编写统一的工作指引，制作统一的工作底稿，并将底稿对接智汇平台，方便基层税务人员对照明确的工作标准开展后续管理，实现工作流程和效果可量化、可评估。同时，将风险指数较高的涉税事项，纳入智汇平台的内控预警模块，实行“T+0”自动跟踪，帮助基层税务人员及时发现疑点数据，有效防范企业所得税执法风险。

进一步规范企业所得税核定征收管理。在智汇平台监控“应税所得率与主营业务不符”“所属行业类型属于不得核定征收”等重点指标，强化核定征收规范化管理。2019年的核定征收比例为3%，下降近7个百分点。

【优惠政策效应分析】 通过建机制、广宣传、精服务、勤调研、细分析等措施，促进减税降费工作在广东精准落地。2019年企业所得税优惠政策的落实对于减轻企业负担，激发市场活力，促进技术进步、产业升级、结构调整起到了积极的作用。根据2018年度全省企业所得税汇算清缴情况，全省享受企业所得税优惠政策的企业89.86万户，比上年增长11.59%；减免税额1833.65亿元，增长42.09%。其中3.46万户企业享受研发费用加计扣除额政策，加计扣除额1228.7亿元，分别增长29.6%、74.7%；83.51万户企业享受小型微利企业所得税优惠政策减税90.87亿元，增加29.2亿元，增长47.3%，惠及面保持100%。全省减税降费新增企业所得税减税178亿元（其中小微企业普惠性优惠政策扩围新增减免税71亿元）。

广宣传，帮助纳税人应享尽享。企业所得税处成立减税降费工作小组、制定工作例会制度、建立“政策宣传共创共享工作机制”和“政策研讨工作机制”，组织编写《创业投资企业所得税优惠政策》《技术先进型服务企业所得税优惠政策》《固定资产加速折旧或一次性扣除企业所得税优惠政策》等26篇原创宣传稿件，详解近40项企业所得税优惠政策，在门户网站、各类媒体开展广泛宣传，得到纳税人、税务人员和学术界人士的广泛好评。编写印发《企业所得税优惠事项办理指引》（2019年版），并制作发布电子书版，在门户网站免费提供给纳税人下载使用。联合编印《服务创新发展所得税指引》，制作电子书及宣传动漫，服务创新发展群体更加精准。全省各级企业所得税部门多层次举办企业所得税减税政策及汇算清缴系列培训，丰富宣传辅导手段，实现对纳税人“滴灌式”政策宣传，增强纳税人获得感。

勤调研，着力推动创新发展。牵头做好关于加快实施创新驱动发展战略推动高质量发展系列提案的实地调研和办理工作；到广州、珠海、佛山、东莞、中山、横琴新区等地开展生物制药企业研发费用加计扣除优惠政策落实情况调研；开展横琴新区和南沙自贸区企业所得税政策调研，大力支持横琴新区和南沙自贸区税务部门争取产业目录企业享受优惠税率。积极参与广东省税务局《税费一本通》、现代产业园、三旧改造、重点群体创业就业、工程勘探等多项税收指引的编写工作。细分析，积极献言献策。在税务总局的统筹下，承担《税收视角下京津冀、粤港澳大湾区、长三角三大区域经济高质量发展情况探析》课题调研，为国家区域发展战略和经济高质量发展提供有价值的分析材料。围绕减税降费形成《落实税收优惠政策　服务创新驱动发展——广东省高新技术企业税收优惠政策效应分析》《对广东省生物制药行业企业研发相关税收政策落实情况调研报告》《委托境外研究开发费用税前加计扣除所得税政策分析报告》等政策效应分析报告11篇，为上级决策提供参考。《研发费用加计扣除效应分析》调研性信息被国务院办公厅采用。

【制度建设】　积极推进“三化”建设，规范企业所得税征管工作事项。规范超规模核定征收企业鉴定程序、汇算清缴退税办理表单差异等工作事项，按“电子税务局为主，其他申报方式为辅，申报功能尽量做到不重复建设”的思路，统一原国税及原地税管户的申报渠道。进一步简化办税流程，除了特殊企业外，全面实施按季度申报预缴企业所得税，减轻企业申报负担。编写《企业所得税重要事项后续管理工作指引》，并将工作底稿对接智汇平台，规范各级税务机关后续管理工作。编写印发《企业所得税优惠事项办理指引》（2018年版），电子书版在门户网站免费提供给纳税人下载使用。

（郭美莲）

个人所得税管理

【概述】 2019年，全省税务系统个人所得税工作始终把党的政治建设摆在首位，全面推进从严治党，切实推动党建和个人所得税改革互促共进。坚持用习近平新时代中国特色社会主义思想指导个人所得税实践，强化党组织对个人所得税改革发展的保障作用，充分发挥党员先锋模范作用，带动、选拔、培养一批综合性与专业性相结合的高素质个人所得税专业人才，不断提升个人所得税服务党和国家工作大局的能力。

【“党建+个人所得税”融合】 围绕个人所得税改革攻坚打造“个人所得税改革直通车”党建品牌，制定6类33项党建引领工作重点，解决基层直达难题595个。

【个人所得税收入及特点】 2019年，全省（不含深圳）个人所得税收入899.67亿元，比上年下降27.2%。共有个人所得税扣缴单位293.7万户，个人所得税申报人数3846.6万人，其中：有税申报1287.8万人，占比33.48%；无税申报2558.8万人，占比66.52%。

【个人所得税改革】 全面实施综合与分类相结合的个人所得税税制，贯彻落实6专项附加扣除政策，全年个人所得税累计新增减税413.86亿元，享受专项附加扣除人数超过501.99万人，人均减税1513.44元，2558.83万自然人纳税人在享受新政优惠后无需缴纳个人所得税，减轻了中低收入群体税收负担。按照税务总局工作部署，认真推进“双高”（高收入、高净值）人员管理服务体系建设，在“双高”政策研究、团队建设、信息系统建设等方面为税务总局提供有益参考。

【人才引进】 瞄准粤港澳大湾区人才流动需求，从税收政策上积极向上级请示和争取，财政部和税务总局采纳相关建议并下发《关于粤港澳大湾区个人所得税优惠政策的通知》，为粤港澳大湾区高端人才发展提供坚强助力。同时，瞄准广东省打造人才高地战略需求，积极与省委组织部沟通对接，谋划推动广东省境内高层次人才个人所得税优惠政策制定，提升广东对高层次人才的吸引力。

【先试先行改革】 全国率先开展信息核验试点。作为首批3个试点之一，广东省税务局在全国率先推出信息核验工作操作指引，完成税务总局3批次17余万条专项附加扣除信息核对，相关工作经验在全国个人所得税信息核验模拟工作会议上作交流汇报。联合14个厅级单位成立落实个人所得税专项附加扣除政策工作专班，积极融入广东省“数字政府”建设，实现自然人纳税人12类信息通过省政务大数据中心进行共享。推出全国首份汇算清缴工作方案。作为全国汇算清缴模拟运行三大“主战场”之一，广东省税务局制定全国首份汇算清缴工作方案，搭建“1+1+9”汇算清缴工作体系，首创汇算清缴机动团队集中全省骨干力量，为全系统勾勒出汇算清缴工作蓝图。

（吴穗婷）

财产和行为税管理

【概述】　2019年，全省税务系统财产和行为税部门在广东省税务局党委的正确领导下，以党的十九大精神以及习近平总书记的批示指示为指引，深入开展“不忘初心、牢记使命”主题教育活动，紧紧围绕广东省税务局党委的决策部署和国家税务总局、广东省政府的工作要求，以问题为导向，以优化营商环境为目标，强化依法治税，强化组织收入，强化风险管理，创新税种管理方式，推进“三化”建设，落实税收优惠政策，取得了显著成效。

【财产和行为税收入】　2019年，全省（不含深圳，下同）组织财产行为税（包括土地增值税、城市维护建设税、契税、房产税、城镇土地使用税、印花税）收入2445.84亿元，比上年增收292.76亿元，增长13.60%。其中：土地增值税收入1013.25亿元，增收284.86亿元，增长39.1%；城市维护建设税收入435.43亿元，下降2.7%；契税收入479.36亿元，增长9.7%；房产税收入293.40亿元，增长3.3%；城镇土地使用税收入113.16亿元，下降24.4%；印花税收入111.23亿元，增长4.2%。

【土地增值税清算管理】　直面土地增值税清算管理“堵点”“痛点”，以问题为导向，加强顶层设计，结合政策、管理及信息技术，建立起土地增值税管理新体系，呈现协同有序、运转高效、稳控风险的良好态势。政策制度规范化。广泛调研、深入分析，重新修订《国家税务总局广东省税务局土地增值税清算管理规程》，制定《国家税务总局广东省税务局土地增值税清算审核工作规则》，出台土地增值税清算审核工作指引，构建体系完备、结构紧凑、层级清晰的土地增值税制度规范。职责流程标准化。以“集中清算、分段审核”模式，统一土地增值税管理中各项工作标准、工作流程、文书模板，使执行效果可比较、可评估、可监督、可考核。统一职责标准，明确由主管税务机关受理、“1+N”专业团队审核、主管税务机关出具文书的工作流程，实现受理、审核、定结论相互独立，有效解决业务垄断、权力集中等问题。统一扣除标准，联合住建部门编制并公告土地增值税建安造价扣除项目金额标准，解决各地扣除项目不可比、建安成本核实难的问题。统一模板标准，制定“9+12+16+122”清算审核模板（9份流程文书、12份审核工作指引、16份审核工作底稿、122个清算审核要点），破解政策执行口径不一、清算审核责任难落实等问题。管理协同一体化。按照全省一盘棋的思路，推进税收共治，强化信息管税，与自然资源、住建等部门建立涉税信息共享机制，每年应用房地产立项、开发、销售等信息数据3000多万条。深入应用土地增值税项目管理系统，强化土地增值税项目立项、施工、竣工、验收、销售、清算管理全流程跟踪监控。

【落实减税降费政策】　贯彻落实党中央、国务院决策部署，进一步支持小微企业发展，加强与广东省财政厅职能部门沟通协调，对小规模纳税人地方税费种减征情况进行测算，报经广东省政府同意，与广东省财政厅联合出台《关于广东省实施小微企业普惠性税收减免政策的通知》（粤财法〔2019〕6号），明确按50%的最大幅度减征地方“六税两费”。持续深入贯彻落实减税降费政策措施，建立问题快速处理机制。对于基层反映的问题，迅速进行研究，及时反馈明确的指导意见或解决方案，并及时归集建档，定期整理汇总下发问题解决方案，解决共性问题，明确政策执行口径。优化应用系统。根据优惠政策及时提出需求，调整优化系统计税规则，确保纳税人应享尽享，避免人工操作失误的同时大幅提高办税效率。定期开展分析。对经济形势发展、重点行业税收形势及财产和行为税税种情况进行分析研究，算清减税账、经济账、税源账，为上级部门提供决策依据。以实际行动助力政策落实落地，释放政策红利，激发市场主体活力，有效降低小微企业的成本，对支持和促进小微企业发展起到积极作用，为小微企业发展提供新机遇。全省（不含深圳）共有290.02万户纳税人享受“六税两费”优惠政策，减征53.53亿元，其中房产税、城镇土地使用税、城市维护建设税、印花税四税减征39.09亿元。

【不动产交易办税】 持续推进不动产交易、缴税、登记“一窗受理”服务优化工作，找准税收服务人民的着力点，主动加强部门协作，优化纳税服务。强化组织部署。与广东省自然资源厅就“一窗受理”工作加强协调沟通，定期召开专题会议进行研究，联合下发通知，部署“一窗受理”工作，统一收件清单，共同规范全省“一窗受理”相关事项。强化业务梳理指导。编写房地产交易一窗受理税费政策管理事项工作指引，压缩并建立纳税申报资料清单，优化办理流程，缩减不动产交易办税时间，进一步优化房地产交易办税服务。完善涉税信息共享。夯实全省婚姻登记信息共享基础，推进契税完税证明电子证照共享应用工作，会同自然资源厅统一全省不动产登记查询结果、不动产权属转移完（免）税情况文书式样，规范信息共享内容。加强重点帮扶。与省自然资源厅组成联合工作组，采取实地督导、技术帮扶，对15个地区“一窗受理”工作推进情况进行跟踪了解，结合实际对粤东、粤西等地区进行帮扶，并对帮扶地区进行“回头看”，检验工作落实情况。2019年底，全省各市均实现信息集成、流程集成式“一窗受理”，进一步深化信息共享应用，提高办理效率，压缩办理时间。

【服务“三旧”改造】 坚持实效导向，凝聚部门共识，主动靠前服务。形成“三旧”改造税收指引。梳理“三旧”改造数十项行业热点问题，依法依规、有担当地提出解决方案，形成《广东省“三旧”改造税收指引（2019年版）》，指引共覆盖广东省现行的两大类共9种“三旧”改造模式13个案例，明确税收处理口径，切实降低改造成本，实现全省范围内“三旧”改造模式表述统一、税收指引架构规范统一、典型案例税收处理事项统一，便于改造主体进行税负比较，选择最优方案。建立长效协作机制。主动与省自然资源厅建立“1+3”协作机制，持续关注“三旧”改造主体，压实责任，提升改造服务水平。其中，1项“责任传导”工作机制：主要负责人统筹指挥、分管领导牵头主抓、业务处室密切跟进。3项“纵合横通”工作机制：建立项目数据共享机制，以信息化手段加强税收管理和服务；建立顾问团机制，选派300多名业务骨干组建助企团，积极响应改造主体诉求；建立联合调研、联合座谈、联合办公工作机制，充分利用各自优势协同合作，积极服务全省“三旧”改造工作。强化服务宣传。组织各级税务部门成立助企团，对省市重点项目开展一对一精准辅导，给予最大限度的税收支持；及时与广东省政府新闻办沟通，召开“三旧”改造税收指引新闻发布会，全面介绍税收指引出台的相关情况，回应解决各方重点关注的“三旧”改造难点问题。

【立法及政策调研】　主动参与调研论证，推动建设成熟稳定的财产和行为税制度体系。做好有关税种立法调研。自觉运用法治思维，抓住立法契机，认真研究土地增值税、城市维护建设税、契税等税种立法草案，扎实做好调研工作，主动建立测算模型，研究提出税收立法建议，发挥广东在税收实践中的优秀经验作用，为推动构建规范完备的税法体系贡献一份力。牵头开展政策调研。落实税务总局工作部署，联合内蒙古、黑龙江、山东和云南等省级税务局共同组成调研组，牵头就大宗商品仓储设施用地城镇土地使用税税收优惠政策落实情况开展调查研究，与本省有关部门、行业代表召开座谈会，明确政策执行口径，规范征管操作，为上级提供重要决策参考。加强信息征管调研。结合财产行为税税种较多、税源分散、地域性强的特点，持续加强信息系统研究。总结应用广东财产和行为税信息化、一体化试点探索经验，积极参与全国财产和行为税信息系统建设规划分析。

（陈绮雯）

资源和环境税管理

【概述】　2019 年，在广东省税务局党委的正确领导和各部门的关心支持下，全省税务系统资源和环境税管理工作按照国家税务总局和广东省税务局部署要求，深入学习贯彻习近平新时代中国特色社会主义思想，立足“新时代、新机构、新作为”的定位，坚持围绕中心、服务大局、改革创新，坚决贯彻依法治税原则，认真抓好减税降费、“三化”建设、《耕地占用税法》施行以及资源环境税管理服务等各项工作，取得了一定成效。

【资源和环境税收入】　2019 年，广东省资源税、车船税、烟叶税、耕地占用税和环境保护税 5 个税种合计收入为 163.12 亿元（不含深圳），比上年增长 7.4%。其中：资源税收入 35.26 亿元，增长 6.4%；车船税收入 62.62 亿元，增长 5.7%；烟叶税收入 1.29 亿元，增长 6.0%；耕地占用税收入 58 亿元，增长 8.1%；环境保护税收入 5.97 亿元，增长 28.7%。

【资源税管理】　坚持以服务好纳税人与基层为方向，组织研究解决政策执行统一性等业务问题，在全面调查摸底的基础上，加强分类指导，着力解决资源税征管难题。针对基层反映自采自用石灰石申报计税价格难以确定、地区差异较大的问题开展调查研究，摸清情况，结合政策规定进行分类指导，缩小全省自采自用石灰石申报计税价格差距，合理降低税负，规范执行政策。针对建筑行业反映强烈的代扣代缴砂土资源税问题，结合税务总局取消部分税务证明事项的决定，取消随代开发票带征资源税的一刀切征管方式，将管理重点转向资源开采方，规范资源税征管行为。谋定后动，夯实水资源改革根基。按照税务总局工作部署，结合广东作为南方丰水区的特点，联合省水利厅对全省水资源及水资源费征收情况进行前期摸底，梳理水资源费征收管理方面的政策，掌握水资源费征收及缴费企业数据，征求各地对水资源税的税率、征管模式和优惠政策的建议，结合实际向财政部和税务总局提交关于水资源费改税前期情况的调研报告，提出“水利核量，税务征收”、城镇公共供水水资源税前端征收税负平移模式等意见建议。

【环境保护税管理】 以数据统计分析和复核比对为重点，强化环境保护税征管工作。依托信息系统，运用数据管理，从“申报统计”“优惠管理”和“风险管理”三方面入手，分别形成环境保护税“申报收入进度监控统计”“污染物情况分析”“减免重点户清册”“风险疑点分析”等九大功能模块，实现对全省环境保护税申报进度、税款入库情况、大气和水等多项应税污染物申报情况、减免税额、重点户的多维度监控，有效解决环境保护税信息多、杂、难问题，为基层开展环境保护税征收管理提供数据支撑。优化环境保护税复核比对工作。在省级层面对环境保护税涉税信息共享平台运行情况进行检查，及时发现数据传输问题并会同省生态环境部门进行修复完善，持续开展数据传递情况跟进工作。同时在金税三期核心征管系统做好“环保复核处理”岗位流程配置工作，统一全省复核流程。持续对基层开展复核工作情况进行监控，督促指导各地做好获取生态环境部门传递数据、提交生态环境主管部门复核申报数据异常情况以及根据复核结果进行纳税调整户数及税款、补缴滞纳金等工作。

【耕地占用税管理】 强化部门协同联动，确保2019年9月1日起《耕地占用税法》顺利施行。制定方案，夯实精细化管理基础。结合实际制发《广东省税务局贯彻实施耕地占用税工作方案》，将具体工作任务分解为七大类共20项内容，涵盖夯实征管基础、强化信息化建设、全面宣传辅导培训、加强政策效应分析等方面，对每个工作事项实行清单管理，明确工作内容、责任部门、实施时限等要求，确保扎实有序全面推进耕地占用税法贯彻落实工作。加强沟通，协同推动适用税额确定。联系省财政厅、自然资源、统计等部门研究确定耕地占用税相关工作。2019年7月25日，广东省第十三届人民代表大会常务委员会第十三次会议审议通过由省财政厅、省税务局代拟报省政府提请的广东省耕地占用税适用税额议案，明确不同的行政区划分别适用每平方米15元、25元、30元、40元、50元的五种税额标准等要求，按照《耕地占用税法》立法精神实现了税负平移。全媒传播，融合多维政策宣传。组织编发《耕地占用税法》政策解读；在《广州日报》、澎湃新闻等主流媒体刊发权威消息；在广东税务微信公众号同期推送的广东省确定耕地占用税适用税额文章阅读量突破10万人次；制作“秒懂耕地占用税”动漫、图解等一系列新媒体作品，运用网站专栏、微信公众号、户外投放宣传海报等多种方式，方便广大纳税人理解掌握耕地占用税政策业务要求。夯实基础，调整完善信息系统。及时调整完善金税三期系统各地耕地占用税适用税额及新纳税申报表上线使用等基础工作。根据省税务局“三化”建设统一部署要求，以《耕地占用税法》施行为契机，深入基层一线调研，充分听取各方面意见建议，以加强耕占税共享数据比对为关键抓手，以准确执行政策、防范风险、明晰税源、均衡收入为目标，制定《广东省税务局耕地占用税管理规程》及相关工作指引，进一步优化耕地占用税管理工作。

【落实减税降费政策】 坚持落实减税降费

是重大政治任务的理念，扎实抓好减税降费工作，充分释放税收优惠政策红利。加强上下联动，严把政策执行关。高度重视基层反映减免条件等政策执行口径问题，积极主动请示报告，明确细化增值税小规模纳税人地方税种和相关附加“六税两费”减征政策政策执行口径，严格执行减税政策。强化统计核算，把好数据质量关。从切实提高申报质量、严格审核统计数据、建立健全工作机制三方面着手，指导规范基层减税工作，同时做好每月统计会审和减税效应分析工作。注重督导落实，为有效解决减税政策规定出台时间迟于政策实际执行时间的时间差带来的应享未享退税及错误申报问题，切实加强对基层减税工作的监督指导，对退税进度较慢的单位进行约谈，有力推动耕地占用税和资源税的退抵税工作在2019年5月底前全面完成。宣传培训“两手硬”，对减税政策进行全面细化梳理，举办全省资源和环境税业务培训。开展风险排查工作，运用“下发+自查”的数据共享方式，按照“下发—核查—反馈—跟进”的工作流程和“汇总反馈、明细清查”的工作模式，逐步、逐级推进风险排查工作，逐条追踪政策执行情况。充分利用省税务局数据集中条件筛选“应享未享”和“不应享而享”疑点数据近千条。2019年全省耕地占用税减征7.22亿元，资源税减征2639.54万元。

（姚 波）

社会保险费管理

【概述】 2019年，全省税务系统社会保险费工作以习近平新时代中国特色社会主义思想为指导，认真学习党的十九大，十九届二中、三中、四中全会精神，在国家税务总局的指导和广东省税务局党委的正确领导下，着力抓好落实减税降费、稳定组织收入、推进“三化”建设、聚焦专项改革、优化营商环境等重点工作，取得良好成效。

【社会保险费收入及特点】 坚持社会保险费组织收入工作不放松，指导各地妥善处理好“降费负”与“稳收入”的关系。2019年，全省税务机关组织各项社会保险费共5221.55亿元（含职业年金）。其中企业职工养老保险费2533.49亿元，比上年增长11.7%。

【社会保险费征收管理】 督促抓好日常征管。要求各地对当年度的社会保险费切实履行好催报、催缴和责令限期缴纳等法定职责，确保日常征管有序，实现社会保险费收入稳定增长。完成扩面征缴任务。协同省人力资源和社会保障厅制定并下达2019年企业职工基本养老保险扩面征缴任务，指导各地注重转变征管方式，着力通过宣传辅导和优化服务，提高缴费人遵从度。全年企业职工基本养老保险平均缴费人数为2222.98万人。推动各项社保新政落地。贯彻执行广东省公务员和参照公务员法管理单位工作人员参加工伤保险，交通运输行业工程建设项目参加工伤保险，部队文职人员、退役军人补缴社会保险费等政策，确保按时全面征收，并推动全省自2019年7月1日起实现工伤保险基金省级统筹。

全年组织城乡居民基本养老保险费和城乡居民基本医疗保险费收入181.58亿元，圆满完成征管职责划转后第一年的组织收入工作。全力推动做好信息系统的准备。早谋划、早部署、早行动，对内积极协调征科、收规、信息中心和纳服等部门，充分评估系统可能面临的风险和服务压力，确保系统功能和性能满足征管需要。对外主动沟通省人社、社保、医保、人民银行结算中心和省邮储、农信、建行等金融机构，多次牵头组织召开协调会议，合力推动解决系统问题。加强业务管理。先后印发13份工作文件，明确操作指引、缴费方式、缴款期限、系统开发应用、常见问题分析处理及宣传培训等重点事项；指导地市合理安排城乡居民社会保险费的征收期，妥善分配资源，确保各项社会保险费的正常征收。强化宣传辅导。通过微信公众号、门户网站、12366纳税服务热线、“粤省事”“粤税通”等渠道，向社会广泛宣传；指导各级税务机关深入全省1898个乡镇街道及27175个村居开展点对点宣传辅导，确保税务部门提供的各类线上和线下缴费渠道家喻户晓。

【落实减税降费政策】 为确保国务院《降低社会保险费率综合方案》在全省落地出实效，主动提高站位、深化部门协作、层层压实责任，全年累计为企业减轻社会保险费负担376.44亿元，惠及195万户用人单位。主动对接协调，形成工作合力。对接协调人社、财政、医保等部门，建立联席会议制度，协同做好过渡方案制发、政策解读宣传、征管系统调整、收入预算调整和降费核算分析等工作。明确重点工作，确保落实执行。在广东省税务局减税降费工作领导小组下设立社会保险费和非税收入组，制定工作任务清单，重点围绕政策解读、征管系统、宣传培训、缴费服务、舆情监控、落实跟踪和降费核算等，狠抓贯彻落实。

【制度建设】 完善法规制度。牵头修订《广东省地方税务局征收社会保险费欠费管理暂行办法》、拟定《广东省税务系统社会保险费征缴争议处理工作指引（试行）》，提请省司法厅将修订《广东省社会保险费征缴办法》作为2020年省政府规章立法计划建议项目。同时，积极配合推动省人大常委会通过《广东省工伤保险条例》《广东省劳动保障监察条例》的修订，进一步完善广东省社会保险费征管的制度支撑。推动规范管理。逐项梳理广东省社会保险费征缴业务规程，对全省46项社会保险费征缴业务的受理资料、办理流程、系统操作、岗责体系和政策依据等，并围绕参保对象、缴费义务人、缴费基数、缴费比例、优惠政策、征管风险和法律法规等要素，分险种整理政策文本，为社会保险费征缴业务的全省规范化标准化一体化打下坚实基础。

【省级共享平台建设】 为进一步统一规范全省社会保险费征缴业务和数据标准，以配合省社保大集中系统上线为契机，组建专业团队，全面分析梳理全省38项协同业务差异及存在问题，经反复沟通协调，全力推动基础信息采集、记账对账、退费、补缴、延缴等差异性业务统一，明确职责分工，规范办理流程，解决了各地社会保险费征缴管理长期不统一的问题。同时组织撰写平台建设业务需求，牵头推动“社会保险费省级三方协同工作平台”立项建设、试点推广。全年配合12个地市上线省社保大集中系统。

【深化“放管服”改革】 满足城乡居民多渠道缴费需求。创新技术手段，优化数据接口，城乡居民在社保部门办理参保登记采集银行账号后，可调用税务部门接口实现即时签约，一次性办完参保缴费全业务。累计新开发44项业务功能，涵盖核心系统17项，电子税务局、微信公众号、自助办税终端各6项，联动社保经办部门开发6项、商业银行3项。拓宽线上办理的业务事项。在电子税务局上线“单位缴费登记”“新办纳税人套餐整合社保缴费登记”“单位缴费核定”“最低参保人数调整”四项功能，进一步整合税费业务，实现线上“无纸化”办理。持续优化业务规程。简化用人单位增员、减员等4项业务，将外籍人员《参保证明》改为留存备查，便利符合条件的参保人员享受双边协议政策。同时，为切实提高失业保险经办服务水平和群众满意度，积极配合人社部门失业保险金“畅通领、安全办”的安排，充分利用部门数据共享、业务协调的优势，调整税务部门征管系统职工减员原因，便利失业人员领取失业保险金。

【舆情防控】 积极稳妥做好社会保险费征缴争议案件处理。按照税务总局试点工作部署，出台广东省社会保险费征缴争议试点工作方案，建立省级处理咨询机制，并指导各地善于运用广东省欠费滞纳金处理意见，妥善处理好“两个不得一个务必”与保障职工合法权益的关系。社会保险费处直接参与处理国务院“互联网+督查”，税务总局社会保险费司，省税务局办公室信访、审计，以及12366纳税服务热线等多渠道转办的各类争议事项。2019年，全省税务系统共受理投诉、举报、复议等案件4241件。积极参与征缴舆情处理和应对。会同办公室、纳税服务等部门，采取措施妥善处理社会保险费征缴舆情。

【人才培养】 组建广东省税务局社会保险费征管工作专业团队，充实社会保险费征管力量，协助完成重点难点工作。为全省培养一批涵盖征管、信息、法律、数据分析的社会保险费征管综合性人才。组织专业骨干，从繁杂零散的社会保险费征缴制度中梳理出全面实用的内容，并提炼和制作成课程，通过组织培训、师资支援地市的方式，全面讲解分析，提高基层征管人员综合素养。分险种整理险种概述、参保对象、缴费义务人、缴费基数、缴费比例、优惠政策和相关文件依据等，形成《广东省社会保险费概述》，并印发给地市。

（陈云琴）

非税收入管理

【概述】 2019年是全省税务系统非税收入工作铸基固本、承上启下的一年，首批划转的9项非税收入顺利开征，非税收入线条“三化”和信息化建设持续推动，征管服务水平显著提升，减税降费政策有效落实，取得了较好的工作成效。

【非税收入及分析】 2019年，广东税务部门共征收非税收入589.29亿元（不含深圳），比上年增加79.84亿元，增长15.68%，增幅较大的原因是2019年广东税务新开征9个非税收入项目。其中新开征项目累计入库122.65亿元，已征项目累计入库464.58亿元。教育费附加、地方教育附加、工会经费收入规模居前3位，分别入库196.49亿元、130.95亿元、93.16亿元，3个项目合计占广东省税务部门征收非税收入项目总收入的71.37%。减税降费工作推进平稳有序，增值税小规模纳税人普惠优惠减免教育费附加2.39亿元，减免地方教育附加1.59亿元，涉及52万户次缴费人。《财政部关于调整部分政府性基金有关政策的通知》（财税〔2019〕46号）产生的新增减免有：减免文化事业建设费1.54亿元，惠及0.93万户次；减免国家重大水利工程建设基金约4.57亿元，惠及全省4000多万电力用户和澳门特别行政区近九成电力用户。落实残疾人就业保障金优惠政策，累计退还残疾人就业保障金46.89亿元，惠及约35万户次缴费人。从收入运行看，广东省税务系统2019年非税收入征管工作稳中有进，征缴金额攀升幅度较大，已征项目收入呈减收态势，新开征项目收入呈增收态势。从征收项目看，2019年前已征非税收入项目入库464.58亿元，减收49.46亿元，下降9.26%；新划转税务部门非税收入项目入库122.65亿元，占总收入的20.81%。从所属地区看，2019年广东省税务系统征收的非税收入排名前3名的地市为广州、东莞、佛山，广州市共征收159.67亿元，东莞市共征收63.25亿元，佛山市共征收50.25亿元，3个市非税收入占全省税务系统征收非税收入的46.35%。除深圳外，珠三角城市群非税收入共征缴470.01亿元，占全省税务系统征收非税收入的80%。

【非税收入征收管理】 首批划转的9项非税收入顺利开征。从2019年1月1日起，全省税务系统开始对2018年下半年划转的7个项目进行征收，于1月中下旬在两周内完成石油特别收益金、国家留成油收入2个项目划转并顺利开征。各项目征管的规范性和服务的便利性得到有效提升，非税收入征收职责划转改革取得阶段性成果。加强督促指导，保障稳定过渡。开征后，多次组织深入基层开展划转工作检查验收，并做好系统保障、征管和服务监控等工作，针对发现问题督导基层及时完成整改，确保业务衔接顺畅、征管秩序稳定。加强优化创新，提升征管服务质量。采取“因地制宜、前端统一、后端统一、逐步过渡”的划转模式，实现票据使用和入库科目的统一规范，有效解决了划转项目费源管理难到位、征收范围难确认等多项难题；提出业务融合、流程再造等6类措施，实现核收分离，有效防范收款不开票、票款不入账以及“人情费”“过头费”等不良现象，大大降低了费款流失风险和廉政风险；结合省级项目的特点，在全国首创“移动支付+实时入库”缴税（费）模式，创新开发自然人免登记、免认定直接缴费等功能，解决了项目划转前缴费人多头跑、往返跑的“痛点”“堵点”问题。短时间完成“两油”项目划转。建立省、市、区三级和省税务局多部门联动机制，打破常规，多项工作同步协调推进，仅用两周时间完成评估反馈、系统改造、服务准备和划转接收等全部准备工作，平稳有序完成石油特别收益金、国家留成油收入征管职责划转并顺利开征，为全国相关项目划转提供助力，工作成效得到税务总局的高度肯定，工作经验被税务总局转发各省学习。

【落实减税降费政策】 严格贯彻落实中央关于减税降费的重大决策部署，全力推进各项非税收入优惠政策落实到位。结合广东省税务局税收工作会议精神，及时制发落实优惠政策工作通知，编制下发《非税收入优惠政策要点汇总表》，针对重点缴费企业和人群做好个性化宣传服务。建立降费问题反馈机制，到8个市税务局开展实地调研、专题座谈5次，多渠道收集并及时解决基层实操问题。局内相关部门通力合作，有效落实“六税两费”优惠政策。认真做好前期准备工作，协同省财政厅推动省政府按50%最大减征幅度出台文化事业建设费优惠政策，确保《财政部关于调整部分政府性基金有关政策的通知》（财税〔2019〕46号）降费政策落地。严格落实残疾人就业保障金优惠政策，通过抓好内外协调、推出简化流程等系列措施，及时退还残疾人就业保障金46.89亿元，惠及约35万户次缴费人。及时完成4项残疾人就业保障金审计问题的整改落实。认真组织自查、定期开展筛查和数据疑点下发，进一步强化征管质量核查，及时整改“应享未享”和“不应享而享”问题数据共35万余条，涉及金额7142万元。实现退费流程“无纸化”，主动担责、积极创新，在税务总局基础上进一步规范简化流程，将更多可适用政策纳入简化适用范围，为基层和缴费人“双减负”。

【“三化”及信息化建设】 按照广东省税务局党委的工作部署，秉承“既要接好，更要征好、管好、服务好”的工作理念，将非税收入“三化”及信息化建设作为重点工作来抓，初步建立了全省税务系统非税收入征管服务体系。按税务总局部署，推动全系统各级非税管理部门实现非税收入统一扎口管理，梳理明确省、市、县三级共16个岗位职责，涉及13个事项，进一步完善岗责体系。先后深入12个地市，到多个基层部门和重点缴费企业开展调研8次，收集汇总5大类问题200余个，组织7个市税务局骨干集中攻坚，逐一研究解决并汇编形成业务操作规范和缴费指南，并完成税费业务事项管理文本非税收入部分编写任务，进一步规范征管。梳理非税收入法律法规、政策文件151份，形成待清理文件清单，进一步加强制度保障。广泛收集基层系统操作问题，并对征管模块和电子税务局进行针对性优化，共处理45项非税收入系统功能需求，组织开展全省范围内的系统功能测试12次，进一步完善系统功能。先后完成金税三期系统、电子税务局、自助办税终端、微信端、广东税务App多载体非税收入申报缴款功能开发，在全国税务系统率先搭建“实体、网上、自助、掌上”四位一体的非税收入申报缴款架构，推动便民缴费实现新跨越。

【持续开展调研】 借助高校力量，同上海财经大学联合开展全省非税收入工作调研，结合前期各地和广东省税务局调研成果，对比国内外非税收入征管情况和先进经验，初步摸清全省非税收入征管工作基本情况和存在问题，并为后续划转提供有益建议。

（黄小青）

收入规划核算

【概述】 2019年，全省税务系统收入规划核算部门认真贯彻落实广东省税务局党委的各项决策部署，进一步强化党建引领，围绕减税降费，紧扣组织收入中心工作，全力做好其他各项工作，改革创新，抓早抓细抓实，全面推进各项工作的开展，取得了一定工作成效。

【税费收入及特点】 2019年，全省税费收入完成29968亿元，比上年增长6.5%。全省税收收入总额23789亿元，增长0.6%，其中：税务部门组织的国内税收收入20241亿元，增长

2.8%；海关代征进口税收 3548 亿元，下降 10.3%。税务部门组织费金收入 6179 亿元，受社会保险费和非税收入征管职责划转影响增长 37.6%。税务部门办理出口产品退（免）税 3949 亿元，下降 5.2%。

税收规模优势扩大，税收增速快于全国。2019 年，广东省国内税收收入规模稳居全国首位，占全国比重 13.0%，比上年提高 0.1 个百分点，比江苏多 6159 亿元；广东省国内税收增速比全国平均增速（2.1%）高 0.7 个百分点，高于江苏（0.7%）和上海（-0.9%），低于山东（2.9%）、北京（3.5%）和浙江（4.3%）。其中，广东省地方级税收增速比全国平均增速（1.4%）高 1.7 个百分点，地方级税收增速在全国 31 个省（区、市）中居第 9，高于江苏（1.1%）、上海（-1.0%）、山东（-0.8%）、北京（-3.3%），低于浙江（5.6%）。

落实减税降费成效明显，宏观税负有所回落。2019 年 1—11 月（按税款所属期统计），全省新增减税降费 2704 亿元，其中新增减税 2458 亿元，占全国新增减税规模约 14%，比全省国内税收收入占全国比重高 1.0 个百分点。在 1—11 月全省新增减税降费中，2019 年新出台减税政策新增减税 1462 亿元，2018 年实施 2019 年翘尾减税政策新增减税 982 亿元，2018 年到期后 2019 年延续实施减税政策新增减税 14 亿元；税务部门征收社会保险费新增减免 247 亿元。2019 年，全省国内税收收入占 GDP 比重为 19.3%，比 2017 年、2018 年同期水平分别下降 1.1 个和 1.0 个百分点。

重点地区税收带动效应明显，全省国内税收减收面超 4 成。2019 年，珠三角 9 市国内税收收入 17911 亿元，比上年增长 3.4%，增速比全省高 0.6 个百分点，税收带动效应明显；粤东西北地区国内税收收入 2330 亿元，下降 1.2%。受减税降费等因素影响，全省 21 个地级以上市中，1 个市国内税收收入两位数增长，10 个市个位数增长，10 个市负增长，减收面达 47.6%；全省 159 个县区级单位中，91 个国内税收正增长，68 个国内税收负增长，减收面达 42.7%。

中央级与地方级税收总体协调增长，地方级税收占财政收入比重明显高于全国。2019 年，全省国内税收收入中，中央级收入 10228 亿元，比上年增长 2.6%；地方级税收收入 10013 亿元，增长 3.1%，其中省级收入 2733 亿元、增长 2.8%，市县级收入 7280 亿元、增长 3.3%。全省税务系统完成地方级税收占全省一般公共财政预算收入比重 79.2%，比全国占比约高 2.5 个百分点，为全省财政收入稳定增长提供有力支撑。

【税收分析】 扎实推进减税降费工作，相关税种收入增速回落。全省税务系统坚决落实减税降费政策，构建“一竿子贯到底”的指挥体系和运作机制，开发减税降费管理服务系统，联合省和中央驻粤等 7 个部门开展专项督导，充分释放减税降费政策效应，激发市场主体活力。深化增值税改革减税力度大，自 2019 年 5 月 1 日实施起新增减税达 1039 亿元，其中制造业纳税人获益最多，实体经济税费负担明显减轻。小微企业普惠性减税政策扎实落地，新增减税 216 亿元，民营企业和个体工商户是受益主体，占减税惠及面逾八成。个人所得税改革惠及面广，新增减税 701 亿元，惠及 3936 万纳税人。受减税降费政策等因素影响，全省国内增值税、企业所得税、个人所得税共 3 个主体税种合计收入 14805 亿元，比上年下降 0.6%，增速回落 8.7 个百分点。受小微企业普惠性减税政策影响的 6 个地方税种中，全省城市维护建设税（-1.9%）、印花税（剔除证券交易印花税后 -0.1%）、房产税

（-1.2%）、城镇土地使用税（-23.9%）4个地方税种负增长。

信息、金融等现代服务业对税收增长支撑作用增强，制造、批发零售等实体经济相关行业税收受减税降费影响较大。2019年，全省第三产业税收增长2.7%，占总税收收入比重62.6%，比上年提高1.3个百分点；第二产业税收下降2.6%，占总税收收入比重37.3%，比上年回落1.3个百分点。全省服务业总体保持较好发展势头，带动全省现代服务业税收比上年增长13.1%，占全省税收比重44.9%，比上年同期高4.9个百分点，其中受资本市场成交活跃及银行业总体利润向好影响，金融业税收增长14.2%，比上年同期（8.2%）高6.0个百分点；房地产业税收增长17.1%；信息传输、软件和信息技术服务业税收增长7.2%。受减税降费等因素影响，与实体经济相关行业税收出现减收，制造业税收下降3.8%，占总税收收入比重31.2%，比上年回落1.4个百分点，其中电气机械和器材制造业税收下降0.3%，计算机、通信和其他电子设备制造业税收下降10.5%；批发和零售业税收下降6.8%。

有效规范地方税种管理，地方税种较快增长。2019年，全省地方税种较快增长，为全省地方级收入稳增长发挥重要作用，11个地方税种合计增长11.0%，增速比国内税收高8.1个百分点。全面推广实施土地增值税清算新模式，出台清算指引和规程，进一步规范清算管理，土地增值税在2018年增长25.9%的高基数下仍快速增长32.8%。加强增量房交易税收管理，积极协调住建、房管等部门强化涉税信息共享，促进税收共治，引导购房者及时办理产权证并缴纳契税，密切跟踪土地交易动态，推动土地交易相关税收及时入库，2019年全省契税和耕地占用税分别增长6.5%和8.5%。

【重点税源】　2019年，纳入全省（不含深圳，下同）重点税源监测企业共5306户，缴纳税收收入合计4781.1亿元，占广东省税收收入比重为35.6%。受经济下行、减税降费等因素叠加影响，重点税源税收收入比上年下降4.2%，其中：第二产业税收收入2950.2亿元，下降5.8%；第三产业税收收入1828.5亿元，下降1.3%。

重点税源监测企业主要分布在制造业（2661户，税收收入合计2650.5亿元）、房地产业（743户，税收收入合计509.1亿元）、批发零售业（593户，税收收入合计476.5亿元）、金融业（372户，税收收入合计523.1亿元），重点税源企业税收增减幅度分别为-6.9%、-2.6%、-8.9%和10.4%。

从重点税源企业的主要财务指标来看，2019年，主营业务收入103747亿元，比上年下降1.4%；主营业务成本86403亿元，下降1.1%；实现企业利润9626亿元，下降0.8%；平均利润率为9.3%，与上年基本持平。盈利企业4230户，占总户数比重约80%。

（龚诗文）

纳税服务

【概述】 2019年，全省税务系统纳税服务部门以习近平新时代中国特色社会主义思想为指导，紧紧围绕全省税收中心工作和广东省税务局党委决策部署，有序落实重点工作安排，不断夯实工作基础，积极探索完善纳税服务良性发展机制，扎实推动各项重点任务落地落实。

【纳税信用管理】 稳妥做好纳税信用评价工作。全省共255.65万户纳税人参与年度纳税信用评价，受理并补评304户，复评6003户。认真落实守信联合激励和失信联合惩戒，积极营造依法诚信纳税的良好氛围。全力打造纳税信用管理广东管控平台，为纳税人精准推送纳税信用预警服务。截至2019年底，共为全省270万余参评纳税人提供2期纳税信用预评预警服务，发送60万余条预警提示短信，通过电子税务局推送551万余条预警提示信息，有效提醒纳税人主动纠正纳税失信行为，及时维护自身纳税信用。

持续深化“银税互动”项目。加强与合作银行的沟通协作，落实银税直连工作机制，不断拓展纳税信用增值应用，丰富创新“银税互动”信贷产品，进一步扩大“银税互动”的影响力和覆盖面。2019年，广东“银税互动”项目已实现对省内银行全覆盖，累计服务企业超30万户，发放信用贷款1152.13亿元；累计服务自然人17.1万人，发放贷款96.3亿元，有效助力中小微企业破解融资难题，促进社会信用体系的良性发展。

【办税服务】 提升办税服务厅服务质效。在全面落实国家税务总局《全国税务机关纳税服务规范（3.0版）》的基础上，创新发布《国家税务总局广东省税务局办税服务厅管理规范》，通过完善服务规范、细化分类标准、优化区域布局、充实标识指引等措施，并同步开展配套建设和宣传培训，推动全省办税服务厅实现服务更规范、标准更统一。在粤港澳大湾区试点推行128条办税事项“一次不用跑”，为纳税人提供更高效便捷的办税体验。招募1000名纳税服务体验师随时随地为全省纳税服务工作“问诊把脉”，促进纳税服务不断改进优化。

抓好纳税服务日常监测。持续优化纳税服务综合管理系统功能，积极探索构建数字化纳税服务日常监测体系，建立起覆盖“省—市—县（区）—大厅”四级、12366中心联动的全省监测网络和重点办税服务厅联系工作机制，落实每月征期分析研判制度，2019年累计监测办税服务厅1497厅次，形成监测台账246份，通过对系统数据的分析应用定期编制形成监测月（季）报和专报，有效督促各类问题整改，推动纳税服务质效不断提升。

强化自助办税服务管理。充分发挥自有自助办税终端服务效益，助推办税服务厅转型升级。2019年，全省共有4825台自助办税终端机，上线98项业务功能，囊括身份认证、发票办理、申报纳税等六大模块，全年业务办理量1658.8万笔。创新推出“银税互联自助办税”服务，将纳税人最常办理的证明办理、社会保险费业务、其他涉税费业务三大模块28项自助办税业务功能通过系统对接部署到银行智能设备。广东“银税互联自助办税”服务已实现建设银行全省范围覆盖，全省1155个建设银行网点共4109台智慧柜员机均实现自助办税功能部署，助力纳税人实现就近办、轻松办，彻底打通办税服务“最后一公里”。

做好纳税服务投诉处理工作。通过12366纳税服务平台将多种渠道收到纳税人的投诉统一进行归口整合，设置专人负责纳税服务投诉的跟踪管理，保证纳税服务投诉渠道畅通、统一联动，形成纳税人诉求快速响应机制。2019年，全省共收到符合受理条件纳税服务投诉事项1352件，均已严格按照处理程序实现100%办结，并进一步做好纳税服务投诉回访、监督、抽查工作，确保纳税服务投诉“单单有跟进，件件有落实、事事有回音”。深入挖掘纳税服务投诉信息与数据，找出纳税服务中存在的问题和薄弱环节加以完善，有效保障纳税人合法权益。

【优化税收营商环境】　统筹做好优化营商环境试评价工作。继续落实落细《国家税务总局广东省税务局进一步优化税收营商环境试点工作方案（2018—2020年）》，着力抓好营商环境各项指标的优化提升，重点推进房产税、城镇土地使用税合并申报和增值税留抵退税在电子税务局的开发准备工作。指导广州市做好国务院组织的营商环境试评价工作，并为参加2020年世界银行营商环境评价工作做足准备、打牢基础。加强对各市营商环境评价规则的辅导，顺利完成粤港澳大湾区城市营商环境试评价工作，通过网络技术升级、涉税资料精简、办税流程优化，实现办税再提速，次数再减少，助推广东税收营商环境持续向好。

大力抓好纳税人满意度提升工作。聚焦纳税人反映强烈的办税痛点、堵点、难点，以提升纳税人满意度为抓手，制定《国家税务总局广东省税务局2018年度纳税人满意度调查整改方案》，加强上下联动，密切横向协调，从夯实征管信息基础、简化注销业务流程、改进优化纳税服务等方面精准发力，全力推进纳税人满意度整改提升工作，确保各项整改措施落实到位，推动广东在2019年全国纳税人满意度调查中取得历史最好成绩，排全国第10名，进步位次排全国第1。

深入开展“便民办税春风行动”。严格按照税务总局相关工作部署，以“新税务·新服务”为主题，以实施减税降费为主线，大力开展2019年“便民办税春风行动”。细化制定广东省税务局工作方案，严格按时间节点推进各项工作，落实落细4大类13项55条年度系列服务措施，其中包含7条富有广东特色的服务举措。大力推出“减税降费36计”融媒体接龙报道、“纳税人开放日”“税务青年助企团”助力减税降费等一系列税收宣传精品，进一步创响广东税务“便民办税春风行动”品牌，持续提升纳税人满意度和获得感。

【纳税服务“三化”建设】　扎实推进纳税服务“三化”建设工作。按照广东省税务局党委关于规范化标准化一体化建设的工作部署，制定纳税服务“三化”建设工作方案及工作任务实施表，在全面梳理和比对现行纳税服务相关规范的基础上，形成282项纳税服务“三化”建设业务清单。选取个别地市成立地市专班，开展纳税服务“三化”建设文本编写工作，并先后形成第一、第二批事项文本。做好《广东省税务局办税服务厅管理规范》《12366纳税服务管理规范》、粤港澳大湾区“一次不用跑”清单、新版办税指南等建设成果的落地和推广，促进各项纳税服务工作质效不断提升。

开展纳税服务“三化”建设咨询服务项目。与广东省省情调查研究中心合作，积极推进纳税服务“三化”建设咨询服务项目。通过深挖提升纳税人办税的便利度、满意度和获得感等方面存在的问题，并从第三方视角提出优化纳税服务“三化”建设工作的思路和方向，进一步增强纳税服务“三化”建设的科学性和应用性，提升“三化”建设工作水平。

【涉税专业服务监管】 优化对涉税专业服务机构的服务。在广东省电子税务局开发上线涉税专业服务模块，实现行政登记、信息采集、涉税专业服务信用评价全部网上无纸化办理，扎实推进信息采集工作。按照“服务好一个涉税专业服务机构就是服务好一片纳税人”的管理理念，在全省建立线上、线下的代理批量办税通道，在广州市试点推出对涉税专业服务机构“八个专”（专区办税、专段办税、专线答疑、专场辅导、专项走访、专题反馈、专栏公告、专业助力）便捷服务措施。

加强对涉税专业服务机构的监管。探索涉税专业服务风险管理，通过风险核查或预警共治等方式，督促涉税专业服务机构信息采集；探索基层税务机关对涉税专业服务机构专业化管理，促进监管工作在基层有效落实。拓展市场服务、购买服务、志愿服务3个渠道，发挥税收协同共治作用，鼓励支持行业规范发展，引导开展志愿服务助力减税降费，探索购买涉税专业服务，进一步促进行业发展、助力政策落实、提升征管质效。

【纳税服务课题研究】 创新开展纳税服务课题研究项目。聚焦当前纳税服务面临的新形势、新难题，充分发挥高校理论研究和税务部门实际工作经验的优势，与广东财经大学财税学院合作开展纳税服务课题研究，研究内容涵盖税收营商环境、纳税人满意度、粤港澳大湾区纳税服务、涉税专业服务发展与监管、纳税便利化标体系、国际先进纳税服务经验6个方面。抽选部分地市的纳税服务骨干组成课题编审团队，积极参与到各项课题研究工作当中，持续做好跟踪问效，确保纳税服务课题研究项目有序推进。

成功举办纳税服务课题研讨活动。2019年12月12日，联合广东财经大学财税学院举办2019年纳税服务课题研讨活动暨专家评审会，对6项纳税服务课题研究成果进行评审。认真吸取国内有关高校、税务干部学校、研究机构等的专家、学者从不同领域、不同角度对课题研究成果提出的宝贵指导意见，进一步完善和丰富各项纳税服务课题研究成果，切实增强课题研究成果的科学性和实用性。

（况淑敏）

税收征管和科技发展

【概述】 2019年，在广东省税务局党委正确领导下，全省税务系统征管和科技发展部门坚持围绕中心服务大局，发挥征管改革综合部门和信息化统筹部门的双重职能，全年工作实现了“党建引领、四个创新、三项升级、两大服务”，较好地完成各项工作任务。

【信息化规划建设】　牵头开展新一轮信息化规划工作，加快制定全省“1+4”信息化规划，与华为公司签署战略合作框架协议，共建智慧税务联合创新中心，全面开展科技战略合作，完成1份总体规划、4份专项规划，成为全国税务系统首个完成信息化规划的省级单位。以“1+4”信息化规划为统领，持续加强全省税务系统信息化建设统筹力度，牵头完成稽查指挥系统、增值税电子发票公共服务平台等重大信息化项目建设和系统推广上线工作；制定《信息化项目管理办法》《网信办工作规则》《信息化项目立项第三方论证评审工作指引》《信息化项目验收第三方测评指引》《信息化项目立项集体审核工作指引》等一批制度规程，实现信息化项目的全生命周期管理；完成广东省税务局机关2019年136个新建项目立项，审核并批复市税务局信息化项目143个，合理归并压减34项信息化项目需求。

【“数字广东”建设】　深度参与“数字广东”建设，完成省级服务事项标准化实施清单梳理和动态管理，实现电子税务局和广东省统一身份认证平台对接，实现省政务服务网115项税费事项在线申办。打造“粤省事”“粤商通”税务专区，全力推进政务服务类网上涉税费功能开发建设，在“粤省事”上线55项便民税费业务，在“粤商通”上线42项利企税费业务，助力纳税人、缴费人办理业务时“免证、免跑、少填、少报”。广东省税务局作为省级涉企政府部门中首批推出功能最多的单位，在“粤商通”上线新闻发布会上进行功能推介。

【掌上税务局】　凝聚省、市两级力量，创新打造全国首个全功能移动办税小程序——“粤税通”（即掌上税务局），于2019年10月30日全省上线，开发预约办税、主题办税、申报纳税、发票业务、社保业务、涉税查询和通用功能等共112项业务功能并持续迭代升级，首个征期已办理税费业务超过100万笔，让纳税人、缴费人掌上轻松办税缴费“一次不用跑”。11月12日，广东省省长马兴瑞在省政务服务数据管理局调研时高度评价“粤税通”的便民利民功能。

【深化“放管服”改革】　认真贯彻落实党中央、国务院、税务总局、省委、省政府关于进一步深化“放管服”改革的各项工作部署，初步建立起一套匹配广东税收治理现代化的“放得开”“管得住”“服务好”的现代化征管体系。简政放权持续深化。推动落实减税降费政策，全力落实征管配套信息化措施。精简税费业务事项909项，比上年减少64.15%。取消税务证明事项60项，绝大部分减免税政策实行申报即享受。进一步扩大税务注销即办范围，简化前置业务办理流程，推行清税证明免办服务、“承诺制”容缺即办服务。办税便利化提档升级。打造发布7大类555项《办税（费）事项“最多跑一次”清单》，提前实现70%以上广东办税指南事项“最多跑一次”。推出增值税纳税人“一键申报”、减税降费管理服务平台、全税种网上更正申报等一批全国领先的电子渠道特色功能。推动“国际汇税通”项目应用，打造税收、付汇、金融“一站式”服务平台，打通大湾区付汇快速路。

【金税三期系统并库】　在全省涉税（费）业务总量庞大、种类复杂的客观情况下，序时开展金税三期系统并库各项工作任务，打通原国税、地税的金税三期系统之间的信息和数据，实现两套系统的有机融合，新系统于2019年3月1日如期上线，全省各市税务局系统运行平稳，办税秩序良好，当天累计办理171万笔业务，入库税款10.63亿元。新系统上线为深化国税地税征管体制改革、优化税收营商环境、提升征管质效提供了坚实的保障。

【税收征管业务整合】 按照广东省税务局“三化”建设的总体部署，从搭建征管基础制度架构、建立税费业务规范管理体系着手，对全省的征管方式作出统一明确的规范要求，基本消除原国税、地税在征管运行机制、征管制度、征管流程、管理方法等方面存在的差异。健全完善征管基础制度，印发《纳税人缴费人分类分级管理实施办法（试行）》《税费征管档案管理办法（试行）》，制定《关于进一步深化“放管服”改革 加强和规范事中事后监管的实施意见》，筑牢征管基础制度根基，为夯实征管基础、加快征管方式转变提供制度保障。建立税费业务规范管理体系，牵头成立征管规程和征管岗责体系建设小组，编写了240多万字的税费征管规程及岗责体系相关资料，并在信息系统配置70万条税务人员岗位数据，实现“业务标准与系统标准一致”。出台全国首个《税费业务征管保障管理办法》，升级改造业务保障平台相关功能模块，健全完善征管规程及岗责体系动态调整机制，实现服务同一标准、管理同一尺度。

（陈文翊）

国际税收管理

【概述】 2019年，全省国际税收管理部门按照广东省税务局党委的工作部署，抓实抓紧抓好国际税收各项工作，积极参与税收服务粤港澳大湾区建设，做好相关政策研究和落实，取得了一定的工作成效。

【非居民税收管理】 落实境外投资者以分配利润直接投资暂不征收预提所得税政策，共对外资企业开展税收宣传2000余户次，提供专项辅导500余户，撬动全省外资利用额超过186.32亿元，涉及递延纳税税款16.33亿元，惠及40余个行业，持续吸引外资参与中国高质量经济发展。落实外籍个人个人所得税补贴优惠，会同省财政厅指导各地开展有关具体办法制定工作，积极开展优惠政策宣讲，在《大公报》刊登政策解读，吸引高端人才和紧缺人才到粤港澳大湾区发展。

【反避税管理服务】 配合税务总局开展跨国企业利润水平监控系统的试点应用和推广，统一和细化全省的取数口径与填报标准；组织专题培训，深化专人专户的管理模式；扎实开展反避税案件调查，做好案件集中会审；配合税务总局做好全国联查案件的调查调整。加强特别纳税调整双边及单边协商，完成内地与香港的首例双边预约定价安排并顺利签署。

【境外税收服务与管理】 实现“走出去”宣传全覆盖。通过微信税务企业号等方式向辖区内在册“走出去”企业开展问卷调查；联合相关政府部门，采取座谈会、论坛、讲座、培训、宣讲会等形式为纳税人提供涉税专业化辅导，及时解决企业境外涉税问题，回应境外涉税服务诉求。全年累计走访调研“走出去”企业737户，发放问卷1749份，举办各类宣讲、座谈活动294

场，向51415户次纳税人开展政策宣传辅导。完善“走出去”企业及个人清册，对企业2018年度营业收入、境外所得及纳税信息、对外承包工程信息及对外劳务合作信息等数据进行更新，建立起广东省税务局管辖的实际“走出去”企业一户式清册，共核实属于“走出去”的企业1810户。探索开展境外税收风险管理，通过“热线解答+绿色通道”进一步辅导风险纳税人完成更正申报，收集“走出去”企业在“走出去”过程中的疑难问题，不断优化服务“走出去”企业个性化辅导措施。

【服务粤港澳大湾区建设】 成立服务团队，把服务支持粤港澳大湾区建设列入全年创新项目和重点任务，全程跟踪、专人督办、强化落实。出台《国家税务总局广东省税务局推进粤港澳大湾区建设实施方案》，奠定了服务支持大湾区建设的框架基础，拟定29项任务措施；联合深圳市税务局出台《国家税务总局广东省税务局

国家税务总局深圳市税务局关于进一步密切税收合作、服务粤港澳大湾区建设工作方案》和联席会议制度，明确广东与深圳税务31项合作事项，为密切粤港澳大湾区税收合作作出积极探索；出台《关于支持中国（广东）自由贸易试验区深化税收改革创新意见》，明确22条任务措施，最大限度赋予广州南沙新区、珠海横琴新区自贸片区税务部门改革自主权。研究提出在粤港澳大湾区实行境外人才个人所得税补贴政策及放宽对境外人员183天认定标准两项政策建议，获财政部、税务总局采纳并出台公告；促成珠海横琴新区旅游产业纳入企业所得税优惠目录，享受15%的优惠税率。落实国家减税降费、境外投资者递延纳税、珠海横琴新区税收优惠，内地与香港、内地与澳门税收安排等政策，精准对接企业需求，激发港澳企业和人才发展活力。

【国际税收制度建设】 结合国际税收工作实际开展好“三化”建设，共完成48个主管国际税收业务场景、3个共管事项15个非国际税收类业务场景的税费业务事项征管规程及岗责体系梳理和完善反馈；完成10大项40个四类事项的部门职责和业务边界划分内容撰写和反馈。围绕强化跨境税源管理、维护国家税收权益的主线，通过重整业务规则、再造业务流程、优化管理机制、推进服务均衡，实现四个“三”，即：粤港澳大湾区建设三集成，将税收服务粤港澳大湾区、自贸区和支持深圳先行示范区建设严密规划，一体部署、一起研究、一同推进；非居民管理三完善，完善非居民企业事前、事中、事后管理，发布递延纳税、特殊性税务处理、协定待遇、间接股权转让等多个业务操作指引，确保精准施策；反避税工作三合力，制定《特别纳税调整内部管理办法》《特别纳税调整案件会审办法》《统筹特别纳税调整案件管理办法》，建立全省特别纳税调整工作的标准规范，下发关联申报和同期资料管理7个业务指引，初步实现全省税务系统反避税工作制度整合、队伍融合、工作契合的目标；“走出去”服务三优化，优化《“走出去”税收指引》《中国税收居民身份证明》流程及澳大利亚、新西兰投资税收指南的修订，服务纳税人享受协定待遇、避免境外税收风险。

【国际税收信息化建设】 联合广东省外汇管理局，合力打造集税收、付汇、金融的“一站式”服务平台“国际汇税通”并在全省推广运用，实现付汇备案业务“全网络”、跨境服务贸易“全覆盖”、涉税判定计算“全智能”、外汇信息四方“全共享”，为全国跨境付汇领域提供借鉴经验。积极推进广东省国际税收管理平台建设，对广东省国际税收管理平台进行数据结构改造、功能模块迁移和跨部门协调数据协调，超过

50个报表为基层数据查询和填报提供较大便利。

【税收政策效应分析】 加强税改效应和资本流动分析，梳理递延纳税效应，从享受递延纳税优惠政策企业的国别、行业、再投资金额研判广东省外资投资意愿和投资规模进展情况；定期就相关国家资本流动开展分析，完成分析报告。探索转让定价前沿理念方法，结合经济合作与发展组织（OECD）最新《利润分割法指引》和美国转让定价调查程序，加强对关联交易转让定价方法的研究，重点完成利润分割法和无形资产转让定价两个课题的研究。其中，课题报告《BEPS行动计划背景下利润分割法在我国应用的探讨》在《国际税收》杂志第77期上公开发表。

（陈依媛）

税收经济分析

【概述】 2019年，全省税收经济分析部门以习近平新时代中国特色社会主义思想为指导，全面贯彻党的十九大和十九届二中、三中全会精神，在广东省税务局党委的正确领导下，着力强基固本税收经济分析工作总体运行正常，站位有所提升并取得初步成效。

【税收经济调研】 全年共开展22次税收经济调研。通过多次跨省市税收经济分析工作调研，有效开展分析工作交流及区域合作分析讨论，切实加强跨区域税收分析协作和数据共享；通过多次选派业务骨干参加税务总局组织开展的专题调研，切实提升税收分析工作水平，有效助力全国分析工作；通过在各市开展多次税收经济分析调研及代表性企业调研，深入挖掘经济运行态势，有效开展重点课题集中研讨，形成更具说服力的分析成果。

【税收经济分析成果运用】 全年共完成各类分析报告31篇（其中减税降费相关政策效应分析14篇），向省委、省政府报送税收分析报告16篇。其中，《从粤港澳大湾区税收结构看广东核心区经济协调发展》《从税收视角看广东自贸区的发展成效与挑战》《关于2019年上半年税收经济分析的报告》《高企优惠显红利　创新驱动促发展——关于高新技术企业税收优惠政策效应的报告》《从税收视角看广东房地产业发展现状及“因城施策”政策效应》《税收数据显示广东省推进乡村振兴战略成效初显　四方面问题值得关注》《粤港间经济贸易税收情况新动向值得关注》其中7篇报告获得省委、省政府领导批示11次。分析报告中多篇获中共中央办公厅、国务院办公厅采用，1篇（《关于2019年上半年税收经济分析的报告》）获国务院领导肯定，2篇（《从粤港澳大湾区税收结构看广东核心区经济协调发展》和《基于税收视角的粤港澳大湾区发展潜能与挑战分析》）被省委、省政府内参（《广东调研》）采用，多篇在《广东经济》等刊物发表。2019年8月23日，《从粤港澳大湾区税收结构看广东核心区经济协调发展》作为重点区域战略分析的范本入选全国部分地区优秀税收经济分析报告。

【税收经济分析体系建设】　根据国家税务总局关于全面加强税收经济分析工作的要求，结合广东省税收经济分析工作实际，在广泛征求意见的基础上，下发了国家税务总局广东省税务局关于落实全面加强税收经济分析工作的实施意见和税收经济分析工作实施办法（试行），形成税收经济分析工作的长效运行机制。

（唐卉芳）

税收大数据和风险管理

【概述】　2019 年，税收大数据和风险管理部门以习近平新时代中国特色社会主义思想为指导，全面贯彻党的十九大和十九届四中全会精神，按照《全国税务系统深化“放管服”改革五年工作方案（2018—2022 年）》以及广东省税务局2019 年重点工作事项的部署安排，顺应税收征管体制改革新形势，立足广东省税收大数据和风险管理现状，直面工作难点、痛点，进一步夯实基础，力求出亮点出成效。

【税收大数据分析应用】　数据综合应用平台于2019 年 4 月完成并库工作，按照工作需要开发了资源税、环境保护税等数据应用功能。2019 年 8 月，大数据应用平台系统功能全面开放，主要功能包括：税收监控大屏、税收经济分析、业务专项分析、纳税人画像、关系云图、票流分析、“一户式”等，截至 2019 年底，全省共有近 5000 人登录系统，操作近 190 万次。作为广东税务数据最全、范围最广的统一基础资源中心，大数据平台还支撑广东风险管理系统全景“一户式”、出口退税综合管理平台、发票全链路智慧防控系统、减税降费管理平台、大企业税收服务和管理系统、特别纳税调整管理系统等其他业务应用的数据加工。

【税收风险管理】　进一步加强税收风险任务统筹，切实为基层税务人员减负，全面提升风险管理质效。全年累计通过税收风险管理系统扎口下发风险任务 15. 88 万户次，查补入库 202. 29 亿元；接收并下发跨区域协作任务 4026 条，发起跨区风险管理协作任务 2783 条。夯实风险管理相关信息化基础，在深入开展调研的基础上，依托金税三期工程风险管理系统开发税费疑点核查任务模块，统筹管理省、市、县税务局下发的涉及具体纳税人、扣缴义务人、缴费人的税务管理基础、疑点问题等事项，并需要下级单位反馈相关核实情况的工作任务，如问题数据、税费管理、优惠政策落实情况等相关疑点信息的核查任务，进一步减轻基层负担。

【信息共享和交换】　依托“数字政府”改革契机，积极推动政务涉税数据交换共享，提升税收服务地方社会经济能力，加强税收服务和管理。积极参与“数字政府”“粤省事”、政务服务平台、“互联网 + 监管”等专项建设，实现数据互通；提升各项政务事项办理的便利性，提供积分入户、积分入学、低保户核对、购房资格等业务税收数据核验服务；深化“互联网 + 不动产登记”改革，推动与省自然资源厅、省住建厅交换共享不动产涉税数据，实现“一窗办理”“一网办理”；配合做好“稳就业”等，协助人力资源社会保障部门对受市场冲击影响较大的企业和困难职工进行认定，作为发放相关就业创业补贴依据，累计配合人社部门共审核认定受影响企业62619户，累计为近万户企业返还失业保险费共计45.89亿元。服务粤港澳大湾区建设。与省公安厅进一步完善规范粤港澳直通车服务管理工作，提供外商投资企业税收情况核验，促进三地人员经贸往来和粤港澳大湾区交通物流发展；推动与省外汇局加强服务贸易项目付汇信息共享，简化纳税人对外付汇税务备案流程。

贯彻落实新《个人所得税法》及《个人所得税专项附加扣除暂行办法》，完善第三方涉税信息共享机制，实现与省教育厅、省人社厅、省卫健委、省自然资源厅、省民政厅、省住建厅等部门共计17个信息类数据共享。按照国家税务总局要求，开展个人所得税专项扣除信息比对和人工复评，累计开展4批次涉及全省数十万自然人专项附加扣除疑点信息核验。

按照广东省税务局“三化”建设工作要求，印发广东省税务局涉税政务数据资源交换共享工作规范，明确了数据共享局内各单位工作职责、工作流程和安全保密管理要求。对数据获取、数据提供和数据应用等重点工作细化流程要求，对相应的流程审批制定表单样式，推动标准化的流程管理和监控。开展数据交换共享相关文件汇编工作，从数据保密及对外提供、对外获取、政务信息资源共享、税收数据服务社会专项治理等四方面，对国家税务总局和省政府相关文件进行梳理归集。

【自然人电子税务局】 完成自然人电子税务局（第一阶段）系统推广上线、异议申诉工作，有力保障个人所得税改革平稳推进。一是制定系列方案，全面统筹各项工作。制定个人所得税清分数据规范，明确数据接收、数据使用、数据运维和数据安全管理等方面的职责分工，做好数据的管理、使用和安全保障；制定自然人电子税务局相关工作方案，细化自然人电子税务局汇算清缴工作任务、工作要求和时间安排；制定专项应急预案，明确系统应急处置措施，落实市级联络员机制和紧急问题及时上报处理机制。二是明确异议申诉任务，切实加强任务处理。组织全省对前期自然人税收管理系统（ITS）16万余条存量任务进行清理，实现年底清零。在此基础上，及时制发广东省税务局办公室关于进一步明确个人所得税扣缴申报记录异议申诉处理机制的通知，进一步明确异议申诉相关职责及处理机制，有效保证异议申诉任务的完成时效及应对质量。三是开展专项附加扣除信息核验与人工复评，坚实保证数据精准。与14个部门建立个人所得税专扣信息共享机制，有效梳理数据需求；围绕“数字政府”机制，推动获取有关数据；做好数据获取对接、安全保护和规范管理，同时接收税务总局疑点信息数据，开展外部门信息补充核验。四是做好自然人电子税务局（第一阶段）系统上线工作，高效助力推广上线。根据税务总局统一工作部署，按照自然人电子税务局上线工作安排，完成了自然人电子税务局（第一阶段）应用软件功能测试、预约办税、建立问题处理机制等工作，确保2020年1月1日自然人电子税务局上线后各项业务的正常办理。

（王振华）

财务装备管理

【概述】 2019年，在国家税务总局和广东省税务局党委的正确领导下，全省税务系统财务管理部门以讲政治、顾大局的觉悟，敢担当、善作为的干劲，打硬仗、闯难关的坚韧，充分发挥财务服务保障和监督管理职能作用，确保日常管理有序推进，为服务保障全省税务机构正常运转和税收事业长远发展奠定了坚实基础。

【经费保障】 在全国率先推动出台《广东省税务系统经费保障实施办法》。从制度上确保全省各级地方财政保障力度不减，较好地解决了地区间经费保障不均衡问题，为广东税收工作发展提供强有力的财力保障。采取有力措施完成广东省税务系统原国税人员养老保险欠费测算和清缴工作，成功申请中央财政资金解决原国税干部高度关注的切身利益问题。调整优化经费结构。认真研究测算全省各级税务系统经费需求和支出结构，明确经费支出原则；协助省财政厅完成市县财政上划基数核定工作，积极争取省级税费专项经费；坚持上划经费原渠道返还和“三倾斜”原则，做好经费预算分配工作，省级经费98%用于重点项目、困难地区和征管一线，有力保障各级税务部门日常运转需求，解决基层实际问题。

【收支管理】 创新建立“互审互评互进”财务管理模式。针对基层财务工作的薄弱环节，以体系化发展为指引、问题为导向、风险为底线、融合为手段，通过“交叉评审—交流评鉴—‘工具书’导航”循环推进，集规范管理、问题整改、风险防控、共同提升于一体，在财政部网站上刊登推广。组织升级集预算编制、预算归口管理、支出申请、费用报销、支出预算管控、预算执行实时查询等多功能为一体的“智慧财务管理系统”，大大提升机关财务管理质效。扎实做好预决算工作。结合中央、省两级预决算工作要求，周密经费需求，改进预算编制方法，组织预决算专项培训，顺利完成2019—2021年“一下”控制数分配，全省税务系统2019年“二上”、2020年“一上”预算编报，2018年度原国税、地税部门编制决算工作，预决算工作得到税务总局和广东省财政厅的肯定。强化预算执行管理，完善落实统计分析、预测预警、约谈督导、通报考核等工作机制，着力跟进局机关的预算执行进度，切实提升预算执行工作质效。全省税务系统中央财政拨款2019年1—9月基本支出预算执行进度超序时进度3个百分点，项目支出预算执行进度超全国平均进度19个百分点，圆满高效完成税务总局绩效考核任务。做好新旧会计制度的衔接转换工作，顺利完成并账。严格执行新的《税务系统会计制度》，严格支出审核，进一步规范会计核算、理清财务职能，顺利通过税务总局财务专项审计。全面开展银行账户清理检查，严控账户数量，规范账户管理。及时办理银行预留印鉴手续，有效化解账户设置风险，确保实体资金安全。

【资产管理】 高质效完成资产划转移交工作，并被税务总局财务管理司作为先进工作经验在全国税务系统财务工作会议上交流分享；在全国税务系统率先完成资产分类调整工作，涉及资产卡片信息70万张；扎实开展计算机清理工作，主动与税务总局专题汇报，为全国税务系统解决非通用计算机类资产配置问题争取了有力的政策。

【基建管理】 完成全省税务系统2020—2022年基建项目经费测算工作，严格基建项目立项审核，审减投资总额共6088.04万元，审减面积1.2万平方米，审减维修改造项目6个。

【政府采购】 高效完成广东省税务局机关政府采购项目73个；重点完成服务全国税务系统的两个体系支撑平台资源，全省税收业务软件运维升级、通用类普通发票及税收票证印制、税务制服制作等重大采购项目；全面推广网上采购工作，税务采购网和网上超市采购总量均列全国税务系统前茅；创新优化政府采购合同管理，政府采购合同签订首次实现零超期，并形成可推广可复制的应用模板在全省税务系统范围内推广。

（黄雯菁）

督察内审

【概述】 2019年，全省税务系统督察内审部门以党的十九大、十九大以来历次中央全会精神和习近平新时代中国特色社会主义思想为指导，在国家税务总局的指导和广东省税务局党委的正确领导下，以贯彻落实党中央、国务院关于减税降费等重大决策部署为重点，履行好“控、督、审”三个基本职能，全面提升了督察内审工作效能，充分发挥了督察内审部门的监督保障作用。

【内部控制】 聚焦违法违纪高发、频发领域，以制度为基础，以信息化为支撑，着力提升内部控制工作水平。制发《内部控制工作领导小组及办公室工作规则》《国家税务总局广东省税务局内控机制建设2019年工作计划》《国家税务总局广东省税务局减税降费内控风险筛查工作方案》等6项重要议案。聚焦“党中央、国务院重大决策部署落实”“税收执法”和“行政管理”3个维度，梳理28个方面共146项重点风险，制发《国家税务总局广东省税务局关于强化内控机制建设防范当前重点风险的通知》。结合“不忘初心、牢记使命”主题教育，开展“查风险　严防控　促规范”风险防控专项行动，牵头组织广东省税务局各个内控主责部门，排查出内部风险隐患1596个，制定防控措施2020项，制发34个内控专项制度及配套操作规程，有效解决基层“控什么、怎么控”的问题。开展重点风险核查，围绕减税降费、核定征收、发票管理以及落实中央八项规定、“三公”经费管理等税收执法和行政管理高风险事项，开展内控风险核查工作，共排查发现税收执法方面疑点问题10.85万个，涉及税款12.19亿元；行政管理方面疑点问题140个，涉及金额35.30万元。开展廉政违纪风险核查，围绕税收执法和行政管理过程中应履职未履职或不正当履职、容易造成违纪风险的问题，在内控监督平台新增指标198个，充分利用信息化手段遏制违反廉政纪律问题的发生。

【税收执法督察和内部审计】　聚焦重要行业、重点领域、关键环节，开展一系列督察审计工作，为首轮“督审监督全覆盖”迈出坚实的第一步。在税收执法督察方面。开展税收执法督察项目3个，发现问题5大类59个，督促立行立改问题11个，提出督察建议40条，共发现违规税款87万元。在内部审计方面。按照税务总局“加强审计监督，确保在一个审计周期内，上级税务机关对所辖的下一级税务机关至少开展一轮审计”的要求，印发《国家税务总局广东省税务局审计全覆盖五年规划方案（2019—2023年）》。2019年开展21个审计项目，包括11个领导干部经济责任审计、5个层级审计和5个专项审计。

【配合外部审计监督】　面对征管体制改革不断深化、外部监督越来越严的新态势，督察内审处通过积极配合，加强沟通，创新与完善外部审计协调对接工作机制。促进外部监督扎口管理，主动走访审计署驻广州特派办、财政部驻广东专员办、广东省审计厅等监督部门，明确今后外部审计监督统筹由审计署驻广州特派办专职部门与广东省税务局督察内审处扎口对接，避免外部单位的多头检查。优化协调对接机制，改变以往外部审计层层重复、层层下压的情况，所有外部审计安排主要由广东省税务局督察内审部门牵头组织协调，省税务局各部门配合协助，减轻基层的应对压力，更有效地加强审计动态跟踪。提前自检联动做好迎审准备，由督察内审处组织省税务局相关业务处室及各基层督察内审部门主动将审计署重点关注的疑点风险数据下发基层进行核查，达到及时整改、提前预防的作用，有效通过自检自查促进规范管理，提高迎审工作质量。积极配合审计署审计监督，审计署驻广州特派办审计组于2019年3月起进驻广东省税务局，对2019年贯彻落实国家重大政策措施情况开展跟踪审计。督察内审处积极主动做好协调配合工作，专人对接审计需求，共接收审计需求236条，按时反馈需求资料161份，配合完成2019年第二季度贯彻落实国家重大政策措施情况跟踪审计的减税审计和2019年第三季度贯彻落实制造业减税降费政策情况审计。针对审计发现问题，督察内审处全力组织有关处室做好相关问题的核实整改，对存有异议的内容主动加强沟通和业务交流，得到审计部门的理解和支持，形成良好的工作合力。

【减税降费督察督导】　确保减税降费政策措施落地生根是2019年的税收工作主题，督察内审处从大局出发，紧扣中心，扎实做好减税降费重大决策部署落实的监督工作。科学谋划制定督察方案。按照国家税务总局督察督导工作部署，紧密结合全省工作实际，制定落实减税降费督察督办工作方案，细化税务总局督察督办任务清单，明确各项工作要求，层层分解压实责任，夯实减税降费各项督察督办任务的基础。联合开展减税降费全覆盖综合性督察督导。主动沟通，积极走访外部和上级有关监督部门，联合广东省委督查室、广东省政府督查室、财政部广东监管局、审计署驻广州特派办、国家税务总局驻广州特派办、广东省财政厅等部门，选取佛山、茂名、韶关、揭阳4个具有代表性的市开展全覆盖综合性减税降费落实情况督察督导。通过联合督察督导，核查政策落实风险点24个，发现问题38个，涉及纳税人88户次，收集意见建议32条，并形成督察调研报告。在全省开展两轮个人所得税改革和减税降费落实情况督察。组织开展个人所得税第二步改革首期申报纳税情况督导和小微企业普惠性税收减税政策落实情况督导。按照实施方案，组成7个工作组到广州、东莞、清远、韶关、江门、揭阳、云浮开展督察督导。督察督导期间，共核查征管数据19万条，发现9个方面问题，收集意见建议17条，并针对发现问题提出具体建议对策，形成专题汇报报送税务总局，有力有序推动个人所得税改革分步推进和小微企业普惠政策的落地落实。

（吴　健）

人事管理

【概述】 2019年，全省税务系统组织人事工作以习近平新时代中国特色社会主义思想为指引，全面贯彻党的十九届四中全会和全国组织工作会议精神，认真践行新时代党的组织路线，扎实落实全国、全省税务工作会议部署要求，以加强党的领导为引领，牢固树立好干部标准和正确的用人导向，不断健全“党管干部、选贤任能”机制；以推进“三化”建设为契机，健全组织人事制度体系，推动组织人事工作规范化、标准化、一体化；以深化干部人事制度改革为动力，持续激励干部队伍担当作为，培养造就一支制度执行力和治理能力强的高素质税务人才队伍，为推进新时代广东税收现代化提供强有力的组织保障和人才支撑。

【干部选任】 扎实开展干部选拔任用工作。领导干部选任和交流方面，省税务局机关共选拔2名正处长级领导干部、进一步使用3名正处长级“由正转副”领导干部，并结合工作需要，对个别处级岗位进行调整优化，进一步实现“人岗相适、人事相宜”。非领导职务选任方面，自2018年10月至2019年5月，新《公务员法》实施之前，全省税务系统共选任处级非领导职务干部116名、科级领导干部23名、科级非领导职务干部734名，提振了队伍士气。

【职级晋升工作试点】 2019年11月7日，国家税务总局党委确定广东省税务局为全国税务系统职级晋升工作两个试点单位之一。按照税务总局统一部署，广东省税务局党委第一时间向广东省委、省政府专题报告，并得到强有力的指导支持；成立领导小组，下发加强党的领导确保职级晋升工作平稳有序开展的通知，挑选33名优秀党员组建工作专班；研究确定广州、珠海、汕头、河源、东莞、湛江6个市级税务局及7个县区税务局作为试点单位，省、市、县三级税务局联动试点，积极推进，较好地落实了税务总局各项规定动作，并且创新推出“三轮必谈”“三轮酝酿”“面对面审核”和“四个一指引”等一系列具有广东特色的经验做法，确保职级晋升工作高效平稳实施。截至2019年底，广东省税务局机关和试点市税务局的省税务局管理干部的首次晋升工作已全部完成，共晋升381人，各试点市、县税务局有关工作平稳有序开展，职级晋升正面效应逐步显现。

【干部监督管理】 从严从实抓好干部监督。组织填报录入564名广东省税务局管理干部个人有关事项报告，开展抽查核实和专项查核共

215 人次；严格做好因私出国（境）审批，受理申请400 余件；加强干部人事档案的管理和审核；在全省税务系统范围内组织开展企业社团兼职、“裸官”岗位管理和因私出国（境）管理等“回头看”及领导干部配偶、子女及其配偶违规经商办企业，税务干部涉嫌经商办企业等专项治理行动，对发现的问题均已进行整改处理。

加强干部关爱。2019 年，全省税务系统累计谈话 4 万多次，特别是扎实组织开展职级晋升试点“三轮必谈”，准确传达税务总局、广东省税务局党委工作精神，营造人心顺、队伍稳、氛围好、改革进的良好氛围；进一步规范广东省税务局机关借调人员、编外人员管理，实施孕产和哺乳期女职工临时调整工作单位等“关爱工程”；积极做好临近退休人员职级晋升工作，全省税务系统共晋升 398 人。

【机构编制和人员交流】 对全省税务系统干部队伍进行整体统筹规划，按照广东省税务局党委的决策部署，顺利完成市、县税务局行政编制核定工作，结合中央对广东工作的部署和广东省委、省政府区域发展规划，优化调整行政编制规模。组织开展全省税务系统两批国家公务员招录面试工作，顺利完成资格审核、笔试、面试、体检、考察和向税务总局报批等环节，共录用考生 420 名，面试组织严密、运转有序、公平公正，得到上级和社会各界的充分肯定。按照税务总局统一部署，加大力度推荐税务干部到地方交流任职。截至 2019 年底，全省税务系统推荐干部到地方任职 121 名（其中，提任厅级领导干部交流任职 1 名，提任处级领导干部交流任职 4 名，平级交流处级领导干部 14 名）。

【人才队伍建设】 多渠道为干部培养锻炼创造平台和条件，持续关心支持 10 名选派到基层单位挂职担任“一把手”的优秀年轻干部挂职锻炼工作，召开座谈会倾听心声，制定考核方案检验成效，谋划新一轮交流挂职培养工作。做好干部援疆、东西部地区税务局互派干部挂职锻炼工作，连续两年开展与甘肃省税务局互派干部挂职工作，选派 1 名处级干部和 1 名科级干部到甘肃省税务系统挂职锻炼，同时接收 2 名甘肃省税务局干部到广东省税务系统挂职。安排 6 名领军人才学员通过上挂下派等方式加强实践锻炼，选派 3 名优秀年轻干部参加税务总局青年才俊示范培训班，推荐多名年轻骨干参与税务总局、广东省税务局重点专项工作。

【开展精准扶贫】 实现广东省税务局对口两个定点扶贫村（梅州市里塘村、茂名市龙山村）94 户 328 人脱贫，脱贫比例超过 95%，“扶志扶智”成效明显。两个驻村工作队被广东省委、省政府评定为“突出贡献集体”，两位驻村“第一书记”被评定为“突出贡献个人”，其中华关获评“全国脱贫攻坚贡献奖”。完成驻村“第一书记”任职期满轮换工作，落实扶贫干部的有关待遇。

【队伍“三化”建设】 完成部门职责和业务边界划分，明确 17 类一级事项、59 个二级事项的政策依据、适用范围和工作程序；推动省、市、县税务局三级共建，广泛收集基层单位问题建议 559 条；形成涵盖干部选任、干部培养、规范工资和津补贴管理等内容的 33 个文本，推出全链条人才培养机制、“绩效分析报告”系统、税务老干部教育关怀新模式等第一批“三化”建设成果，初步形成全面覆盖、上下一致、层级清晰、具体规范的制度体系和规范标准。

（王　凯）

考核考评

【概述】 2019年，全省税务系统考核考评工作在广东省税务局党委的正确领导下，紧紧围绕“绩效管理抓班子、数字人事带队伍”的职责定位，既聚焦主线有力推进年度重点工作落实，又着眼长远不断完善考核评价体系，有效发挥绩效管理和数字人事在干部队伍建设中的引领作用，在税收工作中的促进作用和在改革发展中的服务作用。2019年前三季度广东省税务局绩效考核排名稳步提升，尤其是基础指标考评成绩良好，居全国第3名；获得2018年度中直驻穗机关绩效考核一等奖。

【绩效管理】 贯彻落实税务总局、广东省委、省政府和广东省税务局党委决策部署，围绕高质量推进新时代税收现代化，切实发挥绩效管理抓班子、促落实、提质效的积极作用，2019年广东省税务局考核考评成绩排名全国税务系统第9位，2018年度中直驻穗机关绩效考核获一等奖（2018年度考核结果为2019年公布，2019年度考核结果暂未公布）。不断优化绩效考评体系，抓住全面从严治党、减税降费和提高纳税人满意度三条主线，狠抓绩效指标编制质量，合理设置关键绩效指标，有力促进了工作落实，充分体现绩效指标引领工作的“方向舵”作用。持续为基层减压减负，对多年运行顺畅且完成效果好的考核项目予以精简，坚决杜绝随意要求基层填表报数、层层报材料等行为，防止过度留痕，2019年考评市税务局共设置20项指标和53个考点，精简幅度分别达到42%和37%。狠抓绩效过程管理，对日常指标运行情况进行监控，抓好“点对点”提醒，以定期检查和随机抽查相结合的方式，对处室、市税务局工作进行跟踪评估；强化绩效讲评，对照税务总局指标考评细则，深入分析潜在得分点和失分点，确保精准发力。助力探索创新，为创新试点地区“出新出彩”创造条件，按照广东省税务局党委指示，专题调研研究珠海横琴新区税务局、广州南沙开发区税务局考评问题，减少对其一般性任务的考核，为其集中精力开展创新探索提供最大力度支持。

【数字人事】 贯彻落实税务总局和广东省税务局党委部署，坚持严管和厚爱结合、激励和约束并重，以客观公正、注重实绩、简便易行为原则，一手抓基础，一手抓创新，各项工作亮点纷呈、成效显著。

精心打造个人绩效分析报告平台。针对干部平时考核“量化难、分析难、比较难”问题，自主开发个人绩效分析平台，该平台以“零负担”为前提，自动提取13个信息系统数据，通过“个人绩效分析报告+分析维度表、分析汇总表”的“1+2”模式，立体展示干部一段时期的综合表现，为个人改进、干部培养、人员配置提供分析平台。同时，建立专家团队指导制度，对新进人员量身配备“多对一”的指导团队。该项创新工作被税务总局推荐作为中组部全国公务员绩效管理典型案例。

持续夯实数字人事工作基础。按照广东省税务局“三化”建设总体部署，配套制定结果运用办法、加减分规定、个人绩效分析工作方案、年轻干部专家团队指导制度，逐步形成程序化、系统化、标准化、透明化的制度规范；成功上线数字人事整合版（V4.0），实现干部人事信息和数字人事个人成长账户数据精准化、更新实时化。

深入探索数字人事评价新模式。各市税务局对数字人事评价体系、数据运用等方面进行了积极探索、创新完善。中山市税务局通过“计分制”模式实现组织绩效和个人职责精准挂钩，佛山市税务局探索构建组织评价模型，珠海市税务局探索构建个人精准画像模型；广州、汕头等市税务局也开展了组织绩效挂钩方面的探索，这些都为接下来完善绩效考核工作积累了有益经验。

不断强化信息支撑。推动数字人事与其他系统平台互通和数据互用，研究后台直接提取绩效管理、重点任务督办、巡察管理、数智党建、考勤管理等系统数据；优化工作记实小助手、完善单点登录等功能，不断提升用户体验，减轻操作负担。

【绩效文化建设】　省局层面加强“顶层设计”，召开文化建设分片座谈会，就理念文化、行为文化、沟通文化、结果文化等方面广泛听取意见，反复研究论证，形成“明责担当、勤绩致效，精简核真，向上向善”的核心价值理念，搭建起“一个主旨、两大主责、三个导向、四个目标”的绩效文化体系。通过《广东税务动态》《广东税务》杂志、H5、视频等丰富多样的方式开展绩效文化宣传，务求绩效文化接地气、可感知，切实提升绩效文化的覆盖面、认知度和引领力。赋予基层充分的工作自主权，鼓励各市（县）税务局在省税务局的绩效文化框架内，既因地制宜、又富于创新地打造贴合本单位实际的绩效文化，逐步形成以广东省税务局绩效文化理念为统领，广州市税务局“笃行卓越”、东莞市税务局“乾行”、佛山市税务局“臻德”等文化品牌为矩阵的绩效文化发展格局。

（翁嘉源）

教育培训

【概述】　2019 年，全省税务系统教育培训工作按照党中央、国家税务总局和广东省税务局党委的决策部署，深入学习贯彻十九届四中全会精神，紧密结合教育培训实际工作制定并完善相关规章制度，切实提升制度执行能力，进一步发挥教育处在教、学、练、考方面的体制机制优势，将制度优势更好转化为推动税收现代化人才队伍培养的强大动力。健全提升教育线条的执行能力和制度体系，坚持培养造就更多更优秀人才的显著优势，与税校共同强化兼职师资队伍建设，完善兼职师资管理制度，实现组织赋能与师资成长双提升。构建服务干部终身学习的教育体系，贯彻税务总局党委书记、局长王军“线上学习为主、线下教育为辅”的指示精神和税务总局教育中心突出日常学习、网络学习的工作部署，营造人人向上向好的良好学习氛围。

【制度建设】　创新落实国家税务总局教育培训五年规划。以《2018—2022 年全国税务系统干部教育培训规划》为战略先导，把握税务干部教育培训的政治使命、主要目标、重要指标，结合广东区域实际和特色制定贯彻落实规划的实施意见，塑造政治统领、组织有力、分工明晰的教育培训新格局。制定全系统《教育培训管理办法》。全面梳理原国税、地税有关教育培训工作制度规定，明确机构合并后教育工作的管理体制和责任分工，定位各类培训的实施主体、对象、分类、内容，严格流程和经费管理，确保全省税务干部教育培训工作协调有序高效运转。制定《广东省税务局兼职师资管理办法》。围绕广东省税务局兼职教师选拔聘任、培养使用、考核激励等方面明确规范要求和执行流程，为建设一支适应广东税收事业发展新形势的兼职师资人才队伍提供制度范本。

【人才培养】 配合税务总局开展第六批领军人才学员选拔考试工作，全面贯彻落实税务总局“115”工程。紧扣税务总局关于教育培训工作的新要求，对本系统业务能力强、综合素质高的人员坚持优选精育，有针对性地开展税务领军人才的挖掘、培养、储备工作。2019年广东省共有48名干部参加第六批领军人才选拔，经过报名、推荐、笔试、素质和业绩评价、面试、考察等环节，4名考生成为第六批领军人才学员。

为大力推进税务总局“人才强税”战略和素质提升“115”工程，2019年广东省税务系统业务大比武暨职工技能大赛于7月30日和8月6日开考，来自全省税务系统综合文秘、货物和劳务税、个人所得税、大企业税收管理以及税务稽查5个考试类别的1000多名岗位能手参加业务比武。根据税务总局和广东省税务局党委的总体工作部署，广东税务系统将练兵比武工作作为机构改革后推动业务融合、队伍融合、师资融合的重要举措，作为促进广东税收事业发展和税务干部全面发展的重要手段，作为对全省税务系统新机构成立一年以来的业务融合情况的现场比武检阅。比武活动中，全省税务系统将岗位练兵与日常岗位职责、实际职能需求紧密结合，充分利用中国税务网络大学平台，采取线上学习+线下培训相结合的方式，推动“走出去”培训与“请进来”辅导对接，倡导立足岗位自学，分重点同步开展考学，全方位覆盖业务疑难，不断激发干部职工学业务、练技能和争标兵的热情。通过视频讲座、讨论交流、模拟操作、案例评析等方式，大力开展日常练兵比武活动，以考促学，以比促融，扎实推进各项税收工作稳固提升。

2019年5—7月，税务总局举办两轮2019年全国税务系统“一竿子到底”视频培训，由税务总局相关司局就近期税收改革发展相关政策及重点工作要求进行专题辅导。全省税务系统教育培训部门组织各级税务人员收看视频培训，对照《税务总局授课安排表》，跟进培训协调和扫码测评工作，维持现场秩序，统筹做好两轮14场视频培训组织工作，推动全省税务系统业务融合培训。

广东省税务局教育培训部门通过层层选拔，开展大规模兼职教师选聘。组建了9个类别覆盖全业务线条共235人的师资团队，并通过组织师资培训，精准提升知识储备水平和教学能力，确保师资水平站得定、立得住，为打造一支忠诚担当、敬业奉献、高素质兼职师资队伍掀开新的篇章，为实施“人才强税”战略提供了坚实有力的保障。

【网络培训】 开拓“互联网+教育”的新思维，分析研判税务总局网络培训趋势，积极争取数字人事“两测”考试与网络教育衔接挂钩和公务员初任培训网络学习工作在广东进行试点，全面提升广东教育培训工作在全国税务系统教育线条的站位。其中，数字人事“两测”考试与网络教育挂钩试点工作是全国唯一试点省份，公务员初任培训网络学习试点工作也是全国3个试点省份之一，并在税务总局组织的学习兴税工作研讨会议上介绍经验。

（杨广治）

机关党建

【概述】 2019年，广东省税务局机关党委在省税务局党委的正确领导下，深入学习贯彻习近平新时代中国特色社会主义思想、党的十九届四中全会精神以及中央和国家机关党的建设工作会议精神，认真贯彻落实全省税务工作会议和全省税务系统全面从严治党工作会议精神，聚焦主责主业，坚持围绕中心、建设队伍、服务群众，坚持抓机关带系统、抓党建带群团，全力推动机关党建工作走在前、作表率。

【模范机关建设】 按照广东省委和省直机关工委统一部署，坚持以政治建设为统领，牢牢把握税务机关的政治属性，结合广东省税务局机关实际，制定出台2019年模范机关创建工作方案，细化4个方面15项措施，扎实推进广东省税务局机关模范机关创建。坚持围绕中心抓创建，把落实减税降费政策、服务粤港澳大湾区建设等作为创建重要内容，充分发挥税收职能作用，全力推动党中央和省委各项工作部署在广东税务落地见效；坚持问题导向抓创建，组织召开专题组织生活会、“担当作为”大讨论，深挖细照落实整改，着力转作风抓落实，广东省税务局机关各党支部查摆问题147条并全部完成整改；坚持典型示范抓创建，广东省税务局机关2人荣获全国道德模范提名奖、全国脱贫攻坚贡献奖，1个部门荣获广东省“五一劳动奖状”，充分发挥先进典型的示范带动作用，凝聚模范机关创建合力。2019年3月，在省直机关党的工作会议暨模范机关创建工作会议上，广东省税务局被选为会议经验介绍单位；《南方日报》先后两次报道、广东省直机关工委《跨越》杂志刊登广东省税务局模范机关创建情况及成效。

【群团活动】 组织举办“不忘初心、献礼祖国”——广东省税务局机关庆祝中华人民共和国成立70周年歌咏活动，全局600多名干部职工参加，唱响爱国主旋律，聚合起推进改革的强大动力。开展“说说我家这些年——庆祝改革开放40周年”税收主题征文活动，挖掘改革开放40年来“税收好故事”，弘扬“好家风”。做好先进典型推荐工作，广东省税务局征管和科技发展处荣获广东省“五一劳动奖状”称号，第三税务分局荣获“广东省模范职工小家”称号。打造广东省税务局机关“浓情税悦・一月一品”主题系列品牌活动，提升干部职工文化素养，增强工会会员满意度与归属感。扎实推进暖心工程，在子女教育、救急济难互助、帮扶慰问等方面为干部职工提供更精准帮助。组队参加2019年广东省第九套广播体操大赛，荣获“省直单位、省行业体协组”特等奖。开展“巾帼心向党・建功新时代”群众文艺作品征集等活动，择优选送的舞蹈作品《真诚服务》获得省妇联群众文艺作品网络征集活动一等奖，并多次受邀到省妇联参与大型活动演出。组织机关青年干部开展“重温革命故事，铭记初心使命”主题活动，组织团员青年参加澳门回归20周年摄影展，提升青年干部为实现中华民族伟大复兴中国梦奋力拼搏的荣誉感、责任感和使命感。成立税务青年助企团，为创新创业、湾区企业发展贡献税务力量。组织开展联谊活动，加强青年干部交流，丰富业余文化生活，为青年干部交友牵线搭桥。

【精神文明建设】 选派1人参加全国税务系统担当作为先进典型演讲活动，在全国税务系统展示了广东税务的良好形象。组织开展“践行初心使命，书写税务担当”——广东税务系统“不忘初心、牢记使命”主题教育先进典型现场交流活动，充分发挥先锋模范作用和示范引领作用，更好凝聚干事创业的正能量。全力推进文明单位创建工作，积极做好省直机关文明单位创建成果现场展示，2019年底广东省税务局机关荣获“2017—2019年度广东省直机关文明单位”称号，得到省文明办和省直机关工委的通报表扬。

（梁春玲）

老干部工作

【概述】 2019年，广东省税务系统老干部工作部门在国家税务总局党委和广东省税务局党委的正确领导下，在各市税务局党委的关心支持下，服务中心，凝心聚力，主动担当，强化政治统领、党建引领、作用发挥，用心用情用力为老干部办实事、做好事、解难事，广大老干部“获得感、荣誉感、幸福感”不断增强，实现“让党委放心，让老干部满意”的目标。获税务总局分管领导表扬2次，先后在全国税务系统老干部工作会议和广东省委组织部长暨老干部局长会议上作经验交流发言，税务总局离退休干部局和广东省委老干局专程到广东省税务局调研老干部工作并给予充分肯定。截至2019年12月31日，广东省税务系统共有离退休人员18312人（其中离休干部223人、退休干部16585人、退休工人1504人），老干部工作专职人员115人。

【政治建设】 突出政治统领，大力开展“不忘初心、牢记使命”主题教育，制发《广东省税务局老干部党组织“不忘初心、牢记使命”主题学习教育方案》，坚持以老年大学、老干部活动中心、广东税务老干部掌上活动阵地、广东税务老干部微信阵矩为四大主阵地，采取集中培训、专题辅导、心得交流等多种形式，引领全体老干部增强“四个意识”、坚定“四个自信”、做到“两个维护”，自觉在思想上政治上行动上同以习近平同志为核心的党中央保持高度一致。全系统组织离退休党支部书记和委员到改革开放最前沿的深圳参观“大潮起珠江——广东改革开放40周年展”；广州市税务局开展“不忘初心、牢记使命，我看新农村建设发展新面貌”主题活动；江门市税务局给老干部下发“不忘初心、牢记使命”主题教育读本；阳江市税务局组织老干部党支部书记及班子成员到井冈山干部教育学院参加“不忘初心、牢记使命”主题教育专题培训暨党组织书记能力提升班；揭阳市税务局开展“不忘初心、牢记使命”主题教育党日，组织30多位老干部党员到“共和国勋章”获得者黄旭华院士的家乡学习，现场观摩这位著名核潜艇专家呕心沥血、淡泊名利、隐姓埋名奉献国防的感人事迹。

【思想建设】 根据广东税务老干部专业特长、兴趣爱好等特点，灵活设计活动形式和载体，大力开展“六个一”活动，加强党建和文化融合，注重正面舆论引导，多方面挖掘工作亮点，报道老干部思想、活动动态。广东省税务局机关先后编写网络图文报道16篇；珠海市税务局开展“新时代红色文化讲堂”活动；佛山市税务局创办《佛山市税务系统离退休干部工作情况交流》；东莞市税务局印制“我最喜爱的习近平总书记100句”“习近平谈治国理政100个金句”及制作“不忘初心、牢记使命”钥匙扣宣传品等。

【党组织建设】 认真贯彻广东省税务局党委“全面从严治党”部署，不断加强组织力。充分发挥党组织战斗堡垒作用。以老干部党委（党总支）为核心，下设老干部党支部和党小组，配齐配强党支部书记和骨干力量，省、市、县税务局共成立老干部党委3个、老干部党总支4个、老干部党支部286个，将老党员全部纳入到各党支部，实现党的组织和工作全覆盖。大力开展“五个五”党建品牌创建活动，发挥先进典型示范引领，组织引导老同志讲好税务干部奋斗故事、弘扬税务精神、传播税务好声音，先后挖掘佛山市税务局李宗英和东莞市税务局虎门税务分局离休分局长朱善恩等先进事迹，在“广东税务”微信号宣传报道。建强党组织“五项制度”，加强老干部党建工作指导，先后制定《老干部党委工作规则》《老干部党支部工作指引》《返拨离退休党员党费使用管理办法》《“两优一先”评选办法》《老干部处联络老干党支部工作指引》5项制度，提升党建规范化建设水平。

【制度建设】 以推进老干部工作部门职能优化、协同高效为着力点，初步搭建政治待遇管理、生活待遇管理、日常管理和阵地管理为主体内容的老干部工作治理体系，涵盖老干部工作各业务领域，对老干部工作部门的工作职责、工作流程、工作规则和对退休干部的接收、服务、管理等业务环节进行一体化统筹和规范，为做好新时代老干部工作提供坚实保障。

【阵地建设】 着力新建“两个阵地”，有效丰富老干部精神文化生活。广东省税务局机关积极开发建设全国税务系统首批离退休干部信息服务管理系统“广东省税务局老干部掌上活动阵地”和实体活动阵地，占地近2000平方米具备13个功能室的广东省税务局机关老干部活动中心于2月18日揭牌；中山市税务局于9月29日成立广东省税务系统第一所老干部大学，打造老干教育关怀新模式，更加注重加强党对离退休干部工作的领导，对全省老干部教育工作具有示范作用，其成果经验入选全省税务系统优秀党建工作创新案例。

【正能量活动】 以“永远跟党走、礼赞新中国”为主题，通过文化打造、氛围营造、平台搭建和载体创新，最大限度把老同志调动起来，隆重为祖国70华诞献礼。一是大力开展系列走访慰问活动，元旦春节期间省、市税务局党委班子成员组成131个慰问组，共慰问18526人次，其中走访慰问7588人次，走访慰问重点对象2884人次；国庆节期间全系统向223名获得党中央、国务院、中央军委联合颁授的“庆祝中华人民共和国成立70周年纪念章”的离休干部进行上门慰问、颁发纪念章。二是大力开展系列主题文艺演出和书画摄影展，各单位组织有力有序，老干部响应热烈，创作出一大批优秀文艺作品和涌现出一大批优秀文艺骨干，集中展示全省文化养老成果，广东省税务局机关首次举办老干部才艺展示会，庆祝新中国成立70周年。全系统先后开展“新春随手拍”“纪念改革开放40周年书画摄影展”“我看新中国成立70周年新成就书画摄影展”“致敬光荣历史、拥抱美好未来书画摄影征集展”等，广州、东莞和湛江3市税务局借助新媒体展示老干部形象风采。三是大力探索老干部发挥作用的有效途径，组织引导老干部围绕服务税收事业发展大局，发挥在服务社会各项事业中的余热作用，汕头、惠州和汕尾3市税务局先后组织老干部参观现代化美丽新农村建设，韶关、中山和江门3市税务局组织老干部志愿者服务队发挥余热，佛山、中山和潮州3市税务局组织引导老干部积极发挥“帮传带”作用，为税收中心工作贡献智慧和力量。

【专题调研】 大力开展“我看新中国成立70周年新成就”专题调研，通过座谈会、口述税史、面对面访谈、电话采访等方式广泛收集税务老干部的心声，老干部们回顾了祖国沧桑巨变70载，民族复兴铸辉煌的历程，一起畅谈新中国成立以来国家发生的翻天覆地的变化与取得的举世瞩目的新成就。全省税务系统认真组织80多场“我看改革开放新成就”专题调研座谈会，邀请老干部代表1000多人，他们作为改革开放重大税收政策的设计者、重大税改节点的见证者、重大税收事件的亲历者，追忆税收事业、税务系统发展历程；组织“银发税月回眸口述税史”活动，广东省税务局机关在全省发行量最大的《广东税务》开辟“庆祝祖国成立70周年口述税史”专栏，佛山市税务局出版近5万字的《“老青结对、薪火相传”活动口述税史成果汇编》；全省税务系统聚焦基层反映强烈、久拖不决的老大难问题，听取老干部意见建议共计100多条，深入了解老干部的需求，并在此基础上形成22篇高质量调研成果，解决一批涉及抚恤金发放、重大疾病医药费报销等问题，得到老干部的一致点赞，广州、珠海、河源和东莞4市税务局积极帮扶困难离退休干部。

【精准服务】 不折不扣落实各项待遇，完善和落实政治待遇制度和生活待遇制度，建立健全离退休干部经常性沟通交流机制，落实重大节日走访慰问和重大决策、重大问题征求意见制度；探索通过建立健全老干部健康档案、开辟就医绿色通道和上门送诊等方式，努力解决老干部普遍关心的看病难、报销难等问题；进一步完善离退休干部特困帮扶的长效机制，特别关注重病、高龄、失能、失独、空巢、独居、家庭负担重的老干部，综合利用社会资源和社会力量，帮助老干部解决好家政服务、医疗护理、紧急救助等实际问题。广东省税务局机关启动“线上家庭医生”特色服务，对机关80岁以上老干部和副厅级以上老干部提供连续性、综合型、高质量的医疗保健服务；肇庆市税务局贯彻执行“12366”工作法，提高离退休干部工作服务管理水平；韶关市武江区税务局与韶关市康寿居家养老服务中心签订《居家养老服务协议书》。

（谢玉芳）

税务系统党建

【概述】　2019年，全省税务系统党建工作部门协助广东省税务局党委统筹抓好全系统学习宣传贯彻工作，分级分类组织开展培训，结合税收改革发展组织开展学习研讨，引导党员干部把学习贯彻四中全会精神同学习贯彻习近平新时代中国特色社会主义思想贯通起来，推动广大党员干部学深悟透、自觉践行。切实加强制度建设，围绕“建立不忘初心、牢记使命的制度”，及时归纳总结把这次“不忘初心、牢记使命”主题教育中形成的好经验好做法，把“当下改”与“长久立”结合起来，结合“三化”建设探索建立科学有效、务实管用的制度机制，引导党员干部永葆初心、勇担使命。

【党组织建设】　全省各级税务机关坚持抓基层、打基础，围绕“组织力提升”主题，认真落实广东税务加强基层党组织建设三年行动计划。深入推进党的建设规范化标准化一体化建设，全面梳理各党建部门工作职责和工作标准，统一资料文书、规范工作流程，制定“1+3”党建工作手册，为各类党建主体落实党建责任提供清晰的工作指引。加强党组织带头人队伍建设，对全系统各级税务局党委书记、机关党委书记及党支部书记开展全员集中轮训。持续深化党建引领改革攻坚长效机制，在全系统开展“百千万”党员干部模范机关创建重攻坚抓落实行动，把支部建在落实减税降费、个人所得税改革等重点攻坚项目上，以党建带群建，党群携手服务改革攻坚。分类选树培育基层党建工作品牌，52个基层党组织成为地方党建示范点，党建直通车开进“飞地”企业、“双亮双创”党业融合新模式入选旗帜杂志社主办的“第二届党建创新成果展示交流活动”十佳、百优案例，“两卡积分制”“红色+税务党员教育”入选广东机关和事业单位党建十佳创新案例。党建工作在2019年广东省直机关党建工作考评中名列前茅。

【党建机制体系建设】　认真落实税务总局新“纵合横通强党建”机制体系，凝聚各方抓党建工作合力。进一步修订完善党委工作规则，健全各级税务局党委对税收工作的领导体制、组织体系和工作机制，充分发挥各级税务党委把方向、管大局、保落实的领导核心作用。落实“横联通”要求，规范设置党委工作部门，完善党建工作领导小组运行机制，组织召开党建领导小组会议5次，办公室会议12次，研究解决议题18项；研究制定机关和系统党建工作统筹联动、一体推进工作机制和听取纪检工作汇报并协调落实重要事项机制，并在部分基层单位试行。落实“纵合力”要求，省税务局党委委员带头，推动省、市、县三级税务局领导班子全部建立基层党建联系点。落实“块双重”要求，推动构建与纪委监委、地方工委常态化沟通机制。

【全面从严治党】　全省各级税务机关紧紧围绕主题主线，融合贯通推进四项重点措施，开展“不忘初心、牢记使命”主题教育，广大党员干部受到一次深刻的思想洗礼和实践锤炼。广东省税务局制定下发《广东省税务系统落实全面从严治党主体责任和监督责任检查考评工作细则》，细化明确9个主体97个责任事项，依托广东税务数智党建系统，实现全部责任事项事前精准推送、事中督促提醒和事后监督考评。统筹用好述职评议、政治巡察、绩效考评、评优评先等手段并充分发挥其导向作用，将全面从严治党作为绩效考评“第一指标”，2019年指标分值占比达27%。组织开展政治生态评价，对各单位评价情况进行通报并“一对一”反馈，督促整改提高。强化主责主业意识，对管辖范围内腐败问题突出、违纪违法案件多发频发，以及全年零立案、零问责的市税务局，分别约谈其党委书记和纪检组长，面对面了解情况、点问题、提要求。认真组织开展党组织书记抓基层党建工作述职评议，将党支部建设情况作为各级党委书记抓基层党建述职评议考核重要内容。

（肖晨光）

税务巡察工作

【概述】 2019年，广东省税务系统深入学习习近平新时代中国特色社会主义思想和党的十九大及十九届二中、三中、四中全会精神，牢牢把握“两个维护”根本任务，认真贯彻党中央和国家税务总局党委关于巡视巡察工作新精神新部署新要求，坚守政治巡察定位，聚焦“六个围绕、一个加强”“五个持续”，紧扣税务机关职能，扎实推进巡察全覆盖，狠抓巡察整改，推进广东税务巡察工作高质量发展。

【常规巡察】 广东省税务局党委常规巡察江门、阳江、揭阳、云浮、横琴5个市（区）税务局党委。共发现问题203个，其中：落实全面从严治党主体责任和监督责任方面问题39个，落实党中央、国务院重大决策部署和税务总局、广东省税务局工作部署方面问题61个，落实党建工作责任特别是组织建设和选人用人方面问题32个，落实“两权运行”监督方面问题71个。按业务线条划分，党建纪检类62个、征管执法类71个、财务类31个、人事类30个、纳服类9个。

【专项巡察】 广东省税务局党委专项巡察广东省税务局办公室、货物与劳务税处、企业所得税处、社会保险费处、纳税服务处、第三税务分局、稽查局、信息中心、税收科学研究所9个处室党支部。共发现各类问题98个，其中：落实全面从严治党主体责任方面问题36个，落实党中央、国务院重大决策部署和税务总局、广东省税务局工作部署方面问题20个，落实国地税征管体制改革方面问题18个，落实两权监督方面问题24个。

【巡察整改】 完成第一轮专项巡察整改。2018年底广东省税务局党委对河源、中山2个市税务局开展机构改革专项巡察，共发现问题58个，2个单位已全部完成整改。推进第二轮常规巡察整改。5个被巡察市（区）税务局党委制订整改方案，积极推动整改、追责问责。截至2019年12月31日，共完成问题整改160个，完成率78.8%；完善制度100项。开展共性问题自查自纠。梳理第二轮常规巡察5个市（区）税务局党委发现的16个方面问题，通报全系统举一反三、自查自纠；广东省税务局党委责成相关处室牵头开展党建党务、减税降费、人事管理、财务规范4个专项整治。

【推进巡察高质量发展】　坚守政治巡察定位。提高政治站位，坚定政治方向，把政治巡察理念贯穿巡察工作全过程。坚持主题教育与巡察工作紧密结合，把“两个维护”作为巡察根本政治任务，从党的领导、党的建设、全面从严治党等角度查找班子特别是“一把手”政治偏差和责任问题。

坚持问题导向。将发现问题作为巡察工作的生命线，坚持依规依纪依法开展巡察，聚焦“六个围绕、一个加强”和“五个紧扣”，紧扣减税降费、国税地税征管体制改革、服务粤港澳大湾区建设和深圳中国特色社会主义先行示范区建设、解决形式主义和官僚主义突出问题、税收“两权”运行等重点内容，大处着眼、小处着手，深入查找问题。

建立健全巡察上下联动机制。落实“基层减负年”要求，加强与党建处、人事处、督审处沟通协调，整合监督检查资源，把落实全面从严治党主体责任检查、全面从严治党“两个责任”落实情况实地检查和选人用人专项检查等与巡察工作统筹开展，当年度被巡察的单位一般不再安排综合性检查，市税务局巡察县区税务局党委时一并开展党支部巡察。

创新巡察方式。探索推行“堡垒攻坚法”，巡察组成立临时党支部，发挥临时党支部抓学习、提能力、强队伍、善攻坚的堡垒作用；“六表”推进法，围绕巡察方案制定职责分工表、事项推进表、日程安排表、问题归集表、立行立改表、巡察统计表；倒序谈话法，改变从上到下、分级开展的谈话方式，在掌握群众公论、苗头问题和疑点人事物等方面信息基础上，采取由下往上、线条开展的谈话方式；“三层确认”意见征集法，问题底稿由被巡单位签字确认，问题清单由相关处室审核把关，报告和问题清单向巡察工作领导小组成员单位和被巡单位挂片广东省税务局领导征求意见，确保问题清单和巡察报告经得起推敲。

推行巡视巡察系统。全面推广并深化应用全国税务巡视巡察信息管理系统，2019年3月在全国推广上线应用工作集中研讨会上作经验介绍，浙江、黑龙江、安徽、广西等省（区）税务局到广东省税务局学习考察。

加强巡察队伍建设。按照“信念过硬、政治过硬、责任过硬、能力过硬、作风过硬”标准，组建省、市税务局巡察人才库，举办巡察人才培训班2期。两轮巡察组主要由人才库组成，同时选派巡察干部参加税务总局巡视、上级督察督导等重要工作，锻炼提升了巡察干部素质能力。

推进巡察“三化”建设。完善《巡察办岗位职责表》，梳理《巡察业务事项清单》，完成《党的建设工作手册——巡察工作（政治巡察）》初稿，制定《巡察领导小组办公室工作规则》《广东省税务局党委巡察组工作规则》《广东省税务局巡察人才库管理办法》等制度。编制巡察市、县局党委和机关党支部操作指引，优化程序，巡察工作环节由原来51个减并为45个，减少巡察进驻期间有关会议参加人员范围和材料报送。

扎实开展“不忘初心、牢记使命”主题教育。结合巡察“强基提质年”建设活动，扎实开展“不忘初心、牢记使命”主题教育，建立第一议题学习制度，开展集中学习13次、专题研讨4次、大讨论1次、支部书记讲党课2次，检视问题21个，撰写体会31篇、调研报告4篇。落实“三会一课”，创建模范机关，开展组织生活活动35次。创新党建工作，成立青年理论学习及写作小组、读书小组，创建“学习型党支部品牌”，与珠海、江门、阳江等基层支部开展“读书分享”活动9次，深入10个市（区）税务局举办巡察专题讲座。

（赵　磊）

税务纪检监察

【概述】　2019年，面对全面从严治党新形势新要求，全省税务系统纪检监察工作紧紧围绕国家税务总局、广东省税务局党委的工作部署和要求，扎实开展主题教育、持续聚焦主责主业、充分发挥职能作用，有力推动全省税务系统纪检工作高质量发展。其中，全省税务系统各级纪检组将上级部署要求与本地工作实际紧密结合，与地方纪委监委联手多措并举、深化合作取得显著成效。

【监督执纪】　做好专项监督。重点围绕减税降费政策落实情况、“不忘初心、牢记使命”主题教育开展情况、职务职级并行改革纪律执行情况、中央八项规定精神落实以及纪律处分决定执行等情况，组织全系统开展专项监督。

加强日常监督。严格对干部选拔任用、评先评优等进行廉政审核把关，全年共对1815人次、71个单位137批次出具廉政鉴定。严格落实领导干部出国境管理报告有关要求，对975人次的干部出国（境）申请进行廉政审核。组织开展办公用房整治工作，推动广东省税务局机关带头整改；牵头组成4个监督检查组，先后对广州等7个市税务局机关办公用房使用情况进行实地监督检查，并对检查发现问题和整改落实情况在全省税务系统进行通报。

严肃查处税务干部违纪违法案件。充分运用监督执纪“四种形态”抓早抓小、防微杜渐。2019年全系统纪检组共接收信访366件（不含转办件），比2018年同期下降11.59%；通过问题线索处置，开展谈话函询66件，初核317件，经处置了结278件、发现涉嫌违纪违法转立案80件、发现问题轻微给予组织处理172人。严格实行党内问责。贯彻落实《中国共产党问责条例》及税务总局实施办法，2019年全系统共问责党组织5个，问责55人次；其中以通报方式问责54人次，以诫勉方式问责22人次，组织调整或者组织处理方式问责3人次，以党纪政纪处分方式问责18人次。

【廉政建设】　强化警示教育。先后通报近年来全省税务系统内发生的税收执法领域、违反廉洁纪律、违反中央八项规定精神、酒驾醉驾、党内问责等7批次典型案例。部署开展“六个一”专题警示教育活动。全省税务系统各级纪检组结合主题教育活动，组织到地方纪委监委廉政教育基地、监狱、留置点等开展警示教育314次，推动干部知错悔错，主动交代问题，实现“执纪震慑+政策感召”同频共振，全省共有91名税务人员向系统内纪检部门主动交代问题。深化以案促改，对于典型案例中暴露出来的带有普遍性的制度缺失和管理问题，及时采取措施，及时督促堵塞漏洞。

开展信访案件大数据分析。从信访举报来源、违纪行为分类、涉及人员、处置情况等多维度对信访举报数据进行剖析，结合典型的上级督办件、省税务局纪检组自办件以及督办件，认真总结2019年信访举报的规律及特征，并针对信访举报数量增幅较大、信访反映的问题比较突出和集中的领域，督促相关业务部门开展专项整治，完善风险防范。

加强廉政档案建设。按照《中国共产党纪律检查机关监督执纪工作规则》规定，推进全系统党员领导干部廉政档案建设，完善纸质廉政档案，探索建立电子廉政档案，并实施动态更新。加强税纪合作。立足税务系统双重管理体制，主动对接地方纪委监委工作全局，推动构建全省税纪联系协作机制体系，实现全省自上而下全覆盖，不断提升监督执纪问责工作质效。

【内部管理】　科学搭建体系框架。对广东省税务局近年来原35项党风廉政建设制度进行梳理，分类分级搭建完成“3+2”（监督、执纪、问责+综合管理、自身建设）的基本制度框架体系，涉及制度48项。有序推进建章立制。按照轻重缓急，分期分批制发相关制度。出台重大案件报告制度、婚丧喜庆事项报告、节假日遵规守纪情况报告等8项制度。

优化人才培养机制。组织3期纪检干部业务培训，对改革后新任省、市、县（区）三级纪检组常务副组长、纪检业务骨干等250人次进行能力提升培训。举办全系统纪检业务视频培训，抓好中纪委编印的《纪检监察干部培训系列课程讲义汇编》17门课程学习，全系统纪检干部和机关纪委人员1500人参加。选派年轻、优秀纪检干部到地方纪委监委参加专题培训、挂职锻炼、跟班学习、专项工作、以案代训等，推动税务纪检干部能力提升，全年联合各级地方纪委监委培养全系统的纪检干部近600人次。

（钟　秋）

大企业税收服务和管理

【概述】　2019年，全省各级大企业税收服务和管理部门坚决贯彻落实广东省税务局党委决策部署，坚持以大企业纳税人为中心，融入广东省税务局规范化标准化一体化建设，制定名册管理办法、大企业税收服务和管理办法、大企业重大复杂涉税事项服务工作机制等系列制度，不断夯实业务、信息化、干部队伍基础，全面提升个性化纳税服务、风险管理、经济分析工作水平，有力推动大企业服务和管理工作从价值维护向价值创造提升。

【大企业个性化纳税服务】　着力完善大企业个性化纳税服务机制，为大企业提供更精准的定制式服务，打造个性化服务品牌，切实提升大企业纳税人获得感和满意度。建立广东省税务局大企业重大复杂涉税事项服务工作机制，规范大企业重大复杂涉税事项处理工作流程，解决涉税事项政策理解、执行不一问题，全年为大企业纳税人解决涉及重组、股权转让等重大复杂涉税问题122个，为纳税人提供稳定、可期的税收营商环境。建立大企业首席联络员制度，实现大企业诉求精准对接，在广州、佛山等13个地市试点为大企业配备首席联络员，畅通税企高层沟通渠道，协调处理南方航空、奥飞股份、碧桂园等大企业的重大复杂性涉税诉求64个。依托电子税务局设置大企业专线，为大企业纳税人提供涉税诉求快速响应、集团税收数据查询、税收风险防御和纳税信用预警等个性化服务。优化税务风险防御服务，打造税收遵从合作系统。组织全省大企业税收风险防御（TRD）公开课，面向省内大企业推广税务风险税企共治理念，讲解税收遵从合作系统，为企业提供实时税收风险预警、涉税数据直联以及行业税收经济分析等服务。

【大企业税收风险管理】 统筹全省大企业税收风险管理工作，制定全省大企业税收风险管理年度计划，通过省税务局统筹、省市联动、集中办公的工作模式，开展数据采集、指标模型建设、风险分析、风险应对，推动全省大企业税收风险管理一体化运行。开展扩围集团、本省列名大企业税收风险分析应对，聚焦股权转让、关联交易、土地增值税清算等重大复杂涉税事项，深入挖掘重点行业、重大事项涉税风险，将有限资源聚焦到重要领域，实现资源最优配置。实施分类分级应对，对涉及重大、复杂涉税风险的大企业，提升风险应对层级，由省市实施应对，提高风险应对工作质效。落实税务总局“两见面、一指导”工作要求，对预估税款500万元以上、存在重大涉税争议等风险事项，组织开展集体评审，进一步提升应对工作质量。完善跨部门协作机制，加强与风控、稽查等部门沟通协商，避免重复检查；加强与税政部门沟通协调，推动涉税政策执行的统一性和准确性。编写日用化工行业、家电、保健品、房地产、电力等五大行业风险管理指引，归纳总结具有普遍性和行业性税收风险，提升行业税法遵从。2019年，共完成税务总局部署的千户集团（含扩围集团）2829户风险分析任务和广东省税务局97户自主分析任务；承接税务总局风险应对任务4批，涉及1014个风险点，排名全国第9；选派34人次业务骨干参与税务总局集中办公，6人次获得税务总局通报表扬。

【大企业税收经济分析】 出台《国家税务总局广东省税务局列名大企业名册信息管理办法》（国家税务总局广东省税务局公告〔2019〕6号），明确省级列名大企业标准。强化数据采集，对总部在广东的千户集团新增成员企业3810户、总部在外省的千户集团成员企业461户进行信息核实确认，截至2019年底，全省千户集团及其成员企业共21191户。撰写大企业税收经济年报、季报，涵盖大企税收账本、复产新情况、大企新亮点、税收折射问题、明星大企业、披露大事件6个模块，反映制造业、民营、外资等重点行业和重点大企业生产经营情况，助力各级税务部门更好开展大企业服务管理工作。组建省市联动分析课题小组，优化“实地调研＋数据分析”的选题模式，开展大企业减税降费、粤港澳大湾区发展战略、制造业民营隐形冠军企业发展等专题分析，撰写《促进美资企业发展　防范经济税源转移》等多份专题分析报告，被税务总局采用素材并呈报中办，获税务总局领导肯定。

（乐　青）

出口退税服务和管理

【概述】　2019年，广东省税务局按照国家税务总局和广东省委、省政府的部署要求，坚持一手抓准确及时退税，一手抓防范和打击骗取出口退税，不断提高退税效率，在企业享受退税红利、组织地方收入、提升退税便利化、防范骗取出口退税、维护出口企业合法权益等方面主动作为，特别是在推动广东经济转型升级和应对国际贸易摩擦持续发力，助力广东打造具有全球竞争力的营商环境，推动广东外经贸稳定增长，为全省实现收入预期目标、粤港澳大湾区建设和深圳中国特色社会主义先行示范区建设提供有力支撑。

【出口退（免）税办理】　2019年，广东省税务局（不含深圳）办理出口退（免）税2782.94亿元，比上年下降1.74%。其中，办理退税1929.95亿元，增加20.85亿元，增长1.09%。

【落实出口退税政策和优化退税服务】　缩短办理退税时间。根据国务院关于加快出口退税进度的精神，广东省税务局专门制定印发《国家税务总局广东省税务局关于加强出口退（免）税服务与管理的若干意见》，优化出口退税办理流程，切实落实简并办税资料、“全程网上办”“最多跑一次”清单等便民举措，积极缩短退税业务受理、审核、评估等流程办理时间。优化退税申报审批。取消出口退（免）税预申报，提高申报效率，并对符合税务总局规定的外贸企业出口退（免）税核准权限全部下放，压缩核准层级。同时，进一步细化出口企业分类管理，认真落实出口退税限时办结要求。

提升退税便利化水平。持续完善广东省出口退税在线申报平台，打通无纸化申报的最后一个环节，实现了出口退税申报系统整体与电子税务局的对接，出口企业办理退税更加便捷，大幅减少企业申报环节的办理时间。2019年在线申报平台共受理正式申报50064户次，增长14倍，其中生产企业28777户次、外贸企业21287户次。努力培育外贸发展新增长点。积极推进外贸综合服务企业代办退税政策落地生效，组织编写《生产企业委托代办退税指引》和《外贸综合服务企业代办退税指引》，积极引导外贸综合服务企业建立内部风险控制体系。积极争取海关特殊监管区域企业增值税一般纳税人资格试点，推进“放管服”改革，促进海关特殊监管区域内外贸一体化。

争取提高广东省特色产品的出口退税率。向税务总局积极反映并争取提高广东特色产品的出口退税率，对广东26562户出口企业产生积极影响。截至2019年底，增加退（免）税额76.54亿元，助力出口企业持续发展。经过积极争取，潮州市的“日用和工艺陶瓷”及阳江市的“刀具产品”等产品退税率已提高到13%。

加强出口退（免）税政策研究分析。针对复杂多变的社会经济形势，特别是中美贸易摩擦发生以来，广东省税务局积极开展出口退税专项调研，主动对中美双方公布的相关商品清单与全省出口数据进行对比分析，先后撰写《提高退税率和加快出口退税进度的效应分析》《广东全面落实出口退税政策成效显著建议重点关注四方面问题》《广东省税务局积极发挥税收职能作用，引导和促进境外消费回流》等多篇调研分析报告，向税务总局和广东省委、省政府积极建言献策。12 月 11 日，《经济日报》在头版以《出口退税促外贸企业发展》为题报道广东省税务部门加快退税进度、推行无纸化退税、优化出口退税服务的便民举措，使企业办理退税更加便捷，纳税人获得感和满意度不断上升。

【信息化建设】 优化出口退税综合管理平台。推动出口退税审核系统、函调系统、金税三期系统、增值税专用发票电子底账等系统应用数据信息资源整合，加强出口企业的税务登记信息、退（免）税备案信息、纳税申报信息、退（免）税申报信息、发票信息等征退税信息的共享，在风险管理增加新业态相应风险指标，加强出口新业态服务和管理。开发特色软件加强退税管理。先后开发“构建多维风险模型”“出口货物溯源分析系统”“备案单证查询系统”，试点运行“审核 E 助手”，通过开发特色软件，对出口企业及供货企业实现及时监控、精准分析，有效提高退税管理的质量和效率。开通标准版“单一窗口”出口退税申报功能应用。按照税务总局部署，广东省税务局配合口岸管理办公室完成开通标准版“单一窗口”出口退税申报功能，提高出口退税申报功能便利化水平，推动进一步优化广东省口岸营商环境。

【强化退税风险防范】 与多部门合作构建联动工作机制。制定印发《国家税务总局广东省税务局关于加强出口退（免）税服务与管理的若干意见》《广东省出口退（免）税企业内部风险控制体系建设指引》《出口退（免）税预警评估工作的实施意见》《关于加强出口退（免）税管理的部门协作办法》《关于下放出口退（免）税审批权的管理办法》等规定，提出多项管理措施和要求，厘清和明确各部门工作职责，细化出口退税部门与其他税收业务部门的联动工作机制，建立日常管理、预警评估、风险防控等工作情况反馈制度。

筛选分析风险企业，做好积极应对措施。组建精通出口退税业务、实战经验丰富的全省出口退税风险管理团队，定期集中研讨骗税新动向及敏感产品，利用出口退税综合管理平台筛选分析风险企业。2019 年全省风险管理团队共下发 4 批出口退税风险任务共 67 户，已经完成风险应对的累计应补税额共 597 万元。

开展出口退税专项检查，确保打击骗税高压态势。组织省级、市级专项检查组，对高风险行业和地区、内部管理开展检查，截至年底，累计检查企业 1040 户，初步确认应补税款 19569 万元。其中：不予退税 1442 万元，返纳税款 3143 万元，其他应补税款 6302 万元，进项税额转出 8436 万元。另暂缓及暂扣税款 3734 万元，移送稽查立案 20 户。

加强防范骗取出口退税研究。召开由出口退税、货物和劳务税、稽查部门等线条人员组成的防范骗取出口退税研究工作小组会议，针对骗取出口退税形势、特点、防范重点进行研究和讨论，提出针对性强、可操作性高的措施和建议，为全省退税工作提供理论支撑。

（颜凯恒）

第三税务分局

【概述】　广东省税务局第三税务分局（以下简称第三税务分局）主要负责520户中央驻穗、省属集团企业的全税种征收管理；负责14000多户省社保局直管参保单位的社会保险费征收管理；面向约90万纳税人（自然人）、缴费人提供日常征收服务等。2019年，第三税务分局不断强化税费源管理，扎实推进征收管理模式转变。

【税收收入】　2019年，第三税务分局组织税收收入243.22亿元，比上年增长1.57%，增收3.75亿元。其中：中央级收入146.6亿元，增长3.66%，增收5.17亿元；地方级收入96.62元，下降1.45%，减收1.43亿元。全年税收减免32亿元，其中2019年新出台的减税政策新增减税18亿元。

【省直社会保险费征收】　2019年，第三税务分局组织社会保险费收入234.26亿元，比上年增长27.62%，增收50.7亿元；委托各市税务局征收省直社会保险费48.7亿元。省直企业职工养老保险费全年为企业减负6.54亿元，惠及2148户企业；省直机关事业职工养老保险费全年为单位减负1.89亿元，惠及573户机关事业单位；省直工伤保险费全年为企业减负0.65亿元，惠及4425户企业。

【党建工作】　加强党业融合，促进税企良性互动。强化与广东省人民政府国有资产监督管理委员会、省属企业的党业交流，围绕减税降费、“不忘初心、牢记使命”主题教育、“放管服”改革等主题举办3期“省级税企党建共建交流汇”；在“不忘初心、牢记使命”主题教育活动中，收集22家集团企业享受减税降费优惠政策的难点堵点和意见建议，逐一分析研究，逐项解决落实。

【减税降费】　落实减税降费，确保企业应享尽享。通过“大水漫灌” + “精准滴灌”，多元化开展减税降费政策宣传，通过视频直播、微信推送、资料发放、举办税收宣讲会等形式开展大面积宣传，通过上门“一对一”辅导、“点对点”摸查、“面对面”把脉，逐一疏通企业享受减税红利过程中的堵点痛点，动态监控申报数据，逐条分析异常信息，辅导纳税人更正申报，应享尽享，切实做好“报好税”“算好账”。

【税源监控】　筑牢税源监控，强化集团精细化管理。与广州市、各区税务部门和财政部门建立数据信息交换共享机制，定时交换税源预测数据和税费入库信息；深入多家具有行业代表性的重点税源企业开展实地调研，紧密跟踪重点税源企业的最新动向；全面开展集团情况摸查行动，共摸查集团企业20户，包含下属企业1807户；依托征管国有大企业集团优势开展经济税收调研工作，积极为党政经济决策和社会管理建言献策；结合增值税税率降低成功推动广东电网有限责任公司增值税预征率下调至1%，推动企业共享税收红利。

【税费源管理】　坚持税费并重，提升费金征管水平。成功划转财专办“三项基金”（可再生能源发展基金、大中型水库移民后期扶持基金和国家重大水利工程建设基金）征收工作；自2019年4月1日起正式征收省直公务员及参公管理人员工伤保险费；从2019年5月1日起开征机关事业单位职工职业年金。

【税收风险防控与管理】 优化风险防控，强化风险管理导向。成立“风险管理组”，承接规定省税务局多个处室推送的风险核查任务；切实加强接受虚开（或涉嫌）增值税普通发票风险监控，强化分级分类管理，筑牢发票事前事中事后风险防控；完善出口退税风险防控体系，建立防范出口骗税快速反应机制；探索出口企业内控机制完善及信息化建设，引导企业规范经营、防范税收风险。

（王建军）

税务稽查

【概述】 2019年，广东省稽查部门全面贯彻落实国家税务总局稽查局工作部署，牢牢把握新机构正式运行首年的历史重任，紧扣主责主业主线，充分发挥稽查职能，持续整顿和规范税收秩序，全面提高稽查工作质效，以新成效彰显了稽查工作的新作为、新气象，多次获得税务总局、广东省委、省政府领导批示肯定，实现了新时期税务稽查发展的良好开局。

【稽查查补收入】 坚持依法稽查，认真履行职责，不断强化稽查执法质量，依法依规开展随机抽查和行业规范整治，加大涉税案件结案和执行力度，为防止国家税款流失，顺利完成全省组织收入工作做出积极贡献。全年共组织检查各类纳税人17904户，查补收入154.67亿元；组织查办亿元以上案件4宗、千万元以上案件50宗、百万元以上案件390宗，成功查处一系列重大案件，打击重大涉税违法活动彰显成效。

【打击虚开骗税专项行动】 深入贯彻落实国家四部委打击虚开骗税两年专项行动部署精神，贯彻“稳、准、快、狠”工作思路，聚焦“假企业”和“假出口”靶向整治，取得实效。全年共检查各类虚开骗税企业案源2.57万户，合计挽回税款损失31.88亿元。其中：通过严查“假企业”，认定虚开增值税发票120.75万份，涉及金额1135.01亿元，涉及税额21.57亿元；通过严打“假出口”，查处骗税出口企业及其上游虚开企业187户，挽回税款损失10.31亿元；通过狠抓“打团伙、端窝点”，共破获暴力虚开骗税团伙56个，捣毁窝点138个；配合公安机关对505人采取强制措施，两年专项行动开展以来共有40人慑于打击声势投案自首。打击虚开骗税两年专项行动情况获得广东省委、省政府领导批示肯定。

【重点税源企业检查】 统筹推进各批次、各层级随机抽查任务，坚持服务在前，稳妥推进，有序落实税务总局2018年第三批、2019年第四批重点稽查对象随机抽查工作，全面部署开展省级、市级重点稽查对象随机抽查工作。通过带队“走出去”辅导和“请进来”接待来访、举办重点税源企业随机抽查工作布置会等方式，辅导相关企业深入开展自查。根据分析结果对不同风险等级的纳税人实施分类处理，在不干扰企业正常经营的前提下，共组织对1176户重点企业随机抽查工作，查补收入86.32亿元。聚焦关系国计民生、社会关注较大、公众反映强烈的行业领域，对3个行业共计88户企业开展抽查，查补税款、滞纳金合计4500万元。

【“双随机、一公开”监管】　全面实施“双随机、一公开”监管，根据双随机工作平台建设要求，做好平台整合和升级工作。统筹全省税务稽查工作任务，以风险为导向，选取高风险行业，重新研究确定150户纳税人作为省级重点稽查对象名录库构成。从全省700多万户登记注册纳税人中，按照总局级、省局级、市局级重点稽查对象和异常对象、非重点稽查对象等分级分类，认定总局级、省级、市级重点稽查对象和异常稽查对象、非重点稽查对象，构建起对全体监管对象分级分类、全覆盖的稽查随机抽查对象名录库体系。按照省级重点稽查对象名录库规模的20%随机抽取40户作为待查对象，通过双随机工作平台同步推送所属地市稽查局开展检查，同时做好随机抽查结果社会公开工作。

【协查工作】　有序开展全省案件协查工作，保障协查信息管理系统运行正常，持续提升协查工作质效。系统协查方面，共委托受托协查2.34万户次，发票份数33.69万份，金额价税合计373.30亿元，选票准确率96.38%，累计按期回复率100%；系统外协查方面，创新工作方法，高质高效对接贵州某专案11.81万户企业、85.76万份发票、价税合计588.67亿元的协查工作。完成系统外纪委、海关、公安、其他省（区、市）税务部门来人来函的协查工作，涉及995户次，发票9676份，价税金额合计10.83亿元。

【扫黑除恶专项斗争】　把握2019年扫黑除恶攻坚之年的任务要求，与广东省扫黑除恶专项斗争领导小组办公室加强工作沟通联系，形成齐抓共管的工作格局。制定深入推进全省税务系统扫黑除恶专项斗争实施方案，完善线索处置、行业治理双向反馈等一揽子工作机制，在保持日常线索排查不放松的前提下，瞄准重点行业、重点问题，持续深挖整治、“打财断血”。累计摸排线索496条，向扫黑办、公安部门移送线索231条，连续2年、3次得到广东省委领导批示肯定。

【税收“黑名单”制度和联合惩戒】　深入落实税收违法“黑名单”公布和联合惩戒制度，积极推进诚信体系建设，共公布税收“黑名单”案件999件，推送联合惩戒974件，28宗“黑名单”案件完成信用修复，累计清缴税款1.59亿元。坚持立体化稽查宣传方式，提升宣传的权威性、渗透性、灵活性，与公安部门举办“聚焦风险、联防共治”宣传周活动，在《南方日报》继续设立“诚信纳税·税务明镜台”案件曝光栏目，以开展“两年专项行动周年记”专题宣传为重点，依托各类主流媒体曝光案件和专题宣传，共在各级媒体曝光涉税案件111次，以良好舆论氛围引导纳税遵从。

【深化查管互动】　密切稽查与征管部门的沟通协调，持续推进查管互动工作规范化、制度化和体系化，制定《查管互动工作规则（试行）》，建立健全稽查与征管双向联动、层级明确的案件移送与信息传递反馈机制，提升治理质效。召开省级、市级查管互动工作会议50场，组织各地相应制定查管互动工作配套制度，扩展既有信息化系统功能运用，将查管互动纳入信息化管理，促进征稽信息的高效传递和及时反馈。全省税务系统稽查部门共接收征管部门移送户数2426户，向征管部门提出综合建议和个案建议

3549条。

【稽查管理体制改革】 对照税务总局相关文件要求，将持续深化稽查改革摆在突出位置，牢牢把握历史使命，精准落实改革任务，积极探索加强稽查工作的新举措，大力推动税收监管体系健全和完善，走出一条具有广东特色的稽查改革之路，为广东税务稽查事业发展注入了强劲动力。进一步健全稽查机构管理运行机制，全面健全完善制度体系，组织制定15份文件，有力保障工作推进规范统一，统筹推进，全面落实15项具体改革任务，逐步健全完善清晰规范的职责体系、上下贯通的指挥体系、内外流畅的业务衔接体系、科学有效的考评体系、支撑有力的保障体系。出台《进一步加强稽查工作的意见》，以问题为导向，结合广东实际，明确提高政治站位、全面充实稽查人力资源、理顺内设机构设置，提高办案人员比例、统筹调配全省稽查力量、强化业务考核与培训、推进“一案双查”、推进查管互动等8方面工作要求，全面提升税务稽查能力和工作质效，为解决稽查工作存在的问题，深化和完善稽查改革提供了有益参考。把推进深化稽查改革与稽查线条规范化标准化一体化“三化”建设相结合，梳理完善稽查业务工作171项、工作流程602项、岗责权限98项、政策依据139条，明确7大类16项稽查工作职责，推动稽查业务事项和工作流程与相关信息化系统相匹配，初步构建清晰规范的职责体系和内外流畅的业务衔接体系。

（姜　睿）

电子税务管理与建设

【概述】 2019年，广东省税务局电子税务管理办公室认真贯彻落实党的十九大、十九届四中全会精神，按照国家税务总局和广东省税务局工作部署，以党建工作为主线引领，开展好“不忘初心、牢记使命”主题教育工作；落实好全国增值税电子发票公共服务平台、税收征管操作规范管理支撑平台、共识共享平台建设、金税三期系统并库、“护网行动”五大税务总局重点专项工作；抓好“三化”建设、外来人员管理、项目管理等三项基础保障工作。不断完善数据中心管理，提升广东数据中心服务全国、服务纳税人的能力，取得一定成效。

【税收支撑平台建设】 2019年，税务总局决定建设税收征管操作规范管理支撑平台，通过信用动态监控体系、风险动态监控体系、业务规则库体系以及相关支撑系统的建设，形成以业务创新为引领，以大数据云平台为支撑，以电子税务局为核心的信息化体系，实现税务数据业务化和税收业务“规则化、智慧化、差异化”，达成涉税事项事前智能引导、事中自动控制、事后风险监管，纳税人分级分类管理及智能化、规范化、专业化的税务治理目标。当年电税办负责构建支撑平台的基础运行环境，搭建548台PC服务器、82台网络交换机、安全设备及配套的云平台、大数据软件，平台已投入使用，以信用结果数据推送的方式为32个省（区、市）标准版电子税务局改造提供数据支撑，同时以服务调用形式为4个创新版电子税务局试点省（区、市）上线提供服务支持。

【搭建共识共享平台】 按照税务总局“放管服”五年工作规划，探索利用云计算、区块链等前沿技术，发挥其“防篡改、高数据一致性、可追溯、交易隐私保护”等技术特性，搭建税务系统共识共享平台，实现税务局内部各类系统间更加及时高效的数据同步，更好地为电子税务局等上层应用服务。完成基础搭建，完成共识共享平台基础软硬件环境的搭建，部署在税务系统内网，信息安全自主保护，实现跨数据中心级的容灾架构设计，并结合区块链特点和税务业务特性开展深度融合分析，完成相关业务性能验证；优化业务模型，基本完成法人基本信息、相关自然人信息、发票、税票（完税凭证）等业务模型的初步设计。结合发票等业务特性，对区块链技术的共识机制和公识算法进行优化，在现有的资源条件下（发票）处理能力接近7000TPS。

【助推金税三期系统并库】 广东数据中心作为全国网络核心节点，同时具备大数据云平台的技术优势，在“数合”关键时期，全力助推金税三期系统并库。发挥网络核心作用。广东数据中心作为全国网络核心节点，为各省税务机关提供安全访问路径，为34个省级税务局部署堡垒机4台，跳板机88台，累计创建账号760个，支撑各省（区、市）税务局并库的数据操作。确保资源调整到位。各省税务局并库后的资源调整工作包括资源回收、新资源分配、安全策略开通、联通性测试等，涉及部门广、工作内容多、时效要求高，为此，电税办多次召开会议研究部署，与税务总局工作组及各省级管理员多次沟通协调，克服重重困难，顺利完成34个省级单位的资源调整。并库后34个省级单位的核心征管生产数据全部正常同步到广东数据中心，实现数据快速上传。调拨了5台PC服务器作为数据上传服务器，同时组建技术保障队伍做好数据上传时的保障工作，明确对接响应机制，安排人员对接各省级单位运送的数据，完成34个单位共69次数据运送，实现数据快速稳定上传。

【开展“护网行动”】 根据公安部统一部署要求，2019年5月底至6月底，广东数据中心开展“护网行动”网络安全保障相关工作，全力配合税务总局ITS项目组，在网络安全攻防演练中做好安全防护，成功防御各种演练攻击。备战阶段，开展了安全整改复查，根据3月国家信息中心、4月公安部一所对ITS安全检查所列出的脆弱项，涉及数据中心的问题，限时内完成整改，并对网络和运维资源进行了安全加固，配合ITS项目组，部署安全产品，清理边界策略。实战阶段，指定办公地点，组织数据中心有关骨干人员联合ITS项目组集中办公，及时报告异常状态和安全事件。集中办公人员通过现有安全设备和产品，对重要告警信息、日志信息进行行为回溯和分析研判。针对发现的安全事件积极组织处置，处理后按程序向领导及上级报告。此次攻防演练中，集中工作组通过网络攻击溯源设备识别分析网络安全事件100余万次，通过应用（WEB）攻击溯源设备识别分析应用攻击事件28170起。

（李晓纯）

12366纳税服务热线和税收宣传

【概述】 2019年，广东纳税服务中心在广东省税务局党委的正确领导下，勇挑重担、担当作为，稳步提升围绕中心、服务大局能力，聚焦主责主业、精准发力，推动各项工作迈上新台阶。

【12366纳税服务工作】 以“五新”促发展。一是新职能。统筹电子税务局咨询、自然人扣缴客户端等技术类咨询服务，组织实施网上办税咨询服务的采购项目。统一将纳税人对电子税务局网上办税，以及个人所得税App、自然人扣缴客户端等相关操作的咨询服务内容进行服务外包，分担12366纳税服务热线的话务压力。通过加强业务支援、增强人员配备等措施，使第三季度以来电子税务专席的接通率基本稳定在97%以上。二是新平台。在全国率先推广使用12366纳税服务平台，并加大力度推广使用，做好本级维护工作，逐步推进热线、网线、无线端“三线”互通。全省已正式上线运行12366纳税服务平台，并逐步建立和完善平台运维规范，并在全国税务系统12366培训班上进行经验介绍，获得国家税务总局高度肯定。三是新架构。制定《广东12366纳税服务中心建设规划》，省税务局负责制定广东12366纳税服务中心发展规划，明确工作标准，并授权广州市税务局对广东12366纳税服务中心进行全责管理，负责广东12366纳税服务中心的日常运营。四是新驱动。加速推进12366纳税服务平台、12366智能咨询小程序等智能化应用上线，提升12366智能咨询服务水平。对接税务总局“智能化咨询”工作，加快转变模式，打破一对一的传统咨询模式，创新“互联网＋智能纳税咨询服务模式”，努力建设“以互联网智能咨询为主，传统电话人工服务为辅”的智能咨询服务中心。推进智能咨税管家、12366智能化升级改造和12366智能监控平台项目立项和细化项目需求系列工作。推广应用12366知识库手机版，进一步扩大12366税收知识库使用范围，提高纳税咨询答复的规范性和统一性，为一线纳税服务人员“随时随地”提供业务支撑。电子税务局与自然人扣缴客户端咨询均启用“人工座席＋智能客服”。五是新探索。智能咨税项目已完成系统构建和减税降费、个人所得税等政策图谱建设，并向全税收政策图谱建设迈进，将有效缓解明年个人所得税汇算清缴12366纳税服务热线人工咨询高峰和税法100%覆盖宣传的压力。

以“六强”稳发展。一是强制度。进一步优化完善工作机制，梳理业务流程。对12366业务流程和服务标准进行统一和明确，印发《广东12366纳税服务中心涉税工单处理工作指引》《广东12366纳税服务中心社保类工单处理工作指引》等系列工作指引文件，对12366业务流程和服务标准进行统一和明确。编制制度汇编一本，提高业务操作规范性。二是强联动。强化业务支撑机制。与省税务局各业务部门、各地市纳税服务部门加强联动，改善12366纳税服务热线咨询服务，为纳税人提供口径统一、解读清晰、指引及时的咨询解答。三是强队伍。在一线座席人员现有条件不能再大幅增加的情况下，通过加强业务培训和合理排班，并充实业务骨干到12366纳税服务热线，保证座席人员的上线率。省、市中心组织座席人员开展全税种业务学习，通过集中学习、小组学习、自主学习等方式，确保熟练掌握业务知识，提高座席人员综合业务能力。同时省税务局业务部门提供业务支撑，选派优质师资，针对新政热点开展专题培训；承接国家税务总局“交流促服务、实训练精兵”交流实训活动，2019年6月和9月组织举办两期12366主题交流实训培训班，培训对象为天津等10省市选派的业务骨干共69人，通过培训，提升参训人员纳税服务业务能力。组织12366人员到本地办税服务厅进行实训学习；建立专家团队。建立热线咨询专家团队。通过引入涉税专业服务机构、税务专家等建立热线咨询专家团队，提升热线解决实际问题的能力，提高解答涉税咨询专业化能力；针对电子税务局座席资源不足，平均接通率较低的情况，通过与12366客服整合，要求税控服务单位派驻技术专家支援，应用在线智能咨询分流话务等措施，缓解话务压力。四是强分析。实行数据分析机制。编报12366统计周报、12366纳税服务热线月度报表、12366咨询服务运行情况季度分析报告、纳税服务投诉情况统计周报、广东省12366个人所得税改革热点问题统计表，并建立专人专岗整点通报制度，每日对12366业务实时监测，将人工接通率、30秒接通率、60秒接通率等12366纳税服务指标监测情况和咨询热点通过工作交流群进行通报。五是强预判。强化业务预判。按月召开广东12366中心工作研判会议，加强咨询数据分析，为各项改革工作提供决策参考，明确下月征期重点工作任务、相关要求及工作安排，制定应对措施，提前做好安排部署，保障征期全省12366纳税服务热线纳税服务工作有序平稳推进。六是强运维。加强12366知识库运维管理，根据税务总局对知识库维护的有关要求，加强对知识库内容的采集、审核和发布管理。将新政策、新措施、政策解读第一时间维护到知识库，及时将新知识传达培训到一线座席人员，确保涉税（费）咨询解答的准确性、及时性和有效性。严格按照运维管理制度，加强应用系统健康检查，排查解决风险隐患；中心联合各相关部门剖析系统故障原因，成立专家团队，建立应急联动机制和联系人机制，明确排查方案，切实做好系统运行保障工作；落实应急预案，做好应急措施，以备系统发生故障时由应急梯队上线支援话务，确保接通率；加强网络保障，加强相关培训、纠正操作习惯，建立正面激励和反面警示机制，加强考核管理等有效措施，杜绝“久不应答”现象，全省30秒接通率已达标并保持较高水平。

【12366纳税服务热线质效】　广东12366纳税服务热线在税务总局2019年第三季度12366纳税服务热线咨询质效监测中，得分在全国36个单位排名并列第1。在税务总局2019年纳税人满意度专项调查中，广东省综合得分跻身全国前10位，排名进步幅度全国第1，税务总局在满意度专项调查通报中对广东12366纳税服务热线采取“人工座席+智能咨询”“一线服务+专家支撑”“应答服务+主动宣传”等组合措施作为工作亮点呈现。广东12366纳税服务中心荣获2019年度“十佳市政及公共事业服务热线奖”，为全国12366纳税服务热线中唯一获奖者。

【税收宣传辅导】　税收宣传辅导工作不断拓展新模式，多维宣传助推减税降费落地生根。以广州马拉松赛为契机，组织开展“12366热线服务你我，减税降费助力广马”主题税收宣传活动，由奋战于广东税收事业各条战线上的税务干部组成的广东税务12366团队，设计制作印制“广东12366”及“中国税务”字样的参赛人员服装。安排现场摄影、摄像，让更多纳税人认识、熟悉12366纳税服务热线，向广大纳税人和缴费人传递广东税务12366“听得见的纳税服务”理念。

抓好全国第28个税收宣传月活动。在税收宣传月期间，协助办公室策划、推进“五四”青年节“税务人＋传承”漫画长图活动。设计并上线广东税务IP形象＋表情包。制作办税服务厅全景VR，让纳税人准确翔实了解减税降费等优惠政策。协同办公室开展“减税降费36计”“减税降费调查”等多个主题活动。在省普法办举办的2018—2019年全省国家机关“谁执法谁普法”创新创先项目征集评选活动中，广东省税务局荣获活动优秀组织奖。“减税降费36计”融媒体普法项目获评创新创先项目。

优化在线直播建设，将纳税人学堂平台打造成为纳税人学习税法的主阵地。围绕个人所得税改革、深化增值税改革等主题精心设计课程，邀请省、市税务局业务骨干重点从税收优惠政策、办理流程、操作申报等纳税人及缴费人关注的焦点开展深入浅出的讲解。整合网络直播、手机短信、微信、微博等渠道资源，课前预告宣传推广，课后培训课件上挂网站专栏，供纳税人下载学习及回看，线上线下同步学习。2019年全年举办纳税人学堂12场，现场培训人数累计1800人，网络直播点击量累计52万人次。

配合业务部门工作需求，促进各级联动宣传。设计、制作优化税收营商环境H5《加速吧，我的税务!》，印制《一般纳税人转登记小规模纳税人操作指南》《小规模纳税人免征增值税政策操作指南》《加力！减税降费增值税再加力!》宣传折页、《深化增值税改革100问》彩色手册等系列减税降费政策等宣传资料，下发全省所有办税服务厅。制发《服务创新发展所得税指引》《个人所得税政策解读（五）》《个人所得税政策解读（六）》服务于个人所得税改革工作。邀请省税务局社会保险费处业务骨干录制在线访谈节目，就社会保险费征缴政策变化、企业该如何享受社会保险费降费政策等问题进行详细解读。

【税法宣传】 持续提高税法宣传教育的覆盖面和渗透力。组织全省各级税务机关开展各种形式的税收普法活动，积极向税务总局青少年税法课堂推介广东税收普法教育成果，向青少年税法学堂投稿以税收资讯为主的各类作品共106篇，其中向税务总局报送作品79篇，被采用27篇，在全国各省份中位列第3。于2019年10月25日在中山大学开展“创业梦想起步　税收一路守护”主题税法进校园活动，增强大学生税收法律意识，主动辅导大学生就业创业发展，通过户外宣讲、互动问答等形式对大学生就业创业相关税收优惠政策进行宣传解读。面向全省税务系统，组织开展第十六届全国法治动漫微视频征集活动，都取得了良好的效果。2019年1月1日新《个人所得税法》实施，通过电视台、办税服务厅、社会网络平台、系统内官方网站等平台展播视频《你需要》《见证》《标记》，有效地加大个人所得税改革政策和理念的普及。通过微信、短信、电话、宣传册、海报、12366纳税服务热线等方式对符合优惠条件的纳税人开展精准宣传，全省对纳税人辅导1663890户，实现宣传辅导全覆盖。广泛收集纳税人对税惠政策、纳税服务等方面的意见建议，全年快速报送处理小微企业涉税诉求和意见1214条。深化增值税改革、降低社会保险费率等减税降费政策宣传和舆论引导。协同政策法规处面向全省税务工作人员举办“全省减税降费政策视频培训”，围绕国务院办公厅印发的《降低社会保险费率综合方案》，邀请省税务局社会保险费处业务骨干录制在线访谈节目，在内外网门户网站设立“优化税收营商环境”“减税降费在行动”“深化增值税改革”专栏等，组织各地多渠道创新减税降费宣传方式。制作减税降费宣传工作作战图，挂图作战。按表推进任务52项，内部培训全省减税降费574201人（次），纳税人培训12971633人（次）。

【政务公开】　加强门户网站管理。规范、清理门户网站域名，变更广东省税务局外网网站域名，推进政府网站ICP备案、改版升级内外网，对全省税务系统网站进行常态化监管。广东税务网站累计全年发布稿件8129篇；报送税务总局门户网站信息73篇，被采用43篇；处理政府网站网民留言纠错共63件，增设“减税降费在行动”“优化税收营商环境”、“不忘初心、牢记使命”主题教育、“规范化标准化一体化建设”等专题专栏14个。在2019年度税务总局对省税务机关网站新媒体绩效考评中获得第1名。

【网站和新媒体运营管理】　打造优质宣传平台。“广东税务”微信公众号采用多元化、智能化宣传方式广泛宣传各项新政，增强吸粉力。微信平台通过1年的有效运营，融合6大类95项办税（费）功能，2019年用户关注数突破900多万，阅读量2200万人次，获评2019年第七届广东互联网政务论坛“2019政务新媒体年度影响力订阅号（省级）”。

【影视文艺宣传】　组织指导全省各地税务部门参加第四届“五个一百”网络正能量精品作品申报工作。全省税务系统投稿申报作品134个，有4部作品进入投票环节，其中佛山市税务局动漫音视频作品《温度》入选第四届全国“五个一百”网络正能量精品。应用VR虚拟技术，制作VR全景办税厅H5作品，在VR全景办税厅纳税人咨询台、宣传栏、电话机、宣传手册等位置设置标志，一键链接减税降费宣传材料。结合税收宣传月“减税降费”主题，设计广东税务IP形象主图及表情包，展示广东税务亲民形象。组织开展“个人所得税改革惠民众　改革红包我会领”个人所得税法知识竞赛活动。活动答题平台累计答题497.6万份，累计答题人数130.8万人。

（王煜琳）

税务信息化管理

【概述】　2019年，广东省税务局信息中心紧紧围绕征管体制改革和税收改革发展的中心任务，坚持党建引领，敢担当、善作为，以保障信息系统稳定运行为根本出发点和落脚点，团结奋进、开拓创新，扎实推进各项重点工作。

【信息技术服务】　充分发挥信息技术保障优势，配合业务部门做好业务需要的信息系统调整。完成ITS（自然人税收管理系统）上线。按照个人所得税改革要求，按时完成ITS第二阶段上线、ITS扣缴上云和ITS专门系统上线测试工作。提前完成金税三期系统并库。通过改进脚本压缩数据转换时间，提前两天完成金税三期系统并库；研发补偿业务脚本减少前台税务人员约8000小时工作量。提前完成增值税发票管理系统（2.0版）和公共服务平台双上线，实现增值税管理从“以票控税”向“信息管税”的历史性跨越。完成减税降费33项系统功能改造及系统升级，确保相关政策落地。优化完善社会保险费相关系统，助力社会保险费业务顺利开展。改造社会保险费核心征管系统，开发社会保险费网报系统、微信公众号、自助办税终端和粤省事等两居多渠道办事缴费功能；完成省财税库银（省ETS）联网收费系统优化扩容；完成社会保险费核心系统100亿条历史数据剥离，极大提升系统性能。完成12366纳税服务热线系统扩容，在日通话量5万~6万次、座席700个规模下，实现广东省12366纳税服务热线接通率名列全国前5。完成电子税务局申报异步化、登录功能优化等架构优化，2019年4月以后业务处理速度较2019年1月有3倍提升。完成综合办公系统2.0、智慧政务平台、税务总局巡视巡察系统、税务总局数字人事系统4.0、金税三期工程运维管理服务平台综合监控系统、个人绩效报告系统等6个行政类系统上线。完成“互联网+不动产”一窗式受理、市场监督管理局商事登记信息实时获取、办税服务综合管理系统扩容预约办税、电子税务局实名认证信息回写金税三期工程核心系统等功能上线。基于税务总局ITS（自然人税收管理系统）完成个人所得税查询中心上线，规范个人所得税数据查询需求。优化政务数据交换平台，提升信息资源交换效率和数据准确性。

【信息安全管理】 信息网络管理实现全覆盖，网络安全基础更稳固。印发《国家税务总局广东省税务局计算机终端设备安全管理办法》，采取10多项措施，启用办公内外网络准入制度，织密违规外联工作防线，确保全省计算机终端安全，实现全年税务总局违规外联绩效考核指标“零失分”。做好视频会议技术保障。2019年视频会议转播次数超过100场，均正常完成。2019年2月，中共中央政治局常委、国务院副总理韩正在国家税务总局考察时与天河区税务局办税服务厅进行视频连线，期间音质清晰、图像流畅，相关保障工作受到税务总局特别表扬。做好国庆重保工作，确保国庆期间税务网络安全。攻防演练成绩突出。在全国护网行动等专项网络安全攻防演练中，系统均没有被攻破。强化网络安全日常管理，引入PDRR（Protection、Detection、Response、Recovery）网络安全管理模式保护巩固税务网络安全。严格执行网络与信息安全“三同步”（同步规划设计、同步实施、同步投入运行）要求，对40个应用系统出具相关评审报告76份。强化数据安全管理，完善数据备份，开展数据恢复演练，及时处理数据备份故障。

【系统运行维护】 坚持全省一盘棋，做好信息系统运维保障，系统全年平稳运行。建立信息系统运行技术工作规范，为运维工作提供指引。规范内容概括为：主机设备高可靠、系统部署高可用、配置信息需清晰、日常运维要严谨、系统监控全覆盖、应急演练提能力、问题管理找缺陷、优化完善补短板、良性循环保平安。做好系统升级发布，全年累计完成主要业务系统升级608次，金税三期等核心系统的可用性保持在99.9%以上。全力做好金税三期系统运维，自2019年3月1日上线以后，金税三期系统（并库版）未发生计划外停机以及超过30分钟的全省范围内系统卡顿事故。优化70多条SQL语句，向税务总局提出多个优化建议以及优化调整参数解决系统卡顿问题；建立全省信息中心问题收集和反馈机制，金税三期系统相关事件单及时解决率95%以上。建立电子税务局架构优化专项运维机制，电子税务局运维团队通过微信群接收咨询或服务请求，提升后台数据维护及故障处理效率。加强资源配置管理，盘活服务器、小型机分区和存储，清理报废服务器。坚持问题导向、目标导向。每月召开问题分析会进行系统风险排查；整合优化运维监控系统，把主要系统软硬件纳入监控范围；加强机房、服务器、网络设备等硬件设施日常巡检。

【数据处理应用】　服务税收业务决策，强化数据共享利用，为基层减轻负担。各级信息中心成立税改效应分析技术小组，组建40人全省数据查询团队，处理省税务局业务处室数据查询需求667单，支撑减税降费等重点工作落地。完成数据维护约6.3万单，及时处理率95%以上，保障纳税人业务正常办理。提供通过堡垒机访问后台数据库的数据查询方式，更好地满足省税务局业务部门自主提取数据的需求。完成减税降费管理平台省税务局版优化完善和部署，为减税降费工作提速增效、为基层减负。协同支持“粤省事”数据共享和系统对接，先后完成工商共享信息、新办企业套餐申办、套餐状态信息等30余项业务功能与11项网站栏目对接。

【基础设施升级完善】　重点工作稳步推进，软硬基础设施同步提升。双活数据中心建设取得阶段性成果，硬件设施稳步提升。完成硬件设施优化升级。建成全省统一税务专网，实现内外、纵横网络之间的双活；实施硬件资源优化升级，新增高性能存储容量、服务器等设备，下架报废PC服务器等设备，迁出老旧小型机等设备及其配套机柜，回收利用PC服务器；整合提升机房硬件设施，改造五山数据中心供电系统，优化机房电线敷设，更换UPS电池，增设12条冷通道、新增（更换）精密空调6台。基本建成五山全功能单活数据中心。完成金税三期核心征管系统、电子税务局等29个重要系统整合，关停原地税财务一体化管理系统等9个应用系统；完成金税三期核心征管系统等32个业务系统在五山数据中心上线，部署在南海、海珠数据中心的50个应用系统迁移到五山数据中心，基本实现五山数据中心全功能应用系统部署。完成核心征管系统和电子税务局业务双活技术实施方案预研及测试。建设统一的软件开发规范、框架及应用集成平台，软件基础设施稳步提升。

（刘小波）

机 关 服 务

【概述】　2019年，广东省税务局机关服务中心紧密围绕广东省税务局党委部署，坚持立足税务、围绕中心、服务大局，抓党建、抓服务、抓机制，为税收大局提供坚强后勤保障。

【机关餐饮保障】　广泛征集干部职工意见，实施对各办公区用餐模式及收费标准的统一，规范餐饮保障。优化菜品质量，丰富菜式品种，每天确保荤素菜品数量，并推出应季菜式。优化营养健康，加强原材料的质量把关、源头控制，增加天然健康食品供应，注重少盐少油制作；餐饮保障工作得到干部职工的一致好评。

【医疗健康保障】 实施健康保障行动，坚持“服务为主、筛查为先、预防为基”，推出一系列优化健康管理工作措施，提供“全天候”在线服务。创新开展线上家庭医生项目，依托“智健康”手机应用，由专业医疗团队为税务人员建立健康档案，提供全年不限次的家庭医生在线咨询服务，通过线上实时沟通，大大提升了寻医问诊的便捷度。提供“零距离”上门服务。坚持把健康服务做在前面、做到面前，组建6支医疗服务小分队，实施对机关各部门的点对点服务，主动上门了解医疗服务方面的需求及意见。提供“深层次”心理服务。联合专业心理咨询机构，开展多种方式有针对性的心理辅导，解决实际问题、连通心灵僻径；组织开展专题沙龙、观看心理健康纪录片等活动，普及心理知识、营造良好氛围。通过点面结合，有效帮助税务人员舒缓压力，以良好状态投身税收工作。

【建设绿色税务机关】 扎实推进税务机关节能减排工作，充分运用信息化技术，着力打造设备与能源管理云平台，实现机关办公楼各类主要用能设备的分类型、分区域精细化管理，也推动了全省税务系统在管理平台、数据对接等方面的集成统一。广东省税务局机关2019年综合节电率达13.3%，广东省税务局机关及广州、佛山、汕头3市税务局机关均获评“全国节约型公共机构示范单位”。

（林凯圳）

税收科研与刊物编辑

【概述】 2019年，在广东省税务局党委的正确领导下，在全省税务系统税收科研部门的积极配合下，广东省税务局税收科学研究所坚持以习近平新时代中国特色社会主义思想为指导，认真贯彻落实党的十九大、十九届历次全会精神，深入学习习近平总书记关于税收工作重要论述，围绕国家税务总局、广东省委、省政府及广东省税务局中心工作，服务大局，勇挑重担，开拓创新，充分发挥税收科研智库职能作用，努力推动各项工作迈上新台阶。

【内刊编办】 筑牢党建阵地意识、责任意识、风险意识。抓牢意识形态这个“牛鼻子”，坚持把导向、占阵地、担责任、防风险，建立健全“三审三校”、外聘审读员、新闻出版局年审等制度，严把政策关、政治关和意识形态关，准确解读和诠释中央大政方针，守好《广东税务》《税收研究报告》《广东税务年鉴》3块“责任田”，不断增强党建宣传的传播力、影响力、公信力。修订完成内刊稿费制度，调动了全系统税务干部开展税务文化建设的积极性、主动性、创造性。2019年，完成《广东税务》全年12期编印任务，涵盖主题包括新中国成立70周年、税务主题党日活动等共130万字。做好《广东税务年鉴》编纂工作。

【税收科研】 科研所人员主笔撰写“美国税改一周年效应分析”“关于参加国际联合信息分享与协作特别工作组2018年1号项目的工作报告”；参与撰写税务总局“OECD及部分伙伴

经济体税收政策改革2019”“2019年全国两会税收热点评述”“全国税收科研基地落实减税降费调研报告”等报告。《税收高质量增长指标体系构建及其测度》《“一带一路”国际税收合作的现状、问题与对策分析》《数字化带来的税收挑战：盘点与展望》等10多篇文章分别发表在《地方财政研究》《南方金融》《国际税收》《中国税务报》等财税主流报刊。参与编写税务总局《改革开放40年中国税收改革发展研究》《中国国际税收40年》《“一带一路”税收征管合作机制研究》《世界税制现状与趋势（2019）》等税收著作；参与翻译和审校税务总局《国际税收基础》《全球税收协定案例法（2018）》《全球数字经济的增值税研究》《OECD税收协定范本及注释（2017）》等国际税收专著；协助税务总局税收科学研究所筹备庆祝建所30周年手册编撰工作、“一带一路”税收争议解决国际研讨会会议材料，以及《G20税收动态》编译工作。

【学术交流与合作】　2019年10月，在江门举办全系统科研骨干培训班，邀请来自华南理工大学、暨南大学、广东省社科院等单位财税专家授课。被税务总局科税收科学研究所授予省级税收科研调研基地（全国仅8家）、税收翻译研究基地（全国仅5家），同时推荐广州市、佛山市及珠海市香洲区等8家单位入选市县级税收科研调研基地。牵头组织省税务学会、省国际税收研究会、省地方税收研究会改革工作，完成省税务学会、省国际税收研究会换届工作。

（陈　莹）

干部教育培训

【概述】　2019年，在广东省税务局党委的正确领导和大力支持下，广东省税务干部学校紧紧围绕广东省税务局中心工作，积极开展教育培训，切实提高服务保障能力，在培训数量、质量、规模和满意度四个方面得到显著提升，圆满完成了各项工作任务。

【教育培训】　2019年，广东省税务干部学校（简称税务干部学校）江门主校区共承办131期培训，培训8743人次、63124人天，学员总体满意度达98.5%；广州、南海、阳江3处培训点共承办413期培训，培训25132人次、139301人天，圆满完成各项培训任务。全年共承办100期广东省税务局重点培训班。其中县（区）局党委书记岗位培训班1期，副处级领导干部岗位培训班1期；科级领导干部任职培训班4期，共478人、6090人天；军转干培训班1期，共142人、4118人天；新录用公务员初任培训班9期，共1070人、33111人天；广东省税务局其他处室培训班84期，共6623人、25288人天。

税务干部学校围绕广东省税务局重点培训任务，主要从三个方面提升培训效果：一是精心安排师资与课程。重点班次邀请广东省税务局领导专题授课。认真落实领导干部上讲台制度，科级班主要安排广东省税务局厅级和处级领导为学员授课，创新课程设计，安排减税降费专题研讨，并将研讨成果整理上报广东省税务局减税办。二是创新学员管理。在初任学员管理上，采用学分制模式，将学习考试、活动参与、课堂表现及日常管理等量化为学分计算，作为评选优秀学员的重要依据，学员课上互动、课下活动的参与积极性显著提高。开展晨练军训，增强队伍纪律性，在锻炼体质的同时，加速初任学员的心理和身份的转变。三是推动线上线下培训有效融合。税务干部学校作为全国初任网络培训试点单位之一，积极推进线上线下培训事项，制定网络测试实施方案，做好网络课程反馈统计，为衔接线下集中脱产培训提供有力支撑。

税务总局和其他省市单位一系列重点培训班在税务干部学校举办，如全国税务系统地（市）局分管教育培训局领导培训班、市县级个人所得税政策和征管业务培训班、雄安新区税务干部纳税服务专题培训班等，培训效果得到了各方一致肯定。同时，税务干部学校努力搭建全国税务系统师资培训平台，吸引福建省税务教育工作培训班、双鸭山市税务局兼职教师培训班、秦皇岛市税务兼职教师培训班等外省市单位培训项目在校举办，培训效果得到兄弟单位的高度认可。此外，税务干部学校统筹办好援疆班、阿坝州5县税务局综合业务培训班等，获得多方好评。针对基层培训需求量大，培训层次低，培训资源匮乏的突出矛盾，在全面统筹全省教育培训资源的基础上，税务干部学校综合考虑全省各培训点人员、设施设备、地理位置及培训班需求等要素，提前收集培训单位意见，统一编制培训计划，科学合理安排课程内容，结合培训班特点实行分级分类教学，确保培训达到预期效果。全年为基层单位提供教学培训服务232班次，共培训13111人、49868人天。

【资源整合】 全面整合全省税务教育培训资源，积极筹建全省税务系统实训基地。科学设计和高效实施培训计划。税务干部学校在年初收集全省各地培训计划，结合实际，统筹安排各培训点课程，各培训点达到饱和式培训。同时，根据各地培训需求，进行教师资源的有效调配。2019年，税务干部学校为广州、南海、阳江培训教学点综合类培训班设计课程、聘请教师37期，占综合类培训班期数的80%。统一各培训点管理和评估。指导各培训点按照“三化”建设要求，完成好项目策划、跟班管理、考核评估等工作，充分发挥税务干部学校教育培训资源整合的主导作用。积极开展粤东培训点调研工作，规划培训点纳入税务干部学校管理相关事项。结合粤东税收工作实际，税务干部学校从纳税服务、税收征管、税务稽查3个方面精心打造营商环境一体化精品培训项目，为粤东培训基地规范运作做好前期策划及论证。

【培训改革】 与广东省税务局相关处室协调配合开展自主办班，举办个人所得税业务及大企业税收管理业务师资培训班。培训内容及师资均由省税务局相关业务处室和税务干部学校精心安排挑选，培训课程紧贴税收热点和省税务局中心工作，深受学员欢迎，超过预期效果，推动省税务局重点工作有效开展。

加强学习研讨，推动兼职师资队伍建设。在师资选拔方面，税务干部学校联合教育处多次通过调研、召开座谈会等形式广泛征求意见，考虑原国税、地税兼职师资队伍的不同情况，同时兼顾全省各地实际，制定兼职教师续聘、选聘方案。在续聘、选聘环节，提早发布续聘、选聘的指导性评分项目和标准，充分发挥各教研组的自主性。在续聘工作中，各教研组结合实际细化项目和分值，组内自评打分；在选聘工作中，改变以往固定评委集中打分的方式，由续聘教师自主打分、自主评选。税务干部学校和教育处全程监控、把关，未收到投诉，实现选拔工作的客观、公正、高效。在师资培训方面，税务干部学校在2019年10月举办第一批兼职师资培训班，从快速提升兼职教师课程设计和课堂呈现能力着手，精心设计课程，该项工作得到税务总局教育中心和系统内同行的一致认可，并在《中国税务报》头版作专题报道。在师资管理方面，筹划兼职教师三年成长计划，以“一年打基础、两年促成长、三年求卓越”为指导思想，通过完善师资队伍内部机构设置与管理制度，加强师资队伍自我管理，并定期组织交流培训，持续进行知识更新，打造全国一流兼职师资队伍。

【内部管理】　全面完善税务干部学校内部管理。以制度建设为着力点，实现税务干部学校管理标准化。在税务干部学校议事规则基础上，建立完善税务干部学校行政管理制度及培训制度等两大门类制度。规范人员、财务、后勤及食宿等行政管理，明确师资队伍、学员管理、培训需求、教学研究等培训管理要求，为税务干部学校高效运转提供有力的制度支撑。《制度汇编》共计51项管理制度，其中修订24项、新建15项。继续完善工作清单制度，梳理各部门36项工作清单，突出重要节点，促进各项工作提质提速提效。以绩效管理为切入点，促进税务干部学校管理规范化。制定完善内部员工绩效管理办法，并在2019年10月正式试行。该办法从关键指标、各级评价和不定期抽查三方面对部门和员工进行考核，部分考核内容与税务干部学校制度、工作清单衔接，绩效考评结果与岗位薪酬挂钩，充分调动全体员工的积极性。以财务管理为关键点，做到与省税务局规定一体化。根据省税务局相关规定和财务管理处（装备与采购处）的意见与建议，重新修订《广东省税务干部学校财务管理办法》《广东省税务干部学校固定资产管理暂行办法》等财务管理办法；做好台山固定资产移交工作；整合培训点教育资源，将阳江小港湾培训点预决算纳入税务干部学校管理。

逐步改善培训环境，持续升级税务干部学校教学办公楼教学条件，让学员学习专心。完成教学办公楼课室和大礼堂改造等工作，使税务干部学校教学硬件设施能够满足现代化教学培训、会议等综合需求。2019年，税务干部学校有教室8间，研讨室11间，能够同时满足500名学员学习使用；优化学员住宿楼设施，让学员生活舒心。通过翻新部分住宿房间、升级房间网络架构、增设生活设施、优化餐厅环境等，提升学员的住宿和用餐体验，提高学员满意度。按规划栽种树木，种植绿化围墙及草皮，进一步美化校园环境；升级安全系统，完善校园环境布局，让学员起居安心。完善校内车辆管理，安装电子巡更系统，提高校园智能化程度，实现校区出入一卡通功能，安全管理全面升级。

（杨淑贞）

第三篇

各市（区）税收工作

深圳市税务局

【经济概况】　2019年，深圳市实现地区生产总值26927.09亿元，比上年增长6.7%。其中：第一产业增加值25.20亿元，增长5.2%；第二产业增加值10495.84亿元，增长4.9%；第三产业增加值16406.06亿元，增长8.1%。第一产业增加值占全市地区生产总值的0.1%，第二产业增加值占39.0%，第三产业增加值占60.9%。全年完成一般公共预算收入3773.21亿元，增长6.5%。一般公共预算支出4551.03亿元，增长6.2%。

【概述】　2019年，国家税务总局深圳市税务局坚持以习近平新时代中国特色社会主义思想为指导，深入学习贯彻习近平总书记关于税收工作重要论述及一系列批示指示精神，增强“四个意识”、坚定“四个自信”、做到“两个维护”，紧紧围绕国家税务总局和深圳市委、市政府工作部署，突出“优化、融合、协调”六字要求，高质量建设具有国际范的引领税收现代化体系“深圳版”，进一步提升了深圳市税收治理体系和治理能力现代化水平。

【税费收入情况及特点】　2019年，全市税收规模8247亿元，比上年增长2.8%，扣除海关代征直接组织收入6829.6亿元，增长6.2%，规模在全国36个省级单位中排名第7。组织中央级收入3773.9亿元，增长7.2%；组织地方级收入3055.7亿元，增长5%。组织社会保险费162.3亿元，非税收入180.8亿元，办理出口退税1166亿元。新增减税降费规模约910亿元，个人所得税新增减税290亿元，受惠1201.2万人，人均减税2414元。

【全面从严治党】　深入贯彻落实《中共中央关于加强党的政治建设意见》，通过党委会前学廉、局长办公会前学法、党委理论学习中心组学习制度，严肃党内政治生活、严格执行民主集中制等；把政治标准和政治要求贯彻到党的建设和税收工作全过程，建立全面从严治党“两个责任”协同落实工作机制，制定全面从严治党年度工作要点；把意识形态建设作为党的建设的重要内容，抓牢宣传阵地建设和管理，凝聚爱党爱国爱税的精神合力。开发智税党建平台，制定系统党建质量标准体系，持续以标准化促进党建工作规范化，强化内控机制建设，规范权力运行，将政治建设工作情况纳入基层党组织书记抓党建述职评议和党建考核评价体系。构建二级巡察机制，落实新纵合横通强党建机制体系，深化“下抓两级、抓深一层”工作机制，修订党支部共建等6项制度，探索党建区域化联建机制，构建“大党建”格局。深化纪检工作一体化管理体制，实现人力资源统一调度、问题线索统一管理、重点监督任务统一部署，理顺与地方纪委监委的责任范围和履职边界，实现信息资源、执纪手段的协同贯通。针对学习贯彻习近平新时代中国特色社会主义思想情况等11项重点任务开展专项监督检查；制定税收违法案件“一案双查”

实施细则、领导干部说情干预记录制度实施办法、公务交往报告制度、特约监督员和兼职纪检监督员管理办法，出台防止公职人员利益冲突的贯彻落实意见等，全面扎牢制度笼子。

【“不忘初心、牢记使命”主题教育】 全市税务系统从2019年6月起，自上而下分两批开展“不忘初心、牢记使命”主题教育，坚持从学习抓起、坚持从群众最关心的问题抓起、坚持从一开始就改起，着力以主题教育促改革落地生根、以改革成效检验主题教育成色。坚持学习习近平新时代中国特色社会主义思想，不断完善“第一议题”制度，市税务局领导班子带头学研查改，专题调研98次、挂点服务企业30家、召开座谈会40场，深入联系点讲党课、参加支部组织生活会、与工作在一线干部谈心谈话。高质量召开专题民主生活会、深入组织生活会，开诚布公批评和自我批评，实事求是提建议、问题导向抓整改，盘点收获、交流思想、检视问题、明确方向，增强守初心、担使命的思想自觉和行动自觉。突出问题导向，紧抓一、二批主题教育的上下联动、前后衔接，着力抓好整改落实特别是突出问题专项整治。坚持主题教育与税收工作两手抓两促进，既抓思想引导又抓行为规范，开展“担当作为”大讨论，通过优化“税政通”系统解决纳税人疑难问题。局领导带头扑下身子“深调研”，着力将主题教育成果转化为服务大局、推进发展的实际行动，服务粤港澳大湾区建设，推动建立管理服务“联通、贯通、融通”的税收合作机制；服务先行示范区建设，从深港创新合作、产业转型升级、制度政策实施等多角度切入。

【减税降费】 对外推动全市构建“政府牵头、税务主攻、部门共商共管”共治格局，对内形成“党委抓总、领导小组指挥、减税办统筹、工作组专责、各单位落实”工作体系。创新应纳税额自动减免、增值税税种和附加税费自动核定，绑定主税和附加税费申报实现不办即享，创新“一键退税”和“单日多批次”退库模式实现小微企业100%退税；建立疑点数据核查机制，对应享未享重点企业实施“一对一”辅导，建立数据统计核算分析体系打造“铁账本”。用好报刊媒体、学习强国、地铁公交等平台打造宣传矩阵，用活电子税务局、微信公众号和门户网站实现零死角覆盖，对法人等6类群体实现个性化优惠信息精准推送。构建党建、纪检、巡察、督察、考核考评一体化监督检查机制，联合发改、市场监督等部门开展第三方乱收费排查整治，确保政策红利不受一丝侵蚀。

【税费征管】 制定征管操作规范及基础事项清单和工作指引，建立“1+N+1”风险管理制度体系，强化风险疑点传导，开展项目集中管理，提升实质性风险管理水平。健全增值税发票“2311”立体化风险防控体系，深化管查互动，强化日常征管、风险管理和稽查协作互动机制。

推行大企业“集团化”管理，实施“全成员、全口径、全税收”风险分析。推行分类管理评定自动化，简化企业出口退税手续，办理速度明显提升。在全国首创跨区域金融业税务征管协作，实现与上海税务信用名单共享、信用管理联动；完善反避税工作体系，打造跨境关联交易风险管理平台，反避税实现税收56.7亿元。

拓展区块链电子发票应用场景，在全国率先推出区块链对外支付税务备案项目，全年付汇130亿美元。构建减税降费可视化分析平台，精准分析减税降费政策实施效应，搭建企业所得税决策支持平台，实现税源分析、动态监控、风险管理一体化；构建大企业专业化管理平台，建立税收决策、风险诊断、智能分析、数据共享等大数据应用生态。

制定推行税政互动、重审说理、争议调解、复议执行、司法协作等5项工作制度。全面推行行政执法公示、执法全过程记录、重大执法决定法制审核“三项制度”，落实执法责任制，运用执法督察、内控风险筛查等强化监督，有效防控重点环节风险点512个。深化四部门合作机制，建立健全税警互派、税关合作备忘、税银常态化账户信息查询等机制，形成“共同部署组织，推行全流程清单化管理，优化系统案源管理制度，完成“智慧稽查”总体规划，上线“信息情报交换平台”“闪反系统”“智慧笔录系统”“指挥中心”。

【纳税服务】　推进综合性关联业务网上一体化办理，实现退税全网办结、简易处罚一键处理等；开创“引导式申报+智能审批”办税模式，推行“首税申报”“多报合一”等功能，率先实现企业财务软件直接对接纳税申报。强化电子税务局扎口管理，通过扩容、解耦、优化架构，全面提升平稳性，紧急版本发布减少30%、服务请求压缩67%、可用性维持在99%以上，可应对日峰值50万申报量。拓宽微信、支付宝、App及自助终端等多元化办税渠道。

充分发挥征期会商机制作用，建立纳税服务协调响应机制，建立12366纳税服务热线市区两级中心，推广“大服务”工作模式，通过服务职能一体化集成、业务流程精简合并，减少纳税人等候时间；推出午间延时、资料预审、容缺受理、潮汐窗口等多项举措持续优化纳税人体验。首创研发费用优惠“清单式”服务，与平安、华为等企业签订备忘录，“黑、白、灰”名单让企业由“不敢享”到“放心享”；建立大企业税收服务和管理协调机制，协调解决争议事项涉及税款40.3亿元；率先试点简易预约定价安排，与海关协同研究解决企业跨境关联交易转让定价问题。首推大企业联络员制度，实现千户集团100%覆盖；针对受中美贸易摩擦影响较大企业，创新加快出口退税进度，最大限度助力缓解企业资金压力。

扩大纳税信用评价范围，推动纳税信用动态调整有序实施，推出三方遵从协议工作机制，首批7家专业机构和27家企业可享受纳税服务绿色通道、急速文书审批、按需领购发票等办税便利。推出税收服务“一带一路”建设8项措施，参与首届“一带一路”税收征管合作论坛筹备和会务工作，接待7批30个国家101名国际专家、税官来深考察，受邀出席国际财税文献局第十届国际税收会议并作主旨发言。

【队伍建设】　坚持把严肃工作纪律摆在突出位置，做细工作方案、做实思想工作，平稳顺利推进职务与职级并行改革。6名干部入选第六批税务领军人才，组建29个专业人才库及“语税人”“律税人”团队，开展“金牌讲师”活动，分级分类抓好专业化培训，组织开展新录用公务员初任培训“岗位大练兵、业务大比武”；持续打造“最美”系列，开展“七个一”主题实践、“双精准”扶贫、主题演讲等活动弘扬正能量，做好“青年文明号”“巾帼文明岗”等创建工作，“微党课”“有声图书馆”“足球联赛”活动有效增强干部归属感。建立科学的人才评价指标体系和考评模式；组织全系统数字人事培训，数字人事理念深入普及；编发数字人事操作指引，全年累计工作记实63万余条，任务推送36万余条；有序组织开展“两测”培训及考试。突出减税降费等重点工作，在指标系统性、针对性、实效性上作文章，通过精简指标、调整权重、动态优化，更加科学精准服务工作落实。

【内部管理】　制定绩效管理实施细则，建立绩效管理“指导、协调、服务”全链条，为绩效有序推进奠定基础。推动出台地方财政经费保障办法，确立深圳市税务局地方财政经费由市级统一保障的经费管理体制；开展财务专项核查和财务交叉检查，加强财务管理重点领域、重点环节的监督，进一步规范和严肃财经纪律；优化财务管理平台，开发预算需求申报系统、工资管理财务系统，推进政府采购“三化”建设。制定的政府采购风险内部控制制度被评为“2019年度全国政府采购十佳内控制度”。创建节约型税务机关，获评全国“节约型公共机构示范单位”。以督查督办确保上级部署扎实落地，严谨细致做好信访和保密工作。制作老干部服务手册，完成税收科研课题40项，完成注册税务师协会和注册税务师行业党委换届。

【人事管理】 国家税务总局深圳市税务局于2018年6月15日挂牌成立。下辖50个正处级单位，包括20个内设机构、2个另设机构、3个党组织和纪检监察工作机构、4个事业单位、8个派出机构和13个全职能局。

截至2019年底，全系统共有正式干部5192人（其中公务员4841人），平均年龄39.2岁。另有劳务派遣人员2770人，离退休干部1425人。

（张贤修）

广州市税务局

【经济概况】 2019年，广州市经济高质量发展，总体运行稳中向好。全市地区生产总值23628.60亿元，比上年增长6.8%。工业生产稳中有升。全市规模以上工业总产值和工业增加值分别为19201.01亿元和4582.95亿元，分别增长4.7%和5.1%，三大支柱产业实现总产值增长1.5%。全市规模以上服务业企业实现营业收入11256.50亿元，增长12.6%。三大需求稳中提质。固定资产投资增长提速，全市固定资产投资增长16.5%，增速提高8.3个百分点；消费升级类商品保持旺销，全市社会消费品零售总额增长7.8%，增速提高0.2个百分点；高端产品进出口占比提升，商品进出口总值9995.81亿元，增长1.9%，高新技术产品、机电产品出口总值占商品出口总值比重分别提高0.4个和1.0个百分点。新兴动能活力释放。先进制造业增加值占规模以上工业增加值的比重为58.4%，高技术制造业增加值增长21.0%，对全市规模以上工业增长的贡献率为57.2%，占规模以上工业增加值的比重提高2.8个百分点。互联网和相关服务业、软件和信息技术服务业营业收入增长20.3%，成为全市规模以上服务业中拉动力最强的行业。

【概述】 2019年是国家税务总局广州市税务局新机构运行的第一个完整年。广州市税务局贯彻落实党中央、国务院、国家税务总局、广东省税务局和广州市委、市政府的决策部署，打赢减税降费攻坚战，大力规范增值税发票管理，持续优化税收营商环境，全力支持粤港澳大湾区建设，圆满完成组织收入目标任务。获得国家级“节约型公共机构示范单位”“全国青年文明号”等多项省部级以上荣誉。

【税费收入及特点】　2019 年，全市税费收入累计实现 7657.5 亿元。其中，税务部门组织国内税收收入 4639.4 亿元，比上年增长 3.9%，增收 174.4 亿元；费金收入 2080.7 亿元，增长 35.2%，增收 541.4 亿元。海关代征进口税收 937.5 亿元，下降 7.4%，减收 75.3 亿元。

规模总量居于全国前列，税收增速保持合理区间。国内税收规模继续稳居全国省会城市第 1，全国主要城市第 4。全年国内税收收入比上年增长 3.9%，低于广州市 2019 年 GDP 增速（6.8%），反映出国家减税政策成效明显，以及广州市经济稳中向好的发展态势。各季度税收增速呈波动变化，累计增速保持平稳运行。受减税降费和一次性因素等影响各季度税收收入增速呈波动变化走势，各季度增速分别为 3.9%、-1.9%、2.3% 和 13.3%，全年累计增速（3.9%）整体保持平稳运行区间。流转税、财产和行为税平稳增长，所得税小幅下降。货物和劳务税合计收入 2104.7 亿元，增长 3.3%，增收 66.4 亿元，占国内税收比重 45.4%。财产和行为税合计收入 918.5 亿元，增长 31.2%，增收 218.3 亿元，占国内税收比重 19.8%。所得税合计收入 1616.2 亿元，下降 6.4%，减收 110.2 亿元，占国内税收比重 34.8%。

【税源分析】　全市宏观经济运行平稳，税源继续保持健康发展，但政策性减收效应较为显著，拉低税收增速：减税降费减收效应突出。2019 年 1—12 月所属期全市累计新增减税 621.7 亿元，缓解企业资金压力，增强经济发展活力，同时也拉低国内税收增速 13.9 个百分点。第三产业税收拉动突出。以实体制造为主的第二产业受益减税降费明显，实现税收 1561.6 亿元，比上年下降 4.6%，占税收比重（33.7%）下降 3 个百分点。第三产业实现税收 3075 亿元，增长 8.9%，拉动税收总额增长 5.7 个百分点。发展战略初步形成增长点。新兴产业中 2019 年互联网服务业税收收入 14.2 亿元，增长 51.0%，科学研究和技术服务业增长 3.3%，消费金融公司服务增长 3 倍。主要战略发展区域中，琶洲互联网集聚区税源加速集聚，部分龙头企业税收增长较快；南沙新区全力打造粤港澳大湾区增长极，国内税收收入增长 21.5%；黄埔区（开发区）和增城持续优化营商环境，税收收入分别增长 1.4% 和 7.1%。

【“不忘初心、牢记使命”主题教育】　2019 年 6 月，按照党中央和上级党组织安排部署，广州市税务局精心组织、强化协调、从严督导、注重创新、扎实推进“不忘初心、牢记使命”主题教育。在历时近 8 个月的主题教育期间，党委圆满完成第一批主题教育 98 项工作任务；按要求发出第二批主题教育 137 条工作任务，并逐项跟踪落实。聚焦中央和税务总局确定的学习专题，开展主题教育集中研讨 116 次，举办主题教育读书班和研讨班 27 期；广州市税务局党委委员带头，各级领导干部讲授专题党课、作专题辅导报告 593 次；组织开展党支部书记、党务干部等各类培训班 19 期覆盖 978 人次，提升支部带头人队伍管理能力；组织各级领导下沉一线、摸实情、找差距，全市税务系统共召开纳税人缴费人、税务干部座谈会 113 场，走访党政部门 141 个，走访基层税务部门 591 个，走访纳税人缴费人 2748 户，共征集意见建议 2144 条，形成重点调研课题报告 164 篇。各级基层党组织开展“担当作为”大讨论 441 次。

主题教育期间统筹推进新老问题整改和中

央、税务总局、广东省税务局部署的“8+3”专项整治，广州市税务局机关查摆出95个问题，截至2019年底已解决77个；各区税务局共查摆问题771个，已解决753个，期间按要求开展3次“回头看”。为更好落实规定动作要求，创新开展一系列富有成效的自选动作，广州市税务局党委委员开展两轮“六个一”工作，坚决扛起主体责任，以上率下、率先垂范，先学一步、学深一层，带头调查研究、带头检视整改。结合税收工作重点、热点和难点，先后深入各自基层联系点和基层党建联系点，引领带动全系统上下高质量开展好主题教育。

组织“百名处长下税所”活动，先后分4批、组织机关近100名处级党员领导干部集中1周时间，深入99个基层税务所驻点调研，驻点覆盖面达全市税务所93%以上，广泛听取收集基层意见建议212个，通过分解任务、强化督办，有效回应基层关切、解决实际问题，相关做法被税务总局、广东省委和广州市委主题教育简报采用报道，并上报中央主题教育办。

组织“千名党员进社区访万企”活动，组织11304人次参与，走进1730个社区、12254户企业，开展政策宣讲和税费咨询526场，开展各类公益活动和志愿服务1468场，帮扶困难群众1190人。

主题教育相关做法被“学习强国”平台和《广州日报》《羊城晚报》、人民网、新华网等媒体以及税务总局、广东省委、广州市委主题教育简报报道45篇次；在税务系统主题教育座谈会上，广州市税务局作为副省级城市代表作经验介绍，得到税务总局领导充分肯定。

【税费征管】 依法依规抓好组织收入，抓实重点企业入库、大额税款监控、缓缴税款、免抵调库等工作，抓好土地增值税清算，加强股权交易、土地转让等重点事项管理。建立规范化岗责机制，确立529个岗位，明确512项税费业务事项规程，梳理4000多个流程节点岗责规范。推进金税三期社会保险费征管系统差异分析，做好金税三期系统并库和“大运维”管理工作，准期申报率连续10个月上升。开展税收综合治理，创新增值税发票申领分类分级管理模式，积极推广“活体认证+人脸识别”实名认证方式，建成上线“税链”区块链电子发票平台，建立企业所得税规范化闭环管理机制，进一步完善出口退税“链条式、立体化”管理机制，规范全市风险共治管理。推出小规模纳税人“一键申报”、非税收入业务全程网上无纸化办理，开发广东省掌上电子税务局（“粤税通”），建设5G“税视通”可视平台，在全省率先推出“银税互联自助办税”业务。

【优化税收营商环境】 在便利办税、快捷办税、轻松办税上持续发力，全年累计推出256条优化营商环境、扶持企业发展的具体措施。在减少纳税次数、压缩纳税时间方面，致力于实现“省事、省时、省钱、省心”的办税体验，进一步实现房产税和城镇土地使用税合并申报，增值税、城市维护建设税及教育费附加合并申报；推出100项“一次不用跑”办税事项清单；开发“粤税通”“税视通”优化纳税服务；推行“区块链”电子发票试点；在全国首创车辆购置税全程电子化。在落实减税降费政策方面，全方位推进落实小微企业企业所得税优惠政策；深化增值税改革等减税降费政策；推进个人所得税改革，落实专项附加扣除；会同广州市人力资源和社会保障局、医疗保障局严格执行过渡期社会保险较低费率政策。在优化税后流程方面，积极落实增值税期末留抵退税政策，提速退税办理速度，全面实现国库（退税）业务全流程无纸化，有效缓解企业资金压力。2019 年共为 670 多户纳税人办理增值税留抵退税，退税金额超过 50 亿元。近八成企业申请增值税留抵退税的平均时间为 4 小时，且在一周内获得退税。

【服务大湾区建设】 成立粤港澳大湾区工作办公室，构建税收服务粤港澳大湾区建设“1 个中心、2 个引领、3 个重点、6 个聚焦、6 个服务”工作机制。把税收工作放在大湾区建设的总体框架中去思考和谋划，不断强化税收征管，提升税收服务大湾区建设的水平：加强港澳税收规则对接，服务港澳青年创新创业，推动大湾区个人所得税优惠政策落地，向上级提出 14 项支持大湾区发展的政策建议；进一步优化税收营商环境，推出“税收助力粤港澳大湾区建设　服务一带一路 12 条措施”，并通过建设 12366 大湾区纳税服务中心（广东）、编印《粤港澳大湾区税收服务指南》、开设“大湾区纳税人学堂”、推进“无差别办税服务”等举措优化大湾区纳税人办税体验；服务广州市推进大湾区建设的规划部署，建立“一项一策、因项施策”服务机制，指导 11 个基层税务局对接服务全市 18 个大湾区重点平台项目建设；支持南沙自贸片区深化税收改革创新，最大限度赋予南沙区税务局改革自主权，推动南沙金融保险机构属地管理，给予南沙区税务局充分改革保障和支持。

【减税降费】 成立落实减税降费工作领导小组，全力贯彻落实新出台的更大规模减税降费政策，全年累计新增减税 621.7 亿元。其中：小微企业普惠性税收减免政策合计减免 66.5 亿元，惠及纳税人 87 万户次；个人所得税改革累计减税 183.2 亿元，其中，第一步提高起征点改革翘尾减税 158 亿元、第二步改革即专项附加扣除政策新增减税 25 亿元；增值税改革政策新增减税 352.2 亿元，惠及近 46 万户次纳税人。全年共办理出口退（免）税 483.7 亿元，办理车辆购置税优惠减免 13.94 亿元。社会保险费方面，2019 年共为企业减负 70 亿元。此外，按照“申报即享受”模式，向 10 万户企业返还超额缴纳的残疾人就业保障金 14.8 亿元。

【税收法治】 全面推行执法公示、执法全过程记录、重大执法决定法制审核“三项制度”；规范税务规范性文件制定和管理，清理规范性文件 17 份；规范重大税务案件监督和管理，全年审结案件 68 件；制定行政复议和应诉工作规则，高质量办理复议案件 49 件、应诉案件 35 件。按照四部委打虚打骗专项行动要求，聚焦虚开发票“假企业”和骗取退税“假出口”，在全国率先构建“机构人员同部署、管理流程同标准、数据情报同研判、办案作战同指挥、打击成果同运用”的税警联合打虚打骗“广州模式”，落实税收“黑名单”制度，主动推进联合惩戒，全年稽查立案检查案件 14560 宗，实现稽查查补收入 69.09 亿元，检查虚开骗税案件 12751 宗，定性虚开 9925 宗，价税合计 445.86 亿元，定性骗税 13 宗，挽回国家税款损失 9476.96 万元。加强税收风险管理，推进风险任务扎口管理、统一推送、规范应对，强化大数据管理和应用，深化第三方数据应用，大力推动数据管税，推进税收风险共治从传统事后税收风险管理转变为“税企互动”的全流程动态风险防控，全年通过税收风险管理组织入库税款 105.12 亿元。

【个人所得税改革宣传】 全力落实好个人所得税专项附加扣除新政，通过办税服务厅、纳税人学堂、微博微信、电视广播、地铁公交等渠道开展全方位宣传。广州市税务局对全市扣缴义务人和纳税人开展“点对点”“面对面”培训辅导；在纳税人学堂开设“现场 + 直播”课程；录制《广视新闻》“聚焦个人所得税专项附加扣除新政”专题节目和专项附加扣除教学视频并多渠道发布；编写《新个人所得税法知识手册》等原创宣传资料；在微信公众号开设“个人所得税改革专栏”，推送政策法规和操作指引，回应和解答热点问题；在《广州日报》等主流媒体和各类新媒体发布宣传稿；在广州塔、南航客机、主要商圈、主要景区投放个人所得税新政广告，为个人所得税改革新政在广州顺利平稳落地营造了良好氛围。

（余凯玲）

珠海市税务局

【经济概况】 2019年，珠海市实现地区生产总值3435.89亿元，比上年增长6.8%，增速分别高于全国、全省0.7个和0.6个百分点。其中：第一产业增加值57.36亿元，增长1.9%；第二产业增加值1528.73亿元，增长4.6%；第三产业增加值1849.79亿元，增长9.2%，三次产业结构比为1.7∶44.5∶53.8。全市农林牧渔业实现增加值61.29亿元，增长2.2%。全市完成规模以上工业增加值1133.54亿元，增长4.0%。其中高新技术工业企业实现增加值660.24亿元，增长4.9%，占全市规上工业增加值比重达58.2%。第三产业对经济增长的贡献率达66.5%，拉动经济增长4.52个百分点。

【概述】 2019年，国家税务总局珠海市税务局持续巩固深化国税地税征管体制改革成果，推动新机构从“物理整合”走向“化学融合”，事合、人合、力合、心合的新税务展现出新风采；牢牢把握党建统领、文化引领、绩效牵领“三大抓手”，结合新形势新要求启动了一批基础性、支柱性的长效工程建设，税收工作基础有效夯实；在机构队伍磨合中迅速投身新的改革发展任务，各项税收工作在新起点上取得新成绩。其中，高新区税务局办税服务厅荣获“全国三八红旗集体”，开发区税务局荣获“全国青年文明号”，斗门区第二税务分局获评“广东省巾帼文明岗”，金湾区税务局团支部获评“广东省五四红旗团支部”。珠海市税务局机关党委被市委组织部确定为“全市基层党组织建设标准化规范化示范点”，“党建统领·先锋税务”品牌被市直机关工委评为“优质机关党建品牌”。

【税费收入及特点】 2019年，珠海市税务部门组织税费收入（不含海关代征）1124.63亿元，比上年增长6.4%，增收68.09亿元。其中：税收收入完成878.16亿元，增长3.0%，增收25.30亿元；费金收入完成246.47亿元，增长21.0%，增收42.79亿元。海关代征进口税收86.93亿元，下降14.4%，减收14.68亿元。办理出口产品退税119.10亿元，下降4.0%，减退4.90亿元。组织地方一般公共预算收入300.80亿元，占全市一般公共预算收入比重87.3%，比上年同期提升2.7个百分点；增长7.3%，增收20.37亿元。

国内税收增幅逐步回落，仍略高于全省平均水平。随着减税力度的不断扩大影响，2019年全市国内税收增速呈逐步回落态势，1—4季度税收累计增幅分别为8.6%、4.5%、3.1%、3.0%，全年累计增幅为近10年新低，比上年回落5.8个百分点，但仍高于全省平均增幅0.2个百分点，居全省第8位、珠三角第5位。从税收规模来看，全市国内税收总量在全省排名第6位，列深圳、广州、东莞、佛山、惠州市之后，居中山市之前。

中央级收入402.55亿元，主要受主体税种低增长或负增长影响比上年下降1.4%；省级收入192.12亿元，增长4.2%，高于中央级增速5.6个百分点；市县级收入283.49亿元，增长8.9%，增幅居各级次之首，高于中央级增速10.3个百分点，高于全省市县级平均增速6.9个百分点，居全省第2、珠三角第1，仅次于阳江市。从税收占地方一般公共预算收入比重来看，珠海税收占比82.4%，比上年同期提升3.9个百分点，高于全省各市平均值5.2个百分点，居全省第2，仅次于东莞市。

地方级税种收入较快增长。实施土地增值税清算新模式，出台相关指引及规程，带动全年土地增值税实现收入70.90亿元，比上年增长56.6%，增收25.62亿元；通过及时组织土地契税入库及调整二手房税收征收方式，契税收入实现较快增长，全年实现收入32.64亿元，增长15.3%，增收4.08亿元。

【税源分析】　房地产市场回暖有力拉动房地产相关税收增长。2019年商品房销售面积比上年增长45.1%，二手房交易金额增长67.4%。在房地产市场交易增长及土地增值税清算收入拉动下，全市房地产业实现税收213.67亿元，增长22.6%，增收39.38亿元，占总税收增量155.7%，拉动总税收增长4.6个百分点。

税收征管质效及依法治税有效提升。扎实开展增值税发票专项整治及风险管理，健全增值税发票管理长效机制，及时处置虚开走逃企业288户，涉及金额3.78亿元；开展涉嫌接受虚开普通发票风险应对工作，查补税款1.45亿元。加大防骗税工作力度，全年评估和核查出口企业164户，查补税款4355万元。优化企业所得税管控指标设置，实现“T+0”实时监控后续管理，调增纳税所得额13.39亿元。风险管理成效明显，全年风险应对入库税款7.48亿元。充分发挥税务稽查威慑力，查结案件1149户，查补金额3.49亿元。

主要税种中，国内增值税收入352.49亿元，受增值税深化改革政策减收影响比上年增长0.3%；企业所得税收入256.93亿元，主要受研发费用加计扣除、小微企业普惠性税收减免及规模以上工业企业利润低增速影响仅增长1.8%；个人所得税受落实提高基本减除费用标准、适用新税率及六项附加扣除政策等叠加影响持续下降趋势，收入86.65亿元，下降15.6%；土地增值税收入70.90亿元，增长56.6%，增速居各主要税种之首，增收25.62亿元，占总税收增量101.3%；契税收入32.64亿元，增长15.3%；城市维护建设税收入25.86亿元，下降0.5%。

第二产业实现税收348.97亿元，比上年下降4.0%，占总税收比重39.7%；第三产业实现税收528.98亿元，占总税收比重60.2%，较上年同期（57.4%）提高2.8个百分点，增长8.1%，高于第二产业12.1个百分点。从重点行业看，全市税收规模居前六位的行业税收增幅“三增三减”。其中，随着减税降费对实体经济的减负效应持续加大，制造业实现税收269.21亿元，下降2.4%；受房地产市场较快增长及土地增值税清算收入拉动，房地产业实现税收213.67亿元，增长22.6%，拉动全市国内税收增长4.6个百分点；金融业实现税收93.23亿元，增长3.3%；批发零售业实现税收76.33亿元，受减税政策及部分重点税源减收影响下降8.6%；租赁和商业服务业实现税收67.74亿元，增长5.5%；建筑业实现税收51.02亿元，受上年同期一次性税源引起的高基数（增长46.6%）影响下降3.5%。

【“智能+税务”新体系建设】 把“互联网+税务”思维渗透到纳税服务工作的各方面、全过程，积极打造“智慧税务”品牌，初步建立起“智能+”的多渠道、立体式纳税服务模式，让办税更加快捷高效。以香洲区税务局翠香税务分局新建办税服务厅为试点，将大厅分为“智能”服务区与“实体”服务区，通过AI人工智能+物联网技术应用，实现业务精准分流，推广电子化办税渠道，限制实体业务办理内容，构建线上与线下融合、人工与智能互补的智能办税体系，实现“以网上办税为主，自助办税为辅，实体办税厅兜底”的办税新模式。

与百度公司合作打造“税小度”，在全国率先推出“搜索即服务”“看见即服务”“对话即服务”三大全新服务形式，推进人工智能技术在智能咨询、实名办税等领域中的一体化应用探索。在广东省税务局指导下谋划建设“智能咨税管家”，依托知识图谱、人物画像、人脸识别、语音交互等AI技术，为纳税人提供知识自主定制、智能推送、业务自动提醒等服务。

与百度公司合作开发减税降费魔方政策宝库，不同于以往的政策汇编，宝库是一个更具智能化、个性化的创新信息系统，具有智能搜索、多维展示、灵活组合的特点。在宝库中只需输入关键词即可获得相关政策条文、要点和案例。除了智能搜索功能，还创新开发模拟申报模块，方便纳税人提前知晓自己享受政策红利的大致数据。宝库与电子税务局关联，通过App、微信小程序、网站随时随地为纳税人和税务干部提供智能化政策查询帮助。安排专门人员对政策库中的数据进行实时更新、维护，确保政策“魔方宝库”中的信息常用、常新，准确无误。

【助力脱贫攻坚】 在精准帮扶茂名市电白区新圩村和高州市学福村两个省定点贫困村过程中，创新工作方式，推出扎实举措，创造性推出“扶治+扶智+扶志+扶制”格局，3年多来成效显著，在2018年度省考核中，两村172户贫困户442口贫困人员全部实现脱贫，全面达到“两不愁，三保障，一相当”目标，在为民服务解难题中践行初心和使命。珠海市税务局被评为“2016—2018年广东省脱贫攻坚突出贡献集体”，是全省税务系统唯一一个获得此荣誉的地市级税务部门。

（张申际）

汕头市税务局

【经济概况】 2019年，汕头市实现地区生产总值2694.08亿元，比上年增长6.1%。其中：第一产业增加值120.88亿元，增长3.0%；第二产业增加值1279.70亿元，增长4.1%；第三产业增加值1293.50亿元，增长8.7%。三次产业结构由上年的4.4∶48.8∶46.8调整为4.5∶47.5∶48.0。全年社会消费品零售总额1894.34亿元，增长7.0%。全市完成一般公共预算收入138.23亿元，增长5.1%；一般公共预算支出386.80亿元，增长17.7%。

【概述】 2019年，国家税务总局汕头市税务局坚持以习近平新时代中国特色社会主义思想为指导，以开展“不忘初心、牢记使命”主题教育为动力，全面贯彻党的十九届四中全会、中央经济工作会议、全国税务工作会议、全省税务工作会议和市委十一届十一次全会精神，认真落实广东省税务局和汕头市委、市政府的工作部署。面对极为艰巨的改革任务、前所未有的困难挑战，全市税务系统上下同欲，撸起袖子加油干，有艰苦的努力、有艰辛的付出、更有可喜的收获，圆满完成全年各项工作任务。全市税务系统14个单位、7名个人获得“全国节约型公共机构示范单位”“全国‘七五’普法中期先进集体”“全国巾帼文明岗”“广东省五一劳动奖状”“汕头市文明单位”等称号。

【税费收入及特点】 全年共组织税费收入456.16亿元，比上年增长8.1%。其中：国内税收收入280.55亿元，下降7.0%，若剔除减税降费影响因素（下同），可比增长6.8%；费金收入合计154.88亿元，增长57.8%。海关代征进口税收20.72亿元，下降5.8%。共办理出口退（免）税52.95亿元，支持外贸出口。

地方级收入降幅明显小于中央级，市县级收入增速快于粤东西北地区。国内税收中央级收入125.76亿元，比上年下降9.9%，地方级收入154.80亿元，下降4.5%，地方级收入降幅明显小于中央级。地方级中的省级收入55.73亿元，下降8.6%，市县级收入99.07亿元，下降2.0%，市县级收入降幅明显小于中央级和省级。若剔除免抵调库因素，地方级直接税收收入仅下降0.8%，市县级直接税收收入增长1.1%。

税收收入降幅连续收窄，全年各季度收入增速呈“V”形走势。分季度看，受2019年新增减税降费政策实施以及2018年减税政策的翘尾影响，上半年税收收入增速呈现下行走势，并在5月累计收入增速出现全年谷底，6月开始收入降幅逐步收窄，4个季度国内税收收入增速分别为5.2%、-14.1%、-12.1%、-5.3%。

税制改革效应显现及征管力度加大，相关税种收入涨跌互现。国内增值税收入比上年下降11.1%，其中，免抵调库收入由于资源匮乏而下降44.7%，增值税直接收入下降2.6%，增值税系列减税政策效应叠加显现；企业所得税收入下降10.4%，主要是由于放宽小型微利企业标准企业所得税优惠政策效应明显，以及房地产业汇算清缴企业所得税收入下降44.9%；个人所得税收入下降22.9%，个人所得税两步改革政策叠加效应明显；土地增值税收入主要由于加大预缴和清算力度增长9.7%；契税收入受商品房交易低迷和上年同期一次性收入大影响下降15.0%，而房产税、城镇土地使用税、耕地占用税和印花税收入由于征期调整等征管因素分别增长31.2%、15.4%、345.5%和28.8%，增速均在全省排名中居前3位。

减税降费政策红利持续释放，实体经济减负效应明显。主要行业中，减税降费对实体经济形成明显减负效应，制造业，电力、热力、燃气及水的生产和供应业，房地产业税收分别比上年下降21.1%、8.4%和11.4%，批发零售业税收仅增长0.1%。除减税降费影响因素外，制造业税收下降主要是受工业用电量下降和工业生产放缓、免抵调库资源匮乏因素影响；电力、热力、燃气及水的生产和供应业税收下降主要是由于用电量下降和电价降低政策因素影响；房地产业税收下降主要是受商品房交易萎缩及上年房地产业税收高基数影响。受投资建设拉动及加强对建筑企业纳税辅导，建筑业税收增长30.2%。

税收收入增速不平衡，部分征收单位市县级收入实现增长。全市各县（区）税务局中，潮阳区税务局、保税区税务局、龙湖区税务局和南澳县税务局的国内税收收入增速快于全市平均水平；潮阳区税务局、南澳县税务局、保税区税务局、龙湖区税务局和金平区税务局的地方级收入增速快于全市平均水平；市县级收入实现增长的单位有潮阳区税务局、南澳县税务局和保税区税务局，分别增长8.5%、6.6%和3.6%。

【税源分析】 经济因素：2019年，汕头市经济平稳发展为组织税收收入提供坚实的税源支撑。市委十一届九次全会提出全面融入粤港澳大湾区等发展战略，全市各级各部门加大力度贯彻市委、市政府各项工作任务和部署，有力带动经济税收增长。全市实现GDP比上年增长6.1%；固定资产投资额增长12.9%，其中基础设施投资大幅增长79.7%，港澳台及外商投资增长29.2%；社会消费品零售总额增长7.0%；年末金融机构（含外资）本外币贷款余额增长10.9%。反映在税收上，建筑业、非金属矿物制品业（即建材行业）、金融业实现税收分别增长30.2%、18.0%和8.9%。市委、市政府关于加快构建现代产业体系的决策部署取得成效，部分先进制造业、高技术制造业的税收实现增长。其中：黑色金属冶炼和压延加工业、有色金属冶炼和压延加工业分别实现税收1414万元和1760万元，增长11.5%和32.2%；仪表仪器制造业实现税收3417万元，增长28.4%；计算机制造业实现税收1106万元，增收1079万元。部分生产性服务业的税收也实现增长，其中：信息传输、软件和信息技术服务业，科技推广和应用服务业分别实现税收19077万元和1556万元，增长35.1%和56.5%；专业技术服务增值税收入1673万元，增长36.0%。在筹办亚青会实施重点项目建设带动下，体育业实现税收2117万元，增长113.8%。居民消费结构持续升级，文化艺术业实现税收618万元，增长36.7%；住宿和餐饮业实现税收12775万元，增长11.9%；贵重首饰消费税收入2638万元，增长14.6%。

征管因素：汕头市税务局加强组织领导及税收征管，充分释放管理性增收潜力。成立“一把手”亲抓的组织收入工作领导小组和由领导班子带队的8个督导组，对组织收入工作开展全方位、常态化的收入督导，严格落实领导责任、任务目标、“一局一策”、每日通报、问责追责、日常评估检查和常态化税收经济分析等“七项机制”，层层传导责任压力，上下联动齐抓收入。强化税源分析，科学研判经济和税收形势，把握工作主动权，主动与财政部门对接，联合测算减税降费影响，开展税源调查工作，深入剖析税源构成及税源发展潜力，加强税收收入的精准预测。严肃收入纪律，强化监督执纪防控风险。坚决落实“三个务必、三个坚决”要求，对收入纪律问题做到了逢会必讲、逢下基层必强调、逢内审检查必查，坚决防范组织收入风险。精准施策发力，在强化征管中有效释放税源潜能。立足“抓基础、强规范、促公平”，坚持“向加强行业规范管理要收入、向加强税种精细管理要收入、向加强风险防控化解要收入、向加强数据分析应用要收入”的思路，在精准发力上想办法，在数据管税上出实招，在防控风险上见实效，有效堵塞漏洞，促进应收尽收。

政策因素：汕头市税务局以强化组织实施、

分析研判、部门联动、宣传服务和监督检查等“五个强化”确保各项减税降费政策措施落实到位，落实深化增值税改革、小规模纳税人月销售额10万元以下（含本数）免征增值税等政策及2018年5月实施的降低增值税税率1个百分点政策翘尾影响，2019年增值税直接收入比上年下降2.6%，其中，落实增值税期末留抵税额退税政策办理留抵退税10173万元。落实享受放宽小型微利企业标准加大企业所得税优惠力度政策，预缴企业所得税收入下降5.4%。落实鼓励高新技术发展的税率优惠和提高研发费用加计扣除率等企业所得税优惠政策。落实基本减除费用标准由每月3500元提至5000元和适应新税率，以及增加六项专项附加扣除政策，工资薪金所得个人所得税收入下降31.6%。落实对增值税小规模纳税人减按50%征收“六税两费”政策，资源税收入下降48.5%，落实减半征收“六税两费”及增值税系列减税政策叠加影响，城市维护建设税下降0.7%。

【“不忘初心、牢记使命”主题教育】　认真贯彻主题教育“守初心、担使命，找差距、抓落实”总要求，建立“4个工作组+4个子方案+4类主体工作任务清单”，突出学做结合、查改贯通，把学习教育、调查研究、检视问题、整改落实贯穿主题教育全过程，高标准、严要求把主题教育推向深入。汕头市税务局党委举办5期专题理论学习研讨、领导干部研修班、主题教育读书班等活动，带头落实“作好一次重点发言、讲好一堂党课、写好一篇体会、形成一篇调研报告”，引导党员干部学思践悟锤炼党性修养。全市税务系统共开展集中专题研讨49场次，领导班子成员带头讲党课90人次，下发必读读物6000多册，编印应知应会知识手册4000余册，利用短信平台发送“每日一题”，对90名班子成员和1816名党员干部分别进行现场测试和网上测试。开展“四项教育”33场次，对全市税务系统104名支部书记进行轮训。聚焦“增强纳税人缴费人、基层税务干部获得感”，召开座谈会19场次，走访地方党委政府70次，走访纳税人和缴费人221户次，邀请参加谈话1100多人次，收集意见310余条，形成调研报告90篇；采取自己找、群众提、集体议、上级点等方式，市税务局和县区税务局两级党委主动检视问题183个，制定整改措施324条。

【减税降费】　坚决打好个人所得税改革、落实小微企业普惠性税收减免包括地方“六税两费”减征政策、深化增值税改革、实施社会保险费降费政策等四场战役，全市新增减税降费47.5亿元。成立市、县（区）两级落实减税降费工作领导小组和“减税办”，梳理任务清单，建立工作机制，层层压实责任。举办以“减税降费”为主题的“县长税课”，推动建立市减税降费工作联系会议制度、落实减税降费工作监督协作常态化机制，形成党政高度重视、各部门大力支持的良好局面。坚持“应简尽简”“应享尽享”，与财政、人行国库等部门联合简化退税流程，率先采用“一表集成，批量退库”方式，实现税费快捷退库。全年印发《“4+25”税费政策汇编》《减税降费应知应会手册》，创作融媒体作品6部，举办纳税人学堂138场次、民营企业座谈会42场次，培训纳税人16.17万户次，累计推送短信、微信、邮件12.9万条。

【个人所得税改革】　2019年1月1日综合与分类相结合的个人所得税制正式全面实施以来，汕头市税务局把推进个人所得税改革摆在突出位置，精心组织，统筹协调，建立健全组织实施机制，有力推进个人所得税改革落地并取得良好成效。2019年，全市个人所得税收入14.65亿元，比上年下降22.9%；全市累计减免个人所得税9.09亿元，个人所得税改革减税效应充分显现。

建立统筹协调和贯彻实施机制。第一时间成立由“一把手”任组长、分管局领导任副组长的个人所得税改革领导小组，下设改革综合组、政策组、征管组、信息化组等7个专项工作组，进一步压实改革主体责任，构建高效工作机制。

形成部门联动和共建共治机制。在市委、市政府的支持下，牵头公安、教育、卫生、医疗保障、民政、人社、自然资源、发改、住建、人民银行、金融监管等14个部门，于2019年8月联合成立汕头市落实个人所得税专项附加扣除政策工作专班，在共享信息、协助查验和信用联合惩戒等方面开展合作，并建立了定期会商和跟踪反馈机制。

严格落实督导考评机制。制定《个人所得税改革专项绩效考评办法》，进一步明确组织领导、宣传辅导、优化服务、信息化建设、改革保障等五方面考评标准，通过“每周反馈、每月总结，每季推进”，强化进度监控、对账督促和严格考评，保证个人所得税改革各项重大任务落到实处。

建立以点带面推开改革攻坚机制。按照广东省税务局统一部署，以龙湖区税务局、澄海区税务局作为全国第三批试点开展专项附加扣除信息核验工作，按程序做好发布公告、税收宣传、沟通辅导、舆情监测、纳税服务等方面工作，纳税人修改率达98.8%。截至2019年12月，全市共有10.93万自然人完成专项附加扣除信息采集。全市未通过身份证验证数据、扣缴申报异常数据的核实率和处理率均达到100%，实现绩效考评“四个100%”的目标。

健全多维度广覆盖的培训辅导机制。结合“大走访、大座谈”活动，分别组建志愿者团队，采取举办辅导讲座、组织上门辅导等多种形式，针对自然人纳税人、重点扣缴义务人和行政事业单位、特殊单位扣缴义务人等不同主体，分别提供精准辅导。邀请广东省税务局业务骨干莅汕举办全员培训，开展“岗位大练兵、业务大比武”活动。2019年，全市税务系统共组织内部培训276场次，参加培训6000多人次；面向扣缴义务人培训633场次，参加培训11万人次。

【优化税收营商环境】 对标汕头市作为全省营商环境试点综合城市的要求，出台进一步优化税收营商环境107项措施，打造汕头税收营商环境高地。营商环境一体建设加速。与潮州市税务局、揭阳市税务局研究建立粤东三市税务部门常态化交流平台和跨区域合作机制，围绕政策落实、纳税服务和税收执法一体化推出12项措施，构建粤东三市税收营商环境跨区域一体化发展模式。办税服务便利改革提效。对新办企业实行即到即办、即时办结；扎实推行出口退（免）税无纸化管理，退税平均时间缩短至4.72个工作日。实施车辆购置税“市级通办”；推行信息报告、发票办理、申报纳税、优惠办理、证明办理等5大类82个办税事项“同城通办”，7大类555项涉税（费）业务实现“最多跑一次”，477项涉税事项可“全程网上办”，53项税收业务上线“粤省事”。税收执法监管效能升级。严格规范公正文明执法，全面推进行政执法“三项制度”，落实好“双随机、一公开”监管制度，严格规范税收执法和税务行政处罚裁量权。持续保持打击骗取出口退（免）税和虚开增值税发票等违法犯罪活动的高压态势，坚持打骗、打虚、打票、打黑相结合，按照每年规范2～3个行业税收秩序的思路，重点开展机动车驾驶员培训行业、影视行业、医药行业专项整治，全年实现稽查查补收入1.35亿元。助推地方发展成效凸显。

抓好高新技术企业、研发费用加计扣除、小型微利企业等税收优惠政策落实，全年汇算清缴和预缴申报共落实企业所得税减免20.66亿元。实行大企业首席联络员制度，精准提供专属服务、高端服务、定制服务。支持外贸发展，建立重点出口企业联系制度，全年办理出口退（免）税52.95亿元。持续深化“银税互动”，累计发放信用贷款44.96亿元，惠及诚信纳税中小企业4396户次。

【金税三期系统并库】 按照国税地税征管体制改革的工作要求，在完成原国税、地税征管系统合并工作的基础上，按照广东省税务局统一工作部署，顺利完成问题数据清理、管户对照关联、双轨测试运行，人海压力测试等各项工作任务，2019年3月1日金税三期系统并库版成功上线运行。系统上线以后，汕头市税务局持续强化信息化支撑夯实税收征管基础保障，并积极采取措施做好各月征期管理工作，确保系统运行平稳，办税效率提升。建立“大运维”工作机制。各级税务部门组建“大运维团队”，集中市税务局、基层各层级力量，统筹各方资源，确保保障有力。做好错峰办税和预约办税安排，区分办税时间、办税地点和办税渠道，合理进行引导和分流，有效减轻办税服务厅和信息系统的压力。选强配齐办税服务厅人力资源。在配强配足导税人员和窗口人员的同时，组建应急后备团队，以便发生应急情况时随时调用。按日监控申报进度，对申报进度较慢的单位加强跟踪管理，采取有效措施，确保依时完成申报工作。强化系统监控和应急响应。紧盯系统运行情况，提升应急处理能力，事项办理出现问题确保快速反馈解决。2019年，在业务量不断增大的情况下，系统各项功能运行平稳顺畅，和电子税务局、增值税管理系统等实现安全平稳对接，为各项税收征管工作的顺利开展奠定了坚实的基础。

（陈希娜）

佛山市税务局

【经济概况】 2019年，佛山市地区生产总值10751.02亿元，比上年增长6.9%。其中：第一产业增加值156.92亿元，增长3.0%；第二产业增加值6044.62亿元，增长6.3%；第三产业增加值4549.48亿元，增长8.1%。在第三产业中，交通运输、仓储和邮政业增长7.4%，批发和零售业增长4.8%，住宿和餐饮业增长1.8%，金融业增长10.5%，房地产业增长5.5%，其他服务业增长10.5%。三次产业结构为1.5∶56.2∶42.3。现代服务业增加值2734.64亿元，增长8.3%。民营经济增加值6748.31亿元，占全市地区生产总值的比重为62.8%。

【概述】 2019年是国家税务总局佛山市税务局重整行装再出发的开局之年。这一年，税收工作的发展环境发生了深刻变化，全面从严治党要求之严、服务发展大局站位之高、落实减税降费力度之强、组织税费收入难度之大，都前所未有。面对新形势新任务新挑战，在广东省税务局和佛山市委、市政府的正确领导下，全市税务系统坚持“稳基础、促融合、创一流”工作主线，统筹抓好管党治党、减税降费、组织收入、征管服务、“三化”建设等重点工作，圆满完成各项改革发展任务，为深入推进新时代税收现代化建设奠定了坚实基础。全市税务系统共获市级以上集体荣誉称号32个，其中，佛山市税务局获评“全国节约型公共机构示范单位”“佛山市2016—2018年脱贫攻坚突出贡献集体”及佛山市2019年“行政服务最佳口碑单位”称号，佛山市税务局团总支获“全国五四红旗团支部”称号。

【税费收入及特点】 2019年，全市完成税费收入2196.55亿元，其中：税收收入1670.03亿元，社会保险费和其他收入526.52亿元。海关代征进口税收117.73亿元，比上年下降7.8%，剔除海关代征税收后，组织国内税收1552.30亿元，增长3.5%。其中：中央级收入706.77亿元，增长5.3%；省级收入325.29亿元，增长4.7%；市县级收入520.24亿元，增长0.4%。国内增值税收入672.55亿元，增长3.8%，增收24.34亿元；企业所得税收入381.80亿元，增长17.0%，增收55.49亿元。全年办理出口退（免）税326.3亿元，增长1.7%。

税收增速稳中趋缓，税收总体规模稳居广东省第4位，国内税收（不含海关代征税收）规模突破1500亿元大关。从广东省排名来看：国内税收收入增速排广东省第6位，高于广东省平均水平0.7个百分点；市县级收入增幅在广东省排第12位。

各级次收入均实现预期目标。全年全市各级次税收收入均完成广东省税务局和佛山市委、市政府下达的收入预期目标。其中：受国内增值税、国内消费税和企业所得税增长拉动，国内中央级收入比上年增长5.3%；省级收入受国内增值税、企业所得税和土地增值税增收拉动增长4.7%；市县级收入在土地增值税和契税增长推动下，增长0.4%。

第三产业税收比重扩大。第二产业实现税收697.75亿元，比上年下降4.9%。其中，占佛山市税收比重36.3%的税收支柱行业制造业实现税收606.46亿元，下降6.4%。第三产业实现税收971.89亿元，增长8.9%，增收79.65亿元。其中作为第三产业税收主力的房地产行业入库税收414.72亿元，增长10.7%，增收39.92亿元，占佛山市税收总量的24.8%，贡献94.1%的税收增量。

各区税务局税收稳定增长。禅城区税务局通过强化企业所得税日常管理、加大房产交易税收管理工作力度、优化契税纳税服务，促进国内税收和市县级双双增长；南海区税务局集中解决土地增值税清算难题，全年土地增值税清算收入33.19亿元，占佛山市比重高达75.0%。顺德区税务局细化大企业管理，骨干企业逆势增长成为企业所得税大幅增收主要推动力量；高明区税务局和三水区税务局显著提升房地产业税收征管质效，企业所得税汇算清缴收入大幅提升，国内税收均实现双位数快速增长。

【税源分析】 建立多部门联动研讨机制，强化关键时间节点收入形势预判，确定2019年组织收入方向为主抓现税收入，稳定主体税种，深挖地方性税源，合理发挥免抵调库的调整作用，逐步收窄收入跌幅。全面推广实施“集中清算、分段审核”的土地增值税清算新模式，集中开展土地增值税清算工作，全年清算收入44.24亿元，比上年增长28.5%。推动土地增值税收入119.81亿元，增长9.3%，增收10.18亿元；契税增长15.0%，增收10.03亿元，促进收入缺口收窄。落实组织收入原则，坚决防范收过头税费、虚收空转等违规行为，保障税费征管质量。坚决打击虚开骗税违法行为，及时挽回国家税款损失。

【减税降费】 将落实减税降费作为年度首要政治任务和第一工作主题，全年全市减税降费235亿元，其中，新增减税204亿元、新增社会保险费及非税收入减免31亿元。佛山市税务局党委成立落实减税降费工作领导机构，制定政策落实、征管核算、综合分析、纪检问责等制度。多次向佛山市委、市政府汇报沟通，推动建立市、区两级减税降费工作联席会议制度，完善与财政、银行等部门联动机制，承办召开佛山市减税降费“千人大会”。推出“减税宝”平台，率先破解小额税费退库难题，减轻征纳负担。编制《税费优惠政策一本通》电子书，帮助纳税人用足用好优惠政策。开展宣传辅导，全年举办减税降费直播课程9场、现场培训1071场，参训215.64万人次。开展借减税降费服务乱收费行为专项排查整治，与各级纪委监委建立对接机制联合执纪，促进政策稳妥落地。

【优化税收营商环境】 推进税收领域“放管服”改革，优化税收营商环境。提升办税服务便利化，智能办税网络覆盖全市，9大类662项业务实现无纸化、无障碍流转；办税“一次不用跑”、车辆购置税“一站式”办理、不动产办税登记“一窗受理”等便民举措得到落实，平均办税时间和等候时间分别比上年降低27%、37%。作为省试点建立大企业首席联络员制度，率先推出“上市涉税业务指南”。深入开展暖企活动，走访、座谈34.2万户企业纳税人，其中对7类11976家重点企业实行全覆盖走访。推出信用预警提醒服务，深化“银税互动”，全年推动为1.2万家企业发放贷款70亿元。以顺德区为试点搭建“税商互动平台”，为纳税人提供精准服务。出台佛山市进一步优化税收营商环境试点三年行动方案，落实5个方面21项70条措施。联合市工商联签署支持服务民营企业发展壮大框架协议，明确9项合作内容。继续开展“便民办税春风行动”，推动12类54项便民办税措施落地。召开佛山市税务系统提升纳税人满意度暨优化税收营商环境试点工作会议，印发整改方案，对照短板制定8类27项整改措施。

【税费征管】 先后上线掌上税务局、自然人税收管理系统、代开增值税电子普通发票平台、增值税电子发票公共服务平台等信息系统，完成掌上税务局、代开增值税电子普通发票平台的试点上线工作，提升纳税人办税体验和获得感。落实上级关于进一步简化纳税户注销程序的相关规定，全年办理注销6.2万户，其中，即办注销约5万户（包括84户破产企业，促进该类企业加快企业退出市场），即办注销比例比上年提升14个百分点，至第四季度完全杜绝超期注销现象。全面收集整理各区对电子档案系统的意见和建议，分2次向广东省税务局提出83条优化建议，基本于市内归档需求向广东省税务局申请增加特有事项清单47项，并强化电子档案系统操作专题培训，提高基层电子档案系统操作熟练程度和归档效率。与市统计局、市工业和信息化局建立联动协作机制，强化数据共享和宣传辅导，全年向市统计局、市工业和信息化局提供相关税收数据105次共34万条，举办专题培训34场，培训人员近5800人，推进“小升规”工作开展。

【智能办税】 全面推广智能办税服务厅，在禅城区建成2个智能办税服务厅、3个智能办税服务点，共配置13台智能办税设备，并18人的后台服务团队，佛山市智能办税服务网络初步形成。年内，佛山市智能办税服务网络办理各类业务14687笔，单月办理量从年初的513笔提升至2000多笔。推进办税服务厅规范化建设，每周通报办税厅服务质效监测情况，发布监测报表216期；邀请第三方开展办税厅明察暗访，发布调查报告3期；规范办税厅专窗管理，保留49个清税注销业务专窗、37个优惠政策落实咨询服务岗，其他专窗予以取消。在广东省税务局检查中，佛山市税务局被检的办税厅全部达标，其中，实地检查的2个办税厅和视频抽检的7个办税厅中有5个办税厅均取得双100分的成绩。推进办税服务便利化，完成预约系统整合，优化预约规则，缓解纳税人预约难和排队等候时间长的问题，全年“在线导税”服务逾4万人次，受理办税预约154万人次，办税时间和等候时间分别为14.8分钟和6.3分钟，低于广东省平均值的15.5分钟和8.6分钟。

【落实“一次不用跑”政策】 成立由市局党委委员牵头的“一次不用跑”专项工作领导小组，加强统一指挥，做好人力统筹、硬件调配、部门协调等。制定发布专项工作实施方案，明确任务安排、应急职责分工及处理原则，同时明确“一次不用跑”业务规范指引。组建办税厅“党员服务队”。号召党员先锋“守初心、担使命”，提升纳税人的办税体验。全面推行电子化、智能化退税，实现退税业务“一次不用跑”。结合粤港澳大湾区建设，搭建“国际汇税通”平台，联通企业、银行、税务、外汇管理部门四方数据，对外付汇业务办理效率提升近90%，实现由“跑马路”到“跑网路”转变。推广电子税务局，引导纳税人培养电子办税习惯，截至年底，票种核定、跨区域涉税事项、纳税证明开具等业务网上办理替代率达100%。广泛宣传新兴办税渠道及5类128项“一次不用跑”清单，及时发布跨区报验、票种核定等高频业务的网上操作指引，提升纳税人电子办税体验。对照“一次不用跑”服务要求，建立问题自查台账，对标对表销号，做到动态清零，同时由纳税服务、征收管理等部门开展样本分析，深挖问题根源，解决风险隐患。健全意见反馈机制，畅通微信群、对外公开电话、纳税人学堂、下户走访等诉求征集渠道，由专人跟进回复问题建议，确保“件件有着落、次次有回应”。打造“服务提升工程”，组织税务人员针对纳税人咨询较多的“一次不用跑”政策热点集中学习，定期开展理论和模拟测试，提高问题应对解决能力。

【纳税信用体系建设】 推进纳税信用体系建设。联合佛山市银保监分局以及20个银行业金融机构，共同召开“银税互动”联席会议，更新签订“银税互动”合作协议。年内，佛山地区线上“银税互动”项目发放贷款金额70亿元，惠及企业11515家，贷款企业数及金额位列广东省第3。率先于2019年10月25日试点上线“纳税信用管理广东管控信息化平台”，至年底累计向25613户纳税人推送短信预警信息。加强涉税专业服务机构的监管，加大《涉税专业服务监管办法》及配套管理制度的解读和培训，做好税务总局12366纳税服务管理平台每月涉税中介栏目公告，召开佛山市涉税专业服务机构座谈会。

（周　鹏）

韶关市税务局

【经济概况】　2019 年，韶关市实现地区生产总值 1318.4 亿元，比上年增长 6.0%。人均地区生产总值 4.37 万元（按年平均汇率折算为 6341 美元），增长 5.1%。第一产业增加值 174.4 亿元，增长 5.1%，对地区生产总值增长的贡献率为 11%；第二产业增加值 443.4 亿元，增长 4.5%，对地区生产总值增长的贡献率为 24.5%；第三产业增加值 700.6 亿元，增长 7.1%，对地区生产总值增长的贡献率为 64.5%。三次产业结构比重由 2018 年的 12.8∶34.7∶52.5 调整为 13.2∶33.6∶53.2。规模以上工业增加值增长 4.7%，工业用电量增长 9.5%，实体经济的平稳发展为税收增长奠定坚实基础。

【概述】　2019 年，国家税务总局韶关市税务局各项税收工作平稳推进、成绩斐然，绩效工作以总分第 1 名的成绩荣获全市优秀等次，成绩的取得，是习近平新时代中国特色社会主义思想科学指引的结果，是广东省税务局和韶关市委、市政府正确领导的结果，是社会各界和广大纳税人缴费人大力支持的结果，也是全市 3000 多名在职、离退休干部职工和劳派人员心往一处想、智往一处谋、劲往一处使的结果。

【税费收入及特点】　2019 年，全市税费收入累计完成 321.88 亿元，比上年增长 13.8%；实现税收收入 206.17 亿元，增长 4.2%，剔除海关代征收入，组织国内税收 193.67 亿元，增长 3.6%，增幅在全省 21 个市中排名第 5，高于全省平均增速 0.8 个百分点。组织费金收入 115.70 亿元，增长 35.9%，其中社会保险费 108.06 亿元，增长 40.4%。办理出口退（免）税 12.58 亿元，增长 20.4%。

2019 年国内税收收入增长 3.6%，增幅高于全省平均水平 0.8 个百分点，在山区五市中排第 2 位。从征收税种分析，国内增值税、消费税、企业所得税、个人所得税四大主体税种合计实现税收收入 153.77 亿元，比上年增长 5.3%，增收 7.79 亿元，总量占比为 79.4%，拉动国内税收增长 4.2 个百分点，较好地发挥支柱税种的拉升作用。征收级次中，中央级收入 115.80 亿元，增长 10.1%，增收 10.61 亿元；地方级收入 90.37 亿元，下降 2.4%。国内税收主要集中于市辖三区，税收规模达到 123.06 亿元，占全市比重为 63.5%，提高 1.5 个百分点，税收明显趋于集中。

【税源分析】　在纳税超亿元的 14 户支柱企业中，韶关卷烟厂、烟草公司、鸿丰水泥、韶钢松山等 4 户企业受缓缴税款入库、企业所得税增长较好等因素影响实现增收。受产销量下降、价格下跌、生产线技术改造投入进项税额增大以及税率下调等多重因素影响，其他 10 户企业入库税收均出现下降，合计减收 7.05 亿元，其中：凡口铅锌矿减收 1.43 亿元、宝钢特钢减收 1.02 亿元、东阳光电化厂减收 0.96 亿元。

【党建工作】　组建党员先锋队 32 个、突击队 25 个、“税务青年助企团” 11 个，参与减税降费、组织收入、个人所得税改革等重点工作和项目，党建引领作用充分发挥；以“韶税家园”为中心，各地打造一批颇具特色的党建品牌并通过评比验收，“一局一品”党建格局基本形成；评选79名“星党员”、23个“星支部”，开展先进党支部、党员、党务工作者评比，树立典型、激励队伍；6个党建创新项目获全市第三届机关工作创新创优比赛一、二、三等奖各2个的好成绩，其中3个项目代表韶关亮相；党建工作、模范机关创建工作在全市作先进经验汇报，新税务新形象充分彰显。

【减税降费】 做好各项减税降费政策宣传辅导，针对纳税人关注的焦点和难点问题深度解读，不折不扣落实减税降费工作，2019年全市税务系统统计期累计新增减税降费31亿元，配合全市实现企业减负30亿元目标，有效降低企业成本，激发经济活力。办理出口退（免）税12.58亿元，比上年增长20.4%。

【优化税收营商环境】 坚持以人民为中心，集中力量推出一批实招、硬招。“放管服”改革更深入。持续落实取消或调整税务行政许可事项，深化税务证明事项清理工作，涉税费事项由1421项减少到508项，跨区域迁移时间压缩95%；企业简易注销登记办理时间压缩75%。深入开展“便民办税春风行动”，推出4类55项便民办税措施。大力推行预约办税服务，平均办税时间从28.2分钟下降至14.1分钟，477项涉税事项“全程网上办”；打造粤北首个24小时自助办税服务厅，武江区、曲江区税务局办税服务厅整体入驻当地行政服务中心；5大类82个办税事项实现全城通办，综合服务窗口全部实现税费“一窗通办”。全国首个省级办税服务厅管理规范及培训课程顺利发布，全省第一个标杆办税服务厅通过验收，纳税服务韶关监控指挥中心投运。其中管理规范及培训课程、韶关监控指挥中心成为广东省税务局“三化”建设成果并在全省推广。

【税收法治】 行政执法“三项制度”全面铺开，搭建行政执法信息公示平台，依法办理行政复议案件9宗、行政应诉案件27宗，执法方式不断优化，市场环境不断净化。全年完成各类分析报告21篇，以税资政作用充分发挥。妥善解决韶能集团出口退税、凡口矿资源税征缴等一批历史遗留问题，市政府《企业心声》涉税疑难问题全部妥善解决，受到纳税人好评。在全国首创法治税务合议制，探索实践“树立一种理念、制定一套制度、组建一支团队、搭建一个平台”的“四个一”模式，在税务执法领域创建法治税务合议制，促进公平正义。至2019年底已成功解决17个税收疑难争议问题，获《中国税务报》等主流媒体正面报道。

（庞靖茹）

河源市税务局

【经济概况】 2019 年，河源市实现地区生产总值 1080.03 亿元，比上年增长 5.5%。全市民营经济单位 18.69 万个，增长 11.9%。全年居民消费价格总水平（CPI）上涨 2.6%。全体居民人均可支配收入 21052.3 元，增长 8.5%，扣除价格因素，实际增长 5.8%。全年实现地方一般公共预算收入 77.48 亿元，增长 0.7%；地方一般公共预算支出 370.22 亿元，增长 11.8%。

【概述】 2019 年是新税务机构正式运行的第一年，国家税务总局河源市税务局以习近平新时代中国特色社会主义思想统揽全局，坚决贯彻党中央、国务院重大决策和广东省税务局、河源市委、市政府部署要求，用汗水浇灌收获，以实干笃定前行，圆满完成各项工作任务，全面展现了新机构的新形象、新担当、新作为。在广东省税务局有关会议上作经验发言 11 次，其中，老干部工作还在全国税务系统老干部工作会议上作经验介绍；全市税务系统共有 24 个集体、81 名个人获得县处级以上表彰奖励。

【税费收入及特点】 2019 年，河源市实现国内税收收入 132.77 亿元，比上年增长 0.7%，增收 0.89 亿元，增幅在全省排名第 9 位。组织费金收入 83.58 亿元，增长 52.2%，增收 28.68 亿元。其中：社会保险费收入 65.55 亿元，增长 33.0%，增收 16.27 亿元；其他费金收入 18.02 亿元，增长 220.9%，增收 12.41 亿元。共办理出口产品退（免）税 17.53 亿元，下降 8.1%。

国内税收实现增长，粤东西北排名靠前。全市国内税收增速为 0.7%，比全省（不含深圳，下同）平均增速（1.2%）略低 0.5 个百分点，在全省 20 个地级市排名第 9 位，在粤东西北 12 个市排名第 4 位，位列云浮、湛江、茂名、潮州、汕尾、梅州、汕头、揭阳市之前。

中央级、省级收入保持增长，市县级收入小幅减收。中央级收入 59.77 亿元，比上年增长 2.2%，增收 1.29 亿元，剔除海关代征后收入 56.83 亿元，增长 3.5%，增收 1.93 亿元；省级收入 25.40 亿元，增长 3.7%，增收 9068 万元；市县级收入 50.54 亿元，下降 3.7%，减收 1.95 亿元。

5 个税种增收较多，3 个税种减收明显。全市各税种增减差异较大，国内增值税、国内消费税、企业所得税、耕地占用税和契税 5 个税种增收较多，分别入库 60.35 亿元、4.57 亿元、21.66 亿元、6.73 亿元和 6.51 亿元，分别比上年增长 4.0%、30.1%、7.3%、27.5% 和 21.5%，分别增收 2.31 亿元、1.06 亿元、1.47 亿元、1.45 亿元和 1.15 亿元。个人所得税、城镇土地使用税和房产税 3 个税种减收明显，分别入库 5.87 亿元、3.55 亿元和 2.60 亿元，分别下降 27.4%、58.6% 和 10.0%，分别减收 2.22 亿元、5.02 亿元和 2892 万元。

重点行业增减各异，老牌行业多现减收。全市第一、第二、第三产业税收分别比上年增长

-41.4%、0.7%和0.9%。重点行业中，制造业（不含海关代征、剔除增值税大额留抵退税和免抵调库因素）、电力生产和供应、金融业、租赁和商务服务业减收，分别入库20.16亿元、5.44亿元、9.09亿元和3.48亿元，分别下降5.6%、4.8%、2.6%和55.7%；房地产业基本持平，入库29.59亿元，增长0.1%；采矿业，建筑业，批发和零售业，居民服务、修理和其他服务业，以及公共管理、社会保障和社会组织增收，分别入库2.75亿元、16.35亿元、13.47亿元、3.45亿元和10.70亿元，分别增长27.8%、2.8%、5.6%、99.5%和22.9%。

地区税收差异较大，多数县区增幅不高。全市8个县区税务局国内税收6增2减，其中，江东新区税务局、连平县税务局实现两位数增长，源城区税务局、东源县税务局、和平县税务局、龙川县税务局实现个位数增长，紫金县税务局、高新区税务局出现减收。按增幅从高到低，江东新区（45.1%）、连平县（22.4%）、和平县（7.2%）、源城区（5.9%）、东源县（1.7%）、龙川县（1.2%）、紫金县（-3.0%）和高新区（-23.2%）。

大户税收比重略降，房地产等行业企业领涨。全市纳税超千万元的企业199户，比上年减少5户，全年共计入库税收71.44亿元，增长15.4%，增收9.56亿元，大户入库税额占全市国内税收总额的比重53.8%，降低0.5个百分点。从行业看，工业、房地产、批发和零售等行业企业增收较多，分别入库23.67亿元、21.32亿元和7.49亿元，分别增长5.8%、28.8%和11.6%，分别增收1.31亿元、4.76亿元和7770万元。

【税源分析】 主要增收因素：一是经济平稳增长带动增收。全市社会经济整体平稳增长，部分工业重点企业因市场回暖、产销量增加及利润回升等原因带动税收增长。部分房地产业重点企业保持增势，因结转收入或新开楼盘等增收额均超千万元。部分大宗土地拍卖带动契税增长。二是强化征收管理促进增收。加强重点行业税收征管，强化风险管理、发票管理、纳税评估和税务稽查，加强企业所得税汇算清缴、强化契税等地方税种管理等，推动税收增长。全市入库查补税款2491万元，税收风险管理查补入库税款8849万元，契税等地方税种收入平稳增长。强化耕地占用税等征收管理，加大欠税清缴力度，增收效应明显。全市清理营业税欠税2246万元，清理入库以前年度耕地占用税逾4亿元，拉动耕地占用税大幅增长。三是非即期税款拉动增收。2018年底市烟草公司申请延期缴纳的消费税于2019年初入库，拉动消费税大幅增长。大欣利商贸有限公司、江川商贸有限公司两户企业一次性清缴2018年企业所得税，拉动企业所得税实现较快增长。2018年度全市办理大额增值税留抵退税2.10亿元，大幅拉低了2018年同期基数。

主要减收因素：一是部分经济指标下行。尽管2019年社会经济整体平稳增长，但部分重要经济指标出现回落，全市GDP增长5.5%，增速比上年回落0.8个百分点。工业方面，全市规模以上工业增加值增长6.1%，增速回落1.7个百分点，全市工业用电量增长7.2%，增速回落7.7个百分点；房地产开发方面，全市房地产新开工面积、竣工面积、商品房销售面积分别下降11.2%、45.1%、7.9%；重点项目投资方面，全市投资完成率95.1%，慢于时间进度4.9个百分点。受此影响，全市制造业、电力生产和供应业、金融业、租赁和商务服务业等主要行业和部分重点企业税收出现回落，房地产业税收仅基本与上年持平。二是政策减税效应加大。国家新推小微企业普惠性政策和深化增值税改革等一系列减税降费举措，涉及税务部门10个税种，减税力度之大前所未有。全市累计新增减税15.84亿元，其中，2019年新政、2018年原政策翘尾分别减税10.92亿元和4.81亿元。三是特殊因素叠加影响。纳税期限调整。2017年房产税、城镇土地使用税纳税期限延长至2018年1月15日、2月28日，影响2019年房产税、城镇土地使用税对比减收1.16亿元。一次性税源缺失。2018年同期润业投资有限公司、高新技术开发区有限公司、连平县工业园区实业开发服务有限公司、振兴建设投资有限公司等企业共清缴以往年度城镇土地使用税超亿元。

【党建工作】　推进“不忘初心、牢记使命”主题教育与日常工作相结合，做到“五个统筹”（主题教育与减税降费、组织收入、推进“三化”建设、党的建设、班子建设相统筹），对市县税务局班子开展“五查五看五提升”活动，对党支部开展“五个来”（党员深学、党委来考；书记讲课、党员来评；基层有问，机关来答；企业有难，税务来帮；创文有我，组织来派）活动，确保主题教育接地气、有特色、见实效。全市税务系统累计开展党委集中学习研讨57次、举办读书班24期、开展“四项教育”90次；召开纳税人缴费人、税务干部座谈会87场次，走访党政部门50次，形成调研报告73篇。探索构建“1+3+N”大监督格局，实现监督内容、监督方式、监督成果“三个贯通”；制定党员领导干部“八小时以外”监督等制度，对重点岗位、重要部门、重点事项发出廉政提醒函75份。持续完善内控机制，内控编报工作受到广东省税务局发文表扬。建立重大风险“三推送”机制，排查重点风险1897条，推送风险提醒函3份。稳步推进与地方纪委监委联系协作机制，与市纪委监委建立双向沟通联络机制。河源市税务局以减税降费成果检验主题教育成效的做法被税务总局内网主题教育、减税降费专栏同时刊发。在主题教育官网、人民网举办的“守初心、担使命”微视频作品征集活动中，河源市税务局制作的党建纪录片《忠诚税路》从全国4030件作品中脱颖而出，被评为50个“优秀微视频”之一。

【减税降费】　始终以最大力度、最强团队、最实举措、最严纪律抓细抓实减税降费工作，全年累计减税降费20.6亿元，在全省取得“五个率先三个靠前”的成效：2019年1月31日在全省率先实现减税办实体运作；率先制定党委研究减税降费工作制度，河源市税务局党委共听取汇报或研究减税降费工作30次；率先实行每周重点工作任务清单制度，累计推送周清单40期、通报25期；率先制定《减税降费纪检问责工作指引》，实现监督执纪清单化、模板化、全面标准化；在2019年5月底前率先完成小微企业普惠政策税收减免多缴退税工作，共办结多缴退税10313户、退抵税1103.35万元，多缴退税工作全面完成，退税进度在全省排名第2。连平县税务局、和平县税务局率先完成市税务局下达的“3个100%”目标任务。宣传辅导在全省靠前，对8.9万纳税人减税降费政策宣传、一对一上门辅导全覆盖。经验成果在全省靠前，河源市税务局做法被《广东税务减税降费简报》采用数量在全省排名第3。风险排查在全省靠前，比广东省税务局提前2个月部署开展减税降费政策落实情况风险排查工作，分5批排查整改风险数据45148条，全面完成整改，建立风险联防联控机制的做法被税务总局减税降费简报采用。

【税费征管】　打好金税三期系统并库攻坚战，大双轨测试业务量、测试功能、数据质量验证、运维单数量及质量等整体测试情况在全省列第4位；成功开出全省第一张金税三期系统并库版纸质税票。完成城乡居民基本养老保险和城乡居民基本医疗保险征管职责划转，系统运行平稳，全年累计征收城乡居民“两险”7.1亿元。首批非税收入征管职责按时划转，全年征收村镇基础设施配套费2585万元。有序推进第二步个人所得税改革，落实6类14项改革任务，个人所得税绩效考核三项指标达100%，是全省仅3个实现100%的市税务局之一。深化增值税改革，全年为7447户纳税人减税6.06亿元，减税面达96%，制造业等行业税负明显降低。制定贯彻实施车辆购置税法、耕地占用税法工作方案，确保车辆购置税法、耕地占用税法在河源平稳落地。

【税收法治】 在全省税务系统首创重大税务案件异地集中审理模式，全年审结重大税务案件75宗。实行“两权”运行法制事前审核制度，全年审核采购合同223份、对外重大事项82项。推动“两法衔接”常态化，全年向市公安经侦部门移送26宗涉嫌涉税犯罪案件。大力开展扫黑除恶专项斗争，持续开展“企业大走访、线索大排查”和“十大整治”专项行动，对医药企业进行税收专项检查；完善举报机制畅通举报渠道，建立健全集中排查、滚动排查和日常排查相结合的工作制度并形成长效机制。打虚打骗专项工作成效显著，全年立案检查虚开案件97宗。2019年9月，税警联合一举捣毁控制河源31户企业的虚开发票团伙，成功抓获11名犯罪嫌疑人，涉案金额1.86亿元，税额868.3万元，受票企业涵盖26个省（市、自治区）。该案是河源建市以来涉案金额最大的团伙虚开发票案，获公安部批准发起全国集群战役。全面开展增值税发票专项整治，围绕13项专项整治重点项目，自行提取疑点数据26052条开展核查，对发现的7549条问题数据全部予以整改；开展延伸核查项目7项，核实疑点数据1192条，整改问题181条。在2019年国家机关“谁执法谁普法”履职报告评议中，河源市税务局及下辖的源城区税务局、紫金县税务局、东源县税务局均获得参评单位第1名。河源市源城区税务局被省委授予“广东省依法治省工作先进单位”称号，成为全省税务部门唯一获此殊荣的单位。

【风险管理】 全年推送税收风险任务2112户次，已应对完成1977户次，查补税款17950.6万元。风险任务按期完成率达100%，在全省并列排第1名。选取房地产业、建筑业等4个行业建立14个风险指标模型，编写风险分析、核查和管理指引。组建土地增值税清算团队，推广土地增值税清算新模式，13个清算小组完成清算项目29个，入库税款9356万元。探索建立大企业首席联络员机制，畅通税企沟通渠道，与4户大企业签订《个性化纳税服务协议》，为68户大企业提出182条风险提醒。

【优化税收营商环境】 全年举办企业家大讲堂、“税爱未来”等交流会78场，走访企业8万多户，听取意见建议453条，并通过市县联动、大面积宣传辅导、走访问需，为纳税人提供精准优质服务，有效地提高了纳税人满意度。河源市税务局纳税人满意度调查得分在全省排名第5，比2018年前进3位。高新区税务局对区内出口企业实行个性化服务，努力降低中美贸易摩擦对高新区出口企业的不利影响。开展第6个“便民办税春风行动”，推出4类13项52条便民办税服务措施。出口退（免）税实现无纸化申报地域全覆盖和一、二类企业全覆盖，无纸化申报退（免）税额占全部申报退（免）额的98%。车辆购置税涉税业务实现全市通办，自助终端入驻车管所办证大厅，纳税人可以实现新车入户一站式服务。在24个办税服务厅外另设20个办税服务点，全市办税服务厅全年平均办税时间11.5分钟，办税效率全省税务系统排名第2。搭建房地产交易“一窗受理”数据共享平台，房地产交易税收业务前台办理时间由原来的每笔10分钟缩短到3分钟。全年共在市级以上媒体刊发新闻稿件248篇；在河源广播电视台、河源广播电台推出报道28期，播报税收公益广告1500余条。原创微信被税务总局、广东省税务局微信号转载逾50条。自编自导自演的系列普法微视频《为什么他们都能涨工资》《税收共治齐发力》等推出后，单个点击率超60万次。

【队伍建设】 打通干部到地方任职的渠道，全市税务系统共推荐19名干部到地方任职挂职。通过公开遴选方式选配14名优秀年轻干部充实到稽查部门，并实行一年试用期制度。作为全省税务系统6个试点市税务局之一，全面落实职务与职级并行制度。全年组织培训65期，培训人数1800多人次。联合团市委成立“河源市青年学习社”，通过“河源税务考学宝”等平台和机制强化学习，举办6期“青年大学习　业务大讨论”系列活动。出台因私出国境管理、借调人员管理等5项制度，规范人员管理。举行趣味运动会、减税降费知识竞赛、庆祝中华人民共和国成立70周年文艺汇演、组队参加“河马”等活动，依托工会兴趣小组组织“税爱健康”徒步、摄影活动，举办首届“税爱健康”羽毛球赛、乒乓球赛、书画摄影展，促进干部队伍“事合、人合、心合、力合”。

（杨　蓁）

梅州市税务局

【经济概况】 2019年，梅州市实现地区生产总值1187.06亿元，比上年增长3.4%。其中：第一产业增加值219亿元，增长4.1%；第二产业增加值370.89亿元，增长3.0%；第三产业增加值597.14亿元，增长3.4%。三次产业的结构比例由2018年的17.7∶32.1∶50.2调整到2019年的18.5∶31.2∶50.3。

【概述】 2019年，国家税务总局梅州市税务局深入学习贯彻习近平新时代中国特色社会主义思想和习近平总书记关于税收工作的重要论述，扎实开展“不忘初心、牢记使命”主题教育，推动党的建设和全面从严治党取得新成效。认真落实国家税务总局、广东省税务局和梅州市委、市政府的决策部署，实打实、硬碰硬确保减税降费政策措施落地生根，依法依规组织税费收入，持续优化税务执法方式和健全税务监管体系，切实改善提升税收营商环境，积极服务国家重大发展战略，大力支持梅州经济社会发展，不断加强干部队伍自身建设，各项税收工作取得新成绩，充分展示出机构改革后的税务新风貌，狠抓“便民办税春风行动”和纳税人满意度调查问题整改，在全省纳税人满意度调查中排名比2018年提高4位，取得全省排名第2位的好成绩；1个分局被授予“全国青年文明号”称号，1个工会被授予“全国工会最美职工书屋”“2019年全国职工书屋”称号，1个团支部被授予“全国五四红旗团支部”称号，1个分局被授予“广东省青年文明号”称号，5个工会被授予“广东省模范职工之家”称号，1人获得“广东省五一巾帼奖”。

【税费收入及特点】 2019年，梅州市组织税费收入341.23亿元，比上年增收17.35亿元，增长5.36%。全市税收收入总额203.33亿元，减收12.24亿元，下降5.68%。其中：税务部门组织的国内税收收入202.46亿元，下降5.75%，国内税收收入规模全省排在第14位；海关代征进口税收0.87亿元，增长13.51%。税务部门组织社会保险费108.93亿元，增长14.66%；其他费金28.97亿元，增长117.7%。税务部门办理出口产品退（免）税12.13亿元，下降25.17%。

国内税收收入走势“前高后低”。2019年国内税收收入下行趋势明显，呈“前高后低”态势，第一季度累计入库国内税收比上年增长7.73%，第二季度累计入库国内税收增长2.78%，第三季度累计入库国内税收下降3.65%，四季度累计入库国内税收下降5.75%。

主体税种增速“三降一升”，其余税种大部分负增长。国内增值税收入71.79亿元，比上年下降7.91%。企业所得税收入33.07亿元，下降3.62%；个人所得税收入10.79亿元，下降6.41%。国内消费税收入38.06亿元，增长9.34%。契税收入6.4亿元，下降13.12%；城镇土地使用税收入1.17亿元，下降72.96%；资源税收入1.3亿元，下降60.2%；房产税收入2.98亿元，下降14.5%；耕地占用税收入3.95亿元，下降22.56%；印花税收入1.34亿元，下降0.83%；车辆购置税收入7.30亿元，下降4.36%；烟叶税下降1.19%；其他税收下降39.83%。实现增收的税种土地增值税收入14.67亿元，增长1.32%；城市维护建设税收入7.7亿元，增长5.04%；环境保护税收入0.18亿元，增长39.39%。

市县级收入降幅大于省级、中央级收入。全市税务部门组织的中央级收入107.68亿元，比上年下降1.29%；省级收入34.25亿元，下降5.23%；市县级收入60.53亿元，下降13.01%，其中，市县级收入占全市地方一般公共财政预算收入比重为66%，比2018年占比下降5.5个百分点。

第三产业下降幅度大于第二产业，六大重点行业税收“三升三降”。全市第二产业税收比上年下降3.87%，第三产业税收收入下降7.54%。从重点行业看，随着减税降费的减负效应持续加大，与实体经济相关的制造业税收下降2.7%，其中，水泥、石灰和石膏制造业税收下降3.92%，电气机械和器材制造业税收下降2.45%，计算机、通信和其他电子设备制造业税收下降20.09%，汽车制造业税收下降15.95%，家具制造业税收下降38.03%；随着部分重点工程项目建设进入尾声、房地产开发投资增速大幅回落，与投资相关的房地产业、建筑业税收分别下降8.1%和6.1%。电力、热力、燃气及水的生产和供应业税收增长7.6%；在烟草批发销售增长带动下，批发和零售业税收增长6.3%；金融业税收增长18.4%。

【税源分析】 经济税源结构单一、重点行业税收下滑。全市现有支柱产业多为资源型企业，经济增长仍较多依赖烟草、房地产等传统行业，先进制造业基础薄弱，新兴产业量、质都亟需提升，经济税源结构单一。从税收来看，2019年传统支柱行业中烟草制品业、房地产业以及建筑业合计缴纳税款105.71亿元，占全市税收收入比重为52%。三大支柱行业中除了烟草制品实现增长以外，制造业（不含烟草制品）比上年下降14.52%，房地产业受房地产开发投资额大幅回落、新建住宅商品房销售套数和销售均价下跌的影响缴纳税收收入下降8.13%，建筑业受固定资产投资增长乏力、重大项目完工等因素影响缴纳税收收入下降6.14%。

一次性税源收入减少，税收收入质量进一步提高。2019年清理入库城镇土地使用税、房产税、资源税和耕地占用税往年度所属税款比上年下降49.32%。房产税和城镇土地使用税受征收期调整影响抬高基数。按照广东省税务局统一部署，2017年度的城镇土地使用税、房产税征收期从2017年12月底延至2018年2月底，受此影响，2018年房产税和城镇土地使用税收入，除了当年正常收入外，还包含2017年度大部分收入，叠加形成较高基数。据统计，2017年度城镇土地使用税和房产税在2018年度入库的金额合计0.97亿元。2019年契税和城镇土地使用税合计减收1.89亿元。

【党建工作】　深入开展“不忘初心、牢记使命”主题教育。坚持把深入学习贯彻习近平新时代中国特色社会主义思想和十九届四中全会精神贯穿主题教育全过程，“学、研、检、改”贯通融合、一体推进。主题教育开展以来，梅州市税务系统组织党委理论中心组学习24次、班子成员讲党课94次、支部“三会一课”学习500多次、开展跨支部学习交流48场次、举办专题读书班9期、培训班11期、革命传统现场教学88次、税收成就宣传展示教育9次、形势政策教育13次、先进典型教育18次。聚焦主题主线和重点工作，确立调研课题94个，对全部县级局开展政治生态评价、召开调研成果交流会10场、基层一线座谈会95场，走访企业帮助解决问题201个，征求基层税务干部和纳税人缴费人意见建议350条，对照党章党规找差距专题会10场并查摆出问题和不足496个，制定整改措施335条，组织志愿服务1227人次，为民办实事246件，检改结合推动主题教育不断走深走实。

从高从严履行全面从严治党政治责任。准确把握《中国共产党党组工作条例》等党章党规的基本精神、主要规范和基本要求，进一步严肃和规范党内政治生活。严格落实中央八项规定及其实施细则精神，真正把政治纪律和政治规矩立起来、挺起来。推进构建“1+3+N”税务大监督格局，完善监督职责清单，有效整合监督资源，初步实现监督内容、监督方式、监督成果“三个贯通”。有力整合谈话提醒、短信提醒、提醒函三种提醒方式，对日常监督管理发现的苗头性、倾向性问题有针对性开展提醒。加强作风建设，开展纪律作风专项整治，着力营造“当干部必作为、让干部敢作为、促干部想作为、使干部受监督”的良好氛围，切实树立起梅州税务的清风正气。对2个县级局党委及所属22个党支部、市税务局机关8个党支部开展专项巡察，发现问题111个，立行立改22个，其他问题全部列入整改计划有序整改。开展财务专项审计全覆盖，基本摸清了合并前原国税地税财务管理情况，审计发现六大类93个问题，有效促进被审计单位建章立制、堵塞漏洞，从制度和管理层面进行约束和规范，有效防范财务管理风险。排查整改形式主义、官僚主义4个方面12类典型问题，下发基层文件减少37.2%，会议减少34.3%，制度性要求基层报送资料报表由整治前的347项减少至99项，对比广东省税务局减少51项，为基层减负成效初显。全面提升基层党组织战斗力。牢固树立“党的一切工作到支部”的鲜明导向，稳步推进“三个共建”活动，确定融合式党建共建项目24项，打造“五个五”党建特色品牌，开展基层党支部标准化建设，严格落实“三会一课”“三册一表”，充分发挥党支部服务中心、建设队伍的职能作用，党建工作与税收中心工作实现融合互促。丰顺县税务局采取党建“三方”共建、党员“三亮”、党业“三结合”方式，进一步提升党业融合度。

【减税降费】 2019年，梅州市新增减税降费29.66亿元，其中，新增减税21.57亿元，社会保险费新增减免8.05亿元。从主要新增减免政策来看，深化增值税改革新增减税10.81亿元，个人所得税改革新增减税4.58亿元，小微企业普惠性减税新增减税4.09亿元，其他减税政策新增减税2.09亿元，降低社会保险费新增减免8.05亿元。

凝聚工作合力，在思想认识上“用心”。做到向党政领导汇报用心、与相关职能部门沟通协调用心、和社会各行业合作用心，汇集多方力量，形成政府统筹、部门协调、社会参与的落实减税降费政策协同共治格局。

创新工作举措，在政策落实上“用功”。采取“三个一”（向纳税人派发宣传政策的一封信、按户定制一份可享受税费优惠政策清单、分类梳理享受优惠政策一本底册）、“四诊法”（开展全覆盖实地调研和督导，通过“望实情、闻疑点、问原因、切提升”，为基层落实减税降费把脉开方）、“细查询”（自主开发减税降费查询模块，实现疑点数据实时查询和发布疑点应对任务）、“巧退税”（依托“税银合作”，流水线完成退库流程，让纳税人足不出户就能收到应退税款）等措施，高效推进减税降费政策的宣传和落实。大埔县税务局自主创新编写的减税降费应享未享疑点数据分析脚本，解决了人工逐笔分析数据效率低、误差大的问题，在全市税务系统推广使用。

强化督促跟进，在纪律执行上“用力”。在上级多轮书面督察检查基础上，制定督察督办工作方案和清单，自主对全市税务系统落实减税降费阶段性工作情况开展“立体扫描式”督察检查，及早发现存在问题并督促立行立改，保障减税降费取得实实在在的成效。

【优化税收营商环境】 主动对标全省先进水平，在全省纳税人满意度第三方调查中梅州市荣获第2名。办税便利提档升级。深化“放管服”改革，推出“减轻税费负担”“压缩办税准备时间”等5类21项80条便民措施。推行不动产登记、缴税业务“一窗受理、内部流转、一次认证、并联审批”，存量房交易业务实现1个工作日办结。全面推广新办纳税人套餐全程线上办理，累计为730户纳税人办理套餐式服务，比上年增长4.35倍。优化纳税人市内跨区（县）迁移办理程序、优化跨区域经营涉税事项管理，平均办理时间压缩90%。全力推进优化税务注销办理，平均办理时间压缩到1.4天，减少71%。提升电子化办税水平，推广全税种网上更正申报、网上全流程代开增值税电子普通发票、“逾期申报+不予处罚”和“逾期申报+简易处罚”等网上办理新模式，全市非接触式办税比例大幅增长43%。在基层分局新建24小时自助办税服务区，打通基层便民办税“最后一公里”。

服务发展力度十足。全面贯彻落实省市支持实体经济、民营经济发展的政策措施，与科技部门建立八项内容的联合工作机制以及异议项目鉴定细则，解决企业享受研发费加计扣除“三新”

项目判定难题，助力企业创新发展。聚焦民营企业发展中的难点问题，举办“问需求　优服务”纳税人座谈会，开展民营企业大调研大走访活动。全面推行出口退（免）税无纸化管理，实现一类、二类出口企业全覆盖，加快出口退税进度，办理退税平均时间为6.44个工作日。落实“一企一策”机制，为大企业改制重组上市等提供精准优质服务。扩充完善纳服机器人知识库，增加精准和模糊的识别功能以及“留言”功能，在线即时回答纳税人的提问，智能、高效服务大企业。“银税互动”持续升级，实现市内主流银行全覆盖，受惠群体拓展至自然人纳税人，累计发放贷款额5.77亿元，比上年增长181%。

税收宣传亮点纷呈。紧扣税收宣传月主题，市县联动打造“1+9”新税宣模式。全年在中央、省、市级媒体刊播宣传稿件550多篇，其中，中央级主流媒体刊播5篇、中央级网站和新媒体刊播70篇，《中国税务报》刊登47篇，省级主流媒体刊播11篇、省级网站和新媒体刊播200多篇，市级主流媒体、网站、新媒体刊播200多篇。

税务稽查震慑成效显著。全年向公安机关移送案件88宗，实现查补收入4382.5万元。其中：检查虚开案件95宗，定性虚开（含接受虚开）发票1369份，涉及金额1.3亿元，涉及税额1062.39万元。全面落实四部委打骗打虚两年专项行动部署，聚焦“假企业”“假出口”，突出打大案、窝案、串案，成功侦破“8·03”暴力虚开普票团伙专案，捣毁虚开窝点5个，抓获犯罪嫌疑人9人，案值高达2.87亿元，持续形成高压震慑态势。“4+1”工作模式深入推进扫黑除恶专项斗争，相关经验在国家级媒体刊登。

（肖文嘉）

惠州市税务局

【经济概况】　2019年，惠州市实现地区生产总值4177.41亿元，比上年增长4.2%。其中：第一产业增加值205.50亿元，增长1.8%；第二产业增加值2169.12亿元，增长2.3%；第三产业增加值1802.79亿元，增长6.8%。三次产业结构调整为4.9∶51.9∶43.2。人均地区生产总值为86043元，按平均汇率折算为12473美元。全年地方财政一般公共预算收入400.86亿元，增长2.0%；地方一般公共预算支出614.92亿元，增长13.0%。

【概述】　2019年，国家税务总局惠州市税务局紧紧抓住国家推进粤港澳大湾区建设、支持深圳建设中国特色社会主义先行示范区等重大机遇，坚持稳中求进工作总基调，践行新发展理念，落实高质量发展要求，按照广东省委、省政府“1+1+9”工作部署，加快建设国内一流城市，统筹做好稳增长、促改革、调结构、惠民生、防风险各项工作，经济社会保持健康稳定发展。

【税费收入及特点】　2019年，全市税费收入累计完成1425.86亿元，比上年增长3.7%。税收收入总额1125.11亿元，下降1.1%。其中：税务部门组织的国内税收收入899.92亿元，增长2.9%；海关代征进口税收225.19亿元，下降14.3%。税务部门组织费金收入300.75亿元，增长26.5%。税务部门办理出口产品退（免）税236.8亿元，下降15.8%。

市县级收入增幅领先。中央级收入（不含海关代征）425.47亿元，比上年增长3.1%；地方级收入474.45亿元，增长2.7%。市县级收入296.21亿元，增长4.6%，增幅排名全省第6位，高于全省市县级平均增幅1.3个百分点。

权重占比最大的增值税下降明显，房地产相关税种增幅较高。国内增值税受减税降费和调库减少影响入库347.78亿元，比上年下降9.2%，其中，直接收入271.87亿元，下降1.8%。房地产相关税种中，土地增值税入库85.01亿元，增长21.5%；契税入库43.35亿元，增长24.9%；房产税入库16.99亿元，增长31.9%；城镇土地使用税入库13.79亿元，增长5.6%。此外，国内消费税入库86.52亿元，增长48.5%；耕地占用税入库4.66亿元，增长179.5%；企业所得税入库196.14亿元，增长14%；个人所得税入库42.24亿元，下降32.5%；城市维护建设税入库30.5亿元，下降11.6%。

建筑安装业、房地产行业权重加大。2019年重点行业中，税收增长较快的有：非金属矿物制品业比上年增长48%、汽车零配件增长19.1%和金融业增长16.1%。税收下降较快的行业为：居民服务修理业下降42.9%、电子行业下降36.9%和家具制造业下降16.6%。建筑安装业、房地产业合计入库346.73亿元，增长13%，占全市国内税收比重38.5%，比2018年提升3.4个百分点；贡献市县级收入148.3亿元，增长15.8%，占全市市县级收入比重50.1%，比2018年提升4.8个百分点。

【税源分析】 缓缴税款入库增收。2018年第四季度缓缴的44.05亿元陆续在2019年入库。2019年合计办理缓缴18.5亿元。两者相抵之后，2019年因缓缴税款净增加税收25.55亿元。房地产行业税收增长。通过采取加强企业所得税汇算清缴管理、契税清理、土地增值税清算等多项措施，深入挖掘房地产行业的存量税收并陆续入库，拉动房地产行业税收增长。2019年房地产行业入库税收293.74亿元，比上年增长14.5%，增收37.24亿元。通过加强房地产行业征管促收约21.4亿元。

减税政策持续影响。2018年已出台减税政策的翘尾因素以及2019年新出台的各项减税优惠政策，合计影响2019年税费逾101亿元，影响税收收入逾88亿元，影响市县级收入逾23.4亿元。其中，办理增值税留抵退税11.9亿元。电子行业税收下降。2019年电子行业实现税收68.97亿元，比上年下降36.9%，减收40.31亿元。主要原因是受贸易摩擦影响行业生产经营情况不佳、减税政策以及调库减少。

【减税降费】 全面落实党中央、国务院关于实施更大规模减税降费的决策部署，成立市局、县（区）局、分局三级减税降费领导小组及办公室，建立一揽子统筹、一竿子到底抓落实的工作机制。通过各种渠道强化宣传辅导培训，共培训纳税人89万人次，培训税务人1.5万人次。全市32个办税服务厅增设“减税降费咨询岗”，制定《惠州税务减税降费工作任务清单》，细化100项具体任务措施，对其中7类涉税事项实现提速30%以上。2019年，惠州新增减税降费超100亿元。其中：全市共有4.5万户一般纳税人享受政策红利，累计减税31.93亿元；个人所得税改革红利惠及全市18.5万户个人所得税代扣代缴单位以及306.6万自然人，有税申报人数减少154万人，下降67%。

【税费征管】 提前半年推广实施土地增值税清算新模式，全面贯彻落实土地增值税清算新规程和新规则，构建新形势下房地产行业税收一体化管理新格局。

成功实现城乡居民养老保险、医疗保险、村镇基础设施配套费等征收职责划转。完成社会保险费扩面征缴任务指标，企业职工基本养老保险缴费人数达144万人，城乡居民养老保险缴费人数达50万人。初步建立了流程顺畅、征管规范的社会保险费和非税收入征缴体制，与相关职能部门建立了有效的部门协作机制。

惠州市政府出台《惠州市实施建筑安装房地产行业税收共管共治工作方案》，构建“政府主导、税务负责、部门配合、社会参与”的综合治税新格局。扎实推进涉税信息交换与共享，主动联系地方政府相关部门建立常态化数据共享机制，累计获取第三方数据342万余条。积极融入全市社会信用体系构建，全年向“惠州市信息公示平台”共享公开信用数据超过2100万条，居全市各政府部门首位；惠州市税务局在全市46个单位参评的社会信用体系建设第三方评估中排名第1。

【以税资政】 以“厘清定位、筑牢基础、练好内功”为指导方针，围绕落实减税降费、深化增值税改革等深入开展税收经济分析和税收政策效应分析，形成分析报告23篇，编印8期《税收经济分析专报》，其中，7篇高质量专题分析报告获得市委、市政府主要领导肯定，5篇分析报告在省级、市级内参类刊物刊登。

【税收执法】 全面推行行政执法公示制度、执法全过程记录制度、重大执法决定法制审核制度，不断健全执法制度、完善执法程序、创新执法方式、加强执法监督，全面提高税务执法效能。严格规范重大税务案件办理，全年共审理办结重大税务案件292宗。不断完善内控建设，围绕减税降费、组织收入、税费业务等方面重点风险事项，认真开展内部核查。探索税务司法协作新机制，在惠阳创新打造阳光税务公共法律服务中心，成功获评2019年全市十大优秀公共法律服务产品。在2019年全市国家机关“谁执法谁普法”履职报告评议活动中，荣获“优秀”等级。

【税务稽查】 在稽征联防、税警协作、税银合力的基础上，持续加大打击虚开骗税违法犯罪行动力度，深入推进打击虚开骗税两年专项行动，与公安部门联合查处多起“跨区域、多链条、团伙化”大案要案，稽查尖刀职能充分发挥。市局稽查局被四部委联合发文通报表扬为“打击虚开骗税违法犯罪工作成绩突出集体”。2019年，全市稽查部门共立案1103户，查补税款3.38亿元。

【国际税收反避税工作】 全面落实跨国公司利润水平监控系统试点任务，深化分析运用，成功打造全省首份全球一户式分析报告，得到税务总局的充分肯定，为广东省使用跨国企业利润水平监控系统，遏制跨境逃税避税工作提供了具有借鉴意义的“惠州样本”。

【优化税收营商环境】 坚持以“落实‘便民办税春风行动’、提升纳税人满意度水平”为主线，持续优化惠州税收营商环境。在2019年全国纳税人满意度调查中，博罗县税务局、惠东县税务局作为广东省县级参评样本代表，获得全国排名第2的优异成绩。

便民办税。强化组织领导，坚持问题导向，推动一系列便民办税新举措常态化、制度化。在全市成功推行办税事项“一次不用跑”，实现首批8大类198项涉税（费）业务全流程电子渠道办理，基本覆盖纳税人日常办理的所有涉税业务；“银税互联自助办税”服务正式上线，纳税人只需携带身份证，即可到全市建设银行网点依托智慧柜台机自助办理28项常用税费业务；在全省率先实现车辆购置税缴税上牌“一站式”服务全市通办，全程无需纳税人提交纸质资料、无需人工审核，办税时间最快仅需1分钟。

简政放权。简化跨区域迁移流程，迁移时间压缩95%。推行企业简易注销登记改革，实行清税证明免办服务、优化税务注销即办服务，缩短注销办结时限，平均办理时间压缩75%。主动联合人民银行惠州中心支行，进一步简化办理电子出口退税业务，出口企业从申报退税到资金到账时间平均缩短5个工作日，资金周转效率大幅提升。巩固商事登记制度改革成果，加强部门信息共享和联合监管，推动“多证合一”改革向纵深发展。

支持企业发展。通过各大渠道累计发放需求征集卡片逾3万份，举办税收沙龙活动2期、税企座谈会182场，依托12366纳税服务热线平台解答纳税人业务咨询逾7.3万件，收集意见建议331条，为纳税人“点对点”讲政策、问需求、听建议、解难题。大力争取出口退税指标，全年办理出口企业免抵退税236.8亿元，有效缓解企业资金压力，发挥了“稳外贸、稳外资”作用。深化大企业个性化纳税服务工作，试点开展大企业专项报告纳税服务，开展形式多样的税企高层见面会，切实提升大企业获得感。努力服务粤港澳大湾区发展，与市发改局、商务局等部门签订共建框架协议，与市财政局共同制定和实施大湾区个人所得税补贴政策暂行管理办法，启用“粤港澳大湾区政务通”自助服务终端，实现166个涉税服务事项的“大湾区内全通办”，税收助力粤港澳大湾区发展的工作格局进一步扩大。

【金税三期系统并库】 完成17项原国税局、地税局特色软件整合改造，提前完成4批次3万余条疑点数据清理，累计完成业务录入21.6万笔，验证双轨环境数据质量近40万条，测试涵盖全部2064项系统功能，完成数据校验3.8万条，组织1563名税务干部参加涵盖32类业务事项的“人海压力测试”，顺利实现金税三期系统并库上线运行。

【风险管理】 聚焦出口退税审批、增值税发票管理、土地增值税清算、税务注销等风险高发环节和领域，充分发挥风险管理联动机制以及大数据分析防控作用，实施风险扎口管理、分类应对，有力防范税收管理风险。2019年，全市共下发风险任务1826户次，共完成风险任务1370户次，查补税款4.5亿元，入库税款3.8亿元。

（黄　广）

汕尾市税务局

【经济概况】 2019 年，汕尾市实现地区生产总值 1080. 30 亿元，比上年增长 6. 7%。其中：第一产业增加值 152. 27 亿元，增长 5. 6%；第二产业增加值 403. 14 亿元，增长 6. 8%；第三产业增加值 524. 89 亿元，增长 7. 0%。三次产业结构比重为 14. 1∶37. 3∶48. 6，第二产业所占比重提高 0. 3 个百分点。人均地区生产总值 3. 59 万元（按平均汇率折算为 5212 美元），增长 6. 0%。

【概述】 2019 年是新税务机构设立的第一年，国家税务总局汕尾市税务局认真落实国家税务总局、广东省税务局和汕尾市委、市政府部署，围绕“打基础、促规范、抓落实”的发展思路，聚焦主线主题主业主责，扎实推进各项工作，在新起点上实现良好开局，新机构呈现新面貌。全市税务系统共有 5 个集体和 6 位个人获得“全国巾帼文明岗”“广东省五一劳动奖状”“依法治省先进个人”“全省青年文明号”等省部级以上荣誉称号，工作亮点被市级以上主流媒体宣传报道近 130 篇次。

【税费收入及特点】 2019 年，汕尾市组织税费收入 137. 85 亿元，比上年增长 20. 58%。其中：税务部门组织国内税收收入 69. 09 亿元，下降 3. 42%；海关代征进口税收收入 9. 04 亿元，下降 19. 60%。税务部门组织的费金收入 59. 73 亿元，增长 89. 29%，其中：社会保险费收入 47. 47 亿元，增长 62. 24%。办理出口退（免）税 11. 2 亿元，增长 4. 23%。

国内税收收入和市县级增速在全省排名中游。国内税收可比增速（2. 6%）排名全省第 10 位，比平均增速（2. 8%）慢 0. 2 个百分点。其中，市县级可比增速（3. 6%）排名第 8 位，比全省平均增速（3. 3%）快 0. 3 个百分点，比粤东西北 12 市（ –2. 6%）快 6. 2 个百分点，比粤东（ –4. 7%）快 8. 3 个百分点。各级次税收收入均小幅增长。中央级收入 30. 82 亿元，增长 2. 35%，增收 7064 万元；省级税收 13. 11 亿元，增长 1. 06%，增收 1380 万元；市县级税收 25. 16 亿元，增长 3. 62%，增收 8795 万元；市本级税收 7. 28 亿元，增长 3. 96%，增收 2776 万元。中央级税收主要是纯中央级税收消费税较快增长；省级税收主要受益于土地增值税较好增长；市县级税收主要受耕地占用税拉动影响：耕地占用税收入 1. 69 亿元，增长 96. 51%，占市县级税收增收总量的 94. 6%。

【税源分析】 从税种看，除所得税和契税减收外，其他税种均有所增长。企业所得税入库 11. 36 亿元，比上年下降 10. 08%，减收 1. 27 亿元；个人所得税入库 3. 06 亿元，下降 22. 38%，减收 8720 万元；契税收入 4. 68 亿元，下降 5. 74%，减收 2852 万元；国内增值税、城镇土地使用税、房产税、城市维护建设税、资源税、印花税个位数增长，国内消费税、土地增值税、耕地占用税、车船税、车辆购置税、环境保护税两位数增长。

从行业看，建筑业和批发零售业小幅增长，制造业和房地产业税收略有下降。受益于近年汕尾市重点项目、基础设施、道路建设等投资力度不断加大，建筑服务业税收10.49亿元，比上年增长6.89%，增收6769万元；批发零售业税收入库9.45亿元，增长4.01%，增收3638万元；制造业税收8.69亿元，下降0.62%，减收540万元；房地产业税收19.69亿元，下降3.67%，减收7499万元；电力业税收3.43亿元，增长0.07%，增收24万元。

从区域看，5个县区“三升二降”。城区国内税收收入28.86亿元，比上年增长2.71%，主要是受耕地占用税和土地增值税增长拉动；海丰县国内税收收入18.82亿元，增长12.32%，主要是受一次性税源和房地产业税收拉动；陆丰市国内税收收入13.14亿元，下降1.63%；陆河县国内税收收入4.77亿元，下降16.25%，主要受某公司留抵退税影响；红海湾经济开发区国内税收收入3.51亿元，增长1.22%。

【减税降费】 减税降费经济效应凸显。2019年度（所属期）全市累计新增减税降费11.24亿元。其中，新增减税8.6亿元，包括2019年新出台政策减税6.29亿元；2018年到期后在2019年延续的政策减税2.27亿元；2018年政策在2019年的翘尾减税353.28万元。

【党建工作】 “不忘初心、牢记使命”主题教育扎实开展。加强组织领导，制定“1+2+6”配套制度方案，建立“领导领学、专家导学、集中自学、现场教学和交流互学”五学一体的全方位学习模式，组织“一月一主题”读书班、集中研讨班、支部书记主题培训班、机关党委书记示范培训班等4期集中学习，精准对照、开展“8+3”专项整治任务，制定7项固化成果制度。

基层党建提质增效。持续推进模范机关创建，开展“五个五”党建品牌创建工作，在全系统评选先进基层党支部、优秀共产党员、优秀党建工作案例等47个先进典型，开展改革典型事迹宣传，卢馥岚代表汕尾市参加广东省红色故事演讲比赛荣获一等奖。

驰而不息正风肃纪。切实抓好全系统上下班纪律、税风税纪税容和纳税服务规范等，推动全系统机关作风的根本性好转。抓好典型案例警示教育，深入开展明察暗访，加强对违规收送礼品礼金、违规配备使用公务用车、领导干部办公用房等方面的检查监督，确保中央八项规定精神的有效落实。进一步强化监督执纪问责力度，共查处信访问题线索8件，日常监督检查实施责任追究3件，实施“一案双查”3宗，通报批评5人次，诫勉3人次，党内警告1人次，行政记过1人次，利用“四种形态”处理22人次。加强基层廉政监管。坚持把管好队伍作为最重要的责任抓紧抓实，着力防范基层单位的廉政风险和执法风险，在构建干部不能腐、不敢腐、不想腐的反腐倡廉机制上下功夫。在减税降费工作中，突出监督执纪，市县两级纪检组深入走访“两代表一委员”、重点纳税企业106户次，发出监督联系卡2775份，严查税务干部“借机揩油”问题。

【税费征管】 抓基础强征管。顺利完成金税三期系统并库切换，2019年每月征期综合申报率均达97%以上，电子申报率均达99%以上，各项税种申报指标居全省前列。个人所得税新政平稳实施，率先在全省完成行政机关事业单位明细申报工作、率先实现个人所得税明细申报率100%。推广实施土地增值税清算管理新模式，全年清算土地增值税项目11个，清算土地增值税1.4亿元，全年入库土地增值税6.89亿元。抓统筹强征缴。社会保险费和非税收入征缴管理逐步完善，推广多种缴款方式，简化参保登记、核定、征缴等业务环节，确保划转后征管平稳运行。全市征收城乡居民基本医疗保险收入5.94亿元，缴费人数258.63万人；城乡居民基本养老保险收入1.85亿元，缴费人数17.83万人。抓风险强防控。持续深化增值税发票管理等专项整治，理清基层单位尤其是税务分局和发票管理部门职能，明确发票管理岗位职责，有效强化发票风险管理。确认存在风险移交稽查部门3户，涉及金额2404万元、税额362.5万元；移交风险管理部门6户，评估补缴税款2.6万元。强化内部控制和风险管理，通过税收风险管理系统对574户纳税人开展风险应对，移交稽查部门6户，查补税款7858万元。

【优化税收营商环境】 税收营商环境持续优化。组建党员先锋队、青年助企团和志愿服务队等，设立"党员先锋岗"，开展3轮减税降费宣传辅导7万户次，实现减税降费宣传全覆盖、辅导落到位。持续深入开展"便民办税春风行动"，建立小微企业涉税诉求和意见快速响应机制，实施新办纳税人"套餐式"服务，办税服务厅全部实现"一机一窗一系统"和4大类9项业务通办，呈现"管理分区域、服务不分区"的新格局。2019年纳税人平均办税时间缩短为11.1分钟，全省排名第1；纳税人满意度调查全省排名第7。"银税互动"为小微企业发放信用贷款1.67亿元，增强企业发展新动能。

【税收法治】 严格规范税收执法，加强税法宣传，汕尾市税务局及5个县（区、市）税务局在"谁执法谁普法"履职评议中均排名第1，市税务局和城区税务局2个普法案例经司法部审批入选中国法律服务网司法案例库。深入开展打骗打虚两年专项行动，精准打击虚开增值税发票、骗取出口退税违法犯罪行为，2019年定性虚开5起案件，建议移交公安4起；立案检查68宗，查结45宗，查补税款罚款超1亿元。配合做好扫黑除恶专项斗争，健全监管合作和数据信息共享机制，优化打击涉税犯罪合作机制，初步构建起覆盖虚开骗税关键环节和重点领域的打击网络。

【助力脱贫攻坚】 助力陆丰湖东镇长溪村和西南镇溪口村打赢脱贫攻坚战，派出4名专职人员组成驻村精准扶贫工作队，先后筹集投入320万元，推动溪口村基层党建、农村人居环境整治、乡村振兴等工作的深入开展。2019年，汕尾市税务局荣获"汕尾市脱贫攻坚优秀派出单位"称号，驻村扶贫工作队被评为"广东省2016—2018年脱贫攻坚突出贡献工作队"，驻村第一书记和工作队长余伟彬被评为"广东省2016—2018年脱贫攻坚突出贡献驻村干部"。

（梁译文）

东莞市税务局

【经济概况】 2019年，东莞市实现地区生产总值9482.50亿元，比上年增长7.4%。分产业看：第一产业增加值28.48亿元，增长5.5%；第二产业增加值5361.50亿元，增长7.6%；第三产业增加值4092.52亿元，增长7.2%。三次产业比例为0.3∶56.5∶43.2。在第三产业中，交通运输、仓储和邮政业增长5.3%，批发和零售业增长4.9%，住宿和餐饮业增长5.1%，金融业增长12.7%，房地产业增长6.6%。人均地区生产总值112507元，增长6.6%，按平均汇率（6.8985）折算为16309美元。在现代产业中，规模以上先进制造业增加值2420.01亿元，增长12.7%；高技术制造业增加值1883.32亿元，增长20.6%。现代服务业增加值2523.52亿元，增长8.5%。全年一般公共预算收入673.18亿元，增长3.6%；一般公共预算支出865.58亿元，增长12.2%。全市税收总额2166.61亿元，下降4.3%。

【概述】 2019年，国家税务总局东莞市税务局在广东省税务局和东莞市委、市政府的正确领导下，围绕“四大抓手”，聚焦“五个把握”，深入推进“六大工程”，各项税收工作取得了新成绩新进展，充分展示了机构改革后的新税务新风貌。全市税务系统干部职工在推动减税降费政策落地生根、税费收入实现量稳质优、持续加强惠企利民力度、以创新共治增创粤港澳大湾区发展新优势等方面做出了突出贡献。

【税费收入及特点】 2019年，全市税务系统完成税费收入2815.93亿元，比上年下降1.2%。税收收入完成2166.61亿元，下降4.3%，其中：税务部门组织国内税收收入1761.16亿元，下降0.7%；海关代征进口税收405.46亿元，下降17.3%。税务部门组织费金收入649.31亿元，增长10.8%。办理出口退（免）税935.23亿元，增长8.4%。完成市级收入554.69亿元，增长1.2%。

国内税收收入增速排名全省中游。全市国内税收收入增幅（-0.7%）比全省平均增幅（2.8%）低3.5个百分点，增速排名全省第12位、珠三角第7位。其中，地方级收入增幅排名全省第9位、珠三角第7位；市级收入增幅排名全省第9位、珠三角第6位。

地方级收入增速快于中央级。2019年，国内税收收入形成的地方级收入增幅（1.8%）比中央级增幅（-3.4%）高5.2个百分点，其中，省级和市级收入分别增长2.6%和1.2%。特别是下半年，市级收入增幅（-0.2%）比中央级收入（-15.1%）高14.9个百分点。

所得税减收影响较大。部分集团企业受采购成本增加、研发费用增多等因素影响，全市企业所得税收入比上年下降4.9%；随着个人所得税6项专项附加扣除政策实施，个人所得税改革减收影响加大，个人所得税收入下降27.5%。2019年，企业所得税和个人所得税收入合计减收62.63亿元，拉低国内直接税收收入增幅4.1个百分点。国内增值税税收保持平稳增长，增长2.3%；国内消费税增长较快，增长20.2%；财产和行为税收入增长8.7%，各税种收入增减差异较大。

第二、第三产业税收“一减一增”。第二产业国内税收收入951.86亿元，比上年下降6.7%。随着减税降费对实体经济的减负效应持续加大，制造业税收收入下降7.5%，其中，电子制造业、造纸业、金属制品业、食品制造业等主要行业税收分别下降5.8%、27.1%、8.3%、17.9%。第三产业国内税收收入808.97亿元，增长7.5%，其中，房地产业税收收入增长27.7%，拉高第三产业税收收入增幅9.4个百分点，金融业、科学研究技术服务业、租赁商务服务业分别增长6.2%、9.1%和6.0%，其他主要行业均出现下降。

【税源分析】 全市直接税收收入比上年下

降1.5%，主要受以下几方面的影响：减税降费政策减收效应明显。2019年1—11月（所属期），全市新增减免税额共245.89亿元，拉低全年直接税收收入增幅16.3个百分点。房土两税征收期调整对收入形成减收。受2018年全市房产税、城镇土地使用税征收期调整影响，2019年房产税、城镇土地使用税合计减收6.77亿元，拉低全年直接税收收入增幅0.4个百分点。部分重点企业减收影响较大。其中，两个集团企业缴纳直接税收收入合计减收41.62亿元；全市个人所得税财产转让所得收入下降30.6%，减收7.98亿元。

【首创“减税降费一键查”】 2019年，国家普惠性和结构性税费减免受惠面广，落实力度大，不仅涉及的税费种类多、纳税人户数也特别多。东莞市税务局创新开发并于2019年3月15日上线应用“减税降费一键查”微信查询工具，让纳税人足不出户即可实现减免金额“指尖查”，优惠明细“掌上知”，提升纳税人“获得感”。为达到良好的用户体验，“一键查”微信查询工具充分契合纳税人需求。登录“易”。选取受众最广泛的微信客户端作为登录入口，纳税人无需下载、登录电子税务局。录入“简”，查询不受时间、地点、硬件、财税知识水平限制，无需学习培训，无需录入纳税人名称、识别号、税费名称、税费所属期等常用信息，仅需手机号码即可“一键秒查”。账单“全”。全部减免税费均可跨期查询，查询清单一次推送，无需单个税费种逐期查询。纳税人关注“东莞税务”微信公众号后，点击“微办税——减税降费一键查”即可启动“一键查”查询工具。纳税人录入关联手机号码并短信验证后，系统后台即可通过查询工具关联金税三期工程征管系统进行查询，查询结果显示纳税人已享优惠的税费种、所属期、税费优惠类别和具体优惠金额。开发应用“一键查”微信查询工具，一方面实现征纳成本双节省，纳税人足不出户即可实现减免清单“指尖查”；税务部门也可从海量减免查询、咨询答复中脱身出来，征纳双方在时间、精力、资源上均实现节省。另一方面提供监督依据，纳税人通过掌上“减税账单”核实比对，反向促进税务部门“查漏补缺”，监督减税降费执行情况。

【全国首台“银政通”研发成功】 为推动商事制度改革向纵深发展，东莞税务联合工商、公安、银行等部门，研发全国首台企业开办全流程智能服务一体机“银政通”，以“政务服务一站式”“智能平台一体化”“税银互动一键办”“三个一”改革工程，实现开办企业“全链条服务、全闭环管理”，在推动东莞成为湾区品质城市“中轴点”的过程中再展新作为。通过全面重构业务流程，实现“一表填报，并联审核”，纳税人只需在一体机上填报一张表格，多部门业务数据经过系统交互，自动流转，共享填报信息，实现业务即时受理，企业不需要再通过电子税务局进行信息补录，简化办事流程。“一站”完成企业开办所涉及的商事登记、公章申请、银行账户及税务新办纳税人套餐式服务等十多项业务登记，半小时即可完成全部业务申请，将企业开办全流程服务压缩至即时办理、1日办结。一体机投放至东莞中国银行、建设银行、农业银行、工商银行、东莞银行等五大银行网点，实现开办企业“全城通办”，企业可按照“就近”“自愿”原则选择最近的银行网点进行办理。“银政通”全流程智能服务一体机集成了行政审批制度改革、全程电子化改革、电子营业执照改革、办税便利化改革等多项改革成果，打造出全国领先的一体化政务服务改革样本，为纳税人提供全方位、多元化的办税服务，真正实现企业开办“一次不用跑”，为推动经济高质量发展注入新动能。

【开发“退税易”】 东莞市税务局以数据驱动为抓手，组织业务骨干研制开发“退税易”模块，让数据高效、自动、精确运转，为退库提质增效赋能，实现小微退税数据“后台自动跑”，纳税人“一次不用跑”。充分挖掘数据力量，开发“三大自动化功能”解决小微退税业务资格审核量多、资料录入量多、退还文书量多的“堵点”，加快小微退税数据在税务部门内部流转，实现纳税人清单自动生成、退库信息自动填报、退还书自动开具。针对小微退库账号收集难的问题，东莞市税务局充分发挥联席会议制度优势，共建数据交互快速反馈机制，关联社保账号信息，提高纳税人数据精确度、提升银行账号匹配速度、一表集成主动退库，为退税办理开辟“快速路”。严格按照退库审批流程以“一表集成、主动退库”新模式进行清单汇总集中审批，批量推送数据到国库进行退库审核处理，实现小微退税流程大幅缩减。纳税人足不出户就能充分感受“降费红利迅速到手”，全省率先完成小微企业普惠性减免退税业务，有效提升纳税人减税降费获得感。

（彭颖菁）

中山市税务局

【经济概况】 2019年，中山市实现地区生产总值3101.10亿元，比上年增长1.2%。分产业看：第一产业增加值62.60亿元，下降2.0%；第二产业增加值1521.82亿元，下降1.6%；第三产业增加值1516.68亿元，增长4.4%。三次产业结构为2.0∶49.1∶48.9。一般公共预算收入为283.38亿元，下降10.1%；一般公共预算支出411.73亿元，下降6.0%。

【概述】 2019年，国家税务总局中山市税务局按照上级部署，持续推进国税地税征管体制改革，实现改革发展“两不误、两促进”。研发全国首个税收优惠政策精准推送系统“惠知道”，该系统成为中山市唯一入选广东省政府“优化营商环境全省复制推广改革措施”项目。上线“增值税发票风险分类分级评价”“控票易”系统，建立发票抽查回访机制；持续完善土地增值税清算管理。大力推广新办纳税人“套餐式”服务，全力提速在线审核工作，网上办税多项指标领跑全省。创新推出“先锋连万企”服务项目，建立全省首个“信用卫士”预警体系。依托“微学习”掌上平台，打造中山税务“学习兴税”新格局。成功查办一起涉黑涉恶涉税专案，该案件成为全省近年查办的涉黑涉恶虚开偷税案件典型。首创纪税联合办案长效机制、纪检队伍管理机制，加强基层执法“末端监控”；构建“计分制”考评模式，被税务总局作为绩效管理典型案例报中组部；成立全省税务系统首所老干部大学，打造老干部教育新平台。共获得全国“巾帼文明岗”、广东省“五四红旗团支部”等4个省级以上荣誉和9个市级荣誉。在中山市第二届国家机关“谁执法谁普法”履职报告评议活动中，以99.1分获得第1名。

【税费收入及特点】　2019年，中山市税务系统组织税费收入（不含海关代征收入）918.29亿元，比上年下降3.2%，其中，组织税收收入640.16亿元，下降10.1%。各级次税收收入中，中央级收入293.33亿元，下降9.3%；省级收入139.11亿元，下降9.4%；市级收入207.71亿元，下降11.5%。征收规费和其他收入278.14亿元，增长17.7%。其中，征收社会保险费231.02亿元，增长11.9%。征收职业年金22.42亿元、教育费附加10.12亿元、地方教育附加收入6.75亿元、村镇基础设施配套费1.67亿元、废弃电器电子产品处理基金4762.85万元、文化事业建设费2109.07万元、堤围防护费28.24万元、免税商品特许经营费收入17.97万元，代征2019年度残疾人就业保障金1.17亿元、工会经费4.21亿元。

主体税种收入“一升两降”。在房地产业盈利较好的带动下，企业所得税收入比上年增长2.7%。受增值税改革不断推进、留抵退税政策全面落实，以及免抵调库指标大幅减少超三成的影响，增值税收入下降11.2%。个人所得税收入下降32.4%，其中：工资薪金所得个人所得税下降41.9%；受个人股权和不动产转让大幅减少影响，这两项所得个人所得税合计下降33.4%。

房地产业税收支撑作用突出。第二产业税收311.63亿元，比上年下降17.5%；第三产业税收328.3亿元，下降1.6%。从重点行业看，随着减税降费减负效应持续加大，与实体经济相关的制造业、批发零售业税收均为负增长，分别为－19.8%、－9.6%；与投资相关的房地产业、建筑业税收分别增长13.3%、9.2%，其中，房地产业税收增收17.9亿元，拉动国内税收增长2.5个百分点。

【税源分析】　受经济政策叠加影响，税收出现负增长。2019年，中山市经济发展面临各种挑战和困难，规模以上工业增加值、固定资产投资等主要指标不理想，叠加减税降费政策因素，对税收冲击很大，全市国内税收收入比上年下降10.1%。资产交易量减少，资产交易税收锐减。大宗房地产交易、股权转让和土地交易量大幅减少，重大资产交易税收13.1亿元，下降63.7%，其中市级税收下降72.5%。从相关税收看，土地和二手房转让土地增值税下降76.7%，股权和不动产转让个人所得税下降33.4%。

商品房交易市场平稳发展，房地产税收保持良好增长。房地产业税收收入152.36亿元，比上年增长13.3%。从税收构成看，增值税收入41.08亿元，增长34.6%；企业所得税收入51.83亿元，增长10.2%；预缴土地增值税收入20.92亿元，增长34.1%。

持续夯实税源基础，地方税种收入增长。国地税机构合并后，税务部门征管专业优势进一步发挥，通过强化各税种联动管理，加大土地增值税清算力度，加强跨部门信息交互共享，进一步规范地方税种管理，促进地方税种收入增长。全市土地增值税清算收入比上年增长71.2%，住宅类契税收入增长39.8%。

【减税降费】　不折不扣贯彻落实各项税费优惠政策，全市新增减税降费117亿元，其中新增减税93亿元，征收社会保险费减免24亿元。共办理出口退（免）税198.76亿元，下降14.9%。牢固树立减税降费“一号工程”工作理念，推进各项减税降费政策精准落实，全年新增减税规模相当于国内税收的14.5%，其中，深化增值税改革减免税收49.4亿元，小微企业普惠性减免税收16.8亿元。充分释放减税降费政策效应，激发市场主体活力。

【党建工作】 不断强化政治建设。落实第一议题制度，局党委及时学习贯彻习近平总书记重要讲话、重要指示批示精神和对税收工作的重要论述，全年召开党委会学习研究13次、党委理论中心组学习14次，开展专题研讨6次，班子成员讲党课14次。

“不忘初心、牢记使命”主题教育取得重要成果。对标对表落实各项任务，保障主题教育稳步有序推进。全市税务系统各级党委开展专题学习研讨12次，举办党组织书记培训班2期，开展“四项教育”近150次。在税务总局第九巡回指导组组织的主题教育知识测试中，局领导班子平均得分位列第1。班子成员到基层一线开展调研，收集意见建议254条，形成专题调研报告20篇。召开民主生活会检视剖析，开展“8+3”专项整治，确定整改任务102个，已全部整改完成。

持之以恒正风肃纪。开展对形式主义、官僚主义的集中整治，出台为基层减负操作指引5份，精简各类文件33.5%，全市性会议减少42%，清理工作微信群171个。落实广东省税务局党委巡察反馈意见整改工作，28个问题均已完成整改；对8个机关科室、6个基层分局党组织开展巡察，超额完成广东省税务局下达的考核指标。建立健全纪检监察员管理制度，实现27个派出机构纪检监察员全覆盖。

【税费征管】 上线“增值税发票风险分类分级评价”“控票易”信息系统，联合中国邮政开展“送法到户”实地勘验，建立发票抽查回访机制，遏制增值税发票虚开风险，实现暴力虚开户数金额“零发生”；持续完善土地增值税清算管理，为全省提供先行样板、助力广东经验在全国推广；持续提升所得税管理质效，企业所得税汇缴面达99.96%，进一步强化企业所得税与土地增值税等多税种联动管理，推进个人所得税改革，试点“高净值、高收入”人员管理服务工作；推进反避税案件调查，成功处理一宗食品企业间接股权转让业务，一次性入库非居民企业所得税税款3.89亿元。

完成企业职工基本养老保险扩面征缴任务，月均缴费人数达173万人；完成超额残疾人就业保障金退库工作，完成退库审核3.1万户，涉及金额2.52亿元；完成城乡居民保险费、免税商品特许经营费、村镇基础设施配套费等社会保险费和非税收入征管职责划转工作，开出全省第1张村镇基础设施配套费电子缴费凭证。

【税收法治】 全面推行“三项制度”，应用行政执法信息公示平台，对外公示八大类执法信息17478条，开展重大执法决定法制审核324宗；持续规范行政处罚，做好新旧裁量办法及基准的衔接指引工作。推进法制部门、法制员、公职律师、法律顾问四支队伍建设，打造学法、执法、宣法三大平台。

打击税收违法犯罪活动。应用智能稽查平台并形成“中山经验”，实现稽查案件规范化、标准化管理；联合公安、海关、人民银行等部门，打击虚开骗税违法行为，同步开展扫黑除恶专项斗争，共立案检查企业1134户，查补入库2.1亿元，成功查办“11·27”涉黑涉恶涉税专案，该案成为全省涉黑恶虚开偷税案件典型。

不断拓展税收共治格局。房地产税收管理方面，整合住建、国土等部门涉税信息，打造“项目一体化、全链条式管理”房地产税收管理新模式；破产企业处置方面，与法院、市场监督等部门开展合作，明确破产企业税收债权申报规则，畅通破产企业规范退出的良性运行机制；不动产信息共享方面，联合不动产管理部门搭建网上联办平台，实现增量房交易登记涉税事项“一次不用跑”。

【优化税收营商环境】 推进办税便利服务。持续深化简政放权，取消60项税务证明事项和1项税务行政许可，精简税费业务事项506项，简并表证单书338份；深化企业简易注销登记改革，税务登记注销申请即日办结率达98%；全市推广“一次不用跑”，推行车船购置税全城通办；推行生产企业及一类、二类、三类外贸企业出口退税申报无纸化全覆盖，在全省率先将退税办理平均时间压缩在5个工作日内；推出“税务智慧社区”，涉税服务延伸到278个社区、60家医院和各镇区政府、社保分局；精简国际税收业务流程，推广“国际汇税通”，推出税收居民身份证明“快捷开”、税收协定优惠“闪办理”；推广电子税务局、新办纳税人“套餐式”服务，全省24项电子办税指标中，中山市有20项进入全省前3、15项排名全省第1。

打造特色服务品牌。推出“先锋连万企”项目，全年走访企业3611户次，解决涉税需求或问题4014个；建立“信用卫士”预警体系，帮助56户大企业纳税信用等级调整为A级；推出全国首位税务普法“网红”，打造“人人普法、事事普法、时时普法”大税宣格局。在中山市第二届国家机关“谁执法谁普法”履职报告评议活动中，中山市税务局以99.1高分名列首位；在2019年全国纳税人满意度调查中，中山市排名跃至全省第4、湾区九市区第1。

【队伍建设】 打造“2112”业务过关考试体系，创新练兵比武形式；依托“微学习”掌上平台，打造中山税务“学习兴税”新格局。在全省“岗位大练兵、业务大比武”中，团体成绩排名全省第4，11人入选全省税务系统专业骨干。创新“计分制”考评模式，形成更科学、公正、准确的知事识人绩效考核体系，实现组织绩效与个人岗位职责精准挂钩，被税务总局作为绩效管理典型案例报中组部。

推进干部选拔交流和职级套转。选拔处级干部2名，科级非领导干部30名；推荐2名处级干部到地方挂职，1名科级干部到地方任职。轮岗、单位内外借调572人次，遴选干部55名；完成全系统在职公务员职级套转工作。

举办“中山税务好人”先进事迹宣讲会，成立全省税务系统首所老干部大学，开展“朝夕对话”活动；设立职工困难互助基金，推广孕产期临时调整工作单位和EAP员工帮助计划，提升干部职工归属感。

（黄秋霞）

江门市税务局

【经济概况】 2019年，江门市实现地区生产总值3146.64亿元，比上年增长4.3%。其中：第一产业增加值254.23亿元，增长6.3%；第二产业增加值1352.54亿元，增长2.5%；第三产业增加值1539.87亿元，增长5.8%。三次产业结构为8.1∶43.0∶48.9。

【概述】 2019年，国家税务总局江门市税务局在广东省税务局和江门市委、市政府的坚强领导下，以习近平新时代中国特色社会主义思想为指导，上下一心，携手奋进，在市直机关绩效考核中荣获优秀等次，全系统先后获评“广东省三八红旗集体”“广东省五四红旗团支部”“江门市先进集体”等多项省市级荣誉。

【税费收入及特点】 2019年，江门市组织税费收入755.13亿元，比上年增收62.69亿元，增长9.05%，其中，国内税收收入478.87亿元，减收13.95亿元，下降2.83%。海关代征收入23.15亿元，减收4.61亿元，下降16.59%。费金收入253.11亿元，增收81.24亿元，增长47.27%。

税收收入与经济形势、减税降费要求相协调。税收增速低于GDP增速，结合减税降费规模，税收收入水平与经济运行态势、大规模减税降费效应相适应。市县级收入实现正增长，其他级次收入有所回落。各级次收入中，市县级收入174.15亿元，比上年增长0.63%；省级收入101.79亿元，下降0.56%；中央级收入202.93亿元，下降6.65%。第三产业收入比重上升，产业税收趋于均衡。全市第二产业入库税收251.23亿元，占税收总额的52.46%；第三产业入库227.37亿元，占税收总额的47.48%，比重较上年提升1.51个百分点。

【税源分析】 市场主体税负明显减轻。2019年新出台的深化增值税改革、小微企业普惠性减税、个人所得税专项附加扣除、降低社会保险费率等减免政策，叠加2018年出台的政策翘尾和去年到期后延续执行的优惠政策，全年共新增减税降费74.93亿元，占税费收入总额的9.92%；重点行业近半数实现正增长。其中，依托粤港澳大湾区重要枢纽、滨江新区总部基地、园区建设、人才岛开发、“三旧”改造等项目，强化建筑安装行业税收征管措施。加强对地方特色产业、金融市场的税收专业化管理，带动建筑业（增长20.55%）、房地产业（增长14.87%）、非金属矿物制品业（增长29.30%）、金融业（增长11.52%）实现较快增长；房产税、城镇土地使用税、土地增值税等地方支柱税源进一步扩充。通过与市国土资源局、工商管理局、不动产登记中心、土地储备机构等部门加强信息共享和数据对接，进一步扩充完备税源数据库，加大房地产项目税收清算力度，带动房产税（增长6.16%）、城镇土地使用税（增长6.30%）、土地增值税（增长41.05%）等地方税源的增长；免抵调库增长较多。密切留意外贸形势变化和企业出口退（免）税申报信息，合理统筹免抵税源，积极争取调库指标，2019年全市办理免抵调库增长10.50%，增速大幅领先全省平均水平；亿元以上纳税大户数量增加。2019年，全市税收入库亿元以上企业共计47户，比2018年增加12户，入库税收合计111.75亿元。

【党建工作】 深入推进全面从严治党，扎实开展“不忘初心、牢记使命”主题教育。围绕“8+4”专题开展集中学习研讨，深入检视问题，广泛开展调研，完成调研报告81篇，组织“四项教育”91次，党支部查找存在问题621个，制定整改措施865条。开展“五个五”党建品牌创建，打造的“红色+税务党员教育”品牌荣获广东省市直机关第七届“先锋杯”工作技能大赛优秀作品奖和广东省机关和事业单位党建十佳创新案例奖。实施“六个一”工程，推进税务分局和办税服务厅规范化标准化建设。深化机关与基层、税务与地方、税务与企业党建工作“三个共建”。开展“一案双查”，深化专项整治，加强纪律监督。打造“以案明纪”品牌警示教育项目，开展“八个一”警示教育活动。推动执纪工作减存量遏增量，处置问题线索减少31.4%。年内给予处分8人，组织处理18人次。

【减税降费】 全面落实普惠性税收减免政策，减免税额创历史新高。全市2019年合计新增减免税65.13亿元，占全年国内税收收入的13.60%。落实鼓励高新技术、改善民生、促进小微企业发展优惠政策减免税66.76亿元，为企业新增减免社会保险费负担9.75亿元。

【税收法治】 全面推行“三项制度”，实施行政执法最大化公示，完善留痕化管理，健全重大执法决定法制审核制度。首创税收法制员制度，规范执法行为，健全法制审查制度，清理税收规范性文件53份，审结重大税务案件243宗，依法开展行政复议和诉讼工作。深入推进内控机制建设，加强对廉政违纪、重点领域和风险高发领域的动态风险防控，筛查疑点数据1.6万多条，采取“数据筛选+人工核查+问题整改”的信息化督审方式，提高督审工作的精准度和效率。加强风险管理，组织专项风险核查，开展数据比对。加大增值税发票专项整治力度，开展打击虚开骗税专项行动，严厉打击虚开发票团伙。落实“双随机、一公开”机制，加大对稽查遗留案件清欠力度，深化综合治理和配合打击。

【税费征管】 完成城乡居民社会保险费和非税收入征收职责划转，推进金税三期系统并库，完成全市5.9万户纳税人管户对照数据确认，各征期申报率高于全省平均水平。探索“属地+分类分级”，对纳税人实施多维度、不同颗粒度的分类分级管理，采取差异化的管理策略，优化征管资源配置。优化完善房地产税收一体化管理平台，探索建筑项目多税种联管新模式，规范异地建筑服务税收管理。探索企业所得税全链闭环式管理，2019年企业所得税入库90.15亿元。推进纳税人建账建制，核定征收面由2018年的15.68%降低到2019年的0.64%。出台二手房交易、转让农村集体留用地、配建住房等税收政策指引，推进以地控税信息管理平台建设，加强房产税与城镇土地使用税管理。落实车辆购置税法，全年征收车辆购置税13.57亿元。推进出口退（免）税无纸化管理，实现从申报到退库全流程无纸化，全市无纸化申报比例达到92%。对于无疑点的退税申报，平均5个工作日办结。积极为“一带一路”建设（倡议）和粤港澳大湾区建设提供税收支持，有效运用税收协定，全市共办理享受税收协定待遇220户次，减免企业所得税3.86亿元。建立完善“走出去”企业管理清册，强化境外税收风险管理。

【纳税服务】 首创主题办税，办税资料压减20%，导税时间提速30%，办税时间节省20%。升级改造办税设备，打造智能化、标准化办税场所，推进纳税服务综合管理系统“双一百”工程，全市办税服务厅硬件设备和系统功能实现“双达标”，纳税人满意率达99.9%。推出“粤港澳大湾区税务通”，荣获广东省市直机关第七届“先锋杯”工作技能大赛第10名，并登上全省优秀作品展示会。打造不动产登记、个人房屋租赁“线上+自助”办税新模式，将办理时长、跑动次数、提交资料减至最低。落实新办纳税人“套餐式”服务，推进开办企业“多证合一”“证照联办”全链条“一窗通”，5大类128项办税事项实现“一次不用跑”。扩大取消增值税发票认证范围，代开电子发票业务上线推广。为线上申领的纳税人免费配送空白发票，年内配送发票共计1.8万件。联合金融机构推出“税易贷”“税融通”等13个金融服务产品，推出全省首个“退役军人贷”。全面推广“税险同窗”，实现38项社保、税费业务“一窗交件、后台流转、综合办结”。

【队伍建设】 规范借调人员管理，出台医疗保障措施，实施孕产和哺乳期女职工临时调整工作单位等“关爱工程”，提升离退休老干部服务精准化水平。优化队伍结构，推荐选拔3名处级非领导干部，组织选任7名科级非领导干部。推进公务员职务与职级并行，全市职务职级套转2101人，晋升35人。推动干部交流任职，选派3名科级干部挂职“驻村第一书记”。出台干部教育培训工作意见，分级分类做好各项培训工作。面向全系统选拔46名兼职教师，开展“岗位大练兵、业务大比武”。创新建立绩效管理和数字人事联动考核机制，完善考核考评体系。工青妇团等群团组织积极开展厨艺比赛、演讲比赛、改革成果分享会等活动。

（黄嘉敏）

阳江市税务局

【经济概况】 2019年，阳江市实现地区生产总值1292.18亿元，比上年增长8.2%。其中：第一产业增加值247.05亿元，增长2.6%；第二产业增加值446.07亿元，增长14.1%；第三产业增加值599.07亿元，增长4.2%。三次产业比例为19.1∶34.5∶46.4。全市规模以上工业增加值345.34亿元，增长17%。全年固定资产投资450.45亿元，增长15.3%。实现社会消费品零售总额806.75亿元，增长7.7%。地方一般公共预算收入64.29亿元，增长2.7%，其中，税收收入48.39元，增长7.6%，占地方公共财政预算收入的75.27%，占比提高3.47个百分点。

【概述】 2019年，国家税务总局阳江市税务局以习近平新时代中国特色社会主义思想为指引，按照阳江税务“一年打基础，三年上台阶，五年大发展”的三步走战略路径，秉持“强党建、打基础、抓规范、防风险、优服务、促和谐”的工作思路，通过党对税收工作的全面领导，坚持把风险防控放到重要位置，坚持“和合”文化引领，坚持团队作战模式，各项税收工作取得显著成效。荣获广东省五一劳动奖状，全市税务系统获得广东省三八红旗手、广东省2016—2018年脱贫攻坚突出贡献个人奖、广东省优秀工会工作者等省级以上荣誉11人，“减税降费‘12345’普法体系”被评为全省国家机关“谁执法谁普法”优秀项目。

【税费收入及特点】 2019年，阳江市完成税费收入241.27亿元，比上年增长25.2%，增收48.58亿元。其中，组织税收收入164.04亿元，增长12.2%，增收17.89亿元，增速位居全省（不含深圳）第1。国内税收收入149.16亿元，增长9.0%，增收12.36亿元，增速列全省（不含深圳）第2。社会保险费等费金收入77.23亿元，增长65.9%，增收30.69亿元。其中，社会保险费收入61.67亿元，增长47.6%，增收19.89亿元。社会保险费和非税收入继续保持稳定增长的格局。

税种拉动作用突出。从各税种对税收增长的

贡献看，企业所得税受利润增长等因素影响增收6.62亿元，占国内税收增收额的53.6%，列各税种之首。其次是国内增值税，增收6.17亿元，占国内税收增收额的49.9%。以上两税合计增收12.80亿元，拉动国内税收增长9.4个百分点。其余增收贡献较大的税种主要有国内消费税、城镇土地使用税、房产税和契税，增收贡献率分别为4.8%、3.8%、4.1%和6.2%。

【税源分析】　全市税务系统登记状态的正常纳税人64294户，其中：内资企业24691户，外商投资企业和外国企业261户，港澳台商投资企业389户，个体经营户36555户，其他2398户。全市企业职工社会保险费登记户（含灵活就业人员）12.9万户，企业职工养老保险申报人数22.15万人，失业保险申报人数17.73万人，职工医疗保险申报人数28.19万人，工伤保险申报人数22.95万人，生育保险申报人数22.51万人。

重点行业发展势头强劲。税收发展重点行业合计完成税收收入110.33亿元，比上年增长13.1%，增收12.74亿元。其中，电力行业实现税收18.49亿元，增长7.1%，增收1.22亿元。黑色及有色金属冶炼业实现税收15.36亿元，增长41.0%，增收4.46亿元。批发零售业实现税收10.38亿元，增长8.8%，增收8435万元；金融业实现税收7.75亿元，增长22.8%，增收1.44亿元。房地产业实现税收31.50亿元，增长4.7%，增收1.42亿元。受基础设施投资增长驱动，建筑业实现税收16.03亿元，增长9.2%，增收1.35亿元。同时带动水泥市场需求，促进非金属矿物制品业实现税收8.50亿元，增长44.2%，增收2.60亿元。

纳税超亿元企业贡献显著。减税降费政策不断释放改革红利，持续减轻市场主体负担，激发企业创新和扩大投资的积极性。企业通过提升产品规模与质量，推动产业升级和消费升级，实现税收较快增长。阳江市纳税总额前15位超1亿元企业合计入库税收49.91亿元，比上年增长31.0%，增收11.82亿元，占全市国内税收增收额的95.6%。

税源动态监测收效良好。阳江市税务系统以"日常+重点"的税收征管方式，加强对重点行业、重点税源企业管理，深入推进税收收入监控和研判，构建"省—市—县"三级税源监控网络，全方位掌握区域经济发展动态和税源结构，为提升组织收入工作站位和税收分析预测水平提供保障。积极开展纳税评估等风险防控工作，强化组织收入各环节的责任分工，注重靶向管理，分行业、分部门、分税种查找税收征管中易存在的薄弱环节。对接全市112个重点建设项目，充分运用社会外部资源协同管理，切实强化对重点建设项目税收的动态监控，有效助推税收收入增长。受政策调控影响，减收主要源于个人所得税、耕地占用税和其他税收，合计减收3.87亿元，其中个人所得税收入6.40亿元，比上年下降33.7%，减收3.26亿元。

【党建工作】　党建工作成效显著。加强党对税收工作的全面领导，以高度的政治自觉，推动主题教育走深走实。构建新纵合横通强党建机制，深化"下抓两级、抓深一层"的责任压力传导机制，完善思想政治工作领导机制和责任体系。着重抓好党委领导班子建设，充分发挥领导核心作用，确保各项工作落实落地。推动全面从严治党向纵深发展，层层压实"两个责任"，形成"三位一体"巡查检查机制，加大监督执纪问责力度，持之以恒正风肃纪。

【税费征管】　征收管理持续优化。税费征管提速增效。通过"业务重组、流程再造"，简并优化税费业务流程882项，重组涉税流程12项，完成金税三期系统并库上线，强化企业所得税后续管理。创新征管评查互动和税费同征共管的单行业多税费种一体化管理模式，并以房地产行业先行先试，为企业进行税务体检。建立城乡居民基本养老保险和城乡居民基本医疗保险全流程网格化税式征管，构建税费治理新体系的四梁八柱，税费“五同”迈出坚实一步。制定阳江税务系统基层和基础建设五年发展规划、三年行动方案，以阳春市税务局为试点构建完善风险监督指标体系，强化落实减税降费、内部审计、税收执法风险防控，基层治理基础不断夯实。

社会保险费征收稳定增长。为缴费人提供包括电子签约缴费、银行缴费、银行转账、微信、支付宝、聚合支付、电子税务局缴费、门前缴费等渠道缴费。落实征收建账管理，按行政区划建立包含市、县（市、区）、镇（街道）、村（居）委会四级的城乡居民养老保险参保明细台账，有效打通了地方政府、税务、社保、村（居）委会四方信息链条。同时加强与财政、人社、银行、残联等部门合作，建立常态化的沟通协调机制，高效解决数据传递、投诉举报处理等问题，推动全市社会保险费和非税收入征管工作提质增效。

【减税降费】 减税降费落地见效。建立减税降费扁平化管理工作机制，实现市县两级工作上下联通、运行顺畅。编制政策汇编电子书，组织市、县、乡三级税务部门联动培训，使纳税人缴费人全面快速掌握相关政策。建立覆盖全市小规模纳税人的“三类四级”台账，政策落实情况一目了然。制作送达减税降费清单，网格化管理、条块式推进确保纳税人应知尽知、应享尽享。深化减税降费政策效应分析，引导企业用好政策红利。2019年全年新增减税降费超过23.65亿元，社会保险费3.38亿元，有效支持产业结构转型升级。

【纳税服务】 纳税服务持续改进。进一步推进“放管服”改革，持续优化税收营商环境，激发市场主体活力。创新推出“易服务”品牌，探索建设“云办税厅+自助终端”的自助办税体系，完成办税服务区、自助办税区、互动服务区“三区建设”，全面提高12366纳税服务热线质量，办税服务厅平均等候时间缩减40%，网报率提升到98.6%。试点推广税务机关代开增值税电子普通发票项目，建立阳江本地特色的增值税发票风险防控管理模型，对“买卖发票”不法市场进行有效清理。大力推广城乡居民社会保险费“云缴费”新模式，“两居”线上缴费覆盖率近60%。将优化营商环境和税收普法宣传相结合，开展粤港澳大湾区经济分析大讲堂，推出“优化营商环境24条”，服务超过1万户行业会员企业。“银税互动”向企业提供贷款超过13亿元，有效缓解中小微企业融资难问题。

【依法治税】 依法治税扎实推进。通过领导带头学法、讲法，开展全员在线学法、普法考试，全面强化队伍法治意识；打造“12345”普法体系，获评全省国家机关“谁执法谁普法”优秀普法项目和阳江市“十大普法项目”；全面推行“三项制度”，试点运行省税务局“三项制度”一体化管理平台，打造“阳光税务”；建立“税务+司法”信息共享平台，实现税务局和法院的专线互联，有效防止国家税款流失；扎实推进打虚打骗、扫黑除恶重点工作，查结、在查涉嫌虚开案件115宗、骗税案件1宗，挽回国家税款损失1263万元，双打案件占2019年在查和已结案件的81%，全市稽查查补收入入库7234万元。

【效能建设】 “三化”建设成果丰硕。在广东省税务局框架下，结合阳江实际，以业务清单化、分析差异化、事项流程化、制度再优化思路开展本地化建设，形成本地特色项目33个，其中，参与广东省税务局共建项目8个，《单行业多税费种一体化管理模式》《税收服务现代农业产业园"阳光丰收行动"》《党建工作"教科书"》《一个统一的税费业务管理体系》4个项目进入广东省税务局第一批成果展示，工作规范化、标准化程度进一步提升。

管理效能稳步提高。全面梳理市税务局机关岗位体系，梳理职责岗位400个，夯实个人绩效分析数据基础。完善绩效闭环管理，全面推进数字人事整合版应用，营造良好的干事创业氛围。推出全链条式办文服务，开发应用微信智慧会议预定系统，建立完善全程督办机制，联动打造保密、舆情、信访、应急管理"四位一体"闭环管理链条，行政运转更加高效畅顺。完成主备链路、网络扁平化改造、设备更新等工作，信息技术支撑作用明显增强。

【队伍建设】 队伍活力有效激发。以"和合"文化建设凝聚人心，激发队伍活力。实施团队作战新模式，打破区域和部门间的管理壁垒；强化干部队伍专业能力提升，开展岗位练兵和业务比武活动，实施"百名育人计划"；完善文化长廊、"五个之家"、兴趣小组等活动阵地，创立青年税讲所，组织"税政半月谈"，开展丰富多彩的主题分享会、先进事迹报告会、运动会等活动，增进干部职工的身份认同、文化认同和价值认同。

（陈海韵）

湛江市税务局

【经济概况】 2019年，湛江市实现地区生产总值3065亿元，比上年增长4.0%；人均地区生产总值41720元，增长3.6%；全市地方一般公共预算收入131.26亿元，增长7.7%，增速全省第2；固定资产投资连续6年超千亿元；外贸进出口总额增长9.7%；实际利用外资比上年增长3倍，增速全省第1。

【概述】 2019年，国家税务总局湛江市税务局高举习近平新时代中国特色社会主义思想伟大旗帜，坚决贯彻落实国家税务总局、广东省税务局和湛江市委市政府部署要求，勤勉务实、担当作为，圆满完成了各项工作任务。湛江市税务局在2019年全省税务系统纳税人满意度调查中排名第8，在2019年全省税务系统绩效考评中取得第一段的优异成绩，在2019年湛江市"四个全面"绩效考核中获得一等奖，位居全市中央、省驻湛单位第1名。

【税费收入及特点】 2019年，湛江市组织税费收入694.97亿元，比上年增长13.6%，增收83.29亿元。其中：国内税收收入351.97亿元，下降1.2%，可比增长（剔除减税降费减收因素，下同）11.3%，减收4.3亿元；海关代征159.64亿元，增长3.92%，增收6.03亿元；费金收入 183.36 亿元，增长 80.1%，增收 81.53 亿元。办理出口退（免）税 20.8 亿元，下降 7.3%，减退 1.63 亿元。其中，免抵调库收入 4.6 亿元，增长 3.6%，增收 0.16 亿元。市本级收入 40.98 亿元（剔除上划成品油 1.91 亿元），增长 0.72%，增收 0.29 亿元。

【税源分析】 按行业性质分，湛江市税务系统登记在册纳税企业 143057 户，其中：农林牧渔业 3881 户，采矿业 201 户，制造业 9371 户，电、气、水生产供应业 361 户，建筑业 4059 户，交通运输、仓储邮政业 4191 户，信息传输、计算机软件服务业 2248 户，批发零售业 73308 户，住宿、餐饮业 10071 户，金融业 1168 户，房地产业 4510 户，租赁和商务服务业 8056 户，文化、体育、娱乐业 1218 户，教育业 2842 户，水利环境和公共卫生业 298 户，国际组织 46 户，卫生和社会工作组织 683 户，科学研究和技术服务业 2834 户，居民服务、修理修配业 11681 户，公共服务、社会保险业 2030 户，其他行业 15 户。按企业性质分，湛江市税务部门登记在册纳税企业 143057 户中，其中，内资企业 47135 户，港、澳、台商投资企业 456 户，外商投资企业 404 户，个体经营 88845 户，非企业单位 5961 户，其他 256 户。

受宏观经济形势变化、减税降费政策性减收效应明显、支柱性税源收入大幅下滑等多重因素影响，湛江市组织收入工作经历近年来形势最为复杂严峻的一年。在全市税务部门的共同努力下，全年国内税收下降率控制在 -1.2%，比全省平均水平（2.8%）低 4 个百分点，居全省第 13 位。

分阶段看，第一季度受 2018 年缓缴税款入库影响，税收均保持 20% 以上增幅。第二季度随着深化增值税改革、小微普惠性减税等各类政策陆续实施，税收增速开始回落，但仍维持在低速增长区间。随着减税规模效应不断扩大，支柱税源企业停产，第三季度税收增幅急剧下滑。四季度出现负增长并下行至 2019 年以来的最低位（-3%），随着经济指标的逐步回暖和各级税务部门依法大力增收促收，税收增速逐渐回升，全年累计增速比最低谷时回升了 1.8 个百分点。

分级次看，在国内税收收入整体下降的情况下，全市各级次收入下行压力明显。其中，中央级收入实现 201 亿元，比上年下降 2.7%；省级收入在土地增值税增收入库的有力补充下，减收缺口大幅压缩，全年实现 56.5 亿元，与上年基本持平；市县级收入有赖于地方性税源的大力挖潜增收，全年实现 94.4 亿元，增长 1.4%，增幅排名全省第 8；市本级收入 41 亿元（剔除成品油上划中央收入 1.9 亿元），增长 0.7%。

分税种看，受深化增值税改革影响，国内增值税收入 127.9 亿元，比上年下降 2.7%；受个人所得税改革政策影响，个人所得税收入 16.1 亿元，下降 2.7%；受小微企业普惠性减税政策等影响，企业所得税收入 63.6 亿元，增长 8.5%。

分区域看，坡头区受某投资集团有限公司高达 4.2 亿元的税款入库影响，全区税收增幅达 24.4%，排名第 1；麻章区得益于地方性税源增收，全区税收比上年增长 13.1%，紧跟其后。实现增长的地区还有遂溪县（8.8%）、徐闻县（7.5%）、吴川市（6%）、赤坎区（3.1%）、开发区（0.9%）；出现下降的有霞山区（-11.4）、廉江市（-8.7%）、雷州市（-5.6%）。

从重大行业、重点企业看，全市重大行业、重点企业税收收入不达预期，国内税收收入增长疲软。2019 年前三季度，全市固定资产投资增速 4.9%，比上年下降 7.1 个百分点，房地产开发投资增长 4.3%，下降 52 个百分点，房地产销售面积394.3万平方米，下降0.7%。2018年全市房地产行业与建筑业税收合计增收22.18亿元，增收额占国内税收总增收额的61.8%。2019年全年房地产与建筑行业税收合计增收仅为2.7亿元，对全市税收贡献度大幅度下滑。

【减税降费】　在完成税费收入预期目标的同时，全市税务系统坚决落实党中央、国务院关于减税降费的决策部署，将减税降费工作作为一号落实工程、一号督查事项、一号考核任务，减税成效显著。截至2019年12月申报期结束，全市累计新增减税44.5亿元，占国内税收收入的12.6%，拉低税收12.5个增长点，比2019年初广东省税务局下达的全年减税降费预期目标33.87亿元多减10.63亿元，增长31.4%。新增减税主要由三部分构成：一是2019年新出台减税政策新增减税32.3亿元；二是2018年出台减税政策在2019年的翘尾新增减税12.1亿元；三是2018年到期后在2019年延续的减税政策新增减税600万元。

【税费征管】　持续规范税种管理。研究制定符合湛江市实际的土地增值税清算审核工作规则，共完成清算项目56个，入库清算收入3.54亿元，比上年增收3.13亿元，增长7.5倍。加快推进“互联网+不动产登记”和数据信息共享等工作，实现全市房产交易、缴税、登记4个工作日内办结。全年房产交易40389宗，增量房契税入库2.8亿元，存量房税费合计入库4.3亿元。抓好“宣传辅导、政策落实、系统保障、数据监控、效应分析”5个关键环节，切实把改革红利送到企业手中，全市深化增值税改革累计减税18.64亿元，占新增减税降费金额的35.98%，减税成效明显。提前开展留抵退税规模预测，确保每一个退税环节都按时完成，每一分税款都及时退到纳税人账户，全年已实现留抵退税超过9亿元，退税到账企业51户。提升所得税申报质效。紧抓事前、事中和事后三大环节跟踪管理，2018年度企业所得税汇算清缴面达99.88%，已申报企业中查账征收面达95.93%，补缴14.2亿元；企业所得税入库63.6亿元，增长8.5%。建立房地产行业专业化管理团队，实现专人专管、分类分级管理、专项跟踪核查，实行“一户一档”管理，打造“房地产”一体化征管模式。推进个人所得税改革。制作个人所得税动漫、公益广告等视频作品16件，发布海报等图片文字稿件296份，做好个人所得税宣传辅导工作；推动湛江市特殊纳税人软件上线，顺利完成税务总局个人所得税专项附加扣除信息核验试点工作，处理疑点数据7万条；组建个人所得税“汇缴志愿服务队”，坚持集中办公，统筹推进全市汇算清缴工作。

不断提升社会保险费和非税收入征管水平。全面完成省政府下达的企业养老保险扩面征缴考核任务，全年征收企业养老保险（不含省属）42.96亿元，企业养老保险参保人数80.96万人，企业养老保险缴费人数41.19万人。顺利完成城居两险征管职责划转工作，全市城乡两险参保人数近800万人次，全年累计征收城乡居民养老保险1.91亿元，征收城乡居民医疗保险11.89亿元。建立税务、社保应急维稳工作机制，通过“绿色通道”为近3000位缴费人解决医疗待遇享受问题；全年为804户企业缓缴滞纳金3113万元，清缴1638万元的社会保险费欠费，切实维护参保人合法权益。

科学征管体系基本形成。圆满完成金税三期系统并库工作，完成15.6万户纳税人关系对照，清理管户数据3万多条，初始化数据6万条，确保新系统如期上线运行，成功开出全省第一张车辆购置税完税证明。突出重点税源的管控，把分散在各区的金融、交通运输、钢铁、石油石化等行业的重点大型企业集中到市税务局进行征收管理，提升了大项目大企业税源管理专业化水平。大力推广“国际汇税通”，强化税收协定后续管理工作，抓实关联申报和同期资料管理，为反避税工作夯实基础，全年共入库非居民税收9.02亿元，增长41.40%。推进湛江市税务局数据中心迁移布局，优化升级硬软件设备。完成全省跨境交易涉税信息的采集和清分工作，根据湛江提供的数据，全省后续联动核查入库税款超过20亿元。

【纳税服务】 推广应用纳税服务工作平台、“智惠税”微客服平台以及“智税宝”平台，将新办企业时间压缩至1个工作日内，房地产交易办税时间缩短至15分钟以内。开启“白名单”试点工作，为东兴、湛江钢铁落实增值税减税2.2亿元，为中科炼化办理留抵退税6.07亿元。湛江市税务局在2019年全省纳税人满意度调查中排名第8，徐闻县税务局、吴川市税务局位列全省排名前30。开展广泛新闻宣传，税收新闻稿件先后被新华社、《中国税务报》《南方日报》《羊城晚报》、凤凰网等各级主流媒体报道319次；发布原创新媒体稿件238篇，被税务总局公众号采用6篇次，广东省税务局采用24篇次，在2019年广东省税务局的税宣“拳头作品”“减税降费36计”中，湛江市税务局贡献3“计”。湛江市税务局微信公众号关注人数比上年上涨49.5%。加大“银税互动”宣传力度，全年通过“银税互动”项目向守信企业累计发放贷款2498笔118.05亿元，其中，向小微企业贷款2102笔共53.29亿元，自然人金融服务项目发放贷款21606笔共7.9亿元。湛江市税务局在2019年全省税务系统绩效考评中第一段的优异成绩，在2019年湛江市“四个全面”绩效考核中获得一等奖，位居全市中央、省驻湛单位第1名。

【“不忘初心、牢记使命”主题教育】 湛江市税务局党委切实履行主体责任，党委书记自觉担起第一责任人的政治责任，班子成员认真履行“一岗双责”，逐级成立主题教育领导小组及办公室，及时研究推进主题教育工作。坚持把学习贯彻习近平新时代中国特色社会主义思想作为主线，党委中心组带头，采取“集中学”与“自主学”，“体验学”与“交流学”，“正面学”与“反面学”相结合的多种方式，真正做到学有所获，学以致用。市、县局班子坚持问题导向，问计于基层、问需于纳税人、缴费人，累计组织纳税人、缴费人及税务干部座谈会59次，走访党政部门51个，走访基层单位119个，走访企业133个，全系统共形成119份有分量的调研报告。湛江市税务局党委带头，向全系统广泛征集意见建议453条，结合学习教育和调查研究反思问题129个，对照党章党规互相批评点出问题144个；在专题民主生活会上，班子查摆问题150条，相互批评意见144条，逐一明确整改时间表、责任人，逐条整改。对照“8+3”专项整治任务，梳理出42条整治任务，细化整改措施128条。税务总局第九巡回指导组在直插式检查和参与市税务局领导班子专题民主生活会中给予肯定，湛江市税务局被推荐为全省2个地市税务局之一在全省税务系统第二批主题教育推进会上作经验交流，税务总局官方网站刊登了湛江市税务局的经验做法。

（许志勇）

茂名市税务局

【经济概况】　2019年，茂名市实现地区生产总值3252.34亿元，比上年增长4.3%。其中：第一产业增加值581.60亿元，增长3.6%；第二产业增加值1124.89亿元，增长2.5%；第三产业增加值1545.86亿元，增长5.9%。财政总收入587.15亿元，增长4.7%；地方一般公共预算收入139.88亿元，增长2.8%。

【概述】　2019年，国家税务总局茂名市税务局坚持党建引领，主动适应经济发展新形势，强管理、抓落实、优服务，特别是以纳税服务"软硬件双升级"为着力点，打造"星级"服务工程，全面提档"智能办税"服务水平，全面提升纳税人满意度。在2019年度全省纳税人满意度调查工作中，茂名市税务局在全省税务系统排名第1；2019年，荣获"广东省五一劳动奖状"等荣誉称号。

【税费收入及特点】　2019年，茂名市税务系统共组织税费收入551.97亿元，比上年增长6.0%，增收31.0亿元。其中：税务部门组织国内税收355.23亿元，下降2.8%；社会保险费收入96.95亿元，增长40.1%；其他非税收入36.92亿元，增长128.8%。

全市实现中央级税收收入233.22亿元，比上年增长4.0%，占当期国内税收比重的65.7%，比重全省最高，其中，消费税收入143.24亿元，仅次于广州市。石化行业贡献税收186.89亿元，占全市国内税收比重的52.6%。建筑业累计实现税收收入41.71亿元，增长22.6%，在主要税收行业中增长最快。房地产业贡献市县级税收比重最大，累计实现税收收入41.74亿元，占当期国内税收比重的11.8%，贡献市县级税收收入的24.1%，分别比石化行业和建筑业高4.9个和8.3个百分点。

【税源分析】　经济稳定增长带动税收发展。各项经济指标稳定向好，有力带动全市税收增长。积极打造茂名"中国建筑之乡"品牌，吸引建筑企业总部迁移落户茂名，助力全市建筑行业税收快速增长，2019年全市建筑业税收比上年增长22.6%。金融体制改革助推金融业发展为新的增收亮点，通过抓好全市金融服务，支持农村信用社改制为农商行等，金融业发展加快，2019年底全市金融机构本外币存款余额3012.91亿元，增长10.6%；金融机构本外币贷款余额1582.35亿元，增长19.3%；金融业税收收入12.36亿元，增长22.1%。

大规模新增减税降费政策的实施对各级税收收入带来较大影响。2019年全市新增减税降费金额40.71亿元，影响税费增长7.4个百分点，其中税收减免34.34亿元，社会保险费减免6.35亿元。重点支柱行业房地产业税收持续下跌影响税收增长，全市房地产投资306.67亿元，比上年下降1.0%；房地产销售收入444.71亿元，下降14.9%；房地产业税收收入41.74亿元，下降

5.3%。不可比一次性税源收入大幅下降也成为影响2019年税收减收的另一重要因素，全年一次性税源收入约6.54亿元，下降60.0%，其中资产处置税收下降100%，减收8.93亿元。

【党建工作】 全面加强党对税收工作的全面领导，不断完善和细化全面从严治党“两个责任”清单，全年专题听取各单位主体责任、监督责任汇报2次，专题听取党建工作、意识形态工作汇报2次，到基层联系点指导开展党建工作130多人次，层层压实管党治党的政治责任。深入开展警示教育和“以案促改”。组织对二手房交易管理、房产税和城镇土地使用税减免、增值税发票重点问题开展专题分析研讨和督导调研，有效规范税收执法权。以内控监督平台为依托，积极开展重点风险防控，加强对减税降费、违反中央八项规定精神、税务人员经商办企业等重点领域的风险核查。深化运用监督执纪“四种形态”，汇总处置问题线索16件，了结问题线索11件，批评教育2人，谈话提醒1人。组织召开“一案双查”联席会议4次，稽查部门移交督察内审部门重大税收违法案件7件次，已实施“一案双查”7件次。紧盯重点领域和关键环节，严肃查处违纪违法和职务犯罪行为，全年立案3件，开除公职3人，开除党籍3人，政务记大过1人，党纪严重警告1人。

【“不忘初心、牢记使命”主题教育】 在广东省税务局第四巡回指导组全程指导、把关、监督下，茂名市税务局扎实开展第二批“不忘初心、牢记使命”主题教育活动。坚持党委带头、率先垂范。全年组织集体学习9次，开展专题研讨4次，举办“不忘初心、牢记使命”主题教育读书班1次。同时，每个班子成员坚持撰写读书笔记，到党建联系点上党课，深入基层开展解剖麻雀式调研并形成调研报告，确保学有所思、思有所悟、悟有所行。坚持创新形式、彰显特色。创新茂名税务特色动作，探索“机关党支部+基层党支部+企业党支部”三方税企党建共建样本工程，创建全省税务系统首个“不忘初心、牢记使命”主题教育税企联合读书班。开展工作纪律明察暗访6次，2055名党员干部参加“应知应会”知识测试，开展跨党支部学习交流32次，党员参加社区公益活动、志愿服务人数222人次，为纳税人缴费人办实事好事41件，举办机关党委书记和党支部书记培训班4期，组织开展专题组织生活会谈心谈话347人次，党员领导干部以普通党员身份参加专题组织生活会27人次。坚持学做结合、查改贯通。梳理汇总调研、群众反映、上年度民主生活会等各方面发现的问题，逐一建立整改台账，着力解决一批群众反映强烈的问题，以实际成效取信于民。

【减税降费】 牢固树立“确保减税降费政策落地生根是政治任务”的观念，健全落实减税降费政策的领导体制和工作机制，成立由“一把手”任组长的减税降费工作领导小组，组建11个工作组，抽调14名业务骨干集中办公，实施实体化运作。实行最严格的责任制，加大政策措施落地跟踪问效、考核评议、效应分析、监督检查，确保每一项减税降费政策措施落地生根。2019年全市新增减免税费总额40.71亿元，其中，税收减免34.34亿元，社会保险费减免6.35亿元，特别是个人所得税改革累计减税4.80亿元，全市受惠人数达37万人，进一步增强人民群众的获得感。

【纳税服务】 在2019年度全省纳税人满意度调查工作中，茂名市税务局在全省税务系统排名第1。在2019年度全国纳税人满意度调查工作中，高州市税务局作为广东省税务系统参评代表取得全国排名第3、广东省排名第1的优异成绩。坚持以人民为中心的服务理念，认真查找纳税人、缴费人反映集中的痛点、难点和堵点，大力提升办税缴费体验。对新办企业实行即到即办、即时办结；精简税费业务事项909项，减少表证单书408份；简化跨区域迁移流程，迁移时间压缩95%；大力推广电子税务局应用，全市电子税务局开户数6.18万户，其中，企业纳税人开户3.38万户，开户率达97.8%；477项涉税事项可全程网上办；推广“云缴税（费）”业务，打造“移动支付+实时入库”缴税（费）新模式；深化企业简易注销登记改革，采取“承诺制”容缺办理，平均办理时间压缩75%；压缩新办企业领购发票时间，纳税人最快可20分钟内领到发票；全面推行出口退（免）税无纸化管理，办理无疑点退税的时间缩短至平均5个工作日；持续推进“银税互动”项目，2019年全市累计发放信用贷款近10亿元，惠及诚信纳税中小企业820户次。

【税费征管】　抓好金税三期系统并库版上线工作，有序推进全量压力测试，累计测试业务数达45万笔，顺利完成“小、中、大”3轮双轨业务测试，测试业务笔数和质量均居全省前列。同时，做好数据投放、业务验证、管户对碰，完成系统整合、数据库合并、岗责配置、会统剥离、特色软件衔接等各重点任务，金税三期系统并库版于2019年3月1日顺利在茂名上线。开展税种认定清理、核定纳税人定额调整等7类13项专项业务事项清理工作，改正问题数据9万多条。加强非居民个人跨境税源调查及非居民企业跨境税源风险管理，国际税收收入取得历史性突破。积极推进广东省税务局土地增值税清算审核新模式，抓好房产交易契税管理，联合住建、自然资源等部门试行不动产交易税收征缴、登记“一窗受理”。开展增值税发票管理专项整治，核查疑点企业3.2万户次，排查疑点数据近3万条。对普通发票实行定期监控管理机制，全市临时登记纳税人不规范开票现象得到有效遏制。强化单证备案管理，开展预警评估和专项检查，大力防范和精准打击骗税行为，健全和完善税务稽查“双随机、一公开”监管机制，深入开展税收违法“黑名单”及联合惩戒工作，为各类市场主体营造公平的竞争环境。

【队伍建设】　通过加强政治建设、健全制度规矩、丰富载体媒介，以上率下、多措并举、久久为功，在促进“四合”特别是“力合、心合”上取得较好成效。对焦“三化”建设。制定茂名市税务局党委工作规则等80多项制度，并建立健全工作运行、人员协作、行为规范等各方面机制。对标深化融合。以持续推进“六大行动”（党建引领夯基础行动、服务大局促发展行动、为民服务解难题行动、干事创业勇担当行动、深化“四合”激活力行动、转化成果谋思路行动）为总抓手，班子成员自觉规范言行，在工作生活等方面维护团结局面，通过营造团结协作、干事创业的良好风气，带动各级税务干部心往一处想。不断拓宽兴趣小组维度，组织开展干部职工运动会、文艺晚会、诗歌朗诵、辩论赛等文体活动，开展文明创建、扶贫济困、爱心献血、慰问留守儿童、清洁家园等活动，进一步提升干部的身份认同、文化认同和价值认同。对表提振活力。优化调整绩效管理体系，推行个人绩效分析报告平台，充分发挥好组织绩效结果和数字人事考评结果的“双应用效应”。坚持党管干部原则，落实好干部标准开展选拔任用工作。推行职务与职级并行工作，完成符合条件人员的首次职级套转。在全市税务系统择优选拔成立一支31人的兼职教师队伍，其中5人被聘为广东省税务局兼职教师。组织开展“岗位大练兵、业务大比武”活动，13人纳入全省税务系统专业骨干项目人员名单，茂名市税务局获全省税务系统“岗位大练兵、业务大比武”活动团体总成绩第6名。52人获“岗位业务能手”称号。

（潘　强）

肇庆市税务局

【经济概况】　2019年，肇庆市实现地区生产总值2248.80亿元，比上年增长6.3%。其中：第一产业增加值386.02亿元，增长3.9%；第二产业增加值925.45亿元，增长6.5%；第三产业增加值937.33亿元，增长7.0%。三次产业结构为17.1∶41.2∶41.7。一般公共预算收入114.20亿元，增长7.7%，其中，税收收入增长4.2%、非税收入占比25.3%。

【概述】　2019年，国家税务总局肇庆市税务局以习近平新时代中国特色社会主义思想为指导，深入学习贯彻党的十九大和十九届二中、三中、四中全会及中央经济工作会议、全国税务工作会议、广东省税务工作会议和肇庆市委十二届十次全会、肇庆市十三届人大七次全会精神，进一步加强党对税收工作的全面领导，坚定不移落实新发展理念，紧扣“五个走在前列”“五个贯穿始终”总体要求，聚焦主责主业主线，着力固根基、促创新、优服务、强法治、激活力、防风险、勇担当，不断提升税收治理体系和治理能力现代化水平，更好发挥税收基础性、支柱性、保障性作用，为全面做好“六稳”工作，确保全面建成小康社会，助力肇庆绿色崛起、争当湾区新秀做出新的更大贡献。

【税费收入及特点】　2019年，全市税费收入370.04亿元，比上年增长16.2%。其中：税务系统组织国内税收收入231.92亿元，增长3.1%，较全省平均增速（2.8%）高0.3个百分点，增速排名全省第7位，珠三角第4位。其中，市县区级税收收入增长4%，较全省平均增速（3.3%）高0.7个百分点，排名全省第7位，珠三角第5位；全年组织社会保险费入库102.03亿元，增长33.6%；组织其他费金收入31.65亿元，增长250.17%。减税降费政策效应持续扩大。截至2019年12月申报期结束，全市累计新增税收减免29.66亿元，其中，减免市县级税收8.5亿元。

深化增值税改革，减税力度持续加大。2019年4月1日起，深化增值税改革，增值税税率分别由16%下降至13%、由10%下降至9%，增值税留抵退税等一系列政策措施实施。截至2019年12月申报期结束，全市合计减免金额17.13亿元；小微企业普惠性政策减免全面落实，市场主体均获减税红包。新增小微企业普惠性政策累计共减免金额3.75亿元。其中，放宽小型微利企业标准加大企业所得税优惠力度新增减免1.12亿元，提高增值税小规模纳税人起征点减免1.38

亿元，增值税小规模纳税人“六税两费”减半征收减免1.25亿元；个人所得税优惠全面履盖，纳税人获得感提升。截至2019年12月申报期结束，个人所得税改革（调整个人所得税减除费用和税率、个人所得税专项附加扣除政策）累计新增减税6.33亿元，惠及58.47万纳税人。

各预算级次收入平稳增长。全市税务系统组织中央级税收收入99.1亿元，比上年增长2.3%；地方级税收收入132.82亿元，增长3.7%，其中：省级税收收入47.48亿元，增长3.1%；市县级税收收入85.34亿元，增长4%。

绝大部分地区税收收入实现增长。全市10个县级征收单位有9个国内税收实现增长，其中，鼎湖区税务局（12.2%）和高要区税务局（10.4%）增长排名前列，均实现两位数增长；高新区税务局（7.6%）、四会市税务局（5.2%）、广宁县税务局（4.2%）、怀集县税务局（3.6%）、市税务局第二税务分局（2.8%）、封开县税务局（2.6%）和德庆县税务局（2.2%）均为个位数增长。

税种收入增长差异明显。受上年缓缴及免抵调库等因素促进，国内增值税、国内消费税和企业所得税分别实现1.7%、15.6%和16.6%的增长。受大宗转让及查补等一次性税源入库带动，土地增值税和耕地占用税分别较快增长10.5%和123.1%，合计比上年增收4.39亿元，拉高全年国内税收增速1.95个百分点。相反，受减税政策等因素影响，个人所得税大幅下降30%，减收4.93亿元。资源税、城镇土地使用税、城市维护建设税、印花税分别下降9.6%、1.3%、4%和4.6%。受房地产交易市场降温影响，契税收入下降9.4%，减收1.2亿元。

【税源分析】　积极作为，实现潜在大宗税源征收入库。为实现财税增收目标，对全市税源进行了动态摸底清理，重点对土地拍卖、耕地占用、资产转让等项目产生的大宗一次性税源进行清查统计，测算项目税额，跟踪项目进度，梳理大宗潜在税源。多措并举，抓实重点税源行业企业管理。按照2019年全市经济“六稳”专题工作会议确定的工作任务要求，强化建筑、水泥、陶瓷行业税收管理，加强土地增值税清算与契税政策研究。经各方努力，取得了阶段性成效。土地增值税入库19.51亿元，比上年增长10.5%；水泥制造业税收入库8.41亿元，增长26.3%。

【减税降费】　全面落实减税降费政策。减税降费政策平稳有序落实，社会反响良好，纳税人获得感明显提升。截至2019年12月申报期结束，全市共发放减税降费红利36.34亿元，累计新增税收政策减免30.55亿元（其中累计新增税收减免29.66亿元，教育费附加及地方教育附加减免0.89亿元）。据统计，肇庆市九成以上纳税人享受小微企业普惠性减免，97%的小规模纳税人免征增值税，全市所有工薪阶层纳税人不同程度减税。

【党建工作】　抓牢党的建设强根基。聚焦强化政治学习，坚持“第一议题”制度，持续在学懂弄通悟透习近平新时代中国特色社会主义思想上下功夫。聚焦全面从严治党，对标落实69项重点工作任务清单，分级分类建立8大类责任主体共80个具体事项。

聚焦融合式党建，扎实推进党建工作与税收主业的深度融合。开展“百名书记主力攻坚，千名党员模范先锋”活动，专题开展“党务+减税降费政策系列专题培训”，创新性打造27个融合式党建共建项目，“西江党旗连粤桂　税务携手促发展”跨区域党建共建项目获省技能大赛优秀作品奖。

抓深主题教育强政治。紧密结合肇庆税务实

际，推动“不忘初心、牢记使命”主题教育走深走实。聚焦学习教育，组织市、县税务局党委集中学习研讨52次，读书班、研讨班28期，跨支部学习交流44次。

抓紧抓牢“四项教育”，举办“礼赞七十载　奋进新时代”文艺汇演等系列教育活动129场次，拍摄《我和我的祖国》《祝福祖国》等爱国主义宣传教育视频。聚焦调查研究，全系统共召开纳税人缴费人、税务干部座谈会143场，走访党政部门51个，形成重点调研课题报告110篇。

聚焦检视问题，通过广开言路征集意见建议、开展政治生态调研、组织专题民主生活会等，征集干部群众意见建议437条、对照党章党规找出差距566条、确定调研发现重点整改任务270条。聚焦整改落实，统筹推进新老问题整改和中央、税务总局、广东省税务局部署的“8+3”专项整治，全系统共查摆问题230个，已经解决的问题229个，正在推进和限期解决问题1个，“8+3”专项整治42项整治任务已全部完成。

抓好组织建设强体系。聚焦模范机关创建，从四方面18项重点任务推进“重点攻坚年”工作。聚焦基层党组织建设，切实抓好党支部组织生活管理。聚焦“五个五”党建品牌创建，打造“两点一堂一阵地”党建示范基地，创建“西江党旗红　税务争先锋”党建品牌。

【税费征管】　聚力征管系统优化，扎实推进金税三期系统并库工作，清理数据1.2万余条，为各项税费政策落地提供有力系统支撑。推广全流程代开增值税电子普通发票平台，为纳税人提供更为便利的代开渠道。以“逾期申报+不予处罚”与“逾期申报+简易处罚”的网上办理新模式，促进征纳双向减负。强化纳税人分类分级管理，积极探索基于大数据平台的“信用动态监管+风险动态应对”新模式，应用税收全系智慧防控系统，推进征管质效再提升。

聚力办税系统优化，全面上线权责监督管理服务系统，强化涉税事项办理流程监控，全年超时办理业务笔数远低于全省平均水平。积极推广应用“粤省事”税务专区，实现55项涉税费事项顺利上线。全力开展“掌上税务局”全省试点上线工作，形成多渠道协同的“网上税务”。创新性开发“个人所得税e工具”，为纳税人打造集信息采集、基本计算、申报管理、择优缴税等功能为一体的综合性个人所得税工具。

聚力风控系统优化，探索研发“放管服”发票防控系统，以“指标+模型+评级”的方式，实现发票风险闭环防控。建立健全“新开业登记”“门前代开发票管理”等7个专题共116条指标的指标模型库，织密风险控制防护网。对肇庆市税务局数据综合利用平台并库优化，共发布10批次、9个专题、53个本地化功能，助力风险识别和分析的提质增效。全年共完成税收风险任务1095户次，入库5552万元，其中承接税务总局81户千户集团企业及广东省税务局16户大企业风险分析应对任务。肇庆市税务局获得广东省税务局“智税2019”大数据竞赛二等奖的优异成绩。引进EAD（终端准入控制）技术，杜绝违规外联，全市税务系统取得全年网络安全重大问题“零”发生的成绩。推进跨国公司利润水平监控，主动承接广东省税务局任务，切实做好相关数据采集和录入，将利用好跨国公司利润水平监控系统作为维护国家税收权益的核心工作，充分发挥系统对反避税工作的引导推动作用。

【服务大局】　坚持实打实落实减税降费政策，全市税务系统把减税降费工作作为1号任务，坚持各方面工作向减税降费聚焦、各方面资源向减税降费聚集、各方面力量向减税降费聚合，推动减税降费落细落地。2019 年全市税务系统新增减税降费 36.34 亿元，全面释放政策红利，进一步激发企业活力，为肇庆社会经济发展注入强大动力。

坚持提升“以税辅政”工作质量，配合市委市政府以及相关部门开展侧供给改革、降低企业成本、促进中小企业发展、地方工业园考核、信用等级评级、“僵尸企业”处置等工作，积极为地方社会经济发展建言献策。坚持提升税制改革工作质量，围绕“开好票”“报好税”“算好账”“分析好”“总结好”五大要求，全力打好深化增值税改革攻坚战，全市实现增值税净减税 13.89 亿元，减税面达 96.75%。扎实推进个人所得税改革，惠及 58 万纳税人；靠前做好个人所得税汇算清缴前期各项准备工作。大力打造符合肇庆本地特色的土地增值税清算新模式，清算试点项目 3 个，预计清算入库税款 805 万元，取得良好工作成效。

坚持“多部门协作、多渠道服务、多维度宣传”有力推进，城乡居民养老保险和医疗保险征收职责顺利划转，“六个率”均高于考核要求，全市税费一体征管质效进一步提升。坚持提升服务湾区工作质量，组建肇庆市税务局粤港澳大湾区专业管理服务团队，落实好内地和香港、澳门税收安排及境外所得税税收抵免、大湾区个人所得税优惠等税收优惠政策。2019 年，全市 2 户居民企业办理递延纳税业务，递延纳税 248.87 万元；“国际汇税通”平台在肇庆市顺利上线，付汇金额达 24862.77 万元，极大减轻了企业对外付汇工作负担，有效提升涉税事项办理便利度。

【纳税服务】 围绕提升办税便利度，在“最多跑一次”基础上，率先在粤港澳大湾区推行“一次不用跑”改革，梳理 128 项“一次不用跑”涉税事项，进一步提升办税便利度。强化出口退税管理，共完成 843 户出口退（免）企业的分类评定工作，无疑点退税平均办退时间压缩至 4.03 个工作日，全年累计办理出口退税 12.6 亿元，免抵调库税额 13.02 亿元。全力服务“一带一路”建设，优化和简并《中国税收居民身份证明》开具流程，推动税收服务优化升级，助力“走出去”企业和“一带一路”建设重点项目。

推进“放管服”改革，精简税费业务事项 909 项、大力简化跨区域迁移流程、深化企业简易注销登记改革，全面推行“承诺制”容缺办理机制、“云缴税（费）”业务、电子退库业务等，全市纳税人业务办理时间缩短 50%。围绕构建税收共治大格局，主动争取地方党政部门的重视和支持，加快健全肇庆市协税护税、综合治税体系，建立跨部门信息共享、管理互助、信用互认的工作机制。2019 年评定 A 级纳税人 2131 户，全市“银税互动”对中小民营企业发放无抵押贷款 16.75 亿元，受惠企业 1136 户。

坚持强宣传优服务，发挥党员先锋模范作用，以党建带团建群建，组建“党员先锋队”“巾帼宣传队”、青年助企团等，开展减税降费政策宣讲活动 133 场次。编写《减税降费知识政策题库》并开展全市减税降费知识考试，全市有 4 个县（市、区）局合格率达 100%。依托征管大数据开展纳税人分类精准辅导，通过“线上 + 线下”全覆盖，“请进来 + 走出去”深渗透，培训纳税人 384 场 5.9 万人次。坚持大胆创新树品牌，在全省首创减税降费宣讲基地，对纳税人、缴费人进行点对点精准辅导；创造性制发减税降费“一书一卡”，为政策落实筑牢执纪监督保障；推出《办税费“最多跑一次”一本通》，升级办税体验；创新开展大企业主动式纳税服务，建立大企业首席联络员工作机制，将大企业纳税服务提前介入到项目初创期，打造专属涉税服务闭环，持续提高纳税人、缴费人满意度和获得感。

【税收宣传】 围绕强化税收宣传，全市税务系统上下联动，依托第28个全国税收宣传月和“便民办税春风行动”，通过“请进来”和“走出去”的方式，以“互联网+”、融媒体技术提速税收宣传工作。构筑省、市、县三级联动宣传链条，打造央媒、省媒和市县媒体四级宣传大矩阵。全年共培训辅导纳税人522场7.5万人次，在新华社客户端、人民网、《中国税务报》、南方网、省市电视台、《西江日报》等主流媒体发布宣传报道239次。在电视电台、报纸媒介等刊播减税降费报道、节目137期，多个宣传作品被新华社、学习强国平台等权威媒体刊播，融媒体作品《宣传基地“开张了”》《暖心惠企“蓝朋友”》在新华社App发布，总阅读量突破120万，有效扩大宣传覆盖面。打造“齐支书”“玉宝”和“贡柑哥”“糖桔妹”等税宣品牌形象，《守初心、担使命，齐支书税宣那些事儿》作为第六届全省党员教育电视片在全省推广宣传；《个人所得税政策解读h5及有奖问答游戏》荣获肇庆政务新媒体优秀案例奖。

（麦宝明）

清远市税务局

【经济概况】 2019年，清远市实现地区生产总值1698.2亿元，比上年增长6.3%。固定资产投资增长12.4%。社会消费品零售总额增长7.7%。地方一般公共预算收入118.5亿元，增长5.9%。农林牧渔业增加值增长5.7%。实际利用外贸增长5.1%。民营经济主体突破20万户，规模以上工业增加值增长6.1%。

【概述】 2019年是新税务机构全面运行的第一年，国家税务总局清远市税务局突出政治机关属性，加强党对税收工作的全面领导，推动“不忘初心、牢记使命”主题教育取得丰硕成果，毫不放松地推进全面从严治党，各级党组织战斗堡垒和党员先锋模范作用得到充分发挥，为推进新时代税收现代化提供了坚强的政治保证。全市税务系统共获得国家级荣誉1项，省级荣誉10项，市级荣誉21项。

【税费收入及特点】 2019年，全市税务系统共组织税费收入（不含海关代征）390.1亿元，比上年增长18.7%，其中，国内税收收入265.1亿元，增长10.9%，增幅位居全省第1（组织收入增长较快主要是受2018年缓缴等因素导致，剔除这些特殊因素，全年组织税收收入增幅基本与地方GDP增幅同步）；费金收入共125亿元，增长39.4%，其中，社会保险费收入103.3亿元，增长34.6%（剔除机关养老险补缴、城乡居民保险征管职责划转等因素，社会保险费收入增长10.5%）。全年共办理出口退

（免）税16.96亿元，增长4.4%。

国内税收规模在粤东西北12市中排第4位。2019年，清远市国内税收收入265.1亿元，在全省21个地级市中位居第12，在粤东西北12市中位居第4。国内税收增速快于全省平均水平。清远市国内税收比上年增长10.9%，在全省21个地级市中位居第1，比全省平均水平高8.1个百分点，比粤东西北地区平均水平高12.1个百分点。

中央级收入增速较快。全市税务系统组织的国内税收收入中，中央级收入122.4亿元，比上年增长13.0%，增收14.0亿元；省级收入55.4亿元，增长10.8%，增收5.4亿元；市县级收入87.4亿元，增长8.2%，增收6.6亿元。

北部地区国内税收增速快于南部地区。南部地区国内税收收入236.4亿元，比上年增长10.5%；北部地区国内税收收入28.7亿元，增长14.5%。南部地区各征收单位中，英德市、高新区分别增长28.5%、11.6%，清城区、清新区、佛冈县分别增长2.5%、6.5%、8.7%；北部地区各征收单位中，连山县、连南县分别增长47.7%、60.2%，连州市、阳山县分别增长7.0%、3.4%。

【税源分析】　全市经济发展稳中提质带动地方税源持续壮大。大力传承弘扬“清远经验”，牢牢把握经济社会发展新机遇，积极拥抱大湾区“溢出效应”，加速推进广清产业共建与融合，为清远经济社会发展提供持续动力。在此基础上，全市各地各部门大力培育新的经济支撑点、增长点，共同推动清远高质量发展、可持续发展，进一步促进地方经济税源持续健康发展。

重点行业国内税收实现较快增长。在规模以上工业增加值与利润实现平稳增长等因素的叠加影响下，制造业税收收入84.2亿元，比上年增长20.7%。在商品房销售实现稳定增长的带动下，房地产业税收收入66.5亿元，增长8.1%。全市固定资产投资完成额持续较快增长且部分跨市重点建筑企业加快工程结算开票，建筑业税收收入27.9亿元，增长13.2%。全市金融机构年末贷款余额持续快速增长，金融业实现税收收入16.8亿元，增长29.1%。

各项减税政策效应明显。2019年，落实各项减税政策共减免税收33.9亿元。分类型来看：继续深化增值税改革等，减免国内增值税约23.5亿元；因个人所得税改革，减免个人所得税5.2亿元；落实小微企业普惠性政策，新增减税约5亿元。分行政区域来看：市辖区（不含清新区）共减免17.7亿元，占全市减免税收的比重达到52.3%。

【党建工作】　在2018年党建工作责任制“五级联述联评联考”中，清远市税务局以98.44分的成绩位列驻清单位（A类）第1名。清远市税务局坚持以习近平新时代中国特色社会主义思想为指导，全面贯彻党的十九大精神，围绕落实新时代党的建设总体要求，结合税务机构改革任务，与清远市税务局机关各部门密切配合，充分发挥机关党支部的战斗堡垒作用和党员的先锋模范作用，推动全面从严治党不断向纵深发展，促进党建工作主体责任进一步压实，党建融入中心服务大局的水平进一步提升。

【减税降费】　为确保减税降费政策措施全面落实落地，让广大纳税人尽知尽享减税降费红利，2019年3月17日，在广东省税务局指导下，清远市税务局搭载面向全国的“清马”平台，开展“税务宣传跑进‘清马’　减税降费惠满万家”活动，进一步增强减税降费政策宣传的幅射效应，获得了纳税人的一致好评。市县联动，“税宣春风”预热“清马”。赛前，清远市税务局联合清远市高新区税务局、清城区税务局和清新区税务局连续3天组织税务人员到赛事管理区开展减税降费、个人所得税改革和“便民办税春风行动”等系列政策宣传预热活动，并在马拉松赛起点设置“税收宣传博览会”展区，与数万名来自全国各地的马拉松运动员、广大纳税人和市民在春风里共同唱响新政惠民的好声音。省市携手，“跑”出税收服务新里程。广东税务12366跑团首次“跑进”清远马拉松赛，与清远市税务局30多名税务干部组成马拉松税宣小分队，沿赛道开展税收宣传，发放税宣单张和减税降费宣传“礼包”，展示新机构新服务新形象和马拉松精神，全力助推减税降费落地生根。同频共振，扩大减税降费“辐射圈”。通过设置“阔步奔跑·清税助力”主题展台，设置“清远奔跑，清税奋蹄”税收咨询、问答、签名、留影驿站等平台积极宣讲减税降费政策，使市民享受马拉松活动喜悦的同时，轻松接受税收政策和税法知识，积极营造良好的政策舆论氛围，不断掀起减税降费税宣热潮。

【小微企业普惠性减免政策】 把握小微企业普惠性减免政策切入“点”。在广东省税务局“4+25”政策汇编基础上，贴合地方实际，扩大减税降费政策梳理，以现行有效的“新”“老”税费优惠政策为切入点，梳理各税种优惠政策285条（项）。其中，增值税优惠政策40项，个人所得税优惠政策88项，企业所得税优惠政策70项，社会保险费和非税收入优惠政策16项，国际税收优惠政策8条，财产和行为税各税种优惠政策63项。同时，在全市税务系统开展一轮小微企业普惠性减免政策业务培训，确保人人熟悉政策、懂政策。

夯实小微企业普惠性减免政策保障“线”。集中法制、货劳、企业所得税、个人所得税、财产和行为税、社会保险费和非税收入共6个业务部门的力量，组织开展一期普惠性税收减免政策闭卷考试，要求全市税务系统统一考试时间、考试要求、考试内容范围，由纪检、督察内审部门抓好考场纪律，从严从实确保考试工作不走过场，夯实政策考试“保障线”。

构筑小微企业普惠性减免政策“面”。通过学考结合、以考促学、以学促用的方式，帮助干部职工更全面深入地掌握各项税收业务，让减税降费相关优惠政策入脑入心，切实打牢“内部基础”，增强“内功”，进而更好地对外“发力”，达到“以考促学、以考促记、以考敦行”的目的。

（覃信豪）

潮州市税务局

【经济概况】 2019年，潮州市实现地区生产总值1080.94亿元，比上年增长5.0%；全市人均地区生产总值4.1万元，增长4.8%；一般公共预算收入48.0亿元，增长1.4%；规模以上工业增加值302.7亿元，增长3.4%；全市完成固定资产投资额451.0亿元，增长6.2%；社会消费品零售总额490.8亿元，增长8.2%；外贸进出口总额215.6亿元，增长4.5%；城乡居民人均可支配收入增长7.9%；居民消费价格指数涨幅控制在3%以内。

【概述】　2019 年是新中国成立 70 周年，是党和国家发展进程中极不平凡的一年，也是国税地税征管体制改革后潮州税务扬帆起航的开局之年。国家税务总局潮州市税务局面对各项任务繁重交织、多重困难挑战叠加的形势，高举习近平新时代中国特色社会主义思想伟大旗帜，坚决落实上级决策部署，用汗水浇灌收获，以实干笃定前行，在奉献中践行初心使命，圆满完成各项工作任务，充分展示机构改革后新税务的新作为、新风貌。潮州市税务局获评广东省“五一劳动奖状”，在 2019 年度潮州市国家机关“谁执法谁普法”履职评议中获第 2 名。全年共在各类新闻媒体刊发稿件 258 篇次，其中，被省级以上媒体采用 166 篇次。

【税费收入及特点】　2019 年，潮州市组织税费收入 177.90 亿元，比上年增长 26.95%，剔除新增减税降费后增长 37.33%。税收收入 98.06 亿元，下降 2.85%，剔除新增减税后增长 8.02%，其中：税务部门组织国内税收收入 90.92 亿元，下降 3.11%，剔除新增减税后增长 8.58%。费金收入 79.84 亿元，增长 103.69%，其中：社会保险费收入 76.67 亿元，增长 114.46%。

从各级库收入看：中央级收入 42.56 亿元，比上年下降 3.46%；省级收入 16.77 亿元，下降 6.93%；市县级收入 31.59 亿元，下降 0.45%，剔除新增减税后市县级收入增长 10.40%。

从主要税种看：受降低增值税税率政策翘尾影响和深化增值税改革等政策减税影响，国内增值税收入比上年下降 1.44%；受加大小微企业优惠力度及研发费用加计扣除等政策减税影响，企业所得税收入增长 0.77%；受提高基本减除费用标准、调整税率的政策翘尾和增加 6 项专项附加扣除的减税效应叠加释放减税影响，个人所得税收入下降 24.91%。

从主要行业看：工业税收收入比上年下降 0.59%；房地产业税收收入下降 14.45%；商业税收收入增长 3.57%；建筑业税收收入增长 4.0%。

【税源分析】　减税红利制约工业税收收入增幅。全市工业税收收入 44.20 亿元，比上年下降 0.59%。其中：制造业税收收入 36.75 亿元，下降 0.63%；电力、热力、燃气及水的生产和供应业税收收入 7.13 亿元，下降 1.01%。房地产业减收明显。全市房地产业税收收入 10.99 亿元，下降 14.45%，主要受重点房地产企业减收影响，2018 年纳税超 500 万元以上的 35 户房地产企业 2019 年税收收入 7.66 亿元，下降 32.74%，减收 3.73 亿元。商业税收增长放缓。全市商业税收收入 10.36 亿元，增长 3.57%，增收 3574 万元，剔除新增减税因素后增长 14.52%。建筑业税收收入低幅增长。全市建筑业税收收入 7.42 亿元，增长 4.0%，主要是受房地产开发投资放缓影响。

【党建工作】　坚持以习近平新时代中国特色社会主义思想为指引，认真落实第一议题制度，健全以党委理论学习中心组为龙头、党支部集中学习为主体、党员个人学习为基础的三级模式。修订党委理论学习中心组学习制度，围绕“习近平新时代中国特色社会主义思想”“党的十九届四中全会精神”等重点内容，组织开展系列集中学习和专题研讨。围绕“不忘初心、牢记使命”主题教育的开展，制定主题教育实施方案、责任表和路线图，出台“四项教育”工作方案和学习教育、调查研究、检视问题、整改落实 4 个计划。全系统开展集中学习研讨 44 次，举办读书班、研讨班 6 期；领导班子成员分别带队深入基层调研走访，全系统召开纳税人缴费人座谈会、税务干部座谈会 61 场，走访党政部门

54个，形成调研报告53篇。多渠道、多层次广泛征求意见建议，对照党章党规找差距，深刻剖析问题根源，并建立整改整治工作闭环管理机制狠抓整改落实。推进模范机关创建活动，持续健全和完善基层党建制度体系，严格执行“三会一课”、党日活动等基本制度，抓好年度党组织书记述职评议考核，健全党支部季度常态化检查机制。开展形式主义官僚主义集中整治，细化落实51项任务目标和责任分工为基层减负。扎实开展“五个五”党建品牌创建，形成“三级党建共建促发展”等特色品牌项目31个。持续推行“群团组织+服务发展”模式，组建“税务青年助企团”等宣辅团队，引导党员干部主动作为。

【减税降费】 推动建立由市政府分管领导牵头的减税降费工作联席会议制度，市、县（区）税务局成立领导小组和11个专项工作组，高效推进减税降费政策落地落实。主动向地方党政、工商联、行业协会和重点企业宣讲减税降费政策，联合财政、发改、人社等部门建立合作机制，形成党政高度重视、各部门大力支持的良好局面。组建“减税降费政策辅导团”等团队开展多样化、多层级的宣传辅导活动，持续打造“潮文化”税宣、“潮哥说税”普法专栏、“南方+潮州税务”频道等普法宣传阵地，创新推出“减税降费一点通”电子书。研发“税惠链”减税降费智能跟踪管理系统，紧盯政策落实情况。2019年新增减免税费14.53亿元，其中：享受2019年新出台的减税政策减免税费8.05亿元，享受2018年实施在2019年翘尾的减税政策减免税费3.23亿元，享受2018年到期后2019年延续的减税政策减免税费210万元，社会保险费减免3.23亿元。

【税费征管】 加快构建现代化税费征管体系，顺利完成金税三期系统并库工作，坚持以“属地+分类分级”为基础构建税费征管新模式，推进税源管理规范化标准化一体化。升级“税源管理图像监控系统”，完成全市5.43万户纳税人同步在电子地图标注，实现经济户口集成管理。对接个人所得税改革，在全省先行先试搭建“智慧云”自然人税收管理分析系统。推进信息集成、流程集成式不动产交易、缴税、登记“一窗受理”。狠抓企业职工基本养老保险扩面征缴，在全省率先实施“政府统一组织、委托村（居）委集中代收代缴为主，其他缴费渠道为有益补充”的城乡居民社会保险费缴费模式，有效拓展村（居）委对公账户签约批量扣费的缴费新渠道。完善涉税信息交流反馈机制，加强与市监、公安、政数、住建等部门的信息共享，理顺数据输出关系，严格把握数据开放分类；加强信息共享的常态化机制，强化第三方数据联动分析，推进税费共治。持续强化风险防控，深化内控机制建设，建立健全风险情报收集、数据互联互通等机制，并依托内控监督平台开展风险排查；深化数据分析和风险防控融合，健全税收风险防控体系，启动内控管理与税收风险联动机制，建立“9+1”高风险复杂事务清单，形成“排查—预警—追究—调研”的风险防控链条。

【优化税收营商环境】 制定进一步优化税收营商环境工作实施方案，推出5大类18项54条优化税收营商环境工作措施，联合汕头、揭阳市税务部门推出12项办税便利化措施，构建粤东三市税收营商环境一体化发展模式。深化“放管服”改革，推出4大类13项59条便民办税措施，7大类550项涉税（费）业务实现“最多跑一次”，业务整体提速30%以上；分批取消60项税务证明事项，开办企业时间整体压缩至3个工作日以内，出口退税平均约3.7个工作日办结，比广东省税务局要求5个工作日提速1.3

天；联合中国建设银行潮州市分行启动“银税互联自助办税”实现银税业务“一机化”办理；全面梳理整合同城通办事项，明确5大类83个同城通办涉税事项，为纳税人提供“服务一把尺子，办税一个标准”的规范化通办服务。升级“银税互动”，全市共为664户A、B级纳税人发放信用贷款5.49亿元。高质量开展调研，向市委市政府报送多篇调研报告，积极为优化营商环境建言献策，充分发挥以税资政作用。全面推进行政执法“三项制度”，进一步规范裁量权行使，统一裁量范围及处罚尺度；结合税收风险管理，不断优化税收执法方式，减少对企业不必要的干扰。深入开展综合整治发票专项行动和“打骗打虚”专项行动，全力开展“扫黑除恶”专项斗争、涉税违法犯罪专项整治行动等工作，加强纳税信用评价工作的后续管理，进一步强化守信联合激励和失信联合惩戒，推动社会信用体系构建。

【队伍建设】　稳妥开展非领导职务干部选拔工作，完成5名处级非领导职务干部及19名科级非领导职务干部的选任工作。支持鼓励符合条件人员到地方党政交流任职，推荐1名正科级领导干部提任县（区）政府班子成员（副处级），推荐1名科员到区财政局提任班子成员和1名科员到区人大常委会任职，16人通过挂职、长期抽调等形式到地方党政交流任职。持续推进全系统三年教育培训规划，创新打造“潮州税务大学堂”文化名片，认真开展“岗位大练兵、业务大比武”工作。结合税务机构改革一周年、新中国成立70周年等关键时点，及时挖掘、树立和宣传先进典型，在全系统传播税务正能量。开展“三化”建设，成立6个工作组，做好本地业务事项梳理、文本细化等工作，积极参与广东省税务局“三化”共建项目。落实7.0版绩效管理要求，持续优化改进绩效管理指标体系，提升数字人事精细化水平。持续强化队伍作风建设，严格监督执纪问责，加强税纪合作，综合运用监督执纪“四种形态”抓早抓小。深入推进“以案促改”，强化整改落实，“以案为鉴”开展刹风整纪警示教育活动，以“扣紧人生第一粒纽扣”和“身边事警示身边人”为主题，选取165人到市纪委监委留置点参与留置对象陪护，筑牢拒腐防变防线。

（卢　芬）

揭阳市税务局

【经济概况】　2019年，揭阳市实现地区生产总值2101.77亿元，比上年增长3.0%。其中：第一产业增加值186.62亿元，增长4.4%；第二产业增加值818.89亿元，增长0.3%；第三产业增加值1096.26亿元，增长5.5%。三次产业结构比重为8.9:38.9:52.2。全市规模以上工业增加值567.31亿元，下降0.5%。完成固定资产投资1151.93亿元，增长13.7%。实现社会消费品零售总额1196.27亿元，增长7.0%。地方一般公共预算收入73.01亿元，下降7.98%。在地方一般公共预算收入中，税收收入45.85亿元，下降11.93%，占地方一般公共预算收入的62.80%。地方一般公共预算支出349.56亿元，增长11.42%。

【概述】 2019年，国家税务总局揭阳市税务局紧紧围绕广东省税务局和揭阳市委、市政府的工作部署，坚持问题导向、目标导向、结果导向，主动作为，扎实工作，积极为地方经济社会发展贡献税务力量。全市税务系统共有9个单位分别获得全国“巾帼文明岗”、市级“巾帼文明岗”“文明单位”“三八”红旗集体、揭阳市直单位示范党组织等称号，7人分别被授予国家四部委“双打”先进个人、广东省五一劳动奖章、广东省及揭阳市“三八红旗手”、广东省优秀职工之友、揭阳市直单位共产党员标兵和优秀党务工作者等称号。

【税费收入及特点】 2019年，揭阳市共组织税费收入245.83亿元，比上年增长17%，增收35.75亿元。全市共组织税收收入134.88亿元，下降14.4%，减收22.74亿元。其中：税务部门组织国内税收收入132.39亿元，下降14.6%，减收22.59亿元；海关代征进口税收2.49亿元，下降5.8%，减收0.15亿元。共组织费金收入110.94亿元，增长111.5%，增收58.49亿元。其中，社会保险费收入85.88亿元，增长85.8%，增收39.66亿元；非税收入4.03亿元，下降20.1%，减收1.01亿元。

【税源分析】 各税种收入存在差异，减税降费成效明显。随着减税降费政策措施深入推进，加之房产税、城镇土地使用税征期调整及部分重点税源大幅减收等因素叠加影响，相关税种减收明显，下降幅度排名前五位的税种分别是企业所得税（-49.4%）、资源税（-40.2%）、个人所得税（-37.1%）、城镇土地使用税（-28.5%）、契税（-15.7%）；城市加快发展促进耕地占用税大幅增长（135%），强化税收征管促进印花税（28.1%）、土地增值税（24.2%）、消费税（44.5%）等相关税收的增长。

各级次税收收入均下降，但降幅呈减小趋势。在国内税收收入中，各级次收入分别为：中央级收入62.62亿元，比上年下降15.4%；省级收入23.98亿元，下降17%；市县级收入45.80亿元，下降12.1%，各级次降幅分别比第三季度减小5.4个、6.3个和8.5个百分点。

各行业税收收入分化，房地产和建筑业税收贡献明显提高。在全市各产业税收收入中，第一产业比上年增长2.3%，增速小幅回升；第二产业减收明显，下降28.5%；第三产业增长0.2%，趋于平稳。在各行业税收收入中，起到拉动作用的主要是房地产业、建筑业、钢铁热轧冷轧、非金属矿物制品业等，这4个行业税收收入的增收额分别为1.32亿元、0.46亿元、0.32亿元、0.2亿元，分别增长6.5%、3.6%、17.2%、9.8%。其中，房地产业和建筑业税收贡献进一步提高，房地产业税收收入占税收总收入15.9%，比上年提高3.1个百分点，建筑业税收收入占税收总收入9.8%，提高1.7个百分点。全市大部分传统行业均出现较大幅度减收，减收额及减收幅度最大的3个行业为医药制造业、电力生产和供应业、纺织业，分别减收14.06亿元、3.10亿元、2.39亿元，分别下降87%、44.4%、56.7%。

【税费征管】 依法依规组织税费收入。面对经济下行压力、减税降费等多重因素的叠加影响，揭阳市税务局着力加强税源调研和税收分析，抓住关键问题和薄弱环节，结合实际从税种管理、行业管理、重点项目管理和专项清理等四方面制定18条精准措施，主动向地方党委政府领导汇报组织收入情况，加强与财政等部门的沟通协作，坚决执行组织收入原则，着力夯实基础，规范征管，提升组织收入质量。

落实分类分级管理。探索重点税源企业专业

化一体化管理，着力推进事中事后监管、分类分级管户、风险管理和大数据管理。探索从纳税人的行业地位、成长性、活跃度和风险度等维度为纳税人精准画像。抓好行业税收管理。强化建筑安装业、房地产业税源控管，以“项目治理+增值税链条”为抓手，推动建立以市长为总召集人的房地产联席会议制度，协同化解管理风险。2019年揭阳市房地产业实现税收21.5亿元，比上年增长6.5%。主动服务地方重点项目建设。组建专业管理服务团队，全面对接揭阳滨海新区和大南海工业区的开发建设，实施项目全链条税收管理和个性化纳税服务，对大南海项目从招商引资、项目建设到投产经营、上下游全产业管理与服务等主动介入、全程跟进，从税收角度提出推进项目建设的意见建议。推动信息化微创新。组建数据应用创新工作室，发挥专业优势，在“税收收入及税源分析”“分类分级管理”“房地产行业智能分析”等方面进行有效探索，提升数据应用和数据管税水平。

【党建工作】　围绕贯彻实施加强党的基层组织建设三年行动计划，落实“下抓两级、抓深一层”工作机制，坚持以上率下、上下互动、共创亮点的工作思路，推行全市税务系统基层分局党支部党建指导员制度，打造党建指导员团队，推动基层党建工作更好服务全市税收工作大局。三级联动，党建指导员实现全面覆盖。坚持树立大抓基层的鲜明导向，以提升组织力为重点，加强全市税务系统基层党组织体系建设，推动党建工作体制机制更加完善。针对基层党组织党建标准不规范、党建工作“上热中温下冷”、党建质量整体有待提升等突出问题，通过推动党建力量“梯级式”下沉，构建从上到下、以点带面、三级联动、逐级延伸、层层压实的党建责任体系，推动加强党的领导和党的建设向基层延伸；实现“7+46”个党组织的指导全覆盖，在市税务局党委委员担任7个县级税务局党建指导员的示范带动下，由市税务局机关各科室主要负责人和县级税务局党委委员分别担任46个基层分局党支部党建指导员，负责督促指导基层党组织全面加强党的建设，扎实开展党建主题活动，有力推进基层党组织标准化、规范化建设，牢固树立党的一切工作到支部的鲜明导向，充分发挥基层支部的政治功能，进一步夯实基层党支部在教育党员、管理党员、监督党员和组织群众、宣传群众、凝聚群众、服务群众方面的职责。

三年计划，力促基层党建全面进步全面过硬。按照加强党的基层组织建设三年行动计划的部署要求，坚持以机关带系统，强化顶层指导和科学谋划，对党建指导员的主要职责作出具体要求。强化政治引领，坚持把党的政治建设摆在首位，贯穿于对基层党组织建设指导帮带的全过程。强化理论武装，党建指导员指导挂钩点开展学习活动，督促落实学习新思想第一议题制度，推进“两学一做”学习教育常态化制度化，按照上级部署开展“不忘初心、牢记使命”主题教育，推动每名党员依托“学习强国”学习平台开展常态化学习。规范组织生活，推动基层党组织严格执行“三会一课”、组织生活会、谈心谈话、民主评议党员、主题党日等“十项制度”。提升组织活力，党建指导员结合挂钩点党建工作实际，指导挂钩点积极创新党课方式，开展特色主题党课。拓展党建阵地，党建指导员积极参与指导开展党员示范岗、党员责任区、党员服务窗口、党员承诺践诺、党员志愿服务、党员结对帮扶等工作。打造党建品牌，强化分类指导，充分发掘亮点，认真总结党建工作的好经验、好做法，着重打造党建规范化、党建信息化、党群活动阵地、思想政治工作、精神文明创建等重点工作品牌。推进基层党组织标准化规范化建设，深入开展达标创优行动，指导挂钩点开展“抓重点、强弱项、补短板”活动。

三个环节，环环相扣确保工作落实。聚焦事前、事中、事后三个关键环节，加强组织领导，狠抓工作落实，抓住关键少数，层层传导压力，推动责任落实、任务落地。事前，党建指导员要与挂钩点充分沟通协商，协同推进机关党支部与基层党支部共建工作，制定年度工作计划，明确工作任务，增强党建指导工作的针对性和实效性。事中，党建指导员到挂钩点指导工作时，需填写《党建指导员指导基层党组织情况表》，记录联系工作情况，并向系统党建工作科报备工作进度。事后，揭阳市税务局按照《党建指导员年度工作清单》，围绕清单中的“年初（第一季度）开展党建工作调研；每年要到挂钩点讲一次党课；年末（年初）参加指导挂钩点的组织生活会；帮助基层党组织解决一个重点难点实际问题；推进‘六个规范化’建设；创建‘五好六有’党组织；推进党建品牌建设，加强‘红色青春’升级工程党建品牌建设；推进‘不忘初心、牢记使命’主题教育；推动党员依托‘学习强国’学习平台开展常态化学习；围绕中心，促进发展，落实减税降费税收优惠政策，圆满完成税费工作任务”等10项督导事项，将各科室落实党建指导员工作列入绩效考核，促进各科室统筹推进各项党建工作落实，切实发挥督导指导作用，增强全市各级税务机关党组织的创造力、凝聚力、战斗力，进一步夯实“条主责、块双重，纵合力、横联通，齐心抓、党建兴”的新纵合横通强党建机制。

【减税降费】 主动对接上级重大决策部署，协调推进减税降费和组织收入工作，助力地方经济社会发展。精准落实减税降费政策。揭阳市各级税务部门把实施减税降费作为一项重要政治任务扛牢抓实，市县两级税务局均成立落实减税降费工作领导小组，聚焦组织保障、宣传辅导、服务管理、效应分析、监督检查五个维度，制定工作方案，细化任务清单，建立完善联络员、例会和问题反馈机制，明确分工职责，对标对表层层推进全市减税降费工作落实落地。全年新增减免税费规模超26亿元。全市举办减税降费培训辅导纳税人9.82万人次，实现培训辅导“全覆盖”。向广东省税务局和地方党政报送减税降费政策效应分析报告14篇，提出建立协调健康经济税收关系、共管共治促增收等18项建议，与地方纪委监委建立起常态化联系协作和监督检查机制，减税举措和成效分别得到财政部领导、省七部门联合调研督导组的充分肯定和市政府主要领导的肯定。

【优化税收营商环境】 坚持以纳税人、缴费人为中心，多措并举，综合施策，着力营造公平稳定透明、可预期的营商环境。揭阳市在2019年纳税人满意度调查中排名进入全省前3位，排名比上一年度大幅提升。深化跨区域优化营商环境合作。积极共建粤东三市（汕头、潮州、揭阳）税收营商环境一体化发展框架，成功举办粤东三市跨区域合作第三次联席会议，建立联动机制，推出统一个人所得税核定征收标准、优化跨市迁移流程、案件协查统一快速反应等12项创新措施，合力推动粤东三市政策落实、纳税服务、税收执法“三个一体化”。推进办税便利化。完善首问责任、限时办结、预约办税、延时服务、24小时自助办税、出口退税分类管理等便民服务举措，加大力度推行同城通办、省内通办和跨区域经营企业全国通办，整合梳理550项“最多跑一次”事项清单，全面推行出口退税无纸化，推进二手房业务“一窗服务”，减轻纳税人办税负担。加大税法宣传力度。坚持问计问需，精准开展“上门辅税”及税收政策进企业、进园区、进商场、进社区、进学校、进协会的“六进”宣传工作，畅通税企“沟通桥”。揭阳市税务部门共组织纳税人、人大代表、政协委员召开座谈会83场次，走访企业7587户，现场答复咨询1226个，征求纳税人意见185条，帮助解决各类涉税问题263个。全年在市级以上主流媒体刊登税收政策宣传辅导稿件70篇，开展纳税服务“体验师”“轻骑队”、纳税人开放日和“一对一”个性化服务等一系列活动，丰富宣传形式，提升纳税人的税法遵从度。建立健全诚信纳税机制。深化纳税信用评价增值应用，2019年揭阳市共评出A级纳税人1713户，比上年增加476户，占总参评户数的6.69%，略高于全省平均比例，排全省第8名。全年共向银监部门推送纳税信用数据4.8万条，实现与驻揭所有16家银行金融机构合作签约的“全覆盖”，“银税互动”项目实现贷款余额17.4亿元，惠及企业1374户，有效缓解企业融资难、融资贵问题。认真落实税收“黑名单”制度，实施联合惩戒工作，让失信者寸步难行，营造公平公正的市场经济秩序和税收营商环境。

（洪夏庆）

云浮市税务局

【经济概况】　2019年，云浮市实现地区生产总值921.96亿元，比上年增长6.1%。其中：第一产业增加值172.50亿元，增长4.6%，对地区生产总值增长的贡献率为13.5%；第二产业增加值286.08亿元，增长6.8%，对地区生产总值增长的贡献率为38.3%；第三产业增加值463.38亿元，增长6.1%，对地区生产总值增长的贡献率为48.2%。三次产业结构比重为18.7∶31.0∶50.3。民营经济增加值670.98亿元，增长6.4%，占地区生产总值的72.8%。人均地区生产总值36354元，按年平均汇率折算为5271美元。全年地方一般公共预算收入60.48亿元，增长4.9%。其中：税收收入37.85亿元，增长0.6%；非税收入22.63亿元，增长13%。全年一般公共预算支出243.07亿元，增长12.7%。

【概述】　2019年是新中国成立70周年，也是机构改革后新税务的开局之年。这一年，经济形势变化之复杂、税费政策更迭之频繁、改革发展任务之艰巨前所未有。国家税务总局云浮市税务局上下一心，排除万难，砥砺奋进，开拓进取，取得令人振奋的良好成绩。全市税务系统共获得市厅级以上领导批示肯定23次，并首次获得省部级领导批示肯定；调研报告和业务性文章被省级以上刊物刊发8篇次；被广东省税务局及省级以上媒体宣传报道116篇次，被市级媒体宣传报道147篇次；1人获评“全国五一巾帼标兵”，6个集体和6名个人分别获得市厅级以上荣誉，2人分别得到省委主题教育办和税务总局书面肯定，5名老干部获得“庆祝中华人民共和国成立70周年纪念章”。

【税费收入及特点】　2019年，全市税费收入共完成178.2亿元，比上年增长16%。其中：税收收入总额110.9亿元，增长0.3%；费金收入67.3亿元，增长56.4%。税收收入总额中，税务部门组织的税收收入106.4亿元，增长0.4%；海关代征进口税收收入4.6亿元，下降1.5%。

税收收入实现稳定增长。税收增速居全省第10位，在大规模减税降费形势下实现微增长。中央级和市县级收入实现增长。中央级收入52.5亿元，增长1.7%，增收0.9亿元；市县级收入在叠加地方“六税两费”减半征收的背景下仍然入库37.8亿元，增长0.5%，增收0.2亿元；省级收入20.6亿元，下降3.4%，减收0.7亿元。各地税收基本实现正增长。在大规模减税降费背景下，全市5个县（市、区）中，云城区、云安区、罗定市和郁南县仍实现正增长，分别增长0.2%、8.9%、7.9%和10.2%。新兴县受大宗税源税收收入缩减和一次性税收减收等因素影响，下降10.8%。

主要税种基本实现增收。除个人所得税和土地增值税外，主体税种普遍增收。其中：个人所得税收入13.6亿元，比上年下降21.8%，减收3.8亿元；土地增值税7.6亿元，下降9.4%，减收0.8亿元。流转税（不含海关代征）收入45.1亿元，增长1.6%，增收0.7亿元，其中，国内增值税增收0.3亿元、消费税增收0.5亿元。企业所得税收入17.5亿元，增长11.9%，增收1.9亿元。财产和行为税收入30.1亿元，增长5.6%，增收1.6亿元。其中：契税收入5.2亿元，增长18.6%，增收0.8亿元。

【税源分析】 仅第二产业税收保持增长。第二产业税收收入42.9亿元，比上年增长4.2%，增收1.7亿元，其中：建筑业增长11%，电力、热力、燃气及水的生产和供应业增长22.2%。第一、三产业税收均出现减收，分别下降26.3%和1.1%，合计减收1.4亿元，其中金融业税收减收1.8亿元。传统主导行业税收大增大减。其中：水泥行业受市场需求回暖、产品价格上升等因素影响，全年税收8.5亿元，占制造业税收的30.9%，增长32.5%、增收2.1亿元；电力行业增长25.9%，增收0.6亿元；石材、不锈钢、硫化工和电子行业税收则分别下降7.3%、33.6%、20.5%和0.5%，合计减税1.5亿元，拉低全市国内税收增速1.4个百分点。重点行业税收增长乏力。制造业、金融业和房地产业占云浮市税收的比重一直较大，受减税降费政策及市场经济环境影响，2019年制造业税收仅增长0.4%，房地产和金融业税收分别下降3.9%和12.4%，合计减收2.5亿元。

【以税资政】 以税收经济分析部门的成立为契机，进一步提升税收经济分析工作的站位，更加积极主动为地方党政服务。增强素质，创新模式。选优配强分析队伍，建立分析人才库，通过集中培训、以课代训、以干促学、内外结合等形式，提升分析能力。实施重点课题党委成员牵头领题，分析部门、业务部门和基层单位共同参与的“专兼结合”课题研究模式，确保研究质量。认真选题，主动发声。主动上门向地方党政领导汇报沟通，紧扣中央精神、党政期待和当期热点精准选题，提升站位。在全省税收经济分析战线率先创办《云浮税眼》电子刊物，2019年累计编发17期，为分析成果提供了内部发布、交流、提升的平台。加强联动，合作共赢。通过“税智联合”“集中攻关”“科室联动”等组织模式，加强研究部门间、经济部门间、内部部门间的资源共享与合作，特别是与市委政研室、省社会科学院、广东财经大学等智库的合作，挖掘和激活税收数据资源的“金山银库”，实现有效增值利用。

【纳税服务】　扎实推进“便民办税春风行动”，进一步抓实纳税人满意度整改和营商环境优化等工作，不断破解纳税人反映强烈的痛点、堵点、难点问题。狠抓纳税人满意度整改工作。全面落实全程网上办、最多跑一次、套餐式服务、“全国通办”等办税便利措施，成立青年助企团实现百名税官直联千户企业，同时紧盯上一年度满意度调查中的薄弱环节狠抓问题整改，推动云浮市税务局在广东省税务系统2019年度纳税人满意度第三方调查中获得第6名。其中，新兴县税务局在全省200多个县级局单位中排第4位。出台多项特色服务举措。落实23条便民服务举措，全面清理税务证明事项，优化注销税务登记工作，切实减轻企业办税负担，不断优化税收营商环境。加强部门联合，“互联网+不动产登记”成功在云城试运行，实现个人不动产交易、纳税、登记业务“一窗受理、集成服务”，让群众“进一个门、跑一次路、交一套资料”即可完成所办业务；推出开办企业全流程“一窗通办”服务，符合条件的企业可1天办结多部门业务，办结时限排在全省前列；建成全市第一所开放式纳税人学堂，实现纳税人随到随学、税务机关精准辅导。提升办税服务厅标准化水平。依托实时监控、大数据分析和专家诊断，2019年全市办税服务厅平均办税时间和平均等候时间分别压缩至15.3分钟和6.2分钟，分别提速30%和38%。在广东省税务局对186个办税服务厅纳税服务综合管理系统“双一百”达标检查中，云城区税务局办税服务厅硬件设备达标率和系统功能上线率均达到100%，全省排名第1。

【增值税发票管理】　将强化增值税发票管理、防范虚开增值税发票风险作为重点工作，与打骗打虚两年专项行动和扫黑除恶工作紧密结合起来，采取了一系列工作措施：完善制度规范。云浮市税务局先后出台了税收业务规程内部工作指引、加强增值税小规模纳税人发票管理工作意见、防范发票风险快速反应工作指引等制度规范，大大提升基层防范发票风险的能力。精准识别风险。坚持多部门联动和多信息系统数据交叉比对，对开票量较大、申报额较少、税负异常的企业进行全方位扫描，筛选出有重大虚开嫌疑的纳税人名单下发相关地区进行核查，提高了风险识别准确率和应对成效。重拳打击虚开骗税。采用“5+N”新战法（即：坚持党建引领+提升站位，靶向攻坚深化治理；坚持纵横比对+轨迹查询，综合排查挖掘疑点；坚持数据分析+部门协作，形成合力锁定团伙；坚持统一调度+多路齐发，统一行动集中收网；坚持一案双查+以查促管，强化防控标本兼治），有效发挥党建引领和部门合力，大力打击虚开增值税发票违法犯罪，有效遏止违法犯罪分子虚开增值税发票猖獗势头。强化后续管理。建立申报数据的校验和审核机制，采取人工抽查、计算机筛查和每月组织税收管理员实地核查等形式，及时发现并化解发票管理风险。

经过全市税务系统的共同努力，增值税发票管理有效加强：税警联合侦破了“4·23”重大虚开增值税普通发票案件，涉案金额达2.19亿元，摧毁了一个流窜于广东省多地的涉嫌虚开增值税普通发票犯罪团伙，并在全省打击虚开增值税发票工作会议上作了经验介绍。联合公安、人民银行等部门，成功破获一宗云浮建市以来涉案金额最大的虚开增值税专用发票案，涉及广东、上海、福建等6个省份的企业，涉嫌虚开金额达6亿元，抓获犯罪嫌疑人8名，被市委、市政府作为“增强斗争精神、勇于担当作为”典型。贵州“8·03”案中，云浮涉嫌虚开的企业共有

30户，在税务总局案源下发时，其中29户已作为云浮市税务局自选案源开展了税务稽查，风险识别能力进一步增强。通过税务登记信息和票种核定信息监控，及时发现并化解了云浮市一批集中办理登记的健康咨询服务类纳税人虚开通用机打发票风险。

【信息化建设】 进一步贯彻绿色发展理念，加大信息化工作力度，使行政管理进一步向电子化、流程化、标准化、一体化转变。自主开发云浮市税务局行政管理平台，于2019年7月1日正式上线运行，内设政务管理、财务管理、人事管理、后勤管理、会议管理、督查督办、公共信息、个人事务等十大模块，涵盖绝大部分内部行政事项的办理流程，并将行政事项管理规范嵌入到系统流程设计中，解决内部行政事务信息分散、管理不规范、统计不及时等问题。打造全市税务一体化微模块机房，将原梯形机房重新规划为指挥中心区、模块机房区、配电区，提升了配电系统的效率（最高效率可达97.5%）和供配电、运维、温控等子系统的可靠性、节能性、智能性，使数据中心变得更加简单、高效、可靠，PUE值低至1.45，降低制冷系统能耗8%，绿色节能效果明显。打造无纸化会议系统，实现电子化文件分发、文件上传、文件同步演示、投票表决等功能，全面实现对会议音频、视频、文档等资料的数字化和电子化，节约会议成本，提升办会效率。开展网络架构扁平化改造，减轻各县（市、区）税务局运维压力，降低广域网线路成本，提高网络传输效率。

（王小惠）

珠海市横琴新区税务局

【经济概况】 2019年，横琴新区实现地区生产总值401.24亿元，比上年增长8.9%。规模以上工业增加值2.97亿元，下降17.4%。完成固定资产投资471.99亿元，下降17.5%。实现社会消费品零售总额19.89亿元，增长6.2%。

【概述】 2019年，国家税务总局珠海市横琴新区税务局团结带领局内干部职工把思想统一到中央重大决策部署和国家重大战略的贯彻上，以实际行动践行“不忘初心、牢记使命”的政治本色，落实新时代党的建设总要求。聚焦税收主题主业主线服务发展大局，推出办税事项“一次不用跑”等改革创新举措在全省推广。自主开发“基于地理信息的税收分析及巡查管理系统”，实现税源管理的全景式展现、可视化跟踪、立体化分析。

【税费收入及特点】 2019年，横琴新区组织税费收入205.66亿元（含海关代征增值税、消费税），落实减税降费20亿元，占国内税收总额的9.72%。

税收增速排名居广东省前列。横琴新区税收平均增速为4.6%，在22个税收来源地市（区）中税收增速排名第4，低于清远、阳江、深圳3市，快于广东省（2.8%）和珠海市（3.0%）

的平均增速。

澳资企业减税降费获益明显，横琴新区成为内地澳资最为密集之地。澳资企业户均减税达2.72万元，超过横琴新区管户减税平均数（2.21万元）。区内实有澳资企业2161户，成为内地澳资企业最为集中的地区，其中，有税收贡献的澳资企业共550户，纳税2.20亿元，占总税收比重1.1%。

税收集聚效应明显。横琴新区百强纳税企业全年纳税128.80亿元，占税收总量比重62.6%，企业户均纳税额1.28亿元。其中：税收超1亿元企业共35家，贡献收入94.79亿元，占税收总量50.2%；税收贡献处于“千万”级别企业共187家，贡献收入55.35亿元，占税收总量的26.9%。

【税源分析】　主要税种收入分析。自2019年4月1日深化增值税改革政策正式落地，横琴新区国内增值税连续3个季度累计增速持续回落，全年收入61.84亿元，比上年增长16.1%，较2018年回落40%；若剔除新增减税影响，增值税增长32.9%。企业所得税和个人所得税两个税种亦受到小微企业优惠政策与个人所得税改革影响，呈现减收现象。企业所得税收入56.67亿元，下降5.4%；个人所得税收入46.47亿元，下降3.8%。

行业税收情况分析。金融业收入规模继续占据首位，合计收入53.48亿元。由于2018年增值税新政策大幅拉升资本市场服务增长基数，导致2019年资本市场服务增值税较2018年减收7.98亿元。租赁和商务服务业收入48.17亿元，比上年增长16.0%。全区收入超10亿元的行业有批发和零售业、建筑业，分别收入17.07亿元、14.66亿元，分别增长1.3%、36.5%。其他行业如高端制造业、科学技术服务业、文化体育娱乐业等行业收入规模较小。房地产业收入29.69亿元，下降10.7%，其中，房地产开发企业所得税减收7.34亿元，下降53.2%。

【党建工作】　2019年，横琴新区税务局以提升组织力为重点，大力开展党建品牌建设，推动了党建工作质量整体提升。

构建以“琴税丹心”为主线的品牌工作格局。横琴新区税务局结合“琴合”税务文化精神体系，从框架、实物载体和制度规范等三方面打造党建品牌工作格局，包括提炼富有横琴特色的“琴税丹心”党建文化核心，以此为基础建造党建室、爱琴书吧、爱心妈妈屋、朗读室等“四个之家”党建文化载体，制定11张党建工作责任工作清单和支部党建资料归档“八大盒子”规范标准，打造扁平化管理下党建工作规范样本，成功创建横琴新区驻岛单位中唯一的党建示范点。

形成以“琴税丹心”为脉络的支部品牌特色。开展“一支部一品牌”活动，充分发挥各党支部主观能动性，围绕“琴税丹心”党建品牌建立各党支部“子品牌”，形成“1+9+3+22”（1个党委+9个党支部+3个群团组织+横琴新区22家党群组织）的党群共建全覆盖网络，形成了“经济犯罪风险联控合作”“‘人才强税’税校共建”等特色共建项目，特别是与首个澳资企业党组织打造了区域化党建共同体、与唯一的澳资企业工会组织和妇女组织开展联学联创等，党支部品牌呈现遍地开花的良好态势。

强化以“琴税丹心”为牵引的争先创优力量。实施党建品牌“菁英计划”，完善了党建带群建机制，围绕税收重点工作开展党支部特色服务，包括建设“党员示范岗”“党员讲师团”和“党员调研队”，在各项重点工作中充当“红色智囊”和“攻坚先锋”，围绕税收重点工作开展了“当好主人翁、建功新时代”“改革攻坚、青年在行动”“巾帼心向党、岗位做贡献”等特色活动，把党支部党建品牌锻造成推动党建工作和税收工作的重要载体，涌现了一批起到先进带头作用的单位和个人。2019 年，横琴新区税务局税源管理三科获评全国税务系统先进集体，荣获广东省五一劳动奖状，成功创建“全国巾帼文明岗”；横琴新区税务局第二团支部获评 2018—2019 年度广东省五四红旗团支部；横琴新区税务局的“爱心妈妈小屋”获评广东省爱心妈妈小屋优秀示范点。

【深化自贸区改革创新】 贯彻《国家税务总局广东省税务局关于支持中国（广东）自由贸易试验区深化税收改革创新的意见》的文件精神，成立粤港澳大湾区工作领导小组和自贸创新工作领导小组，制定了《国家税务总局珠海市横琴新区税务局关于贯彻落实国家税务总局广东省税务局支持中国（广东）自由贸易试验区深化税收改革创新意见的实施方案》，推出了 12 条创新举措和 8 项保障措施，有效推动了自贸区税收改革创新工作取得新成效。

2019 年 4 月 23 日，横琴新区税务局在广东省率先启动办税事项“一次不用跑”改革试点，通过探索制度突破、拓展技术应用、精简资料报送、优化办税流程，将税务登记、认定管理、发票办理、申报纳税、税收优惠、证明办理和特色业务等 7 类 326 个涉税费事项从“最多跑一次”升级到全流程“一次不用跑”办理，取消了 524 项资料的报送，精简度达 43.6%。2019 年 11 月 27 日，办税事项“一次不用跑”入选广东省复制推广借鉴的优化营商环境改革举措清单。

2019 年 5 月 15 日，中国（广东）自由贸易试验区工作办公室发布《广东自贸试验区第三批制度创新案例》，横琴新区税务局推出的“税收遵从指数模式”“纳税便利化指数及服务体系”“税银信用‘e’贷”“创新税务诚信报告免责体系”等 4 项税务创新入选其中。

2019 年 5 月，横琴新区税务局推出“琴税 e 惠”减税降费微信小程序，根据内地和港澳地区纳税人的阅读习惯设有简繁两种字体版本，实现“一键可视”实时视频咨询、“一键算账”估算优惠税额、“一键快查”企业专属政策库等功能。该举措在 2020 年 5 月入选广东自贸试验区第六批拟在全省复制推广改革创新经验。

2019 年 10 月 28 日，横琴新区税务局自主开发并上线“基于地理信息的税收分析及巡查管理系统”。系统收录横琴 6.3 万管户信息，利用二维地图、GIS 地理信息等技术，将加工后的数据集成映射到辖区地图上，直观呈现横琴新区税源分布情况和片区指标分析情况。

【建设粤澳深度合作区】 主动作为，发挥税收职能积极支持粤澳深度合作区和粤港澳大湾区建设，在涉税制度创新、优化跨境税收服务、促进粤澳民生融合等方面均有建树。

涉税制度创新方面。2019 年 5 月，横琴新区税务局针对粤澳基金收益的涉税问题，研究缩小内地与澳门税负差异的可行性，将增设内地与澳门税收安排相关条款作为制度融合创新的突破口，撰写《关于粤澳基金税务问题及相关政策建议的调研》，并积极向税务总局、广东省税务局及澳门财政部门提出对基金投资收益免税的政策建议，获得高度关注与认可，有力推动顶层政策修订。2019 年 11 月，税务总局与澳门特别行政区签署《〈内地和澳门特别行政区关于对所得避免双重征税和防止偷漏税的安排〉第四议定书》，规定一方政府从其出资参与双方合作设立在另一方主要用于民生项目的基金所得，在另一方享受免税待遇，有效降低了澳门投资内地的税收成本。此外，横琴新区税务局还撰写5篇关于支持粤港澳大湾区建设的政策调研报告，其中《关于完善横琴对澳资企业税收扶持体系的研究》获评广东省税务局优秀调研成果。

优化跨境税收服务方面。2019年7月，横琴新区税务局与澳门粤澳工商联会签署合作推进琴澳企业发展框架协议，在澳门的“粤澳工商联服务中心”内设置税务导办服务点，在横琴的办税服务厅设立港澳服务专区，“一点一区”（税务导办服务点和港澳服务专区）联动为澳门纳税人提供“类前台”的纳税服务，帮助澳门纳税人更快地克服澳门与内地办税差异、熟悉办税流程，无需跨境即可“一次不用跑”办理税务登记、发票办理、申报纳税、新购房产登记、减税降费政策咨询等涉税业务，强化“一次不用跑”等跨境创新便利化举措在澳门的宣传推广。2019年，“一点一区”累计对港澳纳税人提供可视化智能联办服务6000人次，112名港澳创业者“一次不用跑”办理港澳个人所得税差额补贴5900万元。

促进粤澳民生融合方面。2019年12月18日，横琴新区税务局与珠海市社会保险基金管理中心、中国银行横琴自由贸易区分行、横琴新区社区卫生服务中心签订合作协议，为常住横琴的澳门居民提供便捷的医保办理服务。在此框架下，常住横琴澳门居民可以在中国银行横琴自由贸易区分行享受医保“一站通”服务，“一站式”办结从个人社保登记、参保险种核定、扣款协议签订、社保卡办理到门诊签约统筹的全部流程，业务办理时长从原来的20天缩短到1小时。

（梁议文）

第四篇

大 事 记

广东省税务局大事记（2019年）

1月

1日

广东省各级税务机关开出城乡居民基本养老保险费和城乡居民基本医疗保险费的完税证明，标志着全省城乡居民基本养老保险费和城乡居民基本医疗保险费征收职责成功划转。

2日

国家税务总局中山市税务局开出全省首张村镇基础设施配套费（仅对乡镇规划区征收）缴费凭证，标志着首批省级非税收入项目完成征收职责划转并正式开征。

14日

国家税务总局广东省税务局召开金税三期系统并库工作领导小组2019年第一次会议。

15日

中国南方电网有限责任公司等缴费企业完成国家重大水利工程建设基金等非税收入的申报缴费工作，首批划转的中央级非税收入项目完成首个征期的征收工作。

21日

国家税务总局广东省税务局顺利完成2019—2021年“一下”控制数分配及全省税务系统2019年“二上”预算编报工作。

23日

全省税务工作会议和全省税务系统全面从严治党工作会议在广州市召开。

24日

国家税务总局广东省税务局与广东省工商业联合会举行减税降费工作座谈会，广东省税务局党委书记、副局长胡金木出席。

全省税务系统金税三期系统并库暨大双轨试运行动员部署大会在广州市召开。

28日

国家税务总局广东省税务局党委委员、纪检组组长蒋学武向广东省纪委专题汇报广东省税务系统深入学习贯彻十九届中纪委三次全会精神进一步纵深推进全省税务系统全面从严治党情况。

29日

国家税务总局广东省税务局党委会议和党委巡察工作领导小组会议分别听取第一轮专项巡察汇报。

30日

国家税务总局广东省税务局召开全省税务系统金税三期系统并库再动员再部署视频会议，传达贯彻全国金税三期工程并库动员部署会议精神，部署下一阶段并库工作。

国家税务总局广东省税务局召开模范机关创建活动领导小组会议，审议通过模范机关创建活动整改落实行动方案；广东省税务局党委委员、总经济师、机关党委书记伍关兴代表广东省税务局模范机关创建活动领导小组，总结广东省税务局机关前一阶段模范机关创建活动情况，研究部署下一阶段工作。

国家税务总局广东省税务局召开2018年度机关党支部书记抓基层党建工作述职评议考核会议。

国家税务总局广东省税务局召开机关新任职党支部书记集体谈话会。

31日

国家税务总局广东省税务局发出《关于切实贯彻落实非税收入各项减免优惠政策工作的通知》（粤税函〔2019〕105号）。

1月中下旬

广东省税务系统完成石油特别收益金、国家留成油收入两项非税收入的征收职责划转，并于1月31日前完成首个征期的征收工作。

1月

“广东税务”微信公众号被南方报业传媒集团评为“2018广东政务新媒体年度最具传播力奖”。

2月

2日—3日

国家税务总局广东省税务局党委副书记、局长吴紫骊一行到汕头开展减税降费和金税三期系统并库工作调研，与汕头市、潮州市税务局主要负责同志开展座谈，重点听取落实减税降费政策措施和金税三期系统并库进展情况汇报，详细了解汕头市税务局“数字法治”建设情况，并看望慰问办税服务厅工作人员。

11日

国家税务总局广东省税务局党委书记、副局长胡金木一行到广东省税务局金税三期系统并库、电子税务局和大数据平台建设工作组集中驻地，慰问三个工作组工作人员，详细了解春节假期集中驻地的加班工作情况和下一阶段项目建设情况等。

国家税务总局广东省税务局印发机关目录外标准下采购管理暂行办法。

15日

中国税务学会副会长、国家税务总局广东省税务局党委副书记、局长吴紫骊，广东省税务局党委委员、副局长肖映波会见到访的香港税务学会会长崔庆昭一行。

20日

国家税务总局广东省税务局召开税收服务粤港澳大湾区工作会议，深入学习领会《粤港澳大湾区发展规划纲要》精神，听取前期工作开展情况汇报，就下一步推进粤港澳大湾区税收服务和政策研究工作进行部署。

国家税务总局广东省税务局党委书记、副局长胡金木，党委委员、总经济师罗达佳及有关部门负责人会见到访的普华永道会计师事务所合伙人一行。

25日

国家税务总局广东省税务局党委委员、总经济师伍关兴主持召开广东省税务局扫黑除恶专项斗争领导小组全体成员会议，传达全省扫黑除恶专项斗争视频会议精神，通报2018年全省税务系统扫黑除恶专项斗争工作情况，研究部署2019年全省税务系统扫黑除恶专项斗争工作。

26日

国家税务总局广东省税务局党委委员、副局长梁世桃出席省工商联（总商会）第十二届三次执委会议，签署大力支持服务民营企业发展壮大合作框架协议。

26日—28日

全省12366业务培训班在佛山市举办。本次培训对新时期12366纳税服务工作进行部署、对2019年绩效考核指标进行解读，邀请专家开展新媒体运营技巧、广东税务网站审发稿制度流程、12366纳税服务平台操作应用、12366日常工作流程和作业标准等培训，组织分组讨论，进行座谈交流。

28日

国家税务总局广东省税务局印发广东省税务系统经费保障实施办法。

3月

1日

金税三期系统（并库版）在广东省税务系统成功上线运行。

国家税务总局广东省税务局税务稽查综合信息管理平台（二期）在全省各地级市税务局稽查局、同级跨区域稽查局全面上线，实现对稽查业务全过程、全环节的管理监控。

国家税务总局广东省税务局下发税务系统涉机构改革的业务管理类内部文件专项清理结果。

2日

国家税务总局广东省税务局顺利完成税务系统2018年决算工作。

4日

国家税务总局总审计师刘丽坚到广东税务部门开展个人所得税第二步改革工作落实情况调研并主持召开座谈会。

国家税务总局广东省税务局印发落实减税降费工作领导小组纪检问责组工作方案。

7日

国家税务总局广东省税务局会同广东省发展改革委、省教育厅、省公安厅、省民政厅、省财政厅、省人社厅、省自然资源厅、省住建厅、省卫生健康委、省医疗保障局、省地方金融监管局、省政务服务数据管理局、中国人民银行广州分行、中国银行保险监督管理委员会广东监管局等14个部门召开广东省落实个人所得税专项附加扣除政策工作专班成立暨首次联席会议。广东省税务局党委委员、总经济师罗达佳主持会议，广东省税务局局内相关单位、工作专班各成员单位相关人员参加会议。

8日

国家税务总局广东省税务局顺利完成2018年度省级部门决算工作。

11日

国家税务总局广东省税务局党委副书记、局长吴紫骊主持召开服务省委、省政府重大发展战略工作专题会议。

国家税务总局广东省税务局印发深入推进全省税务系统扫黑除恶专项斗争实施方案。

11日—12日

全省税务系统减税降费执纪监督工作座谈会在广州市召开。

12日

国家税务总局纳税服务司副巡视员张颂舟到广东12366纳税服务中心开展工作调研。

国家税务总局广东省税务局与国家税务总局深圳市税务局共同召开粤港澳大湾区专题座谈会，广东省税务局党委委员、总经济师罗达佳，深圳市税务局党委委员、副局长林伟明出席，相关部门负责人参加。

13日—15日

国家税务总局广东省税务局党委委员、副局长朱江涛带队到苏州市参加沪、粤、浙、鲁、皖、苏六省（市）税收分析协作和数据共享调研活动，讨论研究六省（市）税收分析协作和数据共享机制，研究合作事项制度化安排，并初步形成六省市税收分析合作和数据共享备忘录。

14 日

国家税务总局广东省税务局举办增值税小规模纳税人定点联系企业座谈会，全省 7 个地市的 32 户企业代表参加。

15 日

国家税务总局广东省税务局党委委员、纪检组组长蒋学武向广东省纪委副书记陈伟东专题汇报落实减税降费政策工作情况。

广东省原国税地税资产并库工作顺利完成。

19 日—20 日

2019 年全省税务稽查工作会议召开，传达国家税务总局广东省税务局党委副书记、局长吴紫骊对全省稽查工作的重要批示，部署 2019 年全省稽查重点工作。

20 日

全省税务系统 2019 年开账工作启动，《税务系统会计制度（试行）》全面落地落实。

22 日

国家税务总局广东省税务局召开减税降费暨深化增值税改革工作专题推进会。

国家税务总局广东省税务局印发 2019 年全省税务系统巡察工作要点。

25 日

国家税务总局广东省税务局党委副书记、局长吴紫骊到香港参加广东省 2019 年港澳春茗活动。

国家税务总局广东省税务局印发落实 2019 年深化增值税改革工作方案和工作任务清单。

26 日至 4 月 4 日

新华社广东分社开展减税降费实地采访，赴广东 4 地采访逾 50 户企业，并深入基层税务部门进行采访，采访内容与广西等 3 个省的采访内容综合形成了深化增值税改革百企调研等 3 篇新华社内参稿件。

28 日

全省 82.45 万户纳税人全面完成税控开票系统升级。

29 日

在 2019 年省直机关模范机关创建暨省直机关党的工作会议上，国家税务总局广东省税务局党委副书记、局长吴紫骊代表广东省税务局作典型发言。

4 月

1 日

国家税务总局广东省税务局举行“共话减税降费　助力粤港澳大湾区发展”宣传活动，并启动第 28 个全国税收宣传月活动。

国家税务总局广东省税务局党委委员、副局长陈忠明率相关人员到广州越秀集团有限公司开展深化增值税改革实地调研，现场了解企业开具新税率增值税发票情况。

9 日

国家税务总局总审计师刘丽坚带领所得税司一行在国家税务总局广东省税务局召开个人所得税改革工作座谈会，研讨汇算清缴工作。

国家税务总局财务管理司司长伍舫一行到广东开展财务管理工作专题调研，并在国家税务总局佛山市税务局了解“互审互评互进”财务管理模式试点情况，与基层财务人员面对面沟通交流，听取加强基层财务管理意见建议。

国家税务总局广东省税务局制发落实 2019 年深化增值税改革纳税服务工作任务清单。

9 日—12 日

全国税务系统财务工作会议在广东南海数据中心召开。国家税务总局广东省税务局党委委员、副局长肖映波代表广东省税务局在会议上作了题为《下好“先手棋” 谋好“棋后招”高质效完成资产划转移交工作》先进经验介绍。

10 日

财政部行政政法司司长王瑛在广东南海数据中心开展税务系统经费保障专题调研。国家税务总局总审计师刘丽坚出席调研会，税务总局财务管理司司长伍舫以及北京、吉林、江西、湖南、广东、四川、新疆7个省（区、市）分管财务工作的局领导和财务处负责人等参加调研会。国家税务总局广东省税务局党委委员、副局长肖映波代表广东省税务局介绍广东省税务系统落实经费保障办法的相关经验，并对财务管理绩效评价工作提出推广落实建议。

粤港澳大湾区税收政策研讨会在珠海市横琴新区召开。

11 日—12 日

科技部火炬中心到广东开展科技企业孵化器、大学科技园和众创空间税收政策落实情况调研，广东省税务部门会同广东省科技厅参加实地调研、座谈会等活动。

16 日

国家税务总局广东省税务局召开纳税人满意度整改推进会暨优化税收营商环境工作会议。

17 日

国家税务总局广东省税务局在珠海市举办智慧税法宣传技术创新和应用研讨会，邀请相关政府单位、科研院校、互联网公司和涉税专业机构，共同研讨新技术支撑下的税收服务智慧型应用，探索在智能宣传、智能咨询等领域应用人工智能和大数据技术的实现路径。

17 日至 5 月 22 日

国家税务总局广东省税务局开展“减税降费36计”融媒体“接龙”报道，聚焦各地市在减税降费落实方面的特色举措，每天在广东税务微信公众号及部分主流媒体推出一篇报道文章和一条 vlog（短视频）。

18 日

由国家税务总局广东省税务局、国家税务总局深圳市税务局联合主办，国家外汇管理局广东省分局协办的粤港澳大湾区税收政策宣讲活动暨国际汇税通启动仪式在广州市举行。

19 日

国家税务总局广东省税务局与广东省审计厅召开关于税收、非税收入和社会保险费管理的调研座谈会，并就落实《审计署 税务总局关于税收征管体制改革后有关审计工作的通知》要求，探讨如何统筹开展税务部门审计。

22 日

国家税务总局广东省税务局召开党委会议，明确组建广东省社会保险费征管工作团队，集中解决落实社会保险费降费工作中的重点和难点问题。

国家税务总局广东省税务局发布《关于明确增值税纳税申报有关事项的公告》（国家税务总局广东省税务局公告2019年第3号）。

23 日

国家税务总局广东省税务局党委委员、副局长梁世桃出席珠海市横琴新区办税事项“一次不用跑”试点启动仪式并致辞。

国家税务总局广东省税务局召开全省社会保险费降费减负工作专题会议，传达党中央、国务院和国家税务总局关于减税降费工作的指示精神，部署广东省社会保险费降费减负工作和下一阶段社会保险费征管重点工作。

25 日

国家税务总局广东省税务局举办“营商赢

商，粤来越强——2019 年优化税收营商环境主题活动”，推出“纳税服务体验师”项目，面向社会计划招募 1000 名熟悉税务部门服务渠道的“体验师”开展调查研究，与羊城报业集团共同组建“纳税服务体验师”智囊团，为 22 名专家学者、媒体代表、企业代表颁发聘书。

国家税务总局广东省税务局、共青团广东省委员会联合成立广东“税务青年助企团”。广东省税务局党委委员、总经济师伍关兴，团省委副书记梁均达出席成立仪式并为广东“税务青年助企团”授旗。

国家税务总局广东省税务局、广东省财政厅、广东省人力资源和社会保障厅、广东省医疗保障局联合发出《关于建立落实降低社会保险费率工作联系会议制度的通知》（粤税发〔2019〕92 号）。

26 日

国家税务总局广东省税务局、广东省发展和改革委员会、广东省财政厅、广东省人民政府国有资产监督管理委员会、广东省市场监督管理局、广东省档案局联合转发六部委关于坚决查处第三方涉税服务借减税降费巧立名目乱收费行为的通知。

国家税务总局广东省税务局印发加强出口退（免）税服务与管理的若干意见。

国家税务总局广东省税务局发出关于成立转变税收征管方式和深化“放管服”改革领导小组的通知。

29 日

国家税务总局广东省税务局印发机关经费支出管理暂行办法。

中国邮政储蓄银行茂名市高州网点完成了第一笔通过现金缴纳的城乡居民保险费，标志着广东省城乡居民保险费银行网点现金缴费功能成功上线。

30 日

广东省人力资源和社会保障局、广东省财政厅、国家税务总局广东省税务印发广东省城镇职工基本养老保险单位缴费比例过渡方案。

国家税务总局广东省税务局发布广东省增值税一般纳税人纳税申报指南、2019 年深化增值税改革一般纳税人纳税申报案例以及 6 则增值税一般纳税人纳税申报软件操作视频。

国家税务总局广东省税务局全面完成金税三期核心征管系统、广东企业电子申报管理系统、广东省电子税务局升级改造和联调测试，为“报好税”畅通渠道。

4 月

广东省、市、县三级税务机关联动发力，积极采取多种形式开展全国“两会”代表委员回访活动，向代表委员介绍减税降费政策和落实落细措施，进一步问需求、优服务、谋支持，营造良好税收舆论氛围。

5 月

1 日

广东省电子税务局全面升级增值税小规模纳税人网页端和移动端申报渠道的功能，实现发票数据的“一键采集”。

国家税务总局广东省税务局党委委员、副局长陈忠明一行到广州市海珠区东江饮食有限责任公司现场调研深化增值税改革首日网上申报情况。

8 日—23 日

国家税务总局工作组到国家税务总局广东省税务局开展深化增值税改革第二阶段“报好税”等减税降费工作情况以及第三方涉税服务机构排查整治工作的督导调研。

15 日

审计署驻广州特派办副特派员朱惠红一行到国家税务总局广东省税务局开展审计工作座谈。座谈会通报审计署驻广州特派办近期减税降费审计工作安排，并就如何加强审计、税务部门协调配合交流意见。

16 日

国家税务总局征管和科技发展司副巡视员陈东辉一行到肇庆市开展基层落实“放管服”改革工作调研，并召开座谈会。

17 日

国家税务总局广东省税务局在广州市召开营商环境座谈会。

国家税务总局广东省税务局与数字广东网络建设有限公司举办业务座谈会。广东省税务局党委副书记、局长吴紫骊，数字广东公司首席执行官王新辉出席会议，广东省税务局党委委员、总审计师李榕滨主持会议。

23 日

国家税务总局广东省税务局联合广东省发展和改革委员会、广东省市场监督管理局召开第三方电子发票涉税服务单位调研会。

28 日

国家税务总局广东省税务局机关举行减税降费工作“党员先锋队”“青年突击队”“巾帼建功队”授旗仪式，广东省税务局党委副书记、局长吴紫骊出席仪式并为 3 支队伍授旗。

31 日

国家税务总局广东省税务局、广东省人力资源和社会保障厅印发关于社会保险降率减费工作的通知。

5 月

在国家公务员考试首轮面试后，国家税务总局广东省税务局根据上级部署又组织开展了第二场补充录用面试。

6 月

3 日

全国人大财政经济委员会委员、中国税务学会会长汪康一行到中国南方电网有限责任公司开展减税降费工作调研，并主持召开座谈会。国家税务总局广东省税务局党委副书记、局长吴紫骊，国家税务总局驻广州特派员办事处特派员韩月朝陪同调研。

5 日

广东省人民政府举行减税降费新闻发布会，国家税务总局广东省税务局党委委员、副局长陈忠明作为主发布人介绍广东税务部门落实减税降费的主要做法、2019 年 1—4 月广东减税降费工作成效、减税降费政策带来的经济社会效应以及下一步工作计划。

5 日—18 日

国家税务总局广东省税务局联合广东省委督查室、省政府督查室、省财政厅、财政部广东监管局、审计署驻广州特派办、国家税务总局驻广州特派办组成联合调研督导组，对广东市县级财政、税务部门落实减税降费工作情况开展调研督导。

10 日

国家税务总局广东省税务局举办深化增值税改革运行情况企业座谈会，6 大行业 14 户典型纳税人的代表参加座谈会。广东省税务局党委委员、副局长朱江涛出席会议。

国家税务总局广东省税务局联合广东省人力资源和社会保障厅、广东省财政厅和广东省统计局印发关于公布 2018 年全省从业人员月平均工资和职工基本养老保险缴费基数上下限有关问题的通知。

10日—13日

国家税务总局收入规划核算司巡视员刘新利到珠海、深圳、广州三地开展粤港澳大湾区专题调研。

11日—13日

全省税务系统政策法规工作会议暨业务培训在佛山市举办。

12日

国家税务总局党委书记、局长王军到广东调研，主持召开座谈会和专题汇报会，听取国家税务总局广东省税务局、国家税务总局驻广州特派员办事处、深圳市税务局、广州市税务局以及国家税务总局“不忘初心、牢记使命”主题教育第九巡回指导组工作汇报。

20日

增值税一般纳税人网页版“一键申报”功能上线，实现全省增值税纳税人申报渠道全部“一键申报”。

20日—21日

全省税务系统纳税服务专项工作座谈会在湛江市召开。

21日

国家税务总局广东省税务局党委委员、总会计师蒋余良主持召开广东省税务局机关“不忘初心、牢记使命”主题教育座谈会。

24日

国家税务总局广东省税务局机关党委举办“不忘初心、牢记使命”主题演讲比赛。

7月

4日

国家税务总局广东省税务局与华为技术有限公司签署战略合作框架协议，并成立联合创新中心，双方决定在广东税务信息化建设方面开展深度合作，合力推进广东智慧税务建设。

国家税务总局征管和科技发展司一行到东莞市开展税务信息化工作调研。

12日

国家税务总局广东省税务局党委委员、总会计师、广东省税务局主题教育领导小组副组长蒋余良主持召开广东省税务局机关“不忘初心、牢记使命”主题教育推进座谈会，广东省税务局办公室党支部等8个支部负责同志作交流发言。国家税务总局第九巡回指导组李亚峰同志出席会议。

国家税务总局广东省税务局召开“不忘初心、牢记使命”主题教育离退休干部座谈会，广泛征求对广东省税务局党委及班子成员的意见和建议。

16日

国家税务总局广东省税务局党委召开党的十九大届期第二轮巡察动员部署会。

18日至8月27日

国家税务总局广东省税务局党委第一、第二、第三、第四、第五巡察组分别对江门、阳江、揭阳、云浮、横琴新区5个市（区）税务局党委及班子成员开展巡察。

19日

国家税务总局广东省税务局稽查局联合广东省公安厅经济犯罪侦查局、广州市公安局经侦大队等单位，启动“聚焦风险，联防共治”打防涉税犯罪宣传活动。

22日

国家税务总局电子税务管理中心副主任曹存义一行到广东开展信息化工作调研。

24日

国家税务总局广东省税务局党委委员、副局长陈忠明主持召开增值税发票管理专项整治工作推进会，听取广州、佛山、梅州、东莞、茂名、肇庆、揭阳市关于增值税发票管理专项整治工作阶段性进展情况的汇报。

7—8 月

国家税务总局广东省税务局组织开展业务大比武，从1052名岗位能手中选拔出全省5个专业210名专业骨干。

8 月

2 日

国家税务总局广东省税务局召开“三化”建设①动员部署会议，对关于开展规范化标准化一体化建设的决定进行解读，听取征管和科技发展处、财产和行为税处和佛山市税务局、阳江市税务局“三化”建设主题工作汇报。

9 日

广东省高净值、高收入人员个人所得税管理服务工作在国家税务总局中山市税务局开始试点。

广东省自然人税收管理体系建设工作在国家税务总局潮州市税务局开始试点。

12 日

国家税务总局广东省税务局联合广东省人力资源和社会保障厅印发2019年广东省城乡居民基本养老保险缴费人数计划，明确2019年广东省城乡居民基本养老保险缴费任务。

15 日

国家税务总局广东省税务局党委委员、总会计师、“三化”建设领导小组常务副组长蒋余良主持召开“三化”建设领导小组办公室第一次会议，会议审议规范化标准化一体化建设工作计划和规范化标准化一体化建设领导小组办公室工作制度。

16 日

全省税务系统完成2020年“一上”预算审核上报工作。

20 日

国家税务总局广东省税务局“不忘初心、牢记使命”主题教育领导小组办公室召开机关有关部门主要负责同志深入基层一线蹲点调研成果交流会。

21 日—23 日

国家税务总局社会保险费一组副组长（副司长级）陈居奇、人力资源和社会保障部工伤保险司副司长张晗一行赴广东就工伤保险省级统筹及社会保险费降率等问题开展联合调研。

由国家税务总局货物和劳务税司主办、国家税务总局广东省税务局协办的全国税务系统整合出口退税管理系统专题调研在清远市开展。

22 日

国家税务总局广东省税务局会同广东省发展改革委、省教育厅、省公安厅、省民政厅、省财政厅、省人力资源和社会保障厅、省自然资源厅、省住建厅、省卫生健康委、省医疗保障局、省地方金融监管局、省政务服务数据管理局、中国人民银行广州分行、中国银行保险监督管理委员会广东监管局14个部门召开广东省落实个人所得税专项附加扣除政策工作专班专题座谈会。

国家税务总局广东省税务局与中国建设银行广东省分行联合举办“银税互联自助办税业务暨劳动者港湾”合作项目发布会，双方签署“银税互联自助办税业务暨劳动者港湾”合作共建协议。

25 日

国家税务总局广东省税务局联合广东省人力

① “三化”建设：规范化标准化一体化建设。

资源和社会保障厅、广东省财政厅印发关于阶段性调整广东省失业保险浮动费率实施办法的通知。

国家税务总局广东省税务局对外网进行改版升级。

26 日

自然人税收管理系统（ITS）扣缴业务数据上云工作完成，系统运行稳定。

30 日

广东企业电子申报管理系统登录改造完成，实现一台电脑多企业便利登录切换操作，优化纳税人办税体验。

9 月

1 日

广东省电子税务局更正申报功能完成优化，实现全部增值税纳税人可网上更正任何属期申报表、税款可补可退，进一步提升纳税人办税便利度。

2 日

广东省高净值、高收入人员个人所得税管理服务工作和广东省自然人税收管理体系建设工作在国家税务总局广州市税务局开始试点。

3 日

《广东省税务局列名大企业名册信息管理办法》（国家税务总局广东省税务局公告 2019 年第 6 号）发布。

4 日

省、市两级优化税收营商环境领导小组联席会议召开。国家税务总局广东省税务局党委委员、副局长梁世桃主持会议。

5 日

中央文明委在北京召开第七届全国道德模范座谈会，并举行颁奖仪式。国家税务总局广东省税务局黄桂祥荣获第七届全国道德模范提名奖。

6 日

国家税务总局广东省税务局举办全省税务系统增值税发票管理系统（2.0 版）上线视频动员会暨系统操作培训会。

国家税务总局广东省税务局党委委员、纪检组组长李文涛组织召开“一案双查”联席会议，货物和劳务税处、税收大数据和风险管理局、督察内审处、巡察工作办公室、纪检组、稽查局等部门相关人员参加。

11 日

全省税务系统货物和劳务税工作会议在江门市召开。

16 日—19 日

国家税务总局广东省税务局在广东省税务干部学校江门主校区开展广东税务兼职教师选聘工作。本次选聘工作通过“考评初选、集中选拔”的方式，成功选聘教师 90 人，加上续聘教师 110 人、处级干部 24 人、领军人才 11 人，合计 235 人纳入广东省税务系统兼职教师师资库。

17 日

广东 12366 纳税服务中心荣获 2019 年度“中国十佳呼叫中心”之“十佳市政及公共事业服务热线奖”，是全国 12366 纳税服务热线中唯一获奖者。

17 日—27 日

由国家税务总局主办、国家税务总局广东省税务局承办的“交流促服务　实训练精兵”12366 主题交流实训培训班在广东省社会科学院举办。来自安徽、青岛、四川、云南和青海 5 个地区负责 12366 纳税服务的 37 名业务骨干参加本次培训。

18 日

全省税务系统财务管理工作会议在珠海市

召开。

19 日—20 日

国家税务总局广东省税务局党委委员、纪检组组长李文涛一行到湖南开展纪检工作调研交流。

20 日

国家税务总局广东省税务局举办“不忘初心、献礼祖国”庆祝中华人民共和国成立 70 周年歌咏活动。

24 日

国家税务总局广东省税务局召开办税服务厅管理规范发布会。

全省税务系统纪律审查业务培训班在广东省税务干部学校开班。

25 日

国家税务总局广东省税务局党委书记、局长、“三化”建设领导小组组长吴紫骊主持召开“三化”建设领导小组第一次会议，会议听取“三化”建设领导小组办公室及 6 个工作组的工作汇报，分析“三化”建设存在的问题，并对下一阶段工作作出部署。

国家税务总局广东省税务局“减税降费 36 计”融媒体宣传项目获评“广东省十大普法创新创先案例”。

28 日

广东 12366 纳税服务中心座席人员统一搬迁至新办公区——人民北路办公区。

30 日

广东省电子税务局申报功能完成优化，实现增值税、城市维护建设税、教育费附加和地方教育附加等税费合并申报，进一步提高纳税人、缴费人申报便利性，为广州市迎接世界银行营商环境评价助力。

全省税务系统超 70 万张资产卡片信息完善和分类调整工作完成。

10 月

11 日

国家税务总局广东省税务局一级巡视员梁世桃一行到国家税务总局深圳市税务局研讨合作共建 12366 粤港澳大湾区纳税服务中心等事宜。双方就提高纳税人满意度、12366 纳税服务热线日常管理、合作共建 12366 粤港澳大湾区纳税服务中心等内容进行了深入的研究探讨。

17 日

国家税务总局广东省税务局华关荣获国务院扶贫开发领导小组颁发“2019 年全国脱贫攻坚贡献奖”。

18 日

广东省体育局、省直工委、省教育厅、省卫健委、省总工会、团省委在广州市体育职业技术学院举办广东省第九套广播体操大赛，国家税务总局广东省税务局荣获最高奖项“省直单位、省行业体协组·特等奖”。

24 日

广东省税务系统第二批“不忘初心、牢记使命”主题教育推进会召开，传达学习贯彻中央以及国家税务总局推进会精神，总结全省税务系统第二批主题教育开展情况和巩固扩大第一批主题教育成果情况，部署下一步工作。

《广东省支持现代农业产业园发展税费政策措施指引》发布，涵盖 108 项支持现代农业产业园发展的税费政策措施。

28 日

税控 2.0 系统和发票公共服务平台在广东上线运行。

30 日

国家税务总局广东省税务局联合广东省公安

厅、海关总署广东分署、中国人民银行广州分行以及公安部经侦局、国家税务总局驻广州特派员办事处，在珠海市召开广东省打击虚开骗税违法犯罪两年专项行动工作现场会。广东省税务局党委书记、局长吴紫骊等领导参加会议。

全国首个基于微信小程序的省级移动办税平台“粤税通”微信小程序在广东上线运行。

31 日

全省税务系统征管科技工作会议在中山市召开。

增值税发票管理系统（2.0 版）在广东正式上线。

11 月

5 日

全国普法办公室通报表扬“七五”普法中期先进集体和先进个人，国家税务总局广东省税务局办公室荣获全国“七五”普法中期先进集体，广东省税务局办公室况淑敏荣获全国“七五”普法中期先进个人。

6 日—30 日

国家税务总局广东省税务局党委派出 2 个巡察组，对办公室、货物和劳务税处、企业所得税处、社会保险费处、纳税服务处、第三税务分局、稽查局、信息中心、税收科学研究所等 9 个党支部开展落实改革发展任务和全面从严治党主体责任情况专项巡察。

7 日

沪、苏、浙、皖、鲁、粤六省（市）税收分析协作和数据共享会议在佛山市召开。国家税务总局收入规划核算司副司长郑小英出席会议，六省（市）税务局分管局领导及收入规划核算处、税收经济分析处部门负责人参加会议。国家税务总局广东省税务局党委委员、副局长朱江涛参加会议并致辞。

12 日—13 日

全省税务系统纪检监察工作分析会议在广州市召开。

20 日—22 日

全省税务系统纳服中心工作会议在佛山市召开。

22 日

广东省人力资源和社会保障厅、国家税务总局广东省税务局印发关于推进失业保险金“畅通领、安全办”的通知。

25 日

中央“不忘初心、牢记使命”主题教育第十一巡回督导组组长宋秀岩一行到国家税务总局佛山市顺德区税务局进行实地调研督导，与佛山市税务局、佛山市顺德区税务局干部进行座谈。广东省税务局党委书记、局长吴紫骊等陪同调研。

大数据基础平台完成扩容升级，实现大数据平台与电子税务局云平台的物理隔离，存储容量和系统性能明显提升。

26 日

国家税务总局广东省税务局推出“三化”建设第一批 26 项成果，举办“三化建设风帆劲 千军重任再奋蹄”第一批建设成果展。

27 日—30 日

国家税务总局督察内审司司长邓勇带队，会同税务总局收入规划核算司有关人员组成专题调查组到广东普宁开展涉税舆情督导检查。

29 日—30 日

国家税务总局党委书记、局长王军到广东调研。在国家税务总局广东省税务局机关、国家税务总局珠海市税务局分别组织召开工作座谈会，听取广东省税务局党委书记、局长吴紫骊专题汇报以及基层税务干部关于职级晋升工作的意见建议，深入了解广东省税务局职级晋升试点工作情况，并对开展好下一步工作进行系统指导、提出明确要求。

6—11 月

全省企业职工基本养老保险平均缴费人数2223 万人。

11 月

全省税务制服招标采购工作完成。

12 月

2 日—13 日

全省税务系统纪检监察干部培训班在北京中国纪检监察学院举办。

10 日

广东省个人所得税综合所得汇算清缴工作推进会召开。

11 日

国家税务总局广东省税务局联合广东省财政厅、广东省自然资源厅印发《广东省“三旧”改造税收指引（2019 年版）》，覆盖广东省现行的两大类共 9 种“三旧”改造模式。

国家税务总局广东省税务局编印《广东省社会保险费基本概述》。

13 日

国家税务总局广东省税务局召开全省税务系统社会保险费专题工作会议，部署广东省城乡居民社会保险费征管工作，研究 2020 年全省税务系统社会保险费工作。

17 日

全省税务系统信息中心工作会议在河源市召开。

18 日

广东省税务作家协会成立大会召开。大会审议通过广东省税务作家协会章程，选举产生广东省税务作家协会第一届理事及领导班子。

19 日

“广东税务”微信订阅号在第七届广东互联网政务论坛上荣获“2019 政务新媒体年度影响力奖”。

20 日

国家税务总局税收大数据和风险管理局一行到广东调研个人所得税综合所得汇算清缴模拟运行和自然人电子税务局上线工作。

21 日

自然人电子税务局（国家税务总局广东省税务局端）广东税务部分环境从南海数据中心成功切换至五山数据中心。

23 日—27 日

国家税务总局广东省税务局在广东省委党校举办全省税务系统学习贯彻党的十九届四中全会精神专题研讨班，全省税务系统（除广州市税务系统外）副处级税务干部参加。

24 日

国家税务总局广东省税务局印发“最多跑一次”清单，将单位缴费登记等 32 项社会保险费业务纳入清单范围。

25 日

全省税务系统督察内审工作会议在中山市召开。

26 日

国家税务总局广东省税务局召开“查管互动”工作联席会议。

27 日

广东省政府新闻办公室举行《广东省“三旧”改造税收指引（2019 年版）》新闻发布会。国家税务总局广东省税务局党委委员、副局长肖映波出席发布会，介绍《广东省“三旧”改造税收指引（2019 年版）》出台背景、主要内容、下一步计划等有关情况。

30 日

新短信平台迁移至国家税务总局广东省税务局五山数据中心，原国税、地税短信平台实现完全整合。

31 日

全省实现不动产交易、税收征缴、登记“一窗受理、并行办理”。

除广州、佛山、东莞、中山市外，其他 17 个市和省直单位均成功上线广东省社会保险费省级三方共享平台。

12 月

完成全省原国税系统（除广州、佛山）养老保险和职业年金清缴工作。

在国家税务总局广东省税务局机关正式上线广东省税务局智慧财务管理系统。

第四季度

完成国家税务总局广东省税务局机关和试点市税务局的国家税务总局广东省税务局管理干部的首次晋升工作，共晋升 381 人。

2019 年

全省税费收入完成 29968 亿元，同比增长 6.5%。全省税收收入总额 23789 亿元，同比增长 0.6%，其中：税务部门组织国内税收收入 20241 亿元，同比增长 2.8%；海关代征进口税收 3548 亿元，同比下降 10.3%。税务部门组织费金收入 6179 亿元，受社会保险费和非税收入征管职责划转影响增长 37.6%。2019 年，税务部门组织完成社会保险费收入 4890 亿元，受征管职责划转等因素影响快速增长 30.2%。非税收入 687 亿元，增长 16.3%。其他收入 602 亿元，增长 319%。

深圳市税务局大事记（2019年）

1月

1日

深圳市首张机关事业单位和城乡居民基本养老保险费的完税证明成功开出。

2日

深圳市首张享受个人所得税专项附加扣除的工资表成功开出。

第一批全面推行数字人事单位全员上线。

7日

国家税务总局深圳市税务局召开领导班子和领导干部2018年度述职述廉会议。

8日

深圳市首张新划转非税收入项目完税证明顺利开出。

11日

国家税务总局深圳市税务局举办“唱响中国税务之歌　展现深圳税务风采”合唱比赛决赛。

14日

国家税务总局深圳市税务局召开第一次职工代表大会。

23日

社会保险费首个征期的申报缴费工作提前完成，实现申报率和缴费率均100%。

25日

2018年度国家税务总局深圳市税务局党委召开民主生活会。

28日

国家税务总局深圳市税务局召开全市税务工作会议、全市税务系统全面从严治党工作会议。

30日

国家税务总局深圳市税务局召开实施减税降费工作会议。

社会保险费和非税收入征收职责划转年度工作会议召开。

全市税务系统2019年绩效管理工作会议召开。

31日

金税三期系统并库电子税务局改造接入工作顺利完成。

原国税、地税金税三期系统并库工作完成。

首张电费场景的区块链增值税电子发票开出。

2月

1日

金税三期个人所得税管理系统、社会保险费系统、自然人税收管理系统（ITS）、特软房地产税费交易系统、车船税委托代征系统、私房租赁委托代征系统并库上线。

14日

全市税务系统全面推行数字人事工作推进会

议召开。

21日

国家税务总局深圳市税务局召开第六批全国税务领军人才学员选拔推荐动员会议。

26日

12366纳税服务热线市、区两级中心构建工作会议召开。

3月

1日

国家税务总局深圳市税务局纳税服务中心（税收宣传中心）获评“全国巾帼文明岗”称号。

8日

国家税务总局深圳市税务局开展2019年第1期“税与争锋”税政速递论坛活动。

15日

国家税务总局深圳市税务局召开全面推行数字人事动员暨“智税人才”发布会议。

19日、27日

国家税务总局深圳市税务局联合深圳市公安局主动出击，分两批发起打击增值税普通发票虚开系列专案的收网行动。

21日

国家税务总局深圳市税务局领导到国家税务总局深圳市坪山区税务局参加与李克强总理视频连线活动。

26日

全市税务系统深化减税降费工作动员部署会议召开。

国家税务总局深圳市税务局举办第一期全面从严治党学习教育和纪律教育系列培训暨“不忘初心牢记使命　永葆清正廉洁政治本色”专题讲座。

26日—30日

国家税务总局深圳市税务局协助承办税务系统分管政府采购局领导及处长培训班，国家税务总局党委委员、副局长孙瑞标出席并讲话。

28日

国家税务总局深圳市税务局举行“走出去”大企业税收高峰论坛。

29日

国家税务总局深圳市税务局举办“智税人才”沙龙之企业所得税专场活动。

4月

1日

国家税务总局深圳市税务局举办第28个全国税收宣传月启动仪式暨落实减税降费及优化税收营商环境发布会。

全市税务系统巡察工作会议召开。

数字人事全面上线，并推出“数字人事+智税人才”平台。

深圳市微信税务局上线。

11日

国家税务总局深圳市税务局召开“智税·2019”大数据竞赛团体赛展示会议。

18日

国家税务总局深圳市税务局与国家税务总局广东省税务局共同举办粤港澳大湾区税收政策宣讲活动暨“国际汇税通”启动仪式。

19日

国家税务总局深圳市税务局召开2019年“岗位大练兵、业务大比武”活动筹备协调会议。

24日

国家税务总局深圳市税务局联合深圳市公安局破获一起专案。初步统计，涉案金额2.6亿元。

26 日

国家税务总局深圳市税务局与深圳市公安局宝安分局联合开展一起专案收网行动，取得重大战果，涉案金额 21.74 亿元，税额 3.59 亿元。

28 日

全市税务系统减税降费工作推进会召开。

29 日

国家税务总局深圳市税务局召开迎接全国营商环境评价动员会。

国家税务总局深圳市税务局召开“青春心向党·建功新时代”暨纪念“五四”运动 100 周年座谈会。

区块链增值税电子发票系统（2.0 版）上线。

30 日

国家税务总局深圳市税务局向享受减税降费政策优惠的纳税人推送第一批次“减税降费红利账单”，约 13 万份，最高红利金额近 100 万元。

5 月

1 日

国家税务总局深圳市税务局开展深化增值税改革纳税申报零点验证。

5 日

国家税务总局深圳市税务局召开全面推行“数字人事 + 智税人才”阶段总结部署会议。

国家税务总局深圳市税务局召开巡察工作阶段汇报会。

7 日

国家税务总局深圳市税务局参加第七十二批“民心桥”节目。

8 日

国家税务总局深圳市税务局召开迎接国家税务总局减税降费督察工作部署会议。

“凝聚改革合力　展现深圳税务风采”深税杯足球联赛在福田体育公园举行。

9 日

国家税务总局深圳市税务局举办深圳市“区长税课”研讨班。

12 日—18 日

国家税务总局广深调研工作组对国家税务总局深圳市税务局深化增值税改革首个征期、地方预算调整及社会保险费降率工作落实情况进行调研督导。

13 日

国家税务总局深圳市税务局召开迎接国家税务总局督导调研见面会。

15 日

国家税务总局深圳市税务局召开落实《粤港澳大湾区发展规划纲要》企业座谈会。

国家税务总局深圳市税务局举办深圳市人大代表、政协委员专场减税降费主题宣讲会。

国家税务总局深圳市税务局召开 2019 年度公务员招录面试工作会议。

16 日

国家税务总局深圳市税务局举办服务“一带一路”建设、防控跨境风险国别报告政策专场宣讲会。

17 日

国家税务总局深圳市税务局举办“税企一家话减税”座谈沙龙。

20 日

国家税务总局深圳市税务局召开降低社会保险费率统计核算培训会议。

国家税务总局深圳市税务局举办全国税务系统减税降费先进典型深圳宣讲会。

国家税务总局深圳市税务局召开做好减税降

费督导检查发现问题整改推进会暨迎接国家税务总局大督查工作部署会议。

21日

国家税务总局深圳市税务局召开涉税专业服务三方遵从机制试点工作启动会暨涉税专业服务监管调研座谈会。

国家税务总局深圳市税务局举办纳税遵从三方协议签约仪式。

22日

2019年全市税务系统政策法规工作暨全面推行“三项制度”部署会议召开。

国家税务总局深圳市税务局举办2019年度“金牌讲师”现场评选活动。

25日

国家税务总局深圳市税务局进入国家税务总局第六批全国税务领军人才学员选拔面试的人员参加国家税务总局组织的面试。

27日

深圳市第一张“超计划超定额加价水费”缴款凭证成功开具。

30日

区块链增值税电子发票在出租车行业全面上线。

6月

4日

国家税务总局深圳市税务局召开全市税务系统开展“不忘初心、牢记使命”主题教育工作会议。

5日

国家税务总局深圳市税务局召开全面推行“三项制度”工作研讨会。

6日

国家税务总局深圳市税务局召开巡察“回头看”动员部署会议。

8日—15日

国家税务总局深圳市税务局党委组织开展2019巡察“回头看”工作。

17日—21日

国家税务总局深圳市税务局机关举办“不忘初心、牢记使命”主题教育集中学习研讨班。

18日

中国社会科学院党组成员、副院长高培勇一行到国家税务总局深圳市税务局调研交流，并听取深圳市税务局区块链增值税电子发票、大数据、电子税务局、数字人事等项目工作进展情况。

19日

国家税务总局深圳市税务局与中国人民银行深圳市中心支行、腾讯控股有限公司签署三方合作备忘录，联合设立“猎鹰”创新实验室。

20日

国家税务总局深圳市税务局召开“智税·2019”大数据竞赛座谈会。

20日—27日

国家税务总局深圳市税务局举办全国12366交流实训活动（深圳基地），辽宁、浙江、陕西、青岛四省（市）税务局相关人员到深圳市税务局参训。

21日

国家税务总局深圳市税务局组织全市税务系统第一批“不忘初心、牢记使命”主题教育，副处级以上党员干部集中学习、分组研讨。

26日

国家税务总局深圳市税务局召开半年度稽查案件办理情况汇报会。

27日

国家税务总局深圳市税务局召开2019年第二季度小型微利企业所得税减税政策贯彻落实准

备会议。

28 日

国家税务总局深圳市税务局召开“智税·2019”大数据竞赛风险任务专题工作部署会议。

深圳市税务系统纪念中国共产党建党 98 周年表彰大会召开。

7 月

1 日—12 日

全市税务系统开展数字人事 2019 年第二季度领导评鉴和上半年现实表现测评工作。

12 日

国家税务总局深圳市税务局召开“代表委员话税收”座谈会。

15 日

国家税务总局深圳市税务局召开减税降费专项督查反馈会议。

17 日

国家税务总局深圳市税务局与深圳市优化营商环境改革领导小组办公室联合召开新闻发布会，发布《优化深圳税收营商环境工作备忘录》。

22 日

国家税务总局深圳市税务局召开“不忘初心、牢记使命”主题教育工作会议。

25 日

全市税务系统二级巡察工作调研会召开。

深圳市召开“智税人才”沙龙之风险管理国际经验借鉴交流研讨会。

国家税务总局深圳市税务局第一税务分局荣获深圳市第三届“党建杯”创新大赛服务创效项目一等奖，区块链增值税电子发票项目荣获深圳市第三届“党建杯”创新大赛决赛暨广东省市直机关第七届“先锋杯”工作技能大赛深圳赛（工作创优组）二等奖。

26 日

国家税务总局深圳市税务局举办“不忘初心、牢记使命”专题党课。

30 日

国家税务总局深圳市税务局召开 2019 年“八一”建军节军转干部座谈会。

8 月

2 日

国家税务总局深圳市税务局举办以“不忘初心担使命　优化服务展风采”为主题的“最美纳服人”技能竞赛活动。

8 日

国家税务总局深圳市税务局举行区块链增值税电子发票上线一周年媒体介绍会。

14 日

国家税务总局深圳市税务局举办“传承红色基因、牢记初心使命”党史专题讲座。

16 日

国家税务总局深圳市税务局领导班子对照党章党规找差距专题会议召开。

18 日

国家税务总局深圳市税务局召开 2019 年首批新录用公务员报到见面会。

18 日至 9 月 1 日

国家税务总局深圳市税务局代表团到美国参加“税收风险和纳税遵从管理”培训。

23 日

国家税务总局深圳市税务局召开学习贯彻习近平总书记关于税收工作重要论述现场交流会。

24 日

新版本行政管理平台改造上线。

26 日

国家税务总局深圳市税务局领导班子“不忘

初心、牢记使命”专题民主生活会召开。

国家税务总局深圳市税务局第一批“不忘初心、牢记使命”主题教育评估测评会召开。

27 日

深圳市召开两年专项行动一周年打击虚开骗税违法犯罪新闻发布会。

28 日

深圳市税务系统警示教育大会召开。

31 日

新版门户网站上线。

9 月

3 日

国家税务总局深圳市税务局举办“不忘初心、牢记使命”主题教育暨庆祝新中国成立70周年演讲比赛。

4 日—19 日

国家税务总局深圳市税务局举办综合文秘、货物和劳务税、个人所得税、大企业税收管理、税务稽查、信息技术等6个岗位第二轮业务比武。

8 日

国家税务总局深圳市税务局召开2019年补充录用公务员报到见面会。

9 日

国家税务总局深圳市税务局启动“保密文化周”活动。

10 日

全市税务系统“不忘初心、牢记使命”主题教育第一批总结暨第二批部署会议召开。

20 日

深圳市注册税务师协会召开第四次会员代表大会暨四届理事会一次会议。

23 日

国家税务总局深圳市税务局召开“税收风险与纳税遵从管理”赴美培训情况汇报会。

27 日

国家税务总局深圳市税务局召开庆祝新中国成立70周年厅局级离退休干部座谈会。

30 日

全市税务系统举行迎国庆升国旗仪式。

10 月

11 日

“税政通”平台正式上线运行，同步发布《深圳市税务局税政通运行管理办法》和《税政通平台操作手册》。

12 日

企业所得税智税管控平台上线。

深圳市注册税务师协会举行注册税务师行业党委换届选举。

17 日

国家税务总局党委委员、副局长孙瑞标到深圳调研。

四部委召开打击虚开骗税违法犯罪两年专项行动工作推进视频会议，国家税务总局深圳市税务局组织相关人员参加。

23 日

国家税务总局深圳市税务局召开增值税发票管理系统（2.0版）上线动员会。

24 日

国家税务总局深圳市税务局召开深圳市前海税务局全面推行增值税电子发票试点工作会议。

25 日

全市税务系统第二批“不忘初心、牢记使命”主题教育工作推进会召开。

27 日

国家税务总局深圳市税务局举行“凝聚改革

合力　展现深圳税务风采”深税杯足球联赛决赛。

29 日

国家税务总局深圳市税务局召开数字人事“两测”工作视频会议。

30 日

深圳市举办《关于支持深圳建设中国特色社会主义先行示范区的意见》专题辅导讲座。

11 月

1 日

深圳税务、公安、海关、人民银行四部门与国家税务总局驻广州特派员办事处联合开展收网行动，成功破获一起专案。

国家税务总局深圳市前海税务局试点全面推行增值税电子发票。

4 日

国家税务总局深圳市税务局制定深圳市税务系统第二批“不忘初心、牢记使命”主题教育专题民主生活会工作指引。

10 日

增值税电子发票公共服务平台推广上线。

14 日

全市税务系统全量社会保险费征收职责划转工作动员部署会召开。

15 日

国家税务总局学习贯彻党的十九届四中全会精神专题辅导讲座视频会议召开，国家税务总局深圳市税务局组织相关人员参加。

17 日

深圳市税务系统召开第一期新录用公务员初任培训结业座谈会。

区块链增值税电子发票项目参加广东省市直机关第七届“先锋杯”工作技能大赛，获全省第 11 名。

18 日

深圳市税务系统第二批“不忘初心、牢记使命”主题教育整改工作推进会召开。

21 日

深圳市人大常委会主任骆文智一行到国家税务总局深圳市税务局调研。

深圳四部门信息情报交换平台上线。

执法全过程信息记录管理平台上线。

22 日—27 日

国家税务总局深圳市税务局开展第一批“不忘初心、牢记使命”主题教育“回头看”工作。

25 日

全国首张中英双语个人所得税纳税清单开具。

27 日

国家税务总局深圳市税务局联合深圳市公安局开展专案收网行动。

29 日

深圳市税务系统学习贯彻党的十九届四中全会精神研讨班举办。

12 月

1 日

全市推广电子税务局新办纳税人“套餐式”服务。

4 日

深圳税收历史文化展馆获评深圳市法治宣传教育三星级基地。

7 日

国家税务总局深圳市税务局组织干部参加国家税务总局业务能力升级测试和领导胜任力测试。

15日

标准版国际贸易“单一窗口”外贸企业免退税申报功能、外贸综合服务企业代办退税申报功能实现。

16日

深圳市“律税人”团队成立大会召开。

18日

深圳市税务系统第二期新录用公务员初任培训结业座谈会召开。

19日

国家税务总局深圳市税务局荣获全国税务系统“智税·2019”大数据竞赛三等奖。

“深圳税务服务号”在2019第七届广东互联网政务论坛上荣获广东省“2019年最具影响力政务微信服务号”称号。

20日

“@深税”移动税务局全市升级上线。

25日

国家税务总局深圳市税务局召开机关2019年新退休人员座谈会。

26日

国家税务总局深圳市税务局召开优化营商环境专题会议。

孟加拉国国家税务局达卡第一分局局长马哈布卜·侯赛因一行到国家税务总局深圳市税务局考察交流。

27日

国家税务总局深圳市税务局召开大练兵大比武工作总结协调会。

30日

国家税务总局深圳市税务局召开“共话减税降费　优化营商环境”人大代表政协委员座谈会。

国家税务总局深圳市税务局开展“最美税务人——专业人才”评选大赛决赛。

31日

国家税务总局深圳市税务局统筹个人所得税扣缴上云以及专门系统的推广上线工作，顺利完成个人所得税专门系统上线。

第五篇

机构与人员

广东省税务局厅级领导名单（2019年）

统计截止时间：2019年12月31日

姓名	职务（职级）	备注
吴紫骊	党委书记、局长	2019年6月任党委书记
朱江涛	党委委员、副局长、一级巡视员	2019年8月晋升一级巡视员
陈忠明	党委委员、副局长	
李文涛	党委委员、纪检组组长	2019年6月任党委委员、纪检组组长
王义平	党委委员，广州市税务局党委书记、局长	
伍关兴	党委委员、总经济师	
蒋余良	党委委员、总会计师	
肖映波	党委委员、副局长	
李榕滨	党委委员、总审计师	
梁世桃	一级巡视员	2019年8月晋升一级巡视员
罗达佳	一级巡视员	2019年9月晋升一级巡视员
方佳雄	副厅级干部	
余振荣	副厅级干部	
林树山	二级巡视员	2018年9月提拔副巡视员，2019年6月套转为二级巡视员
梁紫枫	二级巡视员	2019年4月提拔副巡视员，2019年6月套转为二级巡视员

深圳市税务局厅级领导名单（2019 年）

统计截止时间：2019 年 12 月 31 日

姓名	职务（职级）	备注
张国钧	党委书记、局长	
李　伟	党委委员、副局长	
明安斌	党委委员、副局长	
吴　德	党委委员、纪检组组长	
李显著	党委委员、总审计师	
项　清	党委委员、副局长	
林伟明	党委委员、副局长	
万伟平	党委委员	
刘　高	一级巡视员	
唐晓明	一级巡视员	
陈　捷	一级巡视员	
徐志忠	二级巡视员	
杨　龙	二级巡视员	

广东省税务局机关及直属单位处级领导干部名单（2019 年）

统计截止时间：2019 年 12 月 31 日

机构部门	姓名	职务（职级）	职务层级
局领导	赵　平	总审计师、一级调研员	县处级正职
办公室	冯绍伍	主任、一级调研员	县处级正职
办公室	朱晓菁	副主任	县处级副职
办公室	杨　珉	副主任	县处级副职
办公室	申　深	副主任	县处级副职
办公室	钟志深	副主任	县处级副职
政策法规处	曾玉勤	处长	县处级正职
政策法规处	张媛春	副处长	县处级副职
政策法规处	陈　勃	副处长	县处级副职
政策法规处	林　昊	副处长	县处级副职
货物和劳务税处	陆群英	处长、一级调研员	县处级正职
货物和劳务税处	梁静茹	副处长	县处级副职
货物和劳务税处	安韶君	副处长	县处级副职
企业所得税处	石　真	处长、一级调研员	县处级正职
企业所得税处	何　凡	副处长、三级调研员	县处级副职
个人所得税处	詹立仁	处长、一级调研员	县处级正职
个人所得税处	吴旭红	副处长、三级调研员	县处级副职
个人所得税处	陈云璋	副处长、三级调研员	县处级副职
财产和行为税处	宁　波	处长、一级调研员	县处级正职
财产和行为税处	徐　伟	副处长（正处长级）	县处级正职
财产和行为税处	陈晓敏	副处长、三级调研员	县处级副职
财产和行为税处	杨　皓	副处长	县处级副职
资源和环境税处	刘　柯	处长	县处级正职
资源和环境税处	麦　立	副处长	县处级副职
资源和环境税处	温春红	副处长、三级调研员	县处级副职
资源和环境税处	钟　鸣	副处长、三级调研员	县处级副职
社会保险费处	黄　荣	处长、一级调研员	县处级正职

续表

机构部门	姓名	职务（职级）	职务层级
社会保险费处	卢新生	副处长、三级调研员	县处级副职
社会保险费处	谢森承	副处长	县处级副职
非税收入处	陈小东	处长、一级调研员	县处级正职
非税收入处	唐　山	副处长、三级调研员	县处级副职
收入规划核算处	李殿相	处长、一级调研员	县处级正职
收入规划核算处	杜　鹃	副处长、三级调研员	县处级副职
收入规划核算处	杨万霞	副处长	县处级副职
纳税服务处	潘启平	处长、一级调研员	县处级正职
纳税服务处	郭　葵	副处长、三级调研员	县处级副职
纳税服务处	肖　戎	副处长、三级调研员	县处级副职
纳税服务处	郑　珩	副处长	县处级副职
纳税服务处	温芳芳	副处长	县处级副职
征管和科技发展处	陈学著	处长、一级调研员	县处级正职
征管和科技发展处	李友乔	副处长、三级调研员	县处级副职
征管和科技发展处	段智勇	副处长	县处级副职
国际税收管理处	刘　丽	处长	县处级正职
国际税收管理处	罗翠英	副处长、三级调研员	县处级副职
国际税收管理处	江　慧	副处长	县处级副职
税收经济分析处	袁红兵	处长、一级调研员	县处级正职
税收经济分析处	李秋然	副处长、三级调研员	县处级副职
税收经济分析处	谭蜀鄂	副处长	县处级副职
税收大数据和风险管理局	陈济华	副局长、三级调研员	县处级副职
税收大数据和风险管理局	黄世能	副局长	县处级副职
税收大数据和风险管理局	庄广文	副局长	县处级副职
财务管理处（装备和采购处）	黄媛春	处长	县处级正职
财务管理处（装备和采购处）	江　平	副处长	县处级副职
财务管理处（装备和采购处）	庄义伟	副处长、三级调研员	县处级副职
财务管理处（装备和采购处）	邓少波	副处长、三级调研员	县处级副职
财务管理处（装备和采购处）	黄武如	副处长、三级调研员	县处级副职
督察内审处	张巧珍	处长、一级调研员	县处级正职
督察内审处	赵善文	副处长、三级调研员	县处级副职
督察内审处	谢建新	副处长、三级调研员	县处级副职

续表

机构部门	姓名	职务（职级）	职务层级
督察内审处	王琼珍	副处长	县处级副职
人事处	林敬忠	处长、一级调研员	县处级正职
人事处	温丽萍	副处长	县处级副职
人事处	杨鸿城	副处长	县处级副职
人事处	梁杰文	副处长	县处级副职
考核考评处	黄　英	处长	县处级正职
考核考评处	唐雪峰	副处长、三级调研员	县处级副职
考核考评处	林　莹	副处长	县处级副职
考核考评处	王　劼	副处长	县处级副职
教育处	傅宏中	处长、一级调研员	县处级正职
教育处	王德华	副处长（正处长级）、一级调研员	县处级正职
教育处	唐　敏	副处长	县处级副职
教育处	冯伟智	副处长	县处级副职
机关党委	马咏华	正处长级干部	县处级正职
机关党委	罗志文	副处长级干部、三级调研员	县处级副职
机关党委	林克波	副处长级干部	县处级副职
机关党委	窦　丽	副处长级干部	县处级副职
老干部处	陈　琦	处长、一级调研员	县处级正职
老干部处	魏冬青	副处长、三级调研员	县处级副职
老干部处	徐　辉	副处长、三级调研员	县处级副职
系统党建工作处	杨若婷	副处长	县处级副职
巡察工作办公室	钟文锋	主任、一级调研员	县处级正职
巡察工作办公室	李文平	副主任（正处长级）、一级调研员	县处级正职
巡察工作办公室	蔡少镇	副主任	县处级副职
巡察工作办公室	江杰娟	副主任	县处级副职
纪检组	陈少明	副组长（正处长级）	县处级正职
纪检组	金振孝	副组长（副处长级）、三级调研员	县处级副职
纪检组	陈庆雄	副组长（副处长级）、三级调研员	县处级副职
纪检组	陈志斌	副组长（副处长级）、三级调研员	县处级副职
第一税务分局	徐　杰	局长、一级调研员	县处级正职
第一税务分局	蒋安平	副局长（正处长级）、一级调研员	县处级正职
第一税务分局	凌宏兴	副局长、三级调研员	县处级副职
第一税务分局	黄东辉	副局长、三级调研员	县处级副职
第一税务分局	曹令飞	副局长、三级调研员	县处级副职

续表

机构部门	姓名	职务（职级）	职务层级
第二税务分局	林振龙	局长、一级调研员	县处级正职
第二税务分局	肖明亮	副局长、三级调研员	县处级副职
第二税务分局	马维胜	副局长、三级调研员	县处级副职
第三税务分局	刘通天	局长、一级调研员	县处级正职
第三税务分局	黄桂祥	副局长（正处长级）、一级调研员	县处级正职
第三税务分局	林华儿	副局长、三级调研员	县处级副职
第三税务分局	朱慧严	副局长、三级调研员	县处级副职
第三税务分局	彭峰彪	副局长、三级调研员	县处级副职
第四税务分局	龙成东	局长，湛江市税务局党委副书记、副局长	县处级正职
第四税务分局	张　荣	副局长	县处级副职
稽查局	陈佳发	局长、一级调研员	县处级正职
稽查局	林　辉	副局长	县处级副职
稽查局	柯晓江	副局长	县处级副职
电子税务管理办公室（国家税务总局电子税务管理中心广东分中心）	陈　冰	主任、一级调研员	县处级正职
电子税务管理办公室（国家税务总局电子税务管理中心广东分中心）	梁以馥	副主任、三级调研员	县处级副职
电子税务管理办公室（国家税务总局电子税务管理中心广东分中心）	范胜光	副主任	县处级副职
纳税服务中心（税收宣传中心）	黄永桂	主任	五级职员（处级正职）
纳税服务中心（税收宣传中心）	戴宏辉	副主任	六级职员（处级副职）
信息中心	黄海军	主任、一级调研员	县处级正职
信息中心	周　昊	副主任（正处长级）	五级职员（处级正职）
信息中心	郑毅强	副主任	六级职员（处级副职）
信息中心	林蓄仁	副主任	六级职员（处级副职）
机关服务中心	赖建华	主任	县处级正职
机关服务中心	曾建辉	副主任	六级职员（处级副职）
机关服务中心	张少宏	副主任	六级职员（处级副职）
机关服务中心	雷效校	副主任	六级职员（处级副职）
税收科学研究所	向　景	所长	五级职员（处级正职）
税收科学研究所	梁若莲	副所长	六级职员（处级副职）
税收科学研究所	钟云姗	副所长	六级职员（处级副职）
广东省税务干部学校	王永民	校长	五级职员（处级正职）
广东省税务干部学校	黄　杰	副校长	六级职员（处级副职）
广东省税务干部学校	周　斌	副校长	六级职员（处级副职）

备注：含广东省税务局第四税务分局处级干部。

广东省各市（区）税务局领导班子成员名单（2019 年）

统计截止时间：2019 年 12 月 31 日

机构名称	姓名	职务名称	职务层级
广州市税务局	王义平	广东省税务局党委委员，广州市税务局党委书记、局长	厅局级副职
广州市税务局	陆耀炳	党委副书记、副局长	县处级正职
广州市税务局	许满棠	党委委员、纪检组组长	县处级正职
广州市税务局	侯邦安	党委委员、副局长	县处级正职
广州市税务局	王　峰	党委委员、副局长	县处级正职
广州市税务局	陈忠文	党委委员、副局长	县处级正职
广州市税务局	马世超	党委委员、总会计师	县处级正职
广州市税务局	韩流柱	党委委员、总经济师	县处级正职
广州市税务局	罗得力	党委委员、总审计师	县处级正职
珠海市税务局	曾天翔	党委书记、局长	县处级正职
珠海市税务局	严贵杨	党委副书记、副局长、一级高级主办	县处级正职
珠海市税务局	徐均红	党委委员、二级高级主办	
珠海市税务局	杨　敏	党委委员、副局长、三级高级主办	县处级副职
珠海市税务局	文　英	党委委员、总经济师、三级高级主办	县处级副职
珠海市税务局	凌寿斌	党委委员、副局长	县处级副职
珠海市税务局	邝景伦	党委委员、副局长、三级高级主办	县处级副职
珠海市税务局	梁春洪	党委委员、副局长、三级高级主办	县处级副职
珠海市税务局	吴淑生	党委委员、副局长、三级高级主办	县处级副职
珠海市税务局	陆　强	党委委员、副局长、三级高级主办	县处级副职
珠海市税务局	邱职君	党委委员、副局长、三级高级主办	县处级副职
珠海市税务局	郑伟轩	党委委员、总会计师	县处级副职
珠海市税务局	吴　健	党委委员、副局长	县处级副职
珠海市税务局	苏大豪	党委委员、纪检组组长	县处级副职
珠海市税务局	吴永红	党委委员、副局长	县处级副职
汕头市税务局	张振宇	党委书记、局长、一级高级主办	县处级正职
汕头市税务局	杨奕忠	党委副书记、副局长（正处级）、一级高级主办	县处级正职
汕头市税务局	梁丹扬	党委委员、副局长、三级高级主办	县处级副职

续表

机构名称	姓名	职务名称	职务层级
汕头市税务局	许锦如	党委委员、副局长	县处级副职
汕头市税务局	杨啟丰	党委委员、副局长、三级高级主办	县处级副职
汕头市税务局	林立宇	党委委员、副局长、三级高级主办	县处级副职
汕头市税务局	张小曼	党委委员、总经济师、三级高级主办	县处级副职
汕头市税务局	徐　斌	党委委员、总会计师	县处级副职
汕头市税务局	苏春光	党委委员、纪检组组长	县处级副职
汕头市税务局	林建龙	党委委员、副局长	县处级副职
汕头市税务局	吴玲玫	党委委员、副局长	县处级副职
汕头市税务局	张浩林	党委委员、副局长	县处级副职
汕头市税务局	陈维明	党委委员、总经济师	县处级副职
佛山市税务局	朱　毅	党委书记、局长	县处级正职
佛山市税务局	岑慧勤	党委委员、副局长	县处级副职
佛山市税务局	戚晋北	党委委员、副局长	县处级副职
佛山市税务局	谢文捷	党委委员、副局长	县处级副职
佛山市税务局	黄健劲	党委委员、纪检组组长	县处级副职
佛山市税务局	吕卓坚	党委委员、副局长	县处级副职
佛山市税务局	黄济敏	党委委员、副局长	县处级副职
佛山市税务局	李怀嘉	党委委员、总经济师	县处级副职
佛山市税务局	黄嘉志	党委委员、总经济师	县处级副职
佛山市税务局	余远辉	党委委员、总会计师	县处级副职
佛山市税务局	潘志豪	党委委员、副局长	县处级副职
佛山市税务局	陈裕辉	党委委员、总会计师	县处级副职
佛山市税务局	王明耀	党委委员、副局长	县处级副职
韶关市税务局	林　晓	党委书记、局长	县处级正职
韶关市税务局	苏韶娟	党委委员、二级高级主办	
韶关市税务局	陈红光	党委委员、副局长	县处级副职
韶关市税务局	欧阳坚	党委委员、副局长	县处级副职
韶关市税务局	朱戴伟	党委委员、副局长	县处级副职
韶关市税务局	郭俊明	党委委员、副局长	县处级副职
韶关市税务局	高　海	党委委员、副局长	县处级副职
韶关市税务局	张锦标	党委委员、副局长	县处级副职
韶关市税务局	朱伟波	党委委员、总会计师	县处级副职

续表

机构名称	姓名	职务名称	职务层级
韶关市税务局	黄　文	党委委员、总经济师	县处级副职
韶关市税务局	李建新	党委委员、总经济师	县处级副职
韶关市税务局	杨文涛	党委委员、纪检组组长	县处级副职
河源市税务局	李保中	党委书记、局长、一级高级主办	县处级正职
河源市税务局	郑兆青	党委委员、副局长、三级高级主办	县处级副职
河源市税务局	石小辉	党委委员、副局长	县处级副职
河源市税务局	徐庆元	党委委员、副局长、三级高级主办	县处级副职
河源市税务局	骆伟军	党委委员、副局长、三级高级主办	县处级副职
河源市税务局	邬坤辉	党委委员、副局长	县处级副职
河源市税务局	曾锦雄	党委委员、总经济师、三级高级主办	县处级副职
河源市税务局	陈　雄	党委委员、副局长	县处级副职
河源市税务局	罗伟民	党委委员、总经济师	县处级副职
河源市税务局	刘怀滇	党委委员、总会计师	县处级副职
河源市税务局	叶绿宽	党委委员、总经济师	县处级副职
河源市税务局	陈建洪	党委委员、副局长	县处级副职
河源市税务局	曾思敏	党委委员、纪检组组长	县处级副职
梅州市税务局	练富强	党委书记、局长	县处级正职
梅州市税务局	饶羽平	党委委员、副局长	县处级副职
梅州市税务局	韩学元	党委委员、副局长	县处级副职
梅州市税务局	廖瑞标	党委委员、副局长	县处级副职
梅州市税务局	曾建东	党委委员、副局长	县处级副职
梅州市税务局	甘广木	党委委员、副局长	县处级副职
梅州市税务局	利志清	党委委员、副局长	县处级副职
梅州市税务局	袁辉祥	党委委员、总经济师	县处级副职
梅州市税务局	徐春辉	党委委员、副局长	县处级副职
梅州市税务局	曾小斌	党委委员、总会计师	县处级副职
梅州市税务局	张世盛	党委委员、总经济师	县处级副职
梅州市税务局	苏振球	党委委员、纪检组组长	县处级副职
惠州市税务局	曾小彦	党委书记、局长	县处级正职
惠州市税务局	柳晓晖	党委副书记、副局长（正处级）	县处级正职
惠州市税务局	谢国强	党委委员、副局长	县处级副职
惠州市税务局	陈少龙	党委委员、副局长	县处级副职

续表

机构名称	姓名	职务名称	职务层级
惠州市税务局	徐　彪	党委委员、副局长	县处级副职
惠州市税务局	张光华	党委委员、副局长	县处级副职
惠州市税务局	许志诚	党委委员、副局长	县处级副职
惠州市税务局	罗群忠	党委委员、副局长	县处级副职
惠州市税务局	田茂真	党委委员、纪检组组长	县处级副职
惠州市税务局	黄顺来	党委委员、总经济师	县处级副职
惠州市税务局	刘　剑	党委委员、总经济师	县处级副职
惠州市税务局	林　瑜	党委委员、总会计师	县处级副职
汕尾市税务局	曾　军	党委书记、局长	县处级正职
汕尾市税务局	卢伟雄	党委副书记、副局长（正处级）	县处级正职
汕尾市税务局	赖永腾	党委委员、副局长	县处级副职
汕尾市税务局	林永胜	党委委员、副局长	县处级副职
汕尾市税务局	吴明生	党委委员、副局长	县处级副职
汕尾市税务局	钟雪欢	党委委员、副局长	县处级副职
汕尾市税务局	彭金盛	党委委员、副局长	县处级副职
汕尾市税务局	郑剑锋	党委委员、纪检组组长	县处级副职
汕尾市税务局	陈　远	党委委员、总会计师	县处级副职
汕尾市税务局	郭　郁	党委委员、总经济师	县处级副职
东莞市税务局	曹益镇	党委书记、局长、一级高级主办	县处级正职
东莞市税务局	钟毅民	党委副书记、副局长（正处级）、一级高级主办	县处级正职
东莞市税务局	刘　丹	党委委员、副局长（正处级）、一级高级主办	县处级正职
东莞市税务局	邓进强	党委委员、副局长、三级高级主办	县处级副职
东莞市税务局	黄见洪	党委委员、副局长、三级高级主办	县处级副职
东莞市税务局	邝照东	党委委员、副局长	县处级副职
东莞市税务局	黄月华	党委委员、副局长、三级高级主办	县处级副职
东莞市税务局	李玉梅	党委委员、副局长、三级高级主办	县处级副职
东莞市税务局	欧　英	党委委员、副局长	县处级副职
东莞市税务局	黄光涛	党委委员、总会计师	县处级副职
东莞市税务局	冼其军	党委委员、纪检组组长	县处级副职
东莞市税务局	蔡超文	党委委员、总经济师	县处级副职
东莞市税务局	吴文杰	党委委员、总会计师	县处级副职
东莞市税务局	王志豪	党委委员、总经济师	县处级副职

续表

机构名称	姓名	职务名称	职务层级
中山市税务局	罗镜文	党委书记、局长	县处级正职
中山市税务局	李政科	党委副书记、副局长（正处级）	县处级正职
中山市税务局	林庆川	党委副书记、副局长	县处级副职
中山市税务局	袁培志	党委委员、副局长	县处级副职
中山市税务局	蒙全忠	党委委员、副局长	县处级副职
中山市税务局	张政鸿	党委委员、副局长	县处级副职
中山市税务局	黄荣军	党委委员、副局长	县处级副职
中山市税务局	吴冠伟	党委委员、副局长	县处级副职
中山市税务局	陈志忠	党委委员、副局长	县处级副职
中山市税务局	甘小林	党委委员、总经济师	县处级副职
中山市税务局	温牧汉	党委委员、总经济师	县处级副职
中山市税务局	茹岱芸	党委委员、副局长	县处级副职
中山市税务局	陈劲伟	党委委员、总会计师	县处级副职
中山市税务局	何汉良	党委委员、纪检组组长	县处级副职
江门市税务局	陈雁成	党委书记、局长	县处级正职
江门市税务局	冯桂源	党委副书记、副局长	县处级副职
江门市税务局	黄俊杰	党委副书记、副局长	县处级副职
江门市税务局	张俊兴	党委委员、纪检组组长	县处级副职
江门市税务局	徐安办	党委委员、副局长	县处级副职
江门市税务局	李扬保	党委委员、副局长	县处级副职
江门市税务局	余焕伟	党委委员、副局长	县处级副职
江门市税务局	谭道良	党委委员、副局长	县处级副职
江门市税务局	柯见贤	党委委员、总经济师	县处级副职
江门市税务局	黄　钟	党委委员、总会计师	县处级副职
江门市税务局	施耀雄	党委委员、总会计师	县处级副职
阳江市税务局	林小东	党委书记、局长	县处级正职
阳江市税务局	郑向阳	党委委员、二级高级主办	
阳江市税务局	杨　路	党委委员、副局长	县处级副职
阳江市税务局	冯任之	党委委员、副局长	县处级副职
阳江市税务局	莫晓阳	党委委员、副局长	县处级副职
阳江市税务局	许世荣	党委委员、副局长	县处级副职
阳江市税务局	黄燎原	党委委员、副局长	县处级副职

续表

机构名称	姓名	职务名称	职务层级
阳江市税务局	赖少明	党委委员、副局长	县处级副职
阳江市税务局	陈小猛	党委委员、总经济师	县处级副职
阳江市税务局	颜培兴	党委委员、副局长	县处级副职
阳江市税务局	项贵良	党委委员、总经济师	县处级副职
阳江市税务局	陈　方	党委委员、纪检组组长	县处级副职
湛江市税务局	李漫天	党委书记、局长、一级高级主办	县处级正职
湛江市税务局	李　斌	党委委员、副局长	县处级副职
湛江市税务局	李志明	党委委员、副局长	县处级副职
湛江市税务局	李　孔	党委委员、副局长、三级高级主办	县处级副职
湛江市税务局	王上治	党委委员、副局长、三级高级主办	县处级副职
湛江市税务局	刘　文	党委委员、副局长、三级高级主办	县处级副职
湛江市税务局	苏赤进	党委委员、副局长	县处级副职
湛江市税务局	邱　秀	党组成员、纪检组组长、三级高级主办	县处级副职
湛江市税务局	吴苗盛	党委委员、总经济师	县处级副职
湛江市税务局	戴　航	党委委员、总会计师	县处级副职
湛江市税务局	梁宇卫	党委委员、总经济师	县处级副职
茂名市税务局	吴锡昌	党委书记、局长	县处级正职
茂名市税务局	赖克胜	党委委员、副局长、三级高级主办	县处级副职
茂名市税务局	卢俭生	党委委员、副局长	县处级副职
茂名市税务局	梁伟文	党委委员、副局长	县处级副职
茂名市税务局	王振义	党委委员、副局长	县处级副职
茂名市税务局	林　桓	党委委员、总会计师	县处级副职
茂名市税务局	林宗武	党委委员、副局长	县处级副职
茂名市税务局	李　锋	党委委员、副局长	县处级副职
茂名市税务局	冯国雄	党委委员、总经济师	县处级副职
茂名市税务局	邓锦源	党委委员、总经济师	县处级副职
茂名市税务局	林汝书	党委委员、总会计师	县处级副职
茂名市税务局	罗建文	党委委员、纪检组组长	县处级副职
肇庆市税务局	梁培文	党委书记、局长	县处级正职
肇庆市税务局	林兆华	党委副书记、副局长（正处级）	县处级正职
肇庆市税务局	何　蜀	党委副书记、二级高级主办	
肇庆市税务局	陈明兴	党委委员、副局长	县处级副职

续表

机构名称	姓名	职务名称	职务层级
肇庆市税务局	梁悦南	党委委员、副局长	县处级副职
肇庆市税务局	莫秋涛	党委委员、副局长	县处级副职
肇庆市税务局	邓国庆	党委委员、副局长	县处级副职
肇庆市税务局	伍自强	党委委员、副局长	县处级副职
肇庆市税务局	陈志刚	党委委员、副局长	县处级副职
肇庆市税务局	张东卡	党委委员、副局长	县处级副职
肇庆市税务局	吴　云	党委委员、总经济师	县处级副职
肇庆市税务局	林茂峰	党委委员、副局长	县处级副职
肇庆市税务局	黎耀城	党委委员、纪检组组长	县处级副职
肇庆市税务局	冼文甲	党委委员、总会计师	县处级副职
肇庆市税务局	邹智勇	党委委员、总经济师	县处级副职
清远市税务局	华　关	党委书记、局长	县处级正职
清远市税务局	肖事叶	党委委员、副局长	县处级副职
清远市税务局	雷文广	党委委员、副局长	县处级副职
清远市税务局	林荣威	党委委员、副局长	县处级副职
清远市税务局	王立新	党委委员、副局长	县处级副职
清远市税务局	唐少铭	党委委员、副局长	县处级副职
清远市税务局	陈文汉	党委委员、副局长	县处级副职
清远市税务局	熊诵伟	党委委员、总会计师	县处级副职
清远市税务局	黄炜锋	党委委员、副局长	县处级副职
清远市税务局	胡东胜	党委委员、纪检组组长	县处级副职
潮州市税务局	赖竹华	党委书记、局长	县处级正职
潮州市税务局	郑杰鹏	党委副书记、副局长（正处级）	县处级正职
潮州市税务局	陈　泽	党委委员、副局长	县处级副职
潮州市税务局	罗逸绪	党委委员、副局长	县处级副职
潮州市税务局	林桂茂	党委委员、副局长	县处级副职
潮州市税务局	曾伟昭	党委委员、副局长	县处级副职
潮州市税务局	蔡　浩	党委委员、副局长	县处级副职
潮州市税务局	林掞扬	党委委员、副局长	县处级副职
潮州市税务局	吴宏庆	党委委员、总经济师	县处级副职
潮州市税务局	郑　舸	党委委员、副局长	县处级副职
潮州市税务局	陈树波	党委委员、纪检组组长	县处级副职

续表

机构名称	姓名	职务名称	职务层级
揭阳市税务局	陈　挺	党委书记、局长	县处级正职
揭阳市税务局	杨原青	党委副书记、副局长	县处级副职
揭阳市税务局	林壁光	党委委员、副局长	县处级副职
揭阳市税务局	杨少忠	党委委员、副局长	县处级副职
揭阳市税务局	郑明钦	党委委员、副局长	县处级副职
揭阳市税务局	张　弘	党委委员、副局长	县处级副职
揭阳市税务局	刘　舫	党委委员、纪检组组长	县处级副职
揭阳市税务局	黄建明	党委委员、总经济师	县处级副职
揭阳市税务局	陈剑锋	党委委员、总经济师	县处级副职
揭阳市税务局	吴澜星	党委委员、总会计师	县处级副职
云浮市税务局	程金勇	党委书记、局长	县处级正职
云浮市税务局	李　铸	党委副书记、副局长	县处级副职
云浮市税务局	区卓斌	党委委员、副局长	县处级副职
云浮市税务局	梁树平	党委委员、副局长	县处级副职
云浮市税务局	陈　奇	党委委员、副局长	县处级副职
云浮市税务局	梁云谦	党委委员、副局长	县处级副职
云浮市税务局	张志权	党委委员、副局长	县处级副职
云浮市税务局	成志杰	党委委员、副局长	县处级副职
云浮市税务局	刘永才	党委委员、副局长	县处级副职
云浮市税务局	林伟刚	党委委员、纪检组组长	县处级副职
云浮市税务局	冯志桓	党委委员、总会计师	县处级副职
云浮市税务局	雷源亮	党委委员、总经济师	县处级副职
云浮市税务局	全泰丞	党委委员、总会计师	县处级副职
珠海市横琴新区税务局	黄　勇	党委书记、局长	县处级正职
珠海市横琴新区税务局	林锦雄	党委委员、副局长	县处级副职
珠海市横琴新区税务局	樊　荣	党委委员、副局长	县处级副职
珠海市横琴新区税务局	朱　华	党委委员、副局长	县处级副职
珠海市横琴新区税务局	张友华	党委委员、副局长	县处级副职
珠海市横琴新区税务局	吴建文	党委委员、纪检组组长	县处级副职
珠海市横琴新区税务局	容　梅	党委委员、副局长	县处级副职

广东省税务局处级以上人员人事任免（2019 年）

1 月 31 日，国家税务总局广东省税务局发出粤税任〔2019〕1 号文件，国家税务总局广东省税务局决定，免去陈迅国家税务总局梅州市税务局副调研员职务，办理退休手续。退休时间自 2019 年 2 月起计算。

1 月 31 日，国家税务总局广东省税务局发出粤税任〔2019〕2 号文件，国家税务总局广东省税务局决定，免去樊鸿斌挂任国家税务总局广东省税务局政策法规处副处长职务。

1 月 31 日，国家税务总局广东省税务局发出粤税任〔2019〕3 号文件，国家税务总局广东省税务局决定，免去杨首政国家税务总局梅州市税务局副调研员职务，同意其本人申请，办理提前退休手续。退休时间自 2019 年 2 月起计算。

1 月 31 日，国家税务总局广东省税务局发出粤税任〔2019〕4 号文件，国家税务总局广东省税务局决定，免去黄小美国家税务总局江门市税务局副调研员职务，同意其本人申请，办理提前退休手续。退休时间自 2019 年 2 月起计算。

1 月 31 日，国家税务总局广东省税务局发出粤税任〔2019〕5 号文件，国家税务总局广东省税务局决定，免去岑敏国家税务总局阳江市税务局副调研员职务，同意其本人申请，办理提前退休手续。退休时间自 2019 年 2 月起计算。

1 月 31 日，国家税务总局广东省税务局发出粤税任〔2019〕6 号文件，国家税务总局广东省税务局 2019 年 1 月 21 日决定，任命黄永红为国家税务总局惠州市税务局副调研员。

1 月 31 日，国家税务总局广东省税务局发出粤税任〔2019〕7 号文件，国家税务总局广东省税务局 2019 年 1 月 21 日决定，任命卢红秋为国家税务总局广东省税务局财产和行为税处调研员，免去其国家税务总局广东省税务局财产和行为税处副调研员职务；任命黄晓平为国家税务总局广东省税务局教育处调研员，免去其国家税务总局广东省税务局教育处副调研员职务；任命梁江为国家税务总局广东省税务局教育处调研员，免去其广东省税务干部学校副调研员职务。

1 月 31 日，国家税务总局广东省税务局发出粤税任〔2019〕9 号文件，国家税务总局广东省税务局 2019 年 1 月 21 日决定，任命陈国标为国家税务总局珠海市横琴新区税务局副调研员。

2 月 1 日，国家税务总局发出税总任〔2018〕293 号、国家税务总局广东省税务局发出粤税任〔2019〕8 号文件，国家税务总局广东省税务局转发国家税务总局决定，免去杨荣华国家税务总局广东省税务局巡视员职务，办理退休手续。退休时间自 2018 年 12 月起计算。

2 月 19 日，国家税务总局广东省税务局发出粤税任〔2019〕10 号文件，国家税务总局广东省税务局决定，免去陈培阳国家税务总局潮州市税务局副调研员职务，办理退休手续。退休时间自 2019 年 3 月起计算。

2 月 25 日，国家税务总局广东省税务局发出粤税任〔2019〕11号文件，国家税务总局广东省税务局决定，免去苏兴无所任职务，办理退休手续。退休时间自2019年3月起计算。

2月27日，国家税务总局广东省税务局发出粤税任〔2019〕12号文件，国家税务总局广东省税务局决定，免去黄永红国家税务总局惠州市税务局副调研员职务，同意其本人申请，办理提前退休手续。退休时间自2019年3月起计算。

2月27日，国家税务总局广东省税务局发出粤税任〔2019〕13号文件，国家税务总局广东省税务局决定，免去陈国标国家税务总局珠海市横琴新区税务局副调研员职务，同意其本人申请，办理提前退休手续。退休时间自2019年3月起计算。

2月27日，国家税务总局广东省税务局发出粤税任〔2019〕14号文件，国家税务总局广东省税务局决定，张世盛挂任国家税务总局广东省税务局税收大数据和风险管理局副局长，挂职期从2019年3月至2019年8月。

2月28日，国家税务总局广东省税务局发出粤税任〔2019〕15号文件，国家税务总局广东省税务局2019年2月21日决定，同意于双退休后享受国家税务总局河源市税务局副调研员待遇。

3月1日，中共国家税务总局广东省税务局委员会发出粤税党委发〔2019〕30号、国家税务总局广东省税务局发出粤税任〔2019〕16号文件，国家税务总局广东省税务局决定，任命李小冰为国家税务总局江门高新技术产业开发区税务局（国家税务总局江门市江海区税务局）党委书记、局长。

3月13日，国家税务总局广东省税务局发出粤税任〔2019〕17号文件，国家税务总局广东省税务局决定，免去罗桂新、佘秀华国家税务总局广州市税务局副巡视员职务，同意其本人申请，办理提前退休手续。退休时间自2019年4月起计算。

3月13日，国家税务总局广东省税务局发出粤税任〔2019〕18号文件，国家税务总局广东省税务局决定，免去卢红秋国家税务总局广东省税务局财产和行为税处调研员职务，同意其本人申请，办理提前退休手续；免去黄晓平国家税务总局广东省税务局教育处调研员职务，同意其本人申请，办理提前退休手续；免去梁江国家税务总局广东省税务局教育处调研员职务，同意其本人申请，办理提前退休手续；免去王力元国家税务总局广东省税务局第三税务分局调研员职务，同意其本人申请，办理提前退休手续。以上人员退休时间自2019年4月起计算。

3月13日，国家税务总局广东省税务局发出粤税任〔2019〕19号文件，国家税务总局广东省税务局决定，免去张伟新国家税务总局汕头市税务局调研员职务，同意其本人申请，办理提前退休手续。退休时间自2019年4月起计算。

3月13日，国家税务总局广东省税务局发出粤税任〔2019〕20号文件，国家税务总局广东省税务局决定，免去周石南国家税务总局云浮市税务局调研员职务，同意其本人申请，办理提前退休手续。退休时间自2019年4月起计算。

3月13日，国家税务总局广东省税务局发出粤税任〔2019〕21号文件，国家税务总局广东省税务局决定，免去蔡正维国家税务总局湛江市税务局调研员职务，同意其本人申请，办理提前退休手续。退休时间自2019年4月起计算。

3月13日，国家税务总局广东省税务局发出粤税任〔2019〕22号文件，国家税务总局广东省税务局决定，免去周景明国家税务总局湛江市税务局调研员职务，保留正处级待遇。

3 月 13 日，国家税务总局广东省税务局发出粤税任〔2019〕23 号文件，国家税务总局广东省税务局决定，免去刘建国家税务总局中山市税务局调研员职务，办理退休手续。退休时间自 2019 年 4 月起计算。

3 月 14 日，中共国家税务总局委员会发出税总党委发〔2019〕29 号、国家税务总局发出税总任〔2019〕62 号、中共国家税务总局广东省税务局委员会发出粤税党委发〔2019〕35 号、国家税务总局广东省税务局发出粤税任〔2019〕24 号文件，国家税务总局广东省税务局转发国家税务总局 2019 年 2 月 22 日决定，免去胡金木国家税务总局广东省税务局党委书记、副局长职务，办理退休手续。退休时间自 2019 年 4 月起计算。

3 月 19 日，国家税务总局广东省税务局发出粤税任〔2019〕25 号文件，国家税务总局广东省税务局决定，免去余小凡所任职务，办理退休手续。退休时间自 2019 年 4 月起计算。

3 月 27 日，国家税务总局发出税总任〔2019〕43 号、国家税务总局广东省税务局发出粤税任〔2019〕26 号文件，国家税务总局广东省税务局转发国家税务总局决定，免去杨凡国家税务总局广州市税务局巡视员（副厅级）职务，办理退休手续。退休时间自 2019 年 3 月起计算。

3 月 27 日，国家税务总局广东省税务局发出粤税任〔2019〕27 号文件，国家税务总局广东省税务局 2019 年 3 月 19 日决定，任命马咏华为国家税务总局广东省税务局机关党委副处长级干部，主持机关党委日常工作，免去其国家税务总局广东省税务局办公室副主任职务。

3 月 27 日，国家税务总局广东省税务局发出粤税任〔2019〕28 号文件，国家税务总局广东省税务局决定，李文平挂任国家税务总局广东省税务局巡察工作办公室副主任（正处长级），挂职期从 2019 年 4 月至 2020 年 3 月。

3 月 27 日，国家税务总局广东省税务局发出粤税任〔2019〕29 号文件，国家税务总局广东省税务局决定，陈维明挂任国家税务总局广东省税务局征管和科技发展处副处长，挂职期从 2019 年 3 月至 2019 年 9 月。

4 月 10 日，国家税务总局广东省税务局发出粤税任〔2019〕30 号文件，陈建洪、曾思敏任职试用期已满，经考核合格，国家税务总局广东省税务局决定，同意按期转正，陈建洪任副处级领导时间自 2018 年 1 月起计算，曾思敏任副处级领导时间自 2018 年 3 月起计算。

4 月 10 日，中共国家税务总局广东省税务局委员会发出粤税党委发〔2019〕55 号、国家税务总局广东省税务局发出粤税任〔2019〕31 号、粤税任〔2019〕32 号文件，国家税务总局广东省税务局 2019 年 3 月 19 日决定，任命彭峰彪为国家税务总局广东省税务局第三税务分局副局长，免去其国家税务总局韶关市税务局党委委员、副局长职务。

4 月 10 日，国家税务总局广东省税务局发出粤税任〔2019〕33 号文件，国家税务总局广东省税务局 2019 年 3 月 28 日决定，任命李莉为国家税务总局潮州市税务局副调研员。

4 月 10 日，国家税务总局广东省税务局发出粤税任〔2019〕34 号、粤税任〔2019〕35 号、粤税任〔2019〕37 号、粤税任〔2019〕39 号、粤税任〔2019〕40 号、粤税任〔2019〕51 号、粤税任〔2019〕52 号文件，罗立标、邓玮、王诚华、刘舫、何汉良、郑剑锋、陈树波、苏振球任职试用期已满，经考核合格，国家税务总局广东省税务局决定，同意按期转正，任副处级领导时间自 2018 年 1 月起计算。

4月10日，国家税务总局广东省税务局发出粤税任〔2019〕36号文件，黄世能调任试用期已满，经考核合格，国家税务总局广东省税务局决定，同意按期转正任职。

4月10日，国家税务总局广东省税务局发出粤税任〔2019〕38号文件，任辉平任职试用期已满，经考核合格，国家税务总局广东省税务局决定，同意按期转正，任级时间自2017年12月起计算。

4月10日，国家税务总局广东省税务局发出粤税任〔2019〕41号文件，国家税务总局广东省税务局2019年3月28日决定，任命陈辉为国家税务总局云浮市税务局副调研员。

4月10日，国家税务总局广东省税务局发出粤税任〔2019〕42号文件，国家税务总局广东省税务局2019年3月28日决定，任命刘华新为国家税务总局韶关市税务局副调研员。

4月10日，国家税务总局广东省税务局发出粤税任〔2019〕43号文件，国家税务总局广东省税务局2019年3月28日决定，任命赖小旋、曾冠为国家税务总局梅州市税务局副调研员。

4月10日，国家税务总局广东省税务局发出粤税任〔2019〕44号文件，国家税务总局广东省税务局2019年3月28日决定，任命黄少辉为国家税务总局揭阳市税务局副调研员。

4月10日，中共国家税务总局广东省税务局委员会发出粤税党委发〔2019〕56号、粤税党委发〔2019〕59号、国家税务总局广东省税务局发出粤税任〔2019〕45号、粤税任〔2019〕46号文件，国家税务总局广东省税务局2019年3月19日决定，任命张弘为国家税务总局揭阳市税务局党委委员、副局长（列郑明钦之后），免去其国家税务总局汕尾市税务局党委委员、副局长职务。

4月10日，国家税务总局广东省税务局发出粤税任〔2019〕47号文件，国家税务总局广东省税务局2019年3月28日决定，任命王海为国家税务总局肇庆市税务局副调研员。

4月10日，国家税务总局广东省税务局发出粤税任〔2019〕48号文件，国家税务总局广东省税务局2019年3月28日决定，任命郑伟民、刘维深为国家税务总局江门市税务局副调研员。

4月10日，中共国家税务总局广东省税务局委员会发出粤税党委发〔2019〕57号、国家税务总局广东省税务局发出粤税任〔2019〕49号文件，国家税务总局广东省税务局2019年3月28日决定，任命伍勇翔为国家税务总局清远市税务局调研员，免去其国家税务总局清远市税务局党委副书记、副局长职务。

4月10日，国家税务总局广东省税务局发出粤税任〔2019〕50号文件，国家税务总局广东省税务局2019年3月28日决定，任命黄志华为国家税务总局清远市税务局副调研员。

4月11日，国家税务总局广东省税务局发出粤税任〔2019〕53号文件，国家税务总局广东省税务局决定，免去王楚丰国家税务总局汕头市税务局副调研员职务，办理退休手续，退休时间自2019年5月起计算。

4月11日，国家税务总局广东省税务局发出粤税任〔2019〕54号文件，国家税务总局广东省税务局2019年3月28日决定，任命林敏为国家税务总局阳江市税务局副调研员。

4月11日，国家税务总局广东省税务局发出粤税任〔2019〕55号、粤税任〔2019〕56号文件，国家税务总局广东省税务局2019年3月19日决定，任命吴永红为国家税务总局珠海市税务局党委委员、副局长（列吴健之后），免去其国家税务总局广东省税务局系统党建工作处副处长职务。

4月16日，国家税务总局广东省税务局发出粤税任〔2019〕57号文件，国家税务总局广东省税务局2019年3月28日决定，任命杨金瑞为国家税务总局茂名市税务局副调研员。

4月24日，中共国家税务总局广东省税务局委员会发出粤税党委发〔2019〕67号、国家税务总局广东省税务局发出粤税任〔2019〕59号文件，国家税务总局广东省税务局2019年4月17日决定，免去李健强国家税务总局广州市税务局党委委员、副局长职务。

4月24日，国家税务总局广东省税务局发出粤税任〔2019〕60号文件，国家税务总局广东省税务局2019年3月28日决定，任命林培浩为国家税务总局湛江市税务局副调研员。

4月28日，国家税务总局发出税总任〔2019〕88号、国家税务总局广东省税务局发出粤税任〔2019〕61号文件，国家税务总局广东省税务局转发国家税务总局2019年3月14日决定，任命李健强为国家税务总局广州市税务局巡视员（副厅级）。

4月30日，国家税务总局广东省税务局发出粤税任〔2019〕62号文件，国家税务总局广东省税务局2019年4月22日决定，任命陈小松为国家税务总局广东省税务局企业所得税处调研员，免去其国家税务总局广东省税务局企业所得税处副处长职务；任命范思鑫为国家税务总局广东省税务局教育处调研员，免去其国家税务总局广东省税务局教育处副处长职务；任命吕燕英为国家税务总局广东省税务局第一税务分局调研员，免去其国家税务总局广东省税务局第一税务分局副调研员职务；任命林燕娥为国家税务总局广东省税务局办公室副调研员，免去其国家税务总局广东省税务局办公室主任科员职务；任命杜玉珊为国家税务总局广东省税务局稽查局副调研员，免去其国家税务总局广东省税务局稽查局主任科员职务。

4月30日，国家税务总局广东省税务局发出粤税任〔2019〕64号、粤税任〔2019〕71号文件，国家税务总局广东省税务局2019年4月22日决定，任命林水安为国家税务总局湛江市税务局调研员，免去其国家税务总局广东省税务局第四税务分局副局长职务。

4月30日，中共国家税务总局广东省税务局委员会发出粤税党委发〔2019〕74号、国家税务总局广东省税务局发出粤税任〔2019〕65号文件，国家税务总局广东省税务局2019年4月22日决定，任命郑贵和为国家税务总局汕头市税务局调研员，免去其国家税务总局汕头市税务局党委委员、副局长职务。

4月30日，国家税务总局广东省税务局发出粤税任〔2019〕66号文件，国家税务总局广东省税务局2019年4月22日决定，任命毛庆华为国家税务总局佛山市税务局副调研员。

4月30日，国家税务总局广东省税务局发出粤税任〔2019〕67号文件，国家税务总局广东省税务局2019年4月22日决定，任命揭建业、刘佳蕾为国家税务总局湛江市税务局副调研员。

4月30日，国家税务总局广东省税务局发出粤税任〔2019〕68号文件，国家税务总局广东省税务局2019年4月22日决定，任命张俊杰为国家税务总局广州市税务局副巡视员。

4月30日，中共国家税务总局广东省税务局委员会发出粤税党委发〔2019〕73号、国家税务总局广东省税务局发出粤税任〔2019〕69号文件，国家税务总局广东省税务局2019年4月22日决定，任命丘旭辉为国家税务总局惠州市税务局调研员，免去其国家税务总局惠州市税务局党委委员、副局长职务。

4月30日，中共国家税务总局广东省税务局委员会发出粤税党委发〔2019〕72号、国家税务总局广东省税务局发出粤税任〔2019〕70号文件，国家税务总局广东省税务局2019年4月22日决定，任命邓大铁为国家税务总局江门市税务局调研员，免去其国家税务总局江门市税务局党委委员、副局长职务。

4月30日，中共国家税务总局广东省税务局委员会发出粤税党委发〔2019〕75号、国家税务总局广东省税务局发出粤税任〔2019〕72号文件，国家税务总局广东省税务局2019年4月22日决定，任命叶秀红为国家税务总局茂名市税务局调研员，免去其国家税务总局茂名市税务局党委委员、副局长职务。

5月5日，国家税务总局广东省税务局发出粤税任〔2019〕73号文件，国家税务总局广东省税务局决定，免去伍勇翔国家税务总局清远市税务局调研员职务，同意其本人申请，办理提前退休手续，退休时间自2019年5月起计算；免去黄志华国家税务总局清远市税务局副调研员职务，同意其本人申请，办理提前退休手续，退休时间自2019年5月起计算。

5月5日，国家税务总局广东省税务局发出粤税任〔2019〕74号文件，国家税务总局广东省税务局决定，免去刘华新国家税务总局韶关市税务局副调研员职务，同意其本人申请，办理提前退休手续，退休时间自2019年5月起计算。

5月5日，国家税务总局广东省税务局发出粤税任〔2019〕75号文件，国家税务总局广东省税务局决定，免去赖小旋、曾冠国家税务总局梅州市税务局副调研员职务，同意其本人申请，办理提前退休手续，退休时间自2019年5月起计算。

5月5日，国家税务总局广东省税务局发出粤税任〔2019〕76号文件，国家税务总局广东省税务局决定，免去黄碧香国家税务总局汕尾市税务局副调研员职务，同意其本人申请，办理提前退休手续，退休时间自2019年5月起计算。

5月5日，国家税务总局广东省税务局发出粤税任〔2019〕77号文件，国家税务总局广东省税务局决定，免去郑伟民、刘维深国家税务总局江门市税务局副调研员职务，同意其本人申请，办理提前退休手续，退休时间自2019年5月起计算。

5月5日，国家税务总局广东省税务局发出粤税任〔2019〕78号文件，国家税务总局广东省税务局决定，免去林敏国家税务总局阳江市税务局副调研员职务，同意其本人申请，办理提前退休手续，退休时间自2019年5月起计算。

5月5日，国家税务总局广东省税务局发出粤税任〔2019〕79号文件，国家税务总局广东省税务局决定，免去王海国家税务总局肇庆市税务局副调研员职务，同意其本人申请，办理提前退休手续，退休时间自2019年5月起计算。

5月5日，国家税务总局广东省税务局发出粤税任〔2019〕80号文件，国家税务总局广东省税务局决定，免去李莉国家税务总局潮州市税务局副调研员职务，同意其本人申请，办理提前退休手续，退休时间自2019年5月起计算。

5月5日，国家税务总局广东省税务局发出粤税任〔2019〕81号文件，国家税务总局广东省税务局决定，免去黄少辉国家税务总局揭阳市税务局副调研员职务，同意其本人申请，办理提前退休手续，退休时间自2019年5月起计算。

5月5日，国家税务总局广东省税务局发出粤税任〔2019〕82号文件，国家税务总局广东省税务局决定，免去陈辉国家税务总局云浮市税务局副调研员职务，同意其本人申请，办理提前退休手续，退休时间自2019年5月起计算。

5月7日，国家税务总局广东省税务局发出粤税任〔2019〕83号文件，国家税务总局广东省税务局2019年4月26日决定，任命蔡竟成为国家税务总局汕头市税务局调研员，免去其原任职务。

5月7日，国家税务总局广东省税务局发出粤税任〔2019〕84号文件，国家税务总局广东省税务局2019年4月26日决定，任命林显锋为国家税务总局阳江市税务局副调研员。

5月7日，国家税务总局广东省税务局发出粤税任〔2019〕85号文件，国家税务总局广东省税务局2019年4月26日决定，任命杜仕权、邓华德为国家税务总局肇庆市税务局副调研员。

5月8日，中共国家税务总局广东省税务局委员会发出粤税党委发〔2019〕79号、粤税党委发〔2019〕80号、国家税务总局广东省税务局发出粤税任〔2019〕86号、粤税任〔2019〕87号、粤税任〔2019〕88号文件，国家税务总局广东省税务局2019年4月9日决定，任命陈挺为国家税务总局揭阳市税务局党委书记、局长，免去其国家税务总局广东省税务局第一税务分局局长职务；任命郑杰鹏为国家税务总局潮州市税务局党委副书记、副局长（正处级），免去其国家税务总局揭阳市税务局党委书记、局长职务。

5月10日，国家税务总局广东省税务局发出粤税任〔2019〕89号文件，国家税务总局广东省税务局决定，免去李伟忠国家税务总局河源市税务局副调研员职务，办理退休手续，退休时间自2019年6月起计算。

5月14日，国家税务总局广东省税务局发出粤税任〔2019〕90号、粤税任〔2019〕92号文件，国家税务总局广东省税务局2019年5月9日决定，任命陈金彪为国家税务总局韶关市税务局副处长级干部，免去其国家税务总局清远市税务局原任职务；任命黄小林为国家税务总局清远市税务局副处长级干部，免去其国家税务总局韶关市税务局原任职务。

5月14日，中共国家税务总局广东省税务局委员会发出粤税党委发〔2019〕87号、国家税务总局广东省税务局发出粤税任〔2019〕91号文件，国家税务总局广东省税务局决定，免去黄礼文国家税务总局汕尾市税务局党委委员、总经济师职务，办理退休手续，退休时间自2019年6月起计算。

5月22日，国家税务总局广东省税务局发出粤税任〔2019〕93号文件，国家税务总局广东省税务局2019年4月26日决定，任命李小斌为国家税务总局潮州市税务局副调研员。

5月23日，国家税务总局广东省税务局发出粤税任〔2019〕94号文件，国家税务总局广东省税务局2019年4月26日决定，任命管树贵、连就光为国家税务总局佛山市税务局副调研员。

5月24日，国家税务总局广东省税务局发出粤税任〔2019〕95号文件，国家税务总局广东省税务局决定，免去吕燕英国家税务总局广东省税务局第一税务分局调研员职务，同意其本人申请，办理提前退休手续，退休时间自2019年6月起计算；免去林燕娥国家税务总局广东省税务局办公室副调研员职务，同意其本人申请，办理提前退休手续，退休时间自2019年6月起计算；免去杜玉珊国家税务总局广东省税务局稽查局副调研员职务，同意其本人申请，办理提前退休手续，退休时间自2019年6月起计算。

5月24日，国家税务总局广东省税务局发出粤税任〔2019〕96号文件，国家税务总局广东

省税务局决定，免去梁妙玲国家税务总局广州市税务局副巡视员职务，同意其本人申请，办理提前退休手续，退休时间自2019年5月起计算。

5月24日，国家税务总局广东省税务局发出粤税任〔2019〕97号文件，国家税务总局广东省税务局决定，免去张俊杰国家税务总局广州市税务局副巡视员职务，同意其本人申请，办理提前退休手续，退休时间自2019年6月起计算。

5月28日，中共国家税务总局广东省税务局委员会发出粤税党委发〔2019〕100号、国家税务总局广东省税务局发出粤税任〔2019〕98号文件，国家税务总局广东省税务局2019年5月9日决定，王轶刚挂任国家税务总局江门市税务局党委委员、副局长，挂职时间从2019年5月至2020年4月。

5月28日，国家税务总局广东省税务局发出粤税任〔2019〕99号文件，国家税务总局广东省税务局2019年4月26日决定，任命林强为国家税务总局茂名市税务局副调研员。

5月28日，国家税务总局广东省税务局发出粤税任〔2019〕100号文件，国家税务总局广东省税务局决定，免去郑贵和、蔡竟成国家税务总局汕头市税务局调研员职务，同意其本人申请，办理提前退休手续，退休时间自2019年6月起计算。

5月28日，国家税务总局广东省税务局发出粤税任〔2019〕101号文件，国家税务总局广东省税务局决定，免去邱旭辉国家税务总局惠州市税务局调研员职务，同意其本人申请，办理提前退休手续，退休时间自2019年6月起计算。

5月28日，国家税务总局广东省税务局发出粤税任〔2019〕102号文件，国家税务总局广东省税务局决定，免去邓大铁国家税务总局江门市税务局调研员职务，同意其本人申请，办理提前退休手续，退休时间自2019年6月起计算。

5月28日，国家税务总局广东省税务局发出粤税任〔2019〕103号文件，国家税务总局广东省税务局决定，免去林水安国家税务总局湛江市税务局调研员职务，同意其本人申请，办理提前退休手续，退休时间自2019年6月起计算。

5月28日，国家税务总局广东省税务局发出粤税任〔2019〕104号文件，国家税务总局广东省税务局决定，免去叶秀红国家税务总局茂名市税务局调研员职务，同意其本人申请，办理提前退休手续，退休时间自2019年6月起计算。

5月28日，国家税务总局广东省税务局发出粤税任〔2019〕105号文件，国家税务总局广东省税务局决定，免去毛庆华国家税务总局佛山市税务局副调研员职务，同意其本人申请，办理提前退休手续，退休时间自2019年6月起计算。

5月28日，国家税务总局广东省税务局发出粤税任〔2019〕106号文件，国家税务总局广东省税务局决定，免去林显锋国家税务总局阳江市税务局副调研员职务，同意其本人申请，办理提前退休手续，退休时间自2019年6月起计算。

5月28日，国家税务总局广东省税务局发出粤税任〔2019〕107号文件，国家税务总局广东省税务局决定，免去杨金瑞国家税务总局茂名市税务局副调研员职务，同意其本人申请，办理提前退休手续，退休时间自2019年6月起计算。

5月28日，国家税务总局广东省税务局发出粤税任〔2019〕108号文件，国家税务总局广东省税务局决定，免去杜仕权、邓华德国家税务总局肇庆市税务局副调研员职务，同意其本人申请，办理提前退休手续，退休时间自2019年6月起计算。

5月29日，国家税务总局广东省税务局发出粤税任〔2019〕109号文件，国家税务总局广东

省税务局决定，免去林培浩、刘佳蕾国家税务总局湛江市税务局副调研员职务，同意其本人申请，办理提前退休手续，退休时间自2019年6月起计算。

5月30日，国家税务总局广东省税务局发出粤税任〔2019〕110号文件，国家税务总局广东省税务局2019年5月22日决定，任命李明为国家税务总局广东省税务局货物和劳务税处调研员，免去其国家税务总局广东省税务局货物和劳务税处副处长职务；任命庞信城为国家税务总局广东省税务局财产和行为税处调研员，免去其国家税务总局广东省税务局第三税务分局副局长职务；任命覃为勇为国家税务总局广东省税务局收入规划核算处调研员，免去其国家税务总局广东省税务局收入规划核算处副处长职务；任命杨建军为国家税务总局广东省税务局征管和科技发展处调研员，免去其国家税务总局广东省税务局征管和科技发展处副处长职务；任命叶松为国家税务总局广东省税务局税收经济分析处调研员，免去其国家税务总局广东省税务局稽查局副局长职务。

5月30日，国家税务总局广东省税务局发出粤税任〔2019〕111号文件，国家税务总局广东省税务局2019年5月22日决定，任命黄春生为国家税务总局汕头市税务局副调研员。

5月30日，国家税务总局广东省税务局发出粤税任〔2019〕112号文件，国家税务总局广东省税务局2019年5月22日决定，任命张名新为国家税务总局韶关市税务局副调研员。

5月30日，国家税务总局广东省税务局发出粤税任〔2019〕113号文件，国家税务总局广东省税务局2019年5月22日决定，任命连丹强、古小鹏为国家税务总局梅州市税务局副调研员。

5月30日，国家税务总局广东省税务局发出粤税任〔2019〕114号文件，国家税务总局广东省税务局2019年5月22日决定，任命黄泽群为国家税务总局汕尾市税务局副调研员。

5月30日，国家税务总局广东省税务局发出粤税任〔2019〕115号文件，国家税务总局广东省税务局2019年5月22日决定，任命陆苗为国家税务总局中山市税务局副调研员。

5月30日，国家税务总局广东省税务局发出粤税任〔2019〕116号文件，国家税务总局广东省税务局2019年5月22日决定，任命林俊璋为国家税务总局阳江市税务局副调研员。

5月30日，国家税务总局广东省税务局发出粤税任〔2019〕117号文件，国家税务总局广东省税务局2019年5月22日决定，任命王成裕、莫雯杰、张三江为国家税务总局湛江市税务局副调研员。

5月30日，国家税务总局广东省税务局发出粤税任〔2019〕118号文件，国家税务总局广东省税务局2019年5月22日决定，任命蔡一葵为国家税务总局潮州市税务局副调研员。

5月30日，国家税务总局广东省税务局发出粤税任〔2019〕119号文件，国家税务总局广东省税务局2019年5月22日决定，任命林建明为国家税务总局揭阳市税务局副调研员。

5月30日，国家税务总局广东省税务局发出粤税任〔2019〕120号文件，国家税务总局广东省税务局2019年5月22日决定，任命潘少华为国家税务总局云浮市税务局副调研员。

5月30日，国家税务总局广东省税务局发出粤税任〔2019〕121号文件，国家税务总局广东省税务局2019年5月22日决定，任命徐福添为国家税务总局珠海市横琴新区税务局副调研员。

5月30日，国家税务总局广东省税务局发出粤税任〔2019〕122号文件，国家税务总局广东

省税务局2019年5月22日决定，任命周卫平为国家税务总局佛山市税务局调研员。

5月30日，中共国家税务总局广东省税务局委员会发出粤税党委发〔2019〕102号、国家税务总局广东省税务局发出粤税任〔2019〕123号文件，国家税务总局广东省税务局2019年5月22日决定，任命吕伟华为国家税务总局惠州市税务局调研员，免去其国家税务总局惠州市税务局党委委员、副局长职务。

5月30日，国家税务总局广东省税务局发出粤税任〔2019〕124号文件，国家税务总局广东省税务局2019年5月22日决定，任命傅平辉为国家税务总局东莞市税务局调研员，免去其国家税务总局东莞市税务局副调研员职务。

5月30日，中共国家税务总局广东省税务局委员会发出粤税党委发〔2019〕103号、国家税务总局广东省税务局发出粤税任〔2019〕125号文件，国家税务总局广东省税务局2019年5月22日决定，任命阎志为国家税务总局湛江市税务局调研员，免去其国家税务总局湛江市税务局党委委员、副局长职务。

5月30日，中共国家税务总局广东省税务局委员会发出粤税党委发〔2019〕104号、国家税务总局广东省税务局发出粤税任〔2019〕126号文件，国家税务总局广东省税务局2019年5月22日决定，任命白明培为国家税务总局茂名市税务局调研员，免去其国家税务总局茂名市税务局党委委员、副局长职务。

5月30日，中共国家税务总局广东省税务局委员会发出粤税党委发〔2019〕105号、国家税务总局广东省税务局发出粤税任〔2019〕127号文件，国家税务总局广东省税务局2019年5月22日决定，任命苏玉川为国家税务总局潮州市税务局调研员，免去其国家税务总局潮州市税务局党委副书记、副局长职务。

5月30日，国家税务总局广东省税务局发出粤税任〔2019〕128号文件，国家税务总局广东省税务局2019年5月23日决定，任命文芸、杨桂金为国家税务总局广州市税务局副巡视员。

5月30日，国家税务总局广东省税务局发出粤税任〔2019〕129号文件，国家税务总局广东省税务局2019年5月23日决定，任命高雨田为国家税务总局中山市税务局副调研员。

6月10日，中共国家税务总局广东省税务局委员会发出粤税党委发〔2019〕109号、国家税务总局广东省税务局发出粤税任〔2019〕130号、粤税任〔2019〕131号文件，国家税务总局广东省税务局2019年5月9日决定，任命黄炜锋为国家税务总局清远市税务局党委委员、副局长（列阳世展之后），免去其国家税务总局广东省税务局办公室副主任职务。

6月13日，国家税务总局广东省税务局发出粤税任〔2019〕134号文件，国家税务总局广东省税务局决定，免去王少忠国家税务总局揭阳市税务局副调研员职务，办理退休手续，退休时间自2019年7月起计算。

6月13日，国家税务总局广东省税务局发出粤税任〔2019〕135号文件，国家税务总局广东省税务局2019年6月5日决定，任命陈志斌为国家税务总局广东省税务局纪检组副组长（副处长级）。

6月17日，国家税务总局发出税总任〔2019〕131号、国家税务总局广东省税务局发出粤税任〔2019〕136号文件，国家税务总局广东省税务局转发国家税务总局2019年4月12日决定，任命梁紫枫为国家税务总局广东省税务局副巡视员。

6月25日，中共国家税务总局委员会发出税总党委发〔2019〕92号、中共国家税务总局广东省税务局委员会发出粤税党委发〔2019〕116号文件，国家税务总局广东省税务局转发国家税务总局党委2019年6月3日决定，吴紫骊同志任国家税务总局广东省税务局党委书记。

6月28日，国家税务总局广东省税务局发出粤税任〔2019〕138号文件，国家税务总局广东省税务局决定，免去江国煌国家税务总局广东省税务局纪检组副组长（副处长级）职务。

7月14日，国家税务总局广东省税务局发出粤税任〔2019〕139号文件，国家税务总局广东省税务局决定，同意揭建业本人申请，办理提前退休手续。退休时间自2019年7月起计算。

7月22日，中共国家税务总局广东省税务局委员会发出粤税党委发〔2019〕130号、粤税党委发〔2019〕132号、国家税务总局广东省税务局发出粤税任〔2019〕140号、粤税任〔2019〕141号文件，国家税务总局广东省税务局2019年6月5日决定，任命李政科为国家税务总局中山市税务局党委副书记、副局长（正处级），免去其国家税务总局韶关市税务局党委副书记、副局长（正处级）职务。

7月25日，中共国家税务总局委员会发出税总党委发〔2019〕108号、中共国家税务总局广东省税务局委员会发出粤税党委发〔2019〕135号文件，国家税务总局广东省税务局转发国家税务总局党委2019年6月19日决定，李文涛同志任国家税务总局广东省税务局党委委员、纪检组组长（党委班子、行政班子均列梁世桃之后）；蒋学武同志不再担任国家税务总局广东省税务局党委委员、纪检组组长职务，另有任用。

7月30日，中共国家税务总局广东省税务局委员会发出粤税党委发〔2019〕142号、粤税党委发〔2019〕143号、国家税务总局广东省税务局发出粤税任〔2019〕142号、粤税任〔2019〕143号文件，国家税务总局广东省税务局决定，梁紫枫不再担任国家税务总局茂名市税务局党委书记、局长职务，任命吴锡昌为国家税务总局茂名市税务局党委书记、局长，免去其国家税务总局茂名市税务局党委副书记、副局长（正处级）职务。

8月12日，国家税务总局广东省税务局发出粤税任〔2019〕144号文件，国家税务总局广东省税务局2019年8月2日决定，梁铭强晋升为国家税务总局佛山市税务局三级高级主办。

8月19日，国家税务总局广东省税务局发出粤税任〔2019〕145号文件，国家税务总局广东省税务局决定，张世盛挂任国家税务总局广东省税务局税收大数据和风险管理局副局长，挂职期从2019年9月至2020年2月。

8月22日，国家税务总局广东省税务局发出粤税任〔2019〕146号文件，国家税务总局广东省税务局2019年8月14日决定，梁铭强晋升为国家税务总局佛山市税务局二级高级主办。

8月30日，国家税务总局广东省税务局发出粤税任〔2019〕148号文件，国家税务总局广东省税务局决定，办理梁艺清退休手续。退休时间自2019年9月起计算。

8月30日，国家税务总局广东省税务局发出粤税任〔2019〕149号文件，国家税务总局广东省税务局2019年8月22日决定，周辉晋升为国家税务总局东莞市税务局三级高级主办。

9月3日，国家税务总局广东省税务局发出粤税任〔2019〕150号文件，国家税务总局广东省税务局决定，办理周辉退休手续。退休时间自2019年9月起计算。

9月3日，国家税务总局广东省税务局发出粤税任〔2019〕151号文件，国家税务总局广东

省税务局决定，办理梁铭强退休手续。退休时间自2019年9月起计算。

9月3日，国家税务总局广东省税务局发出粤税任〔2019〕152号、粤税任〔2019〕153号文件，国家税务总局广东省税务局2019年8月22日决定，任命郑可夫为国家税务总局汕头市税务局四级高级主办，免去其国家税务总局揭阳市税务局四级高级主办。

9月5日，国家税务总局广东省税务局发出粤税任〔2019〕154号文件，国家税务总局广东省税务局2019年8月14日决定，免去王绍乐国家税务总局广东省税务局系统党建工作处处长职务。

9月6日，国家税务总局广东省税务局发出粤税任〔2019〕155号文件，国家税务总局广东省税务局2019年9月5日决定，任命唐敏为国家税务总局广东省税务局教育处副处长，免去其国家税务总局广东省税务局第二税务分局副局长职务。

9月25日，国家税务总局广东省税务局发出粤税任〔2019〕160号文件，国家税务总局广东省税务局2019年9月10日决定，任命马咏华为国家税务总局广东省税务局机关党委正处长级干部，试用期一年，免去其国家税务总局广东省税务局机关党委副处长级干部职务。

9月30日，国家税务总局广东省税务局发出粤税任〔2019〕183号文件，根据《中华人民共和国公务员法》及《中共中央组织部　人力资源社会保障部关于机关事业单位县处级女干部和具有高级职称的女性专业技术人员退休年龄问题的通知》（组通字〔2015〕14号）的有关规定，国家税务总局广东省税务局决定，同意冼瑞霞本人自愿退休申请，办理退休手续，退休时间自2019年10月起计算。

9月30日，国家税务总局广东省税务局发出粤税任〔2019〕184号文件，国家税务总局广东省税务局2019年9月18日决定，梁庆光晋升为国家税务总局韶关市税务局三级高级主办。

10月2日，国家税务总局广东省税务局发出粤税任〔2019〕185号文件，国家税务总局广东省税务局2019年9月29日决定，免去张智洪国家税务总局广东省税务局稽查局副局长职务。

10月8日，中共国家税务总局广东省税务局委员会发出粤税党委发〔2019〕172号、国家税务总局广东省税务局发出粤税任〔2019〕186号文件，国家税务总局广东省税务局2019年9月18日决定，任命苏大豪为国家税务总局珠海市税务局党委委员、纪检组组长（党委班子、行政班子均列吴健之后），免去其国家税务总局广东省税务局人事处副处长职务；免去李维泽国家税务总局珠海市税务局党委委员、纪检组组长职务。

10月8日，国家税务总局广东省税务局发出粤税任〔2019〕187号文件，国家税务总局广东省税务局决定，陈维明挂任国家税务总局广东省税务局征管和科技发展处副处长，挂职期从2019年10月至2020年3月。

2019年10月8日，中共国家税务总局广东省税务局委员会发出粤税党委发〔2019〕173号、国家税务总局广东省税务局发出粤税任〔2019〕188号文件，国家税务总局广东省税务局2019年9月18日决定，任命黄健劲为国家税务总局佛山市税务局党委纪检组组长，免去其国家税务总局佛山市税务局副局长职务。

10月11日，国家税务总局发出税总任〔2019〕283号、国家税务总局广东省税务局发出粤税任〔2019〕189号文件，国家税务总局广东省税务局转发国家税务总局2019年8月30日决定，朱江涛、梁世桃晋升为国家税务总局广东省税务局一级巡视员。

10月14日，中共国家税务总局委员会发出税总党委发〔2019〕152号、国家税务总局发出税总任〔2019〕284号、中共国家税务总局广东省税务局委员会发出粤税党委发〔2019〕176号、国家税务总局广东省税务局发出粤税任〔2019〕191号文件，国家税务总局广东省税务局转发国家税务总局决定，梁世桃不再担任国家税务总局广东省税务局党委委员、副局长职务。

10月14日，国家税务总局广东省税务局发出粤税任〔2019〕190号文件，国家税务总局广东省税务局2019年9月29日决定，郑巽毅晋升为国家税务总局汕头市税务局三级高级主办。

10月23日，国家税务总局广东省税务局发出粤税任〔2019〕192号文件，国家税务总局广东省税务局决定，任命李祖光为国家税务总局广东省税务局国际税收管理处四级调研员，免去其国家税务总局广东省税务局政策法规处四级调研员。

10月23日，国家税务总局广东省税务局发出粤税任〔2019〕194号文件，国家税务总局广东省税务局决定，办理王敬华退休手续。退休时间自2019年11月起计算。

10月23日，国家税务总局广东省税务局发出粤税任〔2019〕195号文件，国家税务总局广东省税务局决定，办理梁庆光退休手续。退休时间自2019年11月起计算。

10月25日，中共国家税务总局委员会发出税总党委发〔2019〕169号、国家税务总局发出税总任〔2019〕327号、税总任〔2019〕346号、中共国家税务总局广东省税务局委员会发出粤税党委发〔2019〕182号、国家税务总局广东省税务局发出粤税发〔2019〕165号、粤税发〔2019〕166号文件，国家税务总局广东省税务局转发国家税务总局决定，罗达佳晋升为国家税务总局广东省税务局一级巡视员，不再担任国家税务总局广东省税务局党委委员、总经济师职务。

10月25日，国家税务总局广东省税务局发出粤税任〔2019〕193号文件，国家税务总局广东省税务局决定，任命申深为国家税务总局广东省税务局办公室副主任，免去其国家税务总局广东省税务局巡察工作办公室副主任职务；任命钟志深为国家税务总局广东省税务局办公室副主任，免去其国家税务总局广东省税务局国际税收管理处副处长职务。

10月30日，中共国家税务总局广东省税务局委员会发出粤税党委发〔2019〕184号、国家税务总局广东省税务局发出粤税任〔2019〕196号、粤税任〔2019〕197号文件，国家税务总局广东省税务局2019年9月18日决定，任命徐杰为国家税务总局广东省税务局第一税务分局局长，免去其国家税务总局清远市税务局党委书记、局长职务。

10月30日，中共国家税务总局广东省税务局委员会发出粤税党委发〔2019〕185号、国家税务总局广东省税务局发出粤税任〔2019〕198号、粤税任〔2019〕199号文件，国家税务总局广东省税务局2019年9月29日决定，任命华关为国家税务总局清远市税务局党委书记、局长，试用期一年，免去其国家税务总局广东省税务局非税收入处副处长职务。

10月31日，国家税务总局广东省税务局发出粤税任〔2019〕201号文件，国家税务总局广东省税务局决定，免去钟晓山国家税务总局广州市税务局副局级干部职务。

10月31日，国家税务总局广东省税务局发出粤税任〔2019〕202号文件，根据《中华人民共和国公务员法》及《中共中央组织部 人力资源社会保障部关于机关事业单位县处级女干部和具有高级职称的女性专业技术人员退休年龄问题的通知》（组通字〔2015〕14号）的有关规定，国家税务总局广东省税务局决定，同意郑巽毅本人自愿退休申请，办理退休手续，退休时间从2019年11月起计算。

10月31日，中共国家税务总局广东省税务局委员会发出粤税党委发〔2019〕187号、国家税务总局广东省税务局发出粤税任〔2019〕203号、粤税任〔2019〕204号文件，国家税务总局广东省税务局2019年10月25日决定，钟鉴雄、胡融冰、曾昭孔、张凤平、张忠锋晋升为国家税务总局广州市税务局二级巡视员；钟鉴雄、胡融冰、张凤平不再担任国家税务总局广州市税务局党委委员、副局长职务，曾昭孔不再担任国家税务总局广州市税务局党委委员、总会计师职务，张忠锋不再担任国家税务总局广州市税务局党委委员职务。

11月6日，中共国家税务总局广东省税务局委员会发出粤税党委发〔2019〕189号、国家税务总局广东省税务局发出粤税任〔2019〕205号文件，国家税务总局广东省税务局2019年10月25日决定，免去刘军国家税务总局珠海市横琴新区税务局党委委员、副局长职务。

11月11日，国家税务总局广东省税务局发出粤税任〔2019〕206号文件，国家税务总局广东省税务局2019年11月11日决定，任命刘通天为国家税务总局广东省税务局第三税务分局副局长（正处长级），免去其国家税务总局广东省税务局稽查局副局长（正处长级）职务。

11月12日，中共国家税务总局广东省税务局委员会发出粤税党委发〔2019〕190号、粤税党委发〔2019〕191号、国家税务总局广东省税务局发出粤税任〔2019〕207号、粤税任〔2019〕208号、粤税任〔2019〕209号文件，国家税务总局广东省税务局2019年10月16日决定，任命徐伟为国家税务总局广东省税务局财产和行为税处副处长（正处长级），免去其国家税务总局河源市税务局党委副书记、副局长（正处级）职务；任命蒋安平为国家税务总局广东省税务局第一税务分局副局长（正处长级），免去其国家税务总局阳江市税务局党委副书记、副局长（正处级）职务。

11月12日，中共国家税务总局广东省税务局委员会发出粤税党委发〔2019〕192号、国家税务总局广东省税务局发出粤税任〔2019〕210号文件，国家税务总局广东省税务局2019年8月14日决定，免去李喜妍国家税务总局珠海市横琴新区税务局党委副书记、副局长（正处级）职务。

11月12日，国家税务总局广东省税务局发出粤税任〔2019〕211号文件，国家税务总局广东省税务局2019年11月4日决定，黄少波晋升为国家税务总局揭阳市税务局一级高级主办。

11月16日，中共国家税务总局广东省税务局委员会发出粤税党委发〔2019〕194号、国家税务总局广东省税务局发出粤税任〔2019〕212号、粤税任〔2019〕213号文件，国家税务总局广东省税务局2019年11月11日决定，任命李文平为国家税务总局广东省税务局巡察工作办公室副主任（正处长级），免去其国家税务总局云浮市税务局党委副书记、副局长（正处级）职务。

11月27日，国家税务总局广东省税务局发出粤税任〔2019〕214号文件，国家税务总局广东省税务局决定，办理林华勤退休手续。退休时间自2019年12月起计算。

11月27日，国家税务总局广东省税务局发出粤税任〔2019〕215号文件，国家税务总局广东省税务局决定，办理黄少波退休手续。退休时间自2019年12月起计算。

12月5日，国家税务总局广东省税务局发出粤税任〔2019〕216号文件，国家税务总局广东省税务局2019年11月27日决定，赵平晋升为国家税务总局广东省税务局一级调研员；冯绍伍晋升为国家税务总局广东省税务局办公室一级调研员；陆群英晋升为国家税务总局广东省税务局货物和劳务税处一级调研员；石真晋升为国家税务总局广东省税务局企业所得税处一级调研员；詹立仁晋升为国家税务总局广东省税务局个人所得税处一级调研员；宁波晋升为国家税务总局广东省税务局财产和行为税处一级调研员；黄荣晋升为国家税务总局广东省税务局社会保险费处一级调研员；陈小东晋升为国家税务总局广东省税务局非税收入处一级调研员；李殿相晋升为国家税务总局广东省税务局收入规划核算处一级调研员；潘启平晋升为国家税务总局广东省税务局纳税服务处一级调研员；陈学著晋升为国家税务总局广东省税务局征管和科技发展处一级调研员；袁红兵晋升为国家税务总局广东省税务局税收经济分析处一级调研员；黄海军晋升为国家税务总局广东省税务局税收大数据和风险管理局一级调研员；高峰晋升为国家税务总局广东省税务局督察内审处一级调研员；林敬忠晋升为国家税务总局广东省税务局人事处一级调研员；梁明裕晋升为国家税务总局广东省税务局考核考评处一级调研员；傅宏中、王德华晋升为国家税务总局广东省税务局教育处一级调研员；陈琦晋升为国家税务总局广东省税务局老干部处一级调研员；林润生晋升为国家税务总局广东省税务局系统党建工作处一级调研员；钟文锋、李文平、王曼玲晋升为国家税务总局广东省税务局巡察工作办公室一级调研员；徐杰、蒋安平、宋天福晋升为国家税务总局广东省税务局第一税务分局一级调研员；林振龙晋升为国家税务总局广东省税务局第二税务分局一级调研员；王中高、刘通天、黄桂祥、何革明晋升为国家税务总局广东省税务局第三税务分局一级调研员；庄义河晋升为国家税务总局广东省税务局稽查局一级调研员；陈冰晋升为国家税务总局广东省税务局电子税务管理办公室（国家税务总局电子税务管理中心广东分中心）一级调研员。王立行、潘健红晋升为国家税务总局广东省税务局办公室三级调研员；何凡、杨佩玲晋升为国家税务总局广东省税务局企业所得税处三级调研员；吴旭红、陈云璋晋升为国家税务总局广东省税务局个人所得税处三级调研员；陈晓敏晋升为国家税务总局广东省税务局财产和行为税处三级调研员；温春红、钟鸣晋升为国家税务总局广东省税务局资源和环境税处三级调研员；卢新生、钟斌晋升为国家税务总局广东省税务局社会保险费处三级调研员；唐山、黄锡深晋升为国家税务总局广东省税务局非税收入处三级调研员；杜鹃晋升为国家税务总局广东省税务局收入规划核算处三级调研员；郭葵、肖戎晋升为国家税务总局广东省税务局纳税服务处三级调研员；李友乔晋升为国家税务总局广东省税务局征管和科技发展处三级调研员；罗翠英晋升为国家税务总局广东省税务局国际税收管理处三级调研员；李秋然晋升为国家税务总局广东省税务局税收经济分析处三级调研员；陈济华、黄攸响、唐炳阳晋升为国家税务总局广东省税务局税收大数据和风险管理局三级调研员；庄义伟、邓少波、黄武如晋升为国家税务总局广东省税务局财务管理处（装备和采购处）三级调研员；赵善文、谢建新、袁涛晋升为国家税务总局广东省税务局督察内审处三级调研员；唐雪峰晋升为国家税务总局广东省税务局考核考评处三级调研员；罗志文晋升为国家税务总局广东省税务局机关党委三级调研员；魏冬青、徐辉晋升为国家税务总局广东省税务局老干部处三级调研员；古惠云晋升为国家税务总局广东省税务局巡察工作办公室三级调研员；金振孝、陈庆雄、陈志斌晋升为国家税务总局广东省税务局纪检组三级调研员；凌宏兴、黄东辉、曹令飞晋升为国家税务总局广东省税务局第一税务分局三级调研员；肖明亮、马维胜晋升为国家税务总局广东省税务局第二税务分局三级调研员；林华儿、朱慧严、彭峰彪晋升为国家税务总局广东省税务局第三税务分局三级调研员；李小杰、朱虹晋升为国家税务总局广东省税务局稽查局三级调研员；梁以馥晋升为国家税务总局广东省税务局电子税务管理办公室（国家税务总局电子税务管理中心广东分中心）三级调研员。

12 月 5 日，国家税务总局广东省税务局发出粤税任〔2019〕218 号文件，国家税务总局广东省税务局 2019 年 11 月 27 日决定，严贵杨晋升为国家税务总局珠海市税务局一级高级主办；杨敏、文英、邝景伦、梁春洪、吴淑生、陆强、邱职君晋升为国家税务总局珠海市税务局三级高级主办。

12 月 5 日，国家税务总局广东省税务局发出粤税任〔2019〕219 号文件，国家税务总局广东省税务局 2019 年 11 月 27 日决定，张振宇、杨奕忠晋升为国家税务总局汕头市税务局一级高级主办；梁丹扬、杨啟丰、林立宇、张小曼晋升为国家税务总局汕头市税务局三级高级主办。

12 月 5 日，国家税务总局广东省税务局发出粤税任〔2019〕220 号文件，国家税务总局广东省税务局 2019 年 11 月 27 日决定，李保中晋升为国家税务总局河源市税务局一级高级主办；郑兆青、徐庆元、骆伟军、曾锦雄晋升为国家税务总局河源市税务局三级高级主办。

12 月 5 日，国家税务总局广东省税务局发出粤税任〔2019〕221 号文件，国家税务总局广东省税务局 2019 年 11 月 27 日决定，曹益镇、钟毅民、刘丹晋升为国家税务总局东莞市税务局一级高级主办；邓进强、黄见洪、黄月华、李玉梅晋升为国家税务总局东莞市税务局三级高级主办。

12 月 5 日，国家税务总局广东省税务局发出粤税任〔2019〕222 号文件，国家税务总局广东省税务局 2019 年 11 月 27 日决定，李漫天晋升为国家税务总局湛江市税务局一级高级主办；李孔、王上治、邱秀晋升为国家税务总局湛江市税务局三级高级主办。

12 月 12 日，国家税务总局广东省税务局发出粤税任〔2019〕223 号文件，国家税务总局广东省税务局 2019 年 12 月 2 日决定，陈佳发晋升为国家税务总局广东省税务局稽查局一级调研员。

12 月 12 日，国家税务总局广东省税务局发出粤税任〔2019〕224 号文件，国家税务总局广东省税务局 2019 年 12 月 2 日决定，刘文晋升为国家税务总局湛江市税务局三级高级主办。

12 月 13 日，中共国家税务总局广东省税务局委员会发出粤税党委发〔2019〕205 号、国家税务总局广东省税务局发出粤税任〔2019〕225 号文件，国家税务总局广东省税务局 2019 年 11 月 19 日决定，免去阳世展国家税务总局清远市税务局党委委员、总会计师职务。

12 月 24 日，国家税务总局广东省税务局发出粤税任〔2019〕229 号文件，国家税务总局广东省税务局决定，办理周景明退休手续。退休时间自2020年1月起计算。

12月25日，中共国家税务总局广东省税务局委员会发出粤税党委发〔2019〕207号、国家税务总局广东省税务局发出粤税任〔2019〕230号文件，国家税务总局广东省税务局决定，免去许少波国家税务总局揭阳市税务局党委委员、副局长职务，办理退休手续。退休时间自2020年1月起计算。

12月27日，国家税务总局广东省税务局发出粤税任〔2019〕231号文件，国家税务总局广东省税务局2019年12月19日决定，赖克胜晋升为国家税务总局茂名市税务局三级高级主办。

12月27日，中共国家税务总局广东省税务局委员会发出粤税党委发〔2019〕210号、国家税务总局广东省税务局发出粤税任〔2019〕232号、粤税任〔2019〕233号文件，国家税务总局广东省税务局决定，任命张巧珍为国家税务总局广东省税务局督察内审处处长，免去其国家税务总局佛山市税务局党委副书记、副局长（正处级）职务；免去高峰国家税务总局广东省税务局督察内审处处长职务。

12月27日，国家税务总局广东省税务局发出粤税任〔2019〕234号文件，国家税务总局广东省税务局2019年12月19日决定，张巧珍晋升为国家税务总局广东省税务局督察内审处一级调研员。

广东省税务系统获得荣誉奖项名单（2019年）

荣誉		授奖部门	获奖单位（个人）
全国	节约型公共机构示范单位	国家机关事务管理局、国家发展和改革委员会、财政部	国家税务总局广州市税务局
			国家税务总局汕头市税务局
	全国税务系统先进集体	人力资源和社会保障部、国家税务总局	国家税务总局广州市税务局纳税服务中心
			国家税务总局汕头市税务局驻汕头市行政服务中心办税服务厅
			国家税务总局佛山市顺德区税务局
			国家税务总局高州市税务局
			国家税务总局徐闻县税务局第一税务分局
			国家税务总局连南瑶族自治县税务局第一税务分局
			国家税务总局珠海市横琴新区税务局税源管理三科
	全国打击虚开骗税违法犯罪工作成绩突出集体	国家税务总局　公安部　海关总署　中国人民银行	国家税务总局广东省税务局稽查局
	“智税·2019”大数据竞赛	国家税务总局	国家税务总局广东省税务局
			国家税务总局广州市税务局
	全国青年文明号	共青团中央、国家税务总局	国家税务总局广州市税务局12366咨询台
			国家税务总局珠海市经济技术开发区税务局
			国家税务总局大埔县税务局高陂税务分局
	《小白说税之“云税贷”助力民营企业便利融资》动漫作品荣获第三届全国税收公益广告三类优秀作品	国家广播电视总局、国家税务总局	国家税务总局广州市白云区税务局
	全国巾帼文明岗	中华全国妇女联合会	国家税务总局广州市天河区税务局第一税务所
			国家税务总局汕头市税务局驻汕头市行政服务中心办税服务厅
			国家税务总局惠州市大亚湾区经济技术开发区税务局纳税服务科
			国家税务总局汕尾市税务局法制科
			国家税务总局东莞市税务局莞城分局纳税服务股
			国家税务总局中山市税务局东区税务分局
			国家税务总局湛江市徐闻县税务局第一税务分局
			国家税务总局揭阳市榕城区税务局第一税务分局新兴办税服务厅
			国家税务总局珠海市横琴新区税务局税源管理三科
	全国三八红旗集体		国家税务总局珠海市高新区税务局办税服务厅

续表

<table>
<tr><th colspan="2">荣誉</th><th>授奖部门</th><th>获奖单位（个人）</th></tr>
<tr><td rowspan="21">全国</td><td rowspan="2">全国“七五”普法中期先进集体</td><td rowspan="2">全国普法办公室</td><td>国家税务总局广东省税务局办公室</td></tr>
<tr><td>国家税务总局汕头市税务局</td></tr>
<tr><td>《谢谢你》获“我与宪法”微视频征集活动二等奖</td><td>司法部、国家网信办、全国普法办公室</td><td>国家税务总局广州市白云区税务局</td></tr>
<tr><td>全国职工书屋</td><td>中华全国总工会</td><td>国家税务总局兴宁市税务局</td></tr>
<tr><td>第四次全国经济普查先进集体</td><td>国务院第四次全国经济普查领导小组</td><td>国家税务总局广州市税务局征管和科技发展处</td></tr>
<tr><td>2019 年度十佳市政及公共事业服务热线</td><td>中国电子商会呼叫中心与客户关系管理专业委员会</td><td>国家税务总局广东 12366 纳税服务中心</td></tr>
<tr><td>第七届全国道德模范提名奖</td><td>中央宣传部、中央文明办、全国总工会、共青团中央、全国妇联、中央军委政治工作部</td><td>黄桂祥（国家税务总局广东省税务局）</td></tr>
<tr><td>全国“七五”普法中期先进个人</td><td>全国普法办</td><td>况淑敏（国家税务总局广东省税务局）</td></tr>
<tr><td>全国五一巾帼标兵</td><td>中华全国总工会</td><td>伍凯玲（国家税务总局云浮市税务局）</td></tr>
<tr><td rowspan="2">全国“最美家庭”</td><td rowspan="2">中华全国妇女联合会</td><td>李国卿（国家税务总局广州市天河区税务局凤凰税务所）</td></tr>
<tr><td>卢坤华（国家税务总局高州市税务局）</td></tr>
<tr><td rowspan="3">全国税务系统先进工作者</td><td rowspan="3">人力资源和社会保障部、国家税务总局</td><td>张惠冰（国家税务总局广东省税务局）</td></tr>
<tr><td>黄雪影（国家税务总局东莞市税务局莞城税务分局）</td></tr>
<tr><td>林为忠（国家税务总局饶平县税务局）</td></tr>
<tr><td>国税地税征管体制改革工作中成绩突出的个人记功</td><td>国家税务总局</td><td>张巧珍（国家税务总局广东省税务局）</td></tr>
<tr><td>首届“税官讲税法”青少年普法视频优秀奖</td><td rowspan="2">国家税务总局</td><td>董志鸿（国家税务总局广州市荔湾区税务局）</td></tr>
<tr><td>国税地税征管体制改革专项工作奖励二等功</td><td>邢盟政（国家税务总局龙川县税务局）</td></tr>
<tr><td>国税地税征管体制改革专项工作三等功</td><td>国家税务总局</td><td>张惠冰（国家税务总局广东省税务局）</td></tr>
<tr><td rowspan="3">打击虚开骗税违法犯罪工作成绩突出个人</td><td rowspan="3">国家税务总局、公安部、海关总署、中国人民银行</td><td>吕国喜（国家税务总局广东省税务局）</td></tr>
<tr><td>翟相杰（国家税务总局珠海市税务局稽查局）</td></tr>
<tr><td>陈旭钺（国家税务总局揭阳市税务局）</td></tr>
<tr><td>2019 年全国脱贫攻坚奖贡献奖</td><td>国务院扶贫办公室</td><td>华　关（国家税务总局清远市税务局）</td></tr>
<tr><td rowspan="4">广东省</td><td rowspan="2">广东省巾帼文明岗</td><td rowspan="4">广东省妇女联合会</td><td>国家税务总局广州市税务局第二稽查局案源管理科</td></tr>
<tr><td>国家税务总局清远市清城区税务局第一税务分局</td></tr>
<tr><td rowspan="2">广东省三八红旗集体</td><td>国家税务总局广州市黄埔区税务局（广州开发区税务局）第一税务所</td></tr>
<tr><td>国家税务总局汕头市税务局驻汕头市行政服务中心办税服务厅</td></tr>
</table>

续表

<table>
<tr><th colspan="2">荣誉</th><th>授奖部门</th><th>获奖单位（个人）</th></tr>
<tr><td rowspan="32">广东省</td><td rowspan="3">广东省三八红旗集体</td><td rowspan="3">广东省妇女联合会</td><td>国家税务总局惠东县税务局第一税务分局</td></tr>
<tr><td>国家税务总局江门市蓬江区税务局第一税务分局</td></tr>
<tr><td>国家税务总局潮州市税务局系统党建工作科</td></tr>
<tr><td rowspan="4">广东省模范职工之家</td><td rowspan="9">广东省总工会</td><td>国家税务总局广东省税务局第三税务分局工会小组</td></tr>
<tr><td>国家税务总局广州市税务局第一稽查局工会委员会</td></tr>
<tr><td>国家税务总局惠州市惠阳区税务局</td></tr>
<tr><td>国家税务总局云浮市税务局工会委员会</td></tr>
<tr><td rowspan="5">广东省五一劳动奖状</td><td>国家税务总局广东省税务局征管和科技发展处</td></tr>
<tr><td>国家税务总局汕头市税务局</td></tr>
<tr><td>国家税务总局汕尾市税务局</td></tr>
<tr><td>国家税务总局潮州市税务局</td></tr>
<tr><td>国家税务总局珠海市横琴新区税务局税源管理三科</td></tr>
<tr><td>广东省职工书屋</td><td>广东省总工会</td><td>国家税务总局惠州市惠阳区税务局</td></tr>
<tr><td>广东省爱心妈妈小屋优秀示范点</td><td>广东省总工会女职工委员会</td><td>国家税务总局珠海市横琴新区税务局</td></tr>
<tr><td rowspan="5">广东省五四红旗团支部</td><td rowspan="5">共青团广东省委员会</td><td>国家税务总局汕尾市城区税务局团总支部</td></tr>
<tr><td>国家税务总局台山市税务局</td></tr>
<tr><td>国家税务总局开平市税务局</td></tr>
<tr><td>国家税务总局阳山县税务局</td></tr>
<tr><td>国家税务总局珠海市横琴新区税务局第二团支部</td></tr>
<tr><td rowspan="10">广东省青年文明号</td><td rowspan="10">共青团广东省委员会、国家税务总局广东省税务局</td><td>国家税务总局广州市越秀区税务局收入核算科</td></tr>
<tr><td>国家税务总局广州市越秀区税务局第一税务所</td></tr>
<tr><td>国家税务总局广州市越秀区税务局第二税务所</td></tr>
<tr><td>国家税务总局广州市越秀区税务局信息中心</td></tr>
<tr><td>国家税务总局广州市天河区税务局第一税务所</td></tr>
<tr><td>国家税务总局广州市天河区税务局机关党委（党建工作科）</td></tr>
<tr><td>国家税务总局广州市番禺区税务局第一税务所</td></tr>
<tr><td>国家税务总局广州市番禺区税务局</td></tr>
<tr><td>国家税务总局大埔县税务局高陂税务分局</td></tr>
<tr><td>国家税务总局海丰县税务局第一税务分局（办税服务厅）</td></tr>
<tr><td>第五批广东省学雷锋活动示范点</td><td>广东省委宣传部</td><td>国家税务总局广州市番禺区税务局</td></tr>
<tr><td>广东省依法治省工作先进单位</td><td>中共广东省委</td><td>国家税务总局河源市源城区税务局</td></tr>
</table>

续表

<table>
<tr><th colspan="2">荣誉</th><th>授奖部门</th><th>获奖单位（个人）</th></tr>
<tr><td rowspan="25">广东省</td><td>《党时光，我的初心》荣获“壮丽70年·粤来粤好”网络征集活动（视频类）优秀作品二等奖</td><td>中共广东省委网络安全和信息化委员会办公室、共青团广东省委员会</td><td>国家税务总局广州市黄埔区税务局（广州开发区税务局）</td></tr>
<tr><td>广东省市直机关第七届“先锋杯”工作技能大赛决赛优秀作品奖</td><td>中共广东省直属机关工作委员会、中共广东省委全面深化改革委员会办公室、广东省总工会、共青团广东省委员会、广东省妇女联合会</td><td>国家税务总局惠州仲恺高新技术产业开发区税务局</td></tr>
<tr><td>全省优秀共产党员</td><td>中共广东省直属机关工作委员会</td><td>张惠冰（国家税务总局广东省税务局）</td></tr>
<tr><td>广东省依法治省工作先进个人</td><td>中共广东省委</td><td>郭小平（国家税务总局海丰县税务局）</td></tr>
<tr><td rowspan="3">广东省五一劳动奖章</td><td rowspan="7">广东省总工会</td><td>谭志伟（国家税务总局广州市税务局）</td></tr>
<tr><td>姜素馨（国家税务总局广州市税务局第三税务分局）</td></tr>
<tr><td>王　瑾（国家税务总局揭阳市税务局）</td></tr>
<tr><td>广东省五一巾帼奖</td><td>张　琦（国家税务总局云浮市税务局）</td></tr>
<tr><td rowspan="3">广东省优秀职工之友</td><td>叶柳萍（国家税务总局龙门县税务局）</td></tr>
<tr><td>郭小平（国家税务总局海丰县税务局）</td></tr>
<tr><td>洪彦哲（国家税务总局揭阳市税务局第一税务分局）</td></tr>
<tr><td>广东省百佳团支部书记</td><td rowspan="6">共青团广东省委员会</td><td>何子贤（国家税务总局云浮市云安区税务局）</td></tr>
<tr><td rowspan="4">广东省优秀共青团干部</td><td>王一帆（国家税务总局广州市税务局）</td></tr>
<tr><td>张沐愚（国家税务总局广州市税务局）</td></tr>
<tr><td>房秋梅（国家税务总局连山壮族瑶族自治县税务局）</td></tr>
<tr><td>林　爽（国家税务总局潮州市税务局）</td></tr>
<tr><td>广东省优秀共青团员</td><td>李唯钢（国家税务总局珠海市横琴新区税务局）</td></tr>
<tr><td>2019年广东百户“最美家庭”</td><td>广东省妇女联合会、中共广东省委宣传部、广东省精神文明建设委员会办公室</td><td>吕雪芬（国家税务总局广州市海珠区税务局）</td></tr>
<tr><td rowspan="3">广东省三八红旗手</td><td rowspan="3">广东省妇女联合会</td><td>茹慧丹（国家税务总局阳江市税务局第一税务分局）</td></tr>
<tr><td>杨　婕（国家税务总局揭阳市税务局）</td></tr>
<tr><td>叶焕丽（国家税务总局新兴县税务局第一税务分局）</td></tr>
<tr><td>广东省直机关庆祝中华人民共和国成立70周年歌咏活动比赛一等奖</td><td>广东省直机关工作委员会</td><td>姚继军（国家税务总局广东省税务局）</td></tr>
<tr><td>广东省第十三届“百歌颂中华”活动总决赛歌手银奖</td><td>广东省委宣传部</td><td>姚继军（国家税务总局广东省税务局）</td></tr>
</table>

续表

荣誉		授奖部门	获奖单位（个人）
广东省	“时代新人说、我和祖国共成长”广东省“红色故事”演讲比赛一等奖	广东省委宣传部	卢馥岚（国家税务总局汕尾市城区税务局）
	优秀书香家庭	广东省文明办、广东省妇女联合会	郑会锋（国家税务总局云浮市税务局）
	广东省2016—2018年脱贫攻坚突出贡献个人	广东省扶贫开发领导小组	毛朝雄（国家税务总局清远市税务局）
			丘成炽（国家税务总局英德市税务局）
			邱俊凯（国家税务总局清远市清新区税务局）
			覃　强（国家税务总局清远市税务局）
			邓水强（国家税务总局云浮市税务局）

广东省税务系统机构设置情况统计表（2019年）

统计截止时间：2019年12月31日　　　　单位：个

项目		合计	总局	总局特派办	省（自治区）局	直辖市局	计划单列市局	副省级城市局	地（市、州、盟）局	直辖市区局	计划单列市区局	副省级城市区局	地（市、州、盟）区局	直辖市县局	计划单列市县局	副省级城市县局	县（市、旗）局
总计		3612			37			35	595			337	1278				1330
局机关		158			1			1	20			11	68				57
其中：设在开发区		24							1				23				
局机关内设机构		2233			25			23	376			198	870				741
派出机构	合计	931			6			7	140			106	254				418
派出机构	稽查局	54			1			4	49								
派出机构	其中：跨区域稽查局	33						3	30								
派出机构	税务分局	744			5			3	91				227				418
派出机构	税务所	133										106	27				
事业单位	合计	290			5			4	59			22	86				114
事业单位	纳税服务中心（税收宣传中心）	22			1			1	20								
事业单位	信息中心	158			1			1	20			11	68				57
事业单位	机关服务中心	32			1			1	19			11					
事业单位	税收科学研究所	2			1			1									
事业单位	税务干部学校	1			1												
事业单位	其他事业单位	75											18				57

注：1. “其中：设在开发区”是指设在开发区的税务局，不含税务分局（所）。

2. “局机关内设机构”包含三定暂行规定中的另设机构。

广东省税务系统机构级别情况统计表（局机关）（2019年）

统计截止时间：2019年12月31日　　单位：个

项目	合计	总局	总局特派办	省（自治区）局	直辖市局	计划单列市局	副省级城市局	地（市、州、盟）局	直辖市区局	计划单列市区局	副省级城市区局	地（市、州、盟）区局	直辖市县局	计划单列市县局	副省级城市县局	县（市、旗）局
总计	158			1			1	20			11	68				57
部级																
正厅级	1			1												
副厅级	1						1									
正处级	31							20			11					
副处级	5											5				
正科级	120											63				57
副科级																
股级																

注：本表数据不含深圳，以下表同。

广东省税务系统机构级别情况统计表（开发区税务局）（2019年）

统计截止时间：2019年12月31日　　单位：个

项目	合计	总局	总局特派办	省（自治区）局	直辖市局	计划单列市局	副省级城市局	地（市、州、盟）局	直辖市区局	计划单列市区局	副省级城市区局	地（市、州、盟）区局	直辖市县局	计划单列市县局	副省级城市县局	县（市、旗）局
总计	24							1				23				
部级																
正厅级																
副厅级																
正处级	1							1								
副处级	5											5				
正科级	18											18				
副科级																
股级																

广东省税务系统机构级别情况统计表（派出机构）（2019 年）

统计截止时间：2019 年 12 月 31 日　　单位：个

项目	合计	总局	总局特派办	省（自治区）局	直辖市局	计划单列市局	副省级城市局	地（市、州、盟）局	直辖市区局	计划单列市区局	副省级城市区局	地（市、州、盟）区局	直辖市县局	计划单列市县局	副省级城市县局	县（市、旗）局
总计	931			6			7	140			106	254				418
部级																
正厅级																
副厅级																
正处级	13			6			7									
副处级																
正科级	247							140			106	1				
副科级	647											229				418
股级	24											24				

广东省税务系统机构级别情况统计表（事业单位）（2019 年）

统计截止时间：2019 年 12 月 31 日　　单位：个

项目	合计	总局	总局特派办	省（自治区）局	直辖市局	计划单列市局	副省级城市局	地（市、州、盟）局	直辖市区局	计划单列市区局	副省级城市区局	地（市、州、盟）区局	直辖市县局	计划单列市县局	副省级城市县局	县（市、旗）局
总计	290			5			4	59			22	86				114
部级																
正厅级																
副厅级																
正处级	9			5			4									
副处级																
正科级	82							59			22	1				
副科级	4											4				
股级	195											81				114

广东省税务系统从业人员基本情况统计表（2019年）

统计截止时间：2019年12月31日　　　　单位：人

项目			总计			政治面貌			学位			学历				人员分布			任现职务（职级、级别）层次年限											离退休人员				
				女性	少数民族	共产党员	共青团员	民主党派	博士	硕士	学士	研究生	大学本科	大学专科	中专（高中）及以下	内设（另设）机构	派出机构	事业单位	1年以下	1～2年	2～3年	3～4年	4～5年	5～6年	6～7年	7～8年	8～12年	12～15年	15年以上	小计	厅局级	中共党员	离休	退休
总计			46170	18448	509	34232	3427	106	41	2931	16768	3294	33020	8899	957	18203	25377	2590	4011	4148	3711	3404	15270	2186	1481	1581	5193	1338	3847	18264	76	12277	221	18043
公务员			42720	17472	476	32195	3297	101	37	2877	16253	3241	31191	7664	624	17980	24639	101	3903	3725	3638	3341	15195	2093	1383	1355	4647	1016	2424	16659	76	11777	221	16438
事业编制	小计		2269	765	24	1303	130	4	4	54	507	51	1461	626	131	21	66	2182	62	387	52	48	65	71	74	197	383	257	673	647		188		647
	参公管理人员																																	
	事业部	小计	1548	642	21	925	130	3	4	53	494	47	1213	265	23	10	24	1514	14	377	21	32	46	53	46	175	299	167	318	123		56		123
		管理人员	1529	637	21	915	130	3	3	43	487	36	1205	265	23	10	24	1495	14	377	21	31	46	46	40	175	294	167	318	123		56		123
		专业技术人员	19	5		10			1	10	7	11	8					19				1		7	6		5							
	事业工人		721	123	3	378		1		1	13	4	248	361	108	11	42	668	48	10	31	16	19	18	28	22	84	90	355	524		132		524
工勤人员			1181	211	9	734		1			8	2	368	609	202	202	672	307	46	36	21	15	10	22	24	29	163	65	750	958		312		958

注：本表统计范围为正式的在职和离退休人员。

第六篇

税费统计

税费收入统计资料

表1-1　广东省税费收入情况（1994—2019年）

单位：亿元

年份	税费收入		税收收入		费金收入		社会保险费收入	
	数额	比上年增长（%）	数额	比上年增长（%）	数额	比上年增长（%）	数额	比上年增长（%）
1994	531.08		531.08					
1995	678.21	27.7	673.03	26.7	5.18			
1996	861.62	27.0	848.37	26.1	13.25	155.6		
1997	1 096.30	27.2	1 081.48	27.5	14.82	11.9		
1998	1 197.46	9.2	1 183.57	9.4	13.89	-6.3		
1999	1 498.82	25.2	1 479.95	25.0	18.87	35.9		
2000	2 168.84	44.7	1 987.96	34.3	180.88	858.3	149.63	36.0
2001	2 521.21	16.2	2 285.92	15.0	235.29	30.1	201.50	34.7
2002	2 840.67	12.7	2 528.81	10.6	311.86	32.5	270.90	34.4
2003	3 371.60	18.7	2 989.33	18.2	382.27	22.6	339.86	25.5
2004	4 049.71	20.1	3 587.17	20.0	462.53	21.0	403.21	18.6
2005	4 753.21	17.4	4 203.08	17.2	550.13	18.9	479.91	19.0
2006	5 764.76	21.3	5 078.28	20.8	686.47	24.8	605.07	26.1
2007	7 806.02	35.4	6 973.62	37.3	832.40	21.3	728.25	20.4
2008	8 753.10	12.1	7 747.71	11.1	1 005.39	20.8	873.06	19.9
2009	9 262.59	5.8	8 161.59	5.3	1 100.99	9.5	960.46	10.0
2010	11 476.78	23.9	10 112.28	23.9	1 364.50	23.9	1 172.51	22.1
2011	13 880.89	20.9	12 028.53	18.9	1 852.36	35.8	1 477.58	26.0
2012	15 334.65	10.5	13 164.15	9.4	2 170.50	17.2	1 732.42	17.2
2013	16 576.09	8.1	14 111.44	7.2	2 464.66	13.6	1 947.61	12.4
2014	18 537.39	11.8	15 852.69	12.3	2 684.70	8.9	2 134.45	9.6
2015	21 240.18	14.6	18 203.92	14.8	3 036.26	13.1	2 461.25	15.3
2016	22 772.27	7.2	19 430.38	6.7	3 341.89	10.1	2 783.93	13.1
2017	25 557.18	12.2	21 867.18	12.5	3 690.00	10.4	3 116.77	12.0
2018	28 127.47	10.1	23 636.47	8.1	4 491.01	21.7	3 805.05	22.1
2019	29 968.48	6.5	23 789.05	0.6	6 179.43	37.6	4 890.22	30.2

注：1. 本表“税收收入”包含海关代征税收，未扣除出口退税。（以下表同）

2. 本表包含深圳数据。（以下表同）

3. 表中的空白单元格表示该项统计指标数据为“0”、不足本表最小单位数或无该项数据。（以下表同）

表1－2　广东省税费收入分税种分级次情况（2019年）

单位：万元

项　目	合计	中央	地方			
				省级	市级	县级
总　计	255 624 591	99 798 904	155 825 687	31 151 556	70 242 703	54 431 428
一、税收收入	237 890 596	137 760 452	100 130 144	27 326 485	36 884 239	35 919 420
1. 增值税收入	112 945 953	73 107 142	39 838 811	14 222 170	13 052 211	12 564 430
（1）国内增值税	79 690 941	39 852 130	39 838 811	14 222 170	13 052 211	12 564 430
（2）进口货物增值税	33 255 012	33 255 012				
2. 消费税收入	11 481 527	11 481 527				
（1）国内消费税	9 257 917	9 257 917				
（2）进口消费品消费税	2 223 610	2 223 610				
3. 企业所得税	51 957 929	32 693 880	19 264 049	6 231 083	7 278 789	5 754 177
4. 个人所得税	16 404 747	9 842 849	6 561 898	1 799 347	2 993 108	1 769 443
5. 资源税	352 590	241 390	111 200		11 673	99 527
6. 城市维护建设税	6 160 427		6 160 427	－4	2 002 346	4 158 085
7. 房产税	3 567 627		3 567 627		1 588 259	1 979 368
8. 印花税	8 176 620	6 655 615	1 521 005		329 062	1 191 943
9. 城镇土地使用税	1 207 005		1 207 005		328 484	878 521
10. 土地增值税	14 028 926		14 028 926	5 066 280	5 236 074	3 726 572
11. 车船税	770 351		770 351		524 095	246 256
12. 车辆购置税	3 710 169	3 710 169				
13. 烟叶税	12 872		12 872			12 872
14. 耕地占用税	583 431		583 431		95 392	488 039
15. 契税	6 408 929		6 408 929		3 410 125	2 998 804
16. 环境保护税	65 731		65 731		23 241	42 490
17. 其他税收	55 762	27 880	27 882	7 609	11 380	8 893
二、成品油消费税退税	－48 103	－48 103				
三、出口退税	－39 488 070	－39 488 070				
1. 出口货物退增值税	－27 774 155	－27 774 155				
2. 改征增值税出口退税	－472 020	－472 020				
3. 免抵调减增值税	－10 899 916	－10 899 916				
4. 免抵调减改征增值税	－329 964	－329 964				
5. 出口消费品退消费税	－12 015	－12 015				

1－2　续表

单位：万元

项　目	合计	中央	地方			
				省级	市级	县级
四、社会保险费	48 899 111		48 899 111	3 296 391	29 405 933	16 196 787
1. 企业职工基本养老保险费	25 334 863		25 334 863	2 789 367	15 744 751	6 800 745
2. 失业保险费	685 766		685 766		520 355	165 411
3. 职工基本医疗保险费	10 494 352		10 494 352		7 177 582	3 316 770
4. 工伤保险费	342 705		342 705	8 964	212 114	121 627
5. 生育保险费	1 000 002		1 000 002		731 181	268 821
6. 城乡居民基本养老保险费	299 652		299 652		109 804	189 848
7. 机关事业单位基本养老保险费	9 214 643		9 214 643	498 060	4 615 978	4 100 605
8. 城乡居民基本医疗保险费	1 521 267		1 521 267		288 307	1 232 960
9. 其他社会保险费	5 861		5 861		5 861	
五、非税收入	6 868 687	1 574 625	5 294 062	528 680	3 144 637	1 620 745
1. 教育费附加	2 738 686		2 738 686	－2	1 671 544	1 067 144
2. 地方教育附加	1 825 368		1 825 368	428 291	1 057 036	340 041
3. 文化事业建设费	260 246	1 482	258 764	30 329	203 238	25 197
4. 海上石油矿区使用费	3 703	3 703				
5. 税务部门罚没收入	26 055	26 055				
6. 残疾人就业保障金	414 235		414 235	70 062	179 977	164 196
7. 废弃电器电子产品处理基金	33 373	33 373				
8. 大中型水库移民后期扶持基金	327 180	327 180				
9. 国家重大水利工程建设基金	171 258	171 258				
10. 核电站乏燃料处理处置基金	119 959	119 959				
11. 可再生能源发展基金	802 178	802 178				
12. 场外核应急准备收入	459	459				
13. 免税商品特许经营费	4 410	4 410				
14. 村镇基础设施配套费	47 512		47 512		25 043	22 469
15. 石油特别收益金	54 896	54 896				
16. 国家留成油上缴收入	29 670	29 670				
17. 其他	9 499	2	9 497		7 799	1 698
六、其他收入	1 502 370		1 502 370		807 894	694 476
1. 工会经费	1 083 868		1 083 868		389 392	694 476
2. 职业年金	418 502		418 502		418 502	

表1－3　广东省税收收入分地区分税种情况（2019年）

单位：万元

地　区	一、税收收入	1. 增值税	2. 消费税	3. 营业税	4. 企业所得税	5. 个人所得税	6. 资源税
合　计	237 890 596	112 945 953	11 481 527	55 762	51 957 929	16 404 747	352 590
广东	155 420 685	75 582 652	10 565 867	30 423	31 070 661	8 996 731	352 553
广州	55 768 794	25 563 538	4 858 410	1 885	12 450 924	3 711 070	138 953
市局	53 336 611	24 952 053	4 665 411	1 905	11 162 247	3 516 470	138 953
省第三分局	2 432 183	611 485	192 999	－20	1 288 677	194 600	
珠海	9 650 892	4 342 337	99 645	2 430	2 569 316	866 499	7 975
不含横琴新区	7 761 344	3 723 957	99 638	2 259	2 002 632	401 752	7 975
横琴新区	1 889 548	618 380	7	171	566 684	464 747	
汕头	3 012 782	1 423 313	85 973	1 349	604 484	146 485	2 529
佛山	16 700 309	7 898 609	421 891	4 370	3 817 998	944 664	505
韶关	2 061 728	995 508	303 024	611	281 659	82 566	12 489
河源	1 357 103	632 917	45 745	2 246	216 643	58 684	4 025
梅州	2 033 282	726 467	380 742	1 302	330 747	107 889	12 951
惠州	11 251 080	4 970 287	1 624 528	4 485	1 961 373	422 356	6 838
汕尾	781 241	360 000	40 838	－22	113 629	30 251	234
东莞	21 666 059	13 372 637	157 151	767	3 518 739	1 174 823	236
中山	6 652 762	3 355 123	64 776	232	1 463 855	403 799	24
江门	5 020 184	2 506 119	71 300	3 084	901 502	229 172	13 285
阳江	1 640 363	857 058	28 211	2 675	321 034	63 976	5 314
湛江	5 116 119	2 875 119	665 165	1 636	635 747	160 844	101 946
茂名	4 180 952	1 640 161	1 432 498	726	390 095	77 633	3 662
肇庆	2 363 620	1 125 671	55 268	605	401 390	114 891	9 733
清远	2 724 754	1 275 262	55 383	1 045	654 349	144 005	15 175
潮州	980 583	509 748	40 394	144	140 700	64 328	5 854
揭阳	1 348 817	685 130	106 223	171	121 005	57 279	1 962
云浮	1 109 261	467 648	28 702	682	175 472	135 517	8 863
深圳	82 469 911	37 363 301	915 660	25 339	20 887 268	7 408 016	37
珠三角9市	211 543 611	100 497 622	8 268 629	43 197	47 972 365	15 275 290	177 586
粤东西北12市	26 346 985	12 448 331	3 212 898	12 565	3 985 564	1 129 457	175 004
粤东	6 123 423	2 978 191	273 428	1 642	979 818	298 343	10 579
粤西	10 937 434	5 372 338	2 125 874	5 037	1 346 876	302 453	110 922
粤北	9 286 128	4 097 802	813 596	5 886	1 658 870	528 661	53 503

1－3　续表1

单位：万元

地　区	7. 城市维护建设税	8. 房产税	9. 印花税	10. 城镇土地使用税	11. 土地增值税	12. 车船税	13. 车辆购置税
合　计	6 160 427	3 567 627	8 176 620	1 207 005	14 028 926	770 351	3 710 169
广东	4 354 289	2 934 155	1 112 318	1 131 690	10 132 545	626 160	3 084 531
广州	1 430 539	1 145 325	420 593	143 936	3 628 822	149 301	560 405
市局	1 376 274	1 085 536	395 617	139 331	3 628 424	149 275	560 405
省第三分局	54 265	59 789	24 976	4 605	398	26	
珠海	258 594	170 951	71 963	55 808	709 035	20 150	126 688
不含横琴新区	212 995	155 018	57 333	46 892	609 917	20 071	126 688
横琴新区	45 599	15 933	14 630	8 916	99 118	79	
汕头	98 480	80 062	30 860	57 511	217 014	23 287	100 171
佛山	510 806	366 480	115 384	123 292	1 198 122	89 826	414 574
韶关	75 847	35 483	13 437	22 418	64 123	10 339	63 225
河源	40 319	26 008	9 600	35 530	88 470	9 409	54 373
梅州	77 018	29 776	13 417	11 659	146 731	12 385	72 992
惠州	305 001	169 896	63 541	137 931	850 123	33 716	217 895
汕尾	19 309	11 489	6 137	13 684	68 913	6 331	46 245
东莞	567 609	312 423	167 001	99 746	1 190 588	100 036	534 408
中山	197 186	174 281	44 992	46 240	478 111	35 413	184 835
江门	150 494	136 216	38 267	150 135	433 202	24 693	135 672
阳江	49 662	26 194	11 842	28 252	99 605	10 919	63 297
湛江	135 856	49 997	22 449	38 967	215 158	17 377	83 273
茂名	173 677	23 565	16 145	24 911	176 819	18 118	82 468
肇庆	73 429	54 310	19 110	49 627	195 080	15 274	83 910
清远	77 854	46 725	17 077	25 798	184 747	14 097	81 706
潮州	32 448	22 354	7 518	14 278	34 110	11 033	42 947
揭阳	50 672	31 647	15 803	35 108	78 041	16 649	82 749
云浮	29 489	20 973	7 182	16 859	75 731	7 807	52 698
深圳	1 806 138	633 472	7 064 302	75 315	3 896 381	144 191	625 638
珠三角9市	5 299 796	3 163 354	8 005 153	882 030	12 579 464	612 600	2 884 025
粤东西北12市	860 631	404 273	171 467	324 975	1 449 462	157 751	826 144
粤东	200 909	145 552	60 318	120 581	398 078	57 300	272 112
粤西	359 195	99 756	50 436	92 130	491 582	46 414	229 038
粤北	300 527	158 965	60 713	112 264	559 802	54 037	324 994

1-3　续表2

单位：万元

地　区	14. 烟叶税	15. 耕地占用税	16. 契税	17. 环境保护税	18. 其他税收	二、成品油消费税退税
合　计	12 872	583 431	6 408 929	65 731		-48 103
广东	12 872	579 956	4 793 638	59 644		-48 103
广州		55 751	1 500 769	8 573		
市局		55 751	1 500 433	8 526		
省第三分局			336	47		
珠海		22 005	326 418	1 078		-48 103
不含横琴新区		18 579	274 598	1 040		-48 103
横琴新区		3 426	51 820	38		
汕头		25 963	111 849	3 452		
佛山		19 589	768 938	5 261		
韶关	8 484	32 579	56 072	3 864		
河源		67 301	65 135	698		
梅州	3 973	39 489	63 951	1 793		
惠州		46 639	433 495	2 976		
汕尾		16 941	46 828	434		
东莞		20 775	446 162	2 958		
中山		9 062	192 831	2 002		
江门		38 445	185 239	3 359		
阳江		7 563	62 000	2 761		
湛江		25 987	82 105	4 493		
茂名		30 264	87 435	2 775		
肇庆		45 925	115 961	3 436		
清远	415	6 586	119 929	4 601		
潮州		19 702	33 098	1 927		
揭阳		22 367	43 142	869		
云浮		27 023	52 281	2 334		
深圳		3 475	1 615 291	6 087		
珠三角9市		261 666	5 585 104	35 730		-48 103
粤东西北12市	12 872	321 765	823 825	30 001		
粤东		84 973	234 917	6 682		
粤西		63 814	231 540	10 029		
粤北	12 872	172 978	357 368	13 290		

1－3　续表3

单位：万元

地　区	三、出口退税	1. 出口货物退增值税	2. 改征增值税出口退税	3. 免抵调减增值税	4. 免抵调减改征增值税	5. 出口消费品退消费税
合　计	－39 488 070	－27 774 155	－472 020	－10 899 916	－329 964	－12 015
广东	－27 828 174	－18 870 587	－416 221	－8 201 476	－328 455	－11 435
广州	－4 836 800	－2 873 821	－406 457	－1 237 557	－309 543	－9 422
市局	－4 678 100	－2 724 129	－406 457	－1 234 557	－309 543	－3 414
省第三分局	－158 700	－149 692		－3 000		－6 008
珠海	－1 694 973	－1 189 936	－1 036	－493 203	－10 797	－1
不含横琴新区	－1 689 731	－1 185 136	－1 036	－492 761	－10 797	－1
横琴新区	－5 242	－4 800		－442		
汕头	－529 470	－377 870		－151 600		
佛山	－3 263 000	－2 290 650	－969	－967 762	－3 238	－381
韶关	－125 800	－52 000		－73 800		
河源	－175 349	－97 349		－78 000		
梅州	－121 301	－80 001		－41 300		
惠州	－2 367 998	－1 607 998		－760 000		
汕尾	－112 041	－78 100		－33 941		
东莞	－9 352 129	－6 608 298	－4 744	－2 738 894	－106	－87
中山	－1 987 640	－1 461 685	－2 501	－518 844	－3 796	－814
江门	－1 490 583	－1 025 853	－17	－463 630	－371	－712
阳江	－112 998	－105 965	－17	－6 998		－18
湛江	－208 002	－162 003		－45 711	－288	
茂名	－187 651	－51 960		－135 691		
肇庆	－256 188	－125 989		－130 199		
清远	－169 580	－99 880		－69 700		
潮州	－257 560	－138 180	－480	－118 584	－316	
揭阳	－521 999	－402 499		－119 500		
云浮	－57 112	－40 550		－16 562		
深圳	－11 659 896	－8 903 568	－55 799	－2 698 440	－1 509	－580
珠三角9市	－36 909 207	－26 087 798	－471 523	－10 008 529	－329 360	－11 997
粤东西北12市	－2 578 863	－1 686 357	－497	－891 387	－604	－18
粤东	－1 421 070	－996 649	－480	－423 625	－316	
粤西	－508 651	－319 928	－17	－188 400	－288	－18
粤北	－649 142	－369 780		－279 362		

表1－4　广东省税收收入分税种分产业收入情况（2019年）

单位：万元

项　目	税收收入	增值税	消费税	企业 所得税	个人 所得税	资源税
合　计	237 890 596	79 690 941	9 257 917	51 957 929	16 404 747	352 590
一、农、林、牧、渔业	147 671	46 926	10	36 061	28 354	20
二、采矿业	1 246 946	671 969	143	208 239	33 099	298 129
三、制造业	74 104 361	31 502 953	7 592 864	11 008 123	3 365 591	37 160
1. 农副食品加工业	363 836	173 079	10	109 051	23 777	
2. 食品制造业	1 734 882	1 026 164	256	527 143	67 431	68
3. 酒、饮料和精制茶制造业	764 302	310 864	130 169	246 202	15 606	418
4. 烟草制品业	3 006 311	524 242	2 090 021	188 068	15 746	
5. 纺织业	743 533	500 601		112 911	22 160	
6. 纺织服装、服饰业	1 171 722	856 361		159 332	30 691	
7. 皮革、毛皮、羽毛及其制品和制鞋业	839 654	659 292	14	79 146	18 107	3
8. 木材加工和木竹藤棕草制品业	216 727	157 992	5 003	19 863	6 948	1
9. 家具制造业	970 530	689 465	242	141 134	45 058	4
10. 造纸和纸制品业	971 381	646 776		190 985	27 550	
11. 印刷和记录媒介复制业	570 309	365 674		113 476	30 628	
12. 文教、工美、体育和娱乐用品制造业	859 193	613 344	1 518	120 374	26 870	
13. 石油加工、炼焦和核燃料加工业	9 349 868	583 291	3 825 527	241 105	15 549	
14. 化学原料和化学制品制造业	3 026 298	1 222 817	24 353	725 813	141 848	45
15. 医药制造业	1 225 585	759 161	493	300 709	69 922	
16. 化学纤维制造业	115 762	46 843		57 448	3 112	
17. 橡胶和塑料制品业	2 319 300	1 649 747	3	371 685	69 177	9
18. 非金属矿物制品业	2 761 657	1 687 202		678 848	85 041	35 702
19. 黑色金属冶炼和压延加工业	636 553	383 286		169 407	10 343	
20. 有色金属冶炼和压延加工业	575 776	349 977	2	150 096	19 212	
21. 金属制品业	2 724 132	2 035 398	19	324 801	89 493	
22. 通用设备制造业	1 964 357	1 293 910	7	395 329	101 451	

1－4　续表1

单位：万元

项　目	税收收入	增值税	消费税	企业 所得税	个人 所得税	资源税
23. 专用设备制造业	2 066 420	1 333 206	79	354 381	193 156	
24. 汽车制造业	5 076 083	1 744 718	1 485 386	1 213 617	149 624	
25. 铁路、船舶、航空航天和其他运输设备制造业	406 532	269 980	8 452	59 079	17 857	
26. 电气机械和器材制造业	5 557 440	3 503 079	20 099	1 357 565	242 584	2
27. 计算机、通信和其他电子设备制造业	10 919 990	6 327 213	536	1 981 660	1 672 418	
28. 仪表仪器制造业	545 212	287 923	98	138 162	58 468	
29. 其他制造业	12 310 220	1 307 228	536	425 691	78 070	908
30. 废弃资源综合利用业	127 096	65 848	41	28 811	5 369	
31. 金属制品、机械和设备修理业	183 700	128 272		26 231	12 325	
四、电力、热力、燃气及水的生产和供应业	4 113 555	2 232 868		1 244 382	154 501	167
1. 电力、热力生产和供应业	3 440 839	2 013 519		892 003	121 492	95
2. 燃气生产和供应业	313 219	98 752		174 726	19 817	
3. 水的生产和供应业	359 497	120 597		177 653	13 192	72
五、建筑业	9 332 839	5 942 109		1 851 145	713 213	7 290
1. 房屋建筑业	2 761 207	1 664 033		694 470	199 580	3 796
2. 土木工程建筑业	1 628 891	969 097		323 568	125 863	1 146
3. 建筑安装业	2 623 295	1 852 218		354 209	216 259	1 465
4. 建筑装饰和其他建筑业	2 319 446	1 456 761		478 898	171 511	883
六、批发和零售业	35 140 531	10 331 553	1 660 010	4 632 935	1 009 302	7 974
1. 批发业	16 841 328	7 849 877	1 576 566	3 747 606	693 669	4 150
2. 零售业	18 299 203	2 481 676	83 444	885 329	315 633	3 824
七、交通运输、仓储和邮政业	3 693 289	1 408 376		1 392 553	294 097	21
八、住宿和餐饮业	752 598	354 887	17	194 125	69 873	325
1. 住宿业	343 475	134 594		86 907	26 991	321
2. 餐饮业	409 123	220 293	17	107 218	42 882	4

1-4 续表2

单位：万元

项 目	税收收入	增值税	消费税	企业所得税	个人所得税	资源税
九、信息传输、软件和信息技术服务业	7 093 768	2 246 074	844	3 078 052	1 383 252	1
1. 电信、广播电视和卫星传输服务	1 179 448	257 477		758 070	83 588	
2. 互联网和相关服务	448 733	88 523	773	268 716	75 382	
3. 软件和信息技术服务业	5 465 587	1 900 074	71	2 051 266	1 224 282	1
十、金融业	31 720 171	8 901 175	518	11 328 735	3 082 943	
1. 货币金融服务	14 120 699	5 860 105	445	6 478 641	1 099 356	
2. 资本市场服务	10 659 730	1 395 882	2	1 534 571	919 095	
3. 保险业	4 802 091	849 798	39	2 636 106	472 131	
4. 其他金融业	2 137 651	795 390	32	679 417	592 361	
十一、房地产业	39 878 819	9 565 609	19	11 257 155	1 248 020	245
1. 房地产开发经营	32 357 145	7 736 002	16	9 953 872	634 639	232
2. 物业管理	1 712 953	467 214		428 510	64 815	10
3. 房地产中介服务	377 243	145 013		118 879	68 075	
4. 自有房地产经营活动	1 389 902	441 821	3	254 860	125 294	
5. 其他房地产业	4 041 576	775 559		501 034	355 197	3
十二、租赁和商务服务业	10 044 607	3 295 117	235	3 347 958	2 061 683	157
1. 租赁业	555 701	240 025		194 821	20 688	32
2. 商务服务业	9 488 906	3 055 092	235	3 153 137	2 040 995	125
十三、科学研究和技术服务业	3 403 511	1 411 588	96	1 035 097	658 394	715
十四、水利、环境和公共设施管理业	442 891	131 555		159 834	28 788	87
十五、居民服务、修理和其他服务业	2 594 595	885 331	3 072	855 049	469 751	201
十六、教育	568 971	125 682		85 030	329 276	
十七、卫生和社会工作	549 443	16 487		55 634	459 411	5
十八、文化、体育和娱乐业	532 146	156 174	89	139 871	133 654	6
十九、公共管理、社会保障和社会组织	9 372 240	464 395		44 768	880 772	87
二十、其他行业	3 157 644	113		3 183	773	

1－4　续表3

单位：万元

项　目	城市维护建设税	房产税	印花税	城镇土地使用税	土地增值税	车辆购置税
合　计	6 160 427	3 567 627	8 176 620	1 207 005	14 028 926	3 710 169
一、农、林、牧、渔业	3 410	8 398	2 334	4 111	12 880	1 674
二、采矿业	13 744	5 302	5 059	3 288	456	500
三、制造业	2 732 901	932 953	506 790	342 771	225 123	125 705
1. 农副食品加工业	11 390	17 113	10 762	7 349	6 665	901
2. 食品制造业	66 736	25 642	8 065	8 100	1 760	1 136
3. 酒、饮料和精制茶制造业	29 448	14 339	4 244	4 027	918	421
4. 烟草制品业	178 059	6 434	2 343	1 086	115	31
5. 纺织业	33 090	29 723	6 520	14 406	11 187	1 960
6. 纺织服装、服饰业	56 490	30 017	9 043	10 364	10 090	2 697
7. 皮革、毛皮、羽毛及其制品和制鞋业	39 643	18 821	6 175	7 484	7 694	1 831
8. 木材加工和木竹藤棕草制品业	10 851	5 348	1 861	5 404	2 068	660
9. 家具制造业	45 243	21 189	7 114	8 615	7 902	2 133
10. 造纸和纸制品业	45 600	25 321	11 473	9 180	6 302	3 426
11. 印刷和记录媒介复制业	25 240	22 030	4 476	4 614	1 756	1 637
12. 文教、工美、体育和娱乐用品制造业	40 004	24 436	8 542	9 645	10 320	1 927
13. 石油加工、炼焦和核燃料加工业	321 642	7 327	3 833	19 207	475	173
14. 化学原料和化学制品制造业	85 730	46 576	22 504	18 922	4 100	3 989
15. 医药制造业	52 022	23 966	6 756	5 737	1 092	518
16. 化学纤维制造业	3 199	2 831	822	1 101	119	101
17. 橡胶和塑料制品业	108 937	48 900	21 967	20 564	14 829	8 292
18. 非金属矿物制品业	110 686	50 764	18 245	33 225	11 964	29 840
19. 黑色金属冶炼和压延加工业	24 898	20 256	10 435	10 730	95	659
20. 有色金属冶炼和压延加工业	21 172	14 257	10 824	6 345	155	901
21. 金属制品业	130 302	55 831	24 942	28 941	12 347	14 056
22. 通用设备制造业	85 170	32 211	21 481	9 819	15 346	7 558

1-4 续表4

单位：万元

项　目	城市维护建设税	房产税	印花税	城镇土地使用税	土地增值税	车辆购置税
23. 专用设备制造业	95 999	40 030	17 943	10 130	7 660	6 948
24. 汽车制造业	220 002	54 549	41 066	13 598	62	1 381
25. 铁路、船舶、航空航天和其他运输设备制造业	18 765	17 413	5 811	5 963	1 784	415
26. 电气机械和器材制造业	217 998	88 837	52 326	24 919	25 320	8 873
27. 计算机、通信和其他电子设备制造业	498 865	141 949	143 462	25 900	19 288	11 271
28. 仪表仪器制造业	39 414	10 642	4 675	1 991	2 100	1 201
29. 其他制造业	103 336	27 513	15 117	10 756	40 906	9 611
30. 废弃资源综合利用业	5 181	4 632	1 844	3 276	114	568
31. 金属制品、机械和设备修理业	7 789	4 056	2 119	1 373	590	590
四、电力、热力、燃气及水的生产和供应业	143 053	111 110	31 510	41 333	125 600	4 430
1. 电力、热力生产和供应业	126 435	95 127	25 933	20 753	125 288	3 184
2. 燃气生产和供应业	6 332	4 695	2 981	2 070	62	356
3. 水的生产和供应业	10 286	11 288	2 596	18 510	250	890
五、建筑业	397 593	41 639	114 712	47 429	120 790	46 351
1. 房屋建筑业	112 761	10 498	36 469	3 942	16 804	6 772
2. 土木工程建筑业	65 977	11 333	26 786	34 376	30 748	15 160
3. 建筑安装业	123 965	9 951	27 838	3 673	21 035	6 694
4. 建筑装饰和其他建筑业	94 890	9 857	23 619	5 438	52 203	17 725
六、批发和零售业	815 809	251 333	298 587	82 556	191 388	145 664
1. 批发业	643 529	172 304	249 000	49 107	144 121	78 473
2. 零售业	172 280	79 029	49 587	33 449	47 267	67 191
七、交通运输、仓储和邮政业	81 295	160 745	47 005	36 023	117 782	123 610
八、住宿和餐饮业	26 594	72 076	2 850	13 889	7 942	3 189
1. 住宿业	12 948	58 875	1 270	10 554	5 778	777
2. 餐饮业	13 646	13 201	1 580	3 335	2 164	2 412

1－4 续表5

单位：万元

项 目	城市维护建设税	房产税	印花税	城镇土地使用税	土地增值税	车辆购置税
九、信息传输、软件和信息技术服务业	202 118	88 089	53 943	9 549	8 177	8 978
1. 电信、广播电视和卫星传输服务	13 237	52 971	6 504	5 688	846	449
2. 互联网和相关服务	7 653	1 421	3 966	251	1 226	510
3. 软件和信息技术服务业	181 228	33 697	43 473	3 610	6 105	8 019
十、金融业	597 091	151 735	6 744 719	34 568	62 258	20 061
1. 货币金融服务	392 006	120 389	54 041	29 608	38 631	17 416
2. 资本市场服务	96 201	14 890	6 664 347	3 241	20 571	962
3. 保险业	57 140	12 678	19 300	585	7	839
4. 其他金融业	51 744	3 778	7 031	1 134	3 049	844
十一、房地产业	643 188	1 006 767	191 735	373 165	12 482 155	16 596
1. 房地产开发经营	505 560	449 202	158 775	295 275	11 396 853	11 566
2. 物业管理	34 050	121 071	7 883	17 423	543 340	2 422
3. 房地产中介服务	11 050	10 566	1 461	1 904	12 360	775
4. 自有房地产经营活动	58 368	310 009	11 485	40 845	99 185	1 276
5. 其他房地产业	34 160	115 919	12 131	17 718	430 417	557
十二、租赁和商务服务业	252 046	319 733	87 431	78 401	302 425	79 779
1. 租赁业	18 765	15 567	8 307	2 052	1 300	53 242
2. 商务服务业	233 281	304 166	79 124	76 349	301 125	26 537
十三、科学研究和技术服务业	144 882	43 732	28 228	9 585	8 722	14 684
十四、水利、环境和公共设施管理业	9 972	16 323	8 804	9 744	1 727	3 733
十五、居民服务、修理和其他服务业	58 865	177 006	13 943	27 499	30 718	14 760
十六、教育	8 017	8 016	1 112	1 070	1 222	7 841
十七、卫生和社会工作	1 109	5 325	2 023	736	5 201	2 054
十八、文化、体育和娱乐业	9 785	27 742	2 801	38 346	8 286	1 132
十九、公共管理、社会保障和社会组织	18 930	139 558	33 005	52 927	316 053	9 719
二十、其他行业	25	45	29	15	21	3 079 709

1－4 续表6

单位：万元

项 目	车船税	耕地占用税	契税	环境保护税	其他各税
合 计	770 351	583 431	6 408 929	65 731	35 547 256
一、农、林、牧、渔业	6	379	2 393	691	24
二、采矿业	19	606	718	5 620	55
三、制造业	430	5 587	95 383	40 588	15 589 439
1. 农副食品加工业	4		2 849	810	76
2. 食品制造业	8	5	1 589	499	280
3. 酒、饮料和精制茶制造业	4		5 873	139	1 630
4. 烟草制品业	4		145	17	
5. 纺织业	8		3 026	2 800	5 141
6. 纺织服装、服饰业	16		1 614	403	4 604
7. 皮革、毛皮、羽毛及其制品和制鞋业	12		1 028	286	118
8. 木材加工和木竹藤棕草制品业		21	324	383	
9. 家具制造业	5	1	2 051	365	9
10. 造纸和纸制品业	17	－5	1 845	2 907	4
11. 印刷和记录媒介复制业	6		563	208	1
12. 文教、工美、体育和娱乐用品制造业	12		1 913	288	
13. 石油加工、炼焦和核燃料加工业	8	4 359	139	2 704	4 324 529
14. 化学原料和化学制品制造业	36	37	3 888	1 432	724 208
15. 医药制造业	8		1 259	190	3 752
16. 化学纤维制造业			104	76	6
17. 橡胶和塑料制品业	33	65	4 096	931	65
18. 非金属矿物制品业	31	261	3 664	16 179	5
19. 黑色金属冶炼和压延加工业	2	389	1 524	4 516	13
20. 有色金属冶炼和压延加工业	5		2 169	661	
21. 金属制品业	35	3	6 446	1 394	124
22. 通用设备制造业	20	44	1 808	180	23

1－4　续表7

单位：万元

项　目	车船税	耕地占用税	契税	环境保护税	其他各税
23. 专用设备制造业	24		5 177	202	1 485
24. 汽车制造业	21		10 159	313	141 587
25. 铁路、船舶、航空航天和其他运输设备制造业	36		651	303	23
26. 电气机械和器材制造业	27	29	11 004	459	4 319
27. 计算机、通信和其他电子设备制造业	22	10	11 118	1 167	85 111
28. 仪表仪器制造业	6		495	39	－2
29. 其他制造业	15	251	7 688	508	10 282 086
30. 废弃资源综合利用业	2	117	878	177	10 238
31. 金属制品、机械和设备修理业	3		296	52	4
四、电力、热力、燃气及水的生产和供应业	72	5 759	9 170	9 555	45
1. 电力、热力生产和供应业	63	1 801	6 485	8 654	7
2. 燃气生产和供应业	5	3 071	344	8	
3. 水的生产和供应业	4	887	2 341	893	38
五、建筑业	109	22 273	24 123	1 642	2 421
1. 房屋建筑业	13	169	10 036	774	1 090
2. 土木工程建筑业	40	17 001	7 224	235	337
3. 建筑安装业	41	2 142	2 429	405	971
4. 建筑装饰和其他建筑业	15	2 961	4 434	228	23
六、批发和零售业	381	2 981	55 282	1 188	15 653 588
1. 批发业	263	1 906	40 225	555	1 589 977
2. 零售业	118	1 075	15 057	633	14 063 611
七、交通运输、仓储和邮政业	3 624	9 690	16 676	1 549	243
八、住宿和餐饮业	19	717	3 624	1 051	1 420
1. 住宿业	13	678	2 716	381	672
2. 餐饮业	6	39	908	670	748

1-4 续表8

单位：万元

项 目	车船税	耕地占用税	契税	环境保护税	其他各税
九、信息传输、软件和信息技术服务业	40	8	14 285	36	322
1. 电信、广播电视和卫星传输服务	11		557	13	37
2. 互联网和相关服务	2		308	2	
3. 软件和信息技术服务业	27	8	13 420	21	285
十、金融业	751 675	2 880	37 207	19	4 587
1. 货币金融服务	563	42	22 143		7 313
2. 资本市场服务	5	2 817	6 935	18	193
3. 保险业	751 106		5 570		-3 208
4. 其他金融业	1	21	2 559	1	289
十一、房地产业	839	52 155	3 015 182	2 204	23 785
1. 房地产开发经营	87	4 918	1 187 060	1 908	21 180
2. 物业管理	19	9 722	15 659	40	775
3. 房地产中介服务	7		7 024		129
4. 自有房地产经营活动	720	3 396	41 382	245	1 013
5. 其他房地产业	6	34 119	1 764 057	11	688
十二、租赁和商务服务业	222	37 845	177 599	269	3 707
1. 租赁业	59	93	413	5	332
2. 商务服务业	163	37 752	177 186	264	3 375
十三、科学研究和技术服务业	87	16 167	31 151	319	64
十四、水利、环境和公共设施管理业	16	63 534	8 620	143	11
十五、居民服务、修理和其他服务业	872	45 763	8 613	228	2 924
十六、教育	152	52	1 394	36	71
十七、卫生和社会工作	59	-166	1 141	417	7
十八、文化、体育和娱乐业	12	17	14 082	111	38
十九、公共管理、社会保障和社会组织	11 581	317 149	2 892 269	52	4 190 975
二十、其他行业	136	35	17	13	73 530

表1－5　广东省税收收入分地区分产业收入情况（2019年）

单位：万元

项　目	合计	一、第一产业	二、第二产业	三、第三产业	（一）采矿业	1. 煤炭开采和洗选业	2. 石油和天然气开采业
总　计	237 890 596	147 671	88 797 701	148 945 224	1 246 946	264	999 533
广东	155 420 685	109 413	73 839 272	81 472 000	1 189 869	207	970 203
广州	55 768 794	25 865	24 606 522	31 136 407	465 266	11	458 175
市局	53 336 611	25 434	23 859 436	29 451 741	465 266	11	458 175
省第三分局	2 432 183	431	747 086	1 684 666			
珠海	9 650 892	2 133	4 358 989	5 289 770	103 681	139	103 311
不含横琴新区	7 761 344	2 050	4 163 844	3 595 450	103 576	139	103 206
横琴新区	1 889 548	83	195 145	1 694 320	105		105
汕头	3 012 782	978	1 309 479	1 702 325	367		
佛山	16 700 309	3 974	6 977 473	9 718 862	1 315		
韶关	2 061 728	2 381	1 083 788	975 559	49 718	3	
河源	1 357 103	2 713	575 176	779 214	27 516	6	217
梅州	2 033 282	4 604	1 059 921	968 757	22 780	14	2
惠州	11 251 080	9 356	6 441 077	4 800 647	9 837		32
汕尾	781 241	1 307	326 956	452 978	130	4	
东莞	21 666 059	2 487	9 518 645	12 144 927	1 531		99
中山	6 652 762	2 312	3 367 482	3 282 968	2 362		2 113
江门	5 020 184	2 750	2 743 781	2 273 653	24 902		2
阳江	1 640 363	9 305	783 820	847 238	5 400		
湛江	5 116 119	7 426	3 656 131	1 452 562	423 353	2	406 252
茂名	4 180 952	2 884	3 146 936	1 031 132	6 616	28	
肇庆	2 363 620	2 152	1 056 332	1 305 136	11 755		
清远	2 724 754	4 809	1 235 328	1 484 617	19 315		
潮州	980 583	1 054	587 577	391 952	3 163		
揭阳	1 348 817	2 356	575 204	771 257	2 959		
云浮	1 109 261	18 567	428 655	662 039	7 903		
深圳	82 469 911	38 258	14 958 429	67 473 224	57 077	57	29 330
珠三角9市	211 543 611	89 287	74 028 730	137 425 594	677 726	207	593 062
粤东西北12市	26 346 985	58 384	14 768 971	11 519 630	569 220	57	406 471
粤东	6 123 423	5 695	2 799 216	3 318 512	6 619	4	
粤西	10 937 434	19 615	7 586 887	3 330 932	435 369	30	406 252
粤北	9 286 128	33 074	4 382 868	4 870 186	127 232	23	219

1－5　续表1

单位：万元

项　目	3. 黑色金属矿采选业	4. 有色金属矿采选业	5. 非金属矿采选业	6. 开采辅助活动	7. 其他采矿业	（二）制造业	1. 农副食品加工业
总　计	24 019	69 408	112 648	33 669	7 405	74 104 361	363 836
广东	24 013	59 158	112 330	16 767	7 191	62 283 567	326 002
广州	2	430	3 394	3 130	124	21 632 358	47 310
市局	2	430	3 394	3 130	124	21 604 938	47 310
省第三分局						27 420	
珠海	1	53	106	4	67	3 561 444	13 055
不含横琴新区	1	53	106	4	67	3 527 369	13 049
横琴新区						34 075	6
汕头		55	224	68	20	700 273	14 688
佛山			1 313	2		6 064 630	36 201
韶关	230	41 221	8 030		234	770 841	1 756
河源	20 326	796	5 507	182	482	329 789	1 882
梅州	969	10 324	10 709	78	684	688 119	1 543
惠州	268	1 017	8 014	388	118	5 726 092	5 185
汕尾			64	22	40	177 243	1 806
东莞		4	1 428			8 797 811	40 844
中山		3	213	28	5	2 962 383	16 351
江门		6	23 721	2	1 171	2 213 625	23 092
阳江		86	3 282	706	1 326	408 829	7 389
湛江		1 496	4 111	11 150	342	2 849 799	43 094
茂名	1	30	5 865	300	392	2 687 406	11 146
肇庆	801	483	9 445	552	474	765 063	9 727
清远	468	341	17 667	112	727	841 479	17 257
潮州			3 161	2		438 891	23 977
揭阳		6	2 302		651	392 142	6 466
云浮	947	2 807	3 774	41	334	275 350	3 233
深圳	6	10 250	318	16 902	214	11 820 794	37 834
珠三角9市	1 078	12 246	47 952	21 008	2 173	63 544 200	229 599
粤东西北12市	22 941	57 162	64 696	12 661	5 232	10 560 161	134 237
粤东		61	5 751	92	711	1 708 549	46 937
粤西	1	1 612	13 258	12 156	2 060	5 946 034	61 629
粤北	22 940	55 489	45 687	413	2 461	2 905 578	25 671

1－5　续表2

单位：万元

项　目	2. 食品制造业	3. 酒、饮料和精制茶制造业	4. 烟草制品业	5. 纺织业	6. 纺织服装、服饰业	7. 皮革、毛皮、羽毛及其制品和制鞋业	8. 木材加工和木竹藤棕草制品业
总　计	1 734 882	764 302	3 006 311	743 533	1 171 722	839 654	216 727
广东	1 676 346	707 531	2 507 682	688 525	1 002 744	782 788	207 041
广州	711 071	247 208	1 595 886	99 492	205 230	193 244	31 243
市局	711 022	247 208	1 595 886	99 492	205 205	193 244	31 243
省第三分局	49				25		
珠海	73 513	15 497	428	12 326	20 257	3 738	4 622
不含横琴新区	67 772	15 497	428	12 326	20 256	3 738	4 619
横琴新区	5 741				1		3
汕头	41 158	2 850	7 060	46 444	106 612	2 285	905
佛山	212 419	179 311	76	119 313	102 513	48 312	23 128
韶关	1 404	4 575	349 934	13 020	4 930	1 253	5 471
河源	2 104	25 023	2	2 704	9 914	8 413	4 296
梅州	6 746	5 174	443 225	1 125	7 168	4 478	7 134
惠州	13 892	45 901		24 660	38 509	69 794	17 546
汕尾	1 129	611		13 523	9 624	344	706
东莞	98 705	56 410		162 211	262 094	254 452	36 412
中山	140 255	44 832		65 848	115 183	39 695	16 664
江门	260 438	23 722	53	64 591	32 881	29 012	13 567
阳江	23 226	10 257	110	2 422	5 234	1 113	4 993
湛江	7 852	12 102	110 589	3 658	1 446	10 786	10 743
茂名	1 636	257	154	3 033	3 225	8 170	6 348
肇庆	34 663	13 215		16 410	4 989	20 523	6 528
清远	957	14 356	164	17 064	6 304	32 463	5 834
潮州	30 385	1 228		1 536	14 519	11 403	1 748
揭阳	13 204	4 870		18 257	44 415	42 899	6 245
云浮	1 589	132	1	888	7 697	411	2 908
深圳	58 536	56 771	498 629	55 008	168 978	56 866	9 686
珠三角9市	1 603 492	682 867	2 095 072	619 859	950 634	715 636	159 396
粤东西北12市	131 390	81 435	911 239	123 674	221 088	124 018	57 331
粤东	85 876	9 559	7 060	79 760	175 170	56 931	9 604
粤西	32 714	22 616	110 853	9 113	9 905	20 069	22 084
粤北	12 800	49 260	793 326	34 801	36 013	47 018	25 643

1－5　续表3

单位：万元

项　目	9. 家具制造业	10. 造纸和纸制品业	11. 印刷和记录媒介复制业	12. 文教、工美、体育和娱乐用品制造业	13. 石油加工、炼焦和核燃料加工业	14. 化学原料和化学制品制造业	15. 医药制造业
总　计	970 530	971 381	570 309	859 193	9 349 868	3 026 298	1 225 585
广东	848 155	883 949	388 979	704 328	9 263 286	2 872 378	900 083
广州	185 727	72 476	55 396	90 707	5 593 400	851 520	327 659
市局	185 726	72 476	53 372	90 707	5 593 400	851 520	322 993
省第三分局	1		2 024				4 666
珠海	8 876	14 988	7 908	17 143	5 821	859 907	146 171
不含横琴新区	8 456	14 966	7 872	17 117	5 821	859 803	145 685
横琴新区	420	22	36	26		104	486
汕头	4 951	32 220	42 251	75 544	169	48 150	31 147
佛山	170 209	90 257	38 852	45 776	135 502	173 986	121 195
韶关	2 093	1 544	3 366	29 055	10	43 406	11 196
河源	4 557	2 537	3 397	27 967		1 603	4 278
梅州	5 869	1 251	742	2 066	－3	3 422	5 496
惠州	67 770	30 306	15 103	34 958	966 737	247 224	27 283
汕尾	148	13 728	388	4 389		674	69
东莞	217 102	363 425	123 254	233 543	6 319	160 342	37 965
中山	78 229	65 563	28 685	80 875	9 427	186 112	70 799
江门	43 370	84 267	30 322	13 512	3 786	103 758	28 725
阳江	931	3 357	2 140	1 168	16	3 011	2 216
湛江	10 696	71 879	11 362	468	658 795	6 963	18 815
茂名	377	1 322	669	3 359	1 872 314	81 441	4 400
肇庆	36 024	6 683	2 526	6 973	83	42 131	9 568
清远	6 472	7 274	1 209	14 799	1	27 171	13 636
潮州	1 109	8 420	17 295	2 301	21	6 782	3 000
揭阳	3 572	3 572	3 794	17 655	10 873	10 144	21 046
云浮	73	8 880	320	2 070	15	14 631	15 419
深圳	122 375	87 432	181 330	154 865	86 582	153 920	325 502
珠三角9市	929 682	815 397	483 376	678 352	6 807 657	2 778 900	1 094 867
粤东西北12市	40 848	155 984	86 933	180 841	2 542 211	247 398	130 718
粤东	9 780	57 940	63 728	99 889	11 063	65 750	55 262
粤西	12 004	76 558	14 171	4 995	2 531 125	91 415	25 431
粤北	19 064	21 486	9 034	75 957	23	90 233	50 025

1－5 续表4

单位：万元

项 目	16. 化学纤维制造业	17. 橡胶和塑料制品业	18. 非金属矿物制品业	19. 黑色金属冶炼和压延加工业	20. 有色金属冶炼和压延加工业	21. 金属制品业	22. 通用设备制造业
总 计	115 762	2 319 300	2 761 657	636 553	575 776	2 724 132	1 964 357
广东	114 117	1 980 921	2 610 224	632 636	537 395	2 347 078	1 609 385
广州	3 349	278 163	220 957	58 360	25 911	212 134	371 124
市局	3 349	278 139	219 693	58 360	25 228	210 329	370 542
省第三分局		24	1 264		683	1 805	582
珠海	50 347	55 619	67 517	44 734	9 606	76 089	118 695
不含横琴新区	50 343	55 610	67 292	44 734	9 604	75 739	98 171
横琴新区	4	9	225		2	350	20 524
汕头	561	56 332	29 883	1 414	1 761	13 027	10 918
佛山	21 721	342 352	431 204	58 954	166 975	402 008	328 335
韶关	10	4 546	60 367	120 720	21 903	8 597	19 255
河源	39	34 234	39 025	9 673	5 959	13 804	3 739
梅州	301	6 496	73 114	4 387	1 842	6 068	1 911
惠州	1 128	160 863	228 879	4 480	22 926	127 859	46 439
汕尾		1 454	9 384	23		1 030	－192
东莞	13 022	649 531	197 636	10 009	16 497	728 629	429 636
中山	4 865	174 381	84 887	5 840	20 240	240 186	161 813
江门	10 139	92 615	129 357	6 941	37 203	283 034	48 850
阳江	138	5 485	84 954	109 498	44 085	47 949	7 702
湛江	39	7 365	50 981	151 834	127	9 237	2 969
茂名	1	8 879	23 929	2 485	619	3 900	1 165
肇庆	3 294	18 250	205 905	908	54 401	78 762	14 023
清远	845	32 117	381 554	18 022	79 002	37 040	25 844
潮州	2	11 734	128 661	1 837	19 787	17 563	1 152
揭阳	4 282	37 582	22 196	21 643	2 962	24 536	2 523
云浮	34	2 923	139 834	874	5 589	15 626	13 484
深圳	1 645	338 379	151 433	3 917	38 381	377 054	354 972
珠三角9市	109 510	2 110 153	1 717 775	194 143	392 140	2 525 755	1 873 887
粤东西北12市	6 252	209 147	1 043 882	442 410	183 636	198 377	90 470
粤东	4 845	107 102	190 124	24 917	24 510	56 156	14 401
粤西	178	21 729	159 864	263 817	44 831	61 086	11 836
粤北	1 229	80 316	693 894	153 676	114 295	81 135	64 233

1－5 续表5

单位：万元

项 目	23. 专用设备制造业	24. 汽车制造业	25. 铁路、船舶、航空航天和其他运输设备制造业	26. 电气机械和器材制造业	27. 计算机、通信和其他电子设备制造业	28. 仪表仪器制造业	29. 其他制造业
总 计	2 066 420	5 076 083	406 532	5 557 440	10 919 990	545 212	12 310 220
广东	1 267 248	4 778 388	290 278	4 909 044	5 703 695	278 323	11 169 602
广州	222 071	3 595 604	114 488	421 288	812 179	67 668	4 858 077
市局	217 241	3 595 604	114 478	419 988	802 575	67 668	4 857 524
省第三分局	4 830		10	1 300	9 604		553
珠海	119 143	37 514	34 015	1 182 426	298 805	40 247	192 169
不含横琴新区	118 910	37 511	33 999	1 180 407	298 242	40 236	190 802
横琴新区	233	3	16	2 019	563	11	1 367
汕头	20 032	22 356	283	24 364	38 848	3 417	8 038
佛山	233 373	734 805	19 200	1 291 539	142 448	21 812	351 923
韶关	6 483	1 562	753	20 416	20 522	3 615	3 188
河源	7 543	2 536	28	7 022	65 049	1 520	36 857
梅州	3 127	7 037	1 252	6 302	61 040	1 586	17 696
惠州	61 794	97 113	6 408	258 169	689 730	18 480	2 380 778
汕尾	146	－3 174	841	1 249	106 264	182	12 448
东莞	455 769	109 172	14 489	710 179	3 006 413	93 196	280 951
中山	70 313	75 324	6 537	642 288	192 542	22 375	274 116
江门	29 909	43 658	79 358	217 685	122 848	1 000	339 839
阳江	－1 387	618	244	3 374	1 868	96	34 748
湛江	3 703	143	5 341	24 326	648	113	1 603 134
茂名	4 441	39	84	1 781	406	39	634 900
肇庆	9 155	26 632	148	34 995	62 424	1 134	20 589
清远	4 193	21 528	6 712	18 008	26 671	640	6 949
潮州	2 706	73	6	10 922	42 420	527	75 616
揭阳	9 334	120	77	26 241	4 347	641	25 133
云浮	5 400	5 728	14	6 470	8 223	35	12 453
深圳	799 172	297 695	116 254	648 396	5 216 295	266 889	1 140 618
珠三角9市	2 000 699	5 017 517	390 897	5 406 965	10 543 684	532 801	9 839 060
粤东西北12市	65 721	58 566	15 635	150 475	376 306	12 411	2 471 160
粤东	32 218	19 375	1 207	62 776	191 879	4 767	121 235
粤西	6 757	800	5 669	29 481	2 922	248	2 272 782
粤北	26 746	38 391	8 759	58 218	181 505	7 396	77 143

1－5　续表6

单位：万元

项　目	30. 废弃资源综合利用业	31. 金属制品、机械和设备修理业	(三) 电力、热力、燃气及水的生产和供应业	1. 电力、热力生产和供应业	2. 燃气生产和供应业	3. 水的生产和供应业	(四) 建筑业
总　计	127 096	183 700	4 113 555	3 440 839	313 219	359 497	9 332 839
广东	122 781	172 635	2 965 061	2 521 549	190 210	253 302	7 400 775
广州	10 964	52 452	846 682	766 099	28 309	52 274	1 662 216
市局	10 964	52 452	233 239	152 678	28 309	52 252	1 555 993
省第三分局			613 443	613 421		22	106 223
珠海	864	29 404	183 702	150 904	21 949	10 849	510 162
不含横琴新区	861	27 503	169 305	136 583	21 875	10 847	363 594
横琴新区	3	1 901	14 397	14 321	74	2	146 568
汕头	12 389	216	120 231	108 874	1 850	9 507	488 608
佛山	17 198	3 733	238 446	145 216	37 268	55 962	673 082
韶关	5 248	643	94 236	88 828	2 686	2 722	168 993
河源	3 744	340	54 414	48 608	2 611	3 195	163 457
梅州	422	102	98 346	93 892	1 964	2 490	250 676
惠州	5 252	10 926	175 261	150 316	9 323	15 622	529 887
汕尾	8	441	44 600	40 790	1 272	2 538	104 983
东莞	2 507	27 097	227 750	159 373	27 207	41 170	491 553
中山	807	27 351	119 708	92 892	10 512	16 304	283 029
江门	10 256	5 837	149 847	127 182	6 314	16 351	355 407
阳江	1 424	450	209 282	201 321	5 156	2 805	160 309
湛江	4 975	5 616	51 370	46 628	1 498	3 244	331 609
茂名	184	6 703	35 793	32 503	894	2 396	417 121
肇庆	23 968	432	70 108	55 528	9 110	5 470	209 406
清远	16 679	714	95 062	83 793	7 907	3 362	279 472
潮州	2 116	45	71 326	61 645	7 697	1 984	74 197
揭阳	3 479	34	47 373	38 798	5 334	3 241	132 730
云浮	297	99	31 524	28 359	1 349	1 816	113 878
深圳	4 315	11 065	1 148 494	919 290	123 009	106 195	1 932 064
珠三角9市	76 131	168 297	3 159 998	2 566 800	273 001	320 197	6 646 806
粤东西北12市	50 965	15 403	953 557	874 039	40 218	39 300	2 686 033
粤东	17 992	736	283 530	250 107	16 153	17 270	800 518
粤西	6 583	12 769	296 445	280 452	7 548	8 445	909 039
粤北	26 390	1 898	373 582	343 480	16 517	13 585	976 476

1－5 续表7

单位：万元

项 目	1. 房屋建筑业	2. 土木工程建筑业	3. 建筑安装业	4. 建筑装饰和其他建筑业	（一）批发和零售业	1. 批发业	2. 零售业
总 计	2 761 207	1 628 891	2 623 295	2 319 446	35 140 531	16 841 328	18 299 203
广东	2 519 335	1 248 177	2 103 564	1 529 699	15 089 818	12 082 281	3 007 537
广州	458 320	333 393	436 835	433 668	6 411 721	5 410 219	1 001 502
市局	430 141	290 935	406 036	428 881	5 971 805	4 982 317	989 488
省第三分局	28 179	42 458	30 799	4 787	439 916	427 902	12 014
珠海	145 845	72 185	155 882	136 250	763 316	621 124	142 192
不含横琴新区	114 340	42 225	121 100	85 929	592 662	467 103	125 559
横琴新区	31 505	29 960	34 782	50 321	170 654	154 021	16 633
汕头	331 684	41 690	89 334	25 900	550 409	482 853	67 556
佛山	189 719	127 106	208 395	147 862	2 188 478	1 886 543	301 935
韶关	61 601	31 295	46 560	29 537	231 687	171 231	60 456
河源	42 377	49 676	33 988	37 416	134 658	86 239	48 419
梅州	79 065	15 965	105 289	50 357	205 547	151 850	53 697
惠州	147 393	73 956	178 613	129 925	535 818	297 554	238 264
汕尾	32 620	22 547	30 640	19 176	94 457	79 008	15 449
东莞	129 976	66 910	157 634	137 033	1 461 574	1 013 392	448 182
中山	66 745	37 203	93 076	86 005	445 985	331 147	114 838
江门	102 356	91 800	101 758	59 493	389 192	297 944	91 248
阳江	60 363	34 156	49 463	16 327	238 467	200 067	38 400
湛江	137 786	49 203	113 211	31 409	248 488	180 481	68 007
茂名	262 085	66 962	51 782	36 292	210 846	170 614	40 232
肇庆	61 548	32 564	72 975	42 319	288 984	182 178	106 806
清远	89 093	50 529	81 680	58 170	182 217	133 002	49 215
潮州	34 122	15 284	17 668	7 123	101 120	83 241	17 879
揭阳	42 216	18 292	47 324	24 898	270 061	238 915	31 146
云浮	44 421	17 461	31 457	20 539	136 793	64 679	72 114
深圳	241 872	380 714	519 731	789 747	20 050 713	4 759 047	15 291 666
珠三角9市	1 543 774	1 215 831	1 924 899	1 962 302	32 535 781	14 799 148	17 736 633
粤东西北12市	1 217 433	413 060	698 396	357 144	2 604 750	2 042 180	562 570
粤东	440 642	97 813	184 966	77 097	1 016 047	884 017	132 030
粤西	460 234	150 321	214 456	84 028	697 801	551 162	146 639
粤北	316 557	164 926	298 974	196 019	890 902	607 001	283 901

1－5　续表8

单位：万元

项　目	（二）交通运输、仓储和邮政业	1. 铁路运输业	2. 道路运输业	3. 水上运输业	4. 航空运输业	5. 管道运输业	6. 装卸搬运和运输代理业
总　计	3 693 289	274 263	1 272 722	274 852	781 495	42 724	286 428
广东	2 550 148	188 864	927 303	171 365	622 812	24 774	222 717
广州	1 610 186	166 431	440 643	78 117	605 967	12 028	148 445
市局	1 557 538	164 885	392 377	76 605	605 967	12 028	148 329
省第三分局	52 648	1 546	48 266	1 512			116
珠海	100 807	581	40 662	19 602	8 735	3 246	9 424
不含横琴新区	83 581	579	30 718	18 783	8 590	49	7 194
横琴新区	17 226	2	9 944	819	145	3 197	2 230
汕头	33 798	16	14 599	3 074	2 912		3 820
佛山	145 417	1 288	92 522	9 242	113		9 452
韶关	25 164	873	19 227	392	3	55	332
河源	11 313	429	9 502	5			123
梅州	13 866	8	11 053	10	38	32	294
惠州	99 007	3 057	59 674	1 245	31	7 758	5 816
汕尾	3 715		1 848	220	16		89
东莞	183 160	36	73 710	6 631	72	619	21 899
中山	54 396	2	25 251	8 448	19	－108	6 589
江门	58 352	1 647	40 875	3 428	1	34	3 847
阳江	20 508	1 008	10 031	374	23		791
湛江	69 211	6 408	11 749	31 667	3 227	847	5 820
茂名	18 151	1 616	9 796	2 649		206	697
肇庆	31 644	2 493	19 675	1 325		3	1 600
清远	25 029	4	18 765	2 722		1	312
潮州	8 708	3	4 727	928		53	1 106
揭阳	16 380		7 479	711	1 548		2 021
云浮	21 336	2 964	15 515	575	107		240
深圳	1 143 141	85 399	345 419	103 487	158 683	17 950	63 711
珠三角9市	3 426 110	260 934	1 138 431	231 525	773 621	41 530	270 783
粤东西北12市	267 179	13 329	134 291	43 327	7 874	1 194	15 645
粤东	62 601	19	28 653	4 933	4 476	53	7 036
粤西	107 870	9 032	31 576	34 690	3 250	1 053	7 308
粤北	96 708	4 278	74 062	3 704	148	88	1 301

1-5 续表9

单位：万元

项 目	7. 仓储业	8. 邮政业	（三）住宿和餐饮业	1. 住宿业	2. 餐饮业	（四）信息传输、软件和信息技术服务业	1. 电信、广播电视和卫星传输服务业
总 计	658 394	102 411	752 598	343 475	409 123	7 093 768	1 179 448
广东	310 891	81 422	531 745	251 005	280 740	2 809 221	935 132
广州	140 100	18 455	242 468	125 210	117 258	2 188 698	796 714
市局	139 195	18 152	240 487	123 355	117 132	1 386 864	20 804
省第三分局	905	303	1 981	1 855	126	801 834	775 910
珠海	16 276	2 281	25 219	12 425	12 794	187 254	7 338
不含横琴新区	15 390	2 278	23 999	11 553	12 446	153 210	7 217
横琴新区	886	3	1 220	872	348	34 044	121
汕头	6 242	3 135	12 776	7 046	5 730	19 077	12 566
佛山	27 511	5 289	46 379	18 813	27 566	64 884	20 627
韶关	3 322	960	5 635	3 707	1 928	7 388	3 724
河源	451	803	4 389	2 618	1 771	7 509	4 036
梅州	879	1 552	6 765	4 931	1 834	11 217	4 775
惠州	19 083	2 343	29 491	11 920	17 571	39 404	11 739
汕尾	212	1 330	4 168	2 137	2 031	4 200	3 065
东莞	53 009	27 184	48 643	14 989	33 654	175 212	15 701
中山	10 288	3 907	24 496	8 231	16 265	21 899	8 111
江门	6 231	2 289	18 271	8 879	9 392	14 357	8 469
阳江	6 939	1 342	12 926	6 479	6 447	4 203	2 486
湛江	7 845	1 648	14 753	7 653	7 100	11 690	8 638
茂名	1 416	1 771	5 894	2 458	3 436	7 854	5 381
肇庆	5 243	1 305	7 376	3 790	3 586	13 767	5 630
清远	2 216	1 009	9 149	4 276	4 873	13 668	5 299
潮州	414	1 477	2 462	1 152	1 310	4 329	3 352
揭阳	2 014	2 607	6 546	2 794	3 752	9 208	5 553
云浮	1 200	735	3 939	1 497	2 442	3 403	1 928
深圳	347 503	20 989	220 853	92 470	128 383	4 284 547	244 316
珠三角9市	625 244	84 042	663 196	296 727	366 469	6 990 022	1 118 645
粤东西北12市	33 150	18 369	89 402	46 748	42 654	103 746	60 803
粤东	8 882	8 549	25 952	13 129	12 823	36 814	24 536
粤西	16 200	4 761	33 573	16 590	16 983	23 747	16 505
粤北	8 068	5 059	29 877	17 029	12 848	43 185	19 762

1－5　续表10

单位：万元

项　目	2. 互联网和相关服务	3. 软件和信息技术服务业	（五）金融业	1. 货币金融服务	2. 资本市场服务	3. 保险业	4. 其他金融业
总　计	448 733	5 465 587	31 720 171	14 120 699	10 659 730	4 802 091	2 137 651
广东	177 757	1 696 332	9 833 595	6 197 247	1 154 827	1 564 551	916 970
广州	141 386	1 250 598	4 486 701	3 025 803	474 725	634 551	351 622
市局	137 979	1 228 081	4 413 217	2 964 477	472 905	634 551	341 284
省第三分局	3 407	22 517	73 484	61 326	1 820		10 338
珠海	18 854	161 062	932 297	330 238	355 184	44 592	202 283
不含横琴新区	12 994	132 999	397 524	294 831	19 508	39 400	43 785
横琴新区	5 860	28 063	534 773	35 407	335 676	5 192	158 498
汕头	513	5 998	211 666	130 333	22 076	40 995	18 262
佛山	2 774	41 483	1 060 066	690 471	76 349	205 979	87 267
韶关	303	3 361	81 733	58 810	2 345	16 819	3 759
河源	399	3 074	90 896	69 685	1 058	15 942	4 211
梅州	805	5 637	132 758	82 833	14 878	21 055	13 992
惠州	636	27 029	363 285	240 311	13 616	64 971	44 387
汕尾	15	1 120	34 067	21 153	1 561	10 915	438
东莞	9 004	150 507	886 555	561 982	70 819	205 949	47 805
中山	1 010	12 778	311 330	198 296	17 819	66 155	29 060
江门	918	4 970	275 967	182 308	13 130	46 377	34 152
阳江	66	1 651	77 537	40 853	2 536	18 905	15 243
湛江	312	2 740	231 740	169 676	4 261	30 842	26 961
茂名	146	2 327	123 633	88 557	1 695	31 251	2 130
肇庆	－145	8 282	130 204	94 119	5 737	26 177	4 171
清远	97	8 272	167 625	113 961	4 380	24 338	24 946
潮州	47	930	41 466	21 059	1 766	17 315	1 326
揭阳	268	3 387	64 298	28 108	6 622	28 597	971
云浮	349	1 126	129 771	48 691	64 270	12 826	3 984
深圳	270 976	3 769 255	21 886 576	7 923 452	9 504 903	3 237 540	1 220 681
珠三角9市	445 413	5 425 964	30 332 981	13 246 980	10 532 282	4 532 291	2 021 428
粤东西北12市	3 320	39 623	1 387 190	873 719	127 448	269 800	116 223
粤东	843	11 435	351 497	200 653	32 025	97 822	20 997
粤西	524	6 718	432 910	299 086	8 492	80 998	44 334
粤北	1 953	21 470	602 783	373 980	86 931	90 980	50 892

1－5 续表11

单位：万元

项 目	（六）房地产业	1. 房地产开发经营业	2. 物业管理	3. 房地产中介服务	4. 自有房地产经营活动	5. 其他房地产业	（七）租赁和商务服务业
总 计	39 878 819	32 357 145	1 712 953	377 243	1 389 902	4 041 576	10 044 607
广东	27 988 096	23 993 632	1 455 270	299 594	1 099 849	1 139 751	5 320 956
广州	8 925 934	6 934 667	983 496	139 342	477 590	390 839	2 565 777
市局	8 903 107	6 931 213	974 552	138 878	469 241	389 223	2 448 696
省第三分局	22 827	3 454	8 944	464	8 349	1 616	117 081
珠海	1 977 302	1 664 626	42 891	18 552	128 047	123 186	677 433
不含横琴新区	1 680 444	1 391 416	36 710	15 480	124 972	111 866	195 744
横琴新区	296 858	273 210	6 181	3 072	3 075	11 320	481 689
汕头	533 135	489 723	9 555	370	27 495	5 992	37 031
佛山	4 147 240	3 737 148	141 651	37 060	102 715	128 666	424 345
韶关	267 538	242 613	5 551	393	15 604	3 377	40 138
河源	295 902	264 003	5 374	1 699	4 751	20 075	34 819
梅州	363 172	339 457	4 831	580	7 727	10 577	29 422
惠州	2 636 795	2 400 736	48 640	20 215	52 362	114 842	140 675
汕尾	196 859	189 055	2 155	235	2 332	3 082	15 377
东莞	3 261 168	2 883 615	78 842	24 007	111 627	163 077	659 211
中山	1 523 565	1 324 455	48 008	45 619	54 078	51 405	245 593
江门	976 730	872 170	35 991	2 646	37 831	28 092	110 758
阳江	314 994	300 728	5 213	585	2 260	6 208	20 537
湛江	507 118	464 399	7 043	700	16 842	18 134	94 448
茂名	417 414	385 864	5 589	201	5 420	20 340	30 647
肇庆	473 989	439 590	13 921	2 528	8 774	9 176	67 395
清远	664 782	610 354	7 888	4 434	30 314	11 792	49 529
潮州	109 863	94 843	1 197	91	5 199	8 533	17 742
揭阳	214 995	198 984	2 651	191	3 936	9 233	27 590
云浮	179 601	156 602	4 783	146	4 945	13 125	32 489
深圳	11 890 723	8 363 513	257 683	77 649	290 053	2 901 825	4 723 651
珠三角9市	35 813 446	28 620 520	1 651 123	367 618	1 263 077	3 911 108	9 614 838
粤东西北12市	4 065 373	3 736 625	61 830	9 625	126 825	130 468	429 769
粤东	1 054 852	972 605	15 558	887	38 962	26 840	97 740
粤西	1 239 526	1 150 991	17 845	1 486	24 522	44 682	145 632
粤北	1 770 995	1 613 029	28 427	7 252	63 341	58 946	186 397

1－5 续表12

单位：万元

项 目	1. 租赁业	2. 商务服务业	（八）科学研究和技术服务业	（九）水利、环境和公共设施管理业	（十）居民服务、修理和其他服务业	（十一）教育	（十二）卫生和社会工作
总 计	555 701	9 488 906	3 403 511	442 891	2 594 595	568 971	549 443
广东	396 379	4 924 577	2 359 632	346 142	1 619 487	405 047	334 752
广州	255 021	2 310 756	1 346 874	132 172	799 027	260 481	187 773
市局	177 975	2 270 721	1 268 073	127 676	791 626	259 316	119 288
省第三分局	77 046	40 035	78 801	4 496	7 401	1 165	68 485
珠海	16 615	660 818	162 434	4 148	94 461	17 860	7 800
不含横琴新区	13 830	181 914	78 474	3 510	74 860	15 103	7 749
横琴新区	2 785	478 904	83 960	638	19 601	2 757	51
汕头	2 004	35 027	18 559	5 025	38 368	6 765	8 331
佛山	26 027	398 318	240 067	41 706	88 055	25 024	23 671
韶关	3 368	36 770	12 885	14 236	17 893	1 972	4 136
河源	4 222	30 597	10 494	9 769	13 739	5 826	2 420
梅州	4 343	25 079	10 344	4 089	22 741	1 744	6 845
惠州	12 926	127 749	172 214	17 632	99 736	6 736	11 370
汕尾	482	14 895	2 923	6 763	6 135	1 457	619
东莞	28 216	630 995	201 314	29 247	210 667	23 630	24 155
中山	10 438	235 155	38 617	5 498	63 990	8 676	5 726
江门	10 066	100 692	36 678	11 325	30 458	5 245	5 760
阳江	1 958	18 579	9 179	1 198	7 904	1 920	2 660
湛江	6 286	88 162	23 904	6 270	32 097	6 558	15 092
茂名	3 349	27 298	12 027	17 821	20 204	3 215	7 476
肇庆	3 617	63 778	18 148	15 987	22 334	4 546	4 303
清远	4 370	45 159	27 765	11 024	21 920	13 815	4 361
潮州	455	17 287	3 217	8 184	6 858	6 307	701
揭阳	1 710	25 880	5 461	1 817	10 939	2 028	4 805
云浮	906	31 583	6 528	2 231	11 961	1 242	6 748
深圳	159 322	4 564 329	1 043 879	96 749	975 108	163 924	214 691
珠三角9市	522 248	9 092 590	3 260 225	354 464	2 383 836	516 122	485 249
粤东西北12市	33 453	396 316	143 286	88 427	210 759	52 849	64 194
粤东	4 651	93 089	30 160	21 789	62 300	16 557	14 456
粤西	11 593	134 039	45 110	25 289	60 205	11 693	25 228
粤北	17 209	169 188	68 016	41 349	88 254	24 599	24 510

1－5　续表13

单位：万元

项　目	（十三）文化、体育和娱乐业	新闻和出版业	广播、电视、电影和影视录音制作业	体育	娱乐业	（十四）公共管理、社会保障和社会组织	（十五）其他行业
总计	532 146	50 267	101 024	84 132	199 172	9 372 240	3 157 644
广东	374 783	31 703	58 486	53 726	169 808	9 229 628	2 678 950
广州	228 891	27 278	35 164	27 327	101 801	1 310 344	439 360
市局	214 344	18 303	30 937	27 327	100 676	1 310 344	439 360
省第三分局	14 547	8 975	4 227		1 125		
珠海	32 190	260	1 555	3 387	17 206	205 328	101 921
不含横琴新区	9 107	253	1 255	773	5 542	177 562	101 921
横琴新区	23 083	7	300	2 614	11 664	27 766	
汕头	17 879	26	4 499	2 120	10 616	119 779	89 727
佛山	15 667	1 162	4 525	4 275	3 871	861 077	346 786
韶关	1 631	140	259	134	847	206 784	56 739
河源	1 661	427	198	42	763	106 986	48 833
梅州	8 243	101	607	3 189	4 089	88 227	63 777
惠州	4 920	368	1 346	661	2 108	477 852	165 712
汕尾	556	52	227	10	150	38 321	43 361
东莞	29 773	37	3 219	6 351	13 230	4 502 964	447 654
中山	9 654	410	1 809	1 356	5 138	361 403	162 140
江门	3 814	353	837	867	1 136	217 178	119 568
阳江	3 198	31	247	1 040	1 758	73 535	58 472
湛江	3 060	138	935	469	1 168	110 306	77 827
茂名	2 684	567	552	1 194	134	76 625	76 641
肇庆	2 630	204	995	231	1 065	151 506	72 323
清远	3 405	35	604	335	2 243	148 005	142 323
潮州	835	111	195	109	251	40 358	39 802
揭阳	3 623	1	506	614	2 171	56 187	77 319
云浮	469	2	207	15	63	76 863	48 665
深圳	157 363	18 564	42 538	30 406	29 364	142 612	478 694
珠三角9市	484 902	48 636	91 988	74 861	174 919	8 230 264	2 334 158
粤东西北12市	47 244	1 631	9 036	9 271	24 253	1 141 976	823 486
粤东	22 893	190	5 427	2 853	13 188	254 645	250 209
粤西	8 942	736	1 734	2 703	3 060	260 466	212 940
粤北	15 409	705	1 875	3 715	8 005	626 865	360 337

表1－6　广东省税收收入分税种分企业类型情况（2019年）

单位：万元

项　目	税收收入	国内增值税	国内消费税	企业所得税	个人所得税	资源税
合　计	237 890 596	79 690 941	9 257 917	51 957 929	16 404 747	352 590
一、内资企业	175 199 398	58 742 900	7 187 993	37 220 405	11 978 338	99 376
（一）国有企业	5 796 319	1 085 201	1 061 630	472 478	186 170	8 689
（二）集体企业	1 208 268	432 231	44	260 399	32 399	2 563
（三）股份合作企业	434 595	116 574	80	204 747	37 150	38
（四）联营企业	48 452	24 421		14 020	2 474	87
其中：国有控股	29 643	14 595		8 705	1 971	87
1. 国有联营企业	19 322	10 104		5 300	1 342	87
2. 集体联营企业	6 870	2 531		2 321	174	
3. 国有与集体联营企业	2 607	726		590	112	
4. 其他联营企业	19 653	11 060		5 809	846	
（五）有限责任公司	68 914 417	27 095 139	3 640 569	17 842 903	4 108 351	47 326
其中：国有控股	7 172 672	2 088 120	1 808 854	2 000 795	244 898	1 013
1. 国有独资企业	1 471 978	413 250		512 436	86 491	294
2. 其他有限责任公司	67 442 439	26 681 889	3 640 569	17 330 467	4 021 860	47 032
（六）股份有限公司	40 365 566	10 655 845	2 437 704	11 018 691	2 781 483	7 203
其中：国有控股	13 735 833	6 108 851	2 434 324	2 851 075	1 062 297	5 782
（七）私营企业	39 165 532	18 372 169	47 899	6 904 023	3 384 545	33 422
1. 私营独资企业	599 579	441 069	722	686	80 287	4 520
2. 私营合伙企业	897 947	351 095	177	4 969	501 638	1 205
3. 私营有限责任公司	36 084 376	16 708 003	45 121	6 571 875	2 576 474	27 462
4. 私营股份有限公司	1 583 630	872 002	1 879	326 493	226 146	235
（八）其他企业	19 266 249	961 320	67	503 144	1 445 766	48
二、港、澳、台商投资企业	28 707 980	10 635 118	675 567	7 057 694	1 375 423	249 313
其中：国有控股	935 957	473 916	1 194	284 797	20 647	98 467
1. 合资经营企业（港或澳、台资）	4 712 261	2 069 281	81 846	1 523 556	217 310	3 809
2. 合作经营企业（港或澳、台资）	2 003 889	337 591	525 707	503 510	19 690	105
3. 港、澳、台商独资经营企业	14 472 771	7 240 742	66 862	3 960 225	996 850	146 891
4. 港、澳、台商投资股份有限公司	6 313 591	852 065	718	226 886	58 993	98 508
5. 其他港、澳、台商投资企业	1 205 468	135 439	434	843 517	82 580	
三、外商投资企业	24 243 781	8 753 368	1 389 687	7 679 830	1 359 334	1 161
其中：国有控股	2 319 528	697 736	788 774	647 443	47 185	
1. 中外合资经营企业	7 637 227	2 902 775	1 049 174	2 462 597	379 881	140
2. 中外合作经营企业	459 846	128 976		247 135	23 675	958
3. 外资企业	11 134 421	5 269 476	340 334	3 574 252	863 350	63
4. 外商投资股份有限公司	3 278 257	153 525	179	63 589	27 875	
5. 其他外商投资企业	1 734 030	298 616		1 332 257	64 553	
四、个体经营	9 739 437	1 559 555	4 670		1 691 652	2 740
1. 个体工商户	9 734 363	1 556 630	4 664		1 690 376	2 731
2. 个人合伙	5 074	2 925	6		1 276	9

1－6 续表1

单位：万元

项　目	城市维护建设税	房产税	印花税	城镇土地使用税	土地增值税	车船税
合　计	6 160 427	3 567 627	8 176 620	1 207 005	14 028 926	770 351
一、内资企业	4 611 963	2 522 338	7 802 640	918 769	11 501 635	741 103
（一）国有企业	139 468	94 941	21 922	40 118	1 112 998	6 422
（二）集体企业	27 457	76 071	5 329	31 592	129 870	120
（三）股份合作企业	8 088	28 317	1 708	26 444	6 218	103
（四）联营企业	1 597	2 028	260	1 040	2 473	
其中：国有控股	929	1 189	154	308	1 665	
1. 国有联营企业	642	946	94	110	687	
2. 集体联营企业	168	274	25	585	786	
3. 国有与集体联营企业	39	79	28	166	860	
4. 其他联营企业	748	729	113	179	140	
（五）有限责任公司	2 150 183	1 176 005	615 991	482 474	7 024 955	44 468
其中：国有控股	259 998	180 012	74 505	52 137	373 237	1 023
1. 国有独资企业	33 978	104 684	22 054	31 842	205 484	467
2. 其他有限责任公司	2 116 205	1 071 321	593 937	450 632	6 819 471	44 001
（六）股份有限公司	929 703	334 449	138 261	43 301	484 096	671 641
其中：国有控股	589 901	157 994	67 238	20 714	66 832	339 911
（七）私营企业	1 307 024	511 310	349 245	213 283	2 478 588	12 038
1. 私营独资企业	27 244	14 927	3 952	10 221	9 180	12
2. 私营合伙企业	23 346	3 525	4 359	1 256	2 915	5
3. 私营有限责任公司	1 193 996	452 561	326 554	193 350	2 446 572	11 166
4. 私营股份有限公司	62 438	40 297	14 380	8 456	19 921	855
（八）其他企业	48 443	299 217	6 669 924	80 517	262 437	6 311
二、港、澳、台商投资企业	770 864	522 681	164 544	159 051	1 763 966	734
其中：国有控股	19 914	9 355	5 452	2 433	13 758	9
1. 合资经营企业（港或澳、台资）	162 857	116 818	31 383	38 487	346 144	48
2. 合作经营企业（港或澳、台资）	71 729	36 375	3 338	18 098	486 210	9
3. 港、澳、台商独资经营企业	502 506	330 486	114 666	92 537	900 639	622
4. 港、澳、台商投资股份有限公司	28 901	16 884	12 574	2 996	6 271	24
5. 其他港、澳、台商投资企业	4 871	22 118	2 583	6 933	24 702	31
三、外商投资企业	705 665	390 833	188 808	81 798	573 013	21 051
其中：国有控股	96 921	16 858	18 518	4 588	328	203
1. 中外合资经营企业	289 394	132 029	75 730	29 837	282 008	7 841
2. 中外合作经营企业	10 216	10 868	2 620	4 451	29 586	
3. 外资企业	392 799	226 345	103 402	45 212	250 763	7 403
4. 外商投资股份有限公司	10 027	8 271	2 868	1 226	3 057	5 800
5. 其他外商投资企业	3 229	13 320	4 188	1 072	7 599	7
四、个体经营	71 935	131 775	20 628	47 387	190 312	7 463
1. 个体工商户	71 764	131 708	20 619	47 278	189 964	7 463
2. 个人合伙	171	67	9	109	348	

1 -6　续表2

单位：万元

项　目	车辆购置税	耕地占用税	契税	环境保护税	其他税收
合　计	3 710 169	583 431	6 408 929	65 731	35 547 256
一、内资企业	533 344	581 920	3 306 633	42 521	27 407 520
（一）国有企业	2 471	812	11 364	1 199	1 550 436
（二）集体企业	697	2 119	5 088	235	202 054
（三）股份合作企业	377	68	4 699	75	-91
（四）联营企业	20		5	13	14
其中：国有控股	15		5	9	11
1. 国有联营企业	2			4	4
2. 集体联营企业	3			2	1
3. 国有与集体联营企业			5		2
4. 其他联营企业	15			7	7
（五）有限责任公司	240 758	54 356	1 290 013	24 837	3 076 089
其中：国有控股	9 325	21 273	52 140	2 178	3 164
1. 国有独资企业	3 466	18 941	37 800	820	-29
2. 其他有限责任公司	237 292	35 415	1 252 213	24 017	3 076 118
（六）股份有限公司	8 600	4 773	58 972	5 060	10 785 784
其中：国有控股	2 492	4 358	17 533	4 205	2 326
（七）私营企业	260 287	3 798	692 655	10 505	4 584 741
1. 私营独资企业	3 904	398	920	1 404	133
2. 私营合伙企业	1 395	29	1 458	162	413
3. 私营有限责任公司	252 046	3 371	683 706	7 951	4 584 168
4. 私营股份有限公司	2 942		6 571	988	27
（八）其他企业	20 134	515 994	1 243 837	597	7 208 493
二、港、澳、台商投资企业	32 697	565	180 537	13 725	5 105 501
其中：国有控股	572	135	4 256	985	67
1. 合资经营企业（港或澳、台资）	6 112	267	26 322	2 510	85 511
2. 合作经营企业（港或澳、台资）	681	169	148	338	191
3. 港、澳、台商独资经营企业	25 057	101	70 858	9 532	14 197
4. 港、澳、台商投资股份有限公司	641	25	1 232	1 341	5 005 532
5. 其他港、澳、台商投资企业	206	3	81 977	4	70
三、外商投资企业	28 978	45	58 493	8 513	3 003 204
其中：国有控股	454		293	201	26
1. 中外合资经营企业	5 642	45	15 148	2 766	2 220
2. 中外合作经营企业	181		730	158	292
3. 外资企业	21 401		31 212	5 408	3 001
4. 外商投资股份有限公司	1 722		5 741	176	2 994 201
5. 其他外商投资企业	32		5 662	5	3 490
四、个体经营	3 115 150	901	2 863 266	972	31 031
1. 个体工商户	3 115 135	901	2 863 156	943	31 031
2. 个人合伙	15		110	29	

表1-7 广东省税收收入分地区分企业类型情况（2019年）

单位：万元

项目	合计	内资企业	国有企业	集体企业	股份合作企业	联营企业	有限责任公司
总计	237 890 596	175 199 398	5 796 319	1 208 268	434 595	48 452	68 914 417
广东	155 420 685	112 874 822	3 698 050	934 786	326 643	38 932	49 772 875
广州	55 768 794	39 009 987	1 679 904	172 815	36 665	15 505	14 298 933
市局	53 336 611	37 289 375	1 601 528	172 815	36 665	14 662	12 845 577
省第三分局	2 432 183	1 720 612	78 376			843	1 453 356
珠海	9 650 892	7 558 073	221 046	42 919	23 320	182	3 362 572
不含横琴新区	7 761 344	5 923 962	210 738	41 149	23 176	179	2 470 211
横琴新区	1 889 548	1 634 111	10 308	1 770	144	3	892 361
汕头	3 012 782	2 430 414	119 905	83 953	18 521	2 960	1 147 389
佛山	16 700 309	11 640 956	36 591	41 491	18 934	3 316	6 926 224
韶关	2 061 728	1 756 571	87 657	23 372	20 176	520	1 041 543
河源	1 357 103	967 467	31 743	12 898	9 008	593	505 672
梅州	2 033 282	1 783 197	30 859	20 271	14 114	20	1 224 396
惠州	11 251 080	8 593 559	1 027 010	41 277	3 349	974	5 380 618
汕尾	781 241	535 479	11 627	16 079	6 391	2	276 058
东莞	21 666 059	15 617 687	53 036	200 102	8 424	297	5 767 445
中山	6 652 762	4 315 388	10 914	56 622	479	1 401	1 976 962
江门	5 020 184	3 313 414	37 685	60 970	48 505	1 711	1 514 858
阳江	1 640 363	1 221 345	29 311	27 023	3 228	8	691 144
湛江	5 116 119	3 662 498	74 620	31 757	36 197	288	1 187 039
茂名	4 180 952	3 966 968	76 421	32 948	25 994	1 080	883 578
肇庆	2 363 620	1 738 530	54 427	9 473	15 438	517	899 060
清远	2 724 754	1 994 091	37 216	11 640	21 396	7 039	1 273 628
潮州	980 583	841 785	8 967	20 019	10 529	83	530 921
揭阳	1 348 817	1 129 443	48 133	17 250	-143	48	541 277
云浮	1 109 261	797 970	20 978	11 907	6 118	2 388	343 558
深圳	82 469 911	62 324 576	2 098 269	273 482	107 952	9 520	19 141 542
珠三角9市	211 543 611	154 112 170	5 218 882	899 151	263 066	33 423	59 268 214
粤东西北12市	26 346 985	21 087 228	577 437	309 117	171 529	15 029	9 646 203
粤东	6 123 423	4 937 121	188 632	137 301	35 298	3 093	2 495 645
粤西	10 937 434	8 850 811	180 352	91 728	65 419	1 376	2 761 761
粤北	9 286 128	7 299 296	208 453	80 088	70 812	10 560	4 388 797

1－7 续表

单位：万元

项 目	股份有限公司	私营企业	其他企业	港澳台投资企业	外商投资企业	个体经营
总 计	40 365 566	39 165 532	19 266 249	28 707 980	24 243 781	9 739 437
广东	24 761 307	23 428 081	9 914 148	16 288 535	17 422 848	8 834 480
广州	15 074 094	6 430 182	1 301 889	5 349 495	9 523 740	1 885 572
市局	15 003 061	6 388 856	1 226 211	5 331 056	8 830 649	1 885 531
省第三分局	71 033	41 326	75 678	18 439	693 091	41
珠海	1 592 181	1 374 741	941 112	907 261	783 428	402 130
不含横琴新区	1 532 135	706 116	940 258	765 968	703 380	368 034
横琴新区	60 046	668 625	854	141 293	80 048	34 096
汕头	211 989	574 451	271 246	181 714	156 462	244 192
佛山	1 108 292	3 003 603	502 505	1 801 147	1 950 385	1 307 821
韶关	231 022	223 289	128 992	82 342	63 587	159 228
河源	73 525	262 998	71 030	165 660	33 918	190 058
梅州	130 835	303 885	58 817	56 880	29 226	163 979
惠州	405 016	1 245 563	489 752	839 987	1 069 877	747 657
汕尾	28 192	162 219	34 911	169 307	297	76 158
东莞	954 390	4 387 539	4 246 454	2 960 218	1 861 386	1 226 768
中山	362 732	1 574 884	331 394	832 158	914 041	591 175
江门	220 541	1 084 415	344 729	895 059	395 850	415 861
阳江	74 888	363 670	32 073	217 267	47 724	154 027
湛江	1 801 294	461 345	69 958	1 087 345	150 787	215 489
茂名	1 924 505	331 618	690 824	17 181	31 671	165 132
肇庆	207 021	433 539	119 055	209 360	192 914	222 816
清远	125 677	384 511	132 984	370 675	89 267	270 721
潮州	102 321	142 986	25 959	24 121	10 620	104 057
揭阳	75 023	413 775	34 080	42 729	17 437	159 208
云浮	57 769	268 868	86 384	78 629	100 231	132 431
深圳	15 604 259	15 737 451	9 352 101	12 419 445	6 820 933	904 957
珠三角 9 市	35 528 526	35 271 917	17 628 991	26 214 130	23 512 554	7 704 757
粤东西北 12 市	4 837 040	3 893 615	1 637 258	2 493 850	731 227	2 034 680
粤东	417 525	1 293 431	366 196	417 871	184 816	583 615
粤西	3 800 687	1 156 633	792 855	1 321 793	230 182	534 648
粤北	618 828	1 443 551	478 207	754 186	316 229	916 417

表1－8　广东省涉外税收收入分项目分税种情况（2019年）

单位：万元

项　目	合　计	增值税	消费税	企业所得税	个人所得税
一、涉外税收收入	52 951 763	27 441 770	2 114 951	14 737 524	2 734 757
（一）中外合资经营企业	12 279 787	4 971 946	1 131 015	4 000 762	597 290
1. 采矿业	14 478	3 784		7 155	1 728
2. 制造业	7 364 111	3 259 162	1 127 446	2 108 144	289 983
3. 电力、热力、燃气及水的生产和供应业	843 553	398 091		251 580	24 426
4. 建筑业	74 023	29 380		29 893	10 983
5. 批发和零售业	687 476	367 004	3 569	233 750	31 094
6. 交通运输、仓储和邮政业	356 776	66 160		239 611	24 432
7. 住宿和餐饮业	40 706	9 739		15 521	3 577
8. 信息传输、软件和信息技术服务业	98 334	52 133		11 324	26 348
9. 金融业	823 074	332 399		352 602	100 860
10. 房地产业	1 442 335	319 986		481 137	25 736
11. 租赁和商务服务业	229 065	54 098		97 408	28 364
12. 科学研究和技术服务业	159 769	49 657		76 664	20 638
13. 文化、体育和娱乐业	22 281	5 191		12 034	1 118
14. 其他行业	123 806	25 162		83 939	8 003
（二）中外合作经营企业	2 463 690	466 528	525 708	750 636	43 366
1. 采矿业	4 164	2 529		286	115
2. 制造业	939 286	213 301	525 682	112 804	11 431
3. 电力、热力、燃气及水的生产和供应业	148 709	33 418		107 426	2 258
4. 建筑业	45 051	7 668		35 722	303
5. 批发和零售业	28 649	12 262	26	10 077	3 966
6. 交通运输、仓储和邮政业	216 840	23 635		184 614	4 001
7. 住宿和餐饮业	12 870	5 119		1 804	474
8. 信息传输、软件和信息技术服务业	30 760	13 060		10 887	4 621
9. 金融业	1 447	376		866	144
10. 房地产业	939 023	126 078		241 770	9 539
11. 租赁和商务服务业	37 452	11 429		20 832	2 304

1－8　续表1

单位：万元

项　目	合　计	增值税	消费税	企业所得税	个人所得税
12. 科学研究和技术服务业	2 109	682		597	578
13. 文化、体育和娱乐业	15 562	2 053		1 112	846
14. 其他行业	41 768	14 918		21 839	2 786
（三）外资企业	27 236 786	13 537 376	408 410	7 834 801	1 957 546
1. 采矿业	747 918	484 313		695	15 129
2. 制造业	14 885 885	9 069 494	369 864	3 584 337	578 700
3. 电力、热力、燃气及水的生产和供应业	164 246	90 039		45 795	13 420
4. 建筑业	118 749	59 100		34 836	9 309
5. 批发和零售业	2 581 631	1 452 423	36 549	705 477	200 757
6. 交通运输、仓储和邮政业	611 640	365 789		166 557	38 342
7. 住宿和餐饮业	155 165	37 022		84 496	12 660
8. 信息传输、软件和信息技术服务业	2 536 865	635 612	38	1 278 905	531 728
9. 金融业	453 707	146 116	40	154 376	112 921
10. 房地产业	3 605 927	773 493	9	1 335 841	94 394
11. 租赁和商务服务业	832 761	246 538	36	299 299	192 139
12. 科学研究和技术服务业	330 385	106 204		76 256	120 895
13. 文化、体育和娱乐业	16 527	354	10	2 833	4 966
14. 其他行业	195 380	70 879	1 864	65 098	32 186
（四）非居民企业	2 593 428	369 995	40	2 151 325	32 001
1. 外国企业常驻代表机构	43 167	11 336		20 062	9 991
2. 提供劳务、承包工程作业	85 539	54 206		24 553	2 978
3. 金融和保险	25 660	11 869		10 045	2 735
4. 国际运输收入	584	153		386	8
5. 支付单位扣缴	2 089 393	152 673		1 922 335	1 668
6. 其他	349 085	139 758	40	173 944	14 621
（五）外籍个人	275 091	42 641	81		104 554
（六）进口货物税收	8 102 981	8 053 284	49 697		
二、出口货物退税	－16 264 158	－16 264 158			

1－8　续表2

单位：万元

项　目	城市维护建设税	房产税	城镇土地使用税	车船税	其他各税
一、涉外税收收入	1 476 529	913 514	240 849	21 785	3 270 084
（一）中外合资经营企业	452 259	248 733	68 248	7 883	801 651
1. 采矿业	292	186	81	1	1 251
2. 制造业	319 146	122 700	33 449	57	104 024
3. 电力、热力、燃气及水的生产和供应业	19 282	14 049	4 661	1	131 463
4. 建筑业	2 263	506	250		748
5. 批发和零售业	26 933	7 329	1 692	11	16 094
6. 交通运输、仓储和邮政业	4 687	11 725	4 629	103	5 429
7. 住宿和餐饮业	5 222	3 966	785		1 896
8. 信息传输、软件和信息技术服务业	5 689	1 414	119		1 307
9. 金融业	23 554	857	49	7 703	5 050
10. 房地产业	23 733	59 493	15 706	5	516 539
11. 租赁和商务服务业	7 869	22 853	3 566		14 907
12. 科学研究和技术服务业	10 618	863	184		1 145
13. 文化、体育和娱乐业	333	742	2 458		405
14. 其他行业	2 638	2 050	619	2	1 393
（二）中外合作经营企业	81 942	47 239	22 550	11	525 710
1. 采矿业	161	88	14		971
2. 制造业	64 161	5 664	2 429	4	3 810
3. 电力、热力、燃气及水的生产和供应业	2 098	1 282	786		1 441
4. 建筑业	536	129	96		597
5. 批发和零售业	962	259	785		312
6. 交通运输、仓储和邮政业	2 013	1 293	961	4	319
7. 住宿和餐饮业	453	3 317	1 431	1	271
8. 信息传输、软件和信息技术服务业	1 393	157	5		637
9. 金融业	58				3
10. 房地产业	8 229	30 755	5 904	2	516 746
11. 租赁和商务服务业	869	1 554	87		377

1－8　续表3

单位：万元

项　目	城市维护建设税	房产税	城镇土地使用税	车船税	其他各税
12. 科学研究和技术服务业	236		2		14
13. 文化、体育和娱乐业	127	1 628	9 667		129
14. 其他行业	646	1 113	383		83
（三）外资企业	936 374	584 708	144 802	13 857	1 818 912
1. 采矿业	5 455	49	185		242 092
2. 制造业	643 972	308 838	90 530	130	240 020
3. 电力、热力、燃气及水的生产和供应业	4 821	3 624	1 639	2	4 906
4. 建筑业	5 509	777	391		8 827
5. 批发和零售业	101 131	19 109	2 788	45	63 352
6. 交通运输、仓储和邮政业	8 579	17 358	3 395	29	11 591
7. 住宿和餐饮业	2 802	13 530	2 027	3	2 625
8. 信息传输、软件和信息技术服务业	48 748	24 496	1 533	2	15 803
9. 金融业	10 589	1 481	74	13 615	14 495
10. 房地产业	55 170	159 671	32 139	17	1 155 193
11. 租赁和商务服务业	29 305	17 054	2 983	5	45 402
12. 科学研究和技术服务业	13 779	5 295	1 239	3	6 714
13. 文化、体育和娱乐业	357	2 306	4 618		1 083
14. 其他行业	6 157	11 120	1 261	6	6 809
（四）非居民企业	4 306	18 264	1 441	1	16 055
1. 外国企业常驻代表机构	1 004	667	34	1	72
2. 提供劳务、承包工程作业	249	2 749	56		748
3. 金融和保险	786	13			212
4. 国际运输收入		29			8
5. 支付单位扣缴	1 324	1 841	211		9 341
6. 其他	943	12 965	1 140		5 674
（五）外籍个人	1 648	14 570	3 808	33	107 756
（六）进口货物税收					
二、出口货物退税					

表1－9　广东省涉外税收收入分地区分项目情况（2019年）

单位：万元

地　区	涉外税收收入	中外合资经营企业	中外合作经营企业	外资企业	非居民企业	外籍个人	进口货物税收	出口货物退税
合　计	52 951 763	12 279 787	2 463 690	27 236 786	2 593 428	275 091	8 102 981	－16 264 158
广东	33 711 383	9 111 967	2 120 602	19 989 918	2 062 584	259 223	167 089	－12 721 398
广州	14 873 235	4 509 502	825 775	8 519 587	957 662	60 709		－2 520 431
市局	14 161 705	4 505 163	825 775	7 827 586	942 475	60 706		－2 520 431
省第三分局	711 530	4 339		692 001	15 187	3		
珠海	1 690 689	409 464	111 080	1 018 826	109 219	42 100		－607 239
不含横琴新区	1 469 348	398 304	111 956	852 146	75 616	31 326		－607 001
横琴新区	221 341	11 160	－876	166 680	33 603	10 774		－238
汕头	338 176	81 478	14 102	211 789	26 550	4 257		－94 662
佛山	3 751 532	1 684 212	138 302	1 696 618	132 964	24 016	75 420	－1 443 599
韶关	145 929	44 212	240	98 373	2 344	760		－80 571
河源	199 578	39 635	236	154 556	2 541	2 610		－139 939
梅州	86 106	16 558	3 705	53 081	3 160	942	8 660	－29 280
惠州	1 909 864	686 956	12 825	977 155	208 546	24 382		－1 703 216
汕尾	169 604	2 961	1 129	81 305	2 972	1 872	79 365	－105 152
东莞	4 821 604	463 784	161 758	3 834 315	334 644	27 103		－3 892 515
中山	1 746 199	328 593	32 867	1 218 359	122 572	43 808		－911 604
江门	1 290 909	349 760	42 439	859 854	22 567	16 289		－734 336
阳江	264 991	172 039	16 018	63 098	8 444	1 748	3 644	－8 438
湛江	1 238 132	50 992	709 802	383 217	93 468	653		－68 606
茂名	48 852	23 047	370	20 474	4 529	432		－7 265
肇庆	402 274	69 830	23 733	294 595	11 020	3 096		－120 240
清远	459 942	115 762	5 542	323 191	13 479	1 968		－132 693
潮州	34 741	5 213	8 006	20 664	658	200		－19 214
揭阳	60 166	11 653	7 152	39 015	1 850	496		－66 230
云浮	178 860	46 316	5 521	121 846	3 395	1 782		－36 168
深圳	19 240 380	3 167 820	343 088	7 246 868	530 844	15 868	7 935 892	－3 542 760
珠三角9市	49 726 686	11 669 921	1 691 867	25 666 177	2 430 038	257 371	8 011 312	－15 475 940
粤东西北12市	3 225 077	609 866	771 823	1 570 609	163 390	17 720	91 669	－788 218
粤东	602 687	101 305	30 389	352 773	32 030	6 825	79 365	－285 258
粤西	1 551 975	246 078	726 190	466 789	106 441	2 833	3 644	－84 309
粤北	1 070 415	262 483	15 244	751 047	24 919	8 062	8 660	－418 651

表 1 - 10 广东省涉外税收收入分地区分税种情况（2019 年）

单位：万元

地　区	涉外税收收入	增值税	消费税	企业所得税	个人所得税
合　计	52 951 763	27 441 770	2 114 951	14 737 524	2 734 757
广东	33 711 383	15 213 952	1 959 334	10 462 994	1 546 570
广州	14 873 235	5 714 720	1 181 852	5 083 096	881 253
市局	14 161 705	5 687 303	1 181 852	4 419 602	870 223
省第三分局	711 530	27 417		663 494	11 030
珠海	1 690 689	737 991	8 327	547 796	111 266
不含横琴新区	1 469 348	684 802	8 327	462 275	68 175
横琴新区	221 341	53 189		85 521	43 091
汕头	338 176	156 894	331	104 630	16 065
佛山	3 751 532	1 834 803	204 253	1 080 020	111 599
韶关	145 929	95 907	319	28 253	2 765
河源	199 578	118 572	27	44 052	4 435
梅州	86 106	47 400	284	23 570	1 767
惠州	1 909 864	848 611	5 852	744 177	59 697
汕尾	169 604	112 442	137	31 959	3 874
东莞	4 821 604	2 841 416	15 263	1 241 577	159 558
中山	1 746 199	841 120	4 736	609 911	69 616
江门	1 290 909	742 829	3 568	339 469	36 259
阳江	264 991	159 102	37	75 370	5 351
湛江	1 238 132	364 510	525 837	159 571	9 631
茂名	48 852	28 692	1 557	9 353	1 722
肇庆	402 274	227 190	5 355	103 929	6 830
清远	459 942	224 149	257	178 541	5 906
潮州	34 741	20 880	43	5 607	1 673
揭阳	60 166	35 117	1 263	8 121	1 444
云浮	178 860	61 607	36	43 992	55 859
深圳	19 240 380	12 227 818	155 617	4 274 530	1 188 187
珠三角 9 市	49 726 686	26 016 498	1 584 823	14 024 505	2 624 265
粤东西北 12 市	3 225 077	1 425 272	530 128	713 019	110 492
粤东	602 687	325 333	1 774	150 317	23 056
粤西	1 551 975	552 304	527 431	244 294	16 704
粤北	1 070 415	547 635	923	318 408	70 732

1－10 续表

单位：万元

地　区	城市维护建设税	房产税	城镇土地使用税	车船税	其他各税
合　计	1 476 529	913 514	240 849	21 785	3 270 084
广东	1 116 439	777 797	219 990	18 570	2 395 737
广州	435 118	344 102	35 893	5 130	1 192 071
市局	434 266	336 593	35 732	5 130	1 191 004
省第三分局	852	7 509	161		1 067
珠海	57 781	55 509	17 336	232	154 451
不含横琴新区	53 594	54 876	14 285	232	122 782
横琴新区	4 187	633	3 051		31 669
汕头	12 834	12 043	4 332	1 456	29 591
佛山	145 344	80 682	29 160	3 436	262 235
韶关	5 190	3 637	2 567	117	7 174
河源	8 913	5 871	4 005	296	13 407
梅州	2 589	2 014	1 006	170	7 306
惠州	71 587	58 166	34 929	950	85 895
汕尾	1 765	3 639	3 365	163	12 260
东莞	159 196	91 293	32 950	417	279 934
中山	58 772	41 779	10 043	423	109 799
江门	47 539	38 745	21 590	656	60 254
阳江	10 994	4 673	1 878	1 623	5 963
湛江	60 018	4 258	2 556	752	110 999
茂名	1 793	1 129	577	736	3 293
肇庆	14 189	12 187	8 483	1 334	22 777
清远	14 443	11 089	4 784	153	20 620
潮州	1 380	1 629	826		2 703
揭阳	2 335	2 843	2 458	403	6 182
云浮	4 659	2 509	1 252	123	8 823
深圳	360 090	135 717	20 859	3 215	874 347
珠三角9市	1 349 616	858 180	211 243	15 793	3 041 763
粤东西北12市	126 913	55 334	29 606	5 992	228 321
粤东	18 314	20 154	10 981	2 022	50 736
粤西	72 805	10 060	5 011	3 111	120 255
粤北	35 794	25 120	13 614	859	57 330

税收征管统计资料

表2－1 广东省纳税登记户数分税种分企业类型情况（2019年）

单位：户

项 目	合 计	内资企业	国有企业	集体企业	股份合作企业	联营企业	国有控股
1. 增值税	1 444 448	1 065 355	4 276	7 469	6 632	274	93
一般纳税人	732 251	653 685	2 756	3 658	1 319	138	52
小规模纳税人	709 141	411 258	1 486	3 758	666	83	39
2. 消费税	7 096	3 161	21	20	10		
3. 企业所得税	1 030 041	990 233	3 128	7 947	2 887	221	68
4. 个人所得税	105 369	41 925	523	997	22	4	2
5. 资源税	5 445	3 860	58	153	16	2	2
6. 城市维护建设税	1 423 432	1 071 765	5 244	7 758	2 429	287	93
7. 房产税	304 445	158 464	3 914	6 972	822	159	68
8. 印花税	1 118 284	920 749	3 581	5 424	2 004	225	68
9. 城镇土地使用税	313 821	161 993	3 566	6 688	697	152	68
10. 土地增值税	11 951	10 556	247	350	45	10	7
11. 车船税	17 811	15 098	222	197	46	2	1
12. 车辆购置税	57 862	26 506	145	222	41	8	5
13. 烟叶税	11	11					
14. 耕地占用税	814	715	19	21	1		
15. 契税	8 356	7 289	109	148	41	4	3
16. 环境保护税	39 874	29 820	325	329	161	30	19
17. 其他税收	1 700	1 347	47	50	10	3	2
附列资料：纳税户数	2 326 749	1 650 939	9 206	16 482	9 419	600	141
登记户数	6 187 648	3 290 974	17 756	29 096	12 771	1 068	351

2-1 续表1

单位：户

项 目	股份公司	国有控股	私营企业	其他企业	港澳台投资企业	国有控股
1. 增值税	291 299	3 916	743 392	16 034	27 662	105
一般纳税人	197 554	3 347	443 780	3 969	21 628	100
小规模纳税人	93 532	569	299 419	12 032	6 038	5
2. 消费税	1 311	183	1 796	2	318	3
3. 企业所得税	268 760	2 114	691 683	14 367	26 036	76
4. 个人所得税	940	41	38 935	115	35	1
5. 资源税	1 421	28	2 193	19	86	2
6. 城市维护建设税	278 852	3 896	761 118	15 545	28 419	95
7. 房产税	59 491	2 628	76 708	10 364	12 465	62
8. 印花税	241 591	3 864	655 699	11 538	25 039	75
9. 城镇土地使用税	64 243	2 511	75 391	11 025	13 205	55
10. 土地增值税	5 910	233	3 541	451	761	9
11. 车船税	5 296	557	7 702	1 610	733	17
12. 车辆购置税	8 639	242	16 322	1 116	743	5
13. 烟叶税	11	2				
14. 耕地占用税	186	28	158	333	18	
15. 契税	2 745	180	3 907	342	591	4
16. 环境保护税	11 298	253	17 210	462	3 946	16
17. 其他税收	749	21	334	444	77	1
附列资料：纳税户数	431 249	6 284	1 140 945	43 038	48 961	143
登记户数	781 395	13 757	2 338 686	115 592	91 940	226

2-1　续表2

单位：户

项　目	外商投资企业	国有控股	个体经营	附列资料	
				总机构户数	分支机构户数
1. 增值税	13 840	95	332 534	24 869	48 342
一般纳税人	11 641	89	45 232	18 979	26 931
小规模纳税人	2 188	6	286 841	5 880	20 326
2. 消费税	162	6	3 436	226	615
3. 企业所得税	13 414	110		18 970	35 306
4. 个人所得税	42	1	58 134	1 651	4 315
5. 资源税	28		1 443	227	270
6. 城市维护建设税	12 751	88	303 246	22 676	43 088
7. 房产税	4 564	74	127 463	7 703	12 466
8. 印花税	13 090	83	158 154	18 618	35 056
9. 城镇土地使用税	4 423	64	132 193	7 044	10 796
10. 土地增值税	257	2	3 114	839	1 144
11. 车船税	589	26	1 399	1 069	1 611
12. 车辆购置税	339	4	30 171	14 422	1 280
13. 烟叶税				62	319
14. 耕地占用税	6		71	5	14
15. 契税	210	2	275	314	174
16. 环境保护税	1 893	37	3 965	1 782	1 332
17. 其他税收	41	2	247	46	375
附列资料：纳税户数	24 699	160	597 116	44 840	131 040
登记户数	42 797	210	2 744 592	57 511	200 983

表2－2　广东省纳税登记户数分行业分税种情况（2019年）

单位：户

行　业	国内增值税	一般纳税人增值税	国内消费税	企业所得税		个人所得税
				内资企业	外资企业	
合　计	1 444 448	732 251	7 096	990 567	39 474	105 369
一、第一产业	4 039	1 856	4	4 547	182	94
二、第二产业	504 894	355 461	2 347	337 807	17 089	15 369
（一）采矿业	1 060	861	3	536	27	141
1. 煤炭开采和洗选业	14	2	1	1	1	4
2. 石油和天然气开采业	28	21	1	6	8	17
3. 黑色金属矿采选业	43	41	1	7	2	6
4. 有色金属矿采选业	61	52		35		12
5. 非金属矿采选业	789	659		416	13	88
6. 其他采矿业	122	82		70	3	15
（二）制造业	416 808	321 634	2 344	267 061	16 065	11 703
1. 农副食品加工业	2 496	1 808	4	1 820	129	220
2. 食品制造业	4 404	2 987	6	3 267	287	284
3. 酒、饮料和精制茶制造业	908	633	706	695	80	54
4. 烟草制品业	15	13	10	8	2	12
5. 纺织业	11 117	7 961		5 962	625	277
6. 纺织服装、服饰业	21 342	14 095		16 216	974	280
7. 皮革、毛皮、羽毛及其制品和制鞋业	15 167	10 918	4	7 721	761	397
8. 木材加工和木竹藤棕草制品业	6 056	4 224	32	2 937	136	243
9. 家具制造业	14 022	9 722	2	10 261	444	329
10. 造纸和纸制品业	14 673	13 174	1	9 322	391	322
11. 印刷和记录媒介复制业	9 025	7 414		5 054	262	195
12. 文教、工美、体育和娱乐用品制造业	10 368	7 068	471	6 732	841	120
13. 石油、煤炭及其他燃料加工业	457	431	186	332	17	29
14. 化学原料和化学制品制造业	10 510	9 655	635	7 680	737	303
15. 医药制造业	893	819	4	574	89	296
16. 化学纤维制造业	360	332		214	40	29
17. 橡胶和塑料制品业	36 466	31 128	3	23 066	1 777	787

2-2 续表1

单位：户

行 业	国内增值税	一般纳税人增值税	国内消费税	企业所得税		个人所得税
				内资企业	外资企业	
18. 非金属矿物制品业	16 034	11 581	1	8 995	558	308
19. 黑色金属冶炼和压延加工业	1 347	1 213		854	56	39
20. 有色金属冶炼和压延加工业	1 771	1 571	4	1 047	142	69
21. 金属制品业	75 075	55 449	10	42 700	1 777	2 375
22. 通用设备制造业	28 724	24 071	3	19 097	591	189
23. 专用设备制造业	28 054	19 612	2	16 112	791	204
24. 汽车制造业	2 198	2 010	15	1 334	443	93
25. 铁路、船舶、航空航天和其他运输设备制造业	1 341	1 155	17	870	85	55
26. 电气机械和器材制造业	35 330	27 928	141	25 741	1 411	520
27. 计算机、通信和其他电子设备制造业	30 025	26 409	13	22 306	1 773	183
28. 仪表仪器制造业	2 628	2 293	2	1 918	199	43
29. 其他制造业	36 007	25 956	72	24 210	653	3 530
（三）电力、热力、燃气及水的生产和供应业	9 090	7 332		3 004	238	470
1. 电力、热力的生产和供应业	7 423	5 954		1 925	106	265
2. 燃气生产和供应业	421	375		298	83	107
3. 水的生产和供应业	1 244	1 002		782	49	107
（四）建筑业	77 923	25 634		67 170	762	3 072
1. 房屋建筑业	9 057	4 337		8 069	47	597
2. 土木工程建筑业	11 852	4 288		9 912	62	403
3. 建筑安装业	18 036	7 526		14 860	147	721
4. 建筑装饰、装修和其他建筑业	38 979	9 484		34 329	506	1 369
三、第三产业	935 775	375 119	4 745	648 476	22 203	82 720
（一）批发和零售业	494 093	235 278	4 461	312 500	9 551	41 210
1. 批发业	284 083	180 940	740	233 921	7 436	21 582
2. 零售业	210 010	54 338	3 722	78 578	2 116	19 632
（二）交通运输、仓储和邮政业	37 351	17 778	3	29 387	1 281	1 164
1. 铁路运输业	133	76	1	30	2	22
2. 道路运输业	18 283	10 319		14 470	553	419

2－2 续表2

单位：户

行业	国内增值税	一般纳税人增值税	国内消费税	企业所得税		个人所得税
				内资企业	外资企业	
3. 水上运输业	819	503		694	53	60
4. 航空运输业	107	65		76	16	11
5. 管道运输业	33	17	1	9	4	11
6. 多式联运和运输代理业	10 519	4 114		9 293	467	409
7. 装卸搬运和仓储业	6 296	1 954		3 953	170	181
8. 邮政业	1 166	730	1	860	16	66
（三）住宿和餐饮业	36 061	4 755	1	14 465	843	2 641
1. 住宿业	7 726	1 552	1	3 587	169	386
2. 餐饮业	28 335	3 203		10 876	674	2 256
（四）信息传输、软件和信息技术服务业	39 380	15 853	6	29 108	1 338	992
1. 电信、广播电视和卫星传输服务业	1 449	661		485	11	96
2. 互联网和相关服务	3 473	1 012		2 791	54	110
3. 软件和信息技术服务业	34 456	14 174	6	25 826	1 273	790
（五）金融业	7 202	5 301	189	3 727	351	972
1. 货币金融服务	1 956	1 566	183	1 008	201	257
2. 资本市场服务	1 716	1 060		1 745	75	282
3. 保险业	2 770	2 237		477	38	99
4. 其他金融业	760	438	6	496	37	342
（六）房地产业	49 819	18 609	1	36 769	1 661	2 385
（七）租赁和商务服务业	116 719	25 844	12	104 148	4 834	5 599
1. 租赁业	10 126	1 886	1	7 721	185	217
2. 商务服务业	106 594	23 960	11	96 435	4 649	5 387
（八）科学研究和技术服务业	77 428	34 817	40	63 388	1 154	5 386
（九）居民服务、修理和其他服务业	42 468	8 220	24	21 883	816	20 029
（十）教育	6 445	1 498		9 408	40	652
（十一）卫生和社会工作	1 468	545		1 586	13	148
（十二）文化、体育和娱乐业	16 496	2 809	3	14 456	185	721
（十三）公共管理、社会保障和社会组织	4 044	592		3 156	21	256
（十四）其他行业	6 795	3 218		4 408	126	633

2-2　续表3

单位：户

行　业	城市维护建设税	房产税	印花税	城镇土地使用税	土地增值税	车辆购置税
合　计	1 423 432	304 445	1 118 284	313 821	11 951	57 862
一、第一产业	4 023	9 034	8 432	9 501	27	405
二、第二产业	504 812	104 258	454 522	105 208	766	11 764
（一）采矿业	1 049	763	865	966	7	86
1. 煤炭开采和洗选业	6	2	2	2	2	3
2. 石油和天然气开采业	18	7	12	8	1	1
3. 黑色金属矿采选业	43	36	43	48	1	6
4. 有色金属矿采选业	59	61	60	70	1	10
5. 非金属矿采选业	780	577	666	734	1	51
6. 其他采矿业	142	78	80	103	1	15
（二）制造业	416 802	86 233	387 712	85 857	582	9 370
1. 农副食品加工业	2 387	2 980	2 837	3 009	115	159
2. 食品制造业	4 420	2 962	5 004	3 114	13	148
3. 酒、饮料和精制茶制造业	1 290	965	1 052	1 007	8	45
4. 烟草制品业	16	18	13	15	1	3
5. 纺织业	11 219	3 664	11 174	3 402	21	219
6. 纺织服装、服饰业	19 651	5 055	25 719	5 369	38	207
7. 皮革、毛皮、羽毛及其制品和制鞋业	15 201	3 068	16 008	3 100	18	181
8. 木材加工和木竹藤棕草制品业	6 117	2 166	5 508	2 297	6	123
9. 家具制造业	14 033	2 349	12 305	2 186	10	340
10. 造纸和纸制品业	14 773	2 559	13 666	2 531	17	346
11. 印刷和记录媒介复制业	9 057	2 618	7 266	2 466	10	150
12. 文教、工美、体育和娱乐用品制造业	10 680	4 360	12 126	4 521	35	133
13. 石油、煤炭及其他燃料加工业	463	150	419	138	3	13
14. 化学原料和化学制品制造业	10 554	2 846	10 093	3 331	25	337
15. 医药制造业	873	406	883	466	8	47
16. 化学纤维制造业	363	102	350	115	2	22
17. 橡胶和塑料制品业	36 576	7 504	30 835	7 306	28	769

2－2 续表4

单位：户

行 业	城市维护建设税	房产税	印花税	城镇土地使用税	土地增值税	车辆购置税
18. 非金属矿物制品业	16 366	8 649	14 508	8 395	30	947
19. 黑色金属冶炼和压延加工业	1 320	614	1 064	492	4	97
20. 有色金属冶炼和压延加工业	1 766	716	1 650	584	2	124
21. 金属制品业	75 226	15 301	68 176	14 011	37	1 720
22. 通用设备制造业	28 661	2 091	25 050	1 970	22	663
23. 专用设备制造业	28 008	1 961	21 563	1 982	19	544
24. 汽车制造业	2 179	571	2 335	622	3	150
25. 铁路、船舶、航空航天和其他运输设备制造业	1 320	412	1 254	418	6	67
26. 电气机械和器材制造业	35 335	4 638	31 783	4 491	40	816
27. 计算机、通信和其他电子设备制造业	29 843	2 795	29 069	3 205	32	338
28. 仪表仪器制造业	2 599	291	2 485	295	6	67
29. 其他制造业	36 474	4 373	33 447	4 955	24	607
（三）电力、热力、燃气及水的生产和供应业	9 147	8 148	8 017	8 303	28	272
1. 电力、热力的生产和供应业	7 471	6 923	6 669	7 024	19	136
2. 燃气生产和供应业	422	293	448	292	1	42
3. 水的生产和供应业	1 251	933	894	983	8	94
（四）建筑业	77 814	9 138	57 922	10 148	152	2 030
1. 房屋建筑业	9 032	2 079	7 365	2 446	73	383
2. 土木工程建筑业	11 787	1 434	9 047	1 452	20	441
3. 建筑安装业	18 031	1 731	12 573	1 876	22	446
4. 建筑装饰、装修和其他建筑业	38 965	3 882	28 937	4 363	38	759
三、第三产业	914 855	191 197	655 497	199 047	11 160	45 693
（一）批发和零售业	471 891	107 374	369 582	110 098	355	12 778
1. 批发业	269 736	25 940	247 120	26 985	216	5 123
2. 零售业	202 155	81 434	122 462	83 113	139	7 655
（二）交通运输、仓储和邮政业	37 298	5 027	25 928	5 101	41	4 269
1. 铁路运输业	114	29	99	28	2	12
2. 道路运输业	18 270	2 684	14 253	2 690	21	3 407

2－2　续表5

单位：户

行　业	城市维护建设税	房产税	印花税	城镇土地使用税	土地增值税	车辆购置税
3. 水上运输业	819	225	631	227	3	173
4. 航空运输业	103	28	82	27	1	6
5. 管道运输业	19	13	19	37	1	4
6. 多式联运和运输代理业	10 505	639	6 805	648	5	418
7. 装卸搬运和仓储业	6 303	1 060	3 359	1 029	8	181
8. 邮政业	1 155	346	658	404		69
（三）住宿和餐饮业	36 207	16 196	15 874	15 978	28	631
1. 住宿业	7 696	3 210	2 176	3 134	18	76
2. 餐饮业	28 506	12 986	13 683	12 840	10	554
（四）信息传输、软件和信息技术服务业	39 280	3 122	26 654	3 404	13	385
1. 电信、广播电视和卫星传输服务业	1 389	614	710	668	3	50
2. 互联网和相关服务	3 537	332	2 325	287	3	43
3. 软件和信息技术服务业	34 338	2 175	23 614	2 449	7	292
（五）金融业	7 243	2 176	6 699	2 279	119	329
1. 货币金融服务	1 943	1 346	2 136	1 338	93	162
2. 资本市场服务	1 357	322	1 614	375	19	49
3. 保险业	2 696	382	2 036	425	1	101
4. 其他金融业	1 239	126	909	140	8	16
（六）房地产业	51 049	17 407	31 401	20 651	9 235	873
（七）租赁和商务服务业	116 523	13 808	75 124	15 072	256	2 191
1. 租赁业	10 085	1 035	6 299	1 013	4	573
2. 商务服务业	106 438	12 768	68 822	14 042	252	1 618
（八）科学研究和技术服务业	77 230	4 223	59 456	4 706	30	1 203
（九）居民服务、修理和其他服务业	41 938	14 226	22 185	14 014	56	1 103
（十）教育	6 429	1 232	4 092	1 283	25	725
（十一）卫生和社会工作	1 452	756	1 808	735	11	257
（十二）文化、体育和娱乐业	16 477	1 658	9 921	1 699	25	91
（十三）公共管理、社会保障和社会组织	4 086	2 368	2 002	2 352	110	393
（十四）其他行业	7 712	1 598	4 636	1 713	865	20 500

2-2 续表6

单位：户

行 业	车船税	耕地占用税	契税	环境保护税	其他各税
合 计	17 811	814	8 356	39 874	7 156
一、第一产业	67	18	47	447	67
二、第二产业	3 618	215	1 921	32 796	4 811
（一）采矿业	24	33	13	248	786
1. 煤炭开采和洗选业	1	1	1	2	2
2. 石油和天然气开采业	1	1	2	4	6
3. 黑色金属矿采选业	4	1	3	7	25
4. 有色金属矿采选业	1	1	3	26	35
5. 非金属矿采选业	17	27	2	190	632
6. 其他采矿业		2	2	18	86
（二）制造业	2 946	125	1 521	31 870	3 121
1. 农副食品加工业	60		63	820	1
2. 食品制造业	61	4	46	942	5
3. 酒、饮料和精制茶制造业	31		19	264	101
4. 烟草制品业	6	1	3	9	1
5. 纺织业	68		78	1 020	8
6. 纺织服装、服饰业	76		58	784	4
7. 皮革、毛皮、羽毛及其制品和制鞋业	54		34	737	4
8. 木材加工和木竹藤棕草制品业	29	17	14	502	2
9. 家具制造业	51	2	33	1 579	3
10. 造纸和纸制品业	133	3	31	961	
11. 印刷和记录媒介复制业	58		22	1 070	
12. 文教、工美、体育和娱乐用品制造业	64		54	974	3
13. 石油、煤炭及其他燃料加工业	23	1	7	48	13
14. 化学原料和化学制品制造业	216	5	110	2 349	14
15. 医药制造业	30		31	261	1
16. 化学纤维制造业	5		3	50	
17. 橡胶和塑料制品业	214	4	74	2 847	7

2-2 续表7

单位：户

行 业	车船税	耕地占用税	契税	环境保护税	其他各税
18. 非金属矿物制品业	342	58	66	5 257	2 808
19. 黑色金属冶炼和压延加工业	47	1	13	285	1
20. 有色金属冶炼和压延加工业	51		18	473	3
21. 金属制品业	359	2	157	4 588	6
22. 通用设备制造业	165	1	68	585	3
23. 专用设备制造业	139		79	599	3
24. 汽车制造业	95		39	356	
25. 铁路、船舶、航空航天和其他运输设备制造业	45		10	149	2
26. 电气机械和器材制造业	224	10	107	1 334	10
27. 计算机、通信和其他电子设备制造业	154	1	139	1 381	13
28. 仪表仪器制造业	31	1	13	132	3
29. 其他制造业	115	14	133	1 483	103
（三）电力、热力、燃气及水的生产和供应业	163	32	115	236	9
1. 电力、热力的生产和供应业	117	22	77	137	4
2. 燃气生产和供应业	19	3	14	18	
3. 水的生产和供应业	27	7	25	81	5
（四）建筑业	475	26	281	442	895
1. 房屋建筑业	73	5	62	232	444
2. 土木工程建筑业	116	10	55	61	179
3. 建筑安装业	153	3	53	65	113
4. 建筑装饰、装修和其他建筑业	133	8	113	84	162
三、第三产业	14 128	580	6 394	6 666	1 966
（一）批发和零售业	2 587	56	1 480	2 368	782
1. 批发业	1 917	14	1 086	820	419
2. 零售业	670	42	397	1 545	362
（二）交通运输、仓储和邮政业	6 164	11	126	132	47
1. 铁路运输业	21	1	3	4	4
2. 道路运输业	5 187	8	40	35	31

2－2　续表8

单位：户

行　业	车船税	耕地占用税	契税	环境保护税	其他各税
3. 水上运输业	159		12	16	2
4. 航空运输业	9		3	1	1
5. 管道运输业	2	2	2	2	1
6. 多式联运和运输代理业	495		21	10	3
7. 装卸搬运和仓储业	263		40	63	7
8. 邮政业	22		5		
（三）住宿和餐饮业	102	14	65	1 252	132
1. 住宿业	56	3	42	328	80
2. 餐饮业	46	11	23	924	52
（四）信息传输、软件和信息技术服务业	198		238	25	10
1. 电信、广播电视和卫星传输服务业	40		29	1	6
2. 互联网和相关服务	7		16	1	
3. 软件和信息技术服务业	151		193	23	4
（五）金融业	1 330	5	197	241	601
1. 货币金融服务	114	1	116	2	548
2. 资本市场服务	19	3	48	3	1
3. 保险业	1 187		16	1	15
4. 其他金融业	8	1	18	2	37
（六）房地产业	531	70	2 068	340	98
（七）租赁和商务服务业	832	64	1 089	174	73
1. 租赁业	185	4	26	13	14
2. 商务服务业	647	60	1 064	161	59
（八）科学研究和技术服务业	341	13	611	368	22
（九）居民服务、修理和其他服务业	350	54	107	893	69
（十）教育	821	3	35	21	8
（十一）卫生和社会工作	281	2	30	454	4
（十二）文化、体育和娱乐业	55	4	101	140	12
（十三）公共管理、社会保障和社会组织	397	225	223	18	33
（十四）其他行业	136	63	39	229	87

2－2　续表9

单位：户

行　业	附列资料			
	纳税户数	登记户数	总机构户数	分支机构户数
合　计	2 326 749	6 187 648	45 053	136 173
一、第一产业	21 706	66 346	291	598
二、第二产业	710 966	1 224 867	8 464	16 836
（一）采矿业	2 229	4 038	65	206
1. 煤炭开采和洗选业	19	29		
2. 石油和天然气开采业	48	63	1	17
3. 黑色金属矿采选业	91	235	3	13
4. 有色金属矿采选业	148	321	5	20
5. 非金属矿采选业	1 624	2 758	48	134
6. 其他采矿业	298	632	8	23
（二）制造业	580 260	984 262	6 129	6 478
1. 农副食品加工业	6 526	14 242	121	272
2. 食品制造业	8 856	17 789	254	287
3. 酒、饮料和精制茶制造业	2 574	4 248	78	56
4. 烟草制品业	38	43	1	5
5. 纺织业	16 772	30 760	190	160
6. 纺织服装、服饰业	36 698	82 421	391	326
7. 皮革、毛皮、羽毛及其制品和制鞋业	24 073	48 879	177	181
8. 木材加工和木竹藤棕草制品业	9 815	19 620	55	84
9. 家具制造业	22 055	40 894	259	200
10. 造纸和纸制品业	19 230	28 629	112	111
11. 印刷和记录媒介复制业	11 152	15 954	145	93
12. 文教、工美、体育和娱乐用品制造业	17 269	29 879	278	319
13. 石油、煤炭及其他燃料加工业	621	1 021	12	33
14. 化学原料和化学制品制造业	13 976	19 480	302	209
15. 医药制造业	1 471	2 174	63	47
16. 化学纤维制造业	520	764	5	3
17. 橡胶和塑料制品业	46 867	72 484	432	423

2－2 续表10

单位：户

行 业	附列资料			
	纳税户数	登记户数	总机构户数	分支机构户数
18. 非金属矿物制品业	23 607	39 634	378	328
19. 黑色金属冶炼和压延加工业	1 876	3 320	55	24
20. 有色金属冶炼和压延加工业	2 289	3 772	60	33
21. 金属制品业	102 022	169 613	555	698
22. 通用设备制造业	33 509	48 454	321	304
23. 专用设备制造业	32 880	49 726	324	298
24. 汽车制造业	2 901	4 342	90	121
25. 铁路、船舶、航空航天和其他运输设备制造业	2 000	3 282	52	75
26. 电气机械和器材制造业	44 600	74 457	670	511
27. 计算机、通信和其他电子设备制造业	37 705	58 453	443	573
28. 仪表仪器制造业	3 368	4 939	47	56
29. 其他制造业	54 972	95 876	259	648
（三）电力、热力、燃气及水的生产和供应业	13 166	16 834	245	1 133
1. 电力、热力的生产和供应业	10 337	12 466	88	457
2. 燃气生产和供应业	844	1 567	86	476
3. 水的生产和供应业	1 983	2 944	71	200
（四）建筑业	115 311	219 396	2 025	9 019
1. 房屋建筑业	14 382	26 732	598	2 718
2. 土木工程建筑业	17 243	31 284	298	1 566
3. 建筑安装业	24 520	43 969	498	1 913
4. 建筑装饰、装修和其他建筑业	59 166	117 478	631	2 822
三、第三产业	1 593 465	4 897 272	23 275	118 875
（一）批发和零售业	844 067	2 842 106	9 133	46 210
1. 批发业	444 822	1 124 091	5 333	12 507
2. 零售业	399 245	1 718 015	3 800	33 703
（二）交通运输、仓储和邮政业	57 990	117 282	1 119	7 009
1. 铁路运输业	207	356	3	51
2. 道路运输业	28 972	61 300	492	1 832

2－2 续表11

单位：户

行 业	附列资料			
	纳税户数	登记户数	总机构户数	分支机构户数
3. 水上运输业	1 450	3 441	47	98
4. 航空运输业	193	546	10	41
5. 管道运输业	81	1 059	1	5
6. 多式联运和运输代理业	16 730	34 114	368	2 526
7. 装卸搬运和仓储业	8 656	15 646	101	496
8. 邮政业	1 702	4 926	97	1 960
（三）住宿和餐饮业	71 691	338 029	1 057	5 306
1. 住宿业	11 649	24 401	165	671
2. 餐饮业	60 042	313 626	892	4 635
（四）信息传输、软件和信息技术服务业	58 947	146 611	1 031	5 376
1. 电信、广播电视和卫星传输服务业	2 139	6 061	41	2 247
2. 互联网和相关服务	6 056	16 993	77	433
3. 软件和信息技术服务业	50 748	123 689	913	2 696
（五）金融业	14 088	39 446	372	15 691
1. 货币金融服务	3 744	15 605	159	8 359
2. 资本市场服务	3 761	11 327	48	1 138
3. 保险业	3 666	8 458	136	5 792
4. 其他金融业	2 921	4 288	29	403
（六）房地产业	76 917	141 462	2 624	9 524
（七）租赁和商务服务业	199 659	495 053	4 095	16 596
1. 租赁业	15 090	31 609	182	1 323
2. 商务服务业	184 570	463 445	3 913	15 273
（八）科学研究和技术服务业	99 972	270 616	1 804	5 866
（九）居民服务、修理和其他服务业	79 522	293 303	1 045	3 625
（十）教育	16 922	45 548	328	1 215
（十一）卫生和社会工作	5 027	16 895	130	481
（十二）文化、体育和娱乐业	28 593	77 460	362	1 192
（十三）公共管理、社会保障和社会组织	8 079	28 873	19	142
（十四）其他行业	32 010	45 176	156	642

第七篇

税收规范性文件

国家税务总局广东省税务局关于废止饲料产品免征增值税管理文件的公告

2019 年 3 月 4 日 国家税务总局广东省税务局公告 2019 年第 1 号

根据《国家税务总局关于取消 20 项税务证明事项的公告》（国家税务总局公告 2018 年第 65 号），国家税务总局广东省税务局决定全文废止《广东省国家税务局关于加强饲料产品免征增值税管理工作的公告》（广东省国家税务局公告 2013 年第 3 号）。

特此公告。

政策解读

关于《国家税务总局广东省税务局关于废止饲料产品免征增值税管理文件的公告》的政策解读

为便于纳税人和税务机关理解和执行，现对《国家税务总局广东省税务局关于废止饲料产品免征增值税管理文件的公告》（以下简称《公告》）解读如下：

一、《公告》出台背景

为加强饲料产品免征增值税管理工作，我局制定了《广东省国家税务局关于加强饲料产品免征增值税管理工作的公告》（广东省国家税务局公告 2013 年第 3 号），对通过饲料产品合格证明加强免税管理制定了具体的管理规定。

根据《国家税务总局关于取消 20 项税务证明事项的公告》（国家税务总局公告 2018 年第 65 号）的规定，符合免税条件的饲料生产企业办理饲料产品免征增值税优惠备案时，不再要求提供有计量认证资质的饲料质量检测机构出具的饲料产品合格证明。因此，广东省国家税务局公告 2013 年第 3 号文件相关规定的政策依据已经废止。为认真落实取消税务证明事项有关工作，决定全文废止该文件。

二、《公告》的主要内容

《公告》的主要内容是：全文废止《广东省国家税务局关于加强饲料产品免征增值税管理工作的公告》（广东省国家税务局公告 2013 年第 3 号）。

国家税务总局广东省税务局关于废止行政审批事项公开目录的公告

2019年4月8日　国家税务总局广东省税务局公告2019年第2号

根据《国家税务总局关于公布已取消税务行政许可事项的公告》(国家税务总局公告2019年第11号),国家税务总局广东省税务局决定全文废止《广东省国家税务局关于更新广东省国家税务局行政审批事项公开目录的公告》(广东省国家税务局公告2015年第11号,国家税务总局广东省税务局公告2018年第1号修改)。

特此公告。

政策解读

关于《国家税务总局广东省税务局关于废止行政审批事项公开目录的公告》的解读

为便于纳税人和税务机关理解和执行,现对《国家税务总局广东省税务局关于废止行政审批事项公开目录的公告》(以下简称《公告》)解读如下:

一、《公告》出台背景

为进一步推进行政审批制度改革,落实税务行政审批清单制度改革,方便纳税人办理税务行政审批事项,接受社会监督,原省国税局于2014年6月发布《广东省国家税务局关于公开行政审批事项等相关工作的公告》(广东省国家税务局公告2014年第9号)之后,先后于2015年1月和7月发布两份《广东省国家税务局关于更新广东省国家税务局行政审批事项公开目录的公告》(广东省国家税务局公告2015年第4号和第11号),对《广东省国家税务局行政审批事项公开目录》进行更新,保留了6项行政许可,21项需要进一步改革和规范的其他权力事项。

根据《国家税务总局关于公布已取消税务行政许可事项的公告》(国家税务总局公告2019年第11号),取消“非居民企业选择由其主要机构场所汇总缴纳企业所得税的审批”事项,并将《国家税务总局关于简化税务行政许可事项办理程序的公告》(国家税务总局公告2017年第21号发布,国家税务总局公告2018年第31号、第67号修改)所附税务行政许可文书样式和税务行政许可项目分项表予以更新。因此,为认真落实取消税务许可事项有关工作,并使用税务总局制定的税务行政许可文书样式和税务行政许可项目分项表,决定全文废止广东省国家税务局公告2015年第11号。

二、《公告》的主要内容

《公告》的主要内容是:全文废止《广东省

国家税务局关于更新广东省国家税务局行政审批事项公开目录的公告》（广东省国家税务局公告2015年第11号）。

国家税务总局广东省税务局关于明确增值税纳税申报有关事项的公告

2019年4月22日　国家税务总局广东省税务局公告2019年第3号

为贯彻落实党中央、国务院关于减税降费的决策部署，进一步提升纳税服务水平，减轻纳税人负担，现就我省增值税纳税申报有关事项公告如下：

一、我省增值税纳税人（以下简称“纳税人”）应按照《国家税务总局关于调整增值税纳税申报有关事项的公告》（国家税务总局公告2019年第15号）、《国家税务总局关于全面推开营业税改征增值税试点后增值税纳税申报有关事项的公告》（国家税务总局公告2016年第13号）和《国家税务总局关于调整增值税纳税申报有关事项的公告》（国家税务总局公告2016年第27号）等规定进行增值税纳税申报。

二、增值税纳税申报必报资料

（一）增值税一般纳税人纳税申报必报资料包括：

1.《增值税纳税申报表（一般纳税人适用)》。

2.《增值税纳税申报表附列资料（一)》（本期销售情况明细）。

3.《增值税纳税申报表附列资料（二)》（本期进项税额明细）。

4.《增值税纳税申报表附列资料（三)》（服务、不动产和无形资产扣除项目明细）。

5.《增值税纳税申报表附列资料（四)》（税额抵减情况表）。

6.《增值税减免税申报明细表》。

（二）增值税小规模纳税人纳税申报必报资料包括：

1.《增值税纳税申报表（小规模纳税人适用)》。

2.《增值税纳税申报表（小规模纳税人适用）附列资料》。

3.《增值税减免税申报明细表》。

（三）纳税人应向主管税务机关报送纳税申报必报资料。实行实名制管理的纳税人使用广东省电子税务局办理增值税纳税申报的，免于报送纸质资料。纳税人到办税服务厅申报的，应在纳税申报期内，将纸质必报资料报送主管税务机关。

三、增值税纳税申报备查资料

1. 已开具的税控机动车销售统一发票和普通发票的存根联。

2. 已开具的农产品收购凭证的存根联或报查联。

3. 符合抵扣条件且在本期申报抵扣的增值税专用发票（含税控机动车销售统一发票）的抵扣联。

4. 符合抵扣条件且在本期申报抵扣的海关进口增值税专用缴款书、购进农产品取得的普通发票的复印件。

5. 符合抵扣条件且在本期申报抵扣的税收完税凭证及其清单，书面合同、付款证明和境外单位的对账单或者发票。

6. 符合抵扣条件的旅客运输扣税凭证及其清单，桥、闸通行费扣税凭证及其清单。

7. 纳税人销售服务、不动产和无形资产，在确定服务、不动产和无形资产销售额时，按照有关规定从取得的全部价款和价外费用中扣除价款的合法凭证及其清单。

8. 纳税人提供建筑服务、销售不动产、出租不动产按规定预征缴纳增值税后，用于抵减应纳税额的预缴税款的完税凭证及其清单。

9. 税务机关出具的准予抵扣进项税额的税务文书。

四、纳税人在办理纳税申报后，应对纳税申报必报资料和在生产经营过程中涉及到的上述备查资料进行归档管理，以备税务机关检查。

五、纳税人可以通过国家税务总局广东省税务局网站下载安装增值税纳税申报软件并进行申报。《增值税纳税申报表（一般纳税人适用）》及其附列资料、《增值税纳税申报表（小规模纳税人适用）》及其附列资料的样式和填表说明可在国家税务总局广东省税务局网站查询。

六、本公告自 2019 年 5 月 1 日起施行。《广东省国家税务局关于全面推开营业税改征增值税试点后增值税纳税申报有关事项的公告》（广东省国家税务局公告 2016 年第 9 号）同时废止。

特此公告。

政策解读

关于《国家税务总局广东省税务局关于明确增值税纳税申报有关事项的公告》的政策解读

为贯彻落实党中央、国务院关于减税降费的决策部署，进一步优化纳税服务，减轻纳税人负担，国家税务总局广东省税务局制发《国家税务总局广东省税务局关于明确增值税纳税申报有关事项的公告》，现将公告解读如下：

一、广东省增值税纳税人办理增值税纳税申报有什么要求？

我省增值税纳税人（以下简称“纳税人”）应按照《国家税务总局关于调整增值税纳税申报有关事项的公告》（国家税务总局公告 2019 年第 15 号）、《国家税务总局关于全面推开营业税改征增值税试点后增值税纳税申报有关事项的公告》（国家税务总局公告 2016 年第 13 号）和《国家税务总局关于调整增值税纳税申报有关事项的公告》（国家税务总局公告 2016 年第 27 号）等规定进行增值税纳税申报。

国家税务总局对部分行业或范围的纳税人（如属于农产品增值税进项税额核定扣除试点行业、从事成品油销售业务、从事机动车生产销售业务、汇总纳税等企业，下同）的增值税纳税申报事项做出特殊规定的，纳税人还应按国家税务总局的相关要求进行增值税纳税申报。

二、纳税申报必报资料的具体要求是什么？

（一）本公告明确了增值税一般纳税人和小规模纳税人的增值税纳税必报资料要求，一般纳税人的必报资料包括 1 张主表 5 张附表，小规模纳税人必报资料包括 1 张主表 2 张附表。

增值税一般纳税人纳税申报必报资料包括：

1.《增值税纳税申报表（一般纳税人适用）》。

2.《增值税纳税申报表附列资料（一）》（本期销售情况明细）。

3.《增值税纳税申报表附列资料（二）》（本期进项税额明细）。

4.《增值税纳税申报表附列资料（三）》（服务、不动产和无形资产扣除项目明细）。

5.《增值税纳税申报表附列资料（四）》（税额抵减情况表）。

6.《增值税减免税申报明细表》。

增值税小规模纳税人纳税申报必报资料包括：

1.《增值税纳税申报表（小规模纳税人适用）》。

2.《增值税纳税申报表（小规模纳税人适用）附列资料》。

3.《增值税减免税申报明细表》。

国家税务总局对增值税纳税必报资料进行增加、删除、修改的，按国家税务总局最新规定执行。国家税务总局对部分行业或范围的纳税人的增值税纳税申报必报资料有特殊规定的，纳税人还应按国家税务总局的要求填报相关资料。

（二）必报资料应向主管税务机关报送。必报资料的报送方式根据纳税人的申报方式确定：实行实名制管理的纳税人使用广东省电子税务局办理增值税纳税申报的，免于报送纸质必报资料；纳税人到办税服务厅申报的，应在纳税申报期内，将纸质必报资料报送主管税务机关。

需要说明的是，除了直接登录广东省电子税务局申报外，实行实名制管理的纳税人通过广东税务微信公众号、广东税务 App、广东企业电子申报管理系统、自助办税终端等方式进行申报也属于使用广东省电子税务局申报，免于报送纸质必报资料，纳税人对电子资料的真实性以及与留存备查纸质资料的一致性负责。

三、纳税申报备查资料的具体要求是什么？

我省纳税申报备查资料包括 9 大类：

1. 已开具的税控机动车销售统一发票和普通发票的存根联。

2. 已开具的农产品收购凭证的存根联或报查联。

3. 符合抵扣条件且在本期申报抵扣的增值税专用发票（含税控机动车销售统一发票）的抵扣联。

4. 符合抵扣条件且在本期申报抵扣的海关进口增值税专用缴款书、购进农产品取得的普通发票的复印件。

5. 符合抵扣条件且在本期申报抵扣的税收完税凭证及其清单，书面合同、付款证明和境外单位的对账单或者发票。

6. 符合抵扣条件的旅客运输扣税凭证及其清单，桥、闸通行费扣税凭证及其清单。

7. 纳税人销售服务、不动产和无形资产，在确定服务、不动产和无形资产销售额时，按照有关规定从取得的全部价款和价外费用中扣除价款的合法凭证及其清单。

8. 纳税人提供建筑服务、销售不动产、出租不动产按规定预征缴纳增值税后，用于抵减应纳税额的预缴税款的完税凭证及其清单。

9. 税务机关出具的准予抵扣进项税额的税务文书。“税务机关出具的准予抵扣进项税额的税务文书”是指税务机关出具的允许抵扣的逾期增值税扣税凭证、未按期申报抵扣增值税扣税凭证、异常抵扣凭证的税务事项通知书，出口货物转内销证明等税务文书。

需要说明的是，《广东省国家税务局关于全面推开营业税改征增值税试点后增值税纳税申报有关事项的公告》（广东省国家税务局公告2016年第9号）第二条第一款中的《完税凭证抵扣（减）清单》《服务、不动产和无形资产扣除项目清单》不再作为必报资料报送，改为备查资料管理。纳税申报备查资料不需报送。

四、纳税人如何对纳税申报资料进行管理?

纳税人在办理纳税申报后，其必报资料和备查资料的纸质资料和电子数据应按照《会计档案管理办法》（中华人民共和国财政部　国家档案局令第79号）要求进行归档管理，以备税务机关检查。

五、纳税人如何下载申报软件系统和查询信息?

纳税人可使用广东省电子税务局各渠道（含广东省电子税务局网页端、广东税务微信公众号、广东税务App、广东企业电子申报管理系统、自助办税终端）办理增值税纳税申报，并可以通过国家税务总局广东省税务局门户网站下载增值税纳税申报软件，具体路径为广东省税务局门户网（www. gd-n-tax. gov. vn）或广东省电子税务局（www. etax-gd. gov. cn）纳税服务—下载服务—软件下载。增值税一般纳税人可下载“广东企业电子申报管理系统”办理增值税一般纳税人申报。

具体《增值税纳税申报表（一般纳税人适用)》及其附列资料、《增值税纳税申报表（小规模纳税人适用)》及其附列资料的样式和填表说明可在国家税务总局广东省税务局网站查询。

六、本公告什么时候生效?

本公告的生效时间为2019年5月1日，并同时废止《广东省国家税务局关于全面推开营业税改征增值税试点后增值税纳税申报有关事项的公告》（广东省国家税务局公告2016年第9号）。

国家税务总局广东省税务局关于修改《国家税务总局广东省税务局自然人税收管理办法》的公告

2019年5月10日　国家税务总局广东省税务局公告2019年第4号

根据《全国人民代表大会常务委员会关于修改〈中华人民共和国个人所得税法〉的决定》（中华人民共和国主席令第九号）等有关规定，以及税收信息化建设发展和非税收入征收职能划转要求，国家税务总局广东省税务局修改了《国家税务总局广东省税务局自然人税收管理办法》（国家税务总局广东省税务局公告2018年第7号印发）。有关修改内容公告如下：

一、第八条第三款修改为：“税务机关采集自然人纳税人基础信息后，按规则赋予自然人纳税人识别号。纳税人有中国公民身份号码的，以中国公民身份号码为纳税人识别号；纳税人没有中国公民身份号码的，由税务机关赋予其纳税人识别号。扣缴义务人扣缴税款时，纳税人应当向扣缴义务人提供纳税人识别号。”

二、第十条修改为：“自然人纳税人、扣缴义务人可通过电子税务局等电子办税渠道或直接到办税服务厅报送及变更相关涉税信息。”

三、第十四条第四项修改为：“（四）取得下列所得，应依法缴纳个人所得税：

1. 工资、薪金所得；

2. 劳务报酬所得；

3. 稿酬所得；

4. 特许权使用费所得；

5. 经营所得；

6. 利息、股息、红利所得；

7. 财产租赁所得；

8. 财产转让所得；

9. 偶然所得。”①

四、第十六条第三款修改为：“自然人纳税人有下列情形之一的，也应依法自行办理纳税申报，有应纳税款的，应依法缴纳税款：

（一）取得综合所得需要办理汇算清缴；

（二）取得境外所得；

（三）因移居境外注销中国户籍；

（四）非居民个人在中国境内从两处以上取得工资、薪金所得；

（五）国务院规定的其他情形。”②

五、第十九条修改为：“自然人纳税人可通过电子税务局等电子办税渠道或直接到办税服务厅办理申报纳税。

扣缴义务人可通过电子税务局等电子办税渠道或直接到办税服务厅报送代扣代缴、代收代缴税款报告表以及解缴税款。”

六、第三十四条第一款修改为：“本办法所指的费是指教育费附加、地方教育附加、文化事业建设费等由税务部门征收的非税收入。”

七、第三十七条修改为：“本办法自发布之日起施行，有效期5年。《国家税务总局广东省税务局自然人税收管理办法》（国家税务总局广东省税务局公告2018年第7号）同时废止。”

本公告自发布之日起施行。

《国家税务总局广东省税务局自然人税收管理办法》根据本公告作相应修改，重新公布。

特此公告。

国家税务总局广东省税务局自然人税收管理办法

第一章 总 则

第一条 为优化自然人税收管理和服务，规范征纳行为，提升办税便利化水平，维护自然人纳税人合法权益，提高自然人税收征管质效，营造稳定公平透明、可预期的税收环境，根据《中华人民共和国税收征收管理法》及其实施细则等法律法规的规定，结合我省实际，制定本办法。

第二条 我省税务机关（以下简称税务机关）管理的自然人税收适用本办法。

自然人纳税人是指法律、行政法规规定负有

① 文中“1.”至“9.”前应分别加前引号。——编者注

② 文中“（一）”至“（五）”前应分别加前引号。——编者注

纳税义务的个人。

个人独资企业、合伙企业自然人投资者的生产、经营所得和对企事业单位的承包经营、承租经营所得个人所得税以及个体工商户的税收管理不适用本办法。

按照法律、行政法规规定对自然人的应纳税款负有代扣代缴、代收代缴义务的单位和个人（以下简称扣缴义务人），其代扣代缴、代收代缴税款的管理适用本办法。

第三条 自然人税收管理应当坚持依法依规、分类分级、协同共治、科学效能的原则。

第四条 各级税务机关是自然人税收管理的主体，应当落实管理责任，以分类分级管理为基础，以税收风险管理为导向，以现代信息技术为依托，努力构建集约高效的自然人税收管理体系。

第五条 各级税务机关要积极拓展跨部门税收合作，完善自然人税收共治体系，实现信息共享、管理互助、信用互认。

第六条 税务机关应当广泛宣传税收法律、行政法规，普及纳税知识，无偿地为自然人纳税人、扣缴义务人提供纳税咨询服务。

第七条 自然人纳税人、扣缴义务人有权向税务机关了解国家税收法律、行政法规等规定以及与纳税程序有关的情况。

自然人纳税人、扣缴义务人有权要求税务机关为其涉税信息保密。

自然人纳税人依法享有申请减税、免税、退税的权利。

自然人纳税人、扣缴义务人对税务机关所作出的决定，享有陈述权、申辩权；依法享有申请行政复议、提起行政诉讼、请求国家赔偿等权利。

自然人纳税人、扣缴义务人有权控告和检举税务机关、税务人员的违法违纪行为。

第二章　涉税信息管理

第八条 自然人纳税人、扣缴义务人应依法向税务机关报送自然人纳税人基础信息，包括姓名、身份证件类型、身份证件号码、国籍、性别、户籍地址、居住地址、联系方式等。

前款规定的基础信息，自行申报纳税的自然人纳税人在首次办理涉税事项时按规定报送，扣缴义务人在办理扣缴申报时按规定报送。

税务机关采集自然人纳税人基础信息后，按规则赋予自然人纳税人识别号。纳税人有中国公民身份号码的，以中国公民身份号码为纳税人识别号；纳税人没有中国公民身份号码的，由税务机关赋予其纳税人识别号。扣缴义务人扣缴税款时，纳税人应当向扣缴义务人提供纳税人识别号。

自然人有应税车船、经营性（含出租，下同）房产、经营性土地使用权等财产，应依法申报相应的财产信息。

第九条 按照本办法第八条规定报送的信息发生变化的，自然人纳税人、扣缴义务人应依法向税务机关申报变更。

第十条 自然人纳税人、扣缴义务人可通过电子税务局等电子办税渠道或直接到办税服务厅报送及变更相关涉税信息。

第十一条 税务机关应当积极推动地方政府建立、健全自然人涉税信息交换共享机制，及时从政府部门和公共服务单位获取自然人纳税人收入、财产、投资等涉税信息。

第十二条 税务机关要将自然人纳税人的基础信息、收入信息、财产信息、投资信息以及申报纳税信息等涉税信息按纳税人识别号进行归集，实行自然人纳税人涉税信息的一人一档管理。

税务机关应当依法为自然人纳税人的涉税信息保密，不得将涉税信息用于履行法定职责之外的用途。

第十三条　税务机关实施自然人纳税人、扣缴义务人实名办税制度。

税务机关可为实名制自然人纳税人、扣缴义务人提供定制服务和个性化服务。

第三章　申报纳税

第十四条　自然人发生应税行为、取得应税收入、拥有应税财产，应依法缴纳相关税费，包括：

（一）在境内销售货物或加工、修理修配劳务（以下简称劳务），销售服务、无形资产、不动产以及进口货物的，应依法缴纳增值税。

（二）在境内生产、委托加工和进口应税消费品，以及国务院确定的销售应税消费品的，应依法缴纳消费税。

（三）发生应税行为缴纳增值税、消费税的，应依法缴纳城市维护建设税、教育费附加、地方教育附加。

（四）取得下列所得，应依法缴纳个人所得税：

1. 工资、薪金所得；

2. 劳务报酬所得；

3. 稿酬所得；

4. 特许权使用费所得；

5. 经营所得；

6. 利息、股息、红利所得；

7. 财产租赁所得；

8. 财产转让所得；

9. 偶然所得。

（五）拥有或管理应税车船的，应依法缴纳车船税。

（六）在境内购置应税车辆的，应依法缴纳车辆购置税。

（七）拥有、承典、代管或使用位于城市、县城、建制镇和工矿区的经营性房产的，应依法缴纳房产税。

（八）在城市、县城、建制镇和工矿区范围内使用非免税土地的，或承租集体所有建设用地的，应依法缴纳土地使用税。

（九）占用耕地建房或从事非农业建设的，应依法缴纳耕地占用税。

（十）在境内承受土地、房屋权属的，应依法缴纳契税。承受是指以受让、购买、受赠、交换等方式取得土地、房屋权属的行为。

（十一）转让国有土地使用权、地上的建筑物及其附着物并取得收入的，应依法缴纳土地增值税。

（十二）书立、领受、使用下列应税凭证的，应依法缴纳印花税：

1. 经济合同（购销合同、加工承揽合同、建设工程勘察设计合同、建筑安装工程承包合同、财产租赁合同、货物运输合同、仓储保管合同、借款合同、财产保险合同、技术合同或者具有合同性质的凭证）；

2. 产权转移书据；

3. 营业账簿；

4. 权利、许可证照；

5. 经财政部确定征税的其他凭证。

（十三）在我国领域及管辖海域开采应税矿产品或者生产盐的，应依法缴纳资源税。

（十四）在我国境内提供娱乐服务的，应依法缴纳文化事业建设费。

（十五）其他依法应当缴纳的税费。

第十五条 自然人纳税人有以下情形之一的，税务机关有权通过核定的方式确认其应纳税额：

（一）发生纳税义务，未按照规定的期限办理纳税申报，经税务机关责令限期申报，逾期仍不申报的；

（二）申报的计税依据明显偏低，又无正当理由的；

（三）临时从事生产、经营的。

（四）其他按照规定应当核定的情形。

自然人纳税人对税务机关核定的应纳税额有异议的，应当提供相关证明材料，经税务机关认定后，调整应纳税额。

第十六条 本办法第十四条规定的自然人应依法缴纳的税费，境外个人在境内销售增值税应税劳务的增值税，在境内未设有经营机构的由其境内代理人依法代扣代缴，在境内没有代理人的由购买方依法代扣代缴；境外个人在境内销售服务、无形资产或者不动产的增值税，在境内未设有经营机构的由购买方依法代扣代缴；委托单位加工应税消费品的消费税由受托方依法代收代缴；个人所得税（不含临时从事生产、经营取得生产、经营所得的个人所得税）由扣缴义务人依法代扣代缴；车船税由从事机动车第三者责任强制保险业务的保险机构（以下简称保险机构）依法代收代缴；未税矿产品资源税由收购未税矿产品的单位依法代扣代缴。其他税费的应纳税费款由自然人纳税人依法自行申报纳税。

对于车船税未由保险机构代收代缴的，临时从事生产、经营取得生产、经营所得的，取得应纳税所得没有扣缴义务人或扣缴义务人没有代扣代缴的，也应依法自行申报纳税。

自然人纳税人有下列情形之一的，也应依法自行办理纳税申报，有应纳税款的，应依法缴纳税款：

（一）取得综合所得需要办理汇算清缴；

（二）取得境外所得；

（三）因移居境外注销中国户籍；

（四）非居民个人在中国境内从两处以上取得工资、薪金所得；

（五）国务院规定的其他情形。

第十七条 自然人纳税人必须依照法定或者依照税务机关依法确定的申报期限、申报内容如实办理纳税申报，报送纳税申报表以及税务机关根据实际需要要求自然人纳税人报送的其他纳税资料。

扣缴义务人必须依照法定或者依照税务机关依法确定的申报期限、申报内容如实报送代扣代缴、代收代缴自然人税款的报告表以及税务机关根据实际需要要求扣缴义务人报送的其他有关资料。

第十八条 自然人纳税人、扣缴义务人必须依照法定或者依照税务机关依法确定的期限，缴纳或者解缴税款。

第十九条 自然人纳税人可通过电子税务局等电子办税渠道或直接到办税服务厅办理申报纳税。

扣缴义务人可通过电子税务局等电子办税渠道或直接到办税服务厅报送代扣代缴、代收代缴税款报告表以及解缴税款。

第二十条 自然人纳税人、扣缴义务人办理纳税申报后发现需要修正的，可以按照规定进行申报错误更正。

第二十一条 自然人纳税人、扣缴义务人发现多缴税款的，可以依法申请退税。税务机关发现自然人纳税人、扣缴义务人多缴税款的，应依法退还。

第二十二条　按照有利于税收控管和方便纳税的要求，县级以上税务机关可以按照规定通过签订《委托代征协议书》，并发给《委托代征证书》，依法委托有关单位代征零星分散的自然人税收。受托单位根据《委托代征协议书》的规定，以税务机关的名义依法征收税款，自然人纳税人不得拒绝；自然人纳税人拒绝的，受托代征单位应当及时报告税务机关。

受托代征单位应按照规定及时解缴代征税款并报送受托代征税款的纳税人当期已纳税、逾期未纳税、管户变化等相关情况。

第四章　分类分级管理

第二十三条　各级税务机关要实施自然人纳税人分类分级管理，加强自然人纳税人的税收风险管理。

第二十四条　自然人纳税人分类以收入和资产为主，兼顾外籍个人、台港澳人士及特定管理类型。

自然人纳税人按照收入和资产分为高收入、高净值自然人纳税人和一般自然人纳税人。

高收入、高净值自然人纳税人是指按照省、市税务机关确定的，收入或资产净值超过一定额度的自然人纳税人。

一般自然人纳税人是指除高收入、高净值自然人纳税人以外的自然人纳税人。

第二十五条　高收入、高净值自然人纳税人的税收风险管理，以省、市税务机关为主开展风险分析识别，以省、市、县税务机关为主开展风险应对。

一般自然人纳税人的税收风险管理，主要由县税务机关按照便利自然人、集约化征管的要求组织实施。

第二十六条　税务机关应当建立自然人纳税人税收风险评估模型，加强对自然人纳税人涉税信息的扫描、分析和识别，找出容易发生风险的领域、环节及自然人纳税人群体，提高风险管理的准确性和针对性。

第二十七条　各级税务机关根据风险识别结果将自然人纳税人分为低、中、高风险自然人纳税人并采取相应的应对措施。对低风险自然人纳税人进行风险提示提醒，对中风险自然人纳税人实施纳税评估（或税务审计等），对涉嫌偷税（逃避缴纳税款）、逃避追缴欠税、骗税、抗税等税收违法行为的高风险自然人纳税人实施税务稽查。对少缴税款的，依法追缴税款。

第二十八条　税务机关要探索建立自然人纳税信用评价体系，要建立自然人纳税信用与税收风险的联动管理机制，将风险应对结果等作为自然人纳税信用评价的重要参考。

税务机关要按照守信激励、失信惩戒的原则，对不同信用级别的自然人纳税人实施分类服务和管理。要联合相关部门和单位，积极开展自然人纳税人守信激励和失信惩戒工作。

第五章　违法处理与法律救济

第二十九条　自然人纳税人未按照规定的期限办理纳税申报和报送纳税资料的，或者扣缴义务人未按照规定的期限向税务机关报送代扣代缴、代收代缴税款报告表和有关资料的，由税务机关依法责令限期改正并可依法处以罚款。

第三十条　自然人纳税人未按照规定期限缴纳税款的，扣缴义务人未按照规定期限解缴税款的，由税务机关依法加收滞纳金。

第三十一条　自然人纳税人、扣缴义务人采取偷税手段不缴或者少缴税款的，由税务机关依法追缴其不缴或者少缴的税款、滞纳金，并依法处以罚款。

第三十二条 自然人纳税人、扣缴义务人与税务机关在纳税上发生争议时，必须先依照税务机关的纳税决定缴纳或者解缴税款及滞纳金或者提供相应的担保，然后可以依法申请行政复议；对行政复议决定不服的，可以依法向人民法院起诉。

自然人纳税人、扣缴义务人对税务机关的处罚决定不服的，可以依法申请行政复议，也可以依法向人民法院起诉。

第六章 附 则

第三十三条 自然人纳税人、扣缴义务人可委托他人办理涉税事项。自然人纳税人、扣缴义务人委托他人办理涉税事项的，需提供详细注明委托办理事项的授权委托书。

第三十四条 本办法所指的费是指教育费附加、地方教育附加、文化事业建设费等由税务部门征收的非税收入。

自然人的社会保险费管理按照《中华人民共和国社会保险法》等有关规定执行，不适用本办法。

第三十五条 本办法未明确的事项，按照相关规定处理。

第三十六条 本办法由国家税务总局广东省税务局负责解释。

第三十七条 本办法自发布之日起施行，有效期5年。《国家税务总局广东省税务局自然人税收管理办法》（国家税务总局广东省税务局公告2018年第7号）同时废止。

政策解读

关于《国家税务总局广东省税务局关于修改〈国家税务总局广东省税务局自然人税收管理办法〉的公告》的解读

为便于纳税人和税务机关理解和执行，现对《国家税务总局广东省税务局关于修改〈国家税务总局广东省税务局自然人税收管理办法〉的公告》（以下简称《公告》）解读如下：

一、《公告》出台背景

《全国人民代表大会常务委员会关于修改〈中华人民共和国个人所得税法〉的决定》（中华人民共和国主席令第九号）于2019年1月1日实施。为了确保《国家税务总局广东省税务局自然人税收管理办法》（国家税务总局广东省税务局公告2018年第7号印发，以下简称《办法》）与新个人所得税法衔接、统一，以及根据税收信息化建设发展和非税收入征收职能划转要求，国家税务总局广东省税务局对《办法》相关条款内容进行了修改。

二、《公告》的主要内容

（一）根据全国人大常委会新修改的《中华人民共和国个人所得税法》第九条，将《办法》第八条第三款修改为："税务机关采集自然人纳税人基础信息后，按规则赋予自然人纳税人识别号。纳税人有中国公民身份号码的，以中国公民身份号码为纳税人识别号；纳税人没有中国公民身份号码的，由税务机关赋予其纳税人识别号。扣缴义务人扣缴税款时，纳税人应当向扣缴义务人提供纳税人识别号。”

（二）根据全国人大常委会新修改的《中华人民共和国个人所得税法》第二条，将《办法》第十四条第四项修改为：“（四）取得下列所得，应依法缴纳个人所得税：

1. 工资、薪金所得；

2. 劳务报酬所得；

3. 稿酬所得；

4. 特许权使用费所得；

5. 经营所得；

6. 利息、股息、红利所得；

7. 财产租赁所得；

8. 财产转让所得；

9. 偶然所得。”①

（三）根据全国人大常委会新修改的《中华人民共和国个人所得税法》第十条，将《办法》第十六条第三款修改为：“自然人纳税人有下列情形之一的，也应依法自行办理纳税申报，有应纳税款的，应依法缴纳税款：

（一）取得综合所得需要办理汇算清缴；

（二）取得境外所得；

（三）因移居境外注销中国户籍；

（四）非居民个人在中国境内从两处以上取得工资、薪金所得；

（五）国务院规定的其他情形。”②

（四）根据税收信息化建设发展要求，将《办法》第十条修改为：“自然人纳税人、扣缴义务人可通过电子税务局等电子办税渠道或直接到办税服务厅报送及变更相关涉税信息。”

将《办法》第十九条修改为：“自然人纳税人可通过电子税务局等电子办税渠道或直接到办税服务厅办理申报纳税。

扣缴义务人可通过电子税务局等电子办税渠道或直接到办税服务厅报送代扣代缴、代收代缴税款报告表以及解缴税款。”

（五）根据非税收入征收职能划转要求，将《办法》第三十四条第一款修改为：“本办法所指的费是指教育费附加、地方教育附加、文化事业建设费等由税务部门征收的非税收入。”

（六）将第三十七条修改为：“本办法自发布之日起施行，有效期5年。《国家税务总局广东省税务局自然人税收管理办法》（国家税务总局广东省税务局公告2018年第7号）同时废止。”

三、《公告》生效时间

《公告》自发布之日起施行。《国家税务总局广东省税务局自然人税收管理办法》根据《公告》作相应修改，重新公布，有效期5年。

---

① 文中“1.”至“9.”前应分别加前引号。——编者注

② 文中“（一）”至“（五）”前应分别加前引号。——编者注

国家税务总局广东省税务局关于发布《国家税务总局广东省税务局土地增值税清算管理规程》的公告

2019 年 6 月 28 日　国家税务总局广东省税务局公告 2019 年第 5 号

为了加强土地增值税征收管理服务，规范清算工作流程，统一清算工作标准，实现清算管理一体化，国家税务总局广东省税务局制定了《国家税务总局广东省税务局土地增值税清算管理规程》，现予以发布，自 2019 年 7 月 1 日起施行。

特此公告。

国家税务总局广东省税务局土地增值税清算管理规程

第一章　总　　则

第一条　为了加强土地增值税征收管理服务，规范清算工作流程，统一清算工作标准，实现清算管理一体化，根据《中华人民共和国税收征收管理法》及其实施细则、《中华人民共和国土地增值税暂行条例》及其实施细则、《国家税务总局关于房地产开发企业土地增值税清算管理有关问题的通知》（国税发〔2006〕187 号）、《国家税务总局关于印发〈土地增值税清算管理规程〉的通知》（国税发〔2009〕91 号）、《国家税务总局关于进一步深化税务系统“放管服”改革　优化税收环境的若干意见》（税总发〔2017〕101 号）等规定，制定本规程。

第二条　本规程适用于房地产开发项目及直接转让国有土地使用权的土地增值税清算工作。

第三条　本规程所称土地增值税清算，是指纳税人符合土地增值税清算条件后，依照税收法律、法规及有关政策规定，计算应当缴纳的土地增值税税额，并填写《土地增值税纳税申报表》，向主管税务机关提供有关资料，办理土地增值税清算手续，经税务机关审核后，结清土地增值税税款的行为。

第四条　土地增值税清算主体是土地增值税的纳税人，税务机关负责土地增值税的受理和审核。

第五条　税务机关应当加强与同级财政、发改、住建、自然资源等部门的信息交换协作，充分利用第三方信息，强化土地增值税清算管理。

税务机关可聘请税务师事务所、会计师事务所、律师事务所、工程造价等涉税服务机构及相关专业人员参与土地增值税清算审核。

税务机关可参照当地工程造价指标，结合市

场因素，确定前期工程费、建筑安装工程费、基础设施费、开发间接费用的土地增值税扣除项目金额标准。

第六条　纳税人符合下列条件之一的，应进行土地增值税清算：

（一）房地产开发项目全部竣工、完成销售的；

（二）整体转让未竣工决算房地产开发项目的；

（三）直接转让土地使用权的；

（四）申请注销税务登记但未办理土地增值税清算手续的。

第七条　对符合以下条件之一的，主管税务机关可要求纳税人进行土地增值税清算：

（一）已竣工验收（备案）的房地产开发项目，已转让的房地产建筑面积占整个项目可售建筑面积的比例（以下简称“销售比例”）在85%以上，或该比例虽未超过85%，但剩余的可售建筑面积已经出租或自用的；

（二）取得清算项目最后一份销售（预售）许可证满三年仍未销售完毕的；

（三）主管税务机关有根据认为纳税人有逃避纳税义务行为，可能造成税款流失的。

第八条　纳税人应如实申报缴纳土地增值税，保证清算申报的真实性、准确性、完整性、合理性和相关性。

第九条　税务机关应为纳税人提供优质纳税服务，加强土地增值税政策宣传辅导，及时对纳税人清算申报的收入、扣除项目金额、增值额、增值率以及应补（退）税额等情况进行审核，依法征收土地增值税。

第二章　集中清算　分段审核

第十条　土地增值税清算审核应遵循规范统一、透明高效的原则，建立相互监督、相互制约的工作机制，形成分工明确、责任清晰、衔接高效的审核工作链条。

第十一条　税务机关原则上采取“集中清算、分段审核”的方式开展土地增值税清算审核。

第十二条　“集中清算”是指县（区）级以上税务机关集中系统内专业人才，成立项目清算审核组，统筹对辖区内房地产项目进行清算审核。

“分段审核”是指项目清算审核组内设收入审核和成本审核等若干小组，对销售收入、土地成本、开发成本、开发费用、税金等进行专业审核。

第十三条　审核人员各司其职，各负其责，按照统一的审核流程和审核指引开展清算审核，形成标准化、模板化、流程化的清算审核工作闭环。

第十四条　省、市、县（区）税务机关分别组建土地增值税清算人才库。人才库从本级机关和基层推荐选拔产生，应涵盖法规、税政、征管等专业人才。项目清算审核组人员从人才库中随机抽选。

第十五条　主管税务机关受理纳税人土地增值税清算资料后，向项目清算审核组移交项目清算资料。项目清算审核组审核完毕后，向主管税务机关移交工作底稿和清算审核材料，主管税务机关在规定的期限内完成审核结果确认、与纳税人交换意见、清算结论出具等工作。

第三章　项目管理

第十六条　主管税务机关应加强房地产开发项目的日常税收管理，建立台账，通过土地增值税管理系统实施项目管理，对房地产开发全过程实行跟踪监控，做到税务管理、纳税服务与项目开发同步。项目管理信息主要包括：

（一）取得土地、立项与规划环节

1. 土地权属证书、出让（转让）合同或其他相关资料；

2. 立项批准或备案文件、建设用地规划许可证、建设工程规划许可证等。

（二）项目工程施工环节

1. 预算书、施工合同及补充协议等；

2. 工程施工许可证；

3. 招标的项目需提供中标通知书。

如项目的建筑工程、安装工程、室外配套工程、其他工程出现特殊情况可能导致工程造价高于当地扣除项目金额标准的，提供说明其合理性的相关佐证资料，例如工程施工图、竣工图、工程量清单、材料苗木清单（总平面乔灌木配置图）等。

（三）销售（预售）商品房环节

1. 销售（预售）许可证；

2. 月度销售明细表。

（四）项目竣工验收备案环节

1. 政府主管部门出具的规划、人防、竣工综合验收等备案资料；

2. 工程竣工图、工程结算书电子文档；

3. 工程造价数据采集信息。

（五）取得房地产权属证明环节

1. 房屋测量成果资料；

2. 初始产权登记资料。

（六）其他资料

如工程规划、设计、勘察、监理合同，拆迁（回迁）合同，签收花名册等资料。

税务机关已通过政府部门信息共享获取上述项目资料的，无需纳税人报送；暂未实现政府部门信息共享的，由纳税人在取得相关资料30日内通过土地增值税管理系统报送。

第十七条 各级税务机关应大力提升土地增值税管理的信息化水平，应用土地增值税管理系统，及时跟踪、了解项目的进展情况，辅导纳税人做好信息录入工作。

主管税务机关应在前期工程阶段、土建施工阶段、装饰装修阶段、园林绿化阶段四个工程节点向纳税人了解掌握工程进展情况，将工程造价可能出现的涉税风险与纳税人充分沟通，做好纳税辅导，并记录备查。

第十八条 主管税务机关应重视纳税人项目开发期间的会计核算工作。对纳税人分期开发项目或者同时开发多个项目的，辅导纳税人根据清算要求合理归集收入、成本、费用。

第四章　清算申报受理

第十九条 土地增值税以房地产主管部门审批、备案的房地产开发项目为单位进行清算。对于分期开发的项目，以分期项目为单位清算。具体结合项目立项、用地规划、方案设计审查（修建性详细规划）、工程规划、销售（预售）、竣工验收等确定。

同一个项目既建造普通住宅，又建造其他类型房地产的，应分别计算增值额、增值率，分别清算土地增值税。

第二十条 主管税务机关应对土地增值税清算项目实行分类管理。

对符合本规程第六条规定的项目，纳税人应当在满足条件之日起90日内向主管税务机关办理清算申报手续。

对符合本规程第七条规定的项目，主管税务机关应加强跟踪管理，定期评估，对确定需要进行清算的项目，及时下达清算通知。对销售比例达到85%且满三年或者虽未满三年但销售比例达到95%的项目，主管税务机关原则上应在符合条件之日起60日内下达清算通知，纳税人应在收到清算通知之日起90日内办理清算申报手续。

第二十一条　纳税人在办理土地增值税清算申报手续时，应提供下列资料：

（一）土地增值税纳税申报表及其附表。

（二）与清算项目有关的书面说明及相关佐证资料，主要内容应包括房地产开发项目立项、用地、容积率、分期开发情况、成本费用的计算和分摊方法、销售、关联方交易、融资、不同类型房产的销售均价、房地产清算项目税款缴纳等基本情况及主管税务机关需要了解的其他情况。具体内容应包括：

1. 项目总建筑面积、可售建筑面积及其具体构成情况、非可售建筑面积及其具体构成情况等说明。

2. 对纳税人分期开发项目或者同时开发多个项目的，应说明共同成本费用总额及其分摊情况。

3. 对纳税人开发项目中的公共配套设施，应按照建成后产权属于全体业主所有、无偿移交给政府或公用事业单位、自用或有偿转让进行分项分类说明，并附上相关凭证。

4. 将开发产品用于职工福利、奖励、对外投资、分配给股东或投资人、抵偿债务、换取其他单位和个人的非货币性资产的情况说明。

5. 涉及减免税的，应对项目涉及的减免税情况进行说明。

6. 关联交易情况说明。

7. 融资情况说明。

8. 企业财务核算体系和内部控制制度。

9. 工程造价高于当地扣除项目金额标准的，应向主管税务机关报送造价书面说明等资料。

（三）主管税务机关要求报送项目会计资料的，还应提供会计凭证资料。

（四）纳税人可自愿委托涉税专业服务机构代理申报、审核鉴证；已委托涉税专业服务机构代理申报、审核鉴证的纳税人，应报送涉税专业服务机构出具的报告。

（五）纳税人如未按本规程第十六条规定报送相关资料的，应一并补正。

第二十二条　主管税务机关收到纳税人清算资料后，对符合清算条件的项目，且报送的清算资料完备的，予以受理并出具受理通知书。

纳税人符合清算条件，但报送的清算资料不全的，主管税务机关应发出限期提供资料通知书，通知纳税人在收到通知书之日起15日内补齐清算资料。

纳税人在限期内补齐全部资料的，予以受理。

在限期内补齐确定收入、扣除项目金额的关键资料，经主管税务机关认可的，予以受理。

逾期未能补齐关键资料，由纳税人书面确认，经主管税务机关调查取证，确因客观原因造成资料难以补齐的，予以受理。

第五章　清算审核重点

第二十三条　清算审核包括案头审核、实地审核。

案头审核是指对纳税人报送的清算资料进行数据、逻辑审核，重点审核项目归集的一致性、完整性和数据计算准确性等。

实地审核是指在案头审核的基础上，通过对房地产开发项目实地查验等方式，对纳税人申报情况的客观性、真实性、合理性、相关性进行审核。应结合项目立项、规划、施工资料，重点实地查核项目的楼栋、道路、挡土墙、绿化、学校、幼儿园、会所、体育场馆、酒店、车位等的工程量，确定学校、幼儿园、会所、体育场馆、酒店、车位等的产权归属。

第二十四条 审核收入情况时，应重点审核纳税人预售款和相关的经济收益是否全部结转收入以及销售价格是否明显偏低。应结合销售发票、销售合同（含主管部门网上备案登记资料）、销售（预售）许可证、房产销售分户明细表及其他有关资料，重点审核销售明细表、房地产销售面积与项目可售面积的数据关联性，以核实计税收入；对销售合同所载商品房面积与有关部门实际测量面积不一致，而发生补、退房款的收入调整情况进行审核；对营改增后应税收入是否不含增值税进行审核。

税务机关可通过实地查验，确认是否少计、漏计事项，确认是否将开发产品用于职工福利、奖励、对外投资、分配给股东或投资人、抵偿债务、换取其他单位和个人的非货币性资产等情况。

对纳税人转让房地产成交价格明显偏低且无正当理由的，按该项目同期同类房地产的平均价格或评估价值确定其收入。

第二十五条 非直接销售和自用房地产的收入审核。

（一）房地产开发企业将开发产品用于职工福利、奖励、对外投资、分配给股东或投资人、抵偿债务、换取其他单位和个人的非货币性资产等，发生所有权转移时应视同销售房地产，其收入按下列方法和顺序确认：

1. 按本企业在同一地区、同一年度销售的同类房地产的平均价格确定；

2. 参照当地当年、同类房地产的市场价格或评估价值确定。

（二）房地产开发企业将开发的部分房地产转为企业自用或用于出租等商业用途时，如果产权未发生转移，不征收土地增值税，不列收入，不扣除相应的成本和费用。

第二十六条 土地增值税扣除项目审核的内容包括：

（一）取得土地使用权所支付的金额。

（二）房地产开发成本，包括：土地征用及拆迁补偿费、前期工程费、建筑安装工程费、基础设施费、公共配套设施费、开发间接费用。

（三）房地产开发费用。

（四）与转让房地产有关的税金。

（五）国家规定的其他扣除项目。

第二十七条 纳税人办理土地增值税清算所附送的前期工程费、建筑安装工程费、基础设施费、开发间接费用的凭证资料不符合清算要求或不实的，主管税务机关应发出交换意见的税务事项通知书，通知纳税人在收到通知书之日起15日内回复意见、提交证据。主管税务机关应充分听取纳税人的意见，对纳税人提供的事实、证据予以复核，必要时引用第三方专业机构意见，经主管税务机关会同项目清算审核组集体审议后，认为事实不清、证据不足的，参照土地增值税扣除项目金额标准据以计算扣除，并发出核定征收的税务事项通知书。

凭证资料不符合清算要求或不实是指存在下列情形之一：

1. 不能完整提供工程竣工、工程结算、工程监理等方面资料的，或未按国家有关规定、程序、手续进行工程结算的；

2. 工程结算项目建安造价高于当地扣除项目金额标准无正当理由的；

3. 挡土墙、桩基础、户内装修、玻璃幕墙、干挂石材、园林绿化等工程不能提供完整的工程施工图、竣工图、工程量清单、材料苗木清单（总平面乔灌木配置图）的；

4. 房地产开发企业与工程承包企业互为关联企业，建安造价高于当地扣除项目金额标准的；

5. 大额工程款采取现金支付或支付资金流向异常的。

第二十八条　审核扣除项目是否符合下列要求：

（一）扣除项目金额应当准确地在各扣除项目中分别归集，不得混淆。

（二）扣除项目金额中所归集的各项成本和费用，必须是在清算项目开发中直接发生的或应当分摊的。

（三）同一清算单位内发生的成本、费用，能按照受益对象直接归集的，按照直接成本法计入相应房地产类型扣除；不能按照受益对象直接归集的成本、费用，原则上按照不同类型房地产可售建筑面积比例计算分摊；对占地相对独立的不同类型房地产，可按占地面积法计算分摊取得土地使用权所支付的金额、土地征用及拆迁补偿费。

（四）对同一类事项，应当采取相同的会计政策或处理方法。会计核算与税务处理规定不一致的，以税务处理规定为准。

（五）对于分期开发的房地产项目，各期成本费用的归集分配方式应保持一致；如未保持一致的，应根据有关规定作相应调整。

第二十九条　审核取得土地使用权所支付的金额和土地征用及拆迁补偿费时应当重点关注：

（一）同一宗土地有多个开发项目，是否予以分摊，分摊办法是否合理、合规，具体金额的计算是否正确。

（二）土地出让金是否按照以下方式分摊：国有土地使用权出让合同或其补充协议注明，地下部分不缴纳土地出让金或者地上部分与地下部分分别缴纳土地出让金的，土地出让金应直接归集到对应的受益对象（地上部分或地下部分）。

（三）是否存在将房地产开发费用记入取得土地使用权所支付的金额、土地征用及拆迁补偿费的情形。

（四）拆迁补偿费是否实际发生，尤其是支付给个人的拆迁补偿款、拆迁（回迁）合同和签收花名册或签收凭证是否一一对应。

（五）纳税人为取得土地使用权，按照出让合同约定或政府文件要求，在项目规划用地外建设的公共设施或其他工程发生的支出，是否符合出让合同约定或政府文件要求。

第三十条　审核前期工程费、基础设施费时应当重点关注：

（一）前期工程费、基础设施费是否真实发生，是否存在虚列情形。

（二）是否将房地产开发费用记入前期工程费、基础设施费。

（三）多个（或分期）项目共同发生的前期工程费、基础设施费，是否按项目合理分摊。

第三十一条　审核公共配套设施费时应当重点关注：

（一）公共配套设施的界定是否准确，公共配套设施费是否真实发生，有无预提的公共配套设施费的情况。

（二）是否将房地产开发费用记入公共配套设施费。

（三）多个（或分期）项目共同发生的公共配套设施费，是否按项目合理分摊。

（四）利用地下人防设施建造的车位，是否按照以下方式处理：建成后产权属于全体业主所有或无偿移交给政府的，其成本、费用予以扣除；有偿转让且能办理权属转移登记手续的，应计算收入，并准予扣除成本、费用；不能办理权属转移登记手续的，不计算收入，不予扣除相应成本、费用。

不能办理权属转移登记手续的人防车位，其建筑面积按照人防设施竣工验收备案文件确定，其不予扣除的成本按照建筑面积比例在不含室内（外）装修费用的建筑安装工程费中计算。

第三十二条 审核建筑安装工程费时应当重点关注：

（一）发生的费用是否与建安发票、工程施工合同及补充协议、工程结算报告记载的内容相符。

（二）建筑安装服务增值税发票是否在备注注明建筑服务发生地县（市、区）名称及备案的项目名称。

第三十三条 审核开发间接费用时应当重点关注：

（一）是否存在将企业行政管理部门（总部）为组织和管理生产经营活动而发生的管理费用记入开发间接费用的情形。

（二）开发间接费用是否真实发生，有无预提开发间接费用的情况，取得的凭证是否合法有效。

第三十四条 审核利息支出时应当重点关注：

（一）是否将利息支出从房地产开发成本中调整至房地产开发费用。

（二）分期开发项目或者同时开发多个项目的，其取得的一般性贷款的利息支出，是否按照项目合理分摊。

（三）利用闲置专项借款对外投资取得收益，其收益是否冲减利息支出。

（四）是否将向金融机构支付的顾问费、手续费、咨询费等非利息性质的费用计入利息支出。

（五）金融机构及商业银行同类同期贷款利率是否按照以下方式处理：金融机构是否取得中国人民银行、中国银行保险监督管理委员会、中国证券监督管理委员会、省级金融主管部门批准经营贷款业务；商业银行同类同期贷款利率是指在贷款期限、贷款金额、贷款担保以及企业信誉等基本条件相同下商业银行提供贷款的利率。

第三十五条 代收费用的审核。

对于县级以上人民政府要求房地产开发企业在售房时代收的各项费用，审核其代收费用是否计入房价并向购买方一并收取；当代收费用计入房价时，审核有无将代收费用计入加计扣除以及房地产开发费用计算基数的情形。

第三十六条 关联方交易行为的审核。

在审核收入和扣除项目时，应重点关注关联企业交易是否按照公允价值和营业常规进行业务往来。

应当关注企业大额往来款余额，审核交易行为是否真实。

第三十七条 与转让房地产有关税金的审核。

应当确认与转让房地产有关税金及附加扣除的范围是否符合税收有关规定。根据会计制度规定，纳税人缴纳的印花税列入“管理费用”科目核算的，按照房地产开发费用的有关规定扣除，列入“税金及附加”科目核算的，计入“与转让房地产有关税金”予以扣除。纳税人缴纳的地方教育附加可计入“与转让房地产有关税金”予以扣除。对不属于清算范围或者不属于转让房地产时发生的税金及附加，不应作为清算扣除项目。

第三十八条　主管税务机关应在项目清算受理之日起180日内作出清算结论；如确有困难的，经县（区）级税务局批准，可延期90日完成；如有特殊情况的，经地级以上市税务局批准，可再延期90日完成，并书面告知纳税人。

第三十九条　土地增值税清算审核结束，主管税务机关应当将审核结果书面通知纳税人，纳税人应在收到通知书之日起30日内办理补（退）税事宜。

第六章　核定征收

第四十条　在土地增值税清算过程中，发现纳税人有下列情形之一的，可按核定方式对房地产项目进行清算。

（一）依照法律、行政法规的规定应当设置但未设置账簿的；

（二）擅自销毁账簿或者拒不提供纳税资料的；

（三）虽设置账簿，但账目混乱或者成本资料、收入凭证、费用凭证残缺不全，难以确定转让收入或扣除项目金额的；

（四）符合土地增值税清算条件，未按照规定的期限办理清算手续，经税务机关责令限期清算，逾期仍不清算的；

（五）申报的计税依据明显偏低，又无正当理由的。

主管税务机关应加强核定征收项目的调查核实，严格控制核定征收的范围，纳税人直接转让国有土地使用权的，原则上不得核定征收。实施核定征收的项目，须经上一级税务机关核准。

第四十一条　符合上述核定征收条件的，由主管税务机关发出核定征收的税务事项通知书，开展土地增值税核定征收核查，通过向国土部门查询项目土地价格、参照当地扣除项目金额标准、同期同类型房地产销售价格等对项目情况进行评估计算，核定应纳税额。按照上述方式无法核定应纳税额的，可采取核定征收率方式核定征收。主管税务机关会同项目清算审核组集体审议后，确定核定征收结论，发出清算审核结论通知书，通知纳税人申报缴纳应补缴税款或办理退税。核定征收情况应报上一级税务机关备案。

第七章　清算后尾盘管理

第四十二条　在土地增值税清算时未转让的房地产，清算后再转让的，纳税人应按月汇总，并在次月15日内申报缴纳土地增值税。

第四十三条　土地增值税清算审核期间转让房地产的，按规定预征土地增值税，待税务机关出具清算结论后，纳税人按照清算后再转让的规定汇总申报缴纳土地增值税，多退少补。

第四十四条　主管税务机关应加强清算后尾盘管理，辅导纳税人及时、准确进行尾盘申报。

第八章　法律责任

第四十五条　应进行土地增值税清算的纳税人或经主管税务机关确定进行清算的纳税人，未按照规定报送涉税资料或者办理清算手续的，经主管税务机关责令限期改正，逾期仍不改正的；提供虚假清算资料、擅自销毁账簿或者拒不提供纳税资料的，由主管税务机关按照《中华人民共和国税收征收管理法》处罚，移交税务稽查部门处理，纳入纳税信用评价管理。

第四十六条　对涉税专业服务机构和从事涉税服务人员出具虚假报告或涉税文书的，按照国家税务总局关于涉税专业服务监管的相关规定处理。

对会计人员伪造、变造会计凭证、会计账簿，编制虚假财务会计报告的，主管税务机关应按照《中华人民共和国会计法》《中华人民共和国注册会计师法》等有关规定，交由其行政监管部门处理。

对造价工程师签署有虚假记载、误导性陈述的工程造价成果文件的，主管税务机关应按照《注册造价工程师管理办法》有关规定，交由其行政监管部门处理。

第四十七条 主管税务机关基于纳税人提供的资料出具土地增值税清算审核结论后，如税务稽查、审计、财政等部门检查发现纳税人仍存在税收违法行为，按照《中华人民共和国税收征收管理法》及其实施细则有关规定追缴其未缴或者少缴的税款、滞纳金，并追究其法律责任。

第四十八条 在土地增值税清算工作中，税务人员徇私舞弊、玩忽职守，造成不征或者少征应征税款的，按照相关法律法规规定处理。

第四十九条 纳税人对税务机关清算审核结论不服的，按照要求缴纳或者解缴税款及滞纳金或者提供相应的担保，然后可以依法申请行政复议；对行政复议决定不服的，可依法向人民法院提起行政诉讼。

第九章 附　　则

第五十条 土地增值税清算资料应按照档案化管理的要求，妥善保存。

第五十一条 各地级以上市、珠海市横琴新区税务局可根据本规程制定操作指引，并报国家税务总局广东省税务局备案。

第五十二条 本规程由国家税务总局广东省税务局解释。

第五十三条 本规程自2019年7月1日起施行。

附件：1.《国家税务总局广东省税务局土地增值税清算管理规程》相关附表（编者略）

2.《国家税务总局广东省税务局土地增值税清算管理规程》相关文书（编者略）

政策解读

关于《国家税务总局广东省税务局土地增值税清算管理规程》的解读

现将《国家税务总局广东省税务局土地增值税清算管理规程》（以下简称《规程》）主要内容解读如下：

一、关于“集中清算、分段审核”工作模式

为使土地增值税清算审核更加公平、公正、公开，保障纳税人合法权益，《规程》第十条至第十五条明确税务机关采取“集中清算、分段审核”方式开展清算工作，即县（区）级以上税务机关集中清算项目、集中人才，成立清算审核组，内设收入审核和成本审核等若干小组，按照统一流程和审核指引，对收入、成本、费用等进行专业审核，形成标准化、模板化、流程化的清算审核工作闭环。

二、关于项目日常管理

《规程》强化部门信息共享，税务机关已通过政府部门信息共享获取项目资料的，无需纳税人报送，暂未实现政府部门信息共享的，由纳税人在取得相关资料30日内通过土地增值税管理系统报送。纳税人足不出户可完成报送事宜，减轻纳税人资料报送负担。

三、关于清算单位界定

分期开发的房地产项目，以分期项目为单位清算，这是基本原则。如何对项目进行分期，需要根据各地房地产主管部门管理现状，具体情况具体分析，所以《规程》规定"具体结合项目立项、用地规划、方案设计审查（修建性详细规划）、工程规划、销售（预售）、竣工验收等确定"。

四、关于扣除项目金额标准适用情形和核定程序

房地产开发项目的前期工程费、建筑安装工程费、基础设施费、开发间接费用，应凭合法有效凭证据实扣除。凭证资料不符合清算要求或不实的，可采取核定方式计算扣除。《规程》明确了具体核定程序以及凭证资料不符合清算要求或不实的具体情形。

五、关于成本费用分摊

《规程》第二十八条明确了同一清算单位内发生的成本、费用如何分摊，即同一清算单位内发生的成本、费用，能按照受益对象直接归集的，按照直接成本法计入相应房地产类型扣除；不能按照受益对象直接归集的成本、费用，原则上按照不同类型房地产可售建筑面积比例计算分摊；对占地相对独立的不同类型房地产，可按占地面积法计算分摊取得土地使用权所支付的金额、土地征用及拆迁补偿费。

《规程》第二十九条明确了地上部分与地下部分土地成本分摊的方法，即国有土地使用权出让合同或其补充协议注明，地下部分不缴纳土地出让金或者地上部分与地下部分分别缴纳土地出让金的，土地出让金应直接归集到对应的受益对象（地上部分或地下部分）。

六、关于人防车位收入、成本、费用处理

针对利用地下人防设施建造的车位，《规程》第三十一条就其收入、成本、费用处理给予明确，即建成后产权属于全体业主所有或无偿移交给政府的，其成本、费用予以扣除；有偿转让且能办理权属转移登记手续的，应计算收入，并准予扣除成本、费用；不能办理权属转移登记手续的，不计算收入，不予扣除相应成本、费用。不能办理权属转移登记手续的人防车位，其建筑面积按照人防设施竣工验收备案文件确定，其不予扣除的成本按照建筑面积比例在不含室内（外）装修费用的建筑安装工程费中计算。

七、清算后尾盘管理

《规程》第七章就规范尾盘管理提出了要求，即土地增值税清算审核期间转让房地产的，按规定预征土地增值税，待税务机关出具清算结论后，纳税人按照清算后再转让的规定汇总申报缴纳土地增值税，多退少补。清算后再转让的，纳税人应按月汇总，并在次月15日内申报缴纳土地增值税。

八、《规程》生效时间

本《规程》自2019年7月1日施行，此前已受理但未出具清算审核结论的，可按本规程处理。

国家税务总局广东省税务局关于发布《国家税务总局广东省税务局列名大企业名册信息管理办法》的公告

2019 年 9 月 3 日　国家税务总局广东省税务局公告 2019 年第 6 号

为加强国家税务总局广东省税务局大企业税收服务和管理工作，根据《中华人民共和国税收征收管理法》及其实施细则等有关规定，国家税务总局广东省税务局制定了《国家税务总局广东省税务局列名大企业名册信息管理办法》。现予以发布，自 2019 年 10 月 1 日起施行。

特此公告。

国家税务总局广东省税务局列名大企业名册信息管理办法

第一条　为加强广东省大企业税收服务和管理工作，根据《中华人民共和国税收征收管理法》及其实施细则、《国家税务总局关于发布〈千户集团名册管理办法〉的公告》（国家税务总局公告 2017 年第 7 号）等有关规定，制定本办法。

第二条　列名大企业是指年度缴纳税额达到国家税务总局广东省税务局（以下简称“广东省税务局”）服务管理标准的企业集团和单户企业，以及广东省税务局管理范围内的所有境内主板上市公司。其中，年度缴纳税额指企业在 1 月 1 日至当年 12 月 31 日缴纳的税款金额合计，不包括关税、船舶吨税以及企业代扣代缴的个人所得税，不扣减出口退税和财政部门办理的减免税。缴纳的税款金额为当年度缴纳入库的税款金额。

本办法所称企业集团，指在广东省税务局管理范围内的集团总部及其在广东省税务局管理范围内的成员企业。企业集团年度缴纳税额为企业集团在广东省税务局管理范围内缴纳的年度纳税额合计。

第三条　列名大企业集团名册管理范围分内资企业集团、外资企业集团。

内资企业集团为纳入企业合并会计报表范围，或虽未编制合并会计报表，但为集团控制且办理了工商或税务登记的广东省税务局管理范围内各级分公司和子公司以及其他涉税组织机构。其中，集团控制是指投资方拥有对被投资方的权力，通过参与被投资方的相关活动而享有可变回报，并且有能力运用对被投资方的权力影响其回报金额。

外资企业集团为全球总部控股并在广东省税

务局管理范围办理了工商或税务登记的各级分公司和子公司以及其他涉税组织机构。

第四条 列名大企业名册信息包括企业名称、纳税人识别号、统一社会信用代码、集团名称、上一级企业名称及其他涉税信息等项目，详见《广东省列名大企业名册信息表》（附件）。广东省税务局根据工作需要，适时修订列名大企业名册信息项目内容。

第五条 列名大企业名单由广东省税务局确定，定期发布，动态管理。

第六条 列名大企业名册信息按年维护。已入选列名大企业名单的企业集团总部和企业，应按照要求填报名册信息，于每年企业所得税汇算清缴结束前报送主管税务机关；市（区）级税务机关审核后，于每年6月30日前汇总上报广东省税务局。

第七条 列名大企业集团按年确定其成员企业。集团总部按照税务机关要求组织填报集团成员企业名册信息，并于每年9月纳税申报期结束前报送主管税务机关；市（区）级税务机关核实成员企业名册信息的准确性、完整性，于每年10月31日前汇总上报广东省税务局。市（区）级税务机关对总部在本市（区）的集团，核实集团总部及该集团在本市（区）的成员企业名册信息；对总部不在本市（区）的集团，核实该集团在本市（区）的成员企业名册信息。

第八条 当年如新增符合条件的列名大企业，由市（区）级税务机关提出，并组织列名大企业按照要求填报名册信息，于每年6月30日前汇总上报广东省税务局。

第九条 破产、注销或年度缴纳税额连续两年未达到广东省税务局服务管理标准的企业，应从名册管理范围内调出。因上述原因需要调出名册管理范围的企业，由市（区）级税务机关组织核实，于每年6月30日前汇总上报广东省税务局。

第十条 列名大企业在名册信息管理工作中的主要职责：

（一）按照税务机关要求，设置专职或兼职列名大企业数据联络员1名，组织开展名册信息填写、审核和报送；

（二）根据税务机关反馈的核实结果，组织开展名册信息校正；

（三）开展企业内部名册管理工作培训，对成员企业提供指导；

（四）数据联络员应按时参加税务机关组织的业务培训，了解信息采集规范和流程，提高采集和报送质量；

（五）其他名册管理工作。

第十一条 对应报未报、提供虚假名册信息或拒绝报送名册信息的企业，主管税务机关依法进行催报，督促企业及时按要求报送相关资料。情节严重的，按照《中华人民共和国税收征收管理法》及其实施细则等有关规定对企业进行处理。对存在上述情形的列名大企业，税务机关记录相关纳税信用信息，相关信息用于纳税信用评价。

第十二条 主管税务机关和列名大企业应建立名册信息管理工作沟通联络机制。

第十三条 本办法自2019年10月1日起施行。本办法解释权归广东省税务局。

附件：广东省列名大企业名册信息表（编者略）

政策解读

关于《国家税务总局广东省税务局列名大企业名册信息管理办法》的解读

为便于纳税人和税务机关理解和执行，现对《国家税务总局广东省税务局列名大企业名册信息管理办法》（以下简称《名册管理办法》）解读如下：

一、起草背景

为明确广东省大企业服务管理对象，切实提升大企业纳税人满意度和税法遵从度，根据《中华人民共和国税收征收管理法》及其实施细则、《国家税务总局关于发布〈千户集团名册管理办法〉的公告》（国家税务总局公告2017年第7号）等有关规定，我局起草了《国家税务总局广东省税务局列名大企业名册信息管理办法》，明确了广东省列名大企业的范围、名册信息管理内容、工作流程、主要职责等，为进一步加强大企业的个性化纳税服务、风险管理和经济分析工作，以及市级大企业税收服务和管理部门明确市级服务管理对象范围提供支撑。

二、制定依据

（一）《中华人民共和国税收征收管理法》及其实施细则。

（二）《国家税务总局关于发布〈千户集团名册管理办法〉的公告》（国家税务总局公告2017年第7号），2017年5月1日起施行。

三、主要内容

《名册管理办法》基本内容参照国家税务总局的《千户集团名册管理办法》相关内容。《名册管理办法》条款共计十三条。主要内容说明如下：

第一、第二条为说明制定本办法的目的、依据，列名大企业的入选名册标准。

第三条至第九条为列名大企业名册信息管理工作内容，主要包括列名企业集团名册管理范围的区分，名册信息的具体项目内容，名单的确定、发布和管理，企业集团和企业名册信息的维护周期、工作流程和时间要求，新增企业和调出名册管理企业的条件、时间流程和要求等。

第十条对列名大企业在名册信息管理工作中的主要职责进行了说明。

第十一条参照税务总局《千户集团名册管理办法》中对未按要求报送名册信息千户集团采取的规范和措施，我局对未按要求报送名册信息的列名大企业也采取同样的规范和措施。

第十二条明确主管税务机关应畅通与列名大企业的沟通和辅导渠道，以保障列名大企业名册管理工作的顺利开展。

四、实施时间

《名册管理办法》将于2019年10月1日起实施。

国家税务总局广东省税务局关于修订《广东省税务系统规范税务行政处罚裁量权实施办法》的公告

2019年9月4日　国家税务总局广东省税务局公告2019年第7号

为进一步规范税务行政处罚裁量权行使，保障和监督广东省各级税务机关依法履行行政处罚职责，保护纳税人、扣缴义务人及其他涉税当事人合法权益，根据《中华人民共和国行政处罚法》《中华人民共和国税收征收管理法》及其实施细则、《中华人民共和国发票管理办法》及其实施细则、《纳税担保试行办法》（国家税务总局令第11号）、《税务行政处罚裁量权行使规则》（国家税务总局公告2016年第78号）等有关规定，国家税务总局广东省税务局决定对《广东省税务系统规范税务行政处罚裁量权实施办法》（广东省国家税务局　广东省地方税务局公告2017年第15号）进行修订。

现将修订后的《广东省税务系统规范税务行政处罚裁量权实施办法》予以公告。本公告自2019年10月1日起施行，《广东省税务系统规范税务行政处罚裁量权实施办法》（广东省国家税务局　广东省地方税务局公告2017年第15号）同时废止。

特此公告。

广东省税务系统规范税务行政处罚裁量权实施办法

第一条　为进一步规范税务行政处罚裁量权行使，保障和监督广东省各级税务机关依法履行行政处罚职责，保护纳税人、扣缴义务人及其他涉税当事人（以下简称“当事人”）合法权益，根据《中华人民共和国行政处罚法》《中华人民共和国税收征收管理法》及其实施细则、《中华人民共和国发票管理办法》及其实施细则、《纳税担保试行办法》（国家税务总局令第11号）、《税务行政处罚裁量权行使规则》（国家税务总局公告2016年第78号）等有关规定，结合广东省税务系统工作实际，制定本办法。

第二条　广东省各级税务机关行使行政处罚裁量权适用本办法。

第三条　本办法所称税务行政处罚裁量权，是指税务机关根据法律、法规和规章的规定，综合考虑税收违法行为的事实、性质、情节及社会危害程度，选择处罚种类和幅度并作出处罚决定的权力。

第四条　本办法所指的税务行政处罚种类包括：

（一）罚款；

（二）没收违法所得、没收非法财物；

（三）停止出口退税权；

（四）法律、法规和规章规定的其他行政处罚。

第五条 行使税务行政处罚裁量权，应当遵循以下原则：

（一）合法原则。在法律、法规、规章规定的种类和幅度内，依照法定权限，遵守法定程序，保障当事人合法权益。

（二）合理原则。符合立法目的，考虑相关事实因素和法律因素，作出的行政处罚决定与违法行为的事实、性质、情节、社会危害程度相当，与本地的经济社会发展水平相适应。

（三）公平公正原则。对事实、性质、情节及社会危害程度等因素基本相同的税收违法行为，所适用的行政处罚种类和幅度应当基本相同。

（四）公开原则。按规定公开行政处罚依据和行政处罚信息。

（五）程序正当原则。依法保障当事人的知情权、参与权和救济权等各项法定权利。

（六）信赖保护原则。非因法定事由并经法定程序，不得随意改变已经生效的行政行为。

（七）处罚与教育相结合原则。预防和纠正涉税违法行为，引导当事人自觉守法。

第六条 税务机关实施行政处罚，应当根据本办法，按照《广东省税务系统税务行政处罚裁量基准》（见附件，以下简称《裁量基准》）执行。

《裁量基准》根据税收违法行为的具体情节，将违法程度分为“轻微”“较轻”“一般”和“严重”档次，并细化相应的处罚基准。

法律、法规、规章规定可以给予行政处罚，当事人首次违反且情节轻微，并在税务机关发现前主动改正的或者在税务机关责令限期改正的期限内改正的，不予行政处罚。

第七条 税务机关应当责令当事人改正或者限期改正违法行为的，除法律、法规、规章另有规定外，责令限期改正的期限一般不超过三十日。

第八条 对当事人的同一个税收违法行为不得给予两次以上罚款的行政处罚。

当事人同一个税收违法行为违反不同行政处罚规定且均应处以罚款的，应当选择适用处罚较重的条款。

第九条 当事人具有下列情形之一的，依法不予行政处罚：

（一）不满十四周岁的人有税收违法行为的；

（二）精神病人在不能辨认或者不能控制自己行为时有税收违法行为的；

（三）违反税收法律、行政法规应当给予行政处罚的行为，在五年内未被发现的；

（四）违法行为轻微并及时纠正，没有造成危害后果的；

（五）其他依法不予行政处罚的。

第十条 当事人有下列情形之一的，依法从轻或减轻处罚：

（一）已满十四周岁不满十八周岁的人有税收违法行为的；

（二）主动消除或者减轻违法行为危害后果的；

（三）受他人胁迫有违法行为的；

（四）配合税务机关查处违法行为有立功表现的；

（五）其他依法从轻或减轻行政处罚的。

从轻处罚，是指根据税收违法行为的事实、性质、情节、社会危害程度等因素，在《裁量基准》所规定档次内按较轻的幅度，或由《裁量基准》对应的处罚较重的档次调整为处罚相对轻的档次，依法确定处罚。

减轻处罚，是指根据税收违法行为的事实、性质、情节、社会危害程度、危害后果等因素，低于法定处罚标准，依法确定处罚。

第十一条 当事人有下列情形之一的，依法从重处罚：

（一）税收违法行为恶劣，造成严重税款流失的；

（二）在共同实施税收违法行为中起主要作用的；

（三）阻挠税务执法人员查处其违法行为的；

（四）隐匿、销毁税收违法证据的；

（五）胁迫、诱骗他人或者教唆未成年人实施税收违法行为的；

（六）对举报人、证人实施打击报复的；

（七）其他依法从重处罚的。

从重处罚，是指根据税收违法行为的事实、性质、情节、社会危害程度、危害后果等因素，在《裁量基准》所规定档次内按较重的幅度，依法确定处罚。

第十二条 税务机关行使行政处罚裁量权应当依法履行告知义务。在作出行政处罚决定前，应当告知当事人作出行政处罚决定的事实、理由、依据及拟处理结果，并告知当事人依法享有的权利。

第十三条 税务机关行使行政处罚裁量权涉及法定回避事项的，应当依法告知当事人享有申请回避的权利。税务人员存在法定回避情形的，应当自行回避或者由税务机关决定回避。

第十四条 当事人有权进行陈述和申辩。税务机关应当充分听取当事人的意见，对其提出的事实、理由或者证据进行复核，陈述申辩事由成立的，税务机关应当采纳；不采纳的，应予说明理由。

税务机关不得因当事人的申辩而加重处罚。

第十五条 违法事实确凿并有法定依据，对个人（含个体工商户）处以五十元以下，对法人或者其他组织处以一千元以下罚款的，可以适用简易程序。

第十六条 税务机关对个人（含个体工商户）作出二千元以上罚款或者对法人或其他组织作出一万元以上罚款的行政处罚决定之前，应当告知当事人有要求举行听证的权利；当事人要求听证的，税务机关应当组织听证。

第十七条 有下列情形之一的，税务机关在实施税务行政处罚时，应当经过集体审议决定：

（一）案情复杂、争议较大的；

（二）依照本办法第十条拟给予减轻处罚或由《裁量基准》对应的处罚较重的档次调整为处罚相对轻的档次的；

（三）依照本办法第十一条拟给予从重处罚的；

（四）在本辖区内有重大影响的；

（五）其他需要集体审议的。

第十八条 集体审议决定行政处罚，由实施行政处罚的税务机关负责人召集，有关部门参加。

集体审议意见由参与审议人员签名确认，并由实施行政处罚的税务机关负责人批准。集体审议有不同意见的，应一并记录在案并签名。

符合重大税务案件审理条件的行政处罚案件，适用国家税务总局及广东省税务局关于重大税务案件审理有关规定。

第十九条 当事人的税收违法行为涉嫌犯罪的，税务机关应当依法移送司法机关。

第二十条 法律法规规定按税款倍数处罚

的，罚款的倍数应当为0.1倍的整数倍。

第二十一条 法律、法规和规章对税务机关实施行政处罚另有规定的，从其规定。

第二十二条 税务机关实施行政处罚，制作行政处罚文书，应当引用法律、法规和规章的规定。不得单独引用本办法及《裁量基准》作为作出处罚决定的依据。

第二十三条 税务机关按照一般程序实施行政处罚，应当在执法文书中对事实认定、法律适用、基准适用等说明理由。

第二十四条 各级税务机关全面依法行政领导小组应当加强对规范税务行政处罚裁量权工作的组织领导。

第二十五条 国家税务总局广东省税务局不定期发布典型案例，指导行使税务行政处罚裁量权。

第二十六条 各级税务机关应当积极运用信息化手段加强对行使税务行政处罚裁量权的管理，实现流程控制，规范裁量行为。

第二十七条 各级税务机关应当通过执法督察、行政执法案卷评查等工作方式，加强对行使税务行政处罚裁量权的监督检查。

第二十八条 本办法（包括《裁量基准》）所称的“以上”“以下”均包括本数，“超过”均不含本数，特别注明的除外。

第二十九条 税务机关可以以公告或者其他形式，将已经生效的税务违法案件行政处罚决定进行公告，接受社会监督。

第三十条 本办法由国家税务总局广东省税务局负责解释。

第三十一条 本公告自2019年10月1日起施行。《广东省税务系统规范税务行政处罚裁量权实施办法》（广东省国家税务局　广东省地方税务局公告2017年第15号）同时废止。

附件：广东省税务系统税务行政处罚裁量基准

附件

广东省税务系统税务行政处罚裁量基准

违法行为			处罚依据		违法程度	违法情节	处罚基准
（一）违反税务登记管理规定的行为	1	纳税人未按照规定的期限申报办理税务登记、变更、注销或未按照规定办理税务登记证件验证、换证手续的	《中华人民共和国税收征收管理法》（以下简称《税收征管法》）第六十条第一款第（一）项、《中华人民共和国税收征收管理法实施细则》（以下简称《税收征管法实施细则》）第九十条	由税务机关责令限期改正，可以处二千元以下的罚款；情节严重的，处二千元以上一万元以下的罚款。①	轻微	在税务机关发现前主动改正或者在税务机关责令限期改正通知书规定期限内改正的。	不予处罚。
					一般	在税务机关责令限期改正通知书规定期限届满60日内改正的。	对个人（含个体工商户）处50元以上，2000元以下罚款；对企业或其他组织处500元以上，2000元以下罚款。
					严重	在税务机关责令限期改正通知书规定期限届满超过60日仍未改正的。	对个人（含个体工商户）处以2000元以上，5000元以下罚款；对企业或其他组织处以2000元以上，1万元以下罚款。
	2	纳税人不办理税务登记的	《税收征管法》第六十条第二款、《税务登记管理办法》第四十条	纳税人不办理税务登记的，由税务机关责令限期改正；逾期不改正的，依照《税收征管法》第六十条第一款的规定处罚；经税务机关提请，由工商行政管理机关吊销其营业执照。	轻微	在税务机关责令限期改正通知书规定期限内改正的。	不予处罚。
					一般	在税务机关责令限期改正通知书规定期限届满60日内改正的。	对个人（含个体工商户）处50元以上，2000元以下罚款；对企业或其他组织处500元以上，2000元以下罚款。
					严重	在税务机关责令限期改正通知书规定期限届满超过60日仍未改正的。	对个人（含个体工商户）处以2000元以上，5000元以下罚款；对企业或其他组织处以2000元以上，1万元以下罚款。同时提请工商行政管理机关吊销营业执照。
	3	纳税人未按照规定将其全部银行账号向税务机关报告的	《税收征管法》第六十条第一款第（四）项	由税务机关责令限期改正，可以处二千元以下的罚款；情节严重的，处二千元以上一万元以下的罚款。	轻微	在税务机关发现前主动改正或者在税务机关责令限期改正通知书规定期限内改正的。	不予处罚。
					一般	在税务机关责令限期改正通知书规定期限届满60日内改正的。	对个人（含个体工商户）处50元以上，2000元以下罚款；对企业或其他组织处500元以上，2000元以下罚款。
					严重	在税务机关责令限期改正通知书规定期限届满超过60日仍未改正的。	对个人（含个体工商户）处以2000元以上，5000元以下罚款；对企业或其他组织处以2000元以上，1万元以下罚款。

① 表格中，文字最后结尾处不用句号。余同。——编者注

续表

违法行为			处罚依据		违法程度	违法情节	处罚基准
（一）违反税务登记管理规定的行为	4	银行和其他金融机构未依照税收征管法的规定在从事生产、经营的纳税人的账户中登录税务登记证件号码，或者未按规定在税务登记证件中登录从事生产、经营的纳税人的账户账号的	《税收征管法实施细则》第九十二条	由税务机关责令其限期改正，处二千元以上二万元以下的罚款；情节严重的，处二万元以上五万元以下的罚款。	较轻	在税务机关发现前主动改正或者在税务机关责令限期改正通知书规定期限内改正的。	处2000元以上5000元以下罚款。
					一般	在税务机关责令限期改正通知书规定期限届满60日内改正的。	处5000元以上2万元以下罚款。
					严重	在税务机关责令限期改正通知书规定期限届满超过60日仍未改正的。	处2万元以上5万元以下罚款。
	5	纳税人未按照规定使用税务登记证件或者转借、涂改、损毁、买卖、伪造税务登记证件的	《税收征管法》第六十条第三款	处二千元以上一万元以下的罚款；情节严重的，处一万元以上五万元以下的罚款。	较轻	未造成税款流失的。	处2000元以上5000元以下罚款。
					一般	造成税款流失金额5万元以下的。	处5000元以上1万元以下罚款。
					严重	造成税款流失金额5万元以上（不含本数）的。	处1万元以上5万元以下罚款。
	6	纳税人通过提供虚假的证明资料等手段，骗取税务登记证的	《税务登记管理办法》第四十一条	处二千元以下的罚款；情节严重的，处二千元以上一万元以下的罚款。	较轻	没有利用骗取的税务登记证从事其他违法行为的。	对个人（含个体工商户）处100元以上500元以下罚款，对企业或其他组织处200元以上1000元以下罚款。
					一般	利用骗取的税务登记证从事其他违法行为但未造成税款流失的。	对个人（含个体工商户）处500元以上2000元以下罚款，对企业或其他组织处1000元以上2000元以下罚款。
					严重	利用骗取的税务登记证从事其他违法行为造成税款流失的。	处2000元以上1万元以下罚款。
	7	扣缴义务人未按照规定办理扣缴税款登记的	《税务登记管理办法》第四十二条	税务机关应当自发现之日起三日内责令其限期改正，并可处一千元以下的罚款。	轻微	在税务机关发现前主动改正或者在税务机关责令限期改正通知书规定期限内改正的。	不予处罚。
					一般	在税务机关责令限期改正通知书规定期限届满60日内改正的。	对个人（含个体工商户）处50元的罚款；对企业或其他组织处500元的罚款。
					严重	在税务机关责令限期改正通知书规定期限届满超过60日仍未改正的。	对个人（含个体工商户）处以200元以上，500元以下罚款；对企业或其他组织处以600元以上，1000元以下罚款。

续表

违法行为			处罚依据		违法程度	违法情节	处罚基准
（二）违反账簿管理和完税凭证管理规定的行为	8	纳税人未按照规定设置、保管账簿或者保管记账凭证和有关资料的	《税收征管法》第六十条第一款第（二）项	由税务机关责令限期改正，可以处二千元以下的罚款；情节严重的，处二千元以上一万元以下的罚款。	轻微	在税务机关发现前主动改正或者在税务机关责令限期改正通知书规定期限内改正的。	不予处罚。
					较轻	在税务机关责令限期改正通知书规定期限届满60日内改正的。	对个人（含个体工商户）处50元以上500元以下罚款，对企业或其他组织处200元以上1000元以下罚款。
					一般	在税务机关责令限期改正通知书规定期限届满超过60日仍未改正的。	对个人（含个体工商户）处500元以上2000元以下罚款，对企业或其他组织处1000元以上2000元以下罚款。
					严重	故意损坏、丢失、擅自销毁账簿、记账凭证及有关资料的。	对个人（含个体工商户）处2000元以上5000元以下罚款，对企业或其他组织处2000元以上1万元以下罚款。
	9	纳税人未按照规定将财务、会计制度或财务、会计处理办法和会计核算软件报送税务机关备查的	《税收征管法》第六十条第一款第（三）项	由税务机关责令限期改正，可以处二千元以下的罚款；情节严重的，处二千元以上一万元以下的罚款。	轻微	在税务机关发现前主动改正或者在税务机关责令限期改正通知书规定期限内改正的。	不予处罚。
					一般	在税务机关责令限期改正通知书规定期限届满60日内改正的。	对个人（含个体工商户）处50元以上2000元以下罚款，对企业或其他组织处1000元以上2000元以下罚款。
					严重	在税务机关责令限期改正通知书规定期限届满超过60日仍未改正的。	对个人（含个体工商户）处2000元以上5000元以下罚款，对企业或其他组织处2000元以上1万元以下罚款。
	10	纳税人未按规定安装、使用税控装置，或者损毁或擅自改动税控装置的	《税收征管法》第六十条第一款第（五）项	由税务机关责令限期改正，可以处二千元以下的罚款；情节严重的，处二千元以上一万元以下的罚款。	轻微	未按照规定安装使用税控装置，在税务机关发现前主动改正或者在税务机关责令限期改正通知书规定期限内改正的。	不予处罚。
					一般	未按照规定安装使用税控装置，且在税务机关责令限期改正通知书规定期限届满60日内改正的。	对个人（含个体工商户）处50元以上2000元以下罚款，对企业或其他组织处1000元以上2000元以下罚款。
					严重	未按照规定安装使用税控装置，且在税务机关责令限期改正通知书规定期限满60日未改正，或故意损毁或擅自改动税控装置的。	对个人（含个体工商户）处2000元以上5000元以下罚款，对企业或其他组织处2000元以上1万元以下罚款。

续表

违法行为			处罚依据		违法程度	违法情节	处罚基准
（二）违反账簿管理和完税凭证管理规定的行为	11	扣缴义务人未按照规定设置、保管代扣代缴、代收代缴税款账簿或者保管代扣代缴、代收代缴税款记账凭证及有关资料的	《税收征管法》第六十一条	由税务机关责令限期改正，可以处二千元以下的罚款； 情节严重的，处二千元以上五千元以下的罚款。	轻微	在税务机关发现前主动改正或者在税务机关责令限期改正通知书规定期限内改正的。	不予处罚。
					较轻	在税务机关责令限期改正通知书规定期限届满60日内改正的。	对个人（含个体工商户）处50元以上500元以下罚款，对企业或其他组织处200元以上1000元以下罚款。
					一般	在税务机关责令限期改正通知书规定期限届满超过60日仍未改正的。	对个人（含个体工商户）处500元以上2000元以下罚款，对企业或其他组织处1000元以上2000元以下罚款。
					严重	故意损坏、丢失、擅自销毁账簿、记账凭证及有关资料的。	对个人（含个体工商户）处2000元以上3000元以下罚款，对企业或其他组织处2000元以上5000元以下罚款。
	12	非法印制、转借、倒卖、变造或者伪造完税凭证的	《税收征管法实施细则》第九十一条	由税务机关责令改正，处二千元以上一万元以下的罚款；情节严重的，处一万元以上五万元以下的罚款。	较轻	在税务机关发现前主动改正或者在税务机关责令限期改正通知书规定期限内改正，或者在税务机关责令限期改正通知书规定期限届满60日内改正的，且非法印制、转借、倒卖、变造或者伪造完税凭证在10份以下的。	处2000元以上5000元以下罚款。
					一般	在税务机关责令限期改正通知书规定期限届满超过60日不改正的，或者虽改正但非法印制、转借、倒卖、变造或者伪造完税凭证在11份以上50份以下的。	处5000元以上1万元以下罚款。
					严重	非法印制、转借、倒卖、变造或者伪造完税凭证在51份以上，或虽未达到51份，但金额巨大的或具有其他严重情节的。	处1万元以上5万元以下罚款。

续表

违法行为			处罚依据		违法程度	违法情节	处罚基准
（三）违反发票管理规定的行为	13	应当开具而未开具发票的	《中华人民共和国发票管理办法》（以下简称《发票管理办法》）第三十五条第（一）项	由税务机关责令改正，可以处1万元以下的罚款；有违法所得的予以没收。	较轻	限期内改正，未开发票金额在1万元以下，或未开发票数量在5份以下的。	可处500元以下罚款；有违法所得的予以没收。
					一般	限期内不改正，或者虽改正但未开发票金额在1万元以上（不含本数）5万元以下，或未开发票数量在6份以上10份以下的。	处500元以上2000元以下罚款；有违法所得的予以没收。
					严重	未开发票金额在5万元以上（不含本数），或未开发票数量在11份以上的。	处2000元以上1万元以下罚款；有违法所得的予以没收。
	14	未按照规定的时限、顺序、栏目，全部联次一次性开具发票，或者未加盖发票专用章的	《发票管理办法》第三十五条第（一）项	由税务机关责令改正，可以处1万元以下的罚款；有违法所得的予以没收。	较轻	限期内改正，发票数量在5份以下的。	可处500元以下罚款；有违法所得的予以没收。
					一般	限期内不改正，或者虽改正但发票数量在6份以上10份以下的。	处500元以上2000元以下罚款；有违法所得的予以没收。
					严重	发票数量在11份以上的。	处2000元以上1万元以下罚款；有违法所得的予以没收。
	15	使用税控装置开具发票，未按期向主管税务机关报送开具发票的数据的	《发票管理办法》第三十五条第（二）项	由税务机关责令改正，可以处1万元以下的罚款；有违法所得的予以没收。	轻微	一个自然年度内首次发生逾期的。	不予处罚。
					较轻	逾期180日以下，且不属于年度内首次逾期的。	对个人（含个体工商户）处50元罚款，对企业或其他组织处500元罚款。
					一般	逾期180日以上（不含本数），360日以下的，且不属于年度内首次逾期的。	对个人（含个体工商户）处200元罚款，对企业或其他组织处1000元罚款。
					严重	逾期360日以上（不含本数），且不属于年度内首次逾期的。	对个人（含个体工商户）处以2000元以上，5000元以下罚款；对企业或其他组织处以2000元以上，10000元以下罚款。
	16	使用非税控装置开具发票，未将非税控电子器具使用的软件程序说明资料报主管税务机关备案，或者未按照规定保存、报送开具发票的数据的	《发票管理办法》第三十五条第（三）项	由税务机关责令改正，可以处1万元以下的罚款；有违法所得的予以没收。	轻微	限期内改正的。	不予处罚。
					一般	限期内未改正且发票金额在1万元以下。	处200以上500元以下罚款，有违法所得的予以没收。
						限期内改正且发票金额在1万元以上（不含本数）5万元以下。	处500元以上1000元以下罚款，有违法所得的予以没收。
						限期内未改正且发票金额在1万元以上（不含本数）5万元以下。	处1000元以上2000元以下罚款，有违法所得的予以没收。
					严重	发票金额在5万元以上（不含本数）10万元以下。	处2000元以上5000元以下罚款，有违法所得的予以没收。
						发票金额在10万元以上（不含本数）。	处5000元以上1万元以下罚款，有违法所得的予以没收。

续表

违法行为			处罚依据		违法程度	违法情节	处罚基准
（三）违反发票管理规定的行为	17	拆本使用发票的	《发票管理办法》第三十五条第（四）项	由税务机关责令改正，可以处1万元以下的罚款；有违法所得的予以没收。	较轻	拆本使用发票1本的。	可处500元以下罚款；有违法所得的予以没收。
					一般	拆本使用发票2本以上，4本以下的。	处500元以上2000元以下罚款；有违法所得的予以没收。
					严重	拆本使用发票5本以上的。	处2000元以上1万元以下罚款；有违法所得的予以没收。
	18	扩大发票使用范围的	《发票管理办法》第三十五条第（五）项	由税务机关责令改正，可以处1万元以下的罚款；有违法所得的予以没收。	较轻	限期内改正，且发票金额在1万元以下，或发票数量在5份以下的。	可处1000元以下罚款；有违法所得的予以没收。
					一般	限期内不改正，或者虽改正但发票金额在1万元以上（不含本数）5万元以下，或发票数量在6份以上10份以下的。	处1000元以上5000元以下罚款；有违法所得的予以没收。
					严重	发票金额在5万元以上（不含本数），或发票数量在11份以上的。	处5000元以上1万元以下罚款；有违法所得的予以没收。
	19	以其他凭证代替发票使用的	《发票管理办法》第三十五条第（六）项	由税务机关责令改正，可以处1万元以下的罚款；有违法所得的予以没收。	较轻	限期内改正，且凭证金额在1万元以下，或凭证数量在5份以下的。	可处1000元以下罚款；有违法所得的予以没收。
					一般	限期内不改正，或者虽改正但凭证金额在1万元以上（不含本数）5万元以下，或凭证数量在6份以上10份以下的。	处1000元以上5000元以下罚款；有违法所得的予以没收。
					严重	凭证金额在5万元以上（不含本数），或凭证数量在11份以上的。	处5000元以上1万元以下罚款；有违法所得的予以没收。
	20	跨规定区域开具发票的	《发票管理办法》第三十五条第（七）项	由税务机关责令改正，可以处1万元以下的罚款；有违法所得的予以没收。	较轻	限期内改正，且发票金额在1万元以下，或发票数量在5份以下的。	可处500元以下罚款；有违法所得的予以没收。
					一般	限期内不改正，或者虽改正但发票金额在1万元以上（不含本数）5万元以下，或发票数量在6份以上10份以下的。	处500元以上2000元以下罚款；有违法所得的予以没收。
					严重	发票金额在5万元以上（不含本数），或发票数量在11份以上的。	处2000元以上1万元以下罚款；有违法所得的予以没收。

续表

违法行为			处罚依据		违法程度	违法情节	处罚基准
（三）违反发票管理规定的行为	21	未按照规定缴销发票的	《发票管理办法》第三十五条第（八）项	由税务机关责令改正，可以处1万元以下的罚款；有违法所得的予以没收。	轻微	开具发票已如实申报，未造成迟缴、少缴税款，且属于当年内第一次未按照规定缴销发票的	不予处罚。
					较轻	限期内改正，且定额发票金额在5万元以下，或非定额发票数量在25份以下的。	可处500元以下罚款；有违法所得的予以没收。
					一般	限期内不改正，或者虽改正但定额发票金额在5万元以上（不含本数）10万元以下，或非定额发票数量在26份以上50份以下的。	处500元以上2000元以下罚款；有违法所得的予以没收。
					严重	定额发票金额在10万元以上（不含本数），或非定额发票数量在51份以上的。	处2000元以上1万元以下罚款；有违法所得的予以没收。
	22	未按照规定存放和保管发票的	《发票管理办法》第三十五条第（九）项	由税务机关责令改正，可以处1万元以下的罚款；有违法所得的予以没收。	较轻	限期内改正的。	可处500元以下罚款；有违法所得的予以没收。
					一般	限期内不改正，或者因客观情况无法改正造成危害后果的。	处500元以上2000元以下罚款；有违法所得的予以没收。
					严重	造成严重危害后果的。	处2000元以上1万元以下罚款；有违法所得的予以没收。
	23	跨规定的使用区域携带、邮寄、运输空白发票，以及携带、邮寄或者运输空白发票出入境的	《发票管理办法》第三十六条第一款	由税务机关责令改正，可以处1万元以下的罚款；情节严重的，处1万元以上3万元以下的罚款；有违法所得的予以没收。	较轻	限期内改正，且发票数量在25份以下的。	可处2000元以下罚款；有违法所得的予以没收。
					一般	限期内不改正，或者虽改正但发票数量在26份以上50份以下的。	处2000元以上1万元以下罚款；有违法所得的予以没收。
					严重	发票数量在51份以上的。	处1万元以上3万元以下罚款；有违法所得的予以没收。
	24	丢失发票的	《发票管理办法》第三十六条第二款	可以处1万元以下的罚款；情节严重的，处1万元以上3万元以下的罚款；有违法所得的予以没收。	轻微	有证据证明丢失发票属于对方或第三方责任的。	不予处罚。
					较轻	定额发票金额在5万元以下，或非定额发票数量在25份以下的。	可处1000元以下罚款；有违法所得的予以没收。
					一般	定额发票金额在5万元以上（不含本数）10万元以下，或非定额发票数量在26份以上50份以下的。	处1000元以上1万元以下罚款；有违法所得的予以没收。
					严重	定额发票金额在10万元以上（不含本数），或非定额发票数量在51份以上，或造成其他严重后果的。	处1万元以上3万元以下罚款；有违法所得的予以没收。

续表

违法行为			处罚依据		违法程度	违法情节	处罚基准
（三）违反发票管理规定的行为	25	擅自损毁发票的	《发票管理办法》第三十六条第二款	可以处1万元以下的罚款；情节严重的，处1万元以上3万元以下的罚款；有违法所得的予以没收。	较轻	定额发票金额在5万元以下，或非定额发票数量在25份以下的。	可处1000元以下罚款；有违法所得的予以没收。
					一般	定额发票金额在5万元以上（不含本数）10万元以下，或非定额发票数量在26份以上50份以下的。	处1000元以上1万元以下罚款；有违法所得的予以没收。
					严重	定额发票金额在10万元以上（不含本数），或非定额发票数量在51份以上的。	处1万元以上3万元以下罚款；有违法所得的予以没收。
	26	虚开发票的	《发票管理办法》第三十七条第一款	由税务机关没收违法所得；虚开金额在1万元以下的，可以并处5万元以下的罚款；虚开金额超过1万元的，并处5万元以上50万元以下的罚款；构成犯罪的，依法追究刑事责任。	较轻	虚开发票金额在5000元以下的。	没收违法所得，可并处2万元以下罚款。
					一般	虚开发票金额在5000元以上（不含本数）1万元以下的。	没收违法所得，并处2万元以上5万元以下罚款。
					严重	虚开发票金额在1万元以上（不含本数）40万元以下的。	没收违法所得，并处5万元以上10万元以下罚款。
						虚开发票金额在40万元以上（不含本数）100万元以下的。	没收违法所得，并处10万元以上30万元以下罚款。
						虚开发票金额在100万元（不含本数）以上的。	没收违法所得，并处30万元以上50万元以下罚款。
	27	非法代开发票的	《发票管理办法》第三十七条第二款	由税务机关没收违法所得；代开金额在1万元以下的，可以并处5万元以下的罚款；代开金额超过1万元的，并处5万元以上50万元以下的罚款。构成犯罪的，依法追究刑事责任。	较轻	代开发票金额在5000元以下的。	没收违法所得，可并处2万元以下罚款。
					一般	代开发票金额在5000元以上（不含本数）1万元以下的。	没收违法所得，并处2万元以上5万元以下罚款。
					严重	代开发票金额在1万元以上（不含本数）40万元以下的。	没收违法所得，并处5万元以上10万元以下罚款。
						代开发票金额在40万元以上（不含本数）100万元以下的。	没收违法所得，并处10万元以上30万元以下罚款。
						代开发票金额在100万元（不含本数）以上的。	没收违法所得，并处30万元以上50万元以下罚款。
	28	非法印制发票的	《税收征管法》第七十一条	由税务机关销毁非法印制的发票，没收违法所得和作案工具，并处一万元以上五万元以下的罚款；构成犯罪的，依法追究刑事责任。	较轻	发票金额在1万元以下，或发票数量在5份以下的。	销毁非法印制的发票，没收违法所得和作案工具，并处1万元以上2万元以下罚款。
					一般	发票金额在1万元以上（不含本数）5万元以下，或发票数量在6份以上10份以下的。	销毁非法印制的发票，没收违法所得和作案工具，并处2万元以上5万元以下罚款。
					严重	发票金额在5万元以上（不含本数），或发票数量在11份以上的。	销毁非法印制的发票，没收违法所得和作案工具，并处5万元罚款。

续表

违法行为			处罚依据		违法程度	违法情节	处罚基准
（三）违反发票管理规定的行为	29	私自印制、伪造、变造发票，非法制造发票防伪专用品，伪造发票监制章的	《发票管理办法》第三十八条第一款	由税务机关没收违法所得，没收、销毁作案工具和非法物品，并处1万元以上5万元以下的罚款；情节严重的，并处5万元以上50万元以下的罚款；对印制发票的企业，可以并处吊销发票准印证；构成犯罪的，依法追究刑事责任。	较轻	发票金额在1万元以下，或发票数量在5份以下的。	没收违法所得，没收、销毁作案工具和非法物品，并处1万元以上2万元以下罚款。
					一般	发票金额在1万元以上（不含本数）5万元以下，或发票数量在6份以上10份以下，或者非法制造发票防伪专用品、伪造发票监制章的。	没收违法所得，没收、销毁作案工具和非法物品，并处2万元以上5万元以下罚款。
					严重	发票金额在5万元以上（不含本数），或发票数量在11份以上的，或者非法制造发票防伪专用品、伪造发票监制章情节较重的。	没收违法所得，没收、销毁作案工具和非法物品，并处5万元以上50万元以下罚款；可以并处吊销发票准印证。
	30	转借、转让、介绍他人转让发票、发票监制章和发票防伪专用品的	《发票管理办法》第三十九条第（一）项	由税务机关处1万元以上5万元以下的罚款；情节严重的，处5万元以上50万元以下的罚款；有违法所得的予以没收。	较轻	发票金额在1万元以下，或发票数量在5份以下的。	处1万元以上2万元以下罚款；有违法所得的予以没收。
					一般	发票金额在1万元以上（不含本数）5万元以下，或发票数量在6份以上10份以下，或者转借、转让、介绍他人转让发票监制章和发票防伪专用品的。	处2万元以上5万元以下罚款；有违法所得的予以没收。
					严重	发票金额在5万元以上（不含本数），或发票数量在11份以上的，或者转借、转让、介绍他人转让发票监制章和发票防伪专用品的。	处5万元以上50万元以下罚款；有违法所得的予以没收。
	31	知道或者应当知道是私自印制、伪造、变造、非法取得或者废止的发票而受让、开具、存放、携带、邮寄、运输的	《发票管理办法》第三十九条第（二）项	由税务机关处1万元以上5万元以下的罚款；情节严重的，处5万元以上50万元以下的罚款；有违法所得的予以没收。	较轻	发票金额在5万元以下，或发票数量在5份以下的。	处1万元以上2万元以下罚款；有违法所得的予以没收。
					一般	发票金额在5万元以上（不含本数）20万元以下，或发票数量在6份以上10份以下的。	处2万元以上5万元以下罚款；有违法所得的予以没收。
					严重	发票金额在20万元以上（不含本数），或发票数量在11份以上的。	处5万元以上50万元以下罚款；有违法所得的予以没收。
	32	违反发票管理法规，导致其他单位或者个人未缴、少缴或者骗取税款的	《发票管理办法》第四十一条	由税务机关没收违法所得，可以并处未缴、少缴或者骗取的税款1倍以下的罚款。	较轻	导致其他单位或者个人未缴、少缴或者骗取税款在1万元以下的。	没收违法所得，可以并处未缴、少缴或者骗取税款的0.5倍以下罚款。
					一般	导致其他单位或者个人未缴、少缴或者骗取税款在1万元以上（不含本数）5万元以下的。	没收违法所得，并处未缴、少缴或者骗取税款的0.5倍以上0.7倍以下罚款。
					严重	导致其他单位或者个人未缴、少缴或者骗取税款在5万元以上（不含本数）的。	没收违法所得，并处未缴、少缴或者骗取税款的0.7倍以上1倍以下罚款。

续表

违法行为			处罚依据		违法程度	违法情节	处罚基准
（四）违反纳税申报和征收管理规定的行为	33	纳税人未按照规定的期限办理纳税申报和报送纳税资料的，或者扣缴义务人未按照规定的期限向税务机关报送代扣代缴、代收代缴税款报告表和有关资料的	《税收征管法》第六十二条	由税务机关责令限期改正，可以处二千元以下的罚款；情节严重的，可以处二千元以上一万元以下的罚款。	轻微	一个自然年度内首次发生逾期的。	不予处罚。
					较轻	逾期180日以下，且不属于年度内首次逾期的。	对个人（含个体工商户）处50元罚款，对企业或其他组织处500元罚款。
					一般	逾期180日以上（不含本数），360日以下的，且不属于年度内首次逾期的。	对个人（含个体工商户）处200元罚款，对企业或其他组织处1000元罚款。
					严重	逾期360日以上（不含本数），且不属于年度内首次逾期的。	对个人（含个体工商户）处以2000元以上，5000元以下罚款；对企业或其他组织处以2000元以上，10000元以下罚款。
	34	纳税人、扣缴义务人在规定期限内不缴或者少缴应纳或者应解缴的税款，经税务机关责令限期缴纳，逾期仍未缴纳的	《税收征管法》第六十八条	经税务机关责令限期缴纳，逾期仍未缴纳的，税务机关除依照本法第四十条的规定采取强制执行措施追缴其不缴或者少缴的税款外，可以处不缴或者少缴的税款百分之五十以上五倍以下的罚款。	较轻	主动配合税务机关采取措施追缴欠税或在责令限期缴纳期限届满60日内缴纳的。	可处不缴或少缴税款0.5倍罚款。
					一般	责令限期缴纳期限届满60日内仍不缴纳的。	可处不缴或少缴税款0.5倍以上1倍以下罚款。
					严重	阻碍税务机关采取强制执行措施或其他严重情节的。	可处不缴或少缴税款1倍以上5倍以下罚款。
	35	扣缴义务人应扣未扣、应收而不收税款的	《税收征管法》第六十九条	由税务机关向纳税人追缴税款，对扣缴义务人处应扣未扣、应收未收税款百分之五十以上三倍以下的罚款。	较轻	扣缴义务人在税务机关对其违法行为作出税务处理前主动补扣、补收税款的；或积极配合税务机关检查，违法行为较轻，且应扣未扣、应收未收税款占应扣、应收税款30%以下的。	处应扣未扣、应收未收税款0.5倍罚款。
					一般	扣缴义务人配合税务机关检查，但应扣未扣、应收未收税款占应扣、应收税款30%以上（不含本数）的。	处应扣未扣、应收未收税款0.5倍以上1倍以下罚款。
					严重	扣缴义务人阻碍税务机关正常纳税检查的；违法行为严重；违法行为造成严重社会影响的；或五年内被税务机关发现实施两次以上同类行为的。	处应扣未扣、应收未收税款1倍以上3倍以下罚款。

续表

违法行为			处罚依据		违法程度	违法情节	处罚基准
（四）违反纳税申报和征收管理规定的行为	36	编造虚假计税依据的	《税收征管法》第六十四条第一款	由税务机关责令限期改正，并处五万元以下的罚款。	较轻	编造虚假计税依据在5万元以下，且在责令限期内改正的。	处1万元以下罚款。
					一般	编造虚假计税依据金额在5万元以上（不含本数）30万元以下，或者在责令限期届满后30日内改正的。	处1万元以上3万元以下罚款。
					严重	编造虚假计税依据30万元以上（不含本数）且不符合“一般”情节的，或者责令限期届满后30日仍未改正的。	处3万元以上5万元以下罚款。
	37	纳税人不进行纳税申报，不缴或者少缴应纳税款的	《税收征管法》第六十四条第二款	由税务机关追缴其不缴或者少缴的税款、滞纳金，并处不缴或者少缴的税款百分之五十以上五倍以下的罚款。	较轻	纳税人在税务机关对其违法行为作出税务处理前主动补缴税款和滞纳金的；或积极配合税务机关检查，违法行为较轻，且不缴或者少缴税款占应纳税款30%以下的。	处不缴或者少缴税款0.5倍罚款。
					一般	纳税人配合税务机关检查，但不缴或者少缴税款占应纳税款30%以上（不含本数）的。	处不缴或者少缴的税款0.5倍以上1倍以下罚款。
					严重	纳税人阻碍税务机关正常纳税检查的；违法行为严重的；违法行为造成严重社会影响的；或五年内被税务机关发现实施两次以上同类违法行为的。	处不缴或者少缴的税款1倍以上5倍以下罚款。
（五）违反纳税担保规定的行为	38	纳税人、纳税担保人采取欺骗、隐瞒等手段提供担保的	《纳税担保试行办法》第三十一条第一款	由税务机关处一千元以下的罚款；属于经营行为的，处一万元以下的罚款。	较轻	不属于经营行为，或者属于经营行为且担保金额在5万元以下的。	处1000元以下罚款。
					一般	属于经营行为且担保金额在5万元以上（不含本数）10万元以下的。	处1000元以上3000元以下的罚款。
					严重	属于经营行为且担保金额在10万元以上（不含本数）的。	处3000元以上1万元以下罚款。
	39	非法为纳税人、纳税担保人实施虚假纳税担保提供方便的	《纳税担保试行办法》第三十一条第二款	由税务机关处一千元以下的罚款	较轻	涉及虚假纳税担保金额在5万元以下的。	处500元以下罚款。
					一般	涉及虚假纳税担保金额在5万元以上（不含本数）10万元以下的。	处500元以上800元以下罚款。
					严重	涉及虚假纳税担保金额在10万元以上（不含本数）的。	处800元以上1000元以下罚款。

续表

违法行为			处罚依据		违法程度	违法情节	处罚基准
（五）违反纳税担保规定的行为	40	纳税人采取欺骗、隐瞒等手段提供担保，造成应缴税款损失的	《纳税担保试行办法》第三十二条	由税务机关按照《税收征管法》第六十八条规定处以未缴、少缴税款百分之五十以上五倍以下的罚款。	较轻	造成未缴、少缴税款在100万元以下的。	处未缴、少缴税款0.5倍罚款。
					一般	造成未缴、少缴税款100万元以上（不含本数）300万元以下的。	处未缴、少缴税款0.5倍以上1倍以下罚款。
					严重	造成未缴、少缴税款300万元以上（不含本数）的。	处未缴、少缴税款1倍以上5倍以下罚款。
（六）违反税务检查规定的行为	41	纳税人、扣缴义务人逃避、拒绝或者以其他方式阻挠税务机关检查的	《税收征管法》第七十条	由税务机关责令改正，可以处一万元以下的罚款；情节严重的，处一万元以上五万元以下的罚款。	较轻	情节较轻，及时改正的。	可处2000元以下罚款。
					一般	逾期改正的。	处2000元以上1万元以下罚款。
					严重	拒不改正及有其他严重情节的。	处1万元以上5万元以下罚款。
	42	税务机关依法到车站、码头、机场、邮政企业及其分支机构检查纳税人有关情况时，有关单位拒绝的	《税收征管法实施细则》第九十五条	由税务机关责令改正，可以处一万元以下的罚款；情节严重的，处一万元以上五万元以下的罚款。	较轻	情节较轻，及时改正的。	可处2000元以下罚款。
					一般	逾期改正的。	处2000元以上1万元以下罚款。
					严重	拒不改正及有其他严重情节的。	处1万元以上5万元以下罚款。
（七）偷、逃、骗、抗税行为	43	纳税人伪造、变造、隐匿、擅自销毁账簿、记账凭证，或者在账簿上多列支出或者不列、少列收入，或者经税务机关通知申报而拒不申报或者进行虚假的纳税申报，不缴或者少缴应纳税款的	《税收征管法》第六十三条第一款	由税务机关追缴其不缴或者少缴的税款、滞纳金，并处不缴或者少缴的税款百分之五十以上五倍以下的罚款；构成犯罪的，依法追究刑事责任。	较轻	纳税人在税务机关对其违法行为作出税务处理前主动补缴税款和滞纳金的；或积极配合税务机关检查，违法行为较轻，且不缴或者少缴税款占应纳税款10%以下的。	处不缴或者少缴税款0.5倍罚款。
					一般	纳税人配合税务机关检查，但不缴或者少缴税款占应纳税款10%以上（不含本数）的。	处不缴或者少缴的税款0.5倍以上1倍以下罚款。
					严重	纳税人阻碍税务机关正常纳税检查的；违法行为严重的；违法行为造成严重社会影响的；或五年内被税务机关发现实施两次以上偷税行为的。	处不缴或者少缴的税款1倍以上5倍以下罚款。

续表

违法行为			处罚依据		违法程度	违法情节	处罚基准
（七）偷、逃、骗、抗税行为	44	扣缴义务人采取《税收征管法》第六十三条第一款所列手段，不缴或者少缴已扣、已收税款的	《税收征管法》第六十三条第二款	由税务机关追缴其不缴或者少缴的税款、滞纳金，并处不缴或者少缴的税款百分之五十以上五倍以下的罚款；构成犯罪的，依法追究刑事责任。	较轻	扣缴义务人在税务机关对其违法行为作出税务处理前主动补缴税款和滞纳金的；或积极配合税务机关检查，违法行为较轻，且不缴或者少缴已扣、已收税款占应缴税额10%以下的。	处不缴或者少缴的税款0.5倍罚款。
					一般	扣缴义务人配合税务机关检查，但不缴或者少缴已扣、已收税款占应缴税额10%以上（不含本数）的。	处不缴或者少缴的税款0.5倍以上1倍以下罚款。
					严重	扣缴义务人阻碍税务机关正常纳税检查的；违法行为严重的；违法行为造成严重社会影响的；或五年内被税务机关发现实施两次以上同类违法行为的。	处不缴或者少缴的税款1倍以上5倍以下罚款。
	45	纳税人欠缴应纳税款，采取转移或者隐匿财产的手段，妨碍税务机关追缴欠缴的税款的	《税收征管法》第六十五条	由税务机关追缴欠缴的税款、滞纳金，并处欠缴税款百分之五十以上五倍以下的罚款；构成犯罪的，依法追究刑事责任。	较轻	妨碍追缴欠税金额1万元以下的。	处欠缴税款0.5倍罚款。
					一般	妨碍追缴欠税金额1万元以上（不含本数），10万元以下的。	处欠缴税款0.5倍以上1倍以下罚款。
					严重	妨碍追缴欠税金额10万元以上的（不含本数）。	处欠缴税款1倍以上5倍以下罚款。
	46	以假报出口或者其他欺骗手段，骗取国家出口退税款的	《税收征管法》第六十六条	由税务机关追缴其骗取的退税款，并处骗取税款一倍以上五倍以下的罚款。对骗取国家出口退税款的，税务机关可以在规定期间内停止为其办理出口退税。	较轻	骗取国家出口退税款不满5万元的。	处骗取税款1倍的罚款，并可停止为其办理出口退税半年以上一年以下。
					一般	骗取国家出口退税款5万元以上不满50万元的。	处骗取税款1倍以上3倍以下的罚款，并可停止为其办理出口退税一年以上一年半以下。
					严重	骗取国家出口退税款50万元以上不满250万元，或因骗取出口退税行为受过行政处罚、两年内又骗取国家出口退税款数额在30万元以上不满150万元的。	处骗取税款1倍以上5倍以下的罚款，并停止为其办理出口退税一年半以上两年以下。
						骗取国家出口退税款250万元以上，或因骗取出口退税行为受过行政处罚、两年内又骗取国家出口退税款数额在150万元以上的。	处骗取税款1倍以上5倍以下的罚款，并停止为其办理出口退税两年以上三年以下。

续表

违法行为			处罚依据		违法程度	违法情节	处罚基准
（七）偷、逃、骗、抗税行为	47	以暴力、威胁方法拒不缴纳税款的	《税收征管法》第六十七条	情节轻微，未构成犯罪的，由税务机关追缴其拒缴的税款、滞纳金，并处拒缴税款一倍以上五倍以下的罚款。	较轻	采用暴力、威胁方法拒不缴纳税款，未造成税务人员及税务机关人身或财产伤害的。	处拒缴税款1倍罚款。
					一般	采用暴力、威胁方法，造成税务人员及税务机关人身或财产较轻伤害的。	处拒缴税款1倍以上2倍以下罚款。
					严重	采用暴力、威胁方法，造成税务人员及税务机关人身或财产严重伤害，或者有严重恶劣社会影响的。	处拒缴税款2倍以上5倍以下罚款。
（八）其他违法行为	48	纳税人、扣缴义务人的开户银行或者其他金融机构拒绝接受税务机关依法检查纳税人、扣缴义务人存款账户，或者拒绝执行税务机关作出的冻结存款或者扣缴税款的决定，或者在接到税务机关的书面通知后帮助纳税人、扣缴义务人转移存款，造成税款流失的	《税收征管法》第七十三条	由税务机关处十万元以上五十万元以下的罚款，对直接负责的主管人员和其他直接责任人员处一千元以上一万元以下的罚款。	较轻	造成税款流失金额10万元以下的。	处10万元罚款，对直接负责的主管人员和其他直接责任人员处1000元罚款。
					一般	造成税款流失金额10万元以上（不含本数），100万以下的。	处10万元以上20万元以下罚款，对直接负责的主管人员和其他直接责任人员处1000元以上5000元以下罚款。
					严重	造成税款流失金额100万以上（不含本数）的。	处20万元以上50万元以下罚款，对直接负责的主管人员和其他直接责任人员处5000元以上1万元以下罚款。
	49	为纳税人、扣缴义务人非法提供银行账户、发票、证明或者其他方便，导致其未缴、少缴税款的	《税收征管法实施细则》第九十三条	除没收其违法所得外，可以处未缴、少缴或者骗取的税款一倍以下的罚款。	较轻	导致其他单位或者个人未缴、少缴税款在1万元以下的。	没收违法所得，可以并处未缴、少缴税款0.5倍以下罚款。
					一般	导致其他单位或者个人未缴、少缴税款在1万元以上（不含本数）5万元以下的。	没收违法所得，并处未缴、少缴税款0.5倍以上0.7倍以下罚款。
					严重	导致其他单位或者个人未缴、少缴税款在5万元以上（不含本数）的。	没收违法所得，并处未缴、少缴税款0.7倍以上1倍以下罚款。
	50	税务代理人违反税收法律、行政法规，造成纳税人未缴或者少缴税款的	《税收征管法实施细则》第九十八条	对税务代理人处纳税人未缴或者少缴税款百分之五十以上三倍以下的罚款。	较轻	造成纳税人未缴或少缴税款10万元以下的。	处纳税人未缴或少缴税款0.5倍罚款。
					一般	造成纳税人未缴或少缴税款10万元以上（不含本数）50万元以下的。	处纳税人未缴或少缴税款0.5倍以上1倍以下罚款。
					严重	造成纳税人未缴或少缴税款50万元以上（不含本数）的。	处纳税人未缴或少缴税款1倍以上3倍以下罚款。

政策解读

关于《国家税务总局广东省税务局关于修订〈广东省税务系统规范税务行政处罚裁量权实施办法〉的公告》的解读

为便于纳税人和税务机关理解和执行，现对《国家税务总局广东省税务局关于修订〈广东省税务系统规范税务行政处罚裁量权实施办法〉的公告》（以下简称《公告》）解读如下：

一、《公告》出台背景

税务行政处罚裁量权，是指税务机关根据法律、法规和规章的规定，综合考虑税收违法行为的事实、性质、情节及社会危害程度，选择处罚种类和幅度并作出处罚决定的权力。

为全面推进依法治税，适应国税地税征管体制改革需要，结合规范化标准化一体化建设要求，我局以合法合理、公平公正、高效便民为原则，对《广东省税务系统规范税务行政处罚裁量权实施办法》（广东省国家税务局　广东省地方税务局公告2017年第15号）进行修订，进一步切实解决执法实践中裁量空间较大、操作存在差异等问题，规范税收执法，保障纳税人合法权益，促进执法公平，减少税收争议，促进纳税遵从。

二、《公告》的主要内容

修订后的《广东省税务系统规范税务行政处罚裁量权实施办法》（以下简称《办法》）共31条，《办法》附件《广东省税务系统税务行政处罚裁量基准》（以下简称《裁量基准》）共50条。此次修订，主要有以下几个方面：

（一）修改“从轻处罚”的规定。原《办法》第十条规定：从轻处罚是指“在《裁量基准》所规定档次内按较轻的幅度，依法确定处罚。”本次修改新增了“或由《裁量基准》对应的处罚较重的档次调整为处罚相对轻的档次”的内容。（《办法》第十条）

（二）修改集体审议有关规定。一是将原《办法》第十七条第（二）项规定：“对违法行为给予较重行政处罚的”修改为“依照本办法第十一条拟给予从重处罚的”。“较重行政处罚”具体的标准和范围未明确，该规定难以操作，故本次修改予以删除。二是新增“由《裁量基准》对应的处罚较重的档次调整为处罚相对轻的档次的”应当经过集体审议规定。（《办法》第十七条）

（三）删除原《办法》第十八条第三款规定：“按照本办法第十七条规定须经集体审议的行政处罚案件，应先经集体审议再报行政处罚实施机关负责人批准后实施”的内容。该款规定与《办法》第十八条第一款、第二款有关规定重复，故予以删除。（《办法》第十八条）

（四）删除原《办法》第二十六条规定：“国税机关、地税机关应当强化执法协作，健全信息交换和执法合作机制，保证同一地区对基本相同的税收违法行为的行政处罚基本一致。”由于国税地税征管体制改革，导致原规定不适用于新税务机关，故本次修改予以删除。

（五）明确《办法》（包括《裁量基准》）所称的“超过”均不含本数。（《办法》第二十八条）

（六）删除原《办法》第三十一条规定：

“市级税务机关可以在本办法规定的《裁量基准》幅度内，根据实际进行细化，并报上一级税务机关备案”。由于《办法》系《税务行政处罚裁量权行使规则》（国家税务总局公告2016年第78号）第九条授权省税务局所作之细化具体操作规定，原《办法》第三十一条规定与《税收规范性文件制定管理办法》（国家税务总局令第41号）第十一条第二款规定：“被授权税务机关不得将被授予的权力转授给其他机关。”不符，故本次修改予以删除。

（七）按照有利于纳税人的原则，结合减税降费的精神，修改部分违法行为的“违法情节”表述，将“在税务机关责令限期改正通知书规定期限届满30日”修改为“在税务机关责令限期改正通知书规定期限届满60日”，对处罚金额做降低调整。（《裁量基准》第一条、第二条、第三条、第四条、第七条、第八条、第九条、第十条、第十一条、第十二条、第三十四条）

（八）严格落实“首违不罚”的裁量规则，删除原《裁量基准》第十五条、第三十三条“违法程度”为轻微的“违法情节”中“且在逾期之日起60日内改正”的限制规定。（《裁量基准》第十五条、第三十三条）

（九）取消“零申报”规定，方便操作。原《裁量基准》第十五条、第三十三条的“处罚基准”规定：“对零申报的个人（含个体工商户）处以20元罚款”“对零申报企业或其他组织处以200元罚款”“对零申报的个人（含个体工商户）、企业或其他组织不适用严重档次的处罚”。但由于“零申报”的定义在法律中并未明确，在实务操作中易产生歧义，故本次修改予以删除。（《裁量基准》第十五条、第三十三条）

（十）随着税务机关信息管税能力不断增强，“未按照规定缴销发票”“丢失发票”等违反发票管理规定的行为所造成的影响较以往有所减轻。按照有利于纳税人的原则，对部分违法行为的“违法情节”中涉及的发票数量和发票金额作了调整。（《裁量基准》第二十一条、第二十三条、第二十四条、第二十五条）

（十一）新增对骗税行为行政处罚的裁量基准。（《裁量基准》第四十六条）

（十二）删除有关注册税务师及税务师事务所的规定。因《注册税务师管理暂行办法》（国家税务总局令第14号）已于2017年12月29日全文废止。故本次修改将涉及注册税务师及税务师事务所的规定（原《裁量基准》第五十一条、第五十二条、第五十三条、第五十四条）予以删除。

三、《公告》生效时间

《办法》自2019年10月1日起施行。《广东省税务系统规范税务行政处罚裁量权实施办法》（广东省国家税务局　广东省地方税务局公告2017年第15号）同时废止。

国家税务总局广东省税务局关于办税事项省内通办的公告

2019年11月6日　国家税务总局广东省税务局公告2019年第8号

为深入推进办税便利化改革，方便纳税人自主选择办税场所，持续降低纳税人办税成本，优化税收营商环境，国家税务总局广东省税务局（以下简称广东省税务局）整合编制了《国家税务总局广东省税务局省内通办业务清单》（以下简称《清单》），现就相关事项公告如下：

一、省内通办是指在不改变纳税人主管税务机关、税收预算级次和收入归属的前提下，广东省（不含深圳）范围内的税务机关通过综合性办税服务厅为纳税人提供不受区域限制的办税服务。

二、《清单》包括信息报告、申报纳税、税收优惠、证明办理等办税事项。广东省税务局将根据政策变化，动态调整《清单》并在门户网站公布。

三、受理省内通办业务中需要使用税务机关印章的，加盖受理税务机关的印章。

四、纳税人在办理省内通办事项过程中，应当依法履行相应的税收义务，受理税务机关应当依法维护纳税人的合法权益。纳税人的相关涉税违法行为，由主管税务机关依法处理。

五、纳税人可通过广东省税务局门户网站（http：//guangdong. chinatax. gov. cn）查阅《清单》和办税指南相关内容，也可拨打12366纳税服务热线或到办税服务厅现场咨询。

六、本公告自2019年12月1日起施行。

特此公告。

政策解读

关于《国家税务总局广东省税务局关于办税事项省内通办的公告》的解读

为便于纳税人和税务机关理解和执行，现对《国家税务总局广东省税务局关于办税事项省内通办的公告》解读如下：

一、公告的背景

为了贯彻落实党中央、国务院关于国税地税征管体制改革部署，持续推进办税便利化改革，根据国家税务总局省内通办要求，国家税务总局广东省税务局（以下简称广东省税务局）结合工作实际，对省内通办事项进行梳理调整，以最大限度方便纳税人自主选择办税场所为目标，进一步降低纳税人的办税成本。

二、办税事项省内通办的具体内容

省内通办是指在不改变纳税人主管税务机关、税收预算级次和收入归属的前提下，广东省

(不含深圳)范围内的税务机关通过综合性办税服务厅为纳税人提供不受区域限制的办税服务。《国家税务总局广东省税务局省内通办业务清单》(以下简称《清单》)包括信息报告、申报纳税、税收优惠、证明办理等办税事项。

三、办税事项省内通办的具体实施

公告提示纳税人可通过广东省税务局官方网站(http://www.gd-n-tax.gov.cn)查阅《清单》和办税指南相关内容,也可拨打12366纳税服务热线或到办税服务厅现场咨询。同时广东省税务局将根据政策变化,动态调整《清单》。

四、公告施行时间

本公告自2019年12月1日起施行。

国家税务总局广东省税务局关于明确税收票证管理事项的公告

2019年12月6日 国家税务总局广东省税务局公告2019年第9号

为加强我省税收票证管理,规范和统一日常业务操作,根据《税收票证管理办法》(国家税务总局第28号令)、《国家税务总局关于明确〈税收票证管理办法〉若干问题的通知》(税总函〔2013〕339号)、《国家税务总局关于实施〈税收票证管理办法〉若干问题的公告》(国家税务总局公告2013年第34号)、《国家税务总局关于明确税收票证管理有关事项的通知》(税总函〔2018〕332号)、《国家税务总局关于调整部分税收票证管理工作有关事项的通知》(税总函〔2018〕552号)等,对税收票证管理工作有关事项公告如下:

一、税收票证和税收票证专用章戳的种类

国家税务总局广东省税务局系统使用的税收票证种类有《税收缴款书(银行经收专用)》、[①]《税收缴款书(税务收现专用)》、《税收缴款书(税务收现专用)》(非印刷)、《税收缴款书(代扣代收专用)》、《税收电子缴款书》、《税收收入退还书》、《税收收入电子退还书》、《税收缴款书(出口货物劳务专用)》、《出口货物完税分割单》、《税收完税证明》(表格式)(非印刷)、印花税票、《印花税票销售凭证》(证明凭证)、《印花税票销售凭证》(征退凭证)等13种,将《税务代保管资金专用收据》纳入税收票证范围,作为视同现金管理的税收票证进行管理。纳入税收票证管理的税收票证专用章戳(以下简称"专用章戳")有:税收票证监制章、征税专用章、退库专用章、印花税收讫专用章、税务代保管资金专用章等5种。

二、税收票证的联次和用途

在国家税务总局规定的纸质税收票证基本联次、用途的基础上,《税收缴款书(税务收现专用)》增加存档联(白纸红油墨)、通知联(白纸蓝油墨),《税收缴款书(代扣代收专用)》增加存档联(白纸红油墨)。存档联用于税务机关内部管理,通知联用于纳税人办理各种业务手

① 标有引号或书名号的并列成分之间通常不用顿号。余同。——编者注

续，包括纳税人缴纳契税或耕地占用税后交房产或国土部门办理相关手续等情形。

三、税收票证领发

（一）编报计划。各级税务机关应按照上级税务机关的要求，预计下一年度用票情况，编报《税收票证领用计划表（一）》《税收票证领用计划表（二）》。

（二）领发程序。办理领发税收票证时，应使用省税务局印制的《税收票证领发单》或税收征管系统制作打印的《税收票证领发单》，领、发双方共同清点、核对税收票证种类、字轨、起止号码、数量，清点核对无误后，领、发双方在《税收票证领发单》签章确认。

原则上税收票证由专人专车领取。特殊情况下，税务机关的税收票证管理人员（以下简称“票管员”）和税务机关的税收票证开具人员需委托他人领取税收票证的，受托人必须是本单位干部职工，须办理委托手续，填写《税收票证领取委托书》一式两份，领发双方各执一份，妥善保管，票管员需连同《税收票证领发单》装订保管，运送过程中应将税收票证置于有效监控范围内。在确保安全前提下，可以使用邮政机要渠道寄送。

票管员和用票人（包括税务机关的税收票证开具人员、扣缴义务人、代征代售人等税收票证领用单位（人），统称“用票人”）① 应人手一册《税收票证结报缴销手册》。如果票管员对应的用票人较多，可以按照不同用票人设置《税收票证结报缴销分户账》，取代《税收票证结报缴销手册》。《税收票证结报缴销分户账》可以使用《税收票证分类出纳账》的账页（后者为活页式账簿，账页格式及内容设计基本符合前者需要），账簿封面需注明为《税收票证结报缴销分户账》。

用票人向票管员领取税收票证时，除按规定使用《税收票证领发单》外，还须持《税收票证结报缴销手册》领取。如非首次领用税收票证，须先办理税收票款结报缴销手续，再领发税收票证。双方清点核对无误后，在《税收票证结报缴销手册》或《税收票证结报缴销分户账》《税收票证领发单》上共同签章确认。视同现金管理的税收票证，未按照规定办理结报缴销手续的，不得领取同一种类的税收票证。

发放视同现金的税收票证量不得超过 1 个月的使用量，对其他种类的税收票证可适当宽松，根据用票人的具体情况，适度发放，避免浪费。

（三）《税收完税证明》（表格式）（非印刷）和《税收缴款书（税务收现专用）》（非印刷）（以下统称“两类非印刷税收票证”）仅限在税收征管系统内领发，无实物领发内容，自动在税收票证开具环节完成。

四、税收票证的保管

（一）确保税收票证存放安全。县级以上（含县级）税务机关应当设置具备安全条件的税收票证专用库房；征收分局、税务所、办税服务厅等机构（以下简称基层税务机关）、扣缴义务人、代征代售人应当配备税收票证保险专用箱柜。税收票证开具人员（以下简称“开具人”）在单位办公室存放的税收票证必须置于具有安全防范措施的专用箱柜内，不得随意存放。票管员和税收票证开具人员要经常检查税收票证安全情况，做好防盗、防火、防潮、防虫蛀、防鼠咬和防丢失等工作。

（二）携票人员票不离身。开具人确有必要

① 括号应避免套用，此处括号应改为“［ ］”。——编者注

外出征收税款的，要做到票不离身，税收票证及专用章戳应当随身携带，不准带票（章）进行非工作性活动，严防丢失。

（三）及时盘点税收票证。开具人每日工作结束后，应将已开具税收票证和剩余税收票证与税收征管系统的盘点信息核对。基层税务机关的票管员对用票人结存的税收票证，在本月完成结报缴销后，按月依据税收征管系统税收票证盘点功能编制的《税收票证盘点表》《税收票证结报缴销手册》进行清点核对，核对后如果出现账面与实物不符的情况，盘点人据实填写《税收票证盘点表》“原因分析”栏目的内容，在《税收票证盘点表》《税收票证结报缴销手册》上互相签章后存档备查。

各级税务机关对结存的税收票证应当定期进行盘点，基层税务机关按月、县级税务机关按季、市级税务机关按半年、省级税务机关按年进行盘点。盘点人根据税收征管系统税收票证盘点功能编制《税收票证盘点表》，并依据盘点表与实物相核对，根据盘点情况据实修正、填写盘点表各栏目，存档备查。

五、税收票证的开具

（一）先检查，后开具。开具人在开具税收票证时，必须先检查税收票证联次、号码、品质等印制质量，质量合格的按规定开具。

（二）专票专用、先领先用，顺序开具。各种税收票证均应按规定的使用范围开具，不得混用。一个开具人领取多本同一种类票证时，要从其最小的号码开始使用，按票证号码顺序逐本、逐号填开，不得跳本、跳号使用，不得若干本同种税收票证同时使用。

（三）开具人通过税收征管系统输出打印的两类非印刷税收票证，应手工加盖征税专用章，交纳税人作完税凭证。不同打印设备造成的色差不影响效力。

（四）纳税人遗失已完税税收票证需要税务机关另行提供的，纳税人在向税务机关提交申请时，不需提交声明遗失的证明文件，税务机关对纳税人缴纳入库税款或退还税款的真实性和准确性进行核实，情况属实的，可以按照《税收票证管理办法》第四十六条的规定开具税收完税证明或提供原完税税收票证复印件。两类非印刷税收票证遗失补开的，应调用原税收票证再次打印，并由税收征管系统自动注明打印次数，不再开具新号码的税收票证。再次打印时，征税专用章仍根据开具渠道，由电子税务局加载输出或开票人手工加盖。

六、税收票证的作废

（一）因开具错误作废的纸质税收票证，应当在各联注明“作废”字样、作废原因和重新开具的税收票证字轨及号码，开具人及本单位主管税收票证的负责人需在各联签名确认。

（二）《税收缴款书（税务收现专用）》（非印刷）需作废的，应收回已开具的纸质税收票证，在票面空白处注明作废原因等情况；因纳税人遗失等原因不能收回已开具的纸质税收票证，需在一页纸张上注明不能收回纸质税收票证原因、作废原因等情况，纸张大小与税收票证一致，以便于装订保管。按前述规定在收回的纸质税收票证或纸张上签名。由票管员或基层税务机关负责人与税收征管系统中待作废的税收票证电子信息现场核对一致后，授权作废。

收回的纸质税收票证、情况说明应与其他税收票证一起按照规定装订，存档备查。

（三）在领发和开具税收票证时，发现全包、全本印制质量不合格的，按规定销毁；整本中部分印制质量不合格的，不合格的税收票证全份保存，按开具作废处理。

七、税收票证的结报缴销

（一）结报缴销时限

1. 用票人与票管员结报缴销税收票证

（1）税务机关收取现金税款开具的税收票证，当地设立国库经收处的，税务机关要严格执行当日或次日结报缴销的规定，将征收的现金税款及时足额解缴入库；当地未设国库经收处的，应按期限最长不得超过30天，额度最高不得超过20万元，并以期限或额度条件先满足之日为准的“双限要求”（以下简称“双限要求”）办理税收票款的结报缴销。

（2）代征代售人收取现金税款开具的税收票证（含销售印花税票），应按“双限要求”及时足额解缴税款，办理税收票款结报缴销。

（3）扣缴义务人代扣代收税款开具的税收票证，应按照税法规定的申报期限解缴税款，办理税收票款结报缴销。

（4）其他各种税收票证结报缴销时限可适当放宽，但一个月至少要结报缴销一次。

2. 基层税务机关票管员与上级或所属税务机关票管员之间一个月至少结报缴销一次。

（二）结报缴销流程

1. 用票人税收票证结报缴销

用票人每月应将当月截止至月结日（含月结日当日）已填用的并达到结报缴销条件的各种税收票证按期办理结报缴销。

各种税收票证结报缴销条件：

（1）《税收缴款书（银行经收专用）》《税收缴款书（出口货物劳务专用）》《税收电子缴款书》以税款解缴入库（征管系统中以上解销号）作为结报缴销条件。

（2）《税收缴款书（税务收现专用）》《税收缴款书（税务收现专用）》（非印刷）、印花税票及《印花税票销售凭证》（征退凭证）以其汇总的《税收缴款书（银行经收专用）》的税款解缴入库（征管系统中以上解销号）作为结报缴销条件。《税收缴款书（银行经收专用）》及其所汇总的《税收缴款书（税务收现专用）》《印花税票销售凭证》（征退凭证）应一起结报缴销。

（3）《税收缴款书（代扣代收专用）》《出口货物完税分割单》《印花税票销售凭证》（证明凭证）、《税收完税证明》（表格式）、《税收完税证明》（表格式）（非印刷）以开具作为结报缴销条件。

（4）《税收收入退还书》《税收收入电子退还书》以税款退库（征管系统中以退库销号）作为结报缴销条件。

（5）《税务代保管资金收据》以税款解缴入库为结报缴销条件。

（6）作废的各类纸质税收票证和数据电文税收票证以作废作为结报缴销条件。

用票人应将当月已填用的并达到结报缴销条件的税收票证存根联、报查联，以及开具作废的全份税收票证，连同应当结报缴销的税收票款等，填制或通过税收征管系统打印一式两份《税收票款结报缴销单》向票管员办理结报缴销。票管员对税收票证用存信息、收取现金税款的税收票证所载税款信息与现金税款或汇总缴库税收票证所载税款信息、《税收票款结报缴销单》登记信息进行核对，并与税收征管系统信息比对，核实无误的，双方在《税收票款结报缴销单》上互相签章，用票人和票管员各持一份，票管员所持有的《税收票款结报缴销单》应与结报缴销的税收票证一并装订，归档备查。此外，双方按实际结报缴销税收票证的数量和起止号码等信息各自登记《税收票证结报缴销手册》或《税收票证结报缴销分户账》“填用数”和“作废数”，冲减“结存数”，然后相互核对签章，票管员还需登记《税收票证分类出纳账》。使用税收征管系统的可通过相应功能模块打印《税收票证结报缴销手册》《税收票证分类出纳账》代替手工登记各栏次内容。

代征代售人和扣缴义务人还应当报送代征、代扣税款报告单，有条件的地区，税务机关应引导代征代售人和扣缴义务人报送代征代售、代扣代收税款电子明细清单，列明纳税人名称、税种、税目、税款所属期、税额、已开具税收票证字号等。

税务机关、代售人销售印花税票应同时开具《印花税票销售凭证》，办理票款结报缴销时，税务机关印花税票销售人员、代售人应将已开具的《印花税票销售凭证》所载明的印花税票销售数量、种类与销售的印花税票数量、种类进行核对，核实一致的，根据《印花税票销售凭证》汇总填制《税收票款结报缴销单》，持已开具的《印花税票销售凭证》的存根联和报查联，连同未销售的印花税票、未开具的《印花税票销售凭证》、所收取的税款或税款汇总缴库的相关凭证，向票管员办理税收票款结报缴销。

两类非印刷税收票证均应根据税收征管系统中的税收票证电子信息办理结报缴销手续。开票人开具的《税收缴款书（税务收现专用）》（非印刷）办理票款结报缴销的期限和额度与《税收缴款书（税务收现专用）》一致，结报缴销前，不得继续领发开具。

票管员除审核用票人税收票款结报缴销的税收票证外，还应对用票人未结报（包含未开具、开具未结等）的税收票证进行查验。使用税收征管系统的，可在税收征管系统完成税收票款结报缴并对结果进行确认，实时进行盘点，依据税收征管系统产出的盘点表进行税收票证查验。

2. 票管员税收票证结报缴销

基层税务机关票管员应向上级或所属税务机关票管员缴销当月本单位用票人已结报缴销的全部税收票证。

缴销已填用和作废的税收票证时应填制或通过税收征管系统打印一式两份《税收票款结报缴销单》。上级或所属税务机关票管员应对基层税务机关缴销的税收票证进行复审（复审内容与方式与前述用票人税收票证结报缴销要求一致），核实无误的，双方在《税收票款结报缴销单》上互相签章，各持一份，并将其与结报缴销的税收票证一并装订，归档备查。同时，票管员分别根据《税收票款结报缴销单》及时登记《税收票证分类出纳账》。使用税收征管系统的可通过相应功能模块打印出《税收票证结报缴销手册》《税收票证分类出纳账》。

八、税收票证损失的赔偿

对丢失印花税票负有责任的相关人员，税务机关应当要求其按照面额赔偿；丢失印花税票以外的视同现金管理的税收票证，属于税收票证未开具或已填用未办理税收票款结报缴销的，税务机关对直接责任人处以每份200元的赔偿，每次最高赔偿金额不超过20000元。

九、税收票证岗位人员的离岗管理

票管员和开具人因工作或其他原因（如外出学习、休假等）暂离岗位的，须按以下规定办理交接手续，如不办理而造成税收票证、专用章戳、账簿报表等资料损失的由本人负责。

（一）开具人暂离岗位应持《税收票证结报缴销手册》向票管员办理税收票款结报缴销手续。对结存未使用的税收票证要进行清点，经票管员核对无误后，凭《税收票证领发单》《税收票证结报缴销手册》办理交回结存未使用税收票证和专用章戳手续，回岗时，向票管员重新办理领取税收票证和专用章戳手续。

（二）票管员暂离岗位不超过一个月的，合理安排领发税收票证工作，保证离岗期间能够满足用票单位的用票需求；票管员暂离岗位超过一个月的，应在暂离岗位前对本单位的库存税收票证、专用章戳、账簿报表等实物进行清点，并与《税收票证分类出纳账》的“结存数”相核对，编制《税收票证盘点表》和《税收票证交接清单》，经接管的票管员核对无误后，移交人、接管人、监交人共同签章确认移交事实，交接双方各持一份。暂离岗位的票管员回岗时，同样应办理以上移交手续，方可重新上岗。移交中如发现账实不符的，应立即查明原因，分清责任，按照《税收票证管理办法》有关规定处理。

十、税收票证核算

各级税收票证核算机关必须按要求设置税收票证账簿，全面、连续、系统地记录各种税收票证业务的处理过程与结果，按月结账，按年结转，定期编报报表，存档备查。使用税收征管系统进行管理和核算的，由系统自动登记账簿，可以不再设置纸质账簿，但年终必须打印《税收票证分类出纳账》装订成册，归档备查；不使用税收征管系统核算、税收征管系统没有实时登记账簿功能或税收征管系统账簿数据错误且无法更正的，须设置纸质账簿，做到人工及时登账，按月结账，按年结转。

税收征管系统中产出的《税收票证分类出纳账信息清册》，其中两类非印刷税收票证信息量较大，可以从税收征管系统中导出后，不需打印成纸质件，但电子件需按不同月份、种类、填发时间等进行整理，存档备查。

税收票证会计核算以一年为一个会计期间，每月末月结日后编报的《税收票证用存报表》反映的是从年初至报表日时段的税收票证的领、用、存情况，除“上期结存数”外，“本期入库数”“本期使用数”“结存数”均为累计数。

基层税务机关按月、县级税务机关按半年、市级税务机关按年分别向各自上级税务机关报送《税收票证用存报表》。年度终了，同时报送电子版和纸质版报表，其他时间只报送电子版报表。

十一、税收票证审核

税收票证审核的内容主要包括税收票证完整性、准确性和规范性三个方面。基层税务机关票管员应于用票人进行税收票款结报缴销当日进行审核，将《税收票款结报缴销单》及所附的税收票证存根联、报查联等，与税收征管信息系统比对，并对有关内容进行审核，有问题的立即整改或退回结报；基层税务机关的上级或所属税务机关的票管员应在基层税务机关票管员办理税收票证结报缴销时对税收票证进行复审，有问题同样进行整改。

十二、税收票证及其他有关资料的装订保管

（一）已结报缴销的税收票证（作为税收会计凭证随税收会计资料归档的除外）和作废税收票证应按统一方法整理、装订，登记造册，连同税收票证账簿和税收票证报表按保管要求移送归档，按规定期限保存。

1. 税收票证装订本着便于查阅、美观、整齐的原则，按月区分种类装订成册，一般每册200份左右，每册份数可根据本单位实际情况适当增减。税收票证使用量小的单位可按月将多个种类的税收票证装订成一册，同一种类的税收票证须集中在一起，按结报缴销时间顺序装订。

2. 多个开具人开具的同一种类的税收票证可以一起装订，但同一开具人开具的税收票证须集中在一起，按结报缴销时间先后顺序排序。每张《税收票款结报缴销单》附在对应的税收票证之前，税收票证按号码从小到大排序，其中作废的税收票证单独也按号码从小到大排序，附在正常开具的税收票证之后。票管员编制汇总《税收票款结报缴销单》装订在所对应的税收票证第一册最上面。报查联和存根联分别装订成册，作废税收票证全份与报查联装订在一起。

3. 整理装订汇总缴库业务对应的税收票证，《税收缴款书（银行经收专用）》应与相应的《税收缴款书（税务收现专用）》《印花税票销售凭证》（征退凭证）等一起归并装订，汇总缴库的《税收缴款书（银行经收专用》或税收完税证明在前，相应的《税收缴款书（税务收现专用）》《印花税票销售凭证》（征退凭证）等附后。通过横向联网电子缴税系统汇总缴库但没有《税收缴款书（银行经收专用）》的，可通过在办税大厅或电子税务局打印《税收完税证明（表格式）》（非印刷）、打印相应《税收电子缴款书》、加盖银行章戳的银行回单等作为凭证代替《税收缴款书（银行经收专用）》。

4. 每册税收票证必须加具封面、封底，并在封面注明单位、时间（年度、月份）、编号、各种税收票证的填用数、作废数，经办人签章。

（二）税收票证管理表、证、单、书、税收票证账簿以及其他税收票证资料应按年、按不同种类分别整理归类，并加具封面、封底，注明单位、时间（年度、月份）、编号、份数，经办人签章，装订成册，存档备查。存档备查资料包括：

1. 《税收票证领用计划表（一）》；

2. 《税收票证领用计划表（二）》；

3. 《税收票证领发单》；

4. 《税收票证领取委托书》；

5. 《税收票证专用章戳领发附表》；

6. 《税收票证专用章戳领用（交回）登记表》；

7. 《税收票款结报缴销单》；

8. 已结报缴销税收票证存根联、报查联及作废税收票证等（作为会计凭证随会计资料归档的除外）；

9. 《税收票证盘点表》；

10. 《税收票证交接表》；

11. 《税收票证损失核销报告审批单》；

12. 《税收票证停用和批量作废申请审批表》；

13. 《税收票证销毁申请审批单》；

14. 《税收票证销毁清册》；

15. 《税收票证账务更正通知单》；

16. 《税收票证结报缴销手册》；

17. 《税收票证分类出纳账》；

18. 《税收票证用存报表》；

19. 《税收票证专用章戳用存报表》；

20. 《刻制税收票证专用章戳备案表》；

21. 其他。

十三、税收票证的检查

税收票证检查的对象是本级及下级税务机关、税收票证印制企业、扣缴义务人、代征代售人、自行填开税收票证的纳税人。检查方法可以根据检查对象的不同，主要采用自查、互查、抽查、重点检查等方法。

基层税务机关应每季进行全面检查；县级税务机关应每半年至少组织一次抽查，市级、省级税务机关应每年组织一次抽查，抽查单位数不得少于总数的30%，每3年应完成一轮检查。

十四、专用章戳的刻制

（一）征税专用章、退库专用章、印花税收讫专用章以及国家税务总局规定的其他专用章戳由市级税务机关按照国家税务总局规定的式样和要求统一刻制，章面“征税专用章”“退库专用章”“印花税收讫专用章”字样的大小为三号，其他字样的大小应适度，字迹清晰可辨，县级及以下任何单位、个人不得超越权限刻制，刻制章戳的编号原则上不重号，即已使用、报废、损失的章戳号码不再重号刻制。市级税务机关应当将最终刻制成功的章戳印模留底，集中备案。

（二）税务代保管资金专用章由直接负责税款征收并开立税务代保管资金账户的县或市税务机关按照国家税务总局规定的样式和要求刻制使用，刻制章戳的字体大小、编号原则同上。刻制章戳的税务机关应当将最终刻制成功的章戳印模留底，集中备案。县级税务机关刻制章戳，需在5个工作日内（从章戳验收入库的次日起算）向市级税务机关填报备案，市级税务机关在5个工作日内（从收到下级税务机关报送的备案表次日起算）向省级税务机关填报备案；市级税务机关刻制章戳，需在5个工作日内（从章戳验收入库的次日起算）向省级税务机关填报备案。

十五、专用章戳的领发（交回）

（一）市级税务机关、县级税务机关、基层税务机关票管员之间领发（交回）专用章戳，须在《税收票证领发单》按栏目列明发放单位、领取单位等内容，并在《税收票证专用章戳领发附表》上加盖专用章戳印模，双方签章确认，各执一份。

（二）县级税务机关、基层税务机关的票管员与领用人之间领发（交回）专用章戳，领用人须凭《税收票证领发单》《税收票证结报缴销手册》领取（交回）专用章戳，在《税收票证领发单》按栏目列明发放单位等内容，还须在《税收票证领发单》《税收票证结报缴销手册》上加盖专用章戳印模，双方签名确认。

基层税务机关、县级税务机关票管员向领用人发放、收回专用章戳后，须凭《税收票证领发单》及时登记《税收票证专用章戳领用（交回）登记表》，全面反映每一枚专用章戳自领用开始的去向，包括曾使用人和目前使用人等情况。

十六、专用章戳的使用

（一）每种专用章戳都具有特定的用途。开具各种税收缴款书、税收完税证明、《出口货物完税分割单》《印花税销售凭证》等征收凭证时，均使用征税专用章，不得以税务机关的机关公章等其他任何章戳代替；开具《税收收入退还书》等退库凭证时，只能使用退库专用章；税务机关为纳税人开具税收缴款书，或是纳税人通过横向联网电子缴税系统缴纳印花税，而不是纳税人购买印花税票并贴花划销方式缴纳印花税的，税务机关加盖印花税收讫专用章在对应的应税凭证上，用以证明该应税凭证已完税；税务代保管资金专用章只能加盖在《税务代保管资金专用收据》税务机关盖章处，以及办理资金支付时，在支付票据上加盖。其他表、证、单、书一律不得使用征税专用章、退库专用章、印花税收讫专用章和税务代保管资金专用章。专用章戳的使用须明确使用人，谁使用谁负责。

（二）税收委托代征代售中，税务机关应与代征代售单位明确其使用的具体印章，不得使用单位公章、财务专用章或业务章之外的其他印章，章戳一经确定，不得随意变换。代征代售单位使用的印章应在税务机关预留印鉴备案。

十七、专用章戳的保管

税务机关对专用章戳视同税收票证进行保管，基层税务机关按月、县级税务机关按季、市级税务机关按半年进行盘点，编制专用章戳盘点表。确保账册、账表、账实相符及专用章戳的安全。

十八、专用章戳的作废

专用章戳使用一定时间，如有变形、破损、

字迹模糊等情况，使用人应停止使用，及时交回基层税务机关票管员，逐级交回至县级税务机关。县级税务机关票管员应妥善保管作废停用的专用章戳，并在账上反映，按作废处理。票管员交回专用章戳的时限为收到专用章戳后10个工作日。以上交回过程中，应按前述规定办理相应的手续。

十九、专用章戳的损失

发生专用章戳损失，应按照《税收票证管理办法》第四十四条的程序和要求办理，及时查明损失专用章戳名称、号码、数量，详细填写《税收票证损失核销报告审批单》，逐级上报至有核销权限的税务机关，由有核销权限的税务机关审查核实，并经该税务机关主管局长批准后，予以核销处理。

二十、专用章戳的销毁

只有刻制专用章戳的税务机关才具有销毁权限，对不同专用章戳，分别由县级、市级税务机关收入核算部门提出销毁意见，编制《税收票证销毁申请审批单》和《税收票证销毁清册》，提交同级税务机关收入核算部门负责人审核、主管局长批准后销毁。由市级税务机关销毁的，县级税务机关需将拟销毁的作废专用章戳先行移交至市级税务机关。销毁时，应按《税收票证销毁清册》所列项目逐一核对，由两人以上共同监销，销毁后在销毁清册上签章，归档保管。

二十一、专用章戳的核算

为了准确、清晰反映各种专用章戳的刻制、领发、保管、停用、上缴、作废、销毁等情况，市、县、基层三级税务机关需对专用章戳进行分类分户记账，按月结账，按年结转，定期编制《税收票证专用章戳用存报表》，报表报送要求与《税收票证用存报表》一致。

二十二、专用章戳的离岗交接

在办理专用章戳交接时，除必须填写《税收票证交接清单》，在清单上列明专用章戳名称、数量外，须在《税收票证交接清单》上加盖章模。其他有关专用章戳交接的事项，按本公告前述“税收票证岗位人员的离岗管理”的规定办理。

二十三、专用章戳的检查

各级税务机关参照税收票证检查规定开展专用章戳检查。检查对象除本级及下级税务机关、扣缴义务人、代征代售人、自行填开税收票证的纳税人外，还包括专用章戳刻制企业。专用章戳的检查既可以单独开展，也可与税收票证的检查一并开展。

二十四、其他

本公告自发布之日起施行。原《广东省国家税务局转发国家税务总局关于明确〈税收票证管理办法〉若干问题的通知》（粤国税函〔2013〕502号）、原《广东省国家税务局关于下发〈广东省国家税务局系统〈税收票证管理办法〉实施细则〉的通知》（粤国税发〔2013〕191号）、原《广东省国家税务局关于修改委托代征单位结报限期限额的通知》（粤国税发〔2016〕162号）、原《广东省地方税务局关于印发〈广东省地方税务局税收票证管理补充规定的通知〉》（粤地税函〔2013〕1092号）同时废止。

特此公告。

附件：1. 税收票证领用计划表（一）（编者略）

2. 税收票证领用计划表（二）（编者略）

3. 税收票证领取委托书（编者略）

4. 税收票证盘点表（编者略）

5. 税收票证交接清单（编者略）

6. 解缴凭证封面（编者略）

7. 刻制税收票证专用章戳备案表（编者略）

8. 税收票证专用章戳领发附表（编者略）

9. 税收票证专用章戳领用（缴回）登记表（编者略）

10. 税收票证专用章戳用存报表表样（编者略）

政策解读

《国家税务总局广东省税务局关于明确税收票证管理事项的公告》的解读

为便于纳税人和税务机关理解和执行，现对《国家税务总局广东省税务局关于明确税收票证管理事项的公告》（以下简称《公告》）解读如下：

一、《公告》出台背景

随着税收征管体制改革的不断深化，机构合并、转变征管方式等举措的全面推进，对我省原有的税收票证管理规范部分内容需要进行重新明确，对新出现的税收票证管理事项需要进行规范。一是为贯彻落实税务总局2013年初出台的《税收票证管理办法》（以下简称《办法》）及相关规定，自2013年至2016年，原广东省国税局和地税局分别制定了系列税收票证管理的具体规范，两者存在不一致的情况。机构合并后，国家税务总局广东省税务局（以下简称省税务局）需要对税收票证管理具体事项进行统一和规范，满足税收票证管理工作的需求。二是2019年税务总局对部分税收票证管理工作进行了调整，省税务局需制定相应操作层面的具体规范，保障税务总局出台政策的落实。

二、《公告》的主要内容

《公告》以税收票证管理的各环节工作为线索，从省、市、县级直至基层税务机关的税收票证管理职责出发，对税收票证领发、保管、开具、作废、结报缴销、停用、交回、损失核销、移交、核算、归档、审核、销毁等环节的有关工作进行规范和明确。

《公告》对以上税收票证管理环节的工作规范不作全面覆盖，而是在以下若干情况下进行规范：

（一）《办法》规定需省级税务机关明确的内容，原国税、地税均未明确的。

（二）《办法》规定需省级税务机关明确的内容，原国税、地税只有一方出台了相关规定；原国税、地税均出台了相关规定，但二者规定不一致；原国税、地税出台的规定已不合适。

（三）税务总局对部分税收票证管理工作进行了调整，省税务局需制定相应的操作层面的具体规范，保障税务总局出台政策的落实。

（四）从某一管理事项的完整性表述考虑，个别管理事项规定包含了税务总局的规定。

在税收票证管理的16个环节中，结报缴销环节是税收票证使用过程中的最后一道环节，也是税收票证管理工作中直接监控“票”和“款”的环节，对于及时发现税收票证使用过程中存在的问题、督促保证税款及时入库具有极为重要的作用。用票人和基层税务机关能否按规定要求及时、正确地办理结报缴销，不仅关系到税收票证的安全完整，而且关系到税款能否及时足额入库，关系到税收会计、统计核算能否及时准确。《公告》对于税收票证的结报缴销从时限和流程两方面进行规范，其中的理解难点是结报缴销的时限。

税务总局2013年2月25日出台的《办法》第三十九条规定，税务机关税收票证开具人员开具税收票证（含销售印花税票）收取现金税款时，当地设有国库经收处的，应于收取税款的当日或次日办理税收票款的结报缴销；当地未设国库经收处和代征代售人收取现金税款的，明确由省级税务机关确定办理税收票款结报缴销的期限和额度，并以期限或额度条件先满足之日为准。税务总局2013年6月24日出台的《国家税务总局关于明确〈税收票证管理办法〉若干问题的通知》（税总函〔2013〕339号）规定，各省税务机关确定办理税收票款结报缴销的期限和额度时，期限最长不得超过30天，额度最高不得超过20万元。原省国税局规定按总局制定的最长期限和最高限额执行；原省地税局规定地税机关税收票证开具人员和代征代售个人办理税收票款结报缴销的期限为10日（包含双休日，但节假日可顺延），限额为1万元；代征代售单位，限期为30日，限额为20万元。在拟稿《公告》的征求意见过程中，各市税收票证管理人员以及代征代售单位普遍反映原有限期、限额（无论原国税还是原地税的规定）都过低，不利于代征代售业务的开展，并考虑必须执行税务总局的相关规定，因此限期、限额按税务总局制定的最长期限和最高限额执行，即：税务机关的税收票证开具人员收取现金税款开具的税收票证，当地未设国库经收处的，应按期限最长不得超过30天，额度最高不得超过20万元，并以期限或额度条件先满足之日为准的“双限要求”办理税收票款的结报缴销。代征代售人收取现金税款开具的税收票证，同样按“双限要求”及时足额解缴税款，办理税收票款的结报缴销。

《办法》第三十九条对扣缴义务人代扣代收税款开具的税收票证结报缴销时限有明确规定。从各种税收票证结报缴销时限规范的完整性表述考虑，《公告》中表述了《办法》对扣缴义务人代扣代收税款开具的税收票款结报缴销时限的规定，即“扣缴义务人收取税款开具的税收票证，应当按照税法规定的申报期限解缴税款，办理税收票款的结报缴销。”

以上情形涉及税收票证以外的其他税收票证（以下简称“其他票证”）的结报缴销、基层税务机关向上级税务机关或所属税务机关结报缴销期限，《办法》第三十九条规定由各省税务机关确定。原省国税局对其他票证结报缴销时限没有具体规定，工作中按1个月结报缴销1次执行，基层税务机关向上级或所属税务机关缴销税收票证的时限规定为1个月1次；原省地税局对其他票证结报缴销时限与基层税务机关向上级或所属税务机关缴销税收票证的时限规定均为1个月至少1次。为统一规范，此次规定按原地税的规定执行，即其他票证结报缴销时限与基层税务机关票管员向上级或所属税务机关结报缴销时限均为1个月至少1次。

三、《公告》生效时间

《公告》从发布之日起开始施行，原广东省国税局和地税局发布的有关公告、通知等内容随之失效。

第八篇

文　选

税收高质量增长指标体系构建及其测度研究*

国家税务总局广东省税务局税收科学研究所课题组

内容提要：审视税收领域的高质量发展，能为考察整个经济的高质量发展状况提供新视角。本文构建了包含总量、速度、结构和效益四维度以及若干项基础指标的税收高质量发展指标体系，并对党的十八大以来我国30个省（市、区）2013—2017年的税收高质量发展情况进行了测度和评价。研究结果表明，近年来我国税收领域发展质量稳步提高，更多的是来源于效益维度的显著改善。在趋同性和发散性检验中发现，税收高质量发展指数呈现显著的发散状态，表明区域差异在扩大，这主要源于效益维度指数的发散与分化，而结构维度指数呈现显著的趋同现象，表明区域差异在缩小；总量维度指数和速度维度指数的区域差异没有发生明显的变动。

关键词：高质量发展　不平衡不充分　转移支付　营商环境

党的十九大报告作出了“中国特色社会主义进入新时代”的重大判断，新时代的最显著特征就是“我国经济已由高速增长阶段转向高质量发展阶段”。2017年12月，中央经济工作会议提出“必须加快形成推动高质量发展的指标体系、政策体系、标准体系、统计体系、绩效评价、政绩考核”。2018年9月，中央全面深化改革委员会第四次会议审议通过了《关于推动高质量发展的意见》，再次强调要协调建立高质量发展的指标体系。加快构建起反映税收领域高质量增长的评价指标体系，无论是对于总结近年来税收高质量发展成效，还是丰富和深化高质量发展指标体系，都具有重要的现实意义和理论价值。

一、税收高质量增长指标体系构建

一方面，经济高质量发展，就是以习近平新时代中国特色社会主义思想为指导，以不断满足人民日益增长的美好生活需要为目标，以创新为第一动力、协调为内生特点、绿色为普遍形态、开放为必由之路、共享为根本目的的发展。在财税领域，具体体现为实现更高水平、更有效益、更加公平、更可持续的发展。另一方面，党的十八届三中全会强调“财政是国家治理的基础和重要支柱，科学的财税体制是优化资源配置、维护市场统一、促进社会公平、实现国家长治久安的制度保障”。财税改革作为各领域体制改革的一个交汇点，覆盖经济、政治、文化、社会、生态文明和党的建设等国家治理的所有领域，牵一发而动全身。审视税收领域高质量增长成效，可以透视经济高质量发展，为考察高质量发展整体成效提供一个全新视角。

在已有成果的基础上，本文紧扣创新、协

* 原文载于《地方财政研究》2019年第3期，本书收录时有删减。

调、绿色、开放、共享的新发展理念，结合近年来财税领域发展新情况新变化新特点，运用层次分析法并结合专家打分法，初步构建了一套包含总量、速度、结构和效益四维度以及若干项基础指标的税收高质量增长指标体系（见表1）。具体而言，以税收高质量增长为目标层，选取总量指标、速度指标、结构指标和效益指标四项指标作为准则层，也就是四维度，每项指标进一步分解为包含若干子指标项的方案层。

表1　　税收高质量增长指标体系

<table>
<tr><th rowspan="2">目标层</th><th rowspan="2">准则层（权重）</th><th rowspan="2">方案层</th><th rowspan="2">单位</th><th rowspan="2">权重</th><th colspan="2">指标性质</th></tr>
<tr><th>正向</th><th>逆向</th></tr>
<tr><td rowspan="22">税收高质量增长指标体系</td><td rowspan="4">总量指标（12%）</td><td>总税收规模</td><td>亿元</td><td>3%</td><td>√</td><td></td></tr>
<tr><td>总税收占全国比重</td><td>%</td><td>3%</td><td>√</td><td></td></tr>
<tr><td>财政赤字率</td><td>%</td><td>3%</td><td></td><td>√</td></tr>
<tr><td>赤字占全国比重</td><td>%</td><td>3%</td><td></td><td>√</td></tr>
<tr><td rowspan="3">速度指标（12%）</td><td>总税收年度增速</td><td>%</td><td>4%</td><td>√</td><td></td></tr>
<tr><td>总财政收入年度增速</td><td>%</td><td>4%</td><td></td><td>√</td></tr>
<tr><td>税收弹性</td><td>—</td><td>4%</td><td>√</td><td></td></tr>
<tr><td rowspan="7">结构指标（40%）</td><td>第二、三产业税收占比</td><td>%</td><td>4%</td><td>√</td><td></td></tr>
<tr><td>制造业税收占比</td><td>%</td><td>5%</td><td>√</td><td></td></tr>
<tr><td>先进制造业税收占比</td><td>%</td><td>7%</td><td>√</td><td></td></tr>
<tr><td>装备制造业税收占比</td><td>%</td><td>7%</td><td>√</td><td></td></tr>
<tr><td>现代服务业税收占比</td><td>%</td><td>7%</td><td>√</td><td></td></tr>
<tr><td>生产性服务业税收占比</td><td>%</td><td>7%</td><td>√</td><td></td></tr>
<tr><td>房地产业税收占比</td><td>%</td><td>3%</td><td></td><td>√</td></tr>
<tr><td rowspan="6">效益指标（36%）</td><td>单位GDP税收</td><td>元/元</td><td>6%</td><td>√</td><td></td></tr>
<tr><td>单位能耗税收</td><td>元/吨</td><td>6%</td><td></td><td></td></tr>
<tr><td>单位污染税收</td><td>万元/吨</td><td>6%</td><td></td><td></td></tr>
<tr><td>非税收入占比</td><td>%</td><td>6%</td><td></td><td>√</td></tr>
<tr><td>财政收入变异系数</td><td>—</td><td>6%</td><td></td><td>√</td></tr>
<tr><td>财政支出变异系数</td><td>—</td><td>6%</td><td></td><td>√</td></tr>
</table>

（一）维度解释

层次分析法（The analytic hierarchy process，AHP）作为一种定性与定量相结合的综合性评价方法（郭金玉、张忠彬等，2008），能够通过两两比较的方式将复杂问题转化为诸因素的相对重要性，对复杂问题具有广泛的适用性（彭国甫、李树丞等，2004）。本文运用层次分析法构建税收高质量增长指标体系，并结合专家打分进行权重赋值。

首先，在建立递阶层次的结构中，根据高质量发展内涵确定指标选取原则，确定以税收高质量增长为目标层，选取总量指标、速度指标、结构指标和效益指标四项指标作为准则层，也就是四维度，每项指标进一步分解为包含若干子指标项的方案层。

其次，四维度指标包括：①总量指标，主要

包括地区税收收入规模、赤字比重等指标，反映税收总量规模情况，是经济高质量发展的结果在税收领域的自然反映。②速度指标，主要包括税收年均增速、税收弹性等指标，反映税收增长变化情况，是衡量税收年度增长变化的重要指标。虽然我国经济已从高速增长进入高质量增长阶段，更强调发展质量，但保持适当的中高速增长依然重要。③结构指标，主要包括先进制造业税收占比、装备制造业税收占比、现代服务业税收占比、生产性服务业税收占比等指标，反映税收结构新变化。④效益指标，主要包括单位 GDP 含税量、非税收入占比、财政收入变异系数等指标，税收效益的显著提升，是税收高质量增长的必然要求，也是经济高质量发展的重要表现。

最后，四维度指标中，总量指标是税收高质量增长的基础与起点，速度指标与结构指标是税收高质量增长的重要体现，效益指标是税收高质量增长的深层次体现，是经济高质量发展在税收领域的自然映射。总体上，税收高质量增长四维度指标相互联系、相互促进，共同诠释和彰显着近年来税收高质量增长取得的一系列积极成果。

（二）指标形成

1. 赋分设定

本文所涉及的方案层，即基础指标有 20 个，不同基础指标的计量单位不一样，需要进行去单位化处理。同时，为保证指标的年度可比性以及后续增加年份和区域的简易性。我们选取 2013 年全国水平作为标准，然后将各省份的各项数据与全国水平比较，以产生分数。

2. 权重设定

本文采用专家打分赋权方法，邀请了 6 所重点院校的 10 位专家匿名打分，根据指标重要性给予不同的权重，重要性越高，则权重赋值就越大。所得权重是 10 人均值的结果，具体见表 1。其中，总量指标的权重为 12%，速度指标的权重为 12%，结构指标的权重为 40%，效益指标的权重为 36%。由此，结构指标的权重最大，效益指标次之，总量指标第三，速度指标最末。

3. 指标生成

具体的高质量增长指数设定公式如下：$T_{it} = \sum lZ_{ilt} \times w_j$，其中，$T_{it}$为 i 省在 t 年的高质量财税发展指标；$Z_{ilt}$表示 i 省在 t 年的指标 l 的得分，$w_j$ 为其相对应的权重。选取 2013 年全国水平为基准，其他省份与之相对比来确定分数，然后生成总指标。

二、指标体系测度结果及评价

根据税收高质量增长指标体系，结合党的十八大以来我国 30 个省（市、区）2013—2017 年相关数据，构造出税收高质量增长指数及其核心的总量指数、速度指数、结构指数和效益指数，在此基础上分析各项指数的时间趋势、空间分布以及趋同变化情况。

（一）时间趋势

图 1 展示了我国及其东部、中部、西部地区 2013—2017 年的税收高质量增长指数的时间变化趋势。从变化趋势看，全国及其东部、中部、西部地区的税收高质量增长指数均呈上升趋势，这表明我国税收领域的发展质量越来越高。其中，2013 年，全国税收高质量增长指数标准化为 60，到 2017 年，该指数提高到 70.91，年均增长率为 4.3%。与此同时，东部地区税收高质量增长指数从 79.97 上升到 175.38，年均增长 21.7%；中部地区税收高质量增长指数从 53.47 上升到 68.05，年均增长 6.2%；西部地区高质量增长指数从 52.28 上升到 61.84，年均增长 4.3%。从水平值看，东部地区最高，中部地区次之，西部

地区第三。从增速上看，东部地区最快，中部地区次之，西部地区最末，且东部、中部地区增速均快于全国平均水平。全国税收高质量增长指数的提高，东部地区贡献最大。

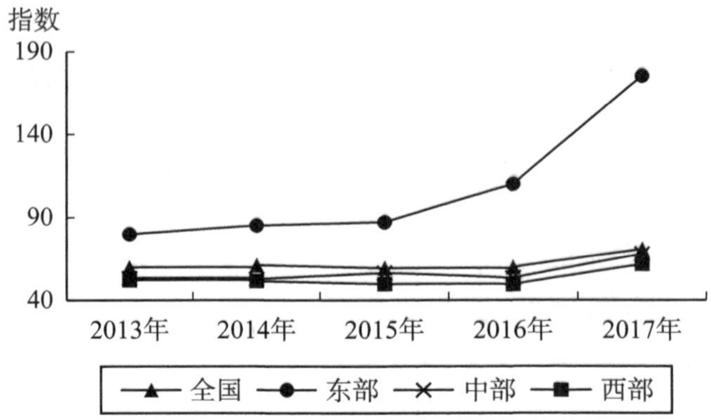

图1　税收高质量增长总指数的时间趋势（2013—2017年）

进一步观察分维度指标的指数变化（见图2），全国层面，出现明显提升的指标是效益维度指数，从2013年的60，上升到2017年的86.50，年均增长9.6%，其余维度指数基本保持稳定，年均变动不超过2%。也就是说，近年来税收高质量增长指数的提升，更多地源于效益维度指数的提升。与全国变动趋势相一致，东部、中部、西部地区效益维度指数年均增速较快，结构维度指数变动速度较慢。横向对比东部、中部、西部地区情况发现，东部地区速度维度指数、效益维度指数增速最快，中部地区结构维度指数增长最快，西部地区总量维度指数增长最快，这表明东部地区税收高质量增长指数虽然总体领先，但中西部地区正在奋起直追，努力缩小与东部地区的差距。

（二）空间分布

参考相关学者采用分位数的形式，考察我国税收高质量增长指数的空间分布。表2呈现了税收高质量发展指数的区域分布情况，按指数大小进行降序排名，将30个省（市、区）平均分为四组，第1—8名为第一梯队，第9—16名为第二梯队，第17—24名为第三梯队，第25—30名为第四梯队。整体看，无论是2013年还是2017年，第一梯队省份基本集中于东部地区，第四梯队全是西部地区省份。其中，2013年，第一梯队中除吉林为中部省份外，其余均为东部省份，东部省份仅有河北不属于第一、二梯队；2017年，第一梯队中仅有黑龙江不是东部省份，东部省份仅有河北不属于第一、二梯队。

从首位省份排名情况看，2013年，东部、中部、西部地区第一名分别是北京、吉林、宁夏，全国位次排名分别是第1、8、11名，其中，北京的指数是吉林的2.57倍、宁夏的2.86倍；2017年，东部、中部、西部地区第1名调整为北京、黑龙江、陕西，全国位次排名分别是第1、8、9名，北京的指数是黑龙江的7.20倍、陕西的7.86倍。全国排名第1名省份与排名最末位省份的倍数，从2013年的4.19倍扩大到2017年的12.92倍，这表明税收高质量增长的区域差距进一步扩大。

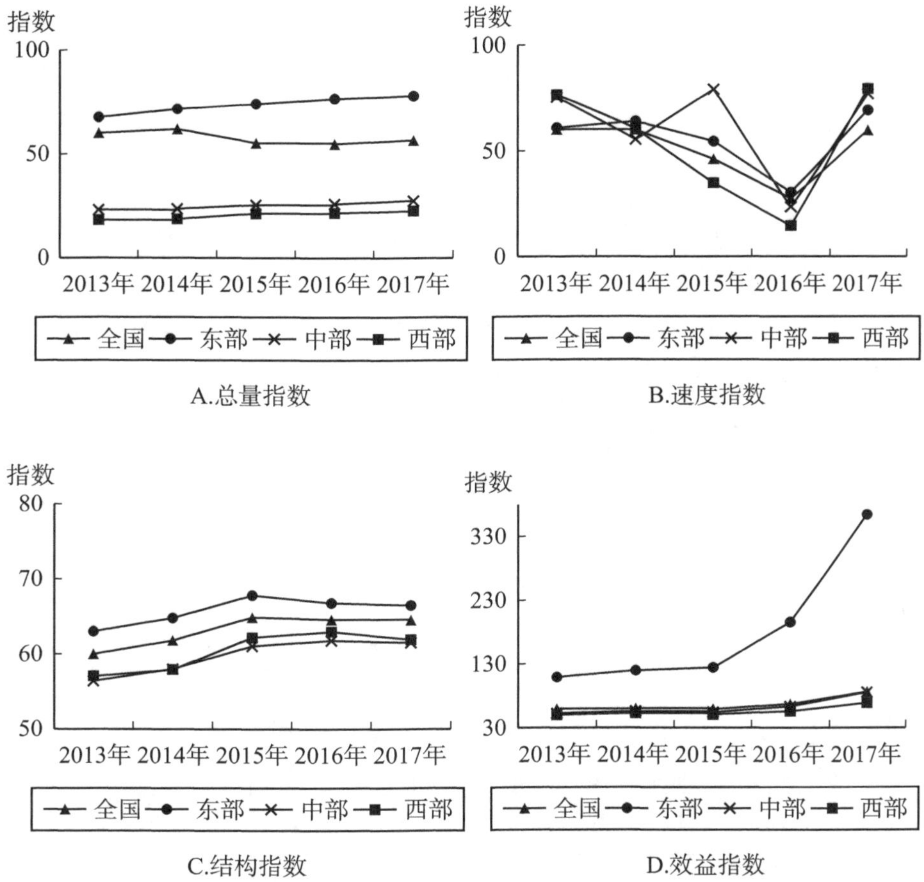

图 2　税收高质量增长分维度指数的时间趋势（2013—2017 年）

从省份排名位次变动情况看，中西部地区省份税收高质量增长呈现省际分化特点。相比 2013 年，2017 年排名位次升幅最大的省份是陕西，从第 26 名上升到第 9 名，上升了 17 个位次；排名位次降幅最大的是宁夏，从第 11 名下降到第 25 名，下降了 14 个位次。

表 2　　税收高质量发展指数的区域分布

年份	梯度	指数范围	省（市、区）
2013	一	65. 46 ~ 168. 24	北京、上海、天津、广东、浙江、江苏、海南、吉林
	二	55. 76 ~ 61. 03	福建、山东、宁夏、江西、青海、云南、新疆、辽宁
	三	50. 79 ~ 55. 49	湖北、河北、安徽、河南、湖南、甘肃、广西、黑龙江
	四	40. 11 ~ 50. 70	山西、陕西、四川、贵州、重庆、内蒙古
2017	一	85. 45 ~ 593. 49	北京、上海、天津、广东、海南、浙江、江苏、黑龙江
	二	69. 98 ~ 75. 54	陕西、福建、山西、山东、湖北、安徽、辽宁、江西
	三	62. 50 ~ 69. 62	青海、吉林、河南、河北、广西、湖南、四川、重庆
	四	45. 92 ~ 62. 46	宁夏、甘肃、新疆、云南、贵州、内蒙古

（三）趋同变化

纵向观察税收高质量增长指数及其四维度指数区域差异的年度变化发现，2013—2017 年，无论是变异系数还是基尼系数（见图 3），上升较为明显的是税收高质量增长总指数和效益维度指数，这说明两项指数的区域差异在扩大，并没有出现趋同的现象，反而呈现发散态势。其中，税收高质量增长指数的变异系数从 2013 年的 0.38 上升到 2017 年的 1.07，提高了 0.69，其基尼系数从 2013 年的 0.15 上升到 2017 年的 0.36，提高了 0.21；效益维度指数的变异系数从 0.82 上升到 1.70，提高了 0.88，其基尼系数从 0.29 上升到 0.55，提高了 0.26。结构维度指数的区域差异在缩小，其变异系数从 0.12 下降到 0.10，下降了 0.02，基尼系数从 0.062 下降到 0.056，下降了 0.006。总量维度指数和结构维度指数基本保持不变（见图 3）。

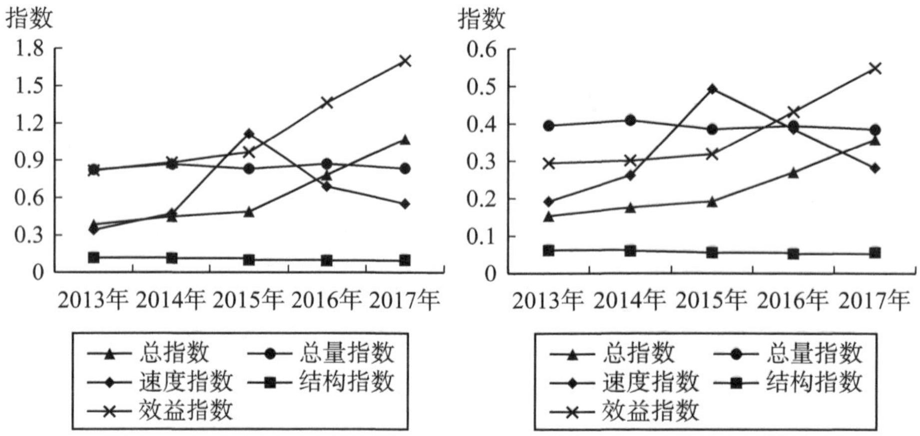

A.变异系数　　　　B.基尼系数

图 3　税收高质量增长指数的变异系数与基尼系数变化（2013—2017 年）

为进一步检验税收高质量增长指数及其四维度指数的趋同性或发散性，本文还构建计量模型，采用面板数据和横截面数据进行了回归检验。对比两类回归，较为一致的结果显示：（1）税收高质量增长指数的发散与分化，主要是源于效益维度指数的发散与分化。其中，发达省份税收发展质量提升的速度更快，欠发达省份提升速度较慢，且不同地区内部提升速度也出现分化现象，这正是现阶段我国经济发展不平衡不充分的真实表现。（2）结构维度初始指数高的地区，其增长速度较慢，初始指数低的地区，其增长速度较快，区域差异在缩小，这意味着经济结构和产业结构调整升级的效益，要在一个较长的时期内才能在税收领域逐步呈现出来。（3）总量维度指数和速度维度指数的趋同态势日渐明显，税收高质量增长指数的不平衡不充分现象将逐步得到缓解，全国税收高质量增长或将实现趋同。

三、政策建议

第一，深化税制改革，尽快构建起有利于高质量发展的现代税收体系。一是降低宏观税负，处理好“积累与消费”“效率与公平”“改革与发展”的关系。二是优化税制结构，处理好经济因素与制度因素、结构性调整与结构性减税、存量调整与增量调整之间的关系，稳步推进直接税制改革，健全地方税体系，发挥好中央与地方两个积极性。三是优化税收职能，立足国家治理，促进税收向现代税收体系转型、从短期效率向长期公平转变，助推高质量发展阶段的质量变革、效率变革、动力变革。

第二，促进欠发达地区发展，建立有利于高质量发展的转移支付制度。一方面，发挥中央“总揽全局、协调各方”的作用，结合高质量发展谋划，统筹推进中央与地方事权和支出责任划分改革。另一方面，按照“有助于平衡区域发展、有助于实现中央宏观调控、有助于发挥地方积极性”的目标，完善纵向转移支付制度，优化一般性转移支付与专项转移支付比例，尤其是要解决好专项转移支付制度中的信息不对称问题。同时，借鉴德国等国做法，在总结部分省市援藏援疆经验的基础上，探索建立符合国情的横向转移支付制度，弥补纵向转移支付不足。

第三，持续优化营商环境，激发市场主体活力。一是实施更大力度的精准减税降费改革，按照《全面深化财税体制改革方案》要求和中央统一部署，稳步推进增值税、个人所得税等重点领域税种改革。以社会保险费和非税收入征管职责划转改革为契机，在税务部门全面摸清费源底数、完善费源管理、拓宽费基等基础上，为降低企业社会保险费负担等创造更加有利条件。二是完善创新创业型税收优惠体系，加大对科技型、创新型市场主体，特别是制造业企业、中小微企业的支持力度。三是营造具有国际竞争力的高质量税收营商环境。以贯彻落实“放管服”和深化供给侧结构性改革为契机，全面对标世界银行营商环境评价指标体系，力争用3年左右时间使市场主体的制度性交易成本大幅下降，使我国营商环境的全球排名达到OECD国家和地区的平均水准。

【参考文献】

[1]郭金玉,张忠彬,孙庆云．层次分析法的研究与应用[J]．中国安全科学学报,2008(5):148－153.

[2]彭国甫,李树丞,盛明科．应用层次分析法确定政府绩效评估指标权重研究[J]．中国软科学,2004(6):136－139.

（课题组成员：向　景　魏升民
黄亮雄　成　昊
谢丽文）

广州不动产登记缴税“一窗受理”新模式研究

国家税务总局广州市税务局课题组

内容提要： 2017年以来，广州市逐步推进不动产登记缴税“一窗受理”，在四区上线房地产交易信息网上采集系统。2019年在各区不动产登记场所联合设置“企业办事专窗”，实现不动产登记缴税“一窗联办、当场办结”。当前“一窗受理”工作仍存在一些难题，例如，共享数据质量达不到预期、购房资格审核环节未能前置、网上缴款功能存在局限等。本文研究认为，应借鉴北京在委托不动产登记事务中心代征及浙江推广全流程网上办理的有益经验，优化“一窗受理”模式，进一步深化信息共享、统一收件模式、扩展业务范围、推进同城通办和网上申报，压缩不动产登记时间，提升不动产登记缴税办事效率和群众体验。

关键词： 不动产登记缴税　一窗受理　信息共享

2019年2月16日，国务院办公厅印发了《关于压缩不动产登记办理时间的通知》（国办发〔2019〕8号）（以下简称《通知》），提出到2020年底前实现所有市县不动产登记需要使用有关部门信息的全部共享到位，“互联网+不动产登记”在地级及以上城市全面实施，一般登记、抵押登记业务办理时间压缩至5个工作日以内。《通知》是以习近平新时代中国特色社会主义思想为指导，着力解决人民群众反映强烈的不动产登记办理时间问题，回应了人民群众的呼声和期待。税收作为不动产登记中的重要一环，如何与不动产登记等部门一道，依托互联网、大数据、线上支付等技术破除不动产登记缴税环节的种种阻碍，实现信息共享和流程优化，是当前的重要使命。本文结合广州市不动产登记缴税现状和难点，借鉴国内其他省市先进经验，为推进广州市实现不动产登记缴税“一窗受理”新模式提出对策建议。

一、广州市当前“一窗受理”工作推进现状

（一）共享房屋交易信息，推进不动产登记缴税“一窗受理”

2017年以来，广州市税务局联合市规划和自然资源局（以下简称规划资源部门）在全市范围逐步推行存量房登记缴税“一窗受理”，实现跨部门办事“一次取号、一套资料、一个流程、一表录入、一库数据”。一是“一窗办理”，大幅缩短办税时间。由综合受理窗口一窗集成登记、税务两项业务资料清单，登记缴税单笔业务全流程办理由原来的7个环节压缩为3个环节，有效解决了以往登记、税务部门业务各自办理，群众来回奔走的问题，大幅缩短办理时长。二是信息共享，有效提升前台效率。税务部门与规划

资源部门、住建部门实时共享存量房交易合同网签、房产登记等系统信息，实现31项信息由系统自动抓取填写，大幅降低了不动产登记申请人（纳税人）的资料提供负担，大幅节省前台工作人员信息录入时间，有效提升前台办事效率。

（二）因地制宜提速增效，实现线上预审“智能化”

在全市统一推进线下“一窗受理”服务模式的基础上，税务部门于2017年在花都、番禺、南沙、原广州开发区等四区上线房地产交易信息网上采集系统，实施登记缴税业务线上预审核服务，采取线上预审核与线下“一窗受理”相结合的服务模式，探索整合线上线下服务资源，进一步提升服务质效。该系统上线以来，共通过网上预审核办理不动产登记缴税业务超过6万宗，为下一步对接规划资源部门“互联网+不动产登记”平台，实现不动产登记缴税全流程线上办理打下坚实基础。

（三）共享房屋登记与网签确权信息，推进简政便民“双减负”

一是利用广州市政务服务数据管理局提供的“互联互通”平台，与市房地产档案馆开展部门合作，共同开发上线个人房地产登记信息查询模块，税务部门通过该模块查询个人房地产登记信息，纳税人申请享受税收优惠时可免予提供住房情况证明。二是推出便民利企促发展措施，实现增量房申报缴税凭网签合同号查询验证，取消提交网签合同原件和复印件，精简办税资料，减轻纳税人和基层税务机关的负担。

（四）设立“企业办事专窗”，实现企业业务“当场办结”

税务部门通过联合规划资源等部门进一步深化不动产登记缴税改革，自2019年4月1日起，在各区不动产登记场所联合设置“企业办事专窗”，为企业开通一窗办理全流程通道，实现不动产登记缴税“一窗联办、当场办结”。企业在专窗提交资料后，由登记部门受理转移登记事宜，税务部门同步进行核价计税、申报征收、发票代开，企业仅需在一个窗口就能当场办结不动产登记缴税业务，真正实现了全流程“零跑动”，极大便利了纳税人。

二、“一窗受理”工作堵点、难点问题分析

当前“一窗受理”工作在信息共享、流程集成等方面还存在着一些堵点、难点问题，主要包括以下四点：

（一）共享数据质量达不到预期要求

一是暂未实现民政部门婚姻信息与公安部门户籍信息共享共用。目前登记部门通过省级数据平台获取的纳税人婚姻、户籍登记信息暂未实现与税务部门共享，登记部门窗口仍需协助税务部门收取婚姻证明及户口本等资料，且系统查询的婚姻信息会出现与纳税人提供资料情况不符的现象，直接影响缴税环节，需要工作人员进行再次判定。二是登记部门共享的个人名下房地产情况，是未经筛选的个人全部房产信息，需要税务部门自行判断，一定程度上提高了执法风险，拖慢了工作节奏。三是契税、个人所得税完税信息未实现实时推送，仍需纳税人提供纸质证明材料，且个人所得税完税信息未经有效加工，登记部门窗口在核实购房资格时需将60个月的纳税情况逐月核实，影响办理效率。

（二）购房资格审核环节未能前置，制约网上预审模式的推广

目前广州市限购政策由住建部门制定和解释，由登记部门负责业务审核，部分区已推行的网上预审核模式仅审核税收业务，在不确定纳税人是否符合购房资格的情况下提前完成资料审

核、交易计税价格评估、纳税申报等工作，再通知纳税人预约前往“一窗受理”窗口办理，该模式未能实现“不动产登记+税务”同步网上受理、审核，容易因纳税人没有购房资格而产生无效交易件，浪费审核时间和人力资源，制约“互联网+不动产登记”模式的推广。

（三）“一窗受理”业务范围未实现业务全覆盖，各区实际执行范围存在差异

目前“一窗受理”业务范围仅限于存量房转移登记业务，而增量房转移登记、涉及契税减免（不征）税事项等转移登记业务尚未实现“一窗受理”，仍需纳税人先行完税后，再向登记部门申请办理登记。各区登记中心及税务部门因房地产类型、转让方是否为非自然人等情形不同，“一窗受理”范围也存在差异，未实现全市统一。

（四）网上缴款功能存在局限性

目前税务部门与银行已实现税务系统完成申报后，自动生成缴税二维码，由纳税人通过“云缴税”功能扫描二维码完成缴税操作。但个人通过网上银行缴税存在5万元额度的限制，且不同税种尚未实现合并申报，“云缴税”难以应用在存量房交易业务，急需拓宽缴款渠道，或与商业银行协商适度调高个人限额。

三、国内其他省市“一窗受理”工作经验启示

目前，国内北京、浙江等省市在“一窗受理”方面进行了很多探索，取得了一些有益经验，可资借鉴。

（一）北京委托不动产登记事务中心代征模式

北京朝阳区在“一窗受理”模式的基础上，通过简并业务环节，强化工作集成，由税务部门委托规划资源部门，对税务部门已完成网上审核的业务，由委托代征人员收取纳税人提交的全部资料原件及复印件，在税务系统中核对资料的一致性。核对资料无误后，由委托代征人员征收交易双方的应纳税（费）款，并在金税三期系统中为纳税人开具完税证明与增值税发票。税款征收完毕后，由朝阳区不动产登记事务中心负责对全部档案资料进行归档管理。

北京代征模式有机结合了线上线下两种办理模式，将受理窗口由“物理聚合”变为“化学聚合”，企业和办事群众只需在一个窗口即可完成全部业务办理环节。同时，通过提供自助服务，实现受理窗口、手机终端、计算机网页、自助缴费机多渠道缴费，进而优化税务部门与登记部门人力资源配置，充实线上线下审核人力，提升审核效率，真正做到“即时办结”。北京模式线上环节架构与广州市房地产交易信息网上采集系统模式相类似，线上由税务部门先审核，再由登记部门线下代征税费，既确保了计税价格评估、税费计算、税收优惠政策适用的准确性，亦减少了登记部门代征相关税费环节的涉税风险，对广州市下一步与规划资源部门共同推行“互联网+不动产登记”具有较大的借鉴意义。

（二）浙江房产交易网上办税系统、浙江政务服务网、“浙里办”App全流程网上办理模式

杭州市主城区、衢州市依托浙江政务服务平台，构建多部门关键信息共享机制，实现规划资源、住建、公安、民政等多部门的商品房合同信息、住房情况查档信息、不动产交易确认信息、不动产综合受理信息、不动产权证书信息、营业执照、公安户籍信息、民政婚姻信息等的数据共享。纳税人通过房产交易网上办税系统、浙江政务服务网、“浙里办”App进行实名认证后，可全流程网上办理房产交易相关税费申报缴款，并

获取电子发票、电子缴税付款凭证，完税信息实时推送登记部门。

纵观浙江推进不动产登记缴税“一窗受理”的工作历程，可见政府部门在优化营商环境改革，为群众增便利方面起着极其重要的助力作用。在政府部门的高度重视及大力推动下，不动产登记缴税各项工作立竿见影、成效显著。广东税务部门也应当联合数据管理、不动产、住建部门，积极主动争取地方政府及其他相关部门的支持和帮助，着力解决信息共享、行政服务中心场地条件限制、部门职责分工不清晰等问题。对限购城市，在实现共享查验限购所需完税信息的基础上，要求相关政府部门厘清限购核查环节和部门职责，减少因不符合限购政策撤销交易导致的退税情况。

四、推行广州市不动产登记缴税“一窗受理”新模式的对策建议

（一）深化信息共享利用

加强税务、登记部门的系统对接和信息共享利用。各部门根据业务办理需要直接从数据共享平台自行获取、打印所需材料。例如，税务部门将契税完税证明、个人所得税清单数据、减免（不征）税的结果性信息等直接共享给登记机构利用；登记部门将个人名下房产情况、登记档案资料、家庭成员婚姻户籍信息共享给税务部门利用，并共同落实已共享的材料纳税人免于提交的政策。

（二）落实“统一收件，扫描中转”

推进登记部门统一收件，并将收件信息、资料及时通过影像扫描、数据接口等方式传递给税务部门，真正实现“一窗受理”。按照“一张清单、一个标准”的原则，优化现有“一窗受理”服务模式，进一步整合“一窗受理”资料清单，综合受理窗口收件后及时将收件信息及材料传送税务部门，一套材料扫描共用，个性材料分别归档，共性资料由登记部门保管。进一步落实企业专窗不动产登记、缴税一体化办理，免于申请人多跑窗口和增加环节，真正实现“一窗办理”。

（三）逐步扩大“一窗受理”业务范围

通过综合考虑核税成本、效率等因素，逐步将国有土地上共有人（夫妻）析产、赠与类等较简易的登记缴税业务纳入“一窗受理”工作范围，并全市统一执行，后续逐步考虑将所有国有土地上登记缴税业务“一窗受理”，进一步落实“放管服”改革，优化营商环境。

（四）推进不动产登记缴税业务“同城通办”

在税务部门与登记部门加强业务合作的基础上，通过规范业务流程和资料清单，依托信息技术充分应用登记部门共享的房地产交易登记信息，提前做好交易房屋地址与对应街道的划分，打破行政区域限制，将不动产登记缴税业务纳入“同城通办”业务范围。一是统一不动产登记缴税“一窗受理”岗责规范。通过精简办理资料、统一政策业务指引和业务办理规程，确保通办区域业务办理无差异，规范报送资料、办理流程、岗责设置、表证单书和业务用章，统一纳税服务标准和税收宣传口径。二是统一税款归属管理。不动产登记缴税业务实现通办后，受理税务机关在业务办理时必须按属地征管原则对房产座落地税务机关进行划分及复核，相关税款必须缴入房产座落地税务机关。各受理单位征收税费时应统一使用受理单位的税收票证，相应税款退库由入库税务机关办理退付手续。三是统一增值税发票管理。按照纳税人转让其取得的不动产征收增值税、代开增值税发票相关业务指引，统一规范增值税发票的开具、作废、结存和核销管理。四是明确通办事项相关部门职责。与不动产登记缴税

业务有关的投诉、信访、复议、诉讼等后续工作，明确由交易涉税业务受理税务机关负责处理，各部门按职责分工加强工作指导和跟踪管理。

（五）推进跨部门不动产登记缴税业务网上申办

规划资源部门联合税务、住建部门，协同搭建网上办事平台，加快实现办事企业、群众在线上办结缴税和不动产登记事项。在全市范围推行不动产登记外网申请、内网预审的业务受理模式，构建网上登记申请服务平台和实体大厅服务相结合、便民利民的不动产登记服务模式。在税务部门现有信息机制的基础上，打通不动产登记网上申办平台和税务部门房地产交易信息网上采集系统，申请人在不动产登记、税务统一申办平台按照登记和税务部门要求提交登记、税务所需材料，登记、税务业务线上同步申请、并联审批，实现线上缴税。通过流程再造，全面压缩办理时间，分阶段实现“不动产登记＋税务”的“零跑动”和“不见面审批”，切实降低办事成本。

（六）借助电子税务局、自助办税终端、微信等渠道进一步优化自助办税功能

一是要与商业银行沟通，在政策许可范围内适度提高个人转账限额，提高“云缴税”使用率。二是充分发挥互联网优势，依托电子税务局、自助办税终端、微信实现多渠道线上计算税款，核实优惠，缴纳税款，开具发票、凭证等功能。

（课题组成员：李健强　邓长学
黎明良　伍劭聪
肖学渊　刘晨阳）

新税务机构规范化标准化一体化建设的路径探索

国家税务总局佛山市税务局课题组

内容提要：“三化”建设是进一步提升税收治理能力的战略举措，对推动税收工作高质量发展具有重大作用。“三化”建设的路径选择含三方面：一是统筹岗位职责、规章制度、工作标准、业务流程、信息系统“五个核心要素”；二是明确省局、市局、县局分别发挥供给主导、中间扩散、需求诱导的作用；三是遵循顶层设计、先行先试、梯度转移、反馈、完善“五个发展阶段”。目前“三化”建设存在“五个不足”，为推进“三化”建设落地落细，应抓好顶层设计和全局统筹，基层探索和细化落实，过程管理和风险防控，阶段总结和成果产出。

关键词：“三化”建设　落地路径　顶层设计　协同共治

税务部门机构改革后，在管理体制、部门职能、业务范围、管理服务对象等多方面、多维度发生深刻变化，且不同程度上存在制度机制不全、职责边界不清、工作标准不一、发展水平不均等突出问题。规范化标准化一体化建设（以下简称“三化”建设）是广东省税务局立足当前实际，从系统视角解决新税务机构的结构性矛盾和深层次问题，进一步提升税收治理能力的战略举措，对推动税收工作高质量发展具有重大作用。本文在浅析“三化”建设背后管理原理的基础上，针对当前“三化”建设过程中的重点、难点和堵点，尝试提出推进“三化”建设落地的路径和措施。

一、“三化”建设背后的管理逻辑

（一）“三化”建设体现的是自上而下的制度创新

当前新税务机构面临的不少瓶颈问题，其根源在于机构改革后所引起的制度空置与制度缺失，制度之间相互掣肘，制度融合的“最后一公里”没有真正打通。“三化”建设通过自上而下、从“主干”到“末梢”推动和实施制度创新，能够有效弥补当前制度供给缺陷，解决基层单位或单个线条、单个部门所不能解决的问题，为税收工作开展提供规范、完善、配套的制度支撑体系。

（二）“三化”建设体现的是求同存异的标准统一

从本质上来说，“三化”建设的过程，就是统一、简化、协调、选优的过程。必须注意的是，统一应当是“有差异的统一”，在税务管理实践中，业务差异、地域差异、层级差异等均是不可忽视的因素。制定标准时，在相对统一的框架下，留有一定的调整和发展空间，避免基层税务部门在具体实践中“切足适履”，是“三化”

建设的重点研究方向。

（三）“三化”建设体现的是化繁为简的流程再造

在现有组织架构下，税务部门横向机构多、纵向战线长，业务零碎、职能交叉、各自为政、横向不协调的问题尤为突出，亟需构建以流程为中心的管理模式，推动业务运作从零碎式向集成式、从职能导向向流程导向转变。“三化”建设把流程作为核心要素，一方面突出业务事项的关键环节，减少或消除不增值的环节；另一方面改变职能部门纵向运作、横向不协作、相互割裂的局面，构建任务集成、人员整合、流程简化、协作共事的管理模式，实现降本、减负、增效。

（四）“三化”建设体现的是由内向外的协同共治

随着征管职责的扩大和管理服务对象的延伸，税务部门与地方政府和社会各界的关系更加紧密，在税收治理上更需要各方的支持。而“三化”建设的一大优势就在于能够有效激发协同作用，通过要素资源的向内集聚和制度边界的向外扩展，既有助于进一步理顺征纳双方的权责关系，提高纳税人的遵从度和满意度，又有助于促进跨部门、跨领域的税收合作，加快形成互通、互融、互进的税收社会共治格局。

二、“三化”建设的路径选择

“三化”建设作为一项系统工程，其早期呈现形式往往是以逻辑自洽、字斟句酌的理论文本为主。从文本到实践，不仅要掌握科学的管理方法，还要统筹考虑各种要素、各级层面、各个阶段，充分调动全体人员积极参与，才能真正推动“三化”建设落地落细。

（一）要统筹“五个核心要素”，做到左右贯通

要让“三化”建设从理论层面转化为可以实际运作的模式，必须具备岗位职责、规章制度、工作标准、业务流程、信息系统“五个核心要素”。其中：岗位职责是指岗位工作内容及承担的责任范围，主要包括机构、编制、人员、组别、岗位、职责、权限等，解决的是“谁来做”的问题，防止出现推诿扯皮、权力滥用等现象；规章制度是指税务管理的规则和制度的总和，主要包括法律法规、部门规章、政策文件、管理规范、工作指引等，解决的是“怎么做”的问题，确保各项工作有法可依、有章可循；工作标准是指对需要协调统一的工作事项所制定的标准，主要包括适用范围、时间进度、数量指标、数据口径、方式方法、程度效果等，解决的是“做成怎样”的问题，保证工作质量；业务流程是指以岗位职责为基础、以规章制度为依据、以工作标准为目标，依据国际通用的 ISO 9000 质量管理体系，组织不同岗位人员分别共同完成一系列业务事项的操作程序，并通过直观的形式展现出来，推动工作顺畅、有序、高效开展；信息系统是指根据业务流程设计和开发的，以处理信息流和数据流为目的的人机一体化系统，主要包括数据处理系统、管理信息系统、决策支持系统等，能够减少人工操作所带来的不稳定性，进一步提升工作效能。因此，在“三化”建设过程中，要注重考虑“五个核心要素”之间的衔接融合，形成有人员去执行、有制度为依据、有标准为目标、有流程可操作、有系统为支撑的“五位一体”高效运作模式。

（二）要明确“三个角色定位”，做到上下聚力

能否准确划分省市县不同层级的任务与事

项，是“三化”建设能否顺利推进且取得实效的关键所在。一方面，对于一些全局性、整体性的制度安排，基层受自身认知水平、权限范围制约，难以推动大的管理变革；另一方面，对于一些非普适性的具体事项，若顶层设计过于细致，则易诱发基层僵化执行和“一管就死”的局面。这就特别需要明确省、市、县税务局的角色定位，建立清晰的分工格局和畅通的沟通渠道。根据制度变迁理论，可以作如下安排：省税务局作为决策层，主要发挥供给主导作用，即加强制度的顶层设计，自上而下地规划、组织和实施，以部署、实现、优化特定战略目标牵引管理变革；县税务局作为执行层，主要发挥需求诱致作用，即自下而上不断发现、修正与杜绝潜在问题风险，沿着解决矛盾的逻辑线条为管理变革提供参考依据；市税务局作为中间层，主要发挥中间扩散作用，沟通对接决策层的意愿与执行层的需求，细化工作标准，优化资源配置，对工作过程和质量进行把控，形成上下协同推进的合力。

（三）要遵循“五个发展阶段”，做到循环改进

按照制度创新发展的客观规律，“三化”建设从提出到完善一般要经历“五个阶段”，即“起源于省税务局的顶层设计—积累于部分区域的先行先试—推广于面向全省的梯度转移—反馈于各区域的不平衡不充分发展—完善于省税务局顶层设计的修正”。在顶层设计阶段，要充分发挥省税务局的供给主导作用，统一建设理念、建设模式和建设标准等，重点提供全局性、通用性、机制性的制度保障和平台支撑。在先行先试阶段，要选取规范化程度较高、管理基础较好的地区和业务领域作为试点，鼓励大胆探索创新，形成一批经验做法和工作样板，率先带动“三化”建设在基层落地。在梯度转移阶段，要对先进地区和业务领域提供的经验进行鉴别和筛选，能在全省适用的，上升到全省层面进行推广，充分发挥转移效应，逐步缩小先进与后进的差距。在反馈阶段和完善阶段，要找出阻碍各区域平衡充分发展，但各区域自身无法解决的制度缺陷和瓶颈问题，进一步优化整合资源，通过顶层的再统筹、再设计集中解决。上述五个阶段，构成了“三化”建设的完整推进机制，最终在顶层设计与各区域探索的良性互动中实现一体化发展。

三、“三化”建设过程中不容忽视的问题

“三化”建设覆盖广、难度大、时间紧、任务重，其中任何一个环节没有做实，任何一对关系没有处理好，都可能导致“三化”建设陷入“以文本落实文本”的困境。就目前而言，“三化”建设还存在“五个不足”。

（一）征管方式的基础作用发挥存在不足

征管业务是税收工作的核心业务，统一征管方式是“三化”建设的重要基础。但就目前来看，税收征管方式还有待改进。一是各级税务部门按照各自的方法、习惯“各管各事”的局面没有根本性转变；二是各基层税务分局（所）的内部分组和岗位设置不统一，致使各组别间职责不明、界限不清，工作协作效率较低；三是各地不同程度上存在“属地管理”与“事项管理”之争，尚未形成职责清晰、协作紧密的分类分级管理体系。

（二）流程管理的增效作用存在不足

一些税务部门对流程管理的认知度不足，认为只要有规章制度和规范指引就足够了，制定流程是“重复建设”，忽视了流程管理对基层工作的增效作用。一方面，大部分的规章制度和规范指引没有明确业务事项如何流转，也没有明确到具体岗位，在工作分工时，大大增加了沟通协调

成本，还可能出现不同税务人员办理流程、标准不一的情形；另一方面，大部分的规章制度和规范指引缺少注意事项、风险防控等内容，没有很好地将基层积累的工作经验纳入其中，无法为基层开展工作提供更明晰的帮助。这些问题，都需要通过流程管理来解决。

（三）任务统筹的减负作用存在不足

2019 年以来，上级出台一系列为基层减负的措施，在一定程度上减轻了基层负担，但由于各级内设机构增多，业务量大且复杂，同类任务重复交叉、多头下发的情况较为突出，上级的“线条管理”与基层的“块状管理”在具体实践中存在“条块不兼容”的情况，没有真正体现对基层的“扎口管理”，未能从根本上改变基层事务冗杂、疲于应付的现状。特别是“放管服”改革后，各类疑点数据核查任务增多，呈现出多头齐发、口径不一、重复核实的现象。

（四）信息系统的支撑作用存在不足

“三化”建设涉及大量的制度、机制、流程、数据，特别需要信息系统提供足够的支撑。例如，在推进分类分级专业化管理过程中，由于企业情况分散在各个系统、各个部门和各个团队，各项工作任务主要靠人工分派，给税收管理带来一定的困难。再如，各类涉税信息系统功能分散且关联度不高，流程化、自动化、一体化的辅助系统不足，仅查询发票、注销、社会保险等业务就需要在多个系统频繁切换，影响了工作效率。

（五）综合治税的协同作用存在不足

不能把“三化”建设仅仅当成税务部门的内部管理工作，特别是在粤港澳大湾区、深圳先行示范区建设的大背景下，更要把税收治理与社会共治紧密结合起来，主动融入和服务经济社会发展大局。当前，税务部门与政府各部门的信息共享、对接合作、共管共治还有待加强，如个人所得税改革，需要教育、卫生、医疗保障、民政、人力资源社会保障、住房城乡建设等部门的协助配合，但部分单位还存在数据权限、管理制度的限制，亟需创新突破。

四、推进“三化”建设落地落细的建议对策

基于上述管理逻辑、路径选择和存在问题，要实现“三化”建设成果与效果的最大化、科学化、持续化，在“一年基本成型，两年巩固提升，持续改进优化”的总体目标下，重点采取以下措施：

（一）抓好顶层设计和全局统筹

省税务局要坚持战略导向，发挥主导作用，强化“三化”建设的规划供给、制度供给和技术供给。

1. 实现征管方式的“大统一”

以纳税人和缴费人为中心，以提供优质便捷办税缴费服务为前提，以分类分级管理为基础，以税收风险管理为导向，以现代信息技术为依托，通过深化办税缴费便利化改革、优化征管资源配置、规范业务流程、完善岗责体系、统一执法标准，破解各地“属地管理”与“事项管理”之争，构建起全省统一优化高效的税收征管方式。一是构建清晰统一的岗责体系。构建省局、市局、区局、分局（所）四级岗责体系，统一分局（所）内部组织架构。例如，佛山市税务局梳理市局、区局、分局（所）三级岗位 801 个，编写岗位说明书 801 份，并在一般分局（所）设置纳税服务、基础服务、风险管理和综合事务 4 个组别，在较大规模分局（所）增设电子办税、管理服务等组别，进一步厘清业务边界，明晰岗责事项，提升工作效能。二是构建协作紧密的分类分级管理体系。在保持税款入库级

次不变的前提下，对纳税人和涉税事项进行科学分类，根据各层级比较优势和部门职责专业化要求，将大企业、重点税源、特殊税源、一般税源、零散税源等五类纳税人对应的管理职责在各层级各部门间进行优化配置，以纳税人为中心推动税收管理与服务方式转型升级。例如，佛山市税务局在顺德区税务局试点建立区级风险集中应对模式，将风险应对精英力量集中到第一税务分局，统筹开展特定企业、特定行业应对工作，有效提升了风险治理能力。

2. 理顺制度机制的“大框架”

一是全面对接上级各项制度安排。加强与上级现有各项政策、制度、规范的衔接配套，例如，《税收征管操作规范》《全国税务机关纳税服务规范（3.0 版）》等，确保“三化”建设始终在法治轨道内运行、在上级制度框架内操作。二是加快普适性的制度建设。立足于“抓大放小”的思路，注重系统性、全局性、规范性制度的查漏补缺，加强对基层的工作指导，逐步形成系统完备、规范统一的税务管理制度体系。三是加快机制性的制度建设。对内，重点建立跨部门、跨线条的衔接机制，例如，税务数据疑点核查统筹机制、税务风险联防联控机制、征管与服务联动机制等；对外，重点建立与省政府各部门、各有关单位的信息共享、交流合作机制，例如，从教育、卫生、人力资源社会保障等部门获取个人所得税相关数据、从自然资源部门获取房土信息、与市场监管部门联合开展行动等，为“三化”建设自内向外拓展打开局面。

3. 构建数据集成的“大平台”

一方面，继续整合和优化现有各类信息系统。加强系统之间的互联互通，建立单点登录、智能推送、网上流转、便于查询的一体化工作平台，打通部门之间的业务流和信息流。例如，政策执法方面，重点打造税收政策法规资源查询平台；征管信息方面，重点开发建设全省统一的分类分级管理信息化平台，通过集成各个征管信息化系统，固化税收征管服务办理标准、流程等，实现征管任务的自动派发、风险任务的分类提示和前台业务的一键受理；纳税服务方面，重点完善电子税务局各项功能；党的建设方面，重点以“数智党建”平台作为“一站式”信息化支撑；队伍建设方面，重点完善数字人事平台，并与绩效管理系统打通；行政管理方面，重点建设登录界面统一、信息资源共享的智慧行政管理平台，实现各项行政事务的高效流转。另一方面，适时开发流程化、电子化、自动化的辅助软件。例如，开发票种核定、注销审批的智能审核软件，帮助基层提高工作效率，降低人工操作的风险。

（二）抓好基层探索和细化落实

市、县级税务局要坚持实效导向，做好上下对接，充分激发各级参与“三化”建设的凝聚力和创造力，进一步推动工作落地落细。一是注重理念宣传。加强“三化”理念的宣传和解读，引导干部转变思想观念，使“三化”建设从一个工作任务、攻关项目上升为干部自觉遵从的一种工作秩序，进一步增强对规范管理的认同感和参与“三化”建设的积极性。二是注重试点探索。在省税务局的统一框架和制度规范下，可以采取“由点至面”的做法，选取部分思路较为成熟、较具代表性的市、县级税务局，率先开展“三化”建设试点探索，重点推进岗位职责、工作标准、业务流程建设，为其他地区提供经验和范本。例如，佛山市税务局率先启动“行政管理 + 征管业务 + 岗责体系”的税务流程体系建设，推进岗位职责、业务流转、办理标准、业务衔接、系统操作“五个统一”，共建立行政管理流程 103 项、征管业务流程 458 项。三是注重意见反馈。建立畅通的意见反馈机制，及时掌握纳税人、缴费人和一线税务人的难点和堵点，反映基层对“三化”建设的现实需求和意见建议，为“三化”建设持续改进提供决策参考。

（三）抓好过程管理和风险防控

一是强化绩效引导。通过设定基础性指标，引导各级各部门依照“三化”建设的要求开展具体工作。在此基础上，设定合理的创新性指标，引导各工作组打破部门藩篱，围绕全局性的重大项目开展联合攻坚，推动“小一体化”向“大一体化”方向演进。二是优化后续管理。厘清关联业务流程在办理程序上的链条关系，明确制度、机制、岗责体系动态维护的责任分工、更新要求，避免前后脱节、左右冲突，让税务人员“看了就懂，懂了就干”，减少执行过程中的学习成本和试错成本。三是细化风险防控。将风险问题及其具体表现、防范措施、过错追究依据等嵌入流程中，同时也将相关风控节点以限制条件、流程锁定的形式固化到系统平台当中，实现优化流程与强化内控相统一。

（四）抓好阶段总结和成果产出

一是要力促各线条的成果产出。由政策执法、征管信息、纳税服务、党的建设、队伍建设、行政管理六大工作组结合本组的优势与特点，率先在本组内打造“三化”建设的“代表作”，产出一批具有突破性、标志性的阶段性成果，营造“条条战线捷报频传”的良好态势。二是要力促跨界型的成果产出。一方面，打通工作组之间的藩篱，在行政管理与纳税服务、党的建设与队伍建设、执法征管与纳税服务之间共同建设工作品牌，例如，借助“减税降费服务平台”，实现减税降费的服务提升与风险防控。另一方面，则可以通过打破系统内与系统外的屏障，实现税务与企业、其他政府部门、社会组织的协同共治，例如，借助“国际汇税通”项目，推动与外管部门、银行信息共享，实现多方共赢。三是要力促整体性的成果产出。综合运用“融媒体”手段，对“三化”建设的阶段性推进成果和过程中形成的经验亮点进行归集、梳理，形成模板化的“三化”建设手册和可移植、可复制、可推广的系统性经验范式。打造“三化”建设的线上或线下展示平台，既有利于税务人员更加直观地了解“三化”建设，产生共识与认同，又有利于向全省其他单位或全国税务系统进行宣传和推广。

（课题组成员：陈裕辉　刘　娜
吴康民　徐　斌）

推动云浮乡村振兴走在全省前列的可突破路径研究*

——基于经济税收视角分析

国家税务总局云浮市税务局课题组

内容提要：产业兴旺是乡村振兴战略的首要目标，也是实现云浮市乡村振兴走在全省前列的关键着力点。2012—2017 年，云浮市税收收入年均增长 13.31%，对当地发展的支撑作用不断增强。云浮市农林牧渔业处于第三梯队，农业投资总额逐年加大，一产带动、三产融合、企农合作的温氏模式在推动乡村振兴上成效亮眼。按照乡村振兴战略总要求，应着眼于“接二连三”、一二三产融合，提升乡村产业富民兴村的带动作用，发展产业集聚、产业协同、产业融合、产业开拓路径，并抓好“钱、地、人”等重点领域改革，以五大重点领域为突破口，实现产业振兴健康全面发展。

关键词：乡村振兴　产业融合　现代农业　技术创新

习近平总书记在 2018 年到广东视察并发表重要讲话时指出，广东最艰巨的任务在农村，最大的潜力也在农村，要把短板变成潜力板，充分发挥粤东西北地区生态优势，不断拓展发展空间、增强发展后劲。实施乡村振兴战略，是党的十九大作出的重大战略部署，是党的“三农”工作一系列方针政策的继承和发展，是新时代“三农”工作的总抓手，更是解决广东发展不平衡不充分问题的根本之策。

产业兴旺是实施乡村振兴战略的首要目标，也是实现云浮市乡村振兴走在全省前列的关键着力点。2018 年，广东省委书记李希在云浮市考察调研期间，提出了具有深远历史意义的“云浮路径”发展方向，赋予云浮市推动乡村振兴走在全省前列的时代重任，这是云浮市跨越高质量发展关口、决胜全面建成小康社会的战略路径。基于此，本文从经济税收视角出发，分析云浮市产业兴旺带动乡村振兴的基础与优势、不足与问题，进而提出未来发展思路、路径以及相关政策建议。

一、云浮市大力发展产业振兴助力乡村振兴的基础

云浮市位于广东省中西部，是广东省最年轻的地级市，具有领先全省乡村振兴发展的优势及潜力。

（一）经济实现稳定发展为乡村振兴提供重要支撑

党的十八大以来，云浮市地区生产总值

* 原文载于《广东经济》2019 年第 5 期，本书收录时有删减。

（GDP）年均增长超过10%，税收收入随GDP逐年上涨而同步递增，从2012年的54.60亿元增长到2017年的101.99亿元，年均增长13.31%（见图1）。这表明云浮市经济发展质量向好，产业结构在逐步优化，税收对当地经济发展的支撑作用在不断增强。

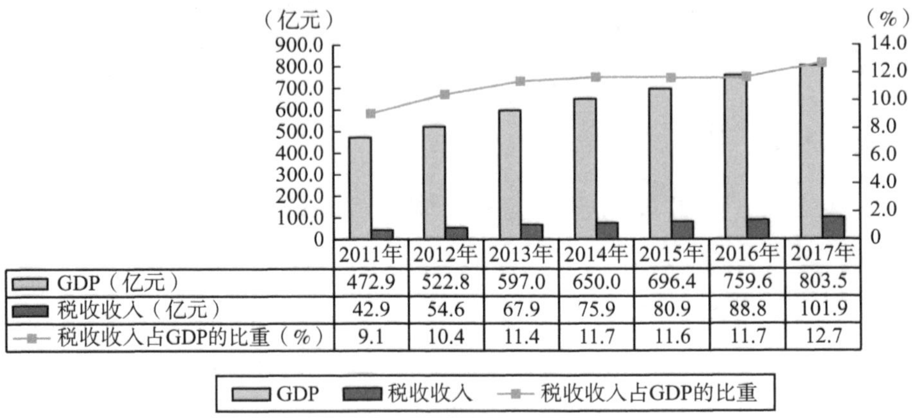

图1　云浮市GDP与税收收入对比（2011—2017年）

（二）产业转型升级进一步推动乡村振兴发展

2018年全市实现农林牧渔业产值247.49亿元，增长5.5%；增加值158.29亿元，增长5.9%。2017年第三产业首次超过第二产业，成为产业结构中占比最大的产业。农林牧渔业处于第三梯队，农业投资总额逐年加大（见表1）。全市农民人均纯收入逐年增长，虽低于全省平均水平但高于全国平均水平（见表2）。

表1　　云浮市产业发展结构（2012—2017年）　　单位：亿元、%

	2012年		2013年		2014年		2015年		2016年		2017年	
	数值	增幅	数值	增幅	数值	增幅	数值	增幅	数值	增幅	数值	增幅
地区生产总值	522.87	13.1	597.07	13.5	650.09	10.4	696.44	8.5	759.67	8.0	803.56	5.3
第一产业	113.43	4.4	116.49	3.0	123.18	3.8	129.44	3.0	135.09	2.3	142.65	5.4
第二产业	213.79	15.7	258.35	21.8	294.94	14.2	305.25	6.9	323.89	7.3	316.44	-1.0
第三产业	195.64	15.2	222.23	8.1	231.97	8.4	261.76	13.7	300.69	11.7	344.48	12.2
产业结构	21.7:40.9:37.4		19.5:43.3:37.2		18.9:45.4:35.7		18.6:43.8:37.6		17.8:42.6:39.6		17.7:39.4:42.9	
全省产业结构	5.0:48.5:46.5		4.9:47.3:47.8		4.7:46.2:49.1		4.6:44.6:50.8		4.7:43.2:52.1		4.2:43.0:52.8	
第一产业投资	11.85	58.7	13.34	12.5	14.39	20.1	14.84	15.7	12.65	-14.7	18.84	49.0
第二产业投资	286.14	41.9	365.68	27.8	375.85	14.4	434.75	15.9	307.78	-29.2	352.58	14.6
第三产业投资	165.67	14.9	244.36	26.6	348.60	53.8	344.56	-1.6	271.08	19.5	257.07	-5.2

资料来源：云浮市统计年鉴（2017年）；第一、二、三产业投资增幅来源于云浮市国民经济和社会发展统计公报（2012—2017年）。

表 2　　云浮市农村经济与农民收入对照（2012—2017 年）　　单位：元

<table>
<tr><th></th><th>2012 年</th><th>2013 年</th><th>2014 年</th><th>2015 年</th><th>2016 年</th><th>2017 年</th></tr>
<tr><td>云浮市农民人均纯收入</td><td>9219</td><td>10283</td><td>11067</td><td>12008</td><td>13016</td><td>14124</td></tr>
<tr><td>云浮市城镇居民人均可支配收入</td><td>18332</td><td>20440</td><td>18679</td><td>20154</td><td>21887</td><td>23446</td></tr>
<tr><td>云浮市农民人均消费支出</td><td>6861</td><td>7935</td><td rowspan="2">10636.9
（全体常住居民人均消费支出，后同）</td><td rowspan="2">11432</td><td rowspan="2">12323</td><td rowspan="2">13383</td></tr>
<tr><td>云浮市城镇居民人均消费支出</td><td>14406</td><td>15746</td></tr>
<tr><td>全省农民人均纯收入</td><td>10543</td><td>11068
（人均可支配收入，后同）</td><td>12246</td><td>13360</td><td>14512</td><td>15779</td></tr>
<tr><td>全国农民人均纯收入</td><td>7917</td><td>9429
（人均可支配收入，后同）</td><td>10489</td><td>11422</td><td>12363</td><td>13432</td></tr>
</table>

资料来源：云浮市国民经济和社会发展统计公报（2012—2017 年）、广东省统计年鉴（2012—2017 年）、中国统计年鉴（2012—2017 年）。广东省从 2014 年开始正式对外发布各市全体常住居民人均可支配收入和消费支出指标。

（三）以温氏集团为代表的现代农业发展凸显山区产业发展特色

产业振兴治理模式上云浮市具有多项可推广的模式和经验，其中第一、二、三产业融合发展态势良好，龙头企业向产业链高端布局，第二、三产业领域税收带动效应显著。以新兴县为例，该县在着力推进现代农业经营体制机制创新，探索发展“公司 + 现代家庭农场”“公司 + 理事会 + 农户”“合作社 + 合作社”三种新型经营机制方面走在全国前列。以“温氏模式”“公司 + 村集体 + 养殖小区 + 农户”经营模式为特征的资源变资产、资金变股金、村民变股民富农兴村新模式具有创新意义。作为云浮市当前唯一上市公司、创业板第一大市值企业，温氏集团虽然企业整体税负低于当地平均水平，但其子公司广东温氏大华农生物科技有限公司、广东南牧机械设备有限公司和关联公司广东筠城置业有限公司连续五年进入云浮市纳税百强名单，且 2017 年企业在净利润同比下降的情况下，缴纳的企业所得税仍有增加。一产带动、三产融合、企农合作的“温氏模式”在推动乡村振兴上取得亮眼成效，具有全省推广价值。

二、从经济税收看云浮市产业振兴存在的制约因素

云浮市产业振兴存在经济基础相对薄弱、发展资金约束明显、劳动力供给结构性短缺与土地要素供给制度性障碍并存、农产品供给质量和农民组织化程度不高、科技和创新带动引领作用相对弱化等共性问题。

（一）涉农产业经济发展基础相对薄弱

产业基础弱、结构单一、县域经济不发达，税源“小、散、弱”特征明显，影响经济发展后劲。涉农产业投入规模处于较低水平。财税收入质量亟需改善提升，增幅呈下滑趋势，且下滑幅度大于 GDP。税收增长缺乏弹性，自 2015 年起，云浮市整体经济与粤东西北其余各市一样出现较大幅度的回落，与珠三角地区的差距不断拉大（见表 3）。

表 3　　云浮市在粤北山区五市①中 GDP 份额对比情况（2010—2017 年）

项目	2010 年	2011 年	2012 年	2013 年	2014 年	2015 年	2016 年	2017 年
珠三角地区 GDP（亿元）	38388.90	44421.08	48618.63	54229.11	58676.66	63422.40	69118.98	75710.14
珠三角地区 GDP 占全省 GDP 比重（%）	79.81	79.47	79.29	79.24	79.07	79.37	79.54	79.09
粤东西北 GDP（亿元）	9709.22	11474.32	12700.94	14207.96	15533.61	16480.27	17783.5	18764.69
粤东西北 GDP 占全省 GDP 比重（%）	20.19	20.53	20.71	20.76	20.93	20.63	20.46	20.91
珠三角地区 GDP 与粤东西北 GDP 差距（亿元）	28679.68	32946.76	35917.69	40021.15	43143.05	46942.13	51335.48	56945.45
珠三角地区/粤东西北（倍）	3.95	3.87	3.83	3.82	3.78	3.85	3.89	4.03
云浮市 GDP（亿元）	400.97	472.95	522.87	597.07	650.09	696.44	759.67	803.56
山区五市 GDP（亿元）	2973.33	3462.55	3778.10	4143.66	4511.29	4776.67	5172.26	5539.75
云浮市 GDP 占山区五市 GDP 比重（%）	13.49	13.66	13.84	14.41	14.41	14.58	14.69	14.51

资料来源：广东省统计年鉴（2010—2017 年）。

（二）现代农业要素供给相对不足

具备现代“绿领”素质和能力的新农民严重不足。受城市极化作用影响，老人和留守儿童增多，劳动力老龄化现象严重。现有农业技术人员知识更新缓慢，高、中级科技人员短缺，无法适应现代特色农业的发展需求。土地流转制度性约束普遍存在。土地流转在具体政策、时间、产出比、服务体系等方面都存在较大问题，很大程度上阻碍了云浮市现代农业的连片规模化发展。

（三）产业资源整合与发展效率较低

云浮市工业基础相对薄弱，产业层次低、链条短，自主创新能力普遍薄弱，农业产业化、集约化程度不高，服务业发展相对缓慢。随着资源环境约束压力加大和区域间竞争的日益强化，云浮市集聚发展要素，打造特色产业，加快产业结构调整和实现可持续发展形势严峻。

（四）科技和创新带动引领作用不明显

广东创新要素高度集中于珠三角地区，其专利授权量、工业企业研发人员、经费投入占全省比重均高达90%以上，而云浮市创新水平明显滞后，用于创新驱动的投入也远远不足。2017 年，云浮市研发投入占 GDP 的比重为 0.50%，仅为全省平均水平的 1/5；市级财政科技支出（3.59 亿元）占财政支出（181.49 亿元）的比例为 1.97%（2010 年为 1.65%），不能适应创新驱动发展需求（见表 4）。

① 五市包括韶关市、河源市、梅州市、清远市、云浮市。

表 4 云浮市与其他地市主要科技创新与转型升级指标比较

城市	第二产业增加值（亿元）	第三产业增加值（亿元）	第一产业比重（%）	第二产业比重（%）	第三产业比重（%）	先进制造业比重（%）	研发投入占 GDP 比重	规模以上工业增加值（亿元）
全省	38008	48086	4.0	42.4	53.6	55.0	2.6	31349
阳江	485	616	7.0	49.2	43.8	17.4	0.8	367
韶关	421	676	11.9	33.8	54.3	33.0	1.2	307
河源	377	467	10.8	39.8	49.4	51.5	0.4	279
清远	501	749	14.9	34.1	51.0	28.8	0.5	398
潮州	506	437	7.0	49.9	43.1	19.9	0.7	318
汕尾	384	343	14.6	45.1	40.3	40.8	0.7	193
云浮	316	344	17.7	39.4	42.9	25.0	0.5	129
梅州	358	529	17.5	33.3	49.2	27.9	0.3	195

资料来源：广东省统计年鉴（2017 年）。

能有效支撑云浮市产业技术发展的创新平台较少，绝大多数的企业研发机构仍处于技术升级与推广转化的较低层次。目前，云浮市仅有 1 家国家工程技术研究中心、1 家省部共建实验室、1 家省企业重点实验室和 6 家研发机构，正常运作的省工程技术研究中心也只有 14 家，一些行业的关键共性技术攻关能力还有待提高。近年来，云浮市农业科技化、产业化进程均有较大程度的提升，但农产品加工、储存、保鲜等环节技术发展滞后，对农业的拉动和促进作用不强。

三、发展思路

按照乡村振兴战略总要求，云浮市应着眼于“接二连三”、一二三产融合，把建设美丽乡村与经营美丽乡村统一起来，培育形成新的增长点，提升乡村产业富民兴村的带动作用，培育乡村发展新动能。

一是重特色，因地制宜探索乡村产业发展新模式。通过最大化发挥区域优势形成别具一格、辨识度高的特色，提升自身的知名度、美誉度和核心竞争力。培育特色明显现代农业，增强地方特色产业竞争力，突出品牌强农效应。二是求创新，培育、激发和强化乡村“产业兴旺”的新动能。壮大新型农业经营主体，培育新产业新业态新模式，打造新型农业发展载体。三是拓市场，统筹利用国内国际市场促进开放型农业发展。顺应城乡居民消费拓展升级趋势，结合自身资源禀赋与传统文化优势，深入发掘农业农村的生态涵养、休闲观光、文化体验、健康养老等多种功能和多重价值。积极开展农业对外合作，统筹利用国际国内两个市场，提升外向型农业发展水平，推动农业企业“走出去”，进一步改善农业投资环境。四是强机制，深化产业兴市助力乡村振兴制度性供给。强化乡村振兴制度性供给，激活农业发展要素，唤醒沉睡资源潜在价值。创新体制机制，进一步转化政府职能，深化农业农村领域的“放管服”改革，尽可能破除一切束缚农民手脚的不合理限制和规范，切实保障他们的合法权益，激发他们在新时代的创业、创新、创造潜力。

四、发展路径

（一）产业集聚发展路径

这一路径要义是以园区建设实现快速发展的

产业集聚路径，即深化实施“特色农业发展示范区”战略，深度挖掘资源潜力，打造广东农村三融合示范区。云浮市产业振兴关键在于寻找特色、重点在于整合资源、核心是要拉长产业链条。应围绕主导产业、特色产业、新兴产业发展，扶持引导各要素集聚，以农业龙头企业、农业高科技和产业融合为主导目标，充分挖掘资源潜力，突出区域特色。应加快推进1个国家级现代农业产业园和5个省级现代农业产业园建设，使其成为云浮市发展的突出特色和重点领域，为四个功能区优化配置各种资源，最终把全市建成一个包括若干园区，覆盖地域广、涵盖产业链长、带动能力强的大型综合性现代特色农业示范区，形成农产品生产、加工、销售等功能与农业生态旅游有机互动、组团发展的现代特色农业大园区。

（二）产业协同发展路径

这一路径要义是以龙头企业带动实现共同富裕的协同发展路径，即全面实施“现代农业创新发展战略”，推动经济方式与产业形态新突破，探索持续提高农民收入的“云浮路径”。创新农村集体经济运行机制。进一步完善龙头企业、专业合作社、家庭农场和农户之间的产业化链接模式，充分发挥农业主体在发展生产、市场竞争中的龙头和纽带作用。创新农村经营主体。围绕云浮市农业特色主导产业，积极培育发展农业龙头企业、农民专业合作社以及家庭农场、专业大户等新型农业经营实体。创新利益联结机制，积极推动“互联网＋现代农业”新模式，实现产业形态新突破。完善互联网商业模式创新的公共基础设施和服务体系，加大推动农业技术创新力度。

（三）产业融合发展路径

这一路径要义是以融合发展为重点实现新业态成长的农业现代化路径，即加快实施“三产融合创新”战略，推动“一产接二连三”，打造广东乡村产业振兴发展新样板。精心打造好广东现代特色南药试验区、产业转型升级示范区和产业扶贫开发示范区三大试验区建设。充分发掘利用和保护现有特色地域文化资源，扩大现代农业文化品牌效应。政府积极探索，打造现代农业园区文化以及特色农业基地文化，努力将农业生产与休闲旅游三产结合起来，引导鼓励社会资本参与乡村产业发展。

（四）产业开拓发展路径

这一路径的要义是以充分利用粤港澳大湾区给云浮市带来的产业及市场空间发展机遇实施“东融西联开放”战略，走多维协同发展道路。抓住国家实施大湾区及“珠江—西江经济带规划”的重大契机和全省大力促进粤东西北地区振兴发展机遇，积极融入“广佛肇清云韶”经济圈，抓住佛山市对口帮扶云浮市发展高效现代农业无缝对接等的政策机遇，加大农业招商引资力度，努力创造条件吸引知名农业龙头企业到云浮市投资现代农业发展项目。对接西南，融通东盟，积极融入粤港澳大湾区建设。谋划建设一批新的产业载体，为承接产业链延伸拓展新空间，瞄准产业链、围绕技术链、聚焦价值链，吸引更多优质产业项目落户云浮市，加速形成新产业新业态。

五、对策建议

产业振兴涉及乡村振兴方方面面，当前应抓好“钱、地、人”等重点领域改革，以五大重点领域为突破口，实现产业振兴健康全面发展。

（一）激活和发挥土地等农村生产要素新链条

一是扎实做好农村土地承包经营权确权登记

颁证工作，规范引导农村土地经营权有序流转，促进土地适度规模经营。二是在农村土地流转中，要确定农民在土地流转中的市场主体地位，政府只能“引导”农民自主流转，政府相关部门不能以发展规模经营、现代农业之名，逼迫流转农民的承包地，也不能阻止农民依法流转承包地。三是考虑建立农村土地使用权流转中心或信托公司，充分发挥专业中心（公司）信息广、渠道多的优势，以此对土地使用权流转进行公司化运作。四是探索建立土地流转“风险保障金”制度，以预防农村土地在流转过程中出现的承包方改变土地用途而出现“非农化”“非粮化”现象或因经营不善而中途退出等伤害农户利益的现象。

（二）营造“绿领”新农民发展成长新空间

一是引导各级各类农业项目向新型职业农民倾斜，形成项目带动产业发展、产业促进新型职业农民队伍壮大的相互融合良性发展模式。二是加大对涉农教育的经费投入，同时动员社会力量参与培育更多新型职业农民。三是进一步展现“让爸爸回家”等公益活动的社会价值和意义，强化拓展新农人培育计划。

（三）培育财政投入扶持保障新机制

一是加强财政政策扶持。加大市县两级财政，尤其是县级财政对产业园建设的财政投入力度，吸引社会资本、工商资本投入园区建设。二是逐步加大财政专项资金用于富民兴村农业产业发展。积极整合资源，谋划项目，主动对接国家和省级产业扶持政策，争取更多的项目支持。

（四）树立税收扶持“三农”发展新理念

一是建议为返乡创业的新农民、农场主提供创业补贴、税费减免等支持。二是完善分配调节税收体系，实现乡村共同富裕。降低农民间接税收负担，完善农民再就业税收政策。三是将个人所得税制改革与乡村振兴结合起来做细做实。

（五）增强创新支持产业振兴新动能

一是加强与大学科研机构等智力合作联系，为“三农”发展赋能。二是提高数字化普惠金融普及程度。引导农村金融机构数字化转型，破解产业发展资金难题，让资本转起来。三是加快促进农业科技协同创新。有效衔接不同科研资源，形成不同部门、区域、学科之间联合协作的产学研用一体的综合农业科技创新体系，达到总体提升云浮市“农”字价值的目标。

（课题组成员：程金勇　李文平
郑会锋　陈为清
陈婉婷　陈惠芬）

附　　录

广东省政府工作报告

——在广东省第十三届人民代表大会第三次会议上

广东省省长　马兴瑞

（2020 年 1 月 14 日）

各位代表：

现在，我代表省人民政府，向大会报告工作，请予审议，并请各位政协委员和其他列席人员提出意见。

一、2019 年工作回顾

2019 年是新中国成立 70 周年，是决胜全面建成小康社会的关键之年。在以习近平同志为核心的党中央坚强领导下，我们和全国人民一道，隆重庆祝新中国 70 华诞，极大地激荡起坚定自信、团结拼搏的爱国情怀，凝聚起奋勇争先、逐梦前行的磅礴力量。中央先后印发《粤港澳大湾区发展规划纲要》和《关于支持深圳建设中国特色社会主义先行示范区的意见》，这是习近平总书记、党中央作出的重大战略部署，为广东发展赋予新的历史使命、带来新的重大机遇。一年来，我们坚持以习近平新时代中国特色社会主义思想为指导，深入贯彻习近平总书记对广东重要讲话和重要指示批示精神，认真落实党中央、国务院决策部署，按照省委的工作要求，在省人大及其常委会、省政协的监督支持下，坚持稳中求进工作总基调，深入贯彻新发展理念，扎实落实“1+1+9”工作部署，统筹做好稳增长、促改革、调结构、惠民生、防风险、保稳定各项工作，扎实办好自己的事，全面建成小康社会取得重大进展，在实现“四个走在全国前列”、当好“两个重要窗口”征程上迈出新步伐。

一年来，我们主要做了以下工作。

（一）坚决贯彻落实中央宏观调控政策和“六稳”工作部署，积极应对国内外风险挑战明显上升的复杂局面，推动全省经济持续健康发展。我们坚持稳字当头，及时采取措施顶住经济下行压力，坚定稳妥有效应对中美经贸摩擦，促进经济运行保持在合理区间。全省地区生产总值 10.77 万亿元、同比增长 6.2%，佛山成为广东省第三个经济总量过万亿元的城市。全省一二三产业比重调整为 4.0∶40.5∶55.5，新经济增加值占地区生产总值比重达 25.3%。预计单位地区生产总值能耗下降 3.7%。地方一般公共预算收入 1.27 万亿元、增长 4.5%，新增减税降费超 3000 亿元。促进投资较快增长、结构持续优化，固定资产投资近 4 万亿元、增长 11.1%，其中基础设施投资、工业技改投资分别增长 22.3%、12.9%。出台实施促进消费的 29 项措施，社会消费品零售总额 4.27 万亿元、增长 8%，网上零售额、快递业务量分别增长 19.3%、29.7%，居民消费价格上涨3.4%。全力稳外贸稳外资，外贸进出口总额7.14万亿元、下降0.2%，其中出口4.34万亿元、增长1.6%；预计实际利用外资1500亿元、增长3.5%。推动金融业提质增效，金融机构本外币存贷款余额分别增长11.7%、15.7%，金融业增加值达8881亿元、增长9.3%。着力增强市场活力，新登记市场主体221万户、总量超1200万户，进入世界500强企业达13家。落实“促进就业九条”，城镇新增就业140万人，城镇调查失业率5%以内、城镇登记失业率2.25%，就业形势保持稳定。居民人均可支配收入达3.9万元、增长8.9%。

（二）*充分发挥利好叠加的“双区驱动效应”，粤港澳大湾区建设取得积极进展，深圳先行示范区建设扎实推进。*我们认真落实中央重大战略部署，细化实化各项具体举措。出台广东省贯彻落实《粤港澳大湾区发展规划纲要》的实施意见和三年行动计划。以“湾区通”工程为抓手，大力推动三地规则衔接，境外高端紧缺人才个人所得税优惠政策全面落实，首期200亿元的粤澳合作发展基金运作顺利，建筑、旅游、医疗等职业资格认可取得新进展。推进粤港澳大湾区国际科技创新中心建设，深港科技创新合作区获批实施先行先试政策，支持港澳高校和科研机构参与广东省科技计划项目，首次实现省财政科研资金跨境港澳使用。基础设施互联互通加快推进，港珠澳大桥运营管理水平不断提升，横琴口岸旅检大楼建成，皇岗口岸重建工程启动。民生领域合作取得新进展，港澳创业者纳入内地创业补贴扶持范围，与港澳共建13家青年创新创业基地，启动建设香港科技大学（广州）。成功举办首届粤港澳大湾区媒体峰会、文化艺术节、华侨华人粤港澳大湾区大会等重大活动。出台支持深圳建设先行示范区若干重大措施，以同等力度支持广州实现老城市新活力和“四个出新出彩”，建立特事特办工作机制，赋予两市更大改革发展自主权，中心城市的核心引擎作用进一步增强。

（三）*深化供给侧结构性改革，大力实施创新驱动发展战略，以制造业为主体的实体经济加快转型升级。*坚持把自主创新作为推动高质量发展的重要支撑，深入落实“科技创新十二条”等政策，持续加强基础与应用基础研究，聚焦“卡脖子”问题组织实施九大重点领域4批研发计划项目。预计全省研发经费支出2800亿元、占地区生产总值比重达2.8%，区域创新综合能力保持全国第一，有效发明专利量、PCT国际专利申请量稳居全国首位，获国家科学技术奖50项、中国专利金奖9项。完成三批共10家省实验室布局，获批建设全国首个中医类国家重点实验室。“双一流”高校建设扎实推进，进入ESI排名前1%的学科达77个。引进第八批44个创新创业团队，全职在粤工作两院院士达89人。高规格召开全省推动制造业高质量发展大会，出台“制造业十九条”，部署实施“六大工程”，高起点培育一批国际竞争力强的产业集群。先进制造业和高技术制造业增加值占规模以上工业比重分别达56.3%和32%，4K电视产量、5G基站数量均居全国第一，广州乐金OLED、粤芯12英寸晶圆等项目建成投产。企业创新能力不断增强，国家级高新技术企业总量超5万家，新增一批省级制造业创新中心、技术创新中心和新型研发机构，规模以上工业企业建立研发机构比例达40%。工业技改三年行动计划扎实推进，9000多家企业实现“小升规”。推进先进制造业与现代服务业深度融合发展，预计现代服务业增加值占服务业比重提高到63.4%。

（四）*坚定不移扩大开放，加大多元市场开*

拓和重大外资项目引进力度，开放型经济水平实现新提升。我们大力推进全方位对外开放，加快建立与国际接轨的投资贸易规则体系，努力把开放的大门越开越大。出台外贸高质量发展32项措施，多渠道开拓国际市场，对欧盟、东盟进出口分别增长11.1%和6.9%。加快发展外贸新业态，跨境电商进出口增长45.8%，二手车出口试点顺利启动。深入落实外商投资负面清单和“外资十条”，进一步减少市场准入限制，在用地保障、人才支持等方面营造更具吸引力的投资环境，预计实际到资超1亿美元项目数量增长19.4%。投资总额超100亿美元的湛江巴斯夫项目开工建设，成为我国首个外商独资大型石化一体化项目、广东省最大的单一外资项目。惠州埃克森美孚、中海壳牌三期等重大外资项目顺利推进，GE海上风电制造基地正式开工。制定广东自贸试验区对港澳跨境服务贸易负面清单，推进商事登记确认制改革试点，获批复制自由贸易账户体系，累计向全国复制推广38项改革创新经验。深度参与“一带一路”建设，对沿线国家进出口总额增长6.3%，国际友城基本实现沿线主要国家全覆盖。中欧班列实现每周9列常态化运行，出口货值增长31.2%。成功举办“读懂中国”广州国际会议、从都国际论坛、中国海洋经济博览会等。与黑龙江对口合作全面加强。泛珠三角区域经贸、旅游等合作取得新成效。

（五）强力推进精准脱贫和污染防治，有效防范化解重点领域风险，三大攻坚战取得关键进展。坚持打歼灭战和持久战相结合，年度攻坚任务全面完成。精准脱贫扎实有效，累计近160万相对贫困人口实现脱贫，90%以上的相对贫困村达到出列标准，“两不愁、三保障”总体实现。深入开展东西部扶贫协作，协助四省区110多万人脱贫。对口支援西藏、新疆、四川甘孜工作扎实推进。污染防治取得突破性进展，狠抓中央环保督察及“回头看”整改，全面实施河长制、湖长制，茅洲河、练江水质明显改善，劣Ⅴ类国考断面减少4个，深圳在全国率先实现全市域消除黑臭水体。完成县级集中式饮用水水源地环境问题整治。河湖“五清”“清四乱”专项行动成效明显，启动万里碧道规划建设。大气质量持续改善，六项污染物指标全面达标，PM2.5年均浓度下降到27微克/立方米。新建城镇污水管网7000多公里和一批生活垃圾、污水处理设施，全面启动地级以上市生活垃圾分类工作。完成违法建设治理1.65亿平方米、“三旧”改造7万多亩、矿山石场复绿765公顷。防范化解金融风险成效显著，用三年时间完成64家农信社改制组建农商行的艰巨任务，累计化解不良贷款超过500亿元、不良贷款率下降8.7个百分点。非法集资、P2P网贷等风险整治扎实推进。坚决遏制隐性债务增量，顺利完成年度存量化解任务，政府债务风险总体保持较低水平。制定省属企业投资项目负面清单，省属“僵尸企业”基本实现市场化出清。房地产市场运行总体平稳。

（六）扎实推进产业振兴和农村人居环境整治，多渠道促进农民增收，实施乡村振兴战略取得新成效。深化农业供给侧结构性改革，建设国家级现代农业产业园10家、省级119家，实现主要农业县农业产业园全覆盖，园区主导产业总产值达1300亿元。大力发展富民兴村产业，新增国家级“一村一品”示范村镇24个，扶持1000个村发展农业特色产业。建成一批县镇村助农服务平台。新建高标准农田120万亩，粮食安全责任制考核居全国前列。有效应对非洲猪瘟疫情，扎实抓好生猪稳产保供，主要农产品供应平稳。现代种业加快发展，农业科技进步贡献率达69%。加快农村一二三产融合发展，农产品加工业、农村电商、休闲农业等蓬勃发展，农村居民人均可支配收入1.88万元、增长9.6%，增速高于城镇居民1.1个百分点。推进“千村示范、万村整治”工程，村庄规划实现全覆盖，全省自然村基本完成基础环境整治，农村无害化卫生户厕普及率达98.6%，农村人居环境逐步改善。扎实推进“四好农村路”建设，新改建公路6700公里、改造危桥538座。推进涉农资金统筹整合，市县可统筹使用涉农资金增长35倍。基本完成农村集体资产清产核资，农村承包地“三权分置”有序推进。新垦造水田10万亩，累计拆旧复垦2万亩。完成“大棚房”清理整治。推进城乡融合发展，加大“万企帮万村”力度，各类人才返乡下乡创业取得新成效。成功举办南粤古驿道定向大赛等活动，乡村文化、旅游、体育事业全面提升。

*（七）坚持补短板打基础利长远，狠抓重大基础设施建设，“一核一带一区”区域发展新格局加快形成。*强化交通基础设施先导作用，大力优化全省交通网络布局，重点加强联通“一核”“一带”“一区”的高快速交通体系建设。新增高铁运营里程122公里、总里程达2027公里，新增高速公路493公里、总里程达9495公里、居全国第一，世界级机场群、港口群加快形成。梅汕铁路、穗深城际建成通车，开工建设广湛、梅龙高铁，加快建设赣深、广汕汕等高铁。开工建设4E级湛江新机场、韶关机场、珠海机场改扩建工程，顺利完成惠州机场、4E级揭阳潮汕机场飞行区扩建工程。南沙大桥建成通车，深中通道全面开建，完成高速公路省界收费站撤站任务。南沙港国际邮轮母港开港运营、可停靠世界最大吨位邮轮，建成汕头港广澳港区2个10万吨级集装箱码头，北江航道实现千吨级船舶通达韶关。珠三角水资源配置、韩江榕江练江三江连通等水利工程建设进展顺利。加快推进能源基础设施建设，惠州太平岭核电开工建设，阳江核电6号机组、台山核电2号机组、湛江大唐雷州电厂等投产发电，新增4个地市通天然气主干管网，沿海LNG接收站、海上风电等项目加快建设。沿海经济带东西两翼重大产业建设取得新进展，揭阳中委广东石化、宝钢湛江钢铁3号高炉、茂名丙烷脱氢等项目加快推进。筑牢北部生态屏障，启动编制广东南岭国家公园总体规划。在东西两翼和北部生态发展区布局建设9家高水平医院和4家省实验室，启动新建迁建8所高校，省职教城首期工程交付使用。出台均衡性转移支付制度，将享受政策的县（市、区）从60个扩围至86个，实现全省财力困难县（市、区）全覆盖。完善生态保护区财政补偿转移支付制度，出台专门政策支持老区苏区和民族地区加快发展。

*（八）积极推动各项社会事业发展，切实保障和改善民生，人民群众获得感幸福感安全感不断提升。*我们持续加大民生投入，全省财政民生类支出1.21万亿元、占比约七成。全面完成省十件民生实事。创新实施积极的就业政策，深入推进“广东技工”“粤菜师傅”“南粤家政”工程，从失业保险基金提取35亿元用于创业担保和贴息支出，开展补贴性职业技能培训118万人次。在第45届世界技能大赛上，广东省选手荣获8块金牌、占全国一半。加快发展各级各类教育，公办园和普惠性民办园在园幼儿占比提高至78%，义务教育优质均衡发展，高职院校扩招12万人以上，高等教育毛入学率提高4个百分点。提升社会保险统筹层次，实现工伤保险基金省级统筹，大病保险筹资和保障水平进一步提高。城乡低保、残疾人保障等底线民生不断加强，实现医疗救助市级统筹，新开工棚户区改造住房2.8

万套。大力推进30家高水平医院建设，与国家卫生健康委共建8家国家医学中心和国家区域医疗中心，升级建设的47家中心卫生院全部开业，中医药和公共卫生服务保障能力进一步增强。深化“三医联动”改革，全面推进紧密型县域医共体建设，率先全面实施按病种分值付费，完善高血压、糖尿病患者门诊用药保障制度，积极推进药品集团采购，群众医药负担进一步降低。扎实推进省直机关事业单位医保制度改革。出台养老服务发展若干措施，加快推进居家、社区、机构养老设施建设。实施建设文化强省行动计划，省级重大标志性文化工程“三馆合一”项目正式开工，新增全国重点文物保护单位33处，韩江流域左联作家活动旧址、中央红色交通线旧址等文物保护利用扎实推进，文化及相关产业增加值保持全国首位。成功创建2个国家全域旅游示范区。全民健身活动蓬勃开展，成功举办篮球世界杯和定向世界杯决赛。食品药品安全监管不断加强。应急管理体制改革进展良好，平安交通建设扎实有效，生产安全事故总量持续下降。设立省退役军人应急救助基金，全面建成退役军人五级服务保障体系，为176万户烈属、军属和退役军人等家庭悬挂光荣牌。国防动员体系更加健全，国防教育、军民融合、双拥共建等工作全面加强。健全社会治安防控体系，强力推进扫黑除恶专项斗争，重拳打击各类违法犯罪，深入实施全民禁毒工程，社会大局持续平安稳定。成功承办首届世界律师大会。高质量完成广东第四次全国经济普查。慈善事业健康发展。民族宗教、妇女儿童、广播电视、参事文史、地方志、档案、气象、地震等工作取得新成效。

（九）*以创造型引领型改革为牵引，深化重点领域改革攻坚，经济发展活力进一步增强。*围绕正确处理政府与市场的关系，运用改革的办法破解发展难题。大力推进“数字政府”改革建设，推动数据上云、服务下沉，“粤省事”实名用户突破2500万、809项服务事项实现零跑动，“粤商通”“粤政易”服务范围不断扩大，企业和群众办事更加便捷，省级政府网上政务服务能力排名跃居全国第一。社会信用体系建设深入推进，全省信用联合奖惩一张网加快形成。大力推进“放管服”和强市放权改革，省级权责清单事项从3018项大幅压减至986项。持续推进减证便民，“百项疏堵行动”成效显著。实施企业投资项目分类管理和落地便利化改革，开展工程建设项目审批制度改革，全面签发不动产登记电子证照。推行“证照分离”改革全覆盖试点，企业开办全流程平均不超过3个工作日。出台支持中小企业用地、融资、知识产权保护的专项政策，完善粤商·省长面对面协商座谈会机制，建成涉企政策“一站式”网上发布平台和中小企业融资平台。完成年度清理拖欠民营企业中小企业账款任务。省和广州、深圳共同出资参与南航集团股权多元化改革。优化省属国有资本布局，整合组建新的广物控股、铁投、广新控股集团。深化预算编制执行监督管理改革，全面实施预算绩效管理，政府专项债券发行使用等工作成效显著。

一年来，我们深入学习贯彻习近平新时代中国特色社会主义思想，扎实开展“不忘初心、牢记使命”主题教育，持续深化“大学习、深调研、真落实”，进一步增强“四个意识”、坚定“四个自信”、做到“两个维护”，增强了守初心、担使命的思想自觉和行动自觉。坚持向人大及其常委会报告工作，依法执行人大决议决定，自觉接受人大监督，办理省人大代表建议896件。支持政协履行职能，积极开展各类民主协商，自觉接受政协民主监督，办理省政协提案

694件。深入推进依法行政，率先建成全省统一的行政执法信息公示平台。落实中央八项规定及其实施细则精神，扎实推进审计监督全覆盖，廉洁政府建设取得新成效。坚持厉行节约，一般性支出压减10%以上。力戒形式主义、官僚主义，大幅压减文件会议数量和督查考核事项，积极为基层减负。坚持问题导向，扎实抓好主题教育整改清单落实，有效解决了一批群众反映强烈的操心事、烦心事、揪心事。

各位代表！这些成绩的取得来之不易。这是以习近平同志为核心的党中央坚强领导的结果，是全省人民在省委的带领下，齐心协力、团结拼搏、共同奋斗的结果。在此，我代表省人民政府，向全省人民，向各位人大代表、政协委员，向各民主党派、各人民团体、各界人士，向驻粤中央有关单位和人民解放军指战员、武警官兵、公安干警、消防救援队伍指战员，致以崇高的敬意！向所有关心和支持广东现代化建设的港澳同胞、台湾同胞、海外侨胞及国际友人，表示衷心的感谢！

我们也清醒地看到，广东省经济社会发展中还存在不少困难、问题和挑战：一是经济下行压力加大，经济结构优化调整任务艰巨，现代产业体系建设任重道远。国内外市场有效需求不足，外贸进出口面临不少挑战，工业经济仍处低位运行，部分企业生产经营困难增大。传统产业转型升级仍需持续发力，新兴产业尚未完全挑起大梁，构建多点支撑的产业体系还需加大力度。二是污染治理任务相当艰巨繁重，环保基础设施欠账仍然较多，生态环境建设面临新挑战。空气质量持续改善难度较大，重污染河流和城市黑臭水体治理需持续攻坚，污水和垃圾处理设施还存在短板，资源节约集约循环利用水平不够高，生态保护修复还要持续加强。三是区域发展差距仍然较大，农业农村存在不少短板，发展平衡性协调性有待进一步增强。沿海经济带东西两翼支柱产业还不强、带动能力不够，北部生态发展区绿色优势尚未充分发挥，农业生产规模化产业化水平有待提高，农村人居环境整治任务依然繁重，破解城乡二元结构还需下更大功夫。四是一些领域风险隐患比较突出，安全生产形势依然严峻，防灾减灾和维护社会稳定面临新的挑战。非法集资、P2P网贷等金融风险不容忽视，道路交通、消防等领域安全事故仍然多发，防灾减灾、食品安全监管存在薄弱环节，基层应急管理体系还不完善。五是法治政府建设需要进一步加强，工作作风有待持续改进，行政效能还需不断提升。运用法治思维和法治方式解决问题、推动工作的能力还不够强，一些干部担当精神不足，形式主义、官僚主义仍然存在。“放管服”改革需要持续深化，政府职能转变还不到位。对这些问题，我们要采取坚决有力措施加以解决。

二、2020年工作安排

2020年是全面建成小康社会和“十三五”规划收官之年，我们要实现第一个百年奋斗目标，为“十四五”发展和实现第二个百年奋斗目标打好基础。做好今年工作，意义十分重大。综观国内外形势，当今世界正经历百年未有之大变局，全球经济仍处在国际金融危机后的深度调整期，不稳定不确定因素增多，中美经贸摩擦等带来新的挑战。但更要看到，我国发展仍处于重要战略机遇期，拥有诸多独特优势、巨大潜力和不断迸发的创新活力，经济稳中向好、长期向好的基本趋势没有改变。广东经济总量大、韧性强，产业体系相对完备，正迎来粤港澳大湾区建设和支持深圳建设先行示范区的重大历史机遇，前景广阔、大有可为。我们坚信，在以习近平同志为核心的党中央坚强领导下，只要全省上下勠力同心、砥砺奋进，集中精力办好自己的事，就一定能战胜各种风险挑战，推动经济社会发展迈上新台阶。

今年政府工作的总体要求是：以习近平新时代中国特色社会主义思想为指导，全面贯彻党的十九大和十九届二中、三中、四中全会以及中央经济工作会议精神，坚决贯彻党的基本理论、基本路线、基本方略，深入贯彻落实习近平总书记对广东重要讲话和重要指示批示精神，增强“四个意识”、坚定“四个自信”、做到“两个维护”，紧扣全面建成小康社会目标任务，坚持稳中求进工作总基调，坚持新发展理念，坚持以供给侧结构性改革为主线，坚持以改革开放为动力，以粤港澳大湾区建设为“纲”，以支持深圳建设中国特色社会主义先行示范区为牵引，深入落实“1+1+9”工作部署，坚定推动高质量发展，坚决打好三大攻坚战，全面做好“六稳”工作，统筹推进稳增长、促改革、调结构、惠民生、防风险、保稳定，保持经济社会平稳健康发展，确保全面建成小康社会和“十三五”规划圆满收官，得到人民群众认可、经得起历史检验。

今年广东省经济社会发展的主要预期目标是：地区生产总值增长6%左右；地方一般公共预算收入增长4%；固定资产投资增长10%，社会消费品零售总额增长7.5%，外贸进出口稳中提质、实现正增长；城镇新增就业120万人，城镇调查失业率和城镇登记失业率分别控制在5.5%和3.5%以内；居民消费价格涨幅3.5%左右；居民收入增长与经济增长基本同步；单位地区生产总值能耗下降3%，主要污染物排放量继续下降。

完成上述目标任务，必须坚定不移贯彻新发展理念，牢固树立正确的政绩观、发展观，把创新、协调、绿色、开放、共享作为一个体系整体推进，把注意力集中到解决各种不平衡不充分的问题上来，坚持从系统论出发优化经济治理方式，善于通过改革破除发展面临的体制机制障碍，遵循规律、科学施策，确保经济实现量的合理增长和质的稳步提升，努力推动高质量发展走在全国前列。

我们将重点抓好十个方面工作。

（一）深入推进粤港澳大湾区建设，支持深圳建设先行示范区和广州实现老城市新活力，加快构建“一核一带一区”区域发展新格局。充分释放“双区驱动效应”，发挥广州、深圳“双核联动、比翼双飞”作用，牵引带动“一核一带一区”在各自跑道上赛龙夺锦，形成优势互补、高质量发展的区域经济布局。

深入落实《粤港澳大湾区发展规划纲要》。按照五大战略定位，与港澳共同打造世界级创新平台和增长极。加快建设具有全球影响力的国际科技创新中心，推进综合性国家科学中心先行启动区建设，打造广深港澳科技创新走廊。聚焦规则衔接深化体制机制创新，优化珠三角九市在市场准入、产权保护、政务服务等方面的制度安排。加强基础设施互联互通，推进粤澳新通道建设、皇岗口岸重建和深圳湾口岸24小时通关，完善港澳机动车便利入出内地政策措施。加快南沙国际航运贸易枢纽建设，积极争取前海深港现代服务业合作区扩区。推动珠澳合作开发横琴，规划建设粤澳深度合作区，加快澳珠极点建设步伐。抓好中新（广州）知识城等重大平台建设。全面落实中央惠港惠澳政策，实施“湾区通”工程，大力推进港澳青年创新创业基地建设，推动在粤工作生活的港澳居民民生方面享有本地市民待遇，积极推进粤港澳合作办学、合作办医，强化生态环保合作，打造宜居宜业宜游的优质生活圈。

全力支持深圳先行示范区建设。支持深圳加大改革创新力度，努力创建社会主义现代化强国的城市范例。赋予深圳更加充分的省级经济社会管理权限，率先实施综合授权改革试点。以深圳为主阵地建设综合性国家科学中心，加快深港科技创新合作区、光明科学城、西丽湖国际科教城等平台建设，力争在关键核心技术攻关、战略性新兴产业发展等方面实现新突破。支持深圳建设粤港澳大湾区大数据中心。支持深圳用足用好经济特区立法权，打造国际一流法治化营商环境，提高超大城市社会治理水平。支持深圳建设文化强市，增加优质教育、医疗资源供给，构建高水平的社会保障体系。支持深圳实行最严格的生态环境保护制度，创新城市空间统筹利用模式，打造可持续发展先锋。认真筹办经济特区建立40周年庆祝活动。

支持广州实现老城市新活力和“四个出新出彩”。以支持深圳同等力度支持广州，强化省会城市、产业发展和宜居环境功能，建设现代化国际化营商环境，全面提升城市发展能级。支持广州发挥国际科技创新中心的重要引擎作用，大力发展新一代信息技术、人工智能、生物医药、新能源智能网联汽车等产业，建设国家人工智能和数字经济试验区，打造国际综合交通枢纽和教育医疗中心，增强综合城市功能。支持广州提升城市文化综合实力，建设高水平文化产业基地和体育名城，以“绣花”功夫提升城市品质。支持广州打造老城市商贸业转型升级范例，提升金融、会展等发展水平，建设具有国际影响力的现代服务业强市。

加快推进“一核一带一区”建设。推动珠三角核心区优化发展，形成带动全省发展的主动力源。完善跨珠江口通道和珠三角城际轨道网络规划，深入推进广佛全域同城化、广清一体化，加快广佛肇、深莞惠、珠中江三大都市圈建设，支持珠海打造珠江口西岸核心城市。规划建设深圳—中山产业拓展走廊、珠江口西岸高端产业集聚发展区。打造沿海经济带东西两翼重要发展极，支持汕头、湛江建设省域副中心城市，探索推动广州、深圳与湛江、汕头深度协作，形成“双核+双副中心”动力机制，建设汕潮揭城市群和湛茂都市圈。支持湛江参与共建西部陆海新通道。在东西两翼布局更多重大产业项目，培育一批千亿级产业集群，打造世界级沿海产业带。支持各市建设临港经济区、滨海新区等平台，加快建设深汕特别合作区，提升产业承载力和带动能力。推动北部生态发展区绿色发展，积极创建广东南岭国家公园，发展休闲旅游、生物医药等产业，支持建设南药基地，因地制宜发展绿色低碳新型制造业，建设高水平的大湾区“菜篮子”产品生产供应基地。制定实施新一轮对口帮扶计划，纵深推进产业、环保、民生等领域合作。加大力度推动老区苏区和民族地区发展。

（二）认真落实中央“六稳”部署，加大力度扩投资促消费稳外贸，不断增强经济发展稳定性和韧性。统筹利用国际国内两个市场，积极扩大有效投资，推动消费升级和产业升级互促共进，千方百计稳定进出口，为经济平稳运行提供有力支撑。

加大基础设施补短板力度。大力推进省和深圳市交通强国建设试点，加快完善高快速交通体系。推进广汕汕、广湛、赣深、梅龙等高铁建设，开工建设深茂铁路深江段、深南高铁江肇段、汕头疏港铁路，力争开工深汕高铁、揭阳疏港铁路、瑞梅铁路，加快推进汕头至漳州高铁、龙岩至梅州铁路、广中珠澳高铁、潮州疏港铁路、罗岑铁路等前期工作，建成广州南沙港铁路、广州东北货车外绕线、广清城际一期，启动汕潮揭城市群城际铁路建设。开工建设黄茅海通道、南沙至中山等高速公路，抓好深中通道等54个续建项目，推进莲花山通道、狮子洋通道、深汕第二高速、河惠汕高速等项目前期工作，加快拥堵路段改扩建，年底前高速公路通车总里程超过1万公里。加快湛江、韶关、珠海等机场项目建设，开工建设深圳机场三跑道，推进广州白云机场三期、珠三角枢纽机场前期工作。加快南沙港四期、湛江港30万吨级航道改扩建、茂名博贺新港区30万吨级航道等港航项目建设，支持汕头广澳港区三期工程建设，抓好东江、北江上延、韩江航道扩能升级前期工作。推进惠州太平岭核电、陆丰核电、阳西电厂、大埔电厂二期等能源项目，实现天然气主干管网地市全覆盖。加快推进珠三角水资源配置、粤西水资源配置、韩江榕江练江三江连通、韩江高陂水利枢纽等重点水利工程。加强重大项目储备，发挥政府投资的引导作用，吸引社会资本参与重大基础设施建设。

多渠道扩大国内消费市场。完善政策措施，培育消费热点。积极推动汽车消费升级，鼓励以旧换新，着力解决停车难、充电难问题，推进全省干线高速公路服务区充电设施全覆盖。培育壮大新兴消费，加快开发智能终端、可穿戴设备等信息消费产品，提高家政、托幼服务水平，促进文化、旅游、体育、健康、养老等服务消费扩容提质。推进步行街、大型商圈改造提升，支持老字号传承创新，促进夜间经济加快发展。支持广州、深圳建设国际消费中心城市。加强城市更新，推进城镇老旧小区、背街小巷和存量住房改造提升，支持加装电梯、完善配套设施，带动相关消费。加快发展农村电商，完善农产品冷链物流体系，拓展特色农产品销售渠道，支持优质工业品下乡。

大力推进外贸提质增效。推进贸易强省建设，实施“粤贸全球”计划，办好境外广东商品展览会，培育壮大海外展销中心和海外仓，积极开拓多元国际市场。抓好跨境电商综合试验区建设和市场采购贸易试点，推动外贸综合服务企业健康发展，扩大二手车出口，提升服务贸易发展水平。依托龙头电商企业“厂货通”模式，促进加工贸易企业拓展内外销。提升广交会、高交会、中博会、珠海航展、海丝博览会等展会影响力辐射力。推进丝路保险公司筹建，扩大政策性出口信用保险覆盖面。加强各类进口贸易平台建设，培育融资租赁、保税维修、汽车平行进口等新业态，扩大重要原材料、关键零部件、核心装备、优质消费品进口。加强综合保税区建设，推广国际贸易“单一窗口”标准版，压缩口岸通关时间，降低进出口合规成本。支持企业参与“一带一路”沿线国家基础设施建设和能源资源开发，扎实办好境外合作园区，支持中欧班列开展多式联运和回程业务。

（三）聚焦打好打赢三大攻坚战，全力以赴完成各项目标任务，确保全面建成小康社会。瞄准短板弱项，决战决胜脱贫攻坚、污染防治、风险防范重点战役，坚决啃下硬骨头、完成硬任务。

确保脱贫攻坚任务如期全面完成。突出重点地区、重点人群，加大精准扶贫、精准脱贫工作力度，确保相对贫困人口全部脱贫、相对贫困村全部出列。落实“四不摘”要求，稳定脱贫攻坚政策，持续加大产业扶贫、就业扶贫、消费扶贫、保障性扶贫力度，增强自我发展能力。及时做好返贫人口和新发生贫困人口的监测帮扶，建立解决相对贫困的长效机制。谋划好2020年后扶贫开发工作。扎实推进东西部扶贫协作，深化产业合作、劳务协作等，做大做强东西部扶贫协作产品交易市场，高质量完成帮扶任务。继续做好对口支援西藏、新疆、四川甘孜工作。

坚决打好污染防治攻坚战。坚持精准治污、科学治污、依法治污，打赢蓝天、碧水、净土保卫战，推动生态环境质量持续好转。加强臭氧污染联合防控，加快能源结构、产业结构等优化调整，抓好挥发性有机物、氮氧化物减排和柴油货车、工地扬尘治理，在物流、环卫等领域推广应用新能源汽车，加快港口岸电配套使用、内河船舶LNG动力改造。推动茅洲河、练江等重污染河流治理取得突破性进展，力争消除劣V类国考断面，基本消除城市建成区黑臭水体，地表水体优良率达到国家约束性指标要求。推进污水处理设施及管网建设改造，新建城镇污水管网5000公里。抓好固体废物处理设施建设，强化洋垃圾非法入境管控。加强土壤污染防治和修复，促进土壤资源永续利用。

全力防范化解重大风险。压实地方政府属地处置责任，坚决守住不发生系统性区域性风险的底线。严厉打击非法集资，推进P2P网贷机构分类处置，实现行业风险有序出清。巩固农合机构改制成果，完善法人治理结构。积极防范化解地方中小银行机构、上市公司股权质押等领域风险。严格实施政府债务限额管理，坚决遏制隐性债务增量，稳妥化解隐性债务存量。坚持“一城一策”、因城施策，促进房地产市场平稳健康发展。

（四）创新科技体制和人才发展机制，大力提升科技实力和创新能力，加快科技创新强省建设。坚持创新是第一动力，发挥集中力量办大事的制度优势，加快解决“卡脖子”问题，增强科技创新对经济社会发展的支撑能力。

增创科技创新环境新优势。深化科技体制改革，健全符合科研规律的科技管理体制和政策体系，充分激发各类创新主体活力。开展成果转化政策改革试点，积极探索科技成果权属改革。推进科技金融产业融合，推广落实普惠性科技金融政策，打造国际风投创投中心。完善孵化育成体系，推动孵化器、众创空间实现地市和珠三角县区全覆盖。改革完善知识产权保护体系，创建一批国家级知识产权保护中心，加大知识产权侵权惩罚性赔偿力度，营造尊重知识价值的良好环境。推进重点产业专利导航计划，完善知识产权质押融资风险补偿机制。支持韶关、阳江创建国家级高新区。弘扬科学精神、工匠精神，加强科研诚信、科技伦理建设。

依托重大科技创新平台强化原始创新。坚持自力更生、自主创新，建立长效稳定支持机制，完善基础研究多元化投入体系，启动更多省企、省市联合基金，在信息科学、海洋科学、数理与交叉等前沿领域继续组织一批省基础研究重大项目。加快南方光源、冷泉系统等大科学装置前期工作，推进东莞散裂中子源、江门中微子实验站、惠州强流重离子加速器、南海海底科学观测网、天琴计划、海洋科考船等建设，打造世界一流重大科技基础设施集群。加强国家重点实验室建设，“一室一策”推进10家省实验室建设，积极争创国家实验室。深化省部院产学研合作，推动中科院等机构在粤建设高水平创新研究院。布局建设一批中试验证和应用示范平台。持续推进高水平大学、高水平理工科大学和重点学科建设。

加大关键核心技术攻关力度。积极对接国家重大科技项目，大力实施九大重点领域研发计划。以揭榜制等方式支持集成电路、半导体材料、高端制造与检测设备、工业软件等关键核心技术攻关，尽快形成一批具有国际竞争优势的重大科技产品和装备。积极创建国家级制造业创新中心和技术创新中心。推动重大技术装备首台（套）研制开发、使用和产业化。强化企业创新主体地位，鼓励领军企业建设一流研发机构，推动规模以上工业企业建立研发机构比例达43%以上。持续开展高新技术企业树标提质行动，培育更多具有自主知识产权的创新型企业。实施产业链协同创新计划，支持大中小企业和各类主体融通创新。

打造创新人才高地。优化实施“珠江人才计划”“广东特支计划”“扬帆计划”等重大人才工程。拓展全球化引才引智渠道，为归国留学人员和外籍人才在住房、子女教育等方面提供更加便利的服务，建设国际高端人才重要集聚地。推进产学研单位之间人才顺畅流动，完善科研人才发现、培养、激励机制，实施科技型企业家申报高级职称直通车制度。优化高校专业设置和人才培养模式，加快拔尖创新人才和紧缺人才培养。

（五）大力推动制造业高质量发展，提高产业基础能力和产业链现代化水平，加快现代产业体系建设。深化供给侧结构性改革，落实“巩固、增强、提升、畅通”八字方针，聚焦“六大工程”推进制造强省建设，筑牢实体经济发展根基，全面提升产业整体竞争力。

大力发展先进制造业。着力提升制造业能级和水平，培育新一代信息技术、绿色石化、智能家电、汽车制造等一批世界级先进制造业集群，推动产业迈向全球价值链中高端。做强做优珠江东岸电子信息产业带和珠江西岸先进装备制造产业带，推进沿海绿色石化产业带建设。加大稳链补链强链控链力度，增强产业链关键环节和优质企业根植性，培育一批产业控制力强的“链主企业”。加快建设湛江巴斯夫、深圳华星光电11代线、揭阳中委广东石化等项目，积极推进惠州埃克森美孚、中海壳牌三期、茂名丙烷脱氢、广汽丰田四厂五厂、现代汽车氢燃料电池系统等重大项目前期工作。稳步推进5G通信网络建设，年内新建5G基站4.8万个，力争实现地级以上市5G网络覆盖、基本实现珠三角中心城区连续覆盖。推进超高清视频产业发展试验区建设，完善4K/8K产业生态体系。推进新能源汽车产业发展壮大，积极布局发展氢能产业。建立重大产业项目引进“绿色通道”，强化用地、用能等资源要素保障。

筑牢工业发展基础。大力提升工业“四基”能力，推动核心基础零部件、关键基础材料、先进基础工艺、产业技术基础的工程化产业化。积极发展智能制造，促进制造业加速向数字化、网络化、智能化发展。推动省市共建特色优势产业，支持各地围绕主导产业探索差异化发展，培育一批行业龙头企业和专精特新中小企业。推动传统产业转型升级，支持加大设备更新和技改投入，加快发展工业互联网，力争推动8500家企业技术改造、4000家企业“上云上平台”、5000家企业“小升规”。支持东莞建设省制造业供给侧结构性改革创新实验区。支持云浮建设信息技术应用创新产业园。提升工业园区产业承载能力和质量效益，全面启动珠三角核心区村镇工业集聚区升级改造攻坚战。积极构建广东先进标准体系，培育一批世界一流制造业品牌，加快建设质量强省。

积极发展现代服务业。大力发展数字经济，建设国家数字经济创新发展试验区，推动互联网、大数据、人工智能与实体经济深度融合，发展智能传感、移动支付、新零售等新业态新模式。加快区块链技术和产业创新发展，在金融、民生服务等领域积极推广应用，打造区块链产业集聚区。大力发展现代金融，筹建大湾区国际商业银行、国际海洋开发银行，促进地方法人金融机构做优做强。构建现代物流服务体系，完善城乡配送网络，推进批发市场、商贸集市转型升级。支持发展工业设计、供应链管理、电子商务、科技服务等生产性服务业，培育一批大型专业服务企业和品牌服务机构。

大力发展海洋经济。充分发挥广东省海洋资源丰富和产业基础良好的优势，加快海工装备、海洋电子信息、海洋生物、船舶制造、海洋能源等产业发展，打造蓝色高端产业集群。抓好近海风电场开发建设，推动海上风电规模化发展。加快珠海、阳江、潮州等地沿海LNG接收站建设，加大海洋油气资源勘探开发力度，建设天然气水合物勘查开采先导试验区。支持深圳组建海洋大学和国家深海科考中心，支持广州、湛江建设国家海洋高技术产业基地，推进南方海洋科学与工程省实验室建设。着力打造智慧港口，推动海洋渔业、海洋交通运输业、滨海旅游业等提质增效，积极发展跨海岛旅游。高水平办好中国海洋经济博览会。

*（六）深化经济体制改革，持续优化营商环境，有效激发各类市场主体活力。*围绕使市场在资源配置中起决定性作用和更好发挥政府作用，着力破解制约经济高质量发展的体制机制障碍，加快建设更高标准的市场体系，进一步激活蛰伏的发展潜能。

推进多种所有制经济共同发展。坚持“两个毫不动摇”，营造各类市场主体公平竞争的市场环境、政策环境、法治环境。制定国企改革三年行动方案，加快推动省属企业战略性重组，积极推进混合所有制改革和股权多元化改革，做强做优实业主业。以管资本为主加快国资监管职能转变，推动国有资本授权经营体制改革，完善市场化选人用人和激励约束机制。推进党政机关事业单位经营性国有资产集中统一监管试点。健全支持民营经济改革发展机制，加快清理与企业性质挂钩的歧视性规定和做法，保障民营企业依法平等使用资源要素，保护民营企业和企业家合法权益。构建亲清政商关系，健全政企沟通常态化机制，实施新粤商培训工程，鼓励支持企业心无旁骛做实业。持续完善涉企政策和服务体系，认真落实减税降费政策，着力帮助企业解决融资、用地、用工等方面的突出问题，实质性降低企业负担。

加快建设更高水平开放型经济新体制。贯彻落实《外商投资法》及配套法规，进一步放宽市场准入，保护外资合法权益。完善省领导联系跨国公司“直通车”制度，做好外资大项目跟踪服务。发挥驻外经贸机构、海外商协会、华侨华人等的桥梁纽带作用，联合港澳开展大湾区推介活动，加大对日韩、欧洲等地招商引资力度，鼓励跨国公司在粤设立总部型企业。充分发挥自贸试验区改革开放试验田作用，实施更具国际竞争力的开放政策和制度，完善跨境服务贸易负面清单管理。推进国际货物分拨集拼中心、国际贸易结算中心建设，更大范围复制推广自由贸易账户体系，推动广州期货交易所落地。加快国家级经济技术开发区创新提升发展。抓好中韩（惠州）产业园等平台建设。加强知识产权海外护航，完善知识产权海外维权机制。建设高素质的涉外法律服务队伍。密切与太平洋岛国交流，提升与国际友城合作水平。深化粤台经贸交流合作。

完善市场监管体制机制。深化“证照分离”改革，开展商事登记确认制试点，年内实现市场监管领域“双随机、一公开”监管全覆盖。深化投资项目审批制度改革，推进项目审批告知承诺制，促进项目落地便利化。深化工程建设项目审批制度改革，进一步优化审批流程。全面推广"互联网+不动产登记"，一般登记压缩到3个工作日内、抵押登记压缩到1个工作日内。深化药品医疗器械审评审批改革。加强社会信用体系建设，全面构建以信用为基础的新型监管机制。落实《优化营商环境条例》，配合做好世界银行全球营商环境评估工作。

深化财税金融体制改革。纵深推进预算编制执行监督管理改革，进一步提升预算绩效管理水平。加快分领域财政事权和支出责任划分改革，调整优化省与市县收入划分体系，完善以功能区为引领的转移支付政策，加大省级涉农资金统筹整合力度，赋予市县更大的资金使用自主权。坚持集中财力办大事，坚决压减一般性支出，优化财政支出结构。用好地方政府债券，支持重点项目建设。加强对存量资金的清理，盘活各类闲置资源资产。稳步推进健全地方税体系改革。深化金融改革创新，推动深交所创业板注册制改革落地，大力发展区域性股权市场，提高直接融资比重。加快省农信联社改革，做好省中小企业融资平台运营工作，推动港澳保险服务中心建设和"理财通"试点。

（七）*深入实施乡村振兴战略，促进各类资源要素向农村流动，努力推动农业强农村美农民富。*坚持以工补农、以城带乡，对标全面建成小康社会"三农"工作必须完成的硬任务，统筹抓好"五个振兴"，着力提升农业农村现代化水平。

深化农业供给侧结构性改革。高标准推进现代农业产业园建设，实施产业兴村强镇行动，扶持1000个村发展农业特色产业，建设50个以上专业镇，推进"一县一园、一镇一业、一村一品"，加快打造一批岭南优势产业带。支持壮大农业龙头企业，着力培育新型农业经营主体，积极创建"粤字号"农业知名品牌。落实"米袋子"省长负责制和"菜篮子"市长负责制，稳定粮食生产，落实生猪等"菜篮子"商品保供稳价措施，推动生猪家禽产业转型升级。实施乡村振兴科技计划和现代种业提升工程，建设岭南现代农业省实验室，加快广州现代农业产业科技创新中心、深圳现代生物育种创新中心建设。支持河源创建国家农业高新技术产业示范区。深入实施农村科技特派员行动。大力建设广东数字农业试验区，支持珠三角地区发展都市现代农业。发展农产品加工业和休闲农业，加快农村一二三产融合发展，扶持一批特色农产品"走出去"，多渠道促进农民增收。抓好农产品市场体系建设和质量安全监管。

推进生态宜居美丽乡村建设。抓好农村人居环境整治，开展"十百千万"示范创建工程，在"四沿"区域建设美丽乡村风貌带，在珠三角地区开展"五美"专项行动，完成全部行政村环境综合整治，抓好农房管控、风貌提升。基本完成农村户用厕所无害化改造，深入推进农村生活垃圾和污水处理设施建设，健全长效管护机制。推进农业面源污染治理示范工程。加快农村公路、信息、水利、供电等基础设施建设，实现全部自然村村内道路硬化、行政村集中供水全覆盖。推进削坡建房和破旧泥砖房整治，提升小水电和小型水库安全运行管理水平。

深入推进农村各项改革。完善农村承包地"三权分置"政策体系，加快农村承包土地经营权流转，深化农村土地股份合作制改革，促进农业适度规模经营。抓好高标准农田建设，大力推进垦造水田和拆旧复垦。加快房地一体农村宅基地和集体建设用地确权登记工作，探索盘活利用闲置宅基地和闲置农房模式。推行"点状供地”，落实设施农用地政策，加强乡村新产业新业态发展用地保障。深化集体产权、集体林权、国有林场、农垦、供销社、渔船渔港综合管理等改革。深入实施“头雁工程”，健全党组织领导的自治、法治、德治相结合的乡村治理体系，大力培育文明乡风。

健全城乡融合发展体制机制。积极开展破解城乡二元结构试点示范，推进国家城乡融合发展试验区广清接合片区建设。加快城乡基础设施互联互通、公共服务普惠共享。深入推进乡村人才振兴和“万企帮万村”“三师下乡”等行动，建立城市人才入乡激励机制和工商资本入乡促进机制，实施“乡村工匠”等工程，吸引各类人才到农村创业发展。加快推进新型城镇化，放开放宽除广州、深圳以外的城市落户限制，做强做优县域经济，不断提升中心城区、县城和中心镇承载能力。

（八）*大力发展文化事业，提升文化产业竞争力，加快推进文化强省建设。*牢牢把握社会主义先进文化前进方向，全面深化文化体制改革，激发文化创新创造活力，不断增强文化软实力。

大力弘扬社会主义核心价值观。加强爱国主义理想信念教育，强化党史、新中国史、改革开放史、社会主义发展史教育，推进铸魂立德行动，夯实全省人民团结奋斗的共同思想基础。实施文明创建提质工程，深化市县镇村“四级文明联创”，拓展新时代文明实践中心试点建设，推动“七个一百”精品项目下基层。大力实施公民道德建设工程，加强志愿服务，培育公共文明行为。做大做强主流舆论，推进媒体融合向纵深发展，建立全媒体传播体系，建设全国一流的新型主流媒体群。大力保护传承红色文化，建好革命文物保护利用片区，打造红色教育基地、爱国主义教育基地。

完善公共文化服务体系。高水平推进“三馆合一”项目、广东画院新址等标志性文化工程，加快长征国家文化公园粤北段建设。推动市县图书馆、文化馆、博物馆及基层综合性文化服务中心全覆盖，更好发挥公共文化机构作用。创建一批公共文化服务体系示范区，打造群众性文化活动和艺术惠民品牌。推进新时代广东文艺高峰工程，实施电影、电视剧、文学振兴和岭南美术、广东音乐、粤剧等岭南文化促进工程，推出一批文化精品力作。加强文化遗产保护利用，建立粤北华南教育历史研学基地。繁荣哲学社会科学，做好参事文史、地方志等工作。办好粤港澳大湾区媒体峰会、文化艺术节等活动，共建大湾区文化遗产游径。开展“广东故事世界行”，讲好中国故事、湾区故事、广东故事。

做大做强文化产业和旅游业。推进文化产业示范园区建设，打造一批具有全国竞争力的文化龙头企业。培育文化发展新动能，发展4K/8K影视、数字出版、动漫网游、网络视听新媒体等文化新业态，办好深圳文博会、广州文交会，建设全国文化创意创新中心和数字文化中心。推动广东卫视、珠影集团、文艺院团改革振兴、提质增效。实施文化和旅游融合发展三年行动计划，深度挖掘红色革命、改革开放、南粤古驿道、古城古镇古村等特色文化旅游资源，建设文旅融合示范区。抓好丹霞山、罗浮山等旅游胜地的综合开发，支持旅游龙头企业、品牌景区景点做大做强，实施乡村旅游提质升级行动，打造“粤美乡村”旅游品牌，全面提升全域旅游发展水平。

建设体育强省。广泛开展全民健身活动，大力建设社区体育公园、足球场地等公共体育设施，推动公共体育场馆免费或低收费开放，建设“15分钟健身圈”。壮大体育产业，打造一批群众性体育精品赛事。深化足球改革发展，加快梅州足球特区建设。提升竞技体育综合实力，做好2020年奥运会、全国冬运会等备战参赛工作，筹办好汕头亚洲青年运动会。

（九）*加强生态文明建设，高效利用各类资源，推动绿色循环低碳发展。*牢固树立绿水青山就是金山银山的理念，坚持节约优先、保护优先、自然恢复为主的方针，提升生态环境治理能力，加快建设美丽广东。

推进国土空间利用提质增效。完善主体功能区制度，科学谋划国土空间开发保护格局，编制实施省级国土空间规划，推动建设用地资源向中心城市、城市群、重大发展平台倾斜。统筹划定落实生态保护红线、永久基本农田和城镇开发边界，落实最严格的耕地保护制度，合理确定城镇空间、农业空间和生态空间，实现“多规合一”。用好中央赋予省级政府的更大用地自主权，实行增存挂钩制度，盘活利用闲置土地和低效用地。加快“三旧”改造，推动城中村、城边村、村级工业园等可连片开发区域土地依法合规整治入市。

推动资源节约集约循环利用。严格实行能源和水资源消耗、建设用地等总量和强度“双控”，推动资源利用方式加快转变。坚决淘汰高污染高排放企业，在能源、冶金、建材、化工等重点行业全面推进清洁化改造。培育壮大节能环保产业、清洁能源产业，推广绿色节能环保产品，推动煤炭综合利用和降低能耗。强化排污者主体责任，建立完善排污许可、企业环境信用评价、企业环境信息强制性披露等制度。打好违法建设治理攻坚仗，全年完成治理不少于1.4亿平方米。推进垃圾分类处理设施建设，打造城乡生活垃圾分类示范片区。加快发展绿色建筑、装配式建筑，推行绿色生产和消费。

加强环境保护和生态建设。统筹山水林田湖草系统治理，加快制定国土空间生态修复规划，实施重要生态系统保护和修复重大工程。持续开展“让广东河湖更美”大行动，高质量推进万里碧道规划建设，深入推进河湖“五清”“清四乱”，打造水碧岸美的生态廊道。开展国土绿化行动，完成造林更新335万亩、矿山石场复绿600公顷，加大对国家储备林建设的支持力度，促进生态公益林扩面提质。扎实推进粤北南岭山区生态保护修复工程试点。加强海洋环境污染防治，推进海岸带、海岛资源保护，加大湿地、红树林保护修复力度。深化生态文明体制改革，全面开展领导干部自然资源资产离任审计，落实生态补偿和生态环境损害赔偿制度。

（十）*坚持以人民为中心的发展思想，更好保障和改善民生，营造共建共治共享社会治理格局。*把人民对美好生活的向往作为奋斗目标，注重普惠性、基础性、兜底性，尽力而为、量力而行，确保民生特别是困难群众基本生活得到有效保障和改善。

高度重视稳定和促进就业工作。把稳就业作为重中之重，稳定就业总量，改善就业结构，提升就业质量。落实“促进就业九条”，更加精准实施援企稳岗政策，用足用好就业补助资金和失业保险基金，全面实施职业技能提升行动。建立促进创业带动就业、多渠道灵活就业机制，扩充中小企业、民营经济、服务业就业容量。做好高校毕业生、下岗失业人员、异地务工人员、退役军人等重点群体稳定就业，对就业困难人员实行托底帮扶，确保零就业家庭动态清零。强化快递、网约车等新业态从业人员劳动权益保护，制定灵活就业人员用工服务管理办法。健全劳动关系协调机制，坚决打赢根治农民工欠薪攻坚战。

全面提升各级各类教育质量。坚持教育优先发展，深化教育领域综合改革，办好人民满意的教育。落实立德树人根本任务，办好学校思想政治理论课。大力发展学前教育，抓好乡村小规模义务教育学校和乡镇寄宿制学校建设，推动普通高中优质特色多样化发展。继续实施高等教育“冲一流、补短板、强特色”提升计划和“创新强校工程”，加快新建迁建高校项目建设，力争高等教育毛入学率达50%。积极推进大湾区大学、深圳理工大学、中山科技大学等筹办工作。推进高职扩招提质，加快省职教城二期建设。大力发展技工教育，推动符合条件的技师学院纳入高等学校序列。促进民办教育规范达标和品牌提升。积极发展继续教育和特殊教育。全面推行中小学教师“县管校聘”制度，深入实施乡村教师支持计划，加强师德师风建设。加强校园卫生、食品安全管理，提升校园安全文明水平。

加快推进健康广东建设。坚持建高地、强基层，医防并重，构建“顶天立地”医疗卫生大格局。加快国家医学中心和区域医疗中心建设，推进30家高水平医院建设，高起点建设创新型专科医学中心。出台三级公立医院激励措施，启动粤东粤西粤北市级医院能力提升计划，全面推进基层医疗卫生服务能力建设。开展三甲医院紧密型组团式帮扶，推动县域医共体建设全覆盖。深化“三医联动”，推进医疗服务价格改革，扩大药品集中采购和使用品种范围，努力缓解群众看病难看病贵问题。加强重大疫病防控，完善慢性病防治、职业病防治、精神卫生、老龄健康、妇幼健康等服务体系，提升院前急救、自救互救能力，强化食品药品监管。促进中医药传承创新发展，争创国家中医药综合改革示范区。

完善多层次社会保障体系。健全各类社保待遇确定和正常调整机制，推动失业保险基金省级统筹和城乡居民基本养老保险基金市级管理，探索推进多层次养老保险。全面推开划转部分国有资本充实社会保险费工作。稳步推进基本医疗保险省级统筹，落实基本医保待遇清单、医保药品目录和药品支付标准，加快职工生育保险与基本医疗保险合并实施。加强医保基金监管，开展高值耗材治理，深化医保支付方式改革，完善医疗保障“一站式”结算。高度重视困难群众生活兜底，及时发放价格临时补贴，统筹完善社会救助、儿童福利、慈善事业等制度，加快建设居家社区机构相协调、医养康养相结合的养老服务体系。保障妇女和未成年人权益，加快落实幼婴照护各项措施，关爱留守儿童。发展残疾人事业。加强城市困难群众住房保障，大力发展租赁住房，新建棚户区改造安置住房1万套。

深入推进平安广东建设。坚决防范和严厉打击各种渗透、破坏、颠覆、分裂活动。深入推进扫黑除恶专项斗争，严厉打击盗抢骗、黄赌毒、电信网络诈骗、套路贷、非法校园贷、制假贩假、走私贩私、侵犯公民个人信息等违法犯罪行为，巩固全民禁毒工程成效，净化社会治安环境。完善立体化信息化社会治安防控体系，推进智慧新警务建设。加强全民普法和公共法律服务，推进信访工作改革创新，完善社会矛盾纠纷多元调处化解机制。发挥社会组织作用，加强和创新基层社会治理，做好民族宗教工作。强化安全生产，深入推进危化品、道路交通、消防等重点行业领域安全隐患排查治理，坚决防范和遏制重特大事故发生。推进应急管理体系和能力建设，积极推进国家东南区域应急救援中心建设，加快实施自然灾害防治九项重点工程，提升气象现代化水平，提高防灾减灾救灾能力。

加强军政军民团结和军民融合。深化国防动员体制改革，完善双拥工作和军民共建机制，加强国防教育，大力支持驻粤部队改革发展。完善协调机制，推进重点领域军民融合深度发展，加快湛江军民融合产业示范基地建设。健全退役军人服务保障体系，完善退役军人数据库，加强军人军属退役军人和其他优抚对象优待工作，做好退役军人安置和困难帮扶援助，实施烈士纪念设施提质改造专项工程。开展退役军人学历提升计划，支持退役军人就业创业，在全社会营造尊重退役军人、尊崇现役军人的浓厚氛围。

全力办好十件民生实事。一是增加学前教育公办学位供给。二是健全学前至普通高中各学段生均经费保障制度。三是深入实施“广东技工”“粤菜师傅”“南粤家政”三大培训工程。四是推进疫苗冷链配送和预防接种标准化建设。五是提高低保、特困人员、孤儿基本生活补贴和残疾人两项补贴保障水平。六是新建和提升改造一批农村厕所、中小学厕所和城市厕所。七是进一步推进“四好农村路”建设。八是大力推进重点区域饮用水工程建设。九是加大食品抽检力度和食品安全信息透明度。十是加强地质灾害隐患点综合治理。

三、全面加强政府自身建设

新形势新任务对政府工作提出了更高要求。我们要按照坚持和完善中国特色社会主义制度、推进国家治理体系和治理能力现代化的部署，坚持和加强党的全面领导，深入推进政府自身改革建设，积极构建职责明确、依法行政的政府治理体系，切实承担起推动经济社会发展、管理社会事务、服务人民群众的重大职责，加快建设人民满意的服务型政府。

把政治建设摆在首位。以习近平新时代中国特色社会主义思想为指导，始终坚定正确政治方向，增强“四个意识”、坚定“四个自信”、做到“两个维护”，自觉在思想上政治上行动上同以习近平同志为核心的党中央保持高度一致，确保把党的领导贯彻到政府履行职责全过程。巩固拓展主题教育成果，把不忘初心、牢记使命作为永恒课题和终身课题，始终坚定理想信念、践行根本宗旨。严格落实全面从严治党主体责任，严明政治纪律和政治规矩，营造风清气正的政治生态。

自觉接受监督。依法接受人大及其常委会的监督，认真执行人大及其常委会的决议和决定，落实省政府重大决策出台前向省人大常委会报告制度。自觉接受人民政协的民主监督，积极支持省政协履行政治协商、民主监督、参政议政职能。认真办理省人大代表建议和省政协提案。坚持科学、民主、依法决策，完善重大行政决策程序，广泛听取各民主党派、工商联、无党派人士和各人民团体意见，注重听取社会公众和企业意见。

加强法治政府建设。深入推进依法行政，加强重要领域政府立法，扎实开展法治政府建设示范创建活动，进一步发挥政府法律顾问的积极作用，推动政府工作全面纳入法治轨道。深化行政执法体制改革，坚决取消不必要的、交叉重复的执法事项，探索实行跨领域跨部门综合执法，全面推行行政执法“三项制度”，建设全省统一的行政执法信息平台和行政执法监督网络平台，落实行政执法责任制和责任追究制度。深化行政复议体制改革，做好行政应诉和行政机关履行法院生效裁判工作，健全行政裁决制度。推进政务公开，建设“阳光政府”。发挥审计监督、统计监督职能作用。

优化政府职责体系。巩固机构改革成果，完善政府组织结构，推进机构、职能、权限、程序、责任法定化。严格按照制度履行职责、行使权力、开展工作，切实为人民群众用好权、服好务。深化“放管服”改革，加大简政放权力度，持续推进向市、县、镇放权工作，完善政府权责清单制度，加强事中事后监管。大力推进“数字政府”改革建设，加快完善全省云网基础设施，促进数据共享共用、业务系统互联互通，拓展“粤省事”“粤商通”“粤政易”服务深度和范围。扎实开展新一轮“百项疏堵行动”，持续推进减证便民。深化事业单位分类改革，探索管办分离多种实现形式，加快完成省属生产经营类事业单位改革。

提升政府治理能力。坚持胸怀大局、为民务实，按照增强“八种本领”的要求，加快知识更新、能力培训、实践锻炼，打造忠诚干净担当的高素质干部队伍。持续深化“大学习、深调研、真落实”，加强对经济社会发展重大问题的研究，高质量做好“十四五”规划编制工作。强化底线思维和风险意识，发扬斗争精神、增强斗争本领，让广大干部在经风雨、见世面中长才干、壮筋骨。坚持不懈抓好党风廉政建设，认真落实中央八项规定及其实施细则精神，驰而不息纠正“四风”，力戒形式主义、官僚主义，持续为基层减负。各级政府要带头过“紧日子”，坚持厉行节约，严控“三公”经费预算，坚决取消不必要的项目支出。建立健全正向激励和容错纠错机制，推动广大干部勇于担当、敢于作为，更好地肩负起新时代党和人民赋予的使命和重任。

各位代表！全面小康即将如期实现，百年梦想即将成为现实。让我们更加紧密地团结在以习近平同志为核心的党中央周围，高举习近平新时代中国特色社会主义思想伟大旗帜，不忘初心、牢记使命、接续奋斗，闻鸡起舞、日夜兼程、风雨无阻，坚决夺取全面建成小康社会伟大胜利，努力推动广东省实现“四个走在全国前列”、当好“两个重要窗口”，为实现中华民族伟大复兴的中国梦做出新的更大贡献！

附件1

2020年广东省十件民生实事

一、增加学前教育公办学位供给。新增公办幼儿园学位100万个，实现公办幼儿园在园幼儿占比达50%、公办幼儿园和普惠性民办幼儿园在园幼儿占比达80%以上的目标。

二、健全学前至普通高中各学段生均经费保障制度。全省学前教育生均公用经费最低标准由每生每年300元提高到400元，义务教育生均公用经费拨款标准继续保持在全国前列，全省公办普通高中生均公用经费最低标准由每生每年500元提高到1000元。

三、深入实施“广东技工”“粤菜师傅”“南粤家政”三大培训工程。开展“广东技工”培训100万人次以上，实现高技能人才占全省技能人才比例32%以上。培训“粤菜师傅”1万人次以上，助力精准扶贫。开展“南粤家政”培训16万人次以上，重点实施居家、母婴、养老和医护四个培训项目，满足新形势下“一老一小”对家政服务需求。

四、推进疫苗冷链配送和预防接种标准化建设。建设和改造90家市县级疾控中心疫苗冷链储存配送运输设施，为1300家以上预防接种门诊配置智能医用冰箱，实现1300家以上预防接种门诊数字化，提升疫苗使用管理和预防接种服务水平。

五、提高低保、特困人员、孤儿基本生活补贴和残疾人两项补贴保障水平。城乡低保对象最低生活保障人均补差水平，分别从每月554元、251元提高到609元、276元；特困人员基本生活标准不低于当地最低生活保障标准的1.6倍；孤儿基本生活最低养育标准集中供养和分散供养水平，分别从每人每月1685元和1025元提高到1820元和1110元；困难残疾人生活补贴、重度残疾人护理补贴标准，分别从每人每月165元、220元提高到175元、235元。

六、新建和提升改造一批农村厕所、中小学厕所和城市厕所。完成农村户用厕所无害化改造7万户；支持1700所以上中小学改造厕所；新建和提升改造旅游厕所800座以上、城市公厕450座以上。

七、进一步推进“四好农村路”建设。完成2277个省定相对贫困村通20户以上自然村村道路面硬化580公里、通200人以上自然村村道路面硬化3000公里、农村公路砂土路3000公里和等外路1500公里改造，农村公路危桥改造100座，实现全省农村公路等级公路比率达到98%、路面铺装率达到80%。

八、大力推进重点区域饮用水工程建设。珠江三角洲水资源配置工程首批4个关键线路区段全部开始掘进；韩江榕江练江三江连通工程实现鹿湖隧洞通水；引韩济饶工程隧道全线开工；加快推进粤西水资源配置工程前期工作，启动湛江分干线工程建设。推进自然村集中供水，新增覆盖100万农村人口，保障农村人口饮水基本安全。

九、加大食品抽检力度和食品安全信息透明度。全省完成不少于57万批次食品抽检任务，食品检验量达到每千人5批次，及时公布食品抽检信息，不合格食品核查处置率达到100%，防控食品安全风险。实现全省学校食堂“互联网+明厨亮灶”全覆盖，强化关键节点风险防控，推进校园食品安全。

十、加强地质灾害隐患点综合治理。组织实施1000户以上受危险山体威胁的村居避险搬迁、100处大型以上地质灾害工程治理、60处大型以上地质灾害专业监测，保障群众生命财产安全。

附件2

名词解释

1. 新经济：指具有新产业、新业态、新商业模式特征的经济活动，包括现代农林牧渔业、先进制造业、新型能源活动、节能环保活动、互联网与现代信息技术服务、现代技术服务与创新创业服务、现代生产性服务活动、新型生活性服务活动、现代综合管理活动等。

2. ESI排名：基础科学指标的英文缩写，主要依据22个学科近11年的SCI/SSCI论文和引文数据，分析评判某一机构和学科的学术影响力，是全球普遍用以评价高校和研究机构国际学术水平的重要指标。

3. “六大工程”：这是全省推动制造业高质量发展大会作出的部署，包括强核工程、立柱工程、强链工程、优化布局工程、品质工程、培土工程。

4. “两不愁、三保障”：不愁吃、不愁穿，义务教育、基本医疗、住房安全有保障。

5. “五清”专项行动：指在江河湖库开展清理非法排污口、清理水面漂浮物、清理底泥污染物、清理河湖障碍物、清理涉河湖违法违建的专项整治行动。

6. “清四乱”专项行动：指对流域面积1000平方公里以上河流、水面面积1平方公里以上湖泊的管理范围内乱占、乱采、乱堆、乱建等问题开展的专项整治行动。

7. 4E级：属飞行区等级指标。目前国内民航机场分为3C、4C、4D、4E、4F五个等级，4E级机场最大可起降波音747、空客A340等四发远程宽体客机和波音777、空客A330等大型双发客机。

8. “三馆合一”项目：指对广东美术馆、广东非物质文化遗产展示中心、广东文学馆实行同一选址、合并建设，发挥资源集约、功能互补效应，为群众提供多样的公共文化服务。

9. “厂货通”：推动加工贸易厂家与龙头电商平台合作，实现供给端与需求端数据共享，提升贸易数字化和智能化管理能力，助力加工贸易企业拓展内外销市场。

10. “四不摘”要求：指脱贫摘帽后不摘责任、不摘政策、不摘帮扶、不摘监管。

11. “双随机、一公开”：随机抽取检查对象、随机选派执法检查人员，抽查情况及查处结果及时向社会公开。

12. “十百千万”示范创建工程：打造农村人居环境整治示范县20个、示范镇120个、示范村1260个，带动近2万个行政村。

13. “四沿”区域：沿省际边界、沿高速铁路和高速公路、沿城市郊区、沿旅游景区区域。

14. “五美”专项行动：指推进美丽家园、美丽田园、美丽河湖、美丽园区、美丽廊道建设专项行动。

15. “点状供地”：对城镇开发边界以外建设的乡村产业项目，按建筑物的实际用地需求实行灵活供地。

16. “七个一百”精品项目：指新时代文明实践中广东推出的百篇精品教案、百部精品剧目、百部精品图书、百幅精品挂图、百名基层宣讲能人、百佳志愿服务团队、百名挂点记者项目。

17. “顶天立地”医疗卫生大格局：以高水平医院建设为牵引，整体提升全省医疗卫生服务和技术能力，高质量打造卫生健康事业创新发展高地；以加强基层医疗卫生服务能力建设为基础，加快建立覆盖城乡居民的基本医疗卫生制度，为群众提供优质高效的基本医疗卫生服务。

18. 行政执法“三项制度”：行政执法公示制度、执法全过程记录制度、重大执法决定法制审核制度。

（内容摘自广东省人民政府网站）

2019年广东省国民经济和社会发展统计公报

广东省统计局　国家统计局广东调查总队

2019年，广东坚持以习近平新时代中国特色社会主义思想为指导，深入贯彻习近平总书记对广东重要讲话和重要指示批示精神，认真落实党中央、国务院决策部署，坚持稳中求进工作总基调，深入贯彻新发展理念，扎实落实"1+1+9"工作部署，统筹做好稳增长、促改革、调结构、惠民生、防风险、保稳定各项工作，全面建成小康社会取得重大进展，在实现"四个走在全国前列"、当好"两个重要窗口"征程上迈出新步伐。

一、综合

2019年末，全省常住人口11521.00万人，比上年末增加175万人，其中城镇常住人口8225.99万人，占常住人口的比重（常住人口城镇化率）为71.40%，比上年末提高0.7个百分点。全年出生人口143.38万人，出生率12.54‰；死亡人口50.99万人，死亡率4.46‰；自然增长人口92.38万人，自然增长率8.08‰。

表1　2019年末广东省常住人口及其构成

指标	年末常住人口（万人）	比重（%）
常住人口	11521.00	100.00
其中：城镇	8225.99	71.40
乡村	3295.00	28.60
其中：男性	6022.03	52.27
女性	5498.97	47.73
其中：0～14岁	1875.62	16.28
15～64岁	8608.49	74.72
65岁及以上	1036.89	9.00

经国家统计局统一核算，2019年全省实现地区生产总值（初步核算数）107671.07亿元，比上年增长6.2%。人均地区生产总值94172元（按年平均汇率折算为13651美元），增长4.5%。

2019年，第一产业增加值4351.26亿元，比上年增长4.1%，对地区生产总值增长的贡献率为2.6%；第二产业增加值43546.43亿元，增长4.7%，对地区生产总值增长的贡献率为33.6%；第三产业增加值59773.38亿元，增长7.5%，对地区生产总值增长的贡献率为63.8%。三次产业结构比重为4.0∶40.5∶55.5，第三产业所占比重比上年提高0.7个百分点。

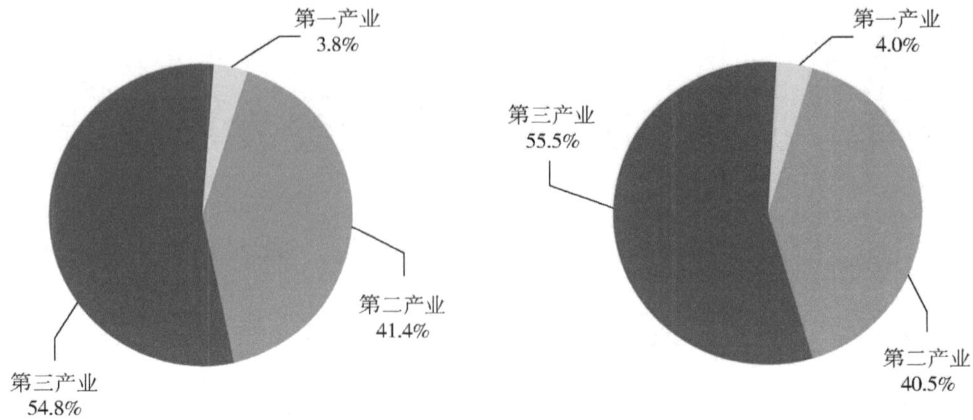

图1　2018 年、2019 年广东省三次产业增加值占地区生产总值比重

2019 年，新经济增加值 27232.81 亿元，比上年增长 8.0%，占地区生产总值的 25.3%。民营经济增加值 58838.36 亿元，增长 6.7%，占地区生产总值的 54.6%。

分区域看，珠三角核心区地区生产总值占全省比重为 80.7%，东翼、西翼、北部生态发展区分别占 6.4%、7.1%、5.8%。

表 2　　2019 年分区域主要指标

区域	地区生产总值（亿元）	比上年增长（%）	规模以上工业增加值增长（%）	固定资产投资增长（%）	社会消费品零售总额增长（%）	地方一般公共预算收入增长（%）
珠三角核心区	86899.05	6.4	5.0	12.3	7.3	4.5
东翼	6957.09	5.0	2.3	12.7	7.3	1.6
西翼	7609.24	4.9	2.9	-1.3	8.2	4.6
北部生态发展区	6205.69	5.5	5.1	10.2	7.5	2.5

全年地方一般公共预算收入 12651.46 亿元，可比增长 4.5%；其中，税收收入 10062.35 亿元，增长 3.3%。全年一般公共预算支出 17314.12 亿元，比上年增长 10.0%。其中：教育支出 3189.64 亿元，增长 14.4%；卫生健康支出 1581.04 亿元，增长 12.3%；社会保障和就业支出 1709.48 亿元，增长 12.7%。民生类支出 12074.08 亿元，占一般公共预算支出比重为 69.7%。

全年城镇新增就业 139.96 万人，就业困难人员实现就业 13.89 万人。年末城镇实有登记失业人员 36.87 万人，城镇登记失业率 2.25%，比上年下降 0.16 个百分点。全年一、二、三、四季度城镇调查失业率分别为 4.6%、4.6%、4.8%、4.8%。

全年居民消费价格比上年上涨 3.4%。分类别看，食品烟酒类价格上涨 8.1%，衣着类价格上涨 2.1%，居住类价格上涨 0.8%，生活用品及服务类价格上涨 0.6%，教育文化和娱乐类价格上涨 2.2%，医疗保健类价格上涨 3.9%，其他用品和服务类价格上涨 3.5%，交通和通信类价格下降 1.7%。

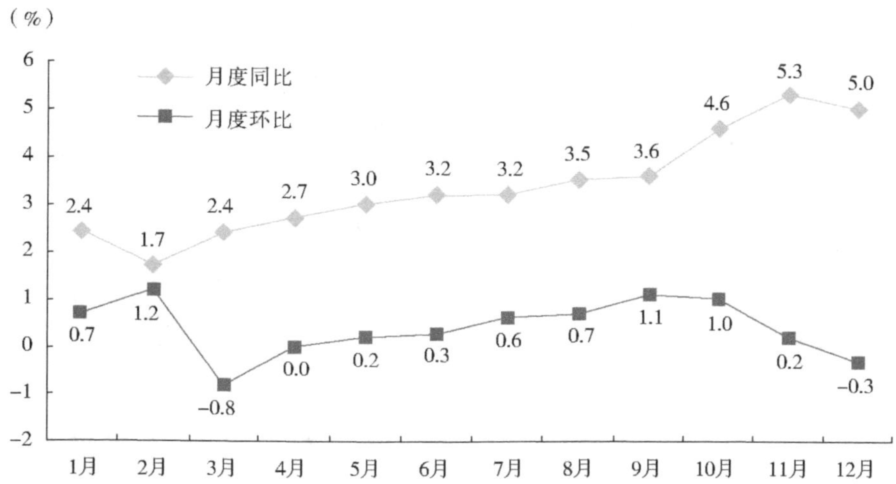

图2　2019年居民消费价格月度涨跌幅度

表3　　2019年居民消费价格比上年涨跌幅度

指标	价格指数（上年=100）	比上年涨跌幅度（%）
居民消费价格	103.4	3.4
食品烟酒	108.1	8.1
其中：粮食	100.9	0.9
食用油	99.3	-0.7
鲜菜	104.7	4.7
畜肉类	128.9	28.9
禽肉类	108.5	8.5
水产品	102.9	2.9
蛋类	105.6	5.6
衣着	102.1	2.1
居住	100.8	0.8
生活用品及服务	100.6	0.6
交通和通信	98.3	-1.7
教育文化和娱乐	102.2	2.2
医疗保健	103.9	3.9
其他用品和服务	103.5	3.5

工业生产者出厂价格比上年上涨0.2%，其中：高技术类上涨0.5%，能源类下降2.1%；轻工业上涨0.7%，重工业下降0.1%；生产资料持平，生活资料上涨0.5%；初级产品上涨1.4%，中间产品上涨0.2%，最终产品上涨0.2%；采矿业上涨0.2%，制造业上涨0.3%，电力、热力、燃气及水生产和供应业下降1.2%。工业生产者购进价格下降0.8%，其中，初级产品上涨0.1%、中间产品下降1.0%；九大类累计价格四升五降，其中，燃料、动力类下降0.3%，黑色金属材料类上涨1.1%，有色金属材料及电线类下降3.1%，化工原料类下降2.7%，

木材及纸浆类下降3.8%，建筑材料及非金属类上涨3.4%，其他工业原材料及半成品类下降0.8%，农副产品类上涨0.6%，纺织原料类上涨0.2%。固定资产投资价格上涨4.2%。农产品生产者价格上涨7.3%，其中，农业产品上涨3.5%；林业产品下跌2.0%；牧业产品上涨21.0%；渔业产品上涨2.1%。

二、农业

全年粮食作物播种面积3240.96万亩，比上年增长0.4%；糖蔗种植面积220.99万亩，下降1.0%；油料种植面积522.33万亩，增长2.1%；蔬菜种植面积1981.37万亩，增长3.8%；中草药种植面积72.24万亩，增长13.8%。年末农业机械总动力2455.6万千瓦，比上年增长1.1%。

全年粮食产量1240.80万吨，比上年增长4.0%；糖蔗产量1243.43万吨，增长2.9%；油料产量110.25万吨，增长3.8%；蔬菜产量3527.56万吨，增长5.9%；水果产量1641.50万吨，增长6.1%；茶叶产量11.05万吨，增长10.7%。

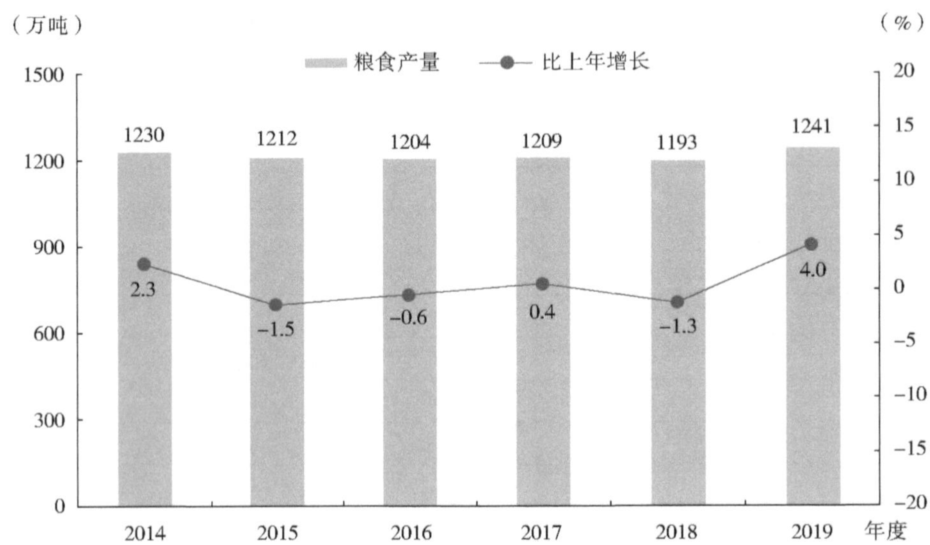

图3　2014—2019年粮食产量及其增长速度

全年猪牛羊禽肉产量404.22万吨，比上年下降8.3%。其中：猪肉产量221.93万吨，下降21.2%；禽肉产量176.24万吨，增长15.0%。全年全省水产品产量868.3万吨，增长3.1%。其中：海水产品457.4万吨，增长1.8%；淡水产品410.9万吨，增长4.5%。

三、工业和建筑业

全年全部工业增加值比上年增长4.6%。规模以上工业增加值增长4.7%，其中，国有及国有控股企业增长4.6%，民营企业增长7.6%，外商及港澳台投资企业下降0.1%，股份制企业增长7.5%，股份合作制企业增长2.6%，集体企业下降1.7%。分轻重工业看，轻工业增长2.4%，重工业增长5.9%。分企业规模看，大型企业增长5.7%，中型企业增长4.1%，小微型企业增长3.5%。

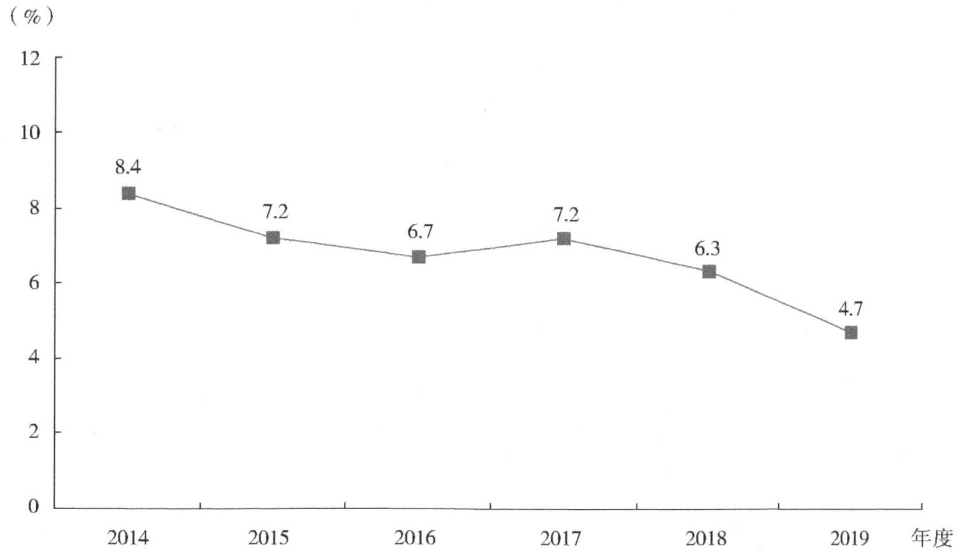

图4　2014—2019年规模以上工业增加值增长速度

高技术制造业增加值比上年增长7.3%，占规模以上工业增加值的比重为32.0%，比上年提高0.5个百分点。其中，医药制造业增长0.5%，电子及通信设备制造业增长8.3%，计算机及办公设备制造业下降7.9%，航空、航天器及设备制造业增长17.1%，医疗仪器设备及仪器仪表制造业增长16.0%，信息化学品制造业下降24.7%。

先进制造业增加值比上年增长5.1%，占规模以上工业增加值的比重为56.3%，比上年下降0.1个百分点。其中，高端电子信息制造业增长8.8%，生物医药及高性能医疗器械业增长7.2%，先进装备制造业增长4.9%，先进轻纺制造业增长3.9%，新材料制造业增长3.5%，石油化工业增长0.1%。

装备制造业增加值比上年增长5.6%，占规模以上工业增加值的比重为46.0%，比上年提高0.3个百分点。其中，电气机械和器材制造业增长9.9%，计算机、通信和其他电子设备制造业增长7.4%，汽车制造业下降2.3%。

优势传统产业增加值比上年增长4.7%，其中，家用电力器具制造业增长9.9%，建筑材料增长9.6%，金属制品业增长5.3%，食品饮料业增长3.7%，家具制造业增长0.2%，纺织服装业下降2.7%。

六大高耗能行业增加值比上年增长4.2%，其中，非金属矿物制品业增长9.7%，电力、热力生产和供应业增长7.6%，黑色金属冶炼及压延加工业增长5.9%，化学原料和化学制品制造业增长2.2%，有色金属冶炼及压延加工业下降2.1%，石油、煤炭及其他燃料加工业下降4.1%。

规模以上工业企业资产贡献率10.90%，比上年末下降0.7个百分点；资产负债率56.49%，提高0.1个百分点；流动资产周转次数1.86次；成本费用利润率6.49%，提高0.2个百分点；产品销售率97.33%，下降0.3个百分点。全员劳动生产率26.70万元/人年，比上年提高10.5%。实现利润总额8915.28亿元，比上年增长5.6%。亏损企业亏损总额940.46亿元，增长12.1%。亏损企业亏损面16.3%。全年规模以上工业企业每百元营业收入中的成本为83.46元，比上年减少0.58元。

表 4　　**2019 年规模以上工业企业实现利润及其增长速度**

指标	利润总额（亿元）	比上年增长（%）
规模以上工业	8915.28	5.6
其中：国有及国有控股企业	1566.25	1.8
集体企业	3.73	-21.3
股份制企业	5601.69	9.8
外商及港澳台投资企业	3160.41	-0.4
民营企业	4704.42	10.3

表 5　　**2019 年主要工业产品产量及其增长速度**

产品名称	计量单位	产量	比上年增长（%）
发电量	亿千瓦小时	4726.32	3.6
布	亿米	20.62	-12.6
化学纤维	万吨	65.17	13.9
卷烟	万箱	257.57	0.3
人造板	万立方米	1090.66	-3.8
彩色电视机	万台	10422.30	6.5
其中：液晶电视机	万台	10297.75	6.9
其中：智能电视	万台	6505.79	2.8
家用电冰箱	万台	1631.42	3.6
房间空调器	万台	6691.42	8.0
程控交换机	万线	638.40	-26.9
移动通信手持机（手机）	万台	70502.84	-9.4
传真机	万部	51.80	-69.9
微型计算机设备	万台	5784.73	5.4
集成电路	亿块	363.24	0.0
发光二极管（LED 管）	亿只	5850.52	-26.0
天然原油	万吨	1475.07	5.9
原油加工量	万吨	5587.93	-5.0
硫酸（折 100%）	万吨	244.02	-5.1
烧碱（折 100%）	万吨	36.61	4.6
乙烯	万吨	348.23	16.4
化肥（折纯）	万吨	13.62	-22.9
钢材	万吨	4510.45	2.3
十种有色金属	万吨	42.94	1.3
其中：精炼铜（电解铜）	万吨	12.84	-10.3
水泥	万吨	16711.79	2.6
汽车	万辆	311.97	-3.1
其中：基本型乘用车（轿车）	万辆	182.83	5.0
运动型多用途乘用车（SUV）	万辆	110.12	-11.9
其中：新能源汽车	万辆	15.59	17.5
民用钢质船舶	万载重吨	57.94	11.0
民用无人机	万架	201.32	-34.5
工业机器人	万套	4.47	-6.9

全年全社会建筑业增加值4255.07亿元，比上年增长5.9%。全年具有资质等级的建筑企业7129个，比上年增长16.1%；总承包和专业承包完成建筑业总产值16633.41亿元，增长21.3%；实现利润总额575.01亿元，增长5.9%；利税总额1094.41亿元，增长10.0%。

四、服务业

全年批发和零售业增加值比上年增长4.9%，住宿和餐饮业增加值增长3.3%，金融业增加值增长9.3%，房地产业增加值增长6.8%。现代服务业增加值38127.56亿元，增长9.7%。生产性服务业增加值30258.33亿元，增长6.8%。

全年规模以上服务业企业实现营业收入31468.1亿元，比上年增长11.8%；利润总额4907.3亿元，增长10.9%。其中，战略性新兴服务业营业收入增长13.5%，高技术服务业营业收入增长14.0%。分行业看，信息传输、软件和信息技术服务业营业收入增长14.6%，水利、环境和公共设施管理业增长26.9%，科学研究和技术服务业增长11.5%，卫生和社会工作增长11.2%，租赁和商务服务业增长11.9%，居民服务、修理和其他服务业增长12.4%，交通运输、仓储和邮政业增长8.4%。

全年交通运输、仓储和邮政业实现增加值3466.42亿元，比上年增长5.9%。货物运输总量446050万吨，增长5.0%。货物运输周转量29232.14亿吨公里，增长2.1%。

表6　　2019年各种运输方式完成货物运输量及其增长速度

指标	单位	绝对数	比上年增长（%）
货物运输总量	万吨	446050	5.0
铁路	万吨	8187	7.5
公路	万吨	319279	4.8
水路	万吨	108371	5.9
民航	万吨	238	5.6
管道	万吨	9974	-0.8
货物运输周转量	亿吨公里	29232.14	2.1
铁路	亿吨公里	297.35	11.0
公路	亿吨公里	4113.62	5.7
水路	亿吨公里	24508.26	1.4
民航	亿吨公里	83.47	3.6
管道	亿吨公里	229.44	0.4

全年旅客运输总量155770万人，比上年增长0.7%。旅客运输周转量4764.82亿人公里，增长5.8%。

表7　　2019年各种运输方式完成旅客运输量及其增长速度

指标	单位	绝对数	比上年增长（%）
旅客运输总量	万人	155770	0.7
铁路	万人	38213	13.2
公路	万人	101012	-4.0
水路	万人	2614	-5.8
民航	万人	13931	7.9
旅客运输周转量	亿人公里	4764.82	5.8
铁路	亿人公里	1023.05	7.3
公路	亿人公里	1092.97	-2.5
水路	亿人公里	9.71	-12.8
民航	亿人公里	2639.10	9.2

全年全省港口货物吞吐量完成191819万吨，比上年增长11.4%。其中，外贸货物吞吐量60809万吨，增长3.1%；内贸货物吞吐量131010万吨，增长15.7%。港口集装箱吞吐量6711万标准箱，增长5.2%。

年末公路通车里程22.0万公里，其中，高速公路里程9495公里，比上年末增长5.5%。高铁客运量占全部铁路客运量的比重为83.0%。年末全省民用汽车保有量2326.95万辆，比上年末增长9.9%，其中，私人汽车2037.66万辆，增长9.5%。民用轿车保有量1365.39万辆，增长9.9%。其中，私人轿车1267.18万辆，增长9.2%。

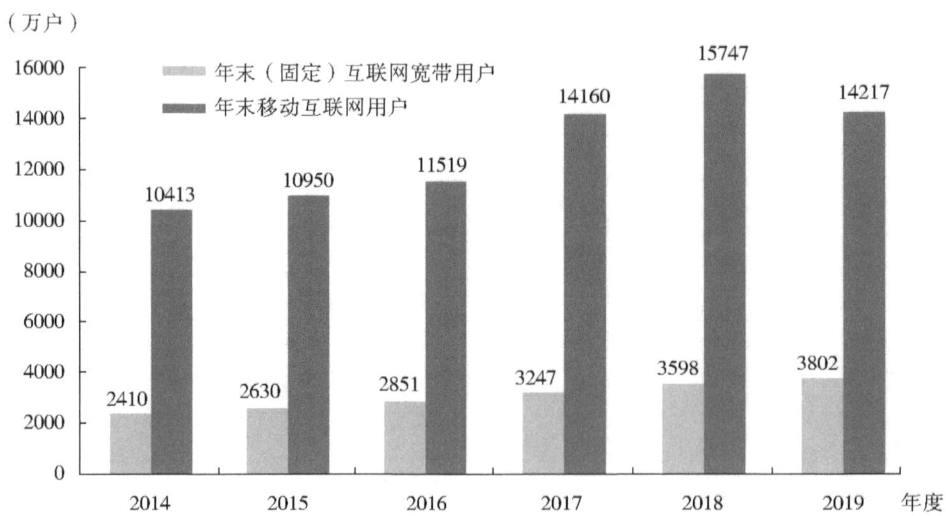

图5　2014—2019年年末（固定）互联网宽带用户和移动互联网用户

全年完成邮电业务总量16452.94亿元，比上年增长49.5%。其中，邮政业务总量（按2010年不变价计算）4403.44亿元，增长36.9%；快递业务量168.06亿件，增长29.7%；快递业务收入1847.91亿元，增长30.9%；电信业务总量（按2015年不变价计算）12049.51亿元，增长

54.7%。年末电话总用户18497万户，比上年末下降2.3%；其中，固定电话用户1963万户，下降7.0%；移动电话用户16533万户，下降1.7%。年末4G用户14308万户，全年净增320.9万户，占移动电话用户比重达86.5%。年末（固定）互联网宽带用户3802万户，增长2.7%。年末移动互联网用户14217万户，下降8.2%。

五、固定资产投资

全年固定资产投资比上年增长11.1%。分投资主体看，国有经济投资增长26.8%，民间投资增长6.4%，港澳台、外商经济投资下降0.6%。分地区看，珠三角核心区增长12.3%，东翼增长12.7%，西翼下降1.3%，北部生态发展区增长10.2%。

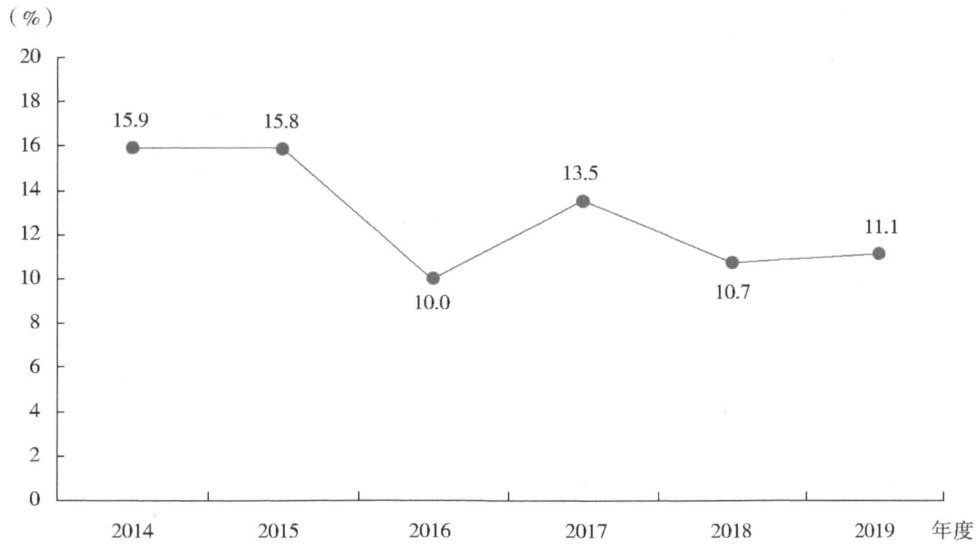

图6　2014—2019年固定资产投资增长速度

在固定资产投资中，第一产业投资比上年下降18.0%，第二产业投资增长6.3%，第三产业投资增长13.0%。民间投资占固定资产投资的比重为55.3%。工业投资增长6.3%，占固定资产投资的比重为23.7%。基础设施投资增长22.3%，占固定资产投资的比重为27.4%，其中，电力、热力生产和供应业投资增长10.8%，道路运输业投资增长15.5%，生态保护和环境治理业投资增长136.1%。高技术制造业投资下降1.0%，占固定资产投资的比重为5.1%。先进制造业投资增长1.7%，占固定资产投资的比重为10.4%，其中装备制造业投资增长0.6%。

表8　2019年固定资产投资新增主要生产能力

指标	单位	新增生产能力
新增投产骨干电源装机	万千瓦	1162.65
11万伏及以上变电设备	万千伏安	2124.5
新建公路	公里	2591
其中：高速公路	公里	493
港口万吨级码头泊位新增吞吐能力	万吨	1440
新建4G移动通信基站	万个	12.8

表9　　2019年分行业固定资产投资增长速度

行业	比上年增长（%）
固定资产投资	11.1
农、林、牧、渔业	-9.2
采矿业	-0.6
其中：石油和天然气开采业	23.8
制造业	1.0
其中：农副食品加工业	-1.2
食品制造业	9.3
石油、煤炭及其他燃料加工业	13.6
化学原料和化学制品制造业	-6.3
非金属矿物制品业	2.4
黑色金属冶炼和压延加工业	16.3
有色金属冶炼和压延加工业	40.5
金属制品业	-7.9
通用设备制造业	-7.1
专用设备制造业	-5.3
汽车制造业	37.1
铁路、船舶、航空航天和其他运输设备制造业	-22.8
电气机械和器材制造业	16.3
计算机、通信和其他电子设备制造业	-2.3
电力、热力、燃气及水生产和供应业	32.2
其中：电力、热力生产和供应业	10.8
建筑业	-27.4
批发和零售业	6.9
交通运输、仓储和邮政业	12.5
住宿和餐饮业	-13.3
信息传输、软件和信息技术服务业	5.3
金融业	92.0
房地产业	8.6
租赁和商务服务业	12.9
科学研究和技术服务业	2.7
水利、环境和公共设施管理业	29.4
居民服务、修理和其他服务业	5.6
教育	36.8
卫生和社会工作	39.7
文化、体育和娱乐业	-0.9
公共管理、社会保障和社会组织	35.1

全年房地产开发投资15852.16亿元，比上年增长10.0%。按地区分，珠三角核心区12849.54亿元，增长11.8%；东翼773.21亿元，下降1.3%；西翼971.18亿元，增长2.5%；北部生态发展区1258.23亿元，增长5.7%。按用途分，商品住宅开发投资10852.77亿元，增长11.2%；办公楼投资1314.96亿元，增长11.5%；商业营业用房投资1473.20亿元，增长4.0%。

全年商品房销售面积13846.54万平方米，比上年下降3.4%；其中，商品住宅销售面积11872.61万平方米，下降1.7%。

表10　　　　2019年房地产开发和销售主要指标完成情况

指标	单位	绝对数	比上年增长（%）
房地产开发投资	亿元	15852.16	10.0
其中：住宅	亿元	10852.77	11.2
房屋施工面积	万平方米	86824.87	8.6
其中：住宅	万平方米	59664.36	8.9
房屋新开工面积	万平方米	18437.38	-3.7
其中：住宅	万平方米	12904.92	-5.1
房屋竣工面积	万平方米	9955.54	30.7
其中：住宅	万平方米	6578.17	26.1
商品房销售面积	万平方米	13846.54	-3.4
其中：住宅	万平方米	11872.61	-1.7
商品房销售额	亿元	19748.21	5.4
其中：住宅	亿元	16758.01	7.5
商品房待售面积	万平方米	5716.44	15.0
其中：住宅	万平方米	2666.41	13.1
本年实际到位资金	亿元	23908.05	10.1
其中：国内贷款	亿元	4345.34	2.6
个人按揭贷款	亿元	3664.46	21.8

六、国内贸易

全年社会消费品零售总额42664.46亿元，比上年增长8.0%。按经营地统计，城镇消费品零售额7189.75亿元，增长7.8%；乡村消费品零售额5474.71亿元，增长9.8%。从消费形态看，商品零售38357.23亿元，增长7.7%；餐饮收入4307.23亿元，增长11.0%。

在限额以上批发和零售业商品零售额中，粮油、食品、饮料、烟酒类比上年增长3.2%，服装、鞋帽、针纺织品类增长0.4%，化妆品类增长2.2%，金银珠宝类增长1.2%，日用品类增长10.0%，体育、娱乐用品类增长10.8%，书报杂志类增长0.8%，家用电器和音像器材类下降2.7%，中西药品类增长18.3%，文化办公用品类增长12.7%，通讯器材类增长10.7%，汽车类下降2.1%，建筑及装潢材料类下降17.8%，石油及制品类下降5.9%。从限额以上零售业业态看，限额以上单位无店铺零售业态零售额增长9.5%。

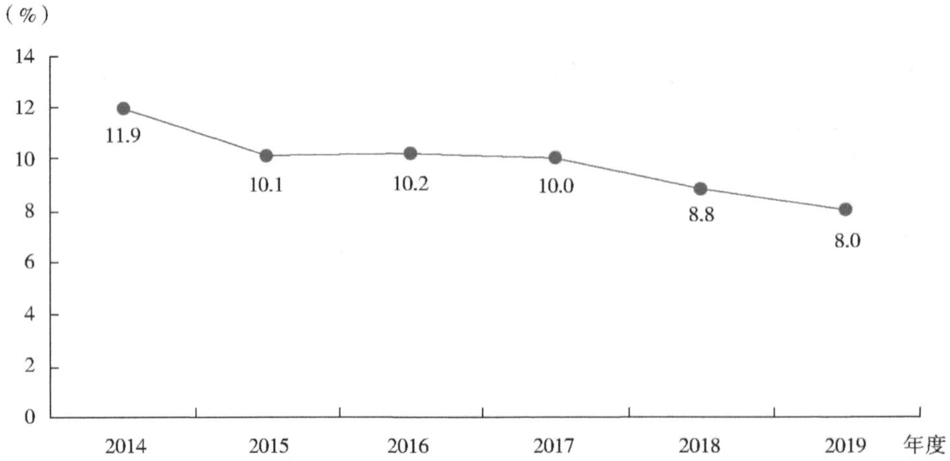

图7　2014—2019年社会消费品零售总额增长速度

七、对外经济

全年货物进出口总额71436.8亿元，比上年下降0.2%。其中，出口43379.3亿元，增长1.6%；进口28057.4亿元，下降2.9%。进出口差额（出口减进口）15321.9亿元，比上年增加1512.2亿元。其中对“一带一路”沿线地区进出口额17144.2亿元，增长6.3%。全省纳入统计的跨境电子商务进出口1264.3亿元，增长66.4%。

表11　2019年货物进出口总额及其增长速度

指标	绝对数（亿元）	比上年增长（%）
货物进出口总额	71436.8	-0.2
货物出口额	43379.3	1.6
其中：一般贸易	21693.8	6.7
加工贸易	14938.5	-9.6
其中：机电产品	29505.4	0.7
高新技术产品	15131.4	-2.1
其中：国有企业	2416.9	0.7
外商投资企业	18091.6	-6.7
民营企业	22788.6	8.9
货物进口额	28057.4	-2.9
其中：一般贸易	13317.1	0.0
加工贸易	8099.9	-17.0
其中：机电产品	19123.8	-4.2
高新技术产品	15300.7	-3.8
其中：国有企业	1773.0	6.9
外商投资企业	11876.0	-8.8
民营企业	14183.1	0.7
货物进出口差额（出口减进口）	15321.9	11.0

表 12　**2019 年主要商品出口数量、金额及其增长速度**

商品名称	单位	数量	比上年增长（%）	金额（亿元）	比上年增长（%）
钢材	万吨	295.5	-25.9	217.6	-16.5
纺织纱线、织物及制品				862.4	4.3
服装及衣着附件				1959.2	-8.4
鞋类				899.0	2.7
家具及其零件				1246.2	-2.6
自动数据处理设备及其部件	万台	68607.1	-3.5	2248.7	-7.2
手持或车载无线电话	万台	46131.8	-18.8	2992.4	-17.0
集装箱	万个	33.8	-29.6	71.6	-40.7
集成电路	百万个	40152.8	4.7	1304.5	51.0
液晶显示板	万个	83802.5	-11.6	602.5	-1.6
汽车（包括整套散件）	万辆	2.9	9.7	44.0	23.9

表 13　**2019 年主要商品进口数量、金额及其增长速度**

商品名称	数量（万吨）	比上年增长（%）	金额（亿元）	比上年增长（%）
稻谷及大米	120.8	-26.2	42.4	-25.6
大豆	283.7	-21.1	78.3	-23.6
食用植物油	95.3	76.4	39.0	53.0
天然及合成橡胶（包括胶乳）	29.3	-6.6	39.2	-10.6
天然气	482.7	10.6	78.4	15.4
铁矿砂及其精矿	4233.4	17.4	283.5	57.4
原油	646.3	-2.1	210.4	-5.2
成品油	216.4	23.3	93.2	17.4
初级形状的塑料	961.8	5.7	1065.8	-4.2
纸浆	278.6	18.5	111.6	-5.6
钢材	355.9	-7.7	224.4	-11.2
未锻轧铜及铜材	59.7	-2.5	311.8	-4.8
美容化妆品及护肤品			199.3	36.5

表 14　**2019 年主要国家和地区货物进出口总额及其增长速度**

国家和地区	出口额（亿元）	比上年增长（%）	进口额（亿元）	比上年增长（%）
香港地区	10787.1	-5.8	206.3	-8.1
美国	6964.5	-5.9	1130.5	-14.9
欧洲联盟（28 国）	6773.4	10.0	2110.3	14.6
东盟	4904.0	13.9	5289.7	1.2
日本	1685.9	-1.7	2837.9	3.2
韩国	1156.0	-16.5	3142.8	-11.4
中国台湾	593.9	12.9	4378.9	-1.5
俄罗斯	633.5	11.2	52.3	31.8

全年新签外商直接投资项目14350个，比上年下降59.9%。实际使用外商直接投资金额1522.0亿元，增长4.9%；其中，“一带一路”沿线地区对广东直接投资金额81.9亿元，增长123.8%。

表15　　2019年分行业外商直接投资及其增长速度

行业名称	实际使用金额（亿元）	比上年增长（%）
总计	1522.0	4.9
农、林、牧、渔业	1.9	-16.0
采矿业	2.9	3.8
制造业	383.1	-26.4
电力、热力、燃气及水的生产和供应业	18.0	-68.4
建筑业	2.1	-84.3
交通运输、仓储和邮政业	86.1	7.0
信息传输、软件和信息技术服务业	90.5	65.5
批发和零售业	130.0	26.0
住宿和餐饮业	2.5	25.3
金融业	26.5	-56.4
房地产业	265.5	13.0
租赁和商务服务业	420.2	73.8

全年经核准境外新增中方实际投资额102.8亿美元，比上年下降25.5%。对外承包工程完成营业额167.1亿美元，下降4.9%；对外劳务合作新签劳务人员合同工资总额7.4亿美元，劳务人员实际收入总额9.3亿美元；承包工程和劳务合作年末在外人员共9.32万人。

表16　　2019年分行业对外直接投资及其增长速度

行业名称	对外直接投资金额（亿美元）	比上年增长（%）
总计	102.8	-25.5
农、林、牧、渔业	0.2	-45.8
采矿业	0.0	-90.6
制造业	12.2	-19.9
电力、热力、燃气及水的生产和供应业	1.1	-58.2
建筑业	1.5	-15.9
交通运输、仓储和邮政业	0.6	-51.8
信息传输、软件和信息技术服务业	3.4	-13.2
批发和零售业	18.2	31.1
住宿和餐饮业	0.1	19.6
金融业	0.4	-25.1
房地产业	11.6	212.9
租赁和商务服务业	28.4	-57.3

八、金融

年末全省金融机构本外币各项存款余额232458.64亿元，比上年末增长11.7%；各项贷款余额167994.58亿元，增长15.7%。年末全省农村合作机构本外币存款余额29409.65亿元，比上年末增长10.9%；各项贷款余额18126.73亿元，增长14.9%。银行业金融机构本年利润（税后）3187.33亿元，比上年增长3.5%。年末银行业金融机构不良贷款率为1.20%，下降0.16个百分点。

表17　　2019年末金融机构本外币存贷款及其增长速度

指标	绝对数（亿元）	比上年末增长（%）
各项存款余额	232458.64	11.7
其中：非金融企业存款	87267.57	13.5
住户存款	78959.14	12.3
各项贷款余额	167994.58	15.7
其中：境内短期贷款	41940.55	7.6
境内中长期贷款	113011.54	18.6

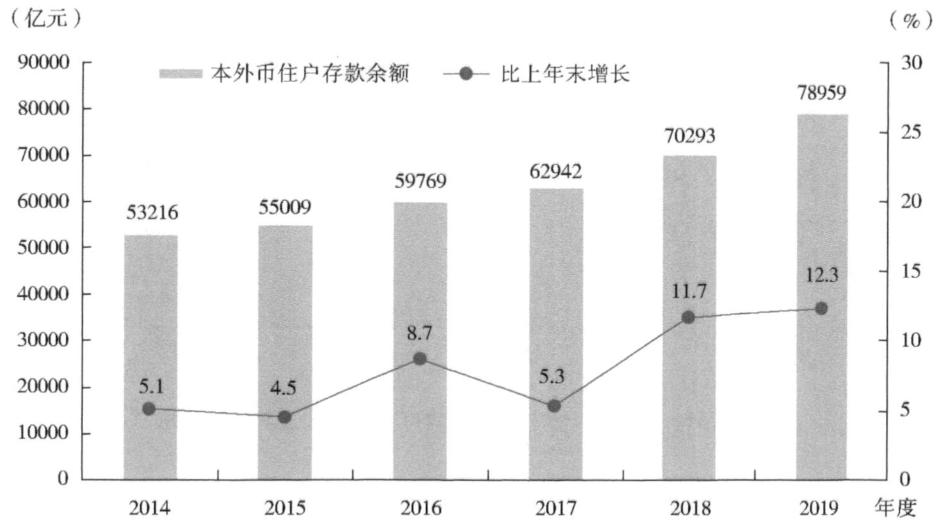

图8　2014—2019年本外币住户存款余额及其增长速度

年末全省证券市场共有上市公司618家，市价总值11.39万亿元。全年上市公司通过境内市场累计筹资4152.01亿元。其中，首次公开发行A股34只，筹资394.42亿元；股票资产再筹资（包括公开增发、定向增发、配股）453.74亿元；上市公司通过沪深交易所发行公司债、可转债筹资3277.33亿元。2019年末，全国股转系统新三板挂牌企业1319家，定向发行股票筹资38.40亿元，下降49.3%。证券公司28家，证券公司分支机构1657家，股票账户数7282.18万户，增长11.0%；代理股票交易额37.60万亿元，增长44.7%。基金公司35家，共管理2231只公募基金。基金规模47513.87亿份，增长7.4%；基金净值51862.38亿元，增长14.9%。期货公司22家，全年公司代理交易额111.70万亿元，增长43.9%。2019年末，中国证券投资基金业协会登记备案的私募基金管理人 6264 家，管理私募基金 19651 只，基金规模 25170.49 亿元，增长 6.8%；其中私募股权及创业投资基金管理人 3368 家，管理私募基金 8612 只，基金规模 19169.53 亿元。

全年实现保费收入 5496.70 亿元，比上年增长 17.9%。其中，寿险业务保费收入 3011.38 亿元，财产险业务保费收入 1433.18 亿元，分别增长 17.1% 和 12.8%；健康险和意外伤害险业务保费收入 1052.13 亿元，增长 28.2%。全年共支付各项赔款和给付 1425.25 亿元，增长 1.6%；其中，寿险业务赔付支出 405.98 亿元，下降 15.0%；财产险业务赔款支出 765.58 亿元，增长 2.8%；健康险和意外伤害险赔付支出 253.68 亿元，增长 40.1%。

九、人民生活和社会保障

全年全省居民人均可支配收入 39014 元，比上年增长 8.9%。按常住地分，城镇常住居民人均可支配收入 48118 元，增长 8.5%；农村常住居民人均可支配收入 18818 元，增长 9.6%。

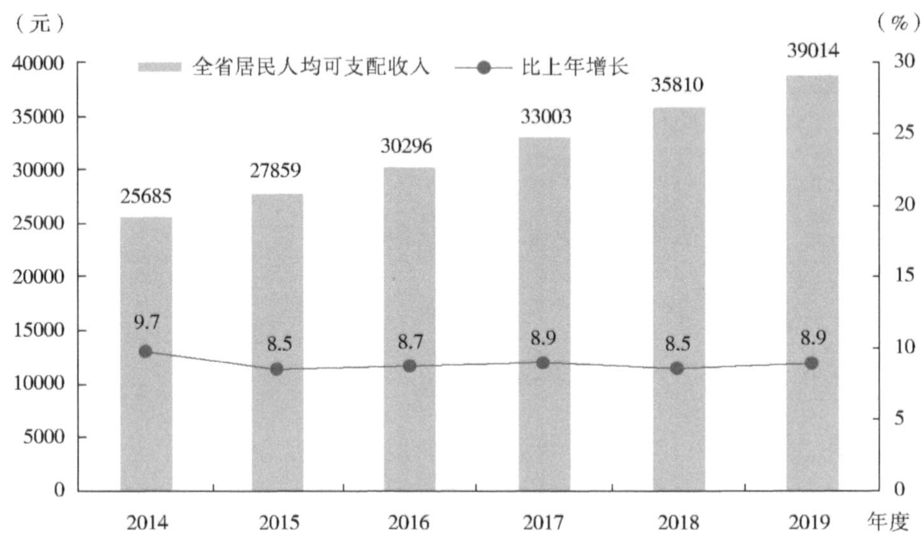

图 9　2014—2019 年全省居民人均可支配收入及其增长速度

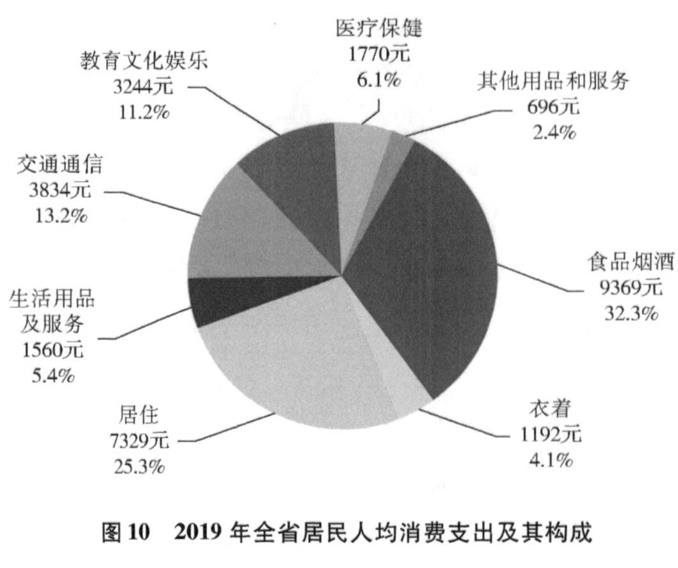

图 10　2019 年全省居民人均消费支出及其构成

全年全省居民人均消费支出28995元，比上年增长11.3%。按常住地分，城镇居民人均消费支出34424元，增长11.3%；农村居民人均消费支出16949元，增长10.0%。全省居民恩格尔系数为32.3%，比上年下降0.3个百分点；其中城镇为31.2%，农村为37.1%。全省居民人均住房建筑面积39.75平方米，其中城镇为35.73平方米，农村为48.68平方米。

年末全参加城镇职工基本养老保险（含离退休）4633万人，比上年下降5.8%。参加城乡居民基本养老保险人数2642万人，下降0.5%。参加职工基本医疗保险4376万人，增长4.9%。参加城乡居民基本医疗保险6408万人，下降0.6%。参加工伤保险3816万人，增长6.2%。参加失业保险3501万人，增长4.1%。参加生育保险3669万人，增长5.0%。

表18　　2019年末全省参加各类保险人数及其增长速度

指标	参保人数（万人）	比上年末增长（%）
参加基本养老保险	7276	-4.0
其中：城镇职工基本养老保险（含离退休）	4633	-5.8
#参保职工	3962	-7.5
参保离退休人员	671	5.4
城乡居民基本养老保险	2642	-0.5
参加基本医疗保险	10784	1.6
其中：职工基本医疗保险	4376	4.9
城乡居民基本医疗保险	6408	-0.6
参加失业保险	3501	4.1
参加工伤保险	3816	6.2
参加生育保险	3669	5.0

全年全省养老、失业、工伤保险基金总收入（不含上下级往来）6087.9亿元，比上年增长22.2%，年末累计结余13706.4亿元，比上年末增长9.1%。全年全省基本医疗和生育保险基金总收入2209.73亿元，比上年增长15.9%；年末累计结余3330.02亿元，比上年末增长14.2%。年末城市低保人数15.66万人，农村低保人数124.71万人。全年城镇职工领取失业保险金人数为44.3万人。

各类提供住宿的社会服务机构床位24.94万张，收养救助人员9.76万人。城乡社区服务机构和设施6.85万个，其中，综合性社区服务中心25281个。全年共发行销售福利彩票194.77亿元，筹集福利彩票公益金58.81亿元。年末每万人拥有社会组织数量为6.15个。注册志愿者人数达1201万人，注册志愿者人均参与志愿服务时数累计达44小时。

十、教育和科学技术

全年各级各类教育（不含非学历培训，不含技工学校）招生数725.24万人，比上年增长1.7%；在校生2483.94万人，增长4.4%；毕业生608.95万人，增长1.0%。其中，特殊教育学校招生10149人，在校生52869人；学前教育在园幼儿464.50万人。

表 19　　2019 年各级各类教育招生、在校生、毕业生人数及其增长速度

指标	招生（万人）	比上年增长（%）	在校生（万人）	比上年增长（%）	毕业生（万人）	比上年增长（%）
研究生教育	4.66	9.6	12.96	12.8	3.02	4.5
普通本专科	64.01	8.7	205.40	4.6	52.21	-0.4
成人本专科	42.51	30.3	93.15	24.3	22.57	7.6
网络本专科	4.88	-0.5	12.92	7.3	3.73	12.9
各类中等职业技术教育（不含技工学校）	31.48	5.9	85.97	-0.9	27.93	-12.3
普通高中	63.94	5.8	183.74	0.0	62.85	-2.8
初中	138.03	4.6	389.03	4.5	114.95	5.1
小学	194.42	3.0	1033.43	4.6	143.03	4.2
学前教育	180.82	-10.0	464.50	3.4	178.35	-1.1
特殊教育	1.01	12.1	5.29	10.4	0.52	15.0

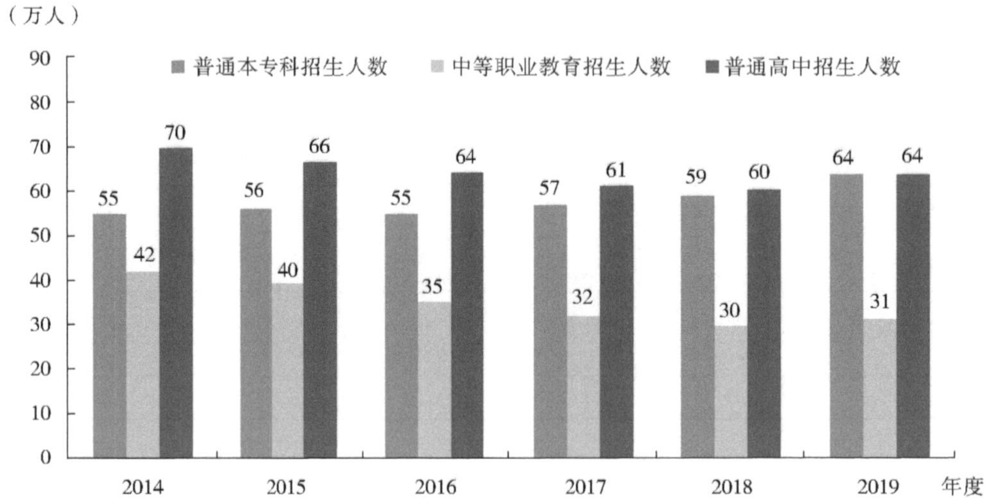

图 11　2014—2019 年各类教育招生人数

年末县级以上国有研究与开发机构、科技情报和文献机构 295 个。规模以上工业企业拥有研发机构 2.2 万个。全省科学研究与试验发展（R&D）人员 80 万人年（折合全时当量）。

全年国家级科技奖励成果 50 项，省级科技奖励成果 180 项。2019 年，全省专利申请量 80.77 万件，比上年增长 1.8%；其中，发明专利申请量 20.33 万件，下降 6.1%。全省专利授权总量 52.74 万件，增长 10.3%，居全国首位；其中，发明专利授权量 5.97 万件，增长 12.2%。全年《专利合作条约》PCT 国际专利申请量 2.47 万件，居全国首位。截至 2019 年底，全省有效发明专利量 29.59 万件，居全国首位。每万人口发明专利拥有量 26.08 件。全省共有 7.8 万家企业申请专利 60.02 万件，其中 2.9 万家企业有发明专利申请 16.62 万件。全年共有 7.3 万家企业获得专利授权 41.10 万件，其中 1.1 万家企业有发明专利授权 5.01 万件。全年经各级科技行政部门登记技术合同 33796 项；技术合同成交额 2272.78 亿元，比上年增长 63.9%。

表 20　　2019 年专利申请、授权和有效专利情况

指标	专利数（万件）
专利申请数	80.77
其中：发明专利申请	20.33
专利授权数	52.74
其中：发明专利授权	5.97
年末有效发明专利	29.59

全省高新技术企业超 5 万家；高新技术产品产值 7.8 万亿元，比上年增长 9.6%。拥有国家重点实验室 30 家，国家工程实验室 15 家，国家工程技术研究中心 23 家，省级工程技术研究中心 5351 家。国家－地方联合工程研究中心 45 家、国家认定企业技术中心 113 家，省工程实验室 108 家，省级企业技术中心 1407 家。

全省共有建成或在建的国家产品质量监督检验中心 80 个、省级授权产品质量监督检验机构 225 个。全省共有在建的国家产业计量测试中心 2 个，建成或在建的省级产业计量测试中心 18 个；法定计量检定机构 89 个，省市场监督管理局专项授权计量技术机构 20 个，特种设备综合检验机构 8 个；标准化技术机构 12 个，在建和建成国家技术标准创新基地 6 个、国家标准验证检验检测点 2 个。法定产品质量监督检验机构 72 个。

截至 2019 年底，获得资质认定计量认证的实验室 3583 家，获得质量、环境、职业健康三大管理体系认证企业分别为 87764 家、33076 家和 21370 家，获得 3C 产品认证的企业 18473 家。

全省共有天气雷达 23 部。卫星云图接收站点 2 个。共有地震观测台站 709 个，地震台网 10 个。全省近岸海域各类海洋观测、监测站点 1779 个（含沿海各县局）。测绘部门共出版地图 71 种。

十一、文化、旅游、卫生和体育

年末全省共有各类专业艺术表演团体（公有制）74 个，群众艺术馆、文化馆 146 个，县级以上公共图书馆 143 个，博物馆 197 个。全省有广播电台 22 座，电视台 24 座。广播综合人口覆盖率和电视综合人口覆盖率均为 99.9%。年末有线广播电视用户 1630 万户，比上年末增长 0.2%；有线数字电视用户 1546 万户，下降 0.1%；IPTV 用户数 1823 万户，增长 17.6%；OTT 用户数 4807 万户，增长 70.5%。全年生产电视剧 20 部。全年出版报纸 17.68 亿份，各类期刊 1.05 亿册，图书（总印数）3.52 亿册，人均图书拥有量 3.06 册。全省共有综合档案馆 143 个。2018 年，文化及相关产业增加值 5787.81 亿元，占地区生产总值的比重为 5.79%。

全省接待入境过夜游客 3771.38 万人次，比上年增长 0.6%。国际旅游外汇收入 205.02 亿美元，下降 0.05%；国内过夜游客 4.94 亿人次，增长 9.2%；国内旅游收入 1.37 万亿元，增长 11.9%。

年末全省共有各类卫生健康机构 53947 个（含村卫生室），其中，医院 1631 个、卫生院 1186 个，社区卫生服务机构 2625 个，妇幼保健机构 130 个，专科疾病防治机构 130 个，疾病预防控制中心 123 个，卫生监督机构 189 个、村卫生室 2.6 万个。全省医疗卫生机构技术人员 79.5 万人，比上年增长 4.9%；其中，执业医师和执

业助理医师29.1万人，注册护士35.7万人；拥有医疗床位54.9万张，其中，医院44.6万张。全省乡镇卫生院拥有卫生技术人员8.1万人，床位6.1万张；疾病预防控制中心拥有卫生技术人员0.8万人，卫生监督机构拥有卫生技术人员0.3万人。甲乙类传染病35.78万例，死亡1265人，发病率315.37/10万，死亡率1.11/10万。

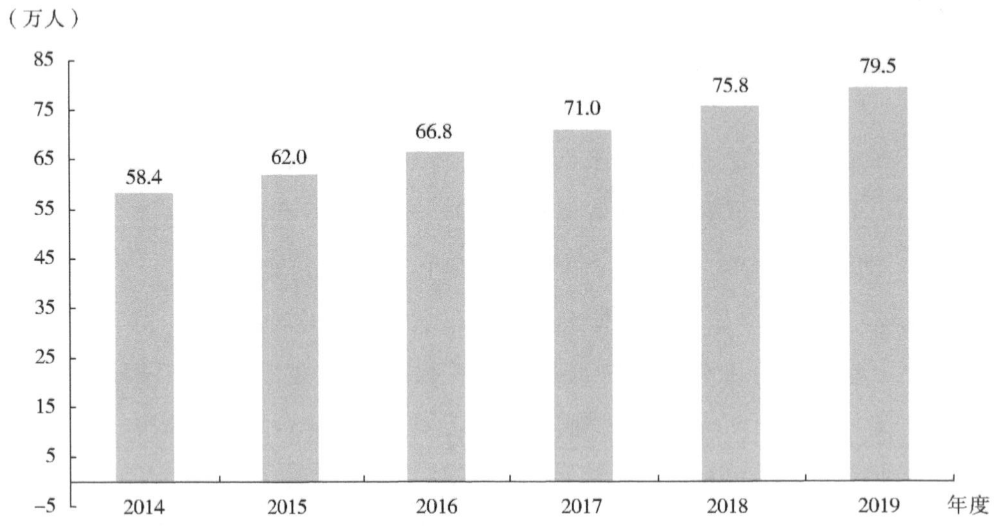

图12　2014—2019年卫生技术人员人数

全省体育健儿在国内外重大比赛中，获得100项次全国冠军，22人次世界冠军，破全国纪录10项次，破世界纪录1项次。

十二、资源、环境和安全生产

全年水资源总量2064.3亿立方米，比上年增长8.9%。年平均降水量1993.4毫米，增长8.2%。

全年规模以上工业综合能源消费量16506.22万吨标准煤，比上年下降0.8%。单位工业增加值能耗下降5.21%。全社会用电量6695.85亿千瓦时，增长5.9%。其中，工业用电量4070.71亿千瓦时，增长3.0%。

全省168个地表水省考监测断面中，Ⅰ～Ⅱ类水质的断面比例55.36%，Ⅲ类水质的断面比例25.00%，Ⅳ类水质的断面比例10.71%，Ⅴ类水质的断面比例2.98%，劣Ⅴ类水质的断面比例5.95%。全省近岸海域海水质量达到一类海水水质标准的海域面积占48.1%；二类海水占39.1%；三类海水占4.9%；四类海水占1.6%；劣四类海水占6.3%。

全省平均灰霾天气日数22.0天，比上年少5.6天；全年日照时数1749.0小时，接近正常年份（1755.1小时）。全省21个地级以上城市二氧化硫（SO_2）、二氧化氮（NO_2）、可吸入颗粒物（PM_{10}）、细颗粒物（$PM_{2.5}$）、臭氧（O_3日最大8小时均值第90百分位数）、一氧化碳（CO日均值第95百分位数）年平均浓度分别为9微克/立方米、26微克/立方米、46微克/立方米、27微克/立方米、158微克/立方米、1.2毫克/立方米。21个城市二氧化硫（SO_2）年均值均达到一级标准；19个城市二氧化氮（NO_2）年均值达到一级标准；21个城市可吸入颗粒物（PM_{10}）年均值均达到二级标准；21个城市细颗粒物

（$PM_{2.5}$）年均值达到二级标准；14 个城市臭氧（O_3 日最大 8 小时均值第 90 百分位数）浓度达到二级标准；21 个城市一氧化碳（CO 日均值第 95 百分位数）浓度均达到一级标准。全省 21 个城市空气质量优良天数比例平均为 89.7%，比上年下降 3.0 个百分点。全省城市（县城）新增建成污水处理设施 38 座；污水日处理能力达 2525.29 万吨，增长 5.9%；城市生活垃圾无害化处理率 99% 以上。

全年农作物受灾面积 14.56 万公顷，洪涝造成直接经济损失 52.36 亿元。全省近岸海域监测到赤潮 3 次，赤潮面积累计约 12 平方公里。发生各类地质灾害 327 起，造成死亡人数 22 人，直接经济损失 7558 万元。

全年完成人工造林 2.0 万公顷，当年新封山育林 9.2 万公顷，退化林修复 7.1 万公顷，人工更新 5.8 万公顷，中幼林抚育 49.3 万公顷。全省森林覆盖率达 58.61%。全省共有国家级自然保护区 15 个，国家级自然保护区面积 33.66 万公顷；国家地质公园 10 个，面积 10.68 万公顷；省级以上地质遗迹保护区 6 个，面积 3.72 万公顷。

全年共发生生产安全事故 5860 起，死亡 3157 人，受伤 4613 人，直接经济损失 44381.8 万元；其中，较大生产安全事故 33 起，死亡 126 人，未发生重大及以上生产安全事故。全年发生道路交通事故 23630 起，比上年下降 10.0%；死亡 5045 人，下降 5.8%；受伤 22585 人，下降 13.7%；直接经济损失 7689.14 万元，下降 10.9%。道路交通万车事故死亡人数为 1.7 人。

注：

1. 本公报中 2019 年数据为初步统计数。

2. 从 2011 年起，规模以上工业统计口径由年主营业务收入 500 万元调整为 2000 万元及以上；固定资产投资项目统计起点由计划总投资 50 万元提高到 500 万元，增速为可比口径。限额以上批发和零售业统计标准为：批发业年主营业务收入 2000 万元及以上；零售业年主营业务收入 500 万元及以上。2012 年四季度，国家统计局实施了城乡一体化住户调查改革。2013 年起按照新的调查口径对外发布城乡一体的居民人均可支配收入和分城镇、农村常住居民人均可支配收入数据。由于新老调查方案在调查范围、调查对象、城乡划分标准、样本抽选、计算和汇总方式、指标口径等方面变化较大，改革后新口径数据和旧口径数据存在不可比的差异。从 2015 年起，"地方公共财政预算收入"更名为"地方一般公共预算收入"；各项金融机构存款余额中，"单位存款"更名为"非金融企业存款""储蓄存款"更名为"住户存款"。

3. 地区生产总值、三次产业及相关行业增加值、人均地区生产总值绝对数按现价计算增长速度按可比价计算；地方一般公共预算收入增长速度按可比口径计算。

4. 珠三角核心区指广州、深圳、珠海、佛山、惠州、东莞、中山、江门和肇庆。东翼指汕头、汕尾、潮州和揭阳。西翼指阳江、湛江和茂名。北部生态发展区指韶关、河源、梅州、清远和云浮。

5. 2018 年地区生产总值根据第四次全国经济普查结果进行修订，农业相关历史数据根据第三次全国农业普查结果进行修订。

6. 先进制造业包括高端电子信息制造业、先进装备制造业、石油化工产业、先进轻纺制造业、新材料制造业、生物医药及高性能医疗器械。装备制造业包括金属制品业，通用设备制造业，专用设备制造业，汽车制造业，铁路、船舶、航空航天和其他运输设备制造业，电气机械和器材制造业，计算机、通信和其他电子设备制造业，仪器仪表制造业。高技术制造业包括医药制造业，航空、航天器及设备制造业，电子及通信设备制造业，计算机及办公设备制造业，医疗仪器设备及仪器仪表制造业，信息化学品制造业。六大高耗能行业包括石油、煤炭及其他燃料加工业、化学原料及化学制品制造业、非金属矿物制品业、黑色金属冶炼及压延加工业、有色金属冶炼及压延加工业、电力热力的生产和供应业。

7. 高技术制造业投资包括医药制造、航空航天器及设备制造等六大类。

8. 规模以上服务业包括年营业收入1000万元及以上，或年末从业人员50人及以上的交通运输、仓储和邮政业，信息传输、软件和信息技术服务业，房地产业（不含房地产开发经营），租赁和商务服务业，科学研究和技术服务业，水利、环境和公共设施管理业，教育，卫生和社会工作；年营业收入500万元及以上，或年末从业人员50人及以上的居民服务、修理和其他服务业，文化、体育和娱乐业法人单位。

9. 战略性新兴服务业包括节能环保产业、新一代信息技术产业、生物产业、高端装备制造产业、新能源产业、新材料产业、新能源汽车产业等七大产业中的服务业相关行业。

10. 高技术服务业：按照国家统计局印发的《高技术产业（服务业）分类（2018）》，包括信息服务、电子商务服务、检验检测服务、专业技术服务业的高技术服务、研发与设计服务、科技成果与转化服务、知识产权及相关法律服务、环境监测及治理服务、其他高技术服务等9大类63个行业小类。

11. 软件和信息技术服务业包括软件开发、集成电路设计、信息系统集成和物联网技术服务、运行维护服务、信息处理和存储支持服务、信息技术咨询服务、数字内容服务和其他信息技术服务等行业。

12. 互联网和相关服务业包括互联网接入及相关服务、互联网信息服务、互联网平台、互联网安全服务、互联网数据服务和其他互联网服务等行业。

13. 基础设施投资包括电力、热力、燃气及水生产和供应业，交通运输、邮政业，电信、广播电视和卫星传输服务业，互联网和相关服务业，水利、环境和公共设施管理业投资。

14. 货物贸易、吸收外资采用人民币计价。对外投资和对外承包工程由于技术原因仍主要沿用美元计价。

15. 跨境电子商务指纳入海关跨境电子商务监管平台统计的进出口数据。

16. 新增投产骨干电源装机包含核电、煤电、气电、风电和光伏发电。

17. 2019年规模以上工业企业拥有技术开发机构数及全时当量为预计数。

18. 全省近岸海域各类海洋观测、监测站点包括区域自动气象站、海岛自动气象站、海洋浮标气象站等。

19. IPTV用户数是指交互式网络电视（IPTV）开通用户数；OTT（Over The Top）用户数是指互联网电视（OTT）服务的累计激活用户数量。

20. 人均图书拥有量是指在一年内全省常住人口平均每人能拥有的当年出版图书册数。

21. 部分卫生行业数据尚未经国家卫生健康委员会审核确认。

22. 地质遗迹保护区个数只包括省级以上保护区。

23. 发电量数据为规模以上工业统计口径。

资料来源：本公报中城镇新增就业、登记失业率、社会保障数据来自省人力资源社会保障厅和医疗保障局；财政数据来自省财政厅；新增投产骨干电源装机、新增11万伏及以上变电设备、国家工程研究中心、企业技术中心数据来自省发展改革委；省级企业技术中心数据来自省工业和信息化厅；新建公路、港口万吨级码头泊位新增吞吐能力、公路运输、水运、港口货物吞吐量数据来自省交通运输厅；城市污水处理数据来自省住房城乡建设厅；货物进出口数据来自海关总署广东分署；外商直接投资、对外直接投资、对外承包工程、对外劳务合作等数据来自省商务厅；快递业务量数据来自省邮政管理局；国际互联网用户、电话用户总量、新建4G移动通信基站等数据来自省通信管理局；货币金融数据来自人民银行广州分行；上市公司数据来自广东证监局、深圳证监局；银行业利润、保险业数据来自广东银保监局；科技成果、技术合同数据来自省科技厅；教育数据来自省教育厅；专利、质量检验数据来自省市场监督管理局；气象数据来自省气象局；地震数据来自省地震局；测绘数据、各类地质灾害数据来自省自然资源厅；农机总动力数据、水产品产量数据来自省农业农村厅；艺术表演团体、博物馆、公共图书馆、文化馆、旅游数据来自省文化和旅游厅；广播、电视数据来自省广播电视局；电影、报纸、期刊、图书数据来自省委宣传部；档案数据来自省档案局；体育数据来自省体育局；卫生数据来自省卫生健康委；低保人数、社会服务业机构、福利彩票、社会组织数据来自省民政厅；林业、自然保护区数据来自省林业局；志愿者数据来自团省委；环境监测、海洋数据来自省生态环境厅；水资源数据来自省水利厅；安全生产、农作物受灾面积、洪涝和干旱造成直接经济损失数据来自省应急管理厅；道路交通事故数据来自省公安厅；其他数据来自广东省统计局和国家统计局广东调查总队。

（内容摘自广东省统计局网站）

广东省人民政府关于2019年度省级预算执行和其他财政收支的审计工作报告

广东省审计厅厅长　卢荣春

（2020年7月28日）

去年以来，广东省审计厅坚持以习近平新时代中国特色社会主义思想为指导，全面贯彻党的十九大精神以及习近平总书记对广东工作、对审计工作的重要讲话和重要指示批示精神，围绕党中央重大决策部署及省委、省政府工作要求，认真落实省十三届人大二次会议有关决议，全面履行审计监督职责，依法审计了2019年度省级预算执行和其他财政收支情况。审计结果表明，在省委、省政府的坚强领导下，各地区、各部门不断增强“四个意识”、坚定“四个自信”、做到“两个维护”，紧盯全面建成小康社会目标任务，以供给侧结构性改革为主线，以改革开放为动力，以“双区”建设为纲领和牵引，贯彻落实“1+1+9”工作部署，扎实做好“六稳”工作，全省经济平稳运行，2019年省级财政预算执行和其他财政收支情况总体良好。

——财政运行总体平稳，积极的财政政策提质增效明显。全省一般公共预算收入和支出分别增长4.53%、9.97%，省级财政均衡性转移支付增长15.7%，实现全省财力困难县全覆盖。2019年全省新增减税降费3043.7亿元，广东省共发行政府专项债券1815亿元，有力支持了全省经济社会高质量发展。

——支出结构不断优化，民生等重点领域保障有力。民生投入力度加大，2019年全省民生类支出1.21万亿，占一般公共预算支出比重69.7%，其中，省级投入十件民生实事资金520.6亿元，完成预算的104.3%。乡村振兴、污染防治、教育发展、科技创新、医疗卫生、社会保障等领域的投入分别比上年增长21.9%、18.2%、16.8%、41.7%、23.5%、34.8%，民生事业进一步发展。

——财政管理改革持续深化，全面预算绩效管理稳步推进。推动落实“先谋事再排钱”理念，重点突出“三转变、一精简”，推广“大专项+任务清单”管理模式，建立预算安排“四挂钩”机制，精简省级专项资金审批环节，实行绩效目标与预算执行“双监控”，有效推动各地区、各部门支出责任的落实。

——审计查出问题的整改力度加大，体制机制进一步健全。对上一年度审计查出的问题，相关地区、部门和单位认真落实主体责任，按项逐条跟踪落实整改，成效显著。据统计，截至2020年6月底，对2018年度审计查出的1512条问题，已整改到位1237条，整改完成率81.81%；整改问题金额1197.82亿元（其中上缴或收回财政金额8.1亿元）；制定或完善制度规范201项。

一、财政管理审计情况

积极推进省级财政审计全覆盖，运用大数据审计方法，组织实施2019年度省级决算草案及财政管理、省级部门预算执行和市县财政管理等情况审计。审计结果表明，2019年度省级财政预算执行情况良好，财政管理和决算草案编报总体较为规范，各项财政改革深入推进。

（一）省级财政管理及决算草案审计

组织省级预算执行、决算草案编制和其他财政收支情况的审计，延伸抽查14个省级部门单位和21个地级以上市（含所辖有关县）。省级决算草案反映，2019年省级一般公共预算总收入7509.57亿元、总支出7126.53亿元，结余结转383.04亿元；省级政府性基金总收入1668.34亿元、总支出1656.59亿元，结余结转11.75亿元；省级国有资本经营预算总收入51.13亿元、总支出51.13亿元；社会保险基金预算总收入4226.73亿元、总支出2833.12亿元，当年结余1393.61亿元。审计发现的主要问题是：

1. 个别国有资本经营预算收入管理不规范。将省属国有企业归还的2011年借款作为国资预算收入管理，多列2019年收入2.2亿元。

2. 项目预算编制不够细化。2019年省级年初预算部分专项转移支付资金未按规定列示具体项目或地区，涉及金额95.07亿元，占省级年初预算转移支付（不含税收返还）的2.82%。预算安排省级政策性农业保险保费补贴资金未充分考虑以前年度结转结余情况，导致沉淀闲置，2017—2018年底分别在市县结存14.59亿元和16.24亿元，2019年初继续安排下达资金5.86亿元。

3. 部分预算分解下达不及时。部分省级财政代编预算资金未在当年分解下达，涉及金额23.25亿元；部分省本级项目支出的年初预算未按规定在6月底前分解下达到具体项目单位，涉及金额58.42亿元；有4笔一般性转移支付资金未按规定在省人大批准预算后的30日内下达市县，涉及金额2.18亿元；有108笔专项转移支付资金未在省人大批准预算后的60日内下达市县，涉及金额79.56亿元。

4. 个别省级财政资金未及时盘活使用。省财政未按规定收回结存在市县的省级信息化发展、省级科技发展等专项资金共3387.51万元；截至2019年底，2018年按权责发生制列支的部分省级部门预算资金仍未支出，涉及金额4.91亿元，省直部门未加快使用进度。

5. 部分社会保险待遇发放不合规。一是违规向不符合规定的人员发放社会保险待遇。有13个市97人因重新就业等原因不符合条件仍继续享受失业保险待遇，涉及金额34.69万元。二是审核把关不严重复发放社会保险待遇，有9个市31人领取了企业职工养老保险待遇，又重复领取应取消的工伤保险待遇，涉及金额109.76万元；有8个市99人领取了企业职工养老保险待遇，又重复领取应取消的失业保险待遇，涉及金额28.96万元。三是省级多发放12名未达退休年龄人员的养老保险待遇44.7万元。

（二）部门预算执行全覆盖审计情况

组织对110家省级一级预算单位2019年度预算执行情况进行全覆盖审计，延伸审计277个所属单位，涉及预算资金1082亿元（含延伸以前年度资金）。审计结果表明，省级部门单位预算管理水平不断提高，预算执行情况总体较好。审计发现的主要问题是：

1. 项目支出预算执行不严格。有39个部门、22个下属单位129个当年安排的项目预算执行率低于50%，涉及未执行资金2.82亿元；有23个部门、11个下属单位64个以前年度结转项目当年预算执行率低于75%，涉及未执行资金1.63亿元。

2. 项目资金使用管理不规范。有6个部门、1个下属单位存在虚列项目支出、提前支付、未按规定范围使用项目资金等行为，涉及金额1505.26万元；有4个部门、3个下属单位的7个项目结余资金未及时清理，涉及资金411.74万元。

3. 一般性支出控制不严。有12个部门、6个下属单位无预算、超预算列支“三公”经费及会议费、培训费，涉及金额148.66万元；有7个部门80次接待活动无公函或邀请函、未按规定附接待清单等，涉及金额11.68万元；有3个部门未按规定编制年度会议、培训计划，实际分别召开了5次会议、举办3次培训。

4. 部分公务用车管理不到位。有16个部门84台车辆的运行费用未进行单车核算，不利于公务车费用管理控制；有16个部门部分车辆的配备或报废更新未按规定通过“广东省公务用车网上办公系统”规范办理；有6个部门10台公务用车未安装或未正常使用车载卫星定位终端。

5. 部分专项资金分配管理程序不完善。有3个部门21个省级项目未按规定向社会公开申报通知、目录清单、监督检查结果等信息；有4个部门对分管的19个项目未按规定及时跟进掌握市县资金分配方案，不利于对专项资金的跟踪监督和绩效考核。

（三）市县财政管理审计情况

组织对珠海、汕尾、东莞、江门、肇庆、清远等6个市以及佛山顺德、深圳龙岗等21个县2018—2019年度财政收支管理情况进行审计。审计发现的主要问题是：

1. 预算编制和审批方面。有2个市未将上级财政提前告知的转移支付、新增债券等指标完整纳入预算编制内容，涉及金额3.17亿元；有2个县未编制或未完整编制国有资本经营预算；有3个市、4个县年初预算未按规定细化；有4个县的3251个预算项目年度执行率低于30%，涉及金额34.89亿元；有1个市、6个县未报同级人大常委会审批无预算拨款，涉及金额57.99亿元。

2. 收支预算执行方面。有4个县通过空转、财政垫付税款等方式虚增预算收入15.53亿元。有2个市、8个县通过“以拨代支”等方式将国库资金拨入财政专户或预算单位账户，多列当年预算支出55.42亿元。有4个县违反规定将教育收费、经营服务性收费等列作预算收入，涉及金额8.4亿元。

3. 非税收入征管方面。有2个市、7个县将收取的非税收入滞留专户未及时上缴国库，少列当年预算收入55.48亿元；有4个县应收未收非税收入7728.05万元；有2个县坐支非税收入285.34万元。

4. 财政资金管理方面。有1个市、2个县滞留闲置省级珠江西岸先进装备制造业等上级专项资金，涉及金额2.11亿元；有2个市、4个县未及时清理盘活存量资金，涉及金额21.57亿元。

5. 财政资金使用方面。有3个县超范围使用预备费12.44亿元，有3个县超范围将基础设施配套费基金、土地出让金等收入用于日常经费等支出，涉及金额4.88亿元；有6个县违规向不符合条件的企业发放奖补资金，涉及金额1.59亿元；有1个区以单一来源方式规避公开招投标，涉及金额1.16亿元。

二、“三大攻坚战”审计情况

围绕省委、省政府打好“三大攻坚战”的部署，重点开展了精准脱贫攻坚战、污染防治攻坚战及防范化解重大风险攻坚战审计。

（一）精准扶贫精准脱贫审计情况

组织对汕头等14个市2019年精准扶贫精准脱贫政策落实及资金使用情况进行了第4轮跟踪审计。审计结果表明，各市县党委、政府认真贯彻落实党中央和省委、省政府关于脱贫攻坚的决策部署，积极推动政策和项目落地落实，脱贫攻坚取得决定性成就。至2019年底，全省建档立卡贫困人口减至1.5万人，94%的相对贫困村达到出列标准。审计发现的主要问题是：

1. 部分产业帮扶项目不精准。有9个市的11个县27个项目资金投资到经营效益差、财务管理不健全的企业或合作社，涉及金额4.31亿元；有1个县2个项目资金投资购置无产权商铺，涉及金额6557.97万元。有5个市的5个县11个项目直接向贫困户发钱发物，涉及金额1.33亿元。有3个市的3个县13个项目将扶贫资金投入到合作期少于3年的项目，未建立脱贫增收长效机制，涉及金额2.11亿元。有11个市的13个县投入的23个项目荒废、闲置，涉及金额6149.65万元。

2. 部分惠民政策落实不到位。医疗保障政策方面，2019年有10个市1136名建档立卡的贫困人员由于医疗救助系统标注低保特困人员的身份类别不准确，未能按相应档次享受医疗救助补贴，个人多承担121.51万元医疗费用；有6个市未对5308名建档立卡贫困人员参加职工医疗保险给予缴费资助或二次医疗救助，涉及金额346.11万元。危房改造政策方面，有7个市145名分散供养特困人员及1374户预脱贫户未完成危房改造。残疾人保障政策方面，有6个市未将308名中重度贫困残疾人纳入低保兜底；有13个市未向6514名残疾人发放护理或生活补贴，其中802名为预脱贫人员。城乡居民养老方面，有3个市391名预脱贫人员未参加城乡居民养老保险或享受待遇。

3. 扶贫资金使用管理不合规。有9个市的9个县13个项目扶贫资金被镇政府、村委会超范围使用或投入企业、合作社后被抽逃、挪用，涉及金额5492.66万元；有12个市本级及所辖县扶贫资金闲置1年以上未发挥效益，涉及金额10.03亿元。

（二）污染防治攻坚战审计情况

组织对广佛跨界河流水环境综合整治项目建设情况和广州、汕头、韶关、惠州、茂名、揭阳等6个市固体危废物综合管理情况进行审计，同时结合汕尾、肇庆、清远等3个市以及深圳龙岗等12个县生态环境保护审计，重点关注水污染治理及固体危废物综合管理情况。审计结果表明，相关市县能够按照中央和省委、省政府关于打好污染防治攻坚战的部署开展工作，取得较好成效。审计发现的主要问题是：

1. 广佛跨界河流治理中存在的问题。广州、佛山、清远等3个市均不同程度存在考核断面不能稳定达标情况。3个市之间对水污染治理联防联治未形成合力、环境执法监督落实不到位。3个市部分污水处理工程建设进度慢，其中，广州市仍有13个污水处理项目超期1年以上未按期完工，管网缺陷修复完成率仅为72.29%，且主管和支管建设不同步。3个市仍有11座污水处理厂进出水浓度差不达标，存在污水直排现象，如广佛跨界流域内广州市现有村级工业园区1879个，园内企业共7994个，其中有2083个企业未接驳污水管网，污水直排附近河涌；清远市有11个房地产开发项目污水直排入乐排河。

2. 落实河长制存在的问题。汕尾市有35条河流“一河一策”实施方案的治理措施高度雷同，缺乏针对性，茂名电白有5条河流未编制

“一河一策”实施方案。广州、佛山等2个市广佛跨界河流部分县级河长虚假巡河、应付式巡河、未及时处理巡河发现问题。汕尾市和深圳南山、龙岗两区部分河长在巡河中没有记录、上报、处理有关违规占用河道、黑臭水体等问题。佛山顺德、深圳南山总河长巡河次数不达标；惠州惠阳总河长巡河27次无巡河纪要。

3. 医疗废物监管和处置存在的问题。医疗废物处置能力难以满足实际需求。有7个市均只有1家已建成或在建的医疗废物集中处置中心，有3个市2016—2018年期间实际处理医疗废物9.19万吨，其中超负荷处置医疗废物2.75万吨，超出医疗废物处置承载能力。部分地区卫生监管不到位，有4个市8562家医疗废物产生单位未在省固体废物管理平台申报注册，有4个市未对医疗废物转移处置实行电子联单管理，有7个市的医疗废物2016—2018年期间有1.29万吨医疗废物未在有资质的处置机构处理，有4个市84家动物诊所产生的医疗废物被违规处理。

4. 其他危险废物（不含医疗废物）监管处置方面问题。全省有4个危险废物区域性处置中心未按期建成，其中粤西危险废物处置中心立项至今已过15年仍未建成。危险废物处理能力不足，有7个市2018年危险废物处理能力缺口合计58.89万吨，废矿物油、废酸等大量危险废物需要运往区域外处置。

（三）防范化解重大风险攻坚战审计情况

组织对2019年度地方政府债券管理使用情况进行审计调查。审计结果表明，广东省认真贯彻落实党中央决策部署，加大地方政府债券管理力度，加快发行使用新增地方政府债券，重点支持扩内需、补短板项目，有力促进区域经济社会平稳发展。审计发现的主要问题是：

1. 部分地方没有建立和完善地方政府债券相关管理制度。有5个市、22个县未建立地方政府债券管理配套制度，有9个市未建立债券项目多部门协商入库工作机制。

2. 部分新增地方政府债券资金未形成实际支出。截至2019年底，全省共有313个2019年新增地方政府债券项目因项目进度与资金筹集不衔接等原因，债券资金未形成实际支出，涉及金额169亿元，占2019年全省新增地方政府债券2169亿元的7.8%。

3. 部分新增地方政府债券资金调整使用未按规定程序报批。有10个市在2019年新增地方政府债券项目实施过程中因前期准备工作不充分、项目进度慢等原因调整债券资金用于其他项目，未按规定程序报批，涉及金额51.62亿元。

三、绩效审计情况

2019年度围绕粤港澳大湾区建设组织对支持重大政策落实的省级财政资金管理、推动创新驱动的科技孵化育成体系建设和补短板重大基础设施建设等开展绩效审计。

（一）支持重大政策落实的省级财政资金绩效审计情况

以省、市、县三级审计机关联动审计的方式，对促进经济发展等重点支出及相关政策落实和资金绩效情况进行审计。审计结果表明，各级财政围绕省委、省政府的重大决策部署，优化支出结构，进一步提升财政资金使用效益。审计发现的主要问题是：

1. 省级部门全面实施预算绩效管理改革方面。审计关注42个省级部门专项资金绩效管理情况发现，有2个部门未按规定及时开展5项2018年度专项资金绩效评价工作；有3个部门的3项专项资金的绩效自评报告未按规定公开；有

4个部门的6个项目绩效目标不明确或缺少关键指标；有8个部门的13个项目绩效目标不量化或标准偏低；有4个部门的7个项目绩效自评与第三方评价得分差异大，有的未及时拨付资金、未按时完工却自评满分。

2. 政府产业投资基金绩效方面。抽查7个市的8项基金发现，政府出资已到位74.07亿元，仅投资9.33亿元，其余资金闲置超过2年；抽查3个市的4项基金拉动社会资本情况发现，财政资金对社会资本的撬动效应不明显，政府出资已到位4.05亿元，社会资本同比应到位22.9亿元，实际仅到位0.72亿元。

3. 省级支持工业企业转型升级资金绩效方面。审计抽查发现，有1个市、2个县的主管部门审核把关不严，导致不符合申报条件的6户企业获得奖补资金1271.1万元；有2个市2017—2019年收到省补助资金3.35亿元，由于符合申报条件的企业少，至2019年底仅使用0.44亿元，被省财政清算收回2.91亿元；有1个市、14个县未及时将3.6亿元资金拨付给受奖补企业。

4. 省级支持学前教育发展资金绩效方面。2019年初省财政下达91个县学前教育发展专项资金7.77亿元。审计抽查发现，截至2020年3月底，仍有4.89亿元专项资金结存在5个市、56个县未使用；有3个市、29个县公办幼儿园在园幼儿数占比率和普惠性学前教育学位覆盖率均未能达到2019年度资金绩效目标。

（二）科技孵化育成体系建设绩效审计情况

组织对省科技厅及珠海、佛山、惠州、东莞等4个市2015—2018年度科技企业孵化育成体系建设政策落实和相关资金管理使用绩效进行了审计调查，抽查孵化器、众创空间、新型研发机构共124家，涉及2015年至2019年9月各级财政资金17.16亿元。审计结果表明，省科技厅和有关市积极贯彻落实省委、省政府关于创新驱动发展战略的工作部署，加快广东省孵化育成体系建设步伐。审计发现的主要问题是：

1. 政策落实与部门履职方面。省科技厅未明确孵化器等申报材料真实性审查的主体、专家评审标准不细化、评审程序不完善，未能及时发现虚假申报骗取相关资质和财政资金的行为；有1个市科技部门对委托第三方机构开展的现场审核工作质量把控缺失，责任追究机制不完善；未完善新型研发机构管理、监督机制，导致财政重点投入的新型研发机构成为管理监督盲区，审计现场抽查发现有7家新型研发机构治理机制不健全，内控管理不规范。

2. 孵化载体和新型研发机构资质认定和管理运营方面。现场抽查124家单位中有6家孵化器和3家新型研发机构虚假申报，骗取相关资质认定和财政补助，涉及财政补助资金2965.77万元；通过数据筛查发现有7391家在孵企业、毕业企业不符合孵化器入驻条件；现场抽查发现有8家新型研发机构的举办方未按协议约定投入自有资金、知识产权，新型研发机构建设目标未完成，影响地方政府投入资金资源的使用效益。

3. 新型研发机构建设成果方面。4个市的88家新型研发机构中有46家近3年财政补助收入占总收入比例超过80%，经济上过度依赖财政扶持；有19家新型研发机构近3年未申请到任何国家、省、市科研项目，有20家没有产生科研成果，有41家近5年没有1项科技成果得到转化，新型研发机构研发和成果转化能力较弱；现场抽查38家新型研发机构发现有12家无研发团队、未开展研发活动、不具备自主研发条件或已经停止运营。

（三）补短板重大基础设施建设项目绩效审计情况

1. 水资源配置工程建设跟踪审计调查情况

组织对珠江三角洲水资源配置工程补短板项目进行跟踪审计。审计发现的主要问题是：

一是未制定工程总体控制进度计划。项目应于2024年4月30日前完工，但截至2020年5月底，项目公司未按国家要求工期制定总体控制进度计划。16个施工标段975个工期节点中，有911个未编制工期数据和最晚开工时间；工程仍有3个地块669亩未交付使用。二是部分工程项目概算编审不严，虚大投资额。如深圳试验段的金属结构物安装多计705万元；下穿广珠城际、广深高铁段隧洞初步设计概算套用市政定额有误，多计投资748万元。三是项目建设管理费控制不严，水利部批复的项目建设管理费概算2.3亿元，截至审计时，实际已开支2.88亿元。

2. 重大交通项目建设管理跟踪审计调查情况

组织对深圳至中山跨江通道项目建设管理情况进行了审计调查。审计发现的主要问题是：

一是截至2020年2月，广州、深圳、中山、东莞等4个市仍未落实解决该项目按建设进度要求需提前安排的2000万立方米疏浚物纳泥区，影响控制性工程沉管隧道的建设进度。二是建设单位对施工劳务分包管理不到位，2个劳务分包单位不具备资质，涉及分包工程金额1279.2万元。三是投资6920万元建设的建筑信息模型技术系统，在试用阶段受多个参建单位未能有效衔接建设及输入信息数据的影响应用不理想，未能充分发挥协同管理作用。

四、“六稳”政策跟踪审计情况

（一）落实“稳就业”政策方面

组织对全省各地区落实“稳就业”相关政策措施情况进行3轮跟踪审计。审计结果表明，各地区积极采取有效措施，推动“稳就业”政策措施落地生效。审计抽查发现的主要问题是：

1. 支持企业稳岗政策落实方面。部分地区失业保险支持稳岗政策存在企业主体覆盖面不够广、补贴发放不及时、申请流程不便利等问题。有2个市和3个县享受失业保险稳岗返还补贴的企业占符合条件企业的比例均低于5%。在4个市已审核通过稳岗返还补贴申请的5168户企业中，从申请到审核通过用时超过规定最长时间（3个月）的企业有2856户，占比55.26%，涉及金额1.98亿元。有7个市失业保险稳岗返还补贴未实现网上申领，仍需线下提交资料。

2. 稳定高校毕业生等重点群体就业政策落实方面。推进见习工作进展缓慢，2019年有15个市未完成见习计划目标任务，其中完成任务比例最低的市到岗率不足5%。重点群体就业税收优惠政策受惠面较窄，2019年有20个市登记注册个体工商户的1308名应届高校毕业生中，有1032名未享受该项税收优惠。

3. 提高劳动者技术技能水平政策落实方面。有6个市、8个县921名机关事业单位在编人员违规享受技能晋升培训补贴155.61万元，有3个市多报职业技能提升行动目标任务完成数3.02万人次。

（二）落实“稳金融”政策方面

组织对广东省落实国家和省“稳金融”政策措施情况进行审计调查。审计结果表明，广东省相关部门单位能够贯彻落实中央和省的重大决策部署，不断深化改革，有效防范风险。审计发现的主要问题是：

1. 金融服务实体经济政策落实方面，创业担保贷款服务小微企业力度弱。2019年1月至2020年2月，全省共发放创业担保贷款1.22万笔24.6亿元，其中只有4个市21笔共5992万元贷款或贴息对象为小微企业，其他市均未向小微企业发放过创业担保贷款或贷款贴息。

2. 金融扶贫政策推进落实方面。部分市县扶贫小额贷款使用不当，抽查发现有1个市、2个县存在扶贫小额贷款被“户贷企用”行为，涉及贷款9029万元。财政贴息管理不到位，有6个县未及时给予贫困户扶贫小额贷款贴息补助，涉及911户贫困户、贴息125.51万元；有2个市、10个县未及时取消108名已终止建档立卡帮扶人员的小额信贷资格，导致财政多贴息12.15万元。

（三）落实“稳外贸”政策方面

组织对广州、深圳、珠海、佛山、韶关、河源、惠州、东莞、中山、江门、肇庆、清远、云浮等13个市落实国家和省“稳外贸”政策措施情况进行审计调查。审计结果表明，13个市和相关部门加快培育外贸新业态，积极推动广东省外贸高质量发展。审计发现的主要问题是：

1. 跨境电商“无票免税”政策效果不明显。抽查情况反映，截至2019年9月，由于国家“无票免税”政策相配套的跨境电商零售出口企业所得税核定征收办法尚未明确，广东省获批的4个全国跨境电子商务综合试验区尚无企业享受“无票免税”政策优惠。

2. 部分地区外经贸发展资金使用效益不高。抽查发现，截至2019年6月底，有9个市的省级外经贸发展资金1.89亿元闲置半年以上，其中1914.55万元闲置2年以上。截至2020年6月，9市已全部整改。

（四）落实“稳外资”政策方面

组织对省商务厅以及广州、深圳、珠海、佛山、惠州、东莞、中山、江门、肇庆等9个市扩大对外开放积极利用外资若干政策措施（以下简称“广东外资十条”）实施情况进行专项审计调查。审计结果表明，相关地区、部门积极推进“广东外资十条”等政策措施的落实，取得较好的效果。审计发现的主要问题是：

1. 部分地区促进外商投资政策措施落实不严格。抽查发现，有1个市把关不严，有3家不符合扶持条件的企业获得财政扶持资金合计1308万元。有1个市2019年预算安排外商投资财政奖励资金1.09亿元，当年未开展该项财政资金奖励申报评审工作，截至2020年5月，该市已完成上述申报评审工作。

2. 外资研发中心税收优惠政策红利未能有效释放。“广东外资十条”要求，经省商务厅认定的外资研发中心进口科技开发用品免征进口环节关税、增值税、消费税，采购国产设备全额退还增值税。2018年至2019年11月20个市没有外资企业享受到上述优惠政策。

（五）落实“稳投资”政策方面

1. 广东省重点建设项目推进跟踪审计调查情况

组织对广东省重点建设项目推进情况进行审计调查，重点审计了投资进度完成较慢的韶关、梅州、汕尾、中山等4个市2019年前三季度固定资产投资、全省海上风电和机场建设项目及练江流域水环境综合整治项目建设情况。审计发现的主要问题是：

一是部分省重点项目建设进展情况不理想。截至2019年9月底（下同），韶关市拟新开工项目6个，实际开工4个，开工率67%；汕尾市拟新开工项目11个，实际开工6个，开工率55%；中山市拟新开工项目13个，实际开工5个，开工率38%。4个市171个省重点项目中，有44个项目年度投资完成率低于50%。全省25个海上风电项目全部于2018年前核准，总装机1035

万千瓦，截至2019年底有17个项目共793万千瓦仍未开展海上施工。全省机场整合推进缓慢，珠三角枢纽（广州新）机场、惠州干线机场项目因相关单位协调协作不够到位，导致前期工作进度未达计划目标，湛江机场迁建和韶关机场项目由于场外配套工程进度滞后，影响项目推进。

二是练江流域水环境综合整治项目建设存在的问题。截至2019年9月底（下同），有50个项目未完成工程“四证”（国有土地使用证、建设用地规划许可证、建设工程规划许可证、建筑工程施工许可证）等审批手续，占项目总数的44%。揭阳普宁段按计划应完工而未完工的2个项目，工程形象进度分别为79%、83%，涉及估算总投资2.02亿元；有16个已完工项目未及时办理竣工验收或工程结算手续影响项目投入使用，涉及金额4492.37万元；有2个项目（施工总价为2735.62万元）材料采购未按规定招标，涉及金额1020.06万元。

2. 全省2016—2018年国省道项目新改建和路面改造项目资金管理使用专项审计情况

组织开展了全省2016—2018年国省道项目新改建和路面改造177个项目资金管理使用专项审计，涉及项目总投资443.7亿元，公路总里程2961公里。审计发现的主要问题是：

一是项目未按期完工，截至2020年3月底，仍未完工项目有94个，占比53%，涉及总投资235.3亿元、里程1831公里，累计投资完成率仅27%，其中有13个项目尚未开工建设。二是部分项目存在违规招投标和转包转让，审计抽查的19个项目中有9个违规招投标，涉及金额1349.27万元；有3个非法转包转让，涉及金额14.22亿元。三是部分项目投资成本控制不严，审计抽查的19个项目中有9个多计量工程款1818.11万元，有4个实际多支付款项3508.35万元，有2个搭车征地375亩约1795万元。

（六）落实“稳预期”政策方面

组织对全省2019年“稳预期”相关政策措施情况进行跟踪审计。审计结果表明，各地区积极贯彻落实中央及省关于“稳预期”的决策部署，切实减轻企业和个人负担，清欠账款工作取得积极成效，有效支持实体经济发展和稳定市场主体预期。审计发现的主要问题是：

1. 降费减负政策落实方面。2016—2019年，有21个市和24个县的87个部门或单位通过征收已免征停征的行政事业性收费、向行政相对人转嫁应由财政承担的费用、强制指定下属单位开展业务等方式违规收费合计1.03亿元；有1个市和1个县的2家事业单位依托主管部门的行政审批事项开展中介服务，涉及收费1031.3万元；有5个市的5家事业单位在未明确界定单位性质的情况下开展经营，涉及收费2.74亿元。

2. 清理拖欠民营企业中小企业账款政策落实方面。有6个政府投资建设项目拖欠民营中小企业工程款等费用，涉及金额2.62亿元；有3个县的2.34亿元拖欠账款未落实清偿计划；有7个市未及时退还涉企保证金，涉及金额7450.28万元。

3. 支持实体经济发展政策落实方面。审计抽查12个市发现，有5个市未按要求划设工业用地控制线，有5个市未按要求建立工业用地预申请制度；部分降低用地成本措施未有效落地，有10个市没有以租赁方式供应工业用地，有4个市没有按弹性年期出让工业用地，有5个市未按围墙内面积出让工业用地。

五、重点民生项目和资金审计情况

（一）医疗保险基金审计情况

组织对韶关、东莞等2个市2019年度医疗保险基金的筹集、管理使用及相关政策落实等情况进行了审计。审计结果表明，2 市能够贯彻落实中央决策部署，扎实推进医疗保障制度落实和全民医保体系建设，在完善医疗保险制度、提高医疗保障水平方面取得了一定成效。审计发现的主要问题是：

1. 医保政策落实不到位。有 1 个市 32 名符合政策的残疾人未参加基本医疗保险，有 10002 名已参保的困难群众未获得个人缴费财政资助。2 个市有 4 人重复参加企业职工医疗保险，11 人重复参加企业职工医疗保险和城乡居民医疗保险。

2. 医保基金管理不规范。有 1 个市有 378 名已死亡参保人的医保缴费共 151.6 万元未及时退还，有 2 家不具备社区转诊服务资格的定点医疗机构，违规为 592 人次报销医疗费 31.09 万元，有 33 家医院的收费信息系统存在漏洞导致医保结算错误。有 1 个市未按月及时上缴医保基金收入，直至年终才将全年累计资金 5.53 亿元转入财政专户；医保基金会计核算不规范，市财政与社保部门账面余额相差 4366.82 万元。

（二）保障性安居工程审计情况

组织对汕头、梅州、东莞、茂名、揭阳等 5 个市 2019 年度保障性安居工程的资金投入和使用绩效等情况进行了审计。审计结果表明，5 个市能够贯彻落实中央、省的相关部署，较好完成各项任务，在改善住房困难群众的居住条件、保障中低收入家庭基本住房需求等方面发挥了积极作用。审计发现的主要问题是：

1. 棚户区改造政策落实不到位。截至 2019 年底，有 3 个市 7 个项目违规将道路拓展、高轨建设、历史文化街区、文物修缮等拆迁项目纳入棚户区改造范围，涉及任务数 2900 户（套）；有 2 个市 7 个棚改项目 1094 套安置房没有具体的安置对象。

2. 部分项目进度推进不理想。截至 2019 年底，有 1 个市 1 个区 3 个棚改项目涉及 682 套安置房长期未开工，已支付逾期过渡安置费 530.35 万元；有 1 个市安置区 2017 年已建成的 2169 套棚改安置房没有办理竣工验收；有 3 个市 5 个项目 1447 套公租房已开工超过 3 年且超过施工合同约定仍未建成，最早的开工时间为 2014 年。

3. 公租房管理使用不合规。截至 2019 年底，有 3 个市 7 个县未将外来务工人员和新就业人员纳入保障范围；有 2 个市 154 套公租房被挪用于办公、经营性用房等非居住用途；5 个市有 4841 户住房保障对象不符合住房保障条件仍继续享受住房保障待遇；有 2 个市 2011—2015 年间收购的 576 套房源未完成改造工作致使未能如期投入使用；5 个市有 1821 套公租房分配后长期闲置，未充分发挥使用效益。

4. 部分安居工程资金使用效率不高、管理不规范。截至 2019 年底，5 个市有 5.74 亿元保障性安居工程专项资金超过 2 年未使用；有 1 个市本级及 3 个县未按规定对保障性安居工程资金实行专项管理、分账核算；有 1 个市县级财政部门未严格实行国库集中支付，涉及金额 812.18 万元；有 1 个市 1 个县未按规定及时将增购房款上缴区财政，涉及金额 5230.8 万元；有 3 个市对保障性安居工程项目违规收取应减免的税费 243.84 万元。

（三）乡村振兴审计情况

组织对汕头等 14 个市、珠三角 5 个市的 3 个区、4 个镇开展乡村振兴审计，重点关注人居环境整治和农业产业发展任务。审计结果表明，各地区、部门单位认真贯彻落实中央关于乡村振兴的决策部署，全面推进农村人居环境综合整治。审计发现的主要问题是：

1. 项目资金使用方面。截至2019年9月底，有12个市乡村振兴资金闲置1年以上，涉及金额28.54亿元，最长闲置时间达25个月，涉及金额3.18亿元；有6个市未按规定在30天内及时拨付资金23.63亿元。

2. 农村生活污水设施建设及使用方面。有8个市、4个县的省定贫困村中，截至2019年9月底，有3479条20户以上的自然村未完成雨污分流、有4121条20户以上的自然村未完成污水处理设施建设；有10个县456个镇村级污水处理设施由于管网配套建设不同步、管护不到位，运行未达预期目标。

3. 农村垃圾污染治理方面。有1个市、2个县共1017条自然村未配备农村保洁员；有7个县28条行政村生活垃圾露天或占用山林地堆放，部分垃圾屋闲置；有1个市443个自然村没有设置垃圾收集点。

4. 乡村道路建设方面。截至2019年9月底，有5个市“四好农村路”路面硬化、“畅返不畅”路段整治、农村公路危桥改造整治等专项任务完成率低于50%；有11个县31个农村道路建设项目存在不按图纸施工、偷工减料甚至质量问题；有4个县对6个未达标的道路工程项目予以验收合格，涉及金额242.29万元；有5个县未设镇级农村公路管护机构，养护经费未能保障。

5. 粮食生产保障方面。有1个市的1个区5个粮食储备库改造未完工，涉及面积7910平方米、金额2005万元；有3个市的2个区1个镇存在耕地地力保护补贴资金发放不及时或未将补贴直拨至农户“一卡通”等问题，涉及金额6027.32万元。

6. 高标准农田建设方面。有2个市的2个区25个高标准农田建设项目选址不当，部分地块位于水库和河道保护范围内，涉及面积3141.33亩；有3个市的2个区、2个镇192个已建成高标准农田范围内未按规定剔除林地、公路用地等不合规地类，涉及面积2529.03亩；有2个市的1个区、1个镇28个已建成高标准农田未及时划入基本农田，涉及面积1127.6亩；有3个市的3个区29个高标准农田建设项目存在未按规划设计施工、偷工减料等问题，涉及金额1157.78万元；有4个市的2个区、3个镇未建立管护制度，高标准农田被用作其他用途，涉及面积314.61亩；有3个市的3个区高标准农田建设和管护资金长期闲置未使用，涉及金额1.32亿元，其中管护资金闲置最长时间达7年。

六、国有资产及国有资源审计情况

（一）省属国资国企审计情况

组织对铁投集团、粤海集团、粤科集团、出版集团等4户省属企业进行审计，并对省国资委监管18户企业重大投资和资产处置情况开展专项审计调查。审计结果表明，省属企业能够贯彻落实省委、省政府重大决策部署，持续深化供给侧结构性改革，主动参与粤港澳大湾区建设，为推动全省经济高质量发展发挥了应有作用。审计发现的主要问题是：

1. 重大事项决策执行不严格。有1户企业未经主管部门审批调整了重大战略规划，未经董事会集体研究变更制度59项；有1户企业决策5个投资项目未充分考虑尽职调查和风控意见，存在损失风险，涉及金额1.85亿元；有1户企业决策3个投资项目未按规定开展清产核资、尽职调查等，投资效果未达预期，涉及金额3.3亿元；有1户企业“三重一大”决策制度未细化各层级决策内容和金额范围；有1户企业董事会以文件传签方式决策“三重一大”事项31项。

2. 项目投资管控不力。有1户企业对8个创投项目疏于监管，面临损失风险，涉及金额2.02亿元；有1户企业将募集的专项基金41亿元用于股票定增等市场化运作，造成账面浮亏5.4亿元。

3. 项目审批和管理不规范。有1户企业对下属企业13项设计变更审批时间超过6个月；有1户企业2个建设项目立项后未动工，导致7.33万平方米土地闲置超过1年；有2户企业10个项目涉及建设施工、中介服务及设备采购等未按规定进行招标，涉及金额17.61亿元。

4. 经营管理不完善。有1户企业发行中期票据未经公开招标确定主承销商，涉及承销费用3024万元；有1户企业未落实环保责任被处罚16次，涉及罚款额224.63万元；有1户企业15笔融资租赁、商业保理业务贷款逾期未收回，涉及金额4.45亿元。

5. 财务管理不合规。有1户企业将非实质控制的4户企业纳入合并财务报表，多计2018年末资产2.86亿元、所有者权益2.71亿元，多计2018年度利润2828.95万元；有1户企业的下属2户企业核销资产未按规定报批，涉及资产额2968.82万元。

（二）省级一级预算单位资产管理审计情况

组织对110个省级一级预算单位2019年度资产管理情况进行审计调查。审计结果表明，省级部门及单位进一步加强国有资产管理和监督，落实省级机构改革有关国有资产划转工作，资产管理水平不断提高。审计发现的主要问题是：

1. 资产使用效益方面。7个部门、1个下属单位有19处房产物业闲置超过2年，涉及建筑面积8208.41平方米；有3个部门、6个下属单位未按规定及时清理并上缴资产出租、处置等收入，涉及金额865.08万元。

2. 资产核算管理方面。有1个部门、2个下属单位31项已投入使用的工程项目未按规定及时结转固定资产，涉及金额1.08亿元；有4个部门7处房屋未纳入会计账核算管理，涉及面积5186.65平方米，有3个部门、1个下属单位的13项软件资产未按规定记入固定资产，涉及资产价值1784.67万元；有2个部门、1个下属单位54项已处置资产或盘亏资产未按规定及时进行账务处理，资产账实不符。

3. 资产内部管理方面。有1个部门2项房产出租未按规定公开招租，涉及面积2683平方米；有2个部门2019年度未按规定定期对单位实物资产进行清查盘点。

（三）省属高校管理审计情况

组织对华南农业大学、广东药科大学2所高校财务收支及相关国有资产管理控制等情况进行审计。审计结果表明，2所高校能贯彻落实国家教育方针、逐步完善治理体系和促进学校科学发展。审计发现的主要问题是：

1. 收支管理方面。2所高校出租收入未按“收支两条线”规定上缴财政，涉及金额5966.42万元。有1所高校未追回部分校外教学点长期拖欠的学费、管理费135.91万元。有1所高校少收6家企业租金等费用59.6万元，虚列2018年度科研设备采购事业支出370.32万元。

2. 资产管理方面。有1所高校未理顺9家全资或参股企业投资关系，逾769.12万元股权投资未纳入账内核算；2所高校有213台（套）仪器设备或信息系统因论证不充分或维修不及时等原因长期闲置，涉及金额1.01亿元。

3. 基建管理方面。有1所高校13个工程项目超规模建设未按规定办理立项或调整投资概算手续，涉及金额1909.68万元。2所高校有157个已完工程项目长期未按规定办理工程结算和竣工财务决算，涉及金额4.68亿元，有93个工程项目建设管理不到位，存在多付工程款、结算依据不足、未按合同主张权益等问题，涉及金额4.39亿元。

4. 科研管理方面。有1所高校3个已结题的科研项目未按合同完成科研任务内容，涉及金额410万元；有6项科研成果转化给校办企业未产生效益，涉及金额119.83万元。有1所高校横向科研项目缺乏有效管理，部分科研项目执行与经费使用管理脱节。

（四）自然资源资产管理审计情况

组织对汕尾、肇庆、清远等3个市和广州番禺等21个县2015—2019年水、土地、森林、矿产等自然资源和相关生态环境保护情况进行审计。审计结果表明，相关市县能认真贯彻落实党中央和省委关于生态文明建设的决策部署要求，加大对资源节约集约利用的监管力度，取得了一定的成绩。审计发现的主要问题是：

1. 耕地保护方面。有2个市、11个县的240.82公顷基本农田被违规占用；有2个市、5个县的386.69公顷耕地被违规占用，有1个市218.27公顷耕地被撂荒。

2. 土地出让和管理方面。有1个市、6个县违规出让“毛地”304.35公顷；有1个市在未编制控制性详细规划情况下出让土地32.137公顷；有3个县违反决策程序，先定底价后评估出让12宗土地60.96公顷；有1个市土地开发储备中心违规签订土地合作开发协议，变相向企业返还土地出让金6560万元，涉及面积30.94公顷。

3. 矿产资源管理方面。有2个市、6个县存在对非法采石查处不力、矿山地质环境治理恢复任务不落实造成生态环境损害等问题。

4. 海洋资源管理方面。汕尾市海岸线长度全省第二，但尚未建立海洋资源环境预警监测机制，海洋功能区划调整及报备工作滞后，部分海洋类指标未制定或未完成，影响了海洋资源的规划利用。

5. 森林资源管理方面。有2个市、9个县的280.69公顷生态公益林被违规占用、356.88公顷林地被违法占用；有2个市、2个县未按规定制定林业“十三五”规划、湿地保护规划等林业规划；有2个市、1个县17个自然保护区、51个森林公园未制定总体规划，有2个县40个自然保护区未制定管理制度。

七、审计移送的违纪违法问题线索情况

2019年，省审计厅共移送问题线索234起，截至2020年5月底，相关部门已处理公职人员等309人。移送事项主要集中在：

（一）公共资源管理领域违纪违规问题

共移送此类问题线索128起，主要涉及滥用职权、违规决策、违规审批；低价出让土地、低价出租国有资产、高价购买或承租资产、违规扩大“三旧改造”范围、违规调整容积率、违规发放建设用地规划许可证等。

（二）民生领域侵害群众利益问题

共移送此类问题线索41起，主要涉及截留挪用养老保险金，骗取和挪用扶贫资金，重复申报项目套取扶贫资金等。

（三）工程建设领域违法违规问题

共移送此类线索26起，主要是公共工程建设领域虚开发票、虚报工程量等套骗工程款；工程项目违规招投标、违规发包转包、涉嫌围标串标；棚改项目虚假招投标、借棚改政策违规建设福利性住房等。

八、原因分析及审计建议

以上问题产生的主要原因：一是预算绩效理

念有待增强。如部分地方和部门“先谋事、后排钱”理念尚未牢固树立，仍存在重投入轻管理、重支出轻绩效思想，绩效管理仍未贯穿财政资金管理全过程，资金沉淀闲置、损失浪费等问题仍有发生；二是制度体制机制还不够完善。如优化营商环境的“放管服”改革尚未完全到位、一些改革配套措施不到位、政策审批门槛过高、部门间协调配合机制不健全等，导致出现一些政策落地难、实施效果不明显、项目审批和建设缓慢等问题；三是职能部门纵向管理力度有待加强。如省级预算编制执行监督管理改革后，一些省级职能部门单位对分管的财政专项资金纵向管理力度不足，对安排到基层的资金监管缺位，导致挤占挪用财政资金的行为时有发生；四是主体责任落实不到位。如在精准扶贫、污染防治、项目建设等方面，由于地方政府、职能部门、项目单位等相关责任主体责任不落实、执法监督不到位、政策宣传推广力度不足等，导致有的问题屡审屡犯。为此，审计建议：

（一）深化大财政理念，强化全面预算绩效管理

按照“大财政、大预算、大资产”的思路，强化“一盘账”统筹管理，优化财政支出结构，全力保障党中央重大方针政策和省委、省政府中心工作贯彻落实。健全全过程预算绩效管理链条，增强“先谋事、后排钱”理念，强化预算编制执行刚性约束，压实部门预算执行和科学理财的主体责任，切实做到花钱必问效、无效必问责。认真落实过“紧日子”要求，积极盘活各类存量资金和闲置资产，确保把财政资金用在刀刃上。

（二）继续深化改革，强化制度约束力和执行力

深入推进“放管服”改革，健全配套制度机制，尽快消除政策落实中不衔接、不配套的矛盾，研究准入门槛、加强政策宣传推广力度，推动营商环境不断优化，充分激发各类市场主体活力。优化政府间事权和财权划分，加强部门间信息共享和工作衔接，形成工作合力。完善经济决策制度及决策事项清单，强化制度约束力和执行力，发挥制度刚性约束作用。认真落实向省人大常委会报告国有资产管理情况有关制度要求，加快推进国企混合所有制改革，加强自然资源资产管理，健全行政事业单位、国有企业的资产管理使用及国企国资运营监管机制。

（三）进一步保障和改善民生，加强重点领域风险防控

一是加强医疗卫生、科技教育、社保、保障房等重点民生资金和项目监管，压实管理责任，严肃查处违法违规行为。二是把稳就业摆在更加突出的位置，推进援企稳岗、就业服务等就业优先政策落实，关注民生政策的普惠性、基础性和兜底性，加大困难群众的基本生活保障，织密扎牢民生兜底保障安全网。三是全力打赢三大攻坚战，密切关注疫情对经济领域可能带来的风险隐患，推动健全金融、政府债务风险防控体系，持续推进全面脱贫与乡村振兴有效衔接，严格履行生态环境保护责任，推进经济发展和生态环保双促双进。四是加强公共卫生领域基础建设，健全公共卫生应急管理体系，提高应急管理能力。

主任、各位副主任、秘书长，各位委员：

新冠肺炎疫情发生后，全省审计机关快速响应，认真贯彻落实习近平总书记关于疫情防控工作的重要讲话精神和省委决策部署，在审计署的统一部署下，迅速调集省、市、县三级审计力量，派出277个审计组、1073名审计人员开展新冠肺炎疫情防控财政资金和捐赠款物专项审计，坚持边审边改，重在促进规范管理，推动落实政

策和解决问题。截至 2020 年 3 月底，各级财政投入全省疫情防控资金 136.67 亿元，捐赠资金 17.58 亿元，捐赠物资 1.91 亿件。审计结果表明，全省各级党委、政府紧紧围绕党中央的决策部署，统筹推进疫情防控和经济社会发展工作，各地区各部门履职尽责，社会各方面全力支持，全省疫情防控工作科学有序开展。全省各级审计机关查出疫情防控财政专项资金、捐赠款物、重点保障企业贴息贷款、防疫物资生产保障等 4 方面的问题共 868 条，主要涉及专项资金管理和物资采购不规范、捐赠物资分配和使用不及时等问题。截至 6 月 15 日，已督促整改到位问题共 727 条，整改完成率 83.76%；已促进 63 个部门单位建立健全疫情防控资金和物资管理使用等相关规章制度共 96 项。具体如下：

一是财政专项资金拨付、管理和使用方面，全省共督促及时分配下拨专项资金 4.56 亿元、及时使用专项资金 1.03 亿元，及时纠正超范围使用防疫专项资金 13.87 万元。全省共督促及时分配下拨物资 7239.96 万件，纠正资金使用和物资保管单位财务管控不严、物资采购和出入库管理不规范等其他方面问题 172 个，追回或避免损失浪费涉及金额 1613.69 万元，规范物资收储管理涉及金额 9395.05 万元。二是社会捐赠款物筹集管理使用方面，推动全省 77 个红十字会、慈善会组织和 78 个指定接受社会捐赠的政府部门和单位及时拨付资金 2.55 亿元、分配物资 399.34 万件。督促全省 124 个红十字会、慈善组织和有关单位完善捐赠手续和价格评估体系，健全管理流程和调配机制；推动 126 个机构完善信息公开内容。三是重点保障企业贴息贷款方面，督促相关金融机构帮助企业解决融资需求及专项再贷款审批时间长、资金到位慢等问题。督促 2 家地方性银行及时使用人民银行专项再贷款额度 11.98 亿元；促进 6 户企业及时使用专项再贷款 5.4 亿元，促进 4 家银行收回 6 户企业闲置、违规套取、挪用的专项再贷款 1.88 亿元；督促 3 户企业归还被挪用和闲置的专项再贷款 7490 万元。推动 7 个市及时出台政策措施，加大专项再贷款贴息政策宣传力度，帮助企业解决原材料和生产设备问题，推动复工复产。

对本审计工作报告反映的具体审计情况，省审计厅已依法征求了被审计单位意见，出具审计报告，下达审计决定，报告反映的问题正在得到整改和纠正。如农业保险保费补贴问题，目前省委、省政府已经批准并印发了《大力推动广东省农业保险高质量发展的实施意见》，有关部门已着手对财政结存资金进行清理统筹；社会养老保险待遇发放不合规问题，截至 2019 年底省级已追回多发放的养老保险待遇 31.63 万元等。对涉嫌严重违法违纪线索，已按有关规定移交相关部门进一步查处；对违反财经法规的问题，已作出处理处罚意见；对制度不完善、管理不规范的问题，已建议有关部门单位建章立制，切实加强内部管理。下一步，省审计厅将按照省委省政府的要求督促有关地区和部门单位认真整改，全面整改情况将按规定向省人大常委会专题报告。

主任、各位副主任、秘书长，各位委员：

广东省审计厅将以习近平新时代中国特色社会主义思想为指导，全面贯彻党的十九大精神，在省委、省政府和审计署的坚强领导下，自觉接受省人大的指导和监督，坚持稳中求进工作总基调，依法履行审计监督职责，做好常态化“经济体检”工作，为广东决胜全面建成小康社会、实现“四个走在全国前列”、当好“两个重要窗口”的目标做出应有的贡献。

（内容摘自广东省人民政府网站）

索 引

使用说明

1. 本索引采用内容分析索引法编制。除大事记外，年鉴中有实质检索意义的内容均予以标引，以便检索使用。

2. 本索引基本上按汉语拼音音序排列。以数字开头的标目，列在最前面；汉字标目按首字的音序、音调依次排列，首字相同时，则以第二个字排序，并依此类推。

3. 索引标目后的数字，表示检索内容所在的年鉴正文页码；数字后面的英文字母 a、b，表示年鉴正文中的栏别，合在一起即指该页码及左、右两个版面区域。年鉴中用表格、图片反映的内容，则在索引标目后面用括号注明（表）、（图）字，以区别于文字标目。

4. 为反映索引款目间的隶属关系，对于二级标目，采取在上一级标目下缩两格的形式编排，之下再按汉语拼音音序、音调排列。

0—9

A—B

C

G

H

J

K

T

W

X

（毋 栋 编制）